Das bundesweite Fußball-Stadionverbot

Europäische Hochschulschriften

European University Studies
Publications Universitaires Européennes

Reihe II	**Rechtswissenschaft**
Series II	Law
Série II	Droit

Band/Volume **5536**

Linus Schmitt

Das bundesweite Fußball-Stadionverbot

Eine rechtliche Untersuchung mit Praxishinweisen für Fußballvereine und Betroffene

PL ACADEMIC RESEARCH

Bibliografische Information der Deutschen Nationalbibliothek
Die Deutsche Nationalbibliothek verzeichnet diese Publikation in der Deutschen Nationalbibliografie; detaillierte bibliografische Daten sind im Internet über http://dnb.d-nb.de abrufbar.

Zugl.: Köln, Univ., Diss., 2013

D 38
ISSN 0531-7312
ISBN 978-3-631-64247-4 (Print)
E-ISBN 978-3-653-03799-9 (E-Book)
DOI 10.3726/978-3-653-03799-9

PL Academic Research ist ein Imprint der Peter Lang GmbH.
Peter Lang – Frankfurt am Main · Bern · Bruxelles · New York · Oxford · Warszawa · Wien

Dieses Buch wurde vor Erscheinen peer reviewed.

www.peterlang.com

Vorwort

Die Rechtswissenschaftliche Fakultät der Universität zu Köln hat diese Arbeit im Sommersemester 2013 als Dissertation angenommen. Rechtsprechung und Literatur wurden bis Juli 2013 berücksichtigt.

Ich danke Frau Prof. Dr. Dauner-Lieb für die unkomplizierte Übernahme des von mir selbst gewählten Themas und die anschließend mir großzügig überlassenen Freiräume. Herrn Prof. Dr. Ehricke danke ich für die zügige Erstellung des Zweitgutachtens.

Mein besonderer Dank gilt Herrn Rechtsanwalt Jörg Zumbaum für die Förderung meines Promotionsvorhabens und den Verantwortlichen von Alemannia Aachen, die mir über einen Zeitraum von ca. zwei Jahren praktische Erfahrungen im Stadionverbotsverfahren ermöglicht haben. Darüber hinaus danke ich Herrn Maximilian Witt als wertvollem Diskusionpartner sowie Herrn Wilhelm Kirchhart und meinem Vater für ihre sorgfältigen orthographischen Überprüfungen.

Widmen möchte ich diese Arbeit meiner Familie, ohne deren setige ideelle Förderung meines Lebensweges diese Arbeit nicht möglich gewesen wäre.

Köln, im Juli 2013 Linus Schmitt

Inhaltsverzeichnis

Abkürzungsverzeichnis

a.A.	anderer Auffassung
a.a.O.	am angegebenen Ort
a.F.	alte Fassung
Abs.	Absatz
AG	Amtsgericht
AGB	Allgemeine Geschäftsbedingungen
AGBG	Gesetz zur Regelung des Rechts der Allgemeinen Geschäftsbedingungen
AGG	Allgemeines Gleichbehandlungsgesetz
Alt.	Alternative
Anm.	Anmerkung
Art.	Artikel
Aufl.	Auflage
Az.	Aktenzeichen
BAFF	Bündnis aktiver Fußballfans
BAG	Bundesarbeitsgericht
BayObLG	Bayerisches Oberstes Landesgericht
BB	Betriebs-Berater
Bd.	Band
BDSG	Bundesdatenschutzgesetz
Bearb.	Bearbeiter
BeckOK	Beck´scher Online-Kommentar
Beschl.	Beschluss
BFH	Bundesfinanzhof
BGB	Bürgerliches Gesetzbuch
BGH	Bundesgerichtshof
BGHSt	Entscheidungen des Bundesgerichtshofs in Strafsachen
BGHZ	Entscheidungen des Bundesgerichtshofs in Zivilsachen
BKA	Bundeskriminalamt
BKAG	Gesetz über das Bundeskriminalamt und die Zusammenarbeit des Bundes und der Länder in kriminalpolizeilichen Angelegenheiten
BPolG	Bundespolizeigesetz
BSC	Berliner Sport-Club
bspw.	beispielsweise
BT-Drucks.	Bundestagsdrucksache

BVerfG	Bundesverfassungsgericht
BVerfGE	Entscheidungssammlung des Bundesverfassungsgerichts
BVerwG	Bundesverwaltungsgericht
BWNotZ	Zeitschrift für das Notariat in Baden-Württemberg
bzw.	beziehungsweise
ca.	circa
CR	Computer und Recht
ders.	derselbe
DFB	Deutscher Fußball-Bund e.V.
DFL	Liga-Fußballverband e.V. (Deutsche Fußball Liga GmbH)
dies.	dieselbe
Diss.	Dissertation
DÖV	Die öffentliche Verwaltung
DSJ	Deutsche Sportjugend (dsj) im Deutschen Sportbund e.V.
DStR	Deutsches Steuerrecht
DVBl.	Deutsches Verwaltungsblatt
e.V.	eingetragener Verein
ebd.	ebenda
Ed.	Edition
EGGVG	Einführungsgesetz zum Gerichtsverfassungsgesetz
Einf.	Einführung
Einl.	Einleitung
EM	Europameisterschaft
EMRK	Europäische Menschenrechtskonvention
etc.	et cetera
EuGH	Europäischer Gerichtshof
Europ.	Europäisch
f., ff.	folgende, fortfolgende
FC	Fußball-Club
FIFA	Fédération Internationale de Football Association
FKB	Fankundiger Beamter
Fn.	Fußnote
FS	Festschrift
FSV	Fußball- und Sportverein
GbR	Gesellschaft bürgerlichen Rechts

Gesamthrsg.	Gesamtherausgeber
GG	Grundgesetz
ggfs.	gegebenenfalls
GmbH	Gesellschaft mit beschränkter Haftung
GRUR	Gewerblicher Rechtsschutz und Urheberrecht
GVG	Gerichtsverfassungsgesetz
GWB	Gesetz gegen Wettbewerbsbeschränkungen
h.M.	herrschende Meinung
HGB	Handelsgesetzbuch
Hrsg.	Herausgeber
Hs.	Halbsatz
i.d.F.	in der Fassung
i.d.R.	in der Regel
i.S.d.	im Sinne des
i.S.v.	im Sinne von
i.V.m.	in Verbindung mit
IG	Interessengemeinschaft
INPOL	Polizeiliches Informationssystem der deutschen Landespolizeien
JGG	Jugendgerichtsgesetz
JR	Juristische Rundschau
jurisPR-BGHZivilR	juris PraxisReport BGH Zivilrecht
JuS	Juristische Schulung
JZ	Juristenzeitung
Kap.	Kapitel
KG	Kammergericht
LG	Landgericht
LIS	Landes-Informationsstelle Sporteinsätze
lit.	litera
LMK	Kommentierte BGH-Rechtsprechung
LO	Lizenzierungsordnung
m.Anm.	mit Anmerkung
m.w.N.	mit weiteren Nachweisen
MAH	Münchener Anwaltshandbuch
MEPolG	Musterentwurf eines einheitlichen Polizeigesetzes
MschrKrim	Monatsschrift für Kriminologie und Strafrechtsreform

MSV	Meiderischer Spielverein
MüKo	Münchener Kommentar
n.F.	neue Fassung
NJW	Neue Juristische Wochenschrift
NJW-RR	NJW-Rechtsprechungs-Report
NK-BGB	Nomos Kommentar BGB
NKSS	Nationales Konzept Sport und Sicherheit
Nr.	Nummer
NRÜ	Nomos Rechtsprechungsübersicht
NRW	Nordrhein-Westfalen
NStZ	Neue Zeitschrift für Strafrecht
NStZ-RR	NStZ-Rechtsprechungs-Report Strafrecht
NVwZ	Neue Zeitschrift für Verwaltungsrecht
NVwZ-RR	NWvZ-Rechtsprechungs-Report
NZA	Neue Zeitschrift für Arbeitsrecht
NZWehrr	Neue Zeitschrift für Wehrrecht
OLG	Oberlandesgericht
OVG	Oberverwaltungsgericht
PolG	Polizeigesetz
Red.	Redakteur
RFID	Radio Frequency Identification
RGSt	Entscheidungen des Reichsgerichts in Strafsachen
RGZ	Entscheidungen des Reichsgerichts in Zivilsachen
RiStBV	Richtlinien für das Strafverfahren und das Bußgeldverfahren
Rn.	Randnummer
RUBRR	Rechtsprechungs-Report der Ruhr-Universität Bochum
RuVO	Rechts- und Verfahrensordnung des Deutschen Fußball-Bundes
RW	Rechtswissenschaft
S.	Seite
s.	siehe
SchuldRModG	Schuldrechtsmodernisierungsgesetz
SFL	Swiss Football League
SKB	Szenekundiger Beamter
sog.	sogenannt

SprengG	Sprengstoffgesetz
SprengV	Sprengstoffverordnung
SpuRt	Zeitschrift für Sport und Recht
StGB	Strafgesetzbuch
StPO	Strafprozessordnung
SVR	Richtlinien zur einheitlichen Behandlung von Stadionverboten
TSV	Turn- und Sportverein
u.	und
u.a.	und andere
Überbl.	Überblick
UEFA	Union of European Football Associations
Urt.	Urteil
usw.	und so weiter
v.	vom
Var.	Variante
VersammlG	Versammlungsgesetz
VfL	Verein für Leibesübungen
VG	Verwaltungsgericht
vgl.	vergleiche
Vorb.	Vorbemerkung
VwGO	Verwaltungsgerichtsordnung
VwGOÄndG	Änderungsgesetz zur Verwaltungsgerichtsordnung
WaffG	Waffengesetz
WFV	Württembergischer Fußballverband e.V.
WM	Weltmeisterschaft
ZGS	Zeitschrift für das gesamte Schuldrecht
Ziff.	Ziffer
ZIS	Zentrale Informationsstelle Sporteinsätze
ZJS	Zeitschrift für das Juristische Studium
ZPO	Zivilprozessordnung
ZUM	Zeitschrift für Urheber und Medienrecht

Kapitel 1 Grundlagen und Funktionsweise des bundesweiten Stadionverbots

A. Einführung und Gang der Darstellung

I. Gegenstand der Arbeit

1. Einführung

„Rechtsstaatlich untragbar“[1], „der Willkür die Tür geöffnet“[2], „im Zweifel gegen den Fußballfan“[3] – Medien[4], Fußballfans und Fangruppierungen[5] reagierten empört, als der Bundesgerichtshof am 30.10.2009 erstmals über ein bundesweites Fußball-Stadionverbot urteilte.[6] Auch die juristische Fachliteratur schenkte der Entscheidung größte Aufmerksamkeit:[7] „Nur wenige Urteile in Zivilsachen haben eine so hohe gesellschaftspolitische Relevanz wie dieses.“[8] – „Das Thema Stadionverbote hat es in sich.“[9] „Gerade ob der enormen emotionalen Betroffenheit der von einem Stadionverbotsverfahren Betroffenen und der enormen Komplexität dieses Themas, bietet sich ein spannendes und übergreifendes

---

1 Süddeutsche Zeitung vom 30.10.2009, http://www.sueddeutsche.de/sport/urteil-zu-stadionverboten-rechtsstaatlich-untragbar-1.146982, abgerufen am 28.06.2011.

2 Die Welt vom 31.10.2009, http://www.welt.de/die-welt/debatte/article5034678/Der-Willkuer-die-Tuer-geoeffnet.html, abgerufen am 28.06.2011.

3 Spiegel Online, http://www.spiegel.de/sport/fussball/0,1518,658328,00.html, abgerufen am 28.06.2011.

4 Die öffentliche Kritik bezieht sich vorrangig auf die bundesweite Wirkung des Stadionverbots und weniger auf örtliche Stadionverbote, *Orth/Schiffbauer*, RW 2011, 177 (188). *Höfling* stellt kritisch fest, dass andererseits auch „ein gewisser Hand zur medialen Inszenierung solcher Ereignisse“ (Ausschreitungen) bestehe, *Höfling*, in: *Höfling/Horst*, Sport und Gewalt, S. 3 (6).

5 Vgl. zur enormen Bedeutung der Thematik für die Fan-Szene: *Immerheiser*, in: *Kauerhof u.a.*, Zuschauer als Störer, S. 21 (25 ff.); *Blumberg*, Stadionverbot, S. 38 m.w.N.; *Orth*, Vereins- und Verbandsstrafen, S. 135. Zwischenzeitlich haben sich zahlreiche Interessenverbände der Fans organisiert (z.B. „Pro Fans“). Sie haben sich gebildet, weil viele Betroffenen die derzeitige Stadionverbotspraxis als ungerecht und intransparent empfinden, vgl. *Klesczewski,* JZ 2010, 251 (252).

6 *BGH*, Urt. v. 30.10.2009 – V ZR 253/08, NJW 2010, 534 (534 ff).

7 Vgl. vertiefend: Kapitel 2B.III, S. 121 ff.

8 *Klesczewski,* JZ 2010, 251 (251).

9 *Schild*, in: *WFV*, Recht der Sportstätte, S. 66 (66).

Themengebiet."[10] „Der privatrechtliche Einsatz eines Mittels, wie es das Stadionverbot verkörpert, ist in der deutschen Rechtslandschaft einzigartig."[11]

Der Fußballsport zieht als Massenphänomen jährlich alleine in Deutschland ca. 18 Millionen Menschen in die Fußballstadien[12] und noch viel mehr vor den Fernsehbildschirm.[13] Leider führen sportliche Großereignisse immer wieder zu gewalttätigen Zuschauerausschreitungen und Hooliganismus.[14] „Nie war die Gewalt in unseren Fußballstadien größer als in diesem Jahr [2012]. Tote gab es noch nie in unseren Stadien. Wenn es so weiter geht, ist es nur noch eine Frage der Zeit."[15] Die Zuschauerausschreitungen bewegen sich bereits seit Jahren auf einem konstant hohen Niveau:[16] Die Zahl der verletzten Personen erreichte in der Bundesligasaison 2010/2011 mit 846 Menschen (243 Polizeibeamte, 259 Störer und 344 Unbeteiligte) einen bis dahin historischen Höchststand.[17] Alleine in dieser Bundesligasaison sprachen die Fußballvereine (im Folgenden: Vereine[18]) der Bundes- und 2. Bundesliga 983 bundesweite und 200 örtliche Stadi-

---

10 *Blumberg*, Stadionverbot, S. 65.

11 *Orth/Schiffbauer*, RW 2011, 177 (179). „Kaum ein Rechtsgebiet hat sich in den letzten zehn Jahren derart weiterentwickelt wie das Sportrecht", *Scherrer/Ludwig*, Sportrecht, Klapptext.

12 *Blumberg*, Stadionverbot, S. 2.

13 Zum Fußball als Massenphänomen: *Klesczewski*, in: *Kauerhof u.a.*, Zuschauer als Störer, S. 69 (69). *Kleiner* spricht sogar von einer „gesellschaftlich überragenden Bedeutung des Fußballsports", *Kleiner*, in: *Arter/Baddeley*, Sport u. Recht, S. 19 (21). *Marzahn* ergänzt: „Volkssport Nummer Eins", *Marzahn*, ZJS 2010, 428 (428).

14 *Walker*, in: *Walker*, Hooliganismus, S. 35 (36); *Walker*, in: *Gödicke u.a.*, FS Schapp, S. 491 (491); *Weller*, NJW 2007, 960 (960); *Breucker*, NJW 2006, 1233 (1233); *Kleiner*, in: *Arter/Baddeley*, Sport u. Recht, S. 19 (22). Vertiefend zum Hooliganismus aus kriminologischer Perspektive: *Albrecht*, MschrKrim 2006, 158 (158 ff.). Zur Vertiefung aus soziologisch-historischer Perspektive: *Höfling*, in: *Höfling/Horst*, Sport und Gewalt, S. 3 (4 ff.). Vertiefend zum Phänomen der Gewalt im und um das Stadion: *Schild*, in: *Schild*, Rechtliche Aspekte, S. 63 (64 ff.).

15 http://mobil.ntv.de/sport/fussball/DFB-Sportrichter-Lorenz-steht-im-Fokus-article6289556.html, abgerufen am 28.05.2012.

16 *Höfling*, in: *Höfling/Horst*, Sport und Gewalt, S. 3 (6); *DSJ*, NKSS, S. 6. Diese und weitere statistische Angaben sind dem Jahresbericht 2010/2011 der polizeilichen Zentralen Informationsstelle Sporteinsätze (ZIS) zu entnehmen: http://www.polizei-nrw.de/lzpd/stepone/data/downloads/a0/00/00/10-11jahresbericht-oeffentlich.pdf, abgerufen am 26.10.2011.

17 In der Saison 2010/11 wurden darüber hinaus 6.061 freiheitsentziehende Maßnahme und 5.818 eingeleitete Strafverfahren festgestellt, http://www.polizei-nrw.de/lzpd/stepone/data/downloads/a0/00/00/10-11jahresbericht-oeffentlich.pdf, abgerufen am 26.10.2011.

18 http://www.polizei-nrw.de/lzpd/stepone/data/downloads/a0/00/00/10-11jahresbericht-oeffentlich.pdf,
abgerufen am 26.10.2011. Darunter wurden im Jahr 2006 2.195 Personen als besonders gewaltbereite Hooligans der sog. Kategorie - C eingestuft, *Albrecht*, MschrKrim

onverbote aus.[19] Im September 2011 waren insgesamt 2.576 bundesweite Stadionverbote in Kraft.[20] Nach Angaben der Polizeibehörden befinden sich unter den Anhängern der Vereine ca. 14.900 potenziell gewaltbereite Personen.[21]

Das auf das Jahr 1991 zurückgehende[22] bundesweite Fußball-Stadionverbot stellt ein zentrales Instrument dar, um solche Ausschreitungen einzudämmen.[23] Das Stadionverbot ist eine Ausprägung des zivilrechtlichen Hausrechtsschut-

---

2006, 158 (167). *Ruhs* spricht von 12.000 Fußballanhängern, die aktiv Gewalt suchen, *Ruhs*, Sicherheit und Ordnung, S. 1.

19 Insgesamt wurden in der Saison 2010 / 2011 11.900 Stadionverbots-Prüfverfahren eingeleitet, vgl. Jahresbericht ZIS: http://www.polizei-nrw.de/lzpd/stepone/data/downloads/a0/00/00/10-11jahresbericht-oeffentlich.pdf, abgerufen am 26.10.2011. Dies bedeutet, dass nur ca. 9,9 % der eingeleiteten Prüfverfahren mit einem Stadionverbot endeten, was verdeutlicht, dass die Vereine sorgfältig mit diesem Instrument umgehen. *Blumberg*, Stadionverbot, S. 65 gibt sogar an, dass jährlich ca. 2.000 Stadionverbote ausgesprochen werden. Die Anzahl der Stadionverbote nahm in den Jahren 2001 bis 2005 um ca. 1/3 zu, vgl. *Friedmann,* Polizei und Fans, S. 36.

20 Jahresbericht 2010 / 2011 der ZIS hervor: http://www.polizei-nrw.de/lzpd/stepone/data/downloads/a0/00/00/10-11jahresbericht-oeffentlich.pdf, abgerufen am 26.10.2011. *Hilpert* spricht sogar (ohne Quellenangabe) von 5.000 bundesweiten Stadionverboten, *Hilpert*, Fußballstrafrecht, IV. Rn. 10.

21 Im Folgenden werden die Fußballvereine zur sprachlichen Vereinfachung regelmäßig als „Vereine“ bezeichnet. Der Begriff Fußballvereine wird nur noch verwendet, soweit dies erforderlich ist, um die Bedeutung der Aussage klarzustellen.

22 Das Stadionverbot wurde ursprünglich eingeführt, um dem Hooligan-Problem Herr zu werden, *Klode*, Pyrotechnik und Stadionverbote, S. 2. Es geht auf die Arbeitsgruppe Nationales Konzept Sport und Sicherheit (NKSS) zurück, die nach dem Konzept der Sicherheitspartnerschaft eine sinnvolle Verantwortungsteilung zwischen Staat und Sport erarbeiten sollte, *Nolte*, in: *Höfling/Horst*, Sport und Gewalt, S. 37 (38 f.). Die Arbeitsgruppe nahm ihre Arbeit im Jahr 1991 auf und veröffentlichte ihre Ergebnisse in einem Bericht im April 1993: *DSJ*, NKSS, S. 1 ff. Vertiefend zur Historie der verschiedenen Maßnahmen im Bereich der Prävention und Sicherheit bei Fußballspielen: S. 13 f. des Sachstandsberichts der DFB-Stiftung Egidius-Braun: http://www.dfb.de/uploads/media/PuS_PuS_DFB__3_.pdf, abgerufen am 10.11.2011 und *Blumberg,* Stadionverbot, S. 5 ff.; *Schulz*, Kritische Analyse, S. 42 ff. Vertiefend zur Tätigkeit der Sicherheitskommission des DFB: *Hennes*, in: *Schild*, Rechtliche Aspekte, S. 1 (1 ff.).

23 *Breucker,* JR 2005, 133 (133); *Walker,* in: *Gödicke u.a.,* FS Schapp, S. 491 (491); *Orth,* Vereins- und Verbandstrafen, S. 135; *Kleiner*, in: *Arter/Baddeley*, Sport u. Recht, S. 19 (23); *Dippel,* Zivilrechtliche Haftung, S. 297. „Stadionverbote sollen dazu beitragen, Gefahren für die öffentliche Sicherheit oder Ordnung abzuwenden, insbesondere Gewalt zu dämpfen und Straftaten zu verhindern.“, NKSS 1992: 20; *Friedmann*, Polizei und Fans, S. 34.

zes.[24] Es untersagt dem betroffenen Zuschauer für einen festgelegten Zeitraum, den Stadionbereich zu betreten. Die „Richtlinien zur einheitlichen Behandlung von Stadionverboten" (im Folgenden: Stadionverbotsrichtlinie oder SVR) des DFB ermöglichen es, dieses Verbot auf alle Stadien der Fußball-Profivereine in Deutschland zu erstrecken (bundesweites Stadionverbot) und einheitliche Standards zu definieren.[25] Dies macht das Instrument des bundesweiten Stadionverbots einzigartig, denn in keinem anderen Bereich spricht ein Hausrechtsinhaber ein Hausverbot nicht nur für sich, sondern auch für andere aus.[26] Dies soll dazu beitragen, die Gefahren für die öffentliche Sicherheit und Ordnung abzuwenden und dadurch eine friedliche Stadionatmosphäre zu schaffen.[27]

Die Stadionverbotsrichtlinie des DFB regelt die Voraussetzungen und das Verfahren, um bundesweite Stadionverbote erteilen zu können. Sie soll die Stadionverbotspraxis bundesweit vereinheitlichen und den Interessenkonflikt zwischen den Vereinen und deren Fans lösen.[28] Sie bindet rechtlich nur die Fußballvereine und -verbände untereinander (Innenverhältnis) und wirkt im Verhältnis zwischen dem Verein und dem Zuschauer (Außenverhältnis) nicht unmittelbar.[29] Stattdessen liegt einem Stadionverbot zivilrechtlich ein Unterlassungsanspruch gemäß den §§ 858 ff., 903, 1004 BGB zugrunde.[30] Dennoch ist die Stadionverbotsrichtlinie des DFB sehr wichtig für die Praxis der Stadionverbote, weil sich

---

24 *BGH*, NJW 2010, 534 (535); *Walker/Klopp,* LMK 2010, 295984; *Gietl,* JR 2010, 50 (50); *Breucker,* JR 2005, 133 (133); *Ruhs*, Sicherheit und Ordnung, S. 19; *Haslinger*, Zuschauerausschreitungen, S. 29; *Klode*, Pyrotechnik und Stadionverbote, S. 79.

25 Vor Einführung der Stadionverbotsrichtlinie konnten lediglich örtliche Stadionverbote ausgesprochen werden, welche allerdings nicht geeignet waren, die in den 70er und 80er Jahren aufkommende Gewalt rund um den Fußball einzudämmen, *Blumberg*, Stadionverbot, S. 4. Anschließend schuf der DFB durch § 31 der Richtlinie zur Verbesserung der Sicherheit bei Fußballspielen die Möglichkeit, bundesweite Stadionverbote auszusprechen. Da die Vereine die Verhängung von Stadionverboten jedoch sehr unterschiedlich handhabten, führte der DFB-Ausschuss für Sicherheitsangelegenheiten zum 01. Juli 1993 die „Richtlinie zur einheitlichen Behandlung von Stadionverboten" (SVR) ein, *Blumberg*, Stadionverbot, S. 6.

26 *Orth/Schiffbauer*, RW 2011, 177 (179); *Blumberg*, Stadionverbot, S. 3.

27 *Blumberg*, Stadionverbot, S. 4.

28 *Marzahn*, ZJS 2010, 428 (430; *Orth/Schiffbauer*, RW 2011, 177 (181); *Klode*, Pyrotechnik und Stadionverbote, S. 78. Die Stadionverbotsrichtlinie ist im Internet abrufbar: http://www.dfb.de/uploads/media/Richtlinien_zur_einheitlichen_Behandlung_von_ Stadionverboten_Stand_Juli_2012.pdf, zuletzt abgerufen am 23.04.2013.

29 *BGH*, NJW 2010, 534 (536); *Walker*, in: *Gödicke u.a.,* FS Schapp, S. 491 (503); *Marzahn*, ZJS 2010, 428 (430); *Blumberg*, Stadionverbot, S. 18; *Klode*, Pyrotechnik und Stadionverbote, S. 79.

30 *BGH*, NJW 2010, 534 (536); *Breuker*, SpuRt 2010, 31 (31); *Breuker,* JR 2005, 133 (134); *Gietl,* JR 2010, 50 (50); *Breuker*, SpuRt 2005, 154 (154); *Dippel,* Zivilrechtliche Haftung, S. 303 f.; *Marzahn*, ZJS 2010, 428 (429).

die Stadionverbotsbeauftragten[31] der Vereine an ihren Vorgaben (im Außenverhältnis) orientieren können und (im Innenverhältnis) sogar müssen.[32]

Die Stadionverbotsrichtlinie bewertet das örtliche und bundesweite Stadionverbot nicht als staatliche Sanktion auf ein strafrechtlich relevantes Verhalten, sondern als privatrechtliche Präventivmaßnahme, um zukünftiges sicherheitsbeeinträchtigendes Verhalten zu vermeiden. Diese Gefahrenprognose bildet den sachlichen Grund für ein Stadionverbot. An sie sind keine überhöhten Anforderungen zu stellen, weil sportliche Großveranstaltungen besonders emotional aufgeheizt und gefährlich sind.[33]

Nach § 4 Abs. 3 SVR kann ein Stadionverbot sogar auf Tatsachen gestützt werden, die (nur) einen strafprozessualen Anfangsverdacht darstellen, ohne eine strafrechtliche Schuld nachweisen zu müssen.[34] Für diese Tatsachen sind die Vereine darlegungs- und beweisbelastet.[35] Da sie diese nicht selbst ermitteln können, dürfen sie auf die Ergebnisse der staatlichen Ermittlungsbehörden zurückgreifen.[36] Deswegen kann ein Stadionverbot grundsätzlich gemäß § 4 Abs. 3 SVR ausgesprochen werden, sobald gegen den Betroffenen ein Ermittlungsverfahren eingeleitet wird, das eines der dort genannten Regelbeispiele (sog. schwere Fälle) betrifft.

Als besonders problematisch erweisen sich Stadionverbote, die gegen alle Beteiligten einer gewalttätigen Gruppe ausgesprochen werden, wenn es zu Massenausschreitungen gekommen ist, ohne dass jedem einzelnen Gruppenmitglied ein konkreter Tatbeitrag nachgewiesen werden kann. Darüber hatte der Bundes-

---

31 Vgl. vertiefend zur Rolle der Stadionverbotsbeauftragten und der Bedeutung der Stadionverbotsrichtlinie: Kapitel 1C.III.1.b), S. 78 f.

32 *BGH*, NJW 2010, 534 (536); *Walker*, in: *Gödicke u.a.*, FS Schapp, S. 491 (503); *Marzahn*, ZJS 2010, 428 (430); *Blumberg*, Stadionverbot, S. 18.

33 *BGH*, NJW 2010, 534 (536). *Marzahn* zweifelt dies an, da die Gewaltdelikte bei Fußballspielen in der polizeilichen Kriminalstatistik nur einen sehr untergeordneten Raum einnehmen würden, vgl. *Marzahn*, ZJS 2010, 428 (431) m.w.N. Dies steht jedoch in klarem Widerspruch zu den Auswertungen der ZIS auf S. 3 ihres Jahresberichts 2010/2011: „Gewalttätige Ausschreitungen durch Fußballfans bewegen sich seit Jahren auf einem seit der Spielzeit 1999/2000 saisonal schwankenden, jedoch tendenziell konstant hohen Niveau.",http://www.polizei-nrw.de/lzpd/stepone/data/ downloads/a0/00/00/10-11jahresbericht-oeffentlich.pdf , abgerufen am 13.02.2012.

34 Vgl. vertiefend zur Diskussion über diese Regelung: Kapitel 2B, S. 114 ff.

35 *Breuker*, JR 2005, 133 (135) m.w.N.; *Blumberg*, Stadionverbot, S. 71. „Der Eigentümer muss alle dieser Gefahrenprognose zugrunde liegenden Tatsachen konkret und genau, insbesondere unter Angabe von Datum, Ort und Geschehensablauf darlegen", *Blumberg*, Stadionverbot, S. 23. Allgemein zur Darlegungs- und Beweislast bei § 1004 BGB: *Keukenschrijver*, in: *Dauner-Lieb u.a.*, NK-BGB, § 1004 BGB Rn. 157 m.w.N.

36 *Gietl*, JR 2010, 50 (51); *Breucker*, JR 2005, 133 (135); *Breuker*, SpuRt 2005, 154 (154); *Ruhs*, Sicherheit und Ordnung, S. 21; *Hilpert*, Fußballstrafrecht, IV. Rn. 11.

gerichtshof zu entscheiden.[37] Er bestätigte, dass bundesweite Stadionverbote auf die Zugehörigkeit zu einer gewalttätigen Zuschauergruppe gestützt werden können und bezeichnete die Stadionverbotsrichtlinie als „ein insgesamt um Ausgewogenheit bemühtes Regelwerk“.[38] Die Medien und Teile der juristischen Fachliteratur kritisierten ihn dafür scharf.[39] Die Diskussion über die Voraussetzungen des bundesweiten Stadionverbots ist durch dieses Urteil nicht abgeschlossen, sondern neu entfacht. Der unterlegene Fußballfan reichte am 14.12.2009 Verfassungsbeschwerde ein.[40] Das Bundesverfassungsgericht hat darüber noch nicht entschieden.[41]

Stark umstritten sind aber nicht nur die Anforderungen, die an ein Stadionverbot zu stellen sind, sondern auch die Rechtsfolgen und Folgeprobleme, die damit verbunden sind. Der Themenkomplex wirft Wechselwirkungen[42] und Fragen aus den unterschiedlichsten Rechtsgebieten auf unter anderem aus dem BGB Allgemeiner Teil, dem Schuldrecht, dem Gesellschaftsrecht, dem Verbandsrecht, dem Datenschutzrecht, dem Zivilprozessrecht, dem Strafrecht, dem Strafprozessrecht und dem öffentlichen Sicherheitsrecht. Dass die juristischen Fragestellungen vielfältig und bedeutsam sind, zeigt sich nicht nur darin, dass viele Fragen dogmatisch ungeklärt sind, sondern auch darin, dass in Rechtsprechung und Fachliteratur erhebliche Unsicherheiten über die derzeitige Stadionverbotspraxis bestehen.

---

37 *BGH*, Urt. v. 30.10.2009 – V ZR 253/08.

38 *BGH*, NJW 2010, 534 (536 f.). Ausnahmen erkennt der BGH nur an, wenn das Ermittlungsverfahren offensichtlich willkürlich oder aufgrund falscher Tatsachenannahmen eingeleitet wurde, *BGH*, NJW 2010, 534 (536); *Breuker*, SpuRt 2010, 31 (31).

39 Vgl. dazu vertiefend: Kapitel 2B.III.2, S. 124 ff.

40 Vgl. *Walker,* in: *Gödicke u.a.*, FS Schapp, S. 491 (493) m.w.N. Die Verfassungsbeschwerde wird beim 1. Senat des *BVerfG* unter dem AZ: 1 BvR 3080/09 geführt, vgl. *Blumberg*, Stadionverbot, S. 3.

41 Gegenstand der Verfassungsbeschwerde ist nur das Urteil des Bundesgerichtshofs vom 30.10.2009 als staatlicher Akt; dabei wird das Bundesverfassungsgericht nur spezifische Grundrechtsverstöße prüfen, vgl. *Orth/Schiffbauer*, RW 2011, 177 (213).

42 So auch der Titel des Aufsatzes von *Gietl,* JR 2010, 50 ff.: „Bundesweites Stadionverbot – Wechselwirkungen von Zivil-, Straf- und Öffentlichem Recht.“. Zustimmend: *Orth/Schiffbauer*, RW 2011, 177 (178). *Hilpert* konstatiert: „Gerade das Thema „Zuschauerausschreitungen und ihre Bekämpfung“ zeigt, dass im Sport heikle, komplexe Rechtsfragen auftreten, die auch daraus resultieren, dass das Sportrecht nicht einer klassischen Rechtsdisziplin zuzurechnen ist und, wie die abgehandelten Probleme zeigen, dem Zivil-, Straf-, Polizei- und öffentlichen Recht, Europa- und natürlich dem Sportrecht zuzuordnen sind.“, *Hilpert*, Fußballstrafrecht, IV. Rn. 14.

2. Zielsetzungen der Dissertation

Diese Dissertation verfolgt vor diesem Hintergrund vier Zielsetzungen.

1. Zielsetzung: Gesamtdarstellung der Thematik

Sie will erstmalig die Thematik der bundesweiten Stadionverbote und die daraus resultierenden Rechtsprobleme umfassend darstellen. Eine solche wissenschaftliche Gesamtdarstellung existiert bisher nicht.[43] Nach Abgabe dieser Arbeit veröffentlichte *Viola Klode* ihre Dissertation zum Thema „Pyrotechnik und Stadionverbote aus der Perspektive der Ultras".[44] Diese behandelt die Thematik der Stadionverbote rechtlich jedoch nur auf 15 Seiten.[45] Sie enthält zudem keine neuen Lösungen der rechtlichen Probleme, die mit einem Fußball-Stadionverbot verbunden sind.[46] Der Tagungsband „Zuschauer als Störer"[47] stellte im Jahr 2010 zwar vertieft einzelne Teilfragen dar, jedoch als Sammelband einzelner Vorträge ohne systematischen Zusammenhang. Auch die im Januar 2012 veröffentlichte Masterarbeit „Stadionverbot – rechtliche Betrachtung eines zivilrechtlichen Instruments" befasst sich lediglich mit einzelnen Teilfragen, versucht allerdings erstmals systematische Zusammenhänge (im Überblick) aufzuzeigen.[48] Die rechtlichen Probleme werden jedoch nicht vertieft herausgearbeitet, geschweige denn einer begründeten, eigenen Lösung zugeführt. Die Masterarbeit befasst sich zudem nicht mit den zahlreichen Folgeproblemen, die sich aus einem bundesweiten Stadionverbot ergeben.

Diese Dissertation setzt sich deswegen als primäres Ziel, erstmalig einen vertieften und systematischen Gesamtüberblick zu geben über alle Rechtsfragen, die sich im Zusammenhang mit (bundesweiten) Stadionverboten stellen. Ihre Ergebnisse sollen zugleich verallgemeinert und auf den zivilrechtlichen Hausrechtsschutz übertragen werden können. Neben diesem wissenschaftlich-akademischen Anspruch darf der konkrete Bezug zur Praxis nicht vergessen werden. Deswegen fließen in diese Arbeit auch die Erfahrungen des Bearbeiters als langjähriger Fußballfan, als Präsident eines Fußballfanclubs und als Berater eines Fußball-Profivereins in Stadionverbotsfragen ein.

---

43 Dies stellen auch *Orth/Schiffbauer*, RW 2011, 177 (178) fest und unternehmen auf 40 Seiten einen ersten Versuch, diese Lücke zu schließen.

44 *Klode*, Pyrotechnik und Stadionverbote, Holzkirchen/Obb.

45 *Klode*, Pyrotechnik und Stadionverbote, S. 77-92.

46 *Klode* beschränkt sich als Ergebnis ihrer Interview-Studie darauf, Lösungsansätze zum modifizierten Umgang mit Stadionverboten aufzuzeigen, ohne eigene Lösungen für die rechtlichen Probleme des Stadionverbots zu entwickeln, vgl. *Klode*, Pyrotechnik und Stadionverbote, S. 147 ff.

47 *Kauerhof u.a.*, Zuschauer als Störer, Leipzig 2010.

48 *Blumberg*, Stadionverbot, München 2012.

2. Zielsetzung: Wissenschaftlicher Beitrag zu aktuellen Rechtsfragen

Diese Dissertation will sich nicht darauf beschränken, einen wissenschaftlichen Beitrag dadurch zu leisten, dass erstmals der aktuelle Streitstand umfassend aufgezeigt und wesentliche Problemkreise systematisiert werden. Sie will darüber hinaus einen eigenen Beitrag zu aktuellen Rechtsfragen leisten und zu neuen Lösungsansätzen anregen. Die Schwerpunkte dieser Arbeit lassen sich in sechs Kernfragen zusammenfassen:

1. Wie ist das bundesweite Fußballstadionverbot dogmatisch zu begründen?
2. Welche Voraussetzungen und Grenzen bestehen für ein bundesweites Fußball-Stadionverbot? Sind künftige Störungen bereits dann zu besorgen, wenn gegen den Zuschauer ein strafprozessualer Anfangsverdacht besteht, der durch die Einleitung eines Ermittlungsverfahrens bewiesen werden kann?
3. Ist die Stadionverbotsrichtlinie des DFB „ein um Ausgewogenheit bemühtes Regelwerk“?
4. Ist die Problematik der gegenseitigen Ermächtigung der Vereine zum Ausspruch des Stadionverbots in Bezug auf die materiell-rechtliche Aktivlegitimation und die prozessuale Passivlegitimation rechtsgeschäftlich oder gesellschaftsrechtlich zu lösen?
5. Welche Rechtsfolgen resultieren aus dem Ausspruch eines bundesweiten Stadionverbots?
6. Werden die bestehenden Rechtsschutzmöglichkeiten gegen bundesweite Fußball-Stadionverbote rechtsstaatlichen Anforderungen gerecht?

3. Zielsetzung: Untersuchung der Regelbeispiele zur Verhängung von Stadionverboten

Weder der Bundesgerichtshof noch die bisher veröffentlichte Literatur haben sich bisher mit der Frage auseinandergesetzt, „ob alle [in § 4 Abs. 3, Abs. 4 der Stadionverbotsrichtlinie] genannten Fälle wirklich ein Stadionverbot rechtfertigen“[49]. Der Bundesgerichtshof beschränkte sich auf die Aussage, dass die Stadionverbotsrichtlinie „ein insgesamt um Ausgewogenheit bemühtes Regelwerk“[50] darstelle, so dass ein den Richtlinien gemäß verhängtes Verbot im Regelfall nicht willkürlich sei. „Auch wenn die Stadionverbotsrichtlinie um Ausgewogenheit bemüht ist, gilt es konkret zu überprüfen, ob jeder aufgeführte Grund der

---

49 *Walker*, in: *Gödicke u.a.*, FS Schapp, S. 491 (496). Dies wird in der öffentlichen Wahrnehmung oft bezweifelt, *Blumberg*, Stadionverbot, S. 45 m.w.N.

50 *BGH*, NJW 2010, 534 (536).

Stadionverbotsrichtlinie die gesetzlichen Anforderungen erfüllt".[51] Diese Frage wurde in der bisherigen Literatur des Öfteren aufgeworfen, ohne sie jedoch nachhaltig zu beantworten. Dies will diese Arbeit nachholen, indem alle 19 Regelbeispiele, die in der Stadionverbotsrichtlinie als sachlicher Grund für ein bundesweites Stadionverbot genannt sind, darauf überprüft werden, ob sie mit den zivilrechtlichen Vorgaben aus §§ 858 ff, 903, 1004 BGB zu vereinbaren sind.

4. Zielsetzung: Aufzeigen von Reformbedarf

Sowohl die 2. Zielsetzung (Beitrag zu aktuellen Rechtsfragen) als auch die 3. Zielsetzung (Überprüfung der Regelbeispiele) sollen in konkrete Reformvorschläge für die Stadionverbotsrichtlinie des DFB münden, die die rechtlichen Probleme zutreffend lösen, den Bedürfnissen der Praxis gerecht werden und zugleich die Interessen aller Beteiligten ausgleichen. Zuletzt wurde die Stadionverbotsrichtlinie am 30.06.2011 reformiert.[52]

II. Die Funktionsweise des bundesweiten Stadionverbots und Gang der Darstellung

Die Einzelprobleme des Stadionverbotes sollen im Folgenden systematisch in ihrem Gesamtkontext dargestellt werden, da dieser die Gliederung der Arbeit prägt. Um die Funktionsweise des bundesweiten Stadionverbots nachvollziehen und dadurch die Einzelprobleme besser verstehen zu können, sollen dabei überblicksartig bereits die wesentlichen Ergebnisse dieser Arbeit vorweggenommen

---

51 *Blumberg*, Stadionverbot, S. 45. *Blumberg* widerspricht sich jedoch, denn an späterer Stelle lehnt er es ab, die Regelbeispiele des § 4 Abs. 3, Abs. 4 SVR näher zu untersuchen, da diese im Außenverhältnis ohnehin nicht verbindlich seien, *Blumberg*, Stadionverbot, S. 52.

52 Die Richtlinie wurde im Nachgang zum Fankongress im Juni 2007 auf Grundlage eines Positionspapiers der Faninitiative „IG Unsere Kurve" im Jahre 2007/2008 intensiv überprüft und trat zum 31.03.2008 stark reformiert in Kraft, vgl. *Immerheiser,* in: *Kauerhof u.a.*, Zuschauer als Störer, S. 21 (26); *Blumberg*, Stadionverbot, S. 7; *Hilpert*, Fußballstrafrecht, IV. Rn. 8. Zwischenzeitlich ist eine erneut leicht überarbeitete Fassung vom 30.06.2011 in Kraft. – Die Bestrebungen für ein europaweites Stadionverbot dürften als gescheitert anzusehen sein, vgl. *Breuker,* SpuRt 2005, 154 (154); *Blumberg*, Stadionverbot, S. 17. (Vertiefend zu diesen Bestrebungen: *Siekmann*, in: *Walker*, Hooliganismus, S. 61 (75 ff.); *Albrecht*, MschrKrim 2006, 158 (159 ff.); *Haslinger*, Zuschauerausschreitungen, S. 228). Europaweit wurden im Jahr 2008 ca. 8000 Stadionverbote verhängt, vgl. *Kleiner*, in: *Arter/Baddeley*, Sport u. Recht, S. 19 (24).

werden, wobei die wissenschaftliche Herleitung und Begründung nebst Nachweisen den einzelnen Kapiteln vorbehalten bleibt.

1. Kapitel: Grundlagen und Funktionsweise des bundesweiten Stadionverbots

Das bundesweite Stadionverbot stellt eine überwiegend präventive Maßnahme dar, die ihre Grundlage im Hausrecht findet. Es handelt sich um ein Betretungsverbot, das zivilrechtlich auf einen Unterlassungsanspruch gemäß den §§ 1004 Abs. 1 S. 2, 862 Abs. 1 S. 2 BGB gestützt wird. Dieses dient dazu, die (künftige) Sicherheit von Fußballspielen zu gewährleisten. Das Stadionverbot wird trotz dieser objektiv präventiven Wirkung von dem Betroffenen als Repression wahrgenommen, da dadurch zugleich sein allgemeines Persönlichkeitsrecht beeinträchtigt wird. Denn für jeden Fußballfan ist es von großer Bedeutung, das Fußballstadion besuchen und seine sozialen Kontakte zu anderen Fußballfans pflegen zu können. Diese Situation einer objektiv präventiven Wirkung, die subjektiv repressiv wahrgenommen wird, ist jedoch keine Besonderheit des Stadionverbotes, sondern jedem zivilrechtlichen Unterlassungsanspruch immanent. Als Folge dieser Einordnung lässt sich festhalten, dass die rechtsstaatliche Unschuldsvermutung nicht gilt und das Stadionverbot auch nicht gegen Art. 92 GG verstößt.

Obwohl die Ausübung des Hausrechtes wegen der negativen Vertragsfreiheit grundsätzlich frei ist, können die Vereine ein Stadionverbot nur dann aussprechen, wenn sie einen sachlichen Grund dafür darlegen und beweisen können. Dies ist darauf zurückzuführen, dass die Vereine einem Kontrahierungszwang unterliegen. Dieser lässt sich auf zwei Gesichtspunkte stützen:

Erstens ist der Besuch eines Fußballstadions als „lebensnotwendiges Gut" anzusehen. Es ist anerkannt, dass der Kontrahierungszwang im Rahmen der soziokulturellen Teilhabe besteht. Dies ist ähnlich wie der Besuch von Museen und Badeanstalten auch für den Besuch eines Fußballstadions anzuerkennen. Dies ist vor allem auf die soziale Teilnahme des Fußballfans an der Fankultur zurückzuführen.

Zweitens ist der Kontrahierungszwang auch über die mittelbare Drittwirkung der Grundrechte anzuerkennen, die über die Generalklauseln in das Zivilrechtsverhältnis ausstrahlen. Denn die Vereine eröffnen grundsätzlich jedermann den Zugang zu ihrem Fußballstadion. Dann müssen sie aber auch den Gleichbehandlungsgrundsatz und das allgemeine Persönlichkeitsrecht des Zuschauers beachten, wenn sie diesem den Zugang zu ihrem Stadion verwehren wollen.

Wenn man die Anforderungen an diesen sachlichen Grund als Ausnahme von dem Kontrahierungszwang näher konkretisiert, ist zu unterscheiden zwischen dem Innen- und dem Außenverhältnis. Im Innenverhältnis zwischen den Vereinen untereinander und zum DFB sowie zur DFL gilt ausschließlich die Stadionverbotsrichtlinie des DFB. Im Außenverhältnis zwischen dem aussprechenden Verein und dem Betroffenen sind ausschließlich die Vorgaben des staatlichen Rechtes gemäß den §§ 1004 Abs. 1 S. 2, 862 Abs. 1 S. 2 BGB maßgeblich. Dennoch wird die Praxis durch die Vorgaben des Verbandsinnenrechtes geprägt. Dies ist darauf zurückzuführen, dass die Stadionverbotsbeauftragten der Vereine in der Regel Rechtslaien sind und sich diese besser an den konkreteren Vorgaben der Stadionverbotsrichtlinie des DFB als an den abstrakt-generellen Regelungen des gesetzlichen Unterlassungsanspruches orientieren können. Außerdem kann nur dadurch gewährleistet werden, dass jeder Verein bundesweit einheitliche Anforderungen an das Stadionverbotsverfahren und an die Voraussetzungen eines bundesweiten Stadionverbots stellt. Vor diesem Hintergrund ist es besonders wichtig, die verbandsinnenrechtlichen Regelungen darauf zu überprüfen, ob sie mit den Vorgaben der staatlichen Rechtsordnung in Einklang stehen.

Vor Ausspruch eines bundesweiten Stadionverbotes sind die Vereine gegenüber dem Betroffenen hinsichtlich der Tatbestandsvoraussetzungen des gesetzlichen Unterlassungsanspruches darlegungs- und beweisbelastet. Problematisch ist hier insbesondere die Wiederholungsgefahr. Diese besteht nur, wenn die Vereine objektive Tatsachen darlegen können, die die Gefahr begründen, dass der Betroffene künftig Fußballveranstaltungen stören wird. Welche Anforderungen konkret an das dazu erforderliche Tatsachenmaterial zu stellen sind, ist stark umstritten. Dies ist durch eine verfassungskonforme Auslegung der §§ 1004 Abs. 1 S. 2, 862 Abs. 1 S. 2 BGB zu lösen. Dazu sind im Wege einer praktischen Konkordanz die widerstreitenden Grundrechtspositionen gegeneinander abzuwägen:

Auf der einen Seite streiten zugunsten des Betroffenen das allgemeine Persönlichkeitsrecht und der Gleichbehandlungsgrundsatz, auf der anderen Seite die negative Vertragsfreiheit und das Hausrecht der Vereine sowie die Gesundheit und das Leben der übrigen Zuschauer. Wägt man diese Grundrechtspositionen gegeneinander ab, ist ein Vorrang der Sicherheitsinteressen zu erkennen. Deswegen sind keine überhöhten Anforderungen an das Tatsachenmaterial als Grundlage des zivilrechtlichen Unterlassungsanspruchs zu stellen. Dies ist damit zu begründen, dass das Stadionverbot dem Schutz besonders hochwertiger Rechtsgüter zu dienen bestimmt ist, nämlich der Gesundheit und dem Leben in seinem Kernbereich. Darüber hinaus ist mit bis zu 80.000 Zuschauern in einem

Fußballstadion eine hohe Anzahl von Rechtsgutsträgern betroffen. Demgegenüber ist durch das Stadionverbot nur ein Einzelner berührt, zudem auch nur in der am geringsten geschützten Sozialsphäre seines allgemeinen Persönlichkeitsrechts. Dieses Ergebnis von weniger strengen Anforderungen an ein Stadionverbot ist auch systematisch zutreffend. Dies ist damit zu begründen, dass den Vereinen gegenüber den anderen Zuschauern Verkehrssicherungspflichten obliegen. Wenn die staatliche Rechtsordnung aber solche Verkehrssicherungspflichten an die Vereine stellt, muss sie ihnen auch zugleich Mittel wie das Stadionverbot effektiv zur Seite stellen, um diese Pflichten erfüllen zu können.

Als Ergebnis dieser Grundrechtsabwägung ist im Wege der verfassungskonformen Auslegung festzuhalten, dass die Vereine ein bundesweites Stadionverbot auf diejenigen Tatsachen stützen können, die die Polizei oder Staatsanwaltschaft veranlasst haben, ein strafprozessuales Ermittlungsverfahren gegen den Betroffenen einzuleiten. Darin ist auch kein Verstoß gegen § 286 ZPO zu erkennen, weil das zivilprozessuale Beweismaß nicht über die Anforderungen des materiellen Rechtes hinausgehen darf. Deswegen können die Vereine auf die Tatsachen zurückgreifen, die die Szenekundigen Beamten der Polizei ihnen übermittelt haben. Dies verstößt auch nicht gegen das Datenschutzrecht, da die Polizei dadurch zugleich eigene Sicherheitsaufgaben wahrnimmt. Allerdings müssen die Vereine die ihnen übermittelten Tatsachen darauf überprüfen, ob sie im konkreten Einzelfall tatsächlich eine Wiederholungsgefahr im Sinne des Unterlassungsanspruchs begründen. Nur durch ein solches sorgfältiges Stadionverbotsverfahren können die Grundrechtspositionen des Betroffenen ausreichend gewahrt werden. Wichtig ist auch zu erkennen, dass sich an der Qualität der Tatsachen als Grundlage für die Wiederholungsgefahr nichts dadurch ändert, dass die Staatsanwaltschaft später das Ermittlungsverfahren gemäß den §§ 153, 153a StPO einstellt. Denn dadurch werden der strafprozessuale Anfangsverdacht und die daran anknüpfende zivilrechtliche Gefahrenprognose weder be- noch entkräftet.

Besonders problematisch sind Stadionverbote im Zusammenhang mit Gruppenausschreitungen, die der Bundesgerichtshof in seiner Entscheidung vom 30.10.2009 grundsätzlich billigte. Dies ist auf erhebliche Kritik gestoßen, was im Wesentlichen darauf zurückzuführen ist, dass der Bundesgerichtshof es versäumte, hinreichend konkrete Anforderungen für solche Stadionverbote zu definieren. Dies sollte anhand der allgemeinen Methodenlehre und insbesondere anhand der Wertung aus § 830 Abs. 1 S. 2 BGB nachgeholt werden.

Danach lässt sich ein bundesweites Stadionverbot im Zusammenhang mit Gruppenausschreitungen nur bei Vorliegen der folgenden Voraussetzungen aussprechen:

1. Es muss sich um eine gewalttätige Gruppe handeln.
2. Von dieser Gruppe muss kausal eine Gefährdung für die öffentliche Sicherheit ausgehen.
3. Der Betroffene muss der Gruppe freiwillig zugehören. Dies wird vermutet, wenn er ihr auch rechtlich zugehört, sofern es sich um eine rechtlich (beispielsweise als Fanclub) organisierte Gruppe handelt.
4. Der Betroffene muss sich aktiv und rechtswidrig an den Ausschreitungen beteiligen. Dies wird tatsächlich vermutet, wenn er sich zu Beginn der Ausschreitungen nicht räumlich von der Gruppe distanziert.

In diesen Kriterien liegt auch kein Verstoß gegen Art. 5 Abs. 1 GG. Denn der Zusammenschluss von mehreren Fußballfans erfüllt grundsätzlich nicht die Anforderungen des engen Versammlungsbegriffes, weil die Fußballfans meistens nicht den gemeinsamen Zweck einer öffentlichen Meinungskundgabe verfolgen. Jedenfalls ist der Schutz der Demonstrationsfreiheit dann versagt, wenn die Versammlung gewalttätig wird.

3. Kapitel: Die DFB Stadionverbotsrichtlinie – „Ein um Ausgewogenheit bemühtes Regelwerk"?

Das 3. Kapitel vervollständigt die Untersuchung, welche Anforderungen an den Sachgrund für ein bundesweites Stadionverbot zu stellen sind. Hierzu werden alle Regelbeispiele des Kataloges in § 4 SVR darauf überprüft, ob sie mit den zivilrechtlichen Anforderungen vereinbar sind, die im 2. Kapitel herausgearbeitet wurden.

Dass der Richtliniengeber in § 4 SVR Regelbeispiele verwendet, um den zivilrechtlichen Sachgrund für ein bundesweites Stadionverbot näher zu bestimmen, ist grundsätzlich nicht zu beanstanden. Die Regelwirkung der Straftatbestände des § 4 Abs. 3 SVR setzt aber voraus, dass der jeweilige Strafzweck zumindest auch dazu bestimmt ist, das Hausrecht und die Fußballveranstaltung zu schützen. Davon sind das Eigentum und der Besitz der Fußballvereine, ihrer Organe und Angestellten sowie die Gesundheit, das Leben, das Eigentum und der Besitz der übrigen Stadionbesucher erfasst.

Die Stadionverbotsrichtlinie des DFB wird diesen Anforderungen grundsätzlich gerecht. Der Bundesgerichtshof bezeichnet sie deswegen zutreffend als „ein um Ausgewogenheit bemühtes Regelwerk". Aller Bemühungen zum Trotz ist die Stadionverbotsrichtlinie in einigen Regelungen zu reformieren. Dies verdeutlichen exemplarisch die Regelbeispiele des § 4 Abs. 3 SVR: Einige sind (ganz oder teilweise) zu streichen, andere sind zu ergänzen oder systematisch neu zu verorten. Darüber hinaus sollte § 4 SVR klarstellen, dass auch der Versuch einer Straftat ein Regelbeispiel darstellen kann. Zudem ist für die Praxis der Stadionverbotsbeauftragten deutlicher hervorzuheben, dass das Kausalitätskriterium und die Besorgnis künftiger Störungen im Einzelfall maßgeblich bleiben.

4. Kapitel Die bundesweite Wirkung des Stadionverbots

Seine bundesweite Wirkung erzielt ein Stadionverbot aus folgenden Gründen: Jedem der 111 Profi-Fußballvereine in der Bundesrepublik sowie dem DFB und der DFL steht ein eigener Unterlassungsanspruch zu, auch wenn der Störer nur die Sicherheit in einem einzigen Stadion beeinträchtigt hat. Dies ist mit dem präventiven Charakter des Unterlassungsanspruches zu begründen. Dies bedeutet, dass jeder Verein und der DFB sowie die DFL einen Anspruch aus §§ 1004 Abs. 1 S. 2, 862 Abs. 1 S. 2 BGB geltend machen können, wenn sich aus den Tatsachen, die die Grundlage der Wiederholungsgefahr bilden, ergibt, dass ein kausaler Zusammenhang der Störung zu einer Fußballveranstaltung besteht. Dieser kausale Zusammenhang bewirkt, dass sich die Wiederholungsgefahr auf das gesamte Gebiet der Bundesrepublik erstreckt, auch auf solche Stadien, die der Betroffene möglicherweise noch niemals betreten hat. Die Vereine sind sowohl verbands- als auch gesellschaftsrechtlich dazu verpflichtet, ihren jeweiligen Unterlassungsanspruch bundesweit gegen den Störer durchzusetzen. Diese Verpflichtung ergibt sich vor allem aus der Mustererklärung, die die Vereine jährlich im Lizenzierungsverfahren abgeben müssen. In dieser Mustererklärung erkennen sie ausdrücklich die Stadionverbotsrichtlinie des DFB an und verpflichten sich, bei Vorliegen von dessen Voraussetzungen bundesweit einheitlich ihre jeweiligen Unterlassungsansprüche gegen den Störer geltend zu machen.

Darin ist nach der vorzugswürdigen gesellschaftsrechtlichen Lösung zugleich auch die Gründung einer „Stadionverbots-GbR" zu sehen. Diese hat den Zweck, das bundesweite Stadionverbot einheitlich um- und durchzusetzen und die Liste des DFB über alle bundesweit gültigen Stadionverbote zu verwalten. Da die Ansprüche aus den §§ 1004, 862 BGB nicht abtretbar sind und damit nicht in das Gesellschaftsvermögen übergehen können, tritt die „Stadionverbots-GbR" zugleich als materiell-rechtlich Bevollmächtigte und als prozessuale Prozessstandschafterin der Vereine auf.

Als Argument für diese gesellschaftsrechtliche Lösung lässt sich vor allem der Wortlaut der Mustererklärung anführen, der die Vereine als „Teilnehmer" bezeichnet. Dieser Begriff setzt voraus, dass es einen übergeordneten Verbund gibt, nämlich die „Stadionverbots-GbR". Dem Zustandekommen des Gesellschaftsvertrages steht nicht entgegen, dass die Mustererklärungen den Vereinen nicht gegenseitig, sondern nur dem DFB zugehen. Der Zugang der Annahmeerklärungen ist gemäß § 151 BGB entbehrlich, weil der DFB die Vereine informiert, sobald ihm alle Mustererklärungen vorliegen. Jedenfalls ist unter diesen Umständen ein gegenseitiger Zugang nach der Verkehrssitte nicht zu erwarten. Darüber hinaus besteht sowohl aus Sicht des Betroffenen als auch aus Sicht der Vereine ein erhebliches praktisches Bedürfnis daran, durch die Gründung einer „Stadionverbots-GbR" gerichtlichen Rechtsschutz gegen einen einheitlichen Klagegegner zu ermöglichen.

Nach dieser gesellschaftsrechtlichen Lösung stellt sich in zweifacher Hinsicht die Problematik des § 174 BGB, nämlich zum einen bei der rechtsgeschäftlichen Bevollmächtigung der Vereine an die „Stadionverbots-GbR" und zum anderen bei der gesellschaftsrechtlichen Einzelvertretungsmacht der „Stadionverbots-GbR" an den Verein, der das Stadionverbot gegenüber dem Störer ausspricht. In der Vergangenheit haben einzelne Instanzgerichte das Stadionverbot deswegen als unwirksam angesehen, weil die „Stadionverbots-GbR" dem Stadionverbotsschreiben nicht die nach § 174 BGB notwendigen 113 Originalvollmachten beifügen kann. Dies würde einen unverhältnismäßigen Bürokratieaufwand bedeuten. Auf diese Rechtsprechung hat der DFB jedoch reagiert, indem er in das Musterstadionverbotsschreiben einen Internetlink aufgenommen hat, aufgrund dessen der Betroffene alle Vollmachten im Original im Internet einsehen kann. Seitdem besteht sowohl in der instanzgerichtlichen Rechtsprechung als auch in der Literatur weitgehend Einigkeit darüber, dass § 174 BGB der aktuellen Stadionverbotspraxis nicht mehr entgegensteht.

Allerdings sind die dazu bisher vorgeschlagenen dogmatischen Lösungen nicht überzeugend. Sie lassen den Gesetzeswortlaut außer Acht. Der Ausspruch eines bundesweiten Stadionverbots stellt bereits kein Rechtsgeschäft im Sinne des § 174 BGB dar, da damit keine eigene Willenserklärung der Vereine oder der „Stadionverbots-GbR" verbunden ist. Vielmehr bestehen die materiellrechtlichen Unterlassungsansprüche unabhängig davon, ob dem Betroffenen ein Informationsschreiben über das bundesweite Stadionverbot übersendet wird. Zwar ist anerkannt, dass § 174 S. 1 BGB analog auf rechtsgeschäftsähnliche Handlungen anzuwenden ist, allerdings stellt der Ausspruch eines bundesweiten Stadionverbots auch keine solche rechtsgeschäftsähnliche Handlung dar. Dies würde voraussetzen, dass mit dem Ausspruch des Stadionverbots die Setzung einer Rechtsfolge verbunden ist. Daran fehlt es jedoch, da das Stadionverbotsschreiben den Betroffenen lediglich darüber informiert, dass gegen ihn bundesweit 113 Unterlassungsansprüche bestehen. Jedenfalls liegt keine vergleichbare Interessenlage vor, weil der Betroffene nicht vergleichbar schutzbedürftig ist, da er die Vollmachten im Original im Internet einsehen kann.

5. Kapitel: Rechtsfolgen des bundesweiten Stadionverbots

Wegen der Duldungspflicht aus § 1004 Abs. 2 BGB stellt sich die Frage, inwiefern die Vereine zugleich mit Ausspruch des Stadionverbotes einen etwaig mit dem Störer bestehenden Zuschauervertrag beenden können. Dies ist ihnen über die wirksame Einbeziehung von Allgemeinen Geschäftsbedingungen möglich. Anderenfalls können sie gemäß § 324 BGB von einem Tageskartenvertrag zurücktreten oder einen Dauerkartenvertrag gemäß § 314 Abs. 1 BGB kündigen. Dabei können sie sich auf die gleichen Tatsachen berufen, die sie auch zum Ausspruch des Stadionverbotes herangezogen haben. Denn durch diese Tatsachen wird ersichtlich, dass der Betroffene die Sicherheit einer Fußballveranstaltung gefährdet und dadurch das Hausrecht der Vereine beeinträchtigt hat. Darin ist zugleich eine nebenvertragliche Pflichtverletzung zu sehen, die das Vertrauensverhältnis zwischen dem Störer und den Vereinen nachhaltig erschüttert. Die Rücktritts- bzw. Kündigungserklärung ist spätestens konkludent darin zu sehen, dass die Vereine dem Betroffenen den Zutritt zu ihrem Stadion verweigern.

Der Betroffene kann mit den Vereinen während der Dauer des Stadionverbots auch keine neuen Zuschauerverträge abschließen, weder selbst noch über Dritte. Denn aus dem maßgeblichen objektiven Empfängerhorizont des Betroffenen will sich während der Dauer des Stadionverbotes kein Verein mit ihm rechtlich binden. Sollten den Vereinen durch die Störung Schäden entstanden sein, können sie diese unter den Voraussetzungen der §§ 280 Abs. 1, 830 Abs. 1 BGB ersetzt verlangen.

Darüber hinaus strahlt das Stadionverbot in weite Teile der Rechtsordnung aus und zieht vielfältige Rechtsfolgen nach sich. Hier ist insbesondere die nach § 28 Abs. 1 BDSG zulässige Speicherung in der Stadionverbotsliste des DFB und die nach dem BKAG zulässige Speicherung in der öffentlich-rechtlichen Datei „Gewalttäter Sport“ zu nennen. Verstößt der Betroffene gegen das Stadionverbot macht er sich wegen Hausfriedensbruchs strafbar und muss zudem mit weiteren gefahrenabwehrrechtlichen Maßnahmen der Polizei rechnen.

6. Kapitel: Rechtschutz gegen Stadionverbote

Aus prozessualer Sicht stellt sich das Problem, dass der Betroffene in die Rolle des Klägers gedrängt wird. Dies ist darauf zurückzuführen, dass die Vereine faktisch ihre Unterlassungsansprüche, also das bundesweite Stadionverbot, dadurch durchsetzen können, dass sie dem Betroffenen den Zutritt zu ihrem Stadion verweigern. Dies ist für sich betrachtet nicht zu beanstanden, sondern vielmehr auf die Monopolstellung der Vereine hinsichtlich des Live-Erlebnisses des Fußballspiels im Stadion zurückzuführen. Allerdings wird der Betroffene dadurch gezwungen, selbst gerichtlichen Rechtsschutz in Anspruch zu nehmen.

Er muss mit primärem Rechtsschutzziel durch Leistungsklage gegen die „Stadionverbots-GbR“ vorgehen und diese darauf richten, den Anschein der bundesweiten Wirksamkeit des Stadionverbots, also den Anschein des Bestehens von 113 Unterlassungsansprüchen, zu beseitigen. Richtiger Klagegegner ist dabei die „Stadionverbots-GbR“, weil sie diesen Anschein der bundesweiten Wirksamkeit selbst hervorruft, indem sie das Stadionverbotsschreiben übersendet und die Eintragung in der Stadionverbotsliste des DFB veranlasst. Jedenfalls tritt sie als Prozessstandschafterin der 113 Unterlassungsgläubiger auf. Eine solche Leistungsklage hat mit der Beseitigung des Anscheins der bundesweiten Wirksamkeit und Bewirkung der Löschung des Stadionverbots aus der Stadionverbotsliste des DFB einen vollstreckungsfähigen Inhalt. Sie bietet deswegen einen effektiveren Rechtsschutz als 113 negative Feststellungsklagen gegen die einzelnen Vereine, denen deswegen das Rechtsschutzbedürfnis zu versagen ist. Materiell-rechtlich stützt der Betroffene seine Leistungsklage auf einen Beseitigungsanspruch aus § 1004 Abs. 1 S. 1 BGB (analog) in Verbindung mit seinem allgemeinen Persönlichkeitsrecht.

Allerdings ist mit dieser prozessualen Situation eine unbillige Verlagerung der Darlegungs- und Beweislast auf den Betroffenen verbunden. Denn vor Ausspruch des bundesweiten Stadionverbotes mussten noch die Vereine, vertreten durch die „Stadionverbots-GbR“, die Rechtmäßigkeit des Stadionverbots, also die Tatsachen darlegen und beweisen, die die Grundlage für die Wiederholungsgefahr und die Ausnahme von dem Kontrahierungszwang bilden. Nunmehr nach Ausspruch des bundesweiten Stadionverbots muss der Betroffene einen Beseitigungsanspruch im Wege der Leistungsklage durchsetzen. Dabei trägt er die Darlegungs- und Beweislast für die Tatbestandvoraussetzungen dieses Beseitigungsanspruches. Er muss darlegen und beweisen, dass sein allgemeines Persönlichkeitsrecht durch die Rechtswidrigkeit des Stadionverbots beeinträchtigt wird. Diese Verlagerung der Darlegungs- und Beweislast auf den Betroffenen ist deswegen unbillig, weil sie alleine darauf zurückzuführen ist, dass die Vereine und Verbände eine bundesweite Wirkung des Stadionverbots durch verbandsinnenrechtliche Regelungen erzeugt haben. Zudem besteht eine Missbrauchsgefahr, da die Vereine sich ihrer Darlegungs- und Beweislast hinsichtlich ihrer Unterlassungsansprüche bereits dadurch entledigen können, dass sie ein bundesweites Stadionverbot aussprechen.

Dieser unbilligen prozessualen Situation des Betroffenen ist durch die Grundsätze der sekundären Darlegungslast zu entgegnen. Nunmehr muss die „Stadionverbots-GbR“ als Vertreterin der Vereine die Rechtmäßigkeit des bundesweiten Stadionverbots substantiiert darlegen. Anderenfalls droht ihnen die Wirkung des § 138 Abs. 3 ZPO. Gleichzeitig ist dem Betroffenen zu raten, sich in dem parallel laufenden Ermittlungs- und Strafverfahren aktiv zu verteidigen, da dies positive Rückschlüsse auf das Zivilverfahren zulässt.

7. Kapitel: Ausblick und Ergebnis

Insgesamt lässt sich die Stadionverbotsrichtlinie des DFB als „ein um Ausgewogenheit bemühtes Regelwerk“ bezeichnen. Dennoch besteht punktueller Reformbedarf, der teilweise zwingend, teilweise aus Gründen der Zweckmäßigkeit umgesetzt werden sollte. Hier ist insbesondere die Überarbeitung des Regelbeispielskataloges, die Einrichtung einer unabhängigen Schlichtungsstelle, die Verbesserung des Informationsaustausches zwischen dem Staat und den Vereinen sowie der Ausbau von Bewährungsmodellen zu nennen. Trotzdem sollte dieser Reformbedarf nicht darüber hinwegtäuschen, dass bereits die aktuelle Stadionverbotspraxis weitgehend mit den Vorgaben der Rechtsordnung harmoniert.

B. Rechtsnatur des Stadionverbots

Das Stadionverbot ist eine Ausprägung des Hausverbotes, das seine zivilrechtliche Grundlage im Hausrecht findet.[53] Unter dem allgemeinen Begriff des Hausrechtes versteht man das Interesse des Hausrechtsinhabers, seinen Willen ungestört mit dem Ziel betätigen zu können, seinen örtlichen Hausrechtsbereich davor zu schützen, von Unbefugten gestört zu werden.[54] Das Hausrecht ermöglicht es dem veranstaltenden Verein, die äußere Ordnung innerhalb des geschützten Stadionbereichs zu wahren und den Veranstaltungszweck sicherzustellen,[55] indem er die Unterlassungsansprüche gemäß §§ 858 ff., 903, 1004 BGB geltend

---

53 *Breucker*, JR 2005, 133 (133); *Marzahn*, ZJS 2010, 428 (429); *Orth/Schiffbauer*, RW 2011, 177 (196); *Walker*, in: *Höfling/Horst*, Sport und Gewalt, S. 51 (65) m.w.N.

54 Diese Definition entstammt dem Strafrecht, dazu vertiefend: Kapitel 5B.I, S. 362 ff. *Jedamzik* formuliert ähnlich: „Hausrecht i.S.v. § 123 StGB ist die Gesamtheit der rechtlichen Befugnisse, über den Aufenthalt Dritter innerhalb der den Herrschaftsbereich einer Person zugeordneten geschützten räumlichen Bereiche tatsächlich frei zu bestimmen.“, *Jedamzik*, in: *Kauerhof u.a.*, Zuschauer als Störer, S. 105 (124). Die genaue Begriffsbestimmung des Hausrechts ist umstritten, vgl. *Kühl*, § 123 StGB Rn. 1 m.w.N. Vertiefungen zum Begriff des Hausrechts und dessen historischer Entwicklung: *Lenckner/Sternberg-Lieben*, in: *Schönke/Schröder*, § 123 StGB Rn. 1 ff. m.w.N.

55 *Marzahn*, ZJS 2010, 428 (429).

macht, die ihm aus seinem Eigentum oder Besitz an dem Stadiongrundstück zustehen.[56]

I. Stadionverbot als Ausprägung des Hausrechtes

Die Vereine sind in der Regel Pächter des Stadions, das sie betreiben; nur in wenigen Ausnahmefällen sind sie Eigentümer.[57] Wenn Eigentum und Besitz an dem Stadion auseinander fallen, ist zu fragen, ob die Rechtsstellung der Vereine als Pächter ausreicht, um Inhaber des Hausrechtes zu sein und Stadionverbote aussprechen zu können. Wie diese Frage zu beantworten ist, hängt maßgeblich davon ab, ob das Hausrecht dogmatisch an den Besitz oder an das Eigentum anknüpft.

Nach einer Ansicht folgt das Hausrecht aus § 903 BGB, wonach jeder Eigentümer das Recht hat, frei mit seiner Sache zu verfahren und andere davon auszuschließen.[58] Danach könnte das Hausrecht nur ausgeübt werden, wenn der Verein Eigentümer des Stadiongrundstücks ist.

Eine andere Ansicht sieht den Kern des Hausrechtes nicht im Eigentum an einem Grundstück, sondern in dessen unmittelbarem Besitz.[59] Der rechtmäßige, unmittelbare Besitzer könne sich gegenüber dem Eigentümer durchsetzen, wenn ihm dies nicht ausnahmsweise durch anderweitige vertragliche oder gesetzliche Regelungen verwehrt sei.[60] Danach sei das Hausrecht akzessorisch an den Besitz gebunden und gehe dem Eigentum vor. Nach einer weiteren Auffassung verankere das Zivilrecht das Hausrecht sowohl im Eigentum nach §§ 903 ff. BGB als auch im Besitz nach §§ 854 ff. BGB.[61] Das Hausrecht sei die einfachgesetzliche Ausprägung der mittelbar in das Zivilrecht einwirkenden Grundrechte aus

---

56 *BGH*, NJW 2010, 534 (535); *BGH*, NJW 2006, 1054 (1054); *Walker/Klopp*, LMK 2010, 295984; *Gietl*, JR 2010, 50 (50); *Breucker*, JR 2005, 133 (133); *Hilpert*, Fußballstrafrecht, IV. Rn. 4.

57 *Klode*, Pyrotechnik und Stadionverbote, S. 80; *Breucker*, JR 2005, 133 (133) m.w.N.; *Eilers*, in: *WFV*, Zuschauerausschreitungen bei Fußballspielen, S. 18 (18). *Blumberg* nennt für das Jahr 2007 als Beispiele lediglich den 1.FSV Mainz 05 und Borussia Mönchengladbach, *Blumberg*, Stadionverbot, S. 20.

58 *BGH*, NJW 1967, 1911 (1912); *Breucker*, JR 2005, 133 (133) m.w.N.

59 *RGSt* 36, 322 (323); *OLG Düsseldorf*, BB 1991, 721 (721 f.); *Breucker*, JR 2005, 133 (133) m.w.N.

60 *Breucker*, JR 2005, 133 (133) m.w.N.

61 *LG Hamburg*, SpuRt 2002, 202 (204) m.w.N.; *Orth/Schiffbauer*, RW 2011, 177 (196); *Haslinger*, Zuschauerausschreitungen, S. 26; *Späte*, Kein Zutritt, S. 4; *Klode*, Pyrotechnik und Stadionverbote, S. 79. *Blumberg* bezeichnet diese Auffassung als herrschend, *Blumberg*, Stadionverbot, S. 19 m.w.N.

Art. 13 GG und Art. 14 Abs. 1 GG.[62] Nach den beiden letztgenannten Ansichten wäre der berechtigte Besitz der Vereine an dem Stadiongrundstück ausreichend, um ihre Rechtsposition als Hausrechtsinhaber zu begründen.

Der letztgenannten Ansicht ist zuzustimmen. Das Hausrecht stellt als abstraktes Nutzungsrecht an einem abgrenzbaren Raum[63] eine Rechtsposition dar, die übertragen werden kann.[64] Ursprünglich steht diese dem Eigentümer zu. Dieser kann die tatsächliche Sachherrschaft auf einen Dritten freiwillig übertragen und dadurch für diesen eine schützenswerte Rechtsposition begründen: den berechtigten Besitz. Dieser ist einfachgesetzlich in §§ 854 ff. BGB und grundrechtlich in Art. 14 Abs. 1 GG geschützt.[65] Wenn die Rechtsordnung den berechtigten Besitzer als geschützt anerkennt, muss sie ihn gegenüber Unberechtigten in die Lage versetzen, seine Rechtsposition zu verteidigen, indem er sein Hausrecht ausüben kann.[66] Somit steht das Hausrecht grundsätzlich dem Eigentümer zu. Überträgt dieser seine unmittelbare Sachherrschaft auf einen Dritten, geht das Hausrecht (zumindest auch) auf diesen über.

Breuker weist zutreffend darauf hin, dass die unterschiedlichen Auffassungen in der Stadionverbotspraxis im Ergebnis nicht relevant werden.[67] Den Vereinen werde als Pächter die Herrschaftsgewalt über das Stadion tatsächlich überlassen und durch den Pachtvertrag ein umfassendes Nutzungsrecht eingeräumt, das umfasse, dass sie im Außenverhältnis das Hausrecht ausüben können.[68] § 2 Abs. 2 SVR verpflichtet die Vereine verbandsrechtlich, sich das Hausrecht vertraglich von dem Stadioneigentümer übertragen zu lassen. Wird diese verbandsrechtliche Verpflichtung vertraglich mit dem Stadioneigentümer umge-

---

62 *LG Hamburg*, SpuRt 2002, 202 (204) m.w.N.; *AG Frankfurt a.M.*, Urt. v. 14.12.2004 – 31 C 2244/04; *Späte*, Kein Zutritt, S. 4; *Klode*, Pyrotechnik und Stadionverbote, S. 80; *Fischer*, § 123 StGB, Rn. 2 m.w.N.

63 *Breucker*, JR 2005, 133 (133 f.) m.w.N.

64 *Eilers*, in: *WFV*, Zuschauerausschreitungen bei Fußballspielen, S. 18 (20). Zweifel an der Übertragbarkeit des Hausrechtes äußert für das schweizerische Recht *Kleiner*, in: *Arter/Baddeley*, Sport u. Recht, S. 19 (34 ff.).

65 *BVerfG*, NJW 1993, 2035 (2035); *Papier*, in: *Maunz/Dürig*, Art. 14 GG Rn. 201 ff.

66 *Marzahn*, ZJS 2010, 428 (429).

67 *Breucker*, JR 2005, 133 (133) m.w.N. Aus diesem Grund geht der *BGH* auf diese dogmatische Problematik nicht näher ein, vgl. *BGH*, NJW 2010, 534 (535). So auch: *Haslinger*, Zuschauerausschreitungen, S. 26; *Späte*, Kein Zutritt, S. 4 f.

68 *Haslinger*, Zuschauerausschreitungen, S. 26; *Klode*, Pyrotechnik und Stadionverbote, S. 80; *Breucker*, JR 2005, 133 (134) m.w.N. Im Innenverhältnis zwischen Eigentümer und Besitzer des Stadions, das für das Stadionverbot nicht maßgeblich sei, setze sich der berechtigte Besitzer als „besser" Berechtigter durch, da der Eigentümer sich zugunsten des Besitzers freiwillig seiner unmittelbaren Sachherrschaft begeben habe, *Breucker*, JR 2005, 133 (133). Dass das Hausrecht des Pächters auch strafrechtlich anerkannt ist, zeigt: *Fischer*, § 123 StGB Rn. 3.

setzt, können die Vereine jedenfalls auf dieser Grundlage das Hausrecht ausüben.

II. Beeinflussung des Stadionverbots durch den zivilrechtlichen Kontrahierungszwang

Das Hausrecht eröffnet seinem Inhaber die Möglichkeit, grundsätzlich frei darüber zu entscheiden, wer Zutritt zu dem betroffenen Grundstücksareal erhält und wem er verwehrt wird.[69] Dies schließt das Recht ein, den Zutritt zu einem Grundstück nur zu bestimmten Zwecken zu erlauben und dies mittels des Hausrechts durchzusetzen.[70] Dieses dient insbesondere dazu, das erfasste Hausrechtsgelände zu schützen und dessen äußere Ordnung und Funktionsfähigkeit zu wahren.[71] Der Inhaber verliert sein Hausrecht nicht dadurch, dass er das Hausrechtsgelände (gegen Entgelt) für die Allgemeinheit öffnet.[72] Die Vertragsfreiheit aus Art. 2 Abs. 1 GG erlaubt es dem Hausrechtsinhaber grundsätzlich, frei darüber zu entscheiden, wem er einen vertraglichen Anspruch einräumt, um das Hausrechtsgelände betreten zu können, und wen er als sicherheitsgefährdend ausschließt.[73]

Demgegenüber ist ebenfalls anerkannt, dass das Hausrecht und die Vertragsfreiheit eingeschränkt sind,[74] wenn der Veranstalter eines Fußballspiels aufgrund eines Kontrahierungszwangs verpflichtet wäre, jedem Interessierten im Rahmen seiner Stadionkapazitäten Zugang zum Stadion zu gewähren und eine Eintrittskarte zu verkaufen.[75]

---

69 *BGH*, NJW 2010, 534 (535); *BGH*, Urt. v. 9.3.2012 – V ZR 115/11; *BGH*, NJW 2006, 1054 (1054 f.) m.w.N.; *BGH*, NJW 2006, 377 (379); *Walker*, in: *Höfling/Horst*, Sport und Gewalt, S. 51 (66) m.w.N.; *Klode*, Pyrotechnik und Stadionverbote, S. 80.

70 *BGH*, NJW 2006, 1054 (1054); *BGH* NJW, 2006, 377 (379).

71 *BGH*, NJW 2006, 1054 (1055); *BGH* NJW, 2006, 377 (379); *BayObLG*, NJW 1977, 261 (261 f.).

72 *BGH*, NJW 2010, 534 (535); *BGH*, NJW 1994, 188 (188). „Denn wer ein Geschäft für den allgemeinen Publikumsverkehr eröffnet, verzichtet nicht auf sein Hausrecht in vollem Umfang. Er bringt nur zum Ausdruck, dass er gegenüber jedem Kunden Dienstleistungen erbringen will, Waren verkaufen will etc. (vgl. hierzu *BGH*, NJW 1994, 188 f. Markt, Warenhaus).“, *LG Frankfurt Oder*, Urt. v. 22.6.2010 – 12 O 17/10.

73 *BGH*, NJW 2010, 534 (535); *LG Hamburg*, SpuRt 2002, 202 (205 f.); *LG Frankfurt Oder*, Urt. v. 22.6.2010 – 12 O 17/10 m.w.N.

74 *BGH*, NJW 2010, 534 (535); *BGH*, Urt. v. 9.3.2012 – V ZR 115/11; *Marzahn*, ZJS 2010, 428 (429).

75 *Breucker*, JR 2005, 133 (136) m.w.N.; *Orth/Schiffbauer*, RW 2011, 177 (179 ff.). *LG Frankfurt Oder*, Urt. v. 22.6.2010 – 12 O 17/10. Zur Vertiefung über Herleitung und Voraussetzungen des Kontrahierungszwangs im Zivilrecht: *BGH*, NJW 1990, 761 (762 f.) m.w.N.

Ein unmittelbarer Kontrahierungszwang besteht bei Fußballspielen nicht, da diese nicht die gesetzlich geregelten Fälle der Daseinsfürsorge betreffen.[76] Allerdings könnte ein mittelbarer Kontrahierungszwang den Verein verpflichten, grundsätzlich jedem eine Eintrittskarte zu verkaufen und in das Stadion zu lassen. Ein mittelbarer Zwang, einen Vertrag abzuschließen, besteht, wenn in der Ablehnung des Vertragsschlusses eine unerlaubte Handlung läge.[77] Während § 20 GWB ein ausdrückliches Diskriminierungsverbot im Rechtsverkehr zwischen Unternehmern normiert, fehlt es im Verhältnis zwischen Verbraucher und Unternehmer an einer solchen Regelung, so dass auf den Rechtsgedanken aus § 826 BGB zurückzugreifen ist.[78] Wer sittenwidrig i.S.d. §§ 826, 242 BGB geschädigt zu werden droht, indem ihm der Vertragsschluss vorsätzlich verweigert wird, muss sich nicht auf einen späteren Schadensersatz nach § 826 BGB verweisen lassen, sondern kann sofort verlangen, den Vertrag abzuschließen.[79] Dies ergibt sich entsprechend auch aus §§ 823 Abs. 1, 249 BGB i.V.m. Art. 2 Abs. 1, Art. 1 Abs. 1 GG.[80] Den Vertragsschluss zu verweigern, ist nach diesem Rechtsgedanken sittenwidrig, wenn der Unternehmer lebenswichtige Güter anbietet und für den Kunden keine zumutbare Möglichkeit besteht, seinen Bedarf anderweitig zu befriedigen.[81] Dann führt der mittelbare Kontrahierungszwang dazu, dass der Vertrag grundsätzlich abgeschlossen werden muss, solange kein sachlicher Grund nachgewiesen ist, um ihn abzulehnen.[82]

Fraglich ist, ob sich daraus auch für Vereine ein mittelbarer Kontrahierungszwang ergibt, den sie zu beachten hätten, wenn sie ein bundesweites Stadionverbot aussprechen wollen. Dann wäre es den Vereinen nur möglich, einem Zuschauer den Zutritt zum Stadion zu verweigern, wenn sie einen sachlichen Grund dafür nachweisen können.

---

76 *Marzahn*, ZJS 2010, 428 (429), Fn. 11; *Ellenberger*, in: *Palandt*, Einf v § 145 BGB Rn. 8.

77 *Ellenberger*, in: *Palandt*, Einf v § 145 BGB Rn. 9.

78 *Ellenberger*, in: *Palandt*, Einf v § 145 BGB Rn. 10.

79 *Orth/Schiffbauer*, RW 2011, 177 (180).

80 Nach dieser Auffassung verletzt eine sog. „qualifizierte Vertragsverweigerung" das allgemeine Persönlichkeitsrecht, welches deliktisch über § 823 Abs. 1 BGB geschützt ist, *Orth/Schiffbauer*, RW 2011, 177 (181).

81 *RGZ*, 132, 273 (276); *LG Hamburg*, SpuRt 2002, 202 (206); *Orth/Schiffbauer*, RW 2011, 177 (180 f.); *Ellenberger*, in: *Palandt*, Einf v § 145 BGB Rn. 9 f. Der *BGH* ließ bislang offen, ob ein Kontrahierungszwang nur bei lebensnotwendigen sowie lebenswichtigen Gütern besteht, oder „bei jeder Bedarfsdeckung im Rahmen einer normalen Lebensführung eines Durchschnittsmenschen (…)", *BGH*, NJW 1990, 761 (763).

82 *Ellenberger*, in: *Palandt*, Einf v § 145 BGB Rn. 10.

1. Fußball als „lebenswichtiges Gut“

Dazu müsste der Besuch eines Fußballspiels ein lebenswichtiges Gut darstellen. Zweifelhaft erscheint dies, wenn man die Bedeutung des Wortes „lebenswichtig“ berücksichtigt. Sie legt es nahe, Güter nur in existenziellen Bereichen des Lebens als lebensnotwendig zu bejahen, wie beispielsweise die Lebensmittelversorgung. Der Fußballsport dürfte hiermit grundsätzlich nicht zu vergleichen sein.[83] Andererseits ist es als lebenswichtiges Gut anerkannt, am soziokulturellen Leben teilnehmen zu können, insbesondere Theater, Museen und städtische Badeanstalten besuchen zu können.[84] Die Bedürfnisse des homo oeconomicus beschränken sich in der heutigen Gesellschaftsstruktur nicht auf existenzielle Lebensbereiche, sondern erstrecken sich auch darauf, am gesellschaftlichen Leben teilzuhaben und sich sozial auszutauschen. Der Fußball erfüllt diese Funktionen. Insofern geht er über eine bloße Freizeitveranstaltung hinaus.[85] Er schafft persönliche Kontakte, pflegt soziale Netzwerke und begeistert alle Beteiligten gemeinsam: „Der Besuch der wöchentlichen Spiele ist für viele Fußballanhänger elementarer Bestandteil ihres Lebens, insbesondere ihrer Sozialkontakte (…).“[86]

Diese Bedeutung des Fußballs erkennt auch der Bundesgerichtshof in einer Entscheidung über Berichterstattungsrechte an: „Die Bedeutung solcher Sportereignisse erschöpft sich nicht in ihrem Unterhaltungswert; sie erfüllen darüber hinaus eine wichtige gesellschaftliche Funktion. Der Sport bietet Identifikationsmöglichkeiten im lokalen und nationalen Rahmen und ist Anknüpfungspunkt für eine breite Kommunikation in der Bevölkerung.“[87] Einige beschreiben den Fußball sogar als eines „der größten Kulturgüter dieses Landes“[88]. Auch in der aktuellen Rechtsprechung des Europäischen Gerichtshofs ist der Fußball als ein „Ereignis von erheblicher gesellschaftlicher Bedeutung“ anerkannt.[89] Aus diesem Grund ist sozial missbilligt, gegen wen ein Stadionverbot ausgesprochen

---

83 *Marzahn*, ZJS 2010, 428 (429); *Ruhs*, Sicherheit und Ordnung, S. 21; *Blumberg*, Stadionverbot, S. 27; *Hilpert*, Fußballstrafrecht, IV. Rn. 7; *Klode*, Pyrotechnik und Stadionverbote, S. 80.

84 Vgl. *Ellenberger*, in: *Palandt*, Einf v § 145 BGB Rn. 10 m.w.N.; *Breucker*, JR 2005, 133 (136).

85 Zur Bedeutung eines Stadionverbots für die Betroffenen: *Blumberg*, Stadionverbot, S. 63 f.

86 S. 31 des Sachstandsberichts der DFB-Egidius-Braun-Stiftung, Oktober 2011, http://www.dfb.de/uploads/media/PuS_PuS_DFB__3_.pdf, abgerufen am 10.11.2011; vgl. auch: *Blumberg*, Stadionverbot, S. 26 mit weiteren Nachweisen aus der Fanszene.

87 *BGH*, NJW 2006, 377 (380).

88 *Blumberg*, Stadionverbot, S. 2 m.w.N.

89 *EuGH*, Urt. v. 17.2.2011 – T-385/07; vertiefend: *Blumberg*, Stadionverbot, S. 26 f., der die Thematik – systematisch verwirrend – unter der Überschrift „Unmittelbarer Kontrahierungszwang“ diskutiert.

wurde.[90] Dies kann sich weiter vertiefen, wenn das Stadionverbot in der Stadionverbotsliste des DFB und der öffentlich-rechtlichen Datei „Gewalttäter Sport" eingetragen wird.[91] Der Fußball kann deswegen – ähnlich wie Theater- und Museumsbesuche – als soziokulturell lebensnotwendiges Gut angesehen werden.

Ein mittelbarer Kontrahierungszwang wäre dennoch zu verneinen, wenn der Fußballfan seinen Bedarf zumutbar anderweitig durch das Fernsehen und den Hörfunk befriedigen könnte. Dies bejaht eine Auffassung,[92] was jedoch nicht überzeugt. Das Fußballspiel in den Medien verfolgen zu können, wird der besonderen Bedeutung des Fußballs nicht gerecht, den er für den Einzelnen haben kann, und widerspricht den realen Lebensverhältnissen:[93] „Wer darüber hinaus die Zeitung, das Fernsehen oder das Internet als alternative Informationsquelle neben dem Stadionbesuch zur Verneinung des Kontrahierungszwangs ausreichen lässt, dürfte noch nie in einem Stadion gesessen haben: Es kommt dem Fan doch nicht auf die bloße Information über den Spielverlauf und dessen Ergebnis an; er möchte an dem Erlebnis „Fußballspiel im Stadion" teilhaben."[94] Es gilt somit zu unterscheiden: Die Vereine besitzen ein Monopol für das „Live-Erlebnis Fußball im Stadion", nicht aber für die Informationen über das Ergebnis und den Spielverlauf. Wer ein Fußballspiel in Stadionatmosphäre gemeinsam mit anderen Fans erleben will, kann nicht darauf verwiesen werden, das Spiel im Hörfunk[95], Fernsehen oder Internet zu verfolgen. Gewichtige Argumente sprechen folglich für einen mittelbaren Kontrahierungszwang der Vereine.

---

90 *Klesczewski*, in: *Kauerhof u.a.*, Zuschauer als Störer, S. 69 (80); *Blumberg*, Stadionverbot, S. 2; *Dippel*, Zivilrechtliche Haftung, S. 297.

91 Vertiefend zur zivilrechtlichen Stadionverbotsliste: Kapitel 5A.IV, S. 343 ff. und zur öffentlich-rechtlichen Datei: Kapitel 5C.II, S. 376 ff.

92 *AG Frankfurt*, Urt. v. 8.10.2004 – 30 C 1600/04-47 (nicht veröffentlicht); *Breucker*, JR 2005, 133 (136); *Marzahn*, ZJS 2010, 428 (429) m.w.N.; *Späte*, Kein Zutritt, S. 10.

93 Vgl. dazu auch anschaulich: *Orth,* Vereins- und Verbandsstrafen, S. 138 f. *Gietl* bezeichnet die Möglichkeit, Fußballspiele im Fernsehen zu verfolgen, als eine „völlig andere Dienstleistung" gegenüber dem „Stadionbesuch", der wegen der Teilnahme am sozialen Geschehen weit darüber hinaus gehe, *Gietl*, JR 2010, 50 (50 f.); *Blumberg*, Stadionverbot, S. 26.

94 *Orth,* Vereins- und Verbandsstrafen, S. 138 f.

95 Vertiefend zu Hörfunkrechten bei Fußballspielen: *BGH*, Urt. v. 8.11.2005 – KZR 37/03. In diesem Zusammenhang deutet der *BGH* an, dass er ebenfalls unterstellt, dass sich die Teilhabe an der Fußballveranstaltung im Stadion von einer Hörfunkberichterstattung unterscheidet.

2. Kontrahierungszwang durch „Recht auf den Fußball-Stadionbesuch für jedermann“

Der Bundesgerichtshof bejahte den Kontrahierungszwang der Vereine am 30.10.2009 zudem aus anderen Gründen: Das Hausrecht kann auch dann begrenzt und die Vereine zum Vertragsschluss gemäß § 826 BGB verpflichtet werden, wenn der Besuch eines Fußballstadions kein lebensnotwendiges Gut ohne zumutbare Ausweichmöglichkeit darstellen würde.[96] Es ist anerkannt, dass Hausrechtsinhaber, die den Zutritt zu ihrem Grundstück aus wirtschaftlichen Gründen grundsätzlich jedermann gegen Bezahlung gestatten, nicht einzelne Personen willkürlich vom Zutritt ausschließen dürfen.[97] Will der veranstaltende Verein bestimmten Personen den Zutritt zum Stadion verwehren, muss er deren mittelbar in das Zivilrecht einwirkende Grundrechte beachten.[98] Insbesondere das allgemeine Persönlichkeitsrecht aus Art. 2 Abs. 1 GG i.V.m. Art. 1 Abs. 1 GG und das Gleichbehandlungsgebot aus Art. 3 Abs. 1 GG verbieten es dem Verein, willkürlich einzelne Zuschauer von ihrem Stadionbesuch abzuhalten.[99] Für bestimmte Berufsgruppen sind zudem die Grundrechte aus Art. 5 Abs. 1 S. 2 GG und Art. 12 Abs. 1 GG zu beachten.[100] Die Vereine müssen ein Stadionverbot deswegen stets durch einen sachlichen Grund rechtfertigen.[101] Der mittelbare

---

96 *BGH*, NJW 2010, 534 (535); *Breucker,* JR 2005, 133 (136); *Klode*, Pyrotechnik und Stadionverbote, S. 80 f.; *Blumberg*, Stadionverbot, S. 27 f.; *Orth,* Vereins- und Verbandsstrafen, S. 139. Demgegenüber stellen *Marzahn* und *Ruhs* darauf ab, dass das Hausrecht wegen § 826 BGB einzuschränken sei, ohne dass ein Kontrahierungszwang für die Fußballvereine bestehe, *Marzahn*, ZJS 2010, 428 (429); *Ruhs*, Sicherheit und Ordnung, S. 21. Dies ist begrifflich verwirrend.

97 *BGH,* NJW 2010, 534 (535); *BGH,* Urt. v. 9.3.2012 – V ZR 115/11; *Walker,* in: *Gödicke u.a.*, FS Schapp, S. 491 (494); *Walker*, in: *Höfling/Horst*, Sport und Gewalt, S. 51 (66); *Breucker*, JR 2005, 133 (136). A.A. *Baldus*, in: *Säcker/Rixecker*, MüKo BGB, § 1004 BGB Rn. 27. Dadurch wird kein Grundrecht geschaffen, Fußballspiele live im Stadion mitzuerleben, wovon *Blumberg* jedoch in seinen Überlegungen auszugehen scheint, vgl. *Blumberg*, Stadionverbot, S. 26.

98 *BGH*, NJW 2010, 534 (535); *BGH*, Urt. v. 9.3.2012 – V ZR 115/11; *Walker,* in: *Gödicke u.a.*, FS Schapp, S. 491 (494); *Walker*, in: *Höfling/Horst*, Sport und Gewalt, S. 51 (66); *Späte*, Kein Zutritt, S. 5 f.

99 *BGH*, NJW 2010, 534 (535); *BGH*, Urt. v. 9.3.2012 – V ZR 115/11; *Klesczewski*, in: *Kauerhof u.a.*, Zuschauer als Störer, S. 69 (75); *Walker,* in: *Gödicke u.a.*, FS Schapp, S. 491 (494); *Walker*, in: *Höfling/Horst*, Sport und Gewalt, S. 51 (66); *Klode*, Pyrotechnik und Stadionverbote, S. 81; *Blumberg*, Stadionverbot, S. 27; *Späte*, Kein Zutritt, S. 5 f.

100 *Breucker*, JR 2005, 133 (136). Zur Problematik der mittelbaren Drittwirkung der Grundrechte vertiefend: Kapitel 2B.IV.1.a)bb)1), S. 131

101 *BGH*, NJW 2010, 534 (535); *Klesczewski*, in: *Kauerhof u.a.*, Zuschauer als Störer, S. 69 (75); *Walker,* in: *Gödicke u.a.*, FS Schapp, S. 491 (494); *Klode*, Pyrotechnik und Stadionverbote, S. 81; *Kleiner*, in: *Arter/Baddeley*, Sport u. Recht, S. 19 (55 ff.). „Eine

Kontrahierungszwang der Vereine lässt sich somit jedenfalls auf die mittelbare Drittwirkung der Grundrechte stützen.[102]

C. Die Stadionverbotsrichtlinie des DFB

I. Rechtliche Bindung an die Stadionverbotsrichtlinie des DFB

Die Stadionverbotsrichtlinie ist für alle Vereine rechtlich bindend, die innerhalb des DFB organisiert sind.[103] Sie definiert in der Praxis[104] die Voraussetzungen des gerade hergeleiteten sachlichen Grundes, der für das örtliche oder bundesweite Stadionverbot erforderlich ist. Daneben bestimmt sie dessen Dauer, Umfang und das Verfahren vor und nach dem Ausspruch eines Stadionverbots. Sie regelt außerdem die bundesweite Wirkung des Stadionverbots.[105] Die Stadionverbotsrichtlinie ist gegenüber dem Zuschauer zwar nicht bindend, dennoch kann sie den Interessenkonflikt zwischen den Vereinen und den Fußballfans

---

willkürliche, also ohne ausreichenden Grund, vorgenommene Verweigerung des Zutritts zum Stadion verstößt gegen das Anstandsgefühl aller billig und gerecht Denkenden.", *Blumberg*, Stadionverbot, S. 28. Widersprüchlich sind die Ausführungen *Eilers*, der einen Kontrahierungszwang verneint und dennoch einen schlichen Grund für die Hausrechtsausübung verlangt, *Eilers*, in: *WFV*, Zuschauerausschreitungen bei Fußballspielen, S. 18 (24).

102 Vertiefend zur Bedeutung der Grundrechte für das Stadionverbot: Kapitel 2B.IV.1.a)bb)1), S. 131 f.

103 Der Spielbetrieb ab der 5. Spielklasse wird nicht von der Satzungskompetenz des DFB erfasst, so dass der DFB dort nur Empfehlungen an die zuständigen Regional- und Landesverbände für die Verfassung von Sicherheitsrichtlinie aussprechen kann, vgl. S. 17 Sachstandsbericht der DFB-Egidius-Braun-Stiftung, http://www.dfb.de/uploads/media/PuS_PuS_DFB__3_.pdf , abgerufen am 10.11.2011.

104 Für die Praxis der Vereine hat der DFB ein „Stadionhandbuch" veröffentlicht, das die Anforderungen an Fußballstadien in baulicher, infrastruktureller, organisatorischer und betrieblicher Hinsicht beschreibt. Dort ist in Art. 63 Abs. 4 folgendes geregelt: „Gegen Personen, die durch ihr Verhalten innerhalb oder außerhalb des Stadions im Zusammenhang mit einer Fußballveranstaltung die Sicherheit und Ordnung der Veranstaltung beeinträchtigen oder gefährden, soll ein Stadionverbot ausgesprochen werden. Das Nähere regelt eine besondere Richtlinie der DFB-Kommission Prävention und Sicherheit.", http://www.bundesliga.de/media/native/dfl/dfl_dfb_stadion_handbuch.pdf, abrufen am 10.11.2011.

105 *Breuker*, NJW 2006, 1233 (1235); *Breuker*, JR 2005, 133 (134); *Marzahn*, ZJS 2010, 428 (430). Vertiefend zur dogmatischen Begründung, wie die bundesweite Legitimation der Vereine hergestellt wird: Kapitel 4B.I, S. 249 ff.

sachgerecht institutionalisieren, weil sie bundesweit für alle Vereine verbindlich ist.[106]

1. Verbandsrechtliche Innenwirkung

Fraglich ist jedoch, woraus die verbandsrechtliche Innenwirkung der Stadionverbotsrichtlinie gemäß ihrer Präambel zwischen dem DFB, dem Liga-Fußballverband e.V. (im Folgenden: DFL[107]), den Vereinen und deren Kapitalgesellschaften resultiert.[108]

a) Die monopolistisch-hierarchische Organisationsstruktur im Fußball

Auszugehen ist von der gesellschaftsrechtlichen Struktur des Profi-Fußballs:[109] Die Bundesfachsportverbände[110] sind stufen- oder pyramidenförmig aufgebaut; der DFB steht in der Fachsparte Fußballsport an deren Spitze.[111] Er vereint 21 Landes- und 5 Regionalverbände sowie den Liga-Fußballverband e.V. als Mitglieder gemäß § 7 Nr. 2 seiner Satzung.[112] Er ist gemäß § 1 seiner Satzung[113] als nichtwirtschaftlicher, eingetragener Verein i.S.d. §§ 21 ff. BGB organisiert.

Die (Fußball-)Vereine sind grundsätzlich keine unmittelbaren Mitglieder des DFB, sondern ihres regionalen Landesverbandes.[114] Eine Besonderheit besteht für die Vereine der beiden höchsten deutschen Spielklassen (Bundesliga und 2. Bundesliga), da sie Mitglieder der DFL sind, die ihrerseits gemäß § 3 Abs.1 ih-

---

106 *Marzahn*, ZJS 2010, 428 (430).

107 Der Liga-Fußballverband e.V. gliederte sein operatives Geschäft auf die Deutsche Fußball Liga GmbH (DFL) aus.

108 *Orth/Schiffbauer*, RW 2011, 177 (184); *Blumberg* stellt klar, dass die Stadionverbotsrichtlinie gegenüber ausländischen Vereinen nicht wirke, vgl. *Blumberg*, Stadionverbot, S. 17.

109 Vertiefend dazu: *Haslinger*, Zuschauerausschreitungen, S. 32 ff. Sie verfolgt den Zweck, dass jeder Verband seine Aufgaben selbständig wahrnehmen kann und dennoch einheitliche Spielregeln der Sportart festgelegt werden können, *Haslinger*, Zuschauerausschreitungen, S. 32 m.w.N.

110 Verbände sind rechtstypologisch Vereine, da sie juristische Personen vereinen, um einen gemeinsamen Zweck zu erreichen, vgl. *Haslinger*, Zuschauerausschreitungen, S. 22 m.w.N.

111 *Holzhäuser*, SpuRt 2004, 144 (144 f.); *Haslinger*, Zuschauerausschreitungen, S. 32. Der DFB ist seinerseits Mitglied im europäischen Dachverband UEFA und im Weltfußballverband FIFA, vgl. *Haslinger*, Zuschauerausschreitungen, S. 32.

112 *Haslinger*, Zuschauerausschreitungen, S. 32; *Blumberg*, Stadionverbot, S. 12. Der Liga-Fußballverband e.V. gliederte sein operatives Geschäft auf die Deutsche Fußball Liga GmbH (DFL) aus.

113 Abrufbar unter: http://www.dfb.de/uploads/media/02_Satzung_01.pdf, abgerufen am 13.11.2011.

114 *Haslinger*, Zuschauerausschreitungen, S. 32; *Orth/Schiffbauer*, RW 2011, 177 (192).

rer Satzung unmittelbares Mitglied des DFB ist.[115] Die meisten Vereine haben ihren wirtschaftlichen und sportlichen Geschäftsbetrieb kommerzialisiert und deswegen auf Kapitalgesellschaften ausgegliedert.[116] Die Kapitalgesellschaften der Vereine der Bundesliga und 2. Bundesliga werden Mitglied der DFL durch das jährliche Lizenzierungsverfahren, wenn sie sich sportlich für eine der Profi-Fußballligen qualifizieren.[117] Wird die Lizenz erteilt, tritt die Kapitalgesellschaft des Fußballvereins gesellschaftsvertraglich der DFL gemäß § 7 ihrer Satzung bei.[118]

b) Die verbandsrechtliche Zuständigkeit des DFB für Sicherheitsfragen

Innerhalb dieser verbandsrechtlichen Hierarchie ist der DFB für die Sicherheit von Fußballspielen zuständig.[119] Dies ergibt sich aus dem Grundlagenvertrag, der die Zusammenarbeit zwischen dem DFB und der DFL regelt.[120] Wer für Sicherheitsfragen zuständig ist, regelt dieser zwar nicht ausdrücklich, ergibt sich jedoch konkludent aus dem II. Abschnitt, § 4 Abs. 4 des Grundlagenvertrages: Danach muss die DFL für die „Inanspruchnahme des Schiedsrichterwesen, die Durchführung der Anti-Doping-Maßnahmen und die Inanspruchnahme der DFB-Sportgerichtsbarkeit bei den Spielen der Bundesliga und 2. Bundesliga"

115 *Orth/Schiffbauer*, RW 2011, 177 (192); *Haslinger*, Zuschauerausschreitungen, S. 32. Abrufbar unter: http://www.dfl.de/media/native/dfl/satzung/satzung_ligaverband_04-07-31_stand.pdf, abgerufen am 13.11.2011.

116 *Holzhäuser,* SpuRt 2004, 144 (144).

117 *Holzhäuser,* SpuRt 2004, 144 (145). Voraussetzung für eine Lizenz ist neben der sportlichen Qualifikation, dass die Vereine wirtschaftliche und sonstige Vorgaben des Ligastatuts der DFL erfüllen, vgl. *Holzhäuser*, SpuRt 2004, 144 (145) m.w.N. *Orth/Schiffbauer* formulieren ungenau, dass die Vereine Mitglieder des Ligaverbandes sind, *Orth/Schiffbauer*, RW 2011, 177 (192). Folgerichtig weist *Dippel* (in anderem Zusammenhang) darauf hin, dass die Rechtslage bei überörtlichen ligaweiten Stadionverboten im Amateurbereich anders, jedenfalls nicht nach der Stadionverbotsrichtlinie des DFB, zu bewerten sei, *Dippel*, Zivilrechtliche Haftung, S. 310. Grundsätzlich können die Amateurvereine nur ein örtliches Stadionverbot für den eigenen Stadionbereich aussprechen, wobei es noch die Möglichkeit gebe, durch einen Antrag beim Landesverband den Wirkungsbereich des Stadionverbotes mit Zustimmung der anderen Vereine zu erweitern, *Dippel*, Zivilrechtliche Haftung, S. 310 m.w.N.

118 *Holzhäuser*, SpuRt 2004, 144 (145). Der DFL e.V. gründete die Deutsche Fußball Liga GmbH als 100%ige Tochter, um seine Aufgaben zu erfüllen und das operative Geschäft durchzuführen, vgl. *Holzhäuser*, SpuRt 2004, 144 (146). Zu den Vorteilen dieser gesellschaftsrechtlichen Konstruktion vertiefend: *Holzhäuser*, SpuRt 2004, 144 (146).

119 *Blumberg*, Stadionverbot, S. 12 f. Dies bestätigt die DFB-Egidius-Braun-Stiftung: http://www.dfb.de/uploads/media/PuS_PuS_DFB__3_.pdf, abgerufen am 13.11.2011.

120 http://www.dfb.de/uploads/media/13_DFB_Liga_Grundlagenvertrag.pdf, abgerufen am 13.11.2011.

ein pauschales Nutzungsentgelt in Höhe von 4,80 Millionen Euro an den DFB zahlen. Die Praxis subsumiert unter die „DFB-Sportgerichtsbarkeit" auch die Annexkompetenz des DFB für die „Sicherheit und Gewaltprävention".[121] Diese Regelung des Grundlagenvertrages ist für die DFL und ihre Mitglieder gemäß § 6 Abs. 1, Abs. 4 ihrer Satzung verbindlich. Somit ist der DFB innerverbandlich dafür zuständig, Regelungen über die Sicherheit von Fußballspielen zu erlassen.

Diese Zuständigkeit übte der DFB in § 31 der Richtlinie zur Verbesserung der Sicherheit bei Bundesspielen aus: „Gegen Personen, die durch ihr Verhalten innerhalb oder außerhalb der Platzanlage im Zusammenhang mit einer Fußballveranstaltung die Sicherheit und Ordnung der Veranstaltung beeinträchtigen oder gefährden, soll ein Stadionverbot ausgesprochen werden. Das Nähere regelt eine besondere Richtlinie, die von der DFB-Kommission Prävention & Sicherheit erlassen wird." Mit Wirkung zum 1.7.1993 erließ diese Kommission auf dieser Grundlage die Stadionverbotsrichtlinie.[122]

c) *Die Bindungswirkung der Stadionverbotsrichtlinie gegenüber den Fußballvereinen*

Dass der DFB als Dachverband gesellschaftsrechtlich eine Vormachtsstellung gegenüber den regionalen Verbänden und dem Ligaverband einnimmt, resultiert daraus, dass er seinen Mitgliedern gemäß § 14 Nr. 1 lit. b) seiner Satzung vorschreibt, dass sie seine Regularien und Entscheidungen anerkennen müssen.[123] Der DFB kann nach dem Gedanken der Vereinsautonomie eigenständiges verbandliches Innenrecht schaffen.[124] Da die Fußballvereine keine Mitglieder des DFB sind, wirkt dessen Innenrecht ihnen gegenüber jedoch nicht unmittelbar.[125] Um sie dennoch an die Regularien des DFB rechtlich zu binden, bestehen grundsätzlich zwei Möglichkeiten:

aa) Die korporationsrechtliche Lösung

Die korporationsrechtliche Lösung geht von der mittelbaren gesellschaftsrechtlichen Beziehung zwischen den Vereinen und dem DFB als Dachverband über die

---

121 Dies bestätigt der Sachstandsbericht der DFB-Egidius-Braun-Stiftung: http://www.dfb.de/uploads/media/PuS_PuS_DFB__3_.pdf, abgerufen am 13.11.2011.

122 *Orth/Schiffbauer*, RW 2011, 177 (182).

123 *Haslinger*, Zuschauerausschreitungen, S. 22; *Blumberg*, Stadionverbot, S. 43.

124 *Blumberg*, Stadionverbot, S. 12. Dabei handelt es sich um ein Privatrechtsverhältnis zwischen dem Verband und seinen Mitgliedern, *Haslinger*, Zuschauerausschreitungen, S. 22.

125 *Blumberg*, Stadionverbot, S. 12.

jeweiligen Landesverbände bzw. den Ligaverband DFL aus.[126] Die korporationsrechtliche Unterwerfung setzt eine „Kettenkonstruktion" voraus:[127] Die Landesverbände übernehmen das Innenrecht des DFB als eigenes verbindliches Recht in ihren Satzungen und verpflichten die (Fußball-) Vereine als ihre unmittelbaren Mitglieder dazu, diese Regularien ebenfalls in ihren Satzungen verbindlich anzuerkennen.[128]

Um in der Praxis zu vermeiden, dass ständig alle Satzungen der untergeordneten Vereine und Verbände angepasst werden müssen, wenn der Dachverband seine Regularien ändert, wurden dynamische Verweisungen verwendet, nach denen in der Satzung des nachgeordneten Landesverbandes auf die Satzung des übergeordneten Dachverbandes „in der jeweils gültigen Fassung" verwiesen wurde; gleiches galt für die Fußballvereine als nachgeordnete Mitglieder der übergeordneten Landesverbände.[129] In Rechtsprechung und Literatur hat sich weitgehend das Verbot von dynamischen Verweisungen durchgesetzt, weil diese dem Grundsatz der freien Willensbildung innerhalb eines jeden Vereins widersprechen, indem sie Änderungen von übergeordneten Satzungen automatisch und ungeprüft übernehmen.[130] Deswegen muss jedes untergeordnete Gesellschaftsmitglied Satzungsänderungen des übergeordneten Verbandes konkret und widerspruchsfrei benennen und seine eigene Satzung durch einen Beschluss der Mitgliederversammlung anpassen (statische Verweisung).[131]

bb) Die vertragliche Lösung

Wegen des Verwaltungs- und Kontrollaufwands, der durch die korporationsrechtlichen, statischen Verweisungen entsteht, entwickelte sich in der Praxis des Profi-Sports die vertragliche Lösung.[132] Hier unterwerfen sich Landesverbände und Fußballvereine dem Innenrecht des DFB nicht dadurch, dass sie ihre Satzungen an die Regularien des übergeordneten Verbandes anpassen; stattdessen treffen die Fußballvereine rechtsgeschäftliche Vereinbarungen direkt mit dem DFB als Dachverband, in denen sie sich dessen Disziplinargewalt unterwer-

---

126 *Haslinger*, Zuschauerausschreitungen, S. 34.

127 *Haslinger*, Zuschauerausschreitungen, S. 35.

128 *Haslinger*, Zuschauerausschreitungen, S. 35.

129 *Haslinger*, Zuschauerausschreitungen, S. 35.

130 *BGH*, NJW 1995, 583 (585); *Haslinger*, Zuschauerausschreitungen, S. 35 m.w.N. Zweifel an der Bindungswirkung solcher dynamischer Verweisungen deuten auch *Orth/Schiffbauer*, RW 2011, 177 (192) m.w.N. an.

131 *Haslinger*, Zuschauerausschreitungen, S. 35 f. m.w.N. Vertiefend zur dynamischen und statischen Verweisung im Sportrecht: *Orth*, Vereins- und Verbandsstrafen, S. 152 ff. und S. 178 f.

132 *Haslinger*, Zuschauerausschreitungen, S. 36.

fen.[133] Dort sind dynamische Verweisungen zulässig, da keine Satzungsänderungen erforderlich werden und deswegen die Unabhängigkeit der eigenen vereinsrechtlichen Willensbildung im Kern nicht betroffen wird.[134]

Die Vereine können sich den Regularien des DFB vertraglich in verschiedener Weise unterwerfen: indem sie mit dem Verband einen individuellen Einzelvertrag abschließen;[135] oder indem sie einen Lizenzvertrag abschließen, der eine dynamische Verweisung enthält, um zum sportlichen Spielbetrieb zugelassen zu werden („Lizenzlösung"),[136] oder wenn für die jeweilige Liga keine Lizenz erteilt werden muss, indem die Vereine sich für eine bestimmte Liga anmelden und dabei benennen, dass sie ausdrücklich die Wettkampf- und Disziplinarordnung anerkennen („Nennungslösung").[137]

cc) Übertragung dieser Lösungsmodelle auf die Stadionverbotsrichtlinie

Fraglich ist, welche Lösung gewählt wurde, um die Fußballvereine verbindlich der Stadionverbotsrichtlinie des DFB zu unterwerfen.

1) Lösung über Ermächtigungskette (korporationsrechtliche Anlehnung)

Blumberg (und teilweise auch *Orth/Schiffbauer*) gehen von der korporationsrechtlichen Lösung aus: Die Fußballvereine seien durch die Verweisungen in ihren Satzungen an die Satzung des DFB gebunden.[138] Problematisch sei nur, dass die Stadionverbotsrichtlinie keinen Teil der Satzung des DFB, sondern lediglich eine vereinsrechtliche Ordnung darstelle.[139] Sie stehe aufgrund der doppelten Delegation in dritter Ebene unter dem Satzungsrecht.[140] Deswegen sei sie nur dann für die Vereine rechtlich bindend, wenn sie auf einer verbandsrechtlichen Ermächtigungsgrundlage basiere.[141]

Eine solche sei in der Satzung des DFB nicht ausdrücklich enthalten, so dass eine weitere Kette von Ermächtigungsgrundlagen erforderlich sei:[142] Nach § 6 Abs. 4 S. 2 Hs. 2 der Satzung des DFB sollen größere Sachgebiete durch eine

---

133 *Haslinger*, Zuschauerausschreitungen, S. 36 m.w.N.
134 *Haslinger*, Zuschauerausschreitungen, S. 36 f. m.w.N.
135 Vertiefend: *Haslinger*, Zuschauerausschreitungen, S. 37 m.w.N.
136 Vertiefend: *Haslinger*, Zuschauerausschreitungen, S. 37 f. m.w.N.
137 Vertiefend: *Haslinger*, Zuschauerausschreitungen, S. 38 f. m.w.N.
138 *Blumberg*, Stadionverbot, S. 12.
139 *Orth/Schiffbauer*, RW 2011, 177 (184); *Blumberg*, Stadionverbot, S. 12.
140 *Orth/Schiffbauer*, RW 2011, 177 (184).
141 *Orth/Schiffbauer*, RW 2011, 177 (184); *Blumberg*, Stadionverbot, S. 12. Vertiefend zu vereinsrechtlichen Ordnungen: *Orth/Schiffbauer*, RW 2011, 177 (184), Fn. 47.
142 *Blumberg*, Stadionverbot, S. 13.

vereinsrechtliche Ordnung geregelt werden. Dazu zähle die Spieleordnung des DFB[143], die den Fußball-Spielbetrieb näher ausgestalte. Dort sei in § 51 geregelt, dass der Spieleausschuss mit Zustimmung des DFB-Präsidiums weitere Durchführungsbestimmungen erlassen könne.[144] Auf dieser Grundlage erließ der DFB sechs Durchführungsbestimmungen[145], unter denen sich auch § 31 der Richtlinie zur Verbesserung der Sicherheit bei Bundesspielen[146] befinde. Aus dieser „Ermächtigungskette" ergebe sich nach dieser Ansicht die unmittelbare und verpflichtende Wirkung für die Fußballvereine.[147]

2) Stellungnahme: Die Lösung der Stadionverbotsrichtlinie als „gemischte Lösung"

Dem ist nur eingeschränkt zuzustimmen. Es trifft zu, dass die Stadionverbotsrichtlinie kein Satzungsrecht des DFB darstellt und deswegen nicht von den statischen Verweisungen unmittelbar erfasst wird. Die von *Blumberg* dargestellte „Ermächtigungskette"[148] greift jedoch gemäß § 40 Abs. 3 der Spieleordnung nur für Bundesspiele, die der DFB veranstaltet. Diese sind abschließend in § 42 der Spieleordnung geregelt: vor allem Spiele des DFB-Pokals, der Frauen-Bundesliga und Länderspiele der Nationalmannschaft. Nur für diese Spiele ist die „Ermächtigungskette" einschlägig.

Dies gilt jedoch gemäß §§ 40 Abs. 2, 41 Abs. 1 Spieleordnung nicht für solche Fußballspiele, die die DFL veranstaltet: vor allem die Spiele der Herren-Bundesliga und 2. Bundesliga. Dies bestätigt die Präambel der Durchführungsbestimmungen, zu denen § 31 der Richtlinie zur Verbesserung der Sicherheit bei Bundesspielen zählt: „Die Durchführungsbestimmungen ergänzen die §§ 40 ff. des Besonderen Teils der DFB-Spieleordnung. Sie gelten unmittelbar für die Abschnitte B II, B III und C. Für die vom Ligaverband [von der DFL] veranstalteten Bundesspiele (Abschnitt B I) gelten die vom Ligaverband erlassenen Bestimmungen der Spielordnung Liga, soweit sie dem Ligaverband zur Regelung übertragen sind." Oben wurde bereits aufgezeigt,[149] dass der Grundlagenvertrag die Zuständigkeit für die Sicherheit von Fußballspielen nicht dem Ligaverband (also der DFL), sondern dem DFB überträgt. Deswegen ist die Stadionverbots-

143 http://www.dfb.de/uploads/media/spielordnung.pdf, abgerufen am 18.02.2012.
144 *Orth/Schiffbauer*, RW 2011, 177 (184); *Blumberg*, Stadionverbot, S. 13.
145 Diese sog. Sicherheitsrichtlinien des DFB sind vollständig im Internet abrufbar unter: http://www.dfb.de/index.php?id=11240, abgerufen am 28.06.2011.
146 http://www.dfb.de/uploads/media/Richtlinien-Verbesserung-Sicherheit-Bundesspielen-12-2011.pdf, abgerufen am 18.02.2012.
147 *Orth/Schiffbauer*, RW 2011, 177 (184); *Blumberg*, Stadionverbot, S. 13.
148 *Orth/Schiffbauer*, RW 2011, 177 (184); *Blumberg*, Stadionverbot, S. 13.
149 Vgl. Kapitel 1C.I.1.b), S. 58.

richtlinie nicht über § 31 der Richtlinie zur Verbesserung der Sicherheit bei Bundesspielen i.V.m. § 51 der Spieleordnung bei Fußballspielen der DFL anzuwenden. Die in der Praxis wichtigsten Spiele der Herren-Bundesliga und 2. Bundesliga sind nicht von der Ansicht *Blumberg*'s erfasst.

Stattdessen unterliegen diese Spiele gemäß § 40 Abs. 2 der Spieleordnung dem Ligastatut der DFL[150]. Gemäß § 1 Nr. 1, Nr. 4 dieses Ligastatuts müssen die Vereine jährlich eine Lizenz bei der DFL beantragen, um zum Spielbetrieb der Bundesliga und 2. Bundesliga zugelassen zu werden. Die Lizenz stellt gemäß § 1 Nr. 2 S. 1 des Ligastatuts i.V.m. § 7 der Satzung der DFL einen Vertrag zwischen den Fußballvereinen und der DFL dar, der gemäß § 1 Nr. 3 des Ligastatuts unter anderem die verbindliche Unterwerfung unter die Ordnungen, Richtlinien und Durchführungsbestimmungen des DFB vorsieht. Gemäß § 2 Nr. 1 lit. e) Ligastatut müssen die Vereine vor allem sicherheitstechnische Kriterien erfüllen, um eine Lizenz zu erhalten.[151] § 6 Nr. 2 Abs. 5 Ligastatut i.V.m. dem Art. 63 Abs. 4 Stadionhandbuch[152] schreibt vor, dass die Vereine dazu jedes Jahr eine Mustererklärung unterschreiben müssen, in der sie „ausdrücklich § 31 der Richtlinien zur Verbesserung der Sicherheit bei Bundesspielen und die auf dieser Grundlage vom DFB erlassenen weiteren Richtlinien (...) mit den darin enthaltenen Regelungen über das bundesweit wirksame Stadionverbot sowohl in formeller als auch in materieller Hinsicht als rechtswirksam und für sich verbindlich" anerkennen müssen.[153] Über diese Mustererklärung wirkt die Stadionverbotsrichtlinie gegenüber den Fußballvereinen unmittelbar auch für Spiele der Bundesliga und 2. Bundesliga, die nicht der DFB, sondern die DFL veranstaltet.

---

150 Abrufbar unter: http://www.dfb.de/uploads/media/15_Ligaverband_Ligastatut-3.pdf, abgerufen am 18.02.2012.

151 Es entspricht auch dem Willen der Sicherheitskommission des DFB, dass die Stadionverbotsrichtlinie jedenfalls über das jährliche Lizenzverfahren verbindlich werde, *Hennes*, in: *Schild*, Rechtliche Aspekte, S. 1 (3). An das Ligastatut der DFL sind die Vereine der Bundesliga und 2. Bundesliga als unmittelbare Mitglieder der DFL ihrerseits durch korporationsrechtliche Verweisungen gebunden: Gemäß § 11 lit. a) der Satzung der DFL sind die Vereine als deren Mitglieder gesellschaftsrechtlich verpflichtet, die Satzung und die für sie verbindlichen Bestimmungen des Ligastatus, der Ordnungen und der Entscheidungen bzw. Beschlüsse der zuständigen Organe des Ligaverbandes und des DFB zu befolgen, *LG Duisburg*, Urt. v. 22.07.2005 – 7 S 63/05; *AG Leverkusen*, Urt. v. 11.7.2000 – 20 C 188/00.

152 Das Stadionhandbuch fasst alle Anforderungen des Verbandsrechts an den Betrieb von Fußballstadien zusammen, siehe: http://www.bundesliga.de/media/native/dfl/dfl_dfb_stadion_handbuch.pdf, abgerufen am 18.02.2012.

153 Diese Mustererklärungen jedes einzelnen Profivereins können im Internet abgerufen werden unter: http://www.dfb.de/index.php?id=503930, abgerufen am 18.02.2012.

Darin kann jedenfalls ein privatautonom zulässiger Regelanerkennungsvertrag gesehen werden.[154]

Danach wirkt die Stadionverbotsrichtlinie im verbandsrechtlichen Innenverhältnis für Spiele des DFB-Pokals, der Frauen-Bundesliga und der Nationalmannschaft über § 51 Spieleordnung i.V.m. § 31 der Richtlinien zur Verbesserung der Sicherheit bei Bundesspielen in direkter Anwendung (korporationsrechtliche Anlehnung) und für Spiele der Herren-Bundesliga und 2. Bundesliga entsprechend § 31 der Richtlinien zur Verbesserung der Sicherheit bei Bundesspielen über die Mustererklärungen der Vereine, die diese gemäß § 40 Abs. 2 der Spieleordnung des DFB i.V.m. §§ 1 Nr. 3, 2 Nr. 1 lit. e), 6 Nr. 2 Abs. 5 des Ligastatuts der DFL i.V.m. Ziff. III. § 3 Ziff. 1. Abs. 3 der Spieleordnung der DFL[155] i.V.m. Art. 63 Abs. 4 Stadionhandbuch abgeben müssen (vertragliche „Lizenzlösung“).

Jedenfalls folgt die Innenwirkung der Stadionverbotsrichtlinie auch für alle unterklassigen Fußballvereine, die nicht der DFL zugehören, aus dem Regelanerkennungsvertrag, der zustande kommt, indem alle Vereine jährlich gemäß § 1 Abs. 5 S. 2 SVR ihre Vollmachten an die Zentralstelle des DFB übersenden.[156]

2. Keine unmittelbare Außenwirkung

Der Bundesgerichtshof stellt in seinem Urteil vom 30.10.2009 klar, dass diese Richtlinien des DFB im Verhältnis zwischen Fußballverein und Zuschauer keine Außenwirkung entfalte.[157] Es handelt sich lediglich um Verbandsinnenrecht zwischen dem DFB, der DFL und den Fußballvereinen. Der Zuschauer steht ausschließlich mit dem veranstaltenden Fußballverein durch den Zuschauervertrag in schuldrechtlicher Verbindung, nicht aber mit dem DFB oder der DFL.[158] Ein Stadionverbot kann folglich nicht unmittelbar auf die Stadionverbotsrichtlinie des DFB, sondern nur auf die zivilrechtliche Beziehung zwischen dem Störer

---

154 Dazu: *Orth/Schiffbauer*, RW 2011, 177 (193), die zuvor Zweifel an der Rechtsverbindlichkeit der Stadionverbotsrichtlinie äußern, diese aber jedenfalls wegen der Wirkung der Mustererklärung als Regelanerkennungsvertrag offen lassen, vgl. *Orth/Schiffbauer*, RW 2011, 177 (192 f.).

155 http://www.bundesliga.de/media/native/dfl/ligastatut/neue_lo/spielordnung_spol.pdf, abgerufen am 18.02.2012.

156 *Orth/Schiffbauer*, RW 2011, 177 (193).

157 *BGH*, NJW 2010, 534 (536); *Blumberg*, Stadionverbot, S. 18; *Walker*, in: *Höfling/Horst*, Sport und Gewalt, S. 51 (71 f.).

158 *Breuker*, SpuRt 2010, 31 (31); *Dippel,* Zivilrechtliche Haftung, S. 302; *Haslinger*, Zuschauerausschreitungen, S. 24 m.w.N.

und dem Fußballverein als Veranstalter des Fußballspiels gestützt werden.[159] Die Stadionverbotsbeauftragten der Fußballvereine können sich an der Stadionverbotsrichtlinie zwar orientieren, um die Stadionverbotspraxis zu vereinheitlichen, die Anforderungen an den sachlichen Grund für ein Stadionverbot ergeben sich aber ausschließlich aus den zivilrechtlichen Vorgaben des BGB.

II. Rechtsgrundlagen zur Durchsetzung des Stadionverbots

Die zivilrechtliche Grundlage eines Stadionverbots ist in Rechtsprechung und Literatur zwar nicht umstritten, sie leiten diese allerdings nicht immer genau her.

1. Herleitung der zivilrechtlichen Grundlage

Der Bundesgerichtshof sieht die rechtliche Grundlage, ein Stadionverbot aussprechen zu können, im Hausrecht, das auf dem Grundstückseigentum oder -besitz (§§ 858 ff., 903, 1004 BGB) beruhe.[160] *Walker* und *Orth/Schiffbauer* haben sich dieser allgemein gehaltenen Beschreibung angeschlossen und sehen die Rechtsgrundlage für das Stadionverbot „im Hausrecht des jeweiligen Vereins“[161].

Die rechtliche Grundlage des Stadionverbots als Unterfall des Hausverbots zu umschreiben,[162] ist zwar grundsätzlich zutreffend, allerdings zu ungenau. Das „Hausrecht“ bezeichnet als Obergriff lediglich abstrakt das Recht, einen abgrenzbaren Raum ausschließlich nutzen zu können.[163] Es handelt sich um ein Konglomerat verschiedener Rechte mit unterschiedlicher Reichweite.[164] Diese Funktion des Hausrechts als Oberbegriff und dessen abstrakte Beschreibung stellen keine taugliche zivilrechtliche Grundlage dar, um von einem Zuschauer

---

159 *BGH*, NJW 2010, 534 (535); *Breuker*, SpuRt 2010, 31 (31); *Dippel,* Zivilrechtliche Haftung, S. 302; *Blumberg*, Stadionverbot, S. 18 f.

160 *BGH*, NJW 2010, 534 (535).

161 *Walker*, in: *Kauerhof u.a.,* Zuschauer als Störer S. 51 (54); *Walker*, in *Gödicke u.a.,* FS Schapp, S. 491 (494); *Orth/Schiffbauer*, RW 2011, 177 (196).

162 *Orth,* Vereins- und Verbandsstrafen, S. 136. Demgegenüber beschränken *Scherrer/Ludwig* die rechtliche Bedeutung eines Stadionverbots auf „die Weigerung des Veranstalters (…), mit der betreffenden Person einen Zuschauervertrag abzuschliessen.“, *Scherrer/Ludwig*, Sportrecht, S. 276. Diese Definition greift zu kurz, da darin nicht ausreichend ausgedrückt wird, dass der Störer das Stadiongelände nicht betreten darf.

163 *Breucker,* JR 2005, 133 (133 f.); *Knemeyer*, DÖV 1970, 596 (597).

164 *Orth/Schiffbauer*, RW 2011, 177 (196) m.w.N.

(Störer) verlangen zu können, den Stadionbereich zu verlassen bzw. für einen bestimmten Zeitraum nicht mehr zu betreten.[165] Wenn der Verein als Veranstalter ein Stadionverbot ausspricht, beruft er sich nicht auf sein allgemeines Nutzungsrecht, sondern konkretisiert sein Verlangen gegenüber dem Zuschauer in einem individuellen Verbot.[166] Dafür bedarf es eines eigenständigen Anspruches i.S.d. § 194 Abs. 1 BGB, um von einem anderen Rechtssubjekt ein Tun oder Unterlassen verlangen zu können.[167] Ein Stadionverbot auszusprechen, bedeutet zivilrechtlich folglich nichts anderes, als einen Beseitigungs- und Unterlassungsanspruch geltend zu machen.[168]

2. Zivilrechtliche Voraussetzungen eines Stadionverbots

Welche Anspruchsgrundlage den Verein konkret dazu berechtigt, ein Stadionverbot festzusetzen, hängt einerseits davon ab, ob dieser Eigentümer oder Pächter des Stadions ist, und andererseits davon, welche Rechtsfolge er bezweckt. Ein Stadionverbot kann beinhalten, dass der Störer sofort das Stadiongelände verlassen muss (Ad-Hoc-Stadionverbot[169]), im Regelfall wird es dem Störer darüber hinaus untersagen, das Stadion bei künftigen Fußballspielen für einen bestimmten Zeitraum zu betreten (Stadionverbot im eigentlichen Sinne). Häufig bezweckt der Verein beides in einem Stufenverhältnis: Zunächst will er den Zuschauer von dem Stadiongelände entfernen und die Störung unverzüglich beseitigen, um ihn daran anschließend von weiteren Fußballspielen fernzuhalten und künftige Störungen zu vermeiden. Dies zu unterscheiden, ist relevant, wenn die richtige Anspruchsgrundlage ermittelt werden soll.

a) Ad-Hoc-Stadionverbot

An erster Stelle verfolgt der Verein das Interesse, den Störer unverzüglich nach seiner Tat durch den privaten Ordnungsdienst aus dem Stadion zu verbannen.

---

165 *Breucker*, NJW 2006, 1233 (1235); *Blumberg*, Stadionverbot, S. 19.

166 *Breucker*, JR 2005, 133 (134).

167 *Breucker*, JR 2005, 133 (134); *Blumberg*, Stadionverbot, S. 8.

168 *Gietl*, JR 2010, 50 (50); *Breucker*, NJW 2006, 1233 (1235); *Breucker*, JR 2005, 133 (134). Diese Unterscheidung zwischen einem Beseitigungsanspruch (Ad-Hoc-Stadionverbot) und dem Unterlassungsanspruch (Stadionverbot für künftige Fußballspiele) übergeht die Fachliteratur oftmals.

169 Zum Begriff des „Ad-Hoc-Stadionverbots“: *Orth*, Vereins- und Verbandsstrafen, S. 137.

aa) § 1004 Abs. 1 S. 1 BGB

Ist der Verein Eigentümer des Stadions, kann er sich unter den Voraussetzungen des § 1004 Abs. 1 S. 1 BGB auf den eigentumsrechtlichen Beseitigungsanspruch stützen.[170] Eine „Beeinträchtigung" des Eigentums an dem Stadiongrundstück liegt vor, wenn der Besucher seine Rechte aus dem Zuschauervertrag überschreitet, d.h. gegen die Stadionordnung verstößt.[171] Sollte die Stadionordnung im Einzelfall nicht wirksam in das Zuschauervertragsverhältnis einbezogen worden sein oder erfasst die nicht abschließende Stadionordnung das Fehlverhalten nicht, ist der Umfang der Rechte und Pflichten des Zuschauers subsidiär durch ergänzende Vertragsauslegung nach den §§ 133, 157 BGB zu bestimmen.[172] Entscheidend ist, nach der objektiven Verkehrsauffassung abzugrenzen, ob das konkrete Verhalten eine Störung des Stadionbetriebes darstellt oder im Rahmen eines Fußballspiels zu erwarten ist.[173] Die maßgebliche Verkehrsauffassung sollte sich neben allgemeinen Erwartungen an Stadionbesucher (insbesondere keine Gewalt oder sonstige Straftaten) auch danach bestimmen, für welchen Stadionblock der Zuschauer eine Eintrittskarte erworben hat. Beispielsweise stört ein Zuschauer die anderen Besucher, wenn er in einem Sitzplatzblock dauerhaft steht, während dies ein Stehplatzblock gerade voraussetzt. Um die Verhaltenspflichten nach der Verkehrsauffassung bestimmen zu können, ist demnach auch zu berücksichtigen, für welchen Block der Zuschauer eine Eintrittskarte erworben hat.

Grundsätzlich könnte sich aus dem Zuschauervertrag eine Duldungsverpflichtung des Veranstalters ergeben, der den Störer gemäß § 1004 Abs. 2 BGB zum Aufenthalt berechtigt.[174] Allerdings ist in Rechtsprechung und Literatur anerkannt, dass ein bestehendes Vertragsverhältnis einem Stadionverbot nicht entgegenstehen darf, wenn ein sachlicher Grund dafür vorliegt.[175] Wie dies dogma-

---

170 *Gietl*, JR 2010, 50 (54); *Blumberg*, Stadionverbot, S. 20; zum eigentumsrechtlichen Unterlassungsanspruch: *Orth/Schiffbauer*, RW 2011, 177 (196).

171 *Breucker*, NJW 2006, 1233 (1235); *Orth/Schiffbauer*, RW 2011, 177 (197); *Ruhs*, Sicherheit und Ordnung, S. 20; *Blumberg*, Stadionverbot, S. 21 m.w.N. Dagegen aber: *Marzahn*, ZJS 2010, 428 (430), Fn. 20. Der Begriff der Beeinträchtigung ist in seiner Reichweite umstritten: *Keukenschrijver*, in: *Dauner-Lieb u.a.*, NK-BGB, § 1004 BGB Rn. 58 m.w.N.

172 *Breucker*, NJW 2006, 1233 (1235); *Ruhs*, Sicherheit und Ordnung, S. 20.

173 Im Rahmen des Kontrahierungszwangs von Supermärkten entschied der Bundesgerichtshof, dass es auf das „übliche Käuferverhalten" ankomme, BGH, NJW 1994, 188 (188) m.w.N. Für den Hotelbesucher: *BGH*, Urt. v. 9.3.2012 – V ZR 115/11.

174 *Orth/Schiffbauer*, RW 2011, 177 (198) m.w.N.

175 *BGH*, NJW 2010, 534 (535); *Schild*, in: *WFV*, Recht der Sportstätte, S. 66 (81 ff.); *Breuker*, JR 2005, 133 (137); *Dippel*, Zivilrechtliche Haftung, S. 305 f.; *Klode*, Pyrotechnik und Stadionverbote, S. 83; *Orth/Schiffbauer*, RW 2011, 177 (198); *Blumberg*,

tisch zu begründen ist, wird aus Gründen der Übersicht und des Sachzusammenhangs im 5. Kapitel „Rechtsfolgen des bundesweiten Stadionverbots" diskutiert.[176] Wenn der Verein Eigentümer seines Stadions ist, kann er somit gemäß § 1004 Abs. 1 S. 1 BGB verlangen, dass sich der Störer von seinem Stadiongelände entfernt.

bb) § 1004 Abs. 1 S. 1 BGB i.V.m. § 903 BGB

Ist der Verein – wie im Regelfall – nicht Eigentümer, sondern nur Pächter des Stadions, kann er sich auf den eigentumsrechtlichen Beseitigungsanspruch gemäß § 1004 Abs. 1 S. 1 BGB i.V.m. § 903 BGB nur dann berufen, wenn der Nutzungsvertrag[177] mit dem Eigentümer (in der Regel eine öffentliche Kommune) ihn dazu berechtigt, das Hausrecht auszuüben.[178] Davon ist grundsätzlich zumindest konkludent auszugehen.[179] Der DFB lässt sich das Hausrecht ausdrücklich übertragen, wenn er das Pokalendspiel oder Nationalmannschaftsspiele ausrichtet.[180]

cc) Besitzrechtliche Beseitigungsansprüche

Daneben kann sich der Verein auf die besitzrechtlichen Beseitigungsansprüche berufen.[181] Dabei ist der petitorische von dem possessorischen Besitzschutz zu unterscheiden.[182]

1) § 1004 Abs. 1 S. 1 BGB i.V.m. § 823 Abs. 1 BGB analog

Gemäß § 1004 Abs. 1 S. 1 BGB i.V.m. § 823 Abs. 1 BGB analog steht dem Verein der quasi-negatorische Beseitigungsanspruch zu.[183] Nach zutreffender herrschender Auffassung ist der Besitz selbst zwar kein sonstiges Recht i.S.d.

Stadionverbot, S. 25. Differenzierend für den Fall eines „Hotelverbots": *BGH*, Urt. v. 9.3.2012 – V ZR 115/11.

176 Vgl. Vertiefend: Kapitel 5, S. 289 ff.

177 Dies wird in der Regel ein Pachtvertrag sein.

178 *Orth*, Vereins- und Verbandsstrafen, S. 136 f.

179 *Breucker*, JR 2005, 133 (133 f.) m.w.N.

180 *Orth*, Vereins- und Verbandsstrafen, S. 136 f.

181 Der Verein kann sich sowohl auf den eigentumsrechtlichen als auch auf den besitzrechtlichen Beseitigungsanspruch berufen, da diese in Anspruchskonkurrenz stehen, *Bassenge*, in: *Palandt*, § 1004 BGB Rn. 3 m.w.N.

182 *Blumberg*, Stadionverbot, S. 29 m.w.N.

183 *Hilpert*, Fußballstrafrecht, IV. Rn. 7; *Ruhs*, Sicherheit und Ordnung, S. 20 m.w.N. Vgl. zum quasinegatorischen Unterlassungsanspruch: *BGH*, NJW 1993, 1580 (1580) m.w.N.; *Keukenschrijver*, in: *Dauner-Lieb*, NK-BGB, § 1004 BGB Rn. 7 m.w.N.

§ 823 Abs. 1 BGB, allerdings wird die Rechtsstellung, die mit der tatsächlichen Sachherrschaft verbunden ist, als absolute Rechtsposition i.S.d. § 823 Abs. 1 BGB anerkannt.[184]

2) §§ 862 Abs. 1 S. 1, 858 Abs. 1 BGB

Des Weiteren kann der Verein den possessorischen Beseitigungsanspruch gemäß §§ 862 Abs. 1 S. 1, 858 Abs. 1 BGB geltend machen, wenn ein Zuschauer die tatsächliche Sachherrschaft des Stadionbesitzers durch verbotene Eigenmacht stört.[185] Der Zuschauer kann aus dem Zuschauervertrag wegen §§ 863, 864 Abs. 2 BGB nur geltend machen, er sei vertraglich zum Zutritt des Stadions berechtigt, wenn dieser Anspruch durch rechtskräftiges Urteil festgestellt ist.[186] Im Übrigen sind die Tatbestandsvoraussetzungen des Besitzschutzes mit denen des § 1004 BGB direkt oder entsprechend zu vergleichen.[187]

3) §§ 859 Abs. 1, 858 Abs. 1 BGB

Daneben steht der possessorische Besitzschutz gemäß §§ 859 Abs. 1, 858 Abs. 1 BGB, der es dem Stadionbesitzer im Wege der Selbsthilfe erlaubt, den Störer wegen verbotener Eigenmacht notfalls gewaltsam vom Stadiongelände zu entfernen.[188] Vor der Gewaltanwendung ist als milderes Mittel grundsätzlich ein Ad-Hoc-Stadionverbot auszusprechen, mithin der Beseitigungsanspruch (mündlich) geltend zu machen; erst wenn der Störer diese Beseitigungsaufforderung

---

184 *Breucker*, JR 2005, 133 (134); *Orth*, Vereins- und Verbandsstrafen, S. 137; *Orth/Schiffbauer*, RW 2011, 177 (197); *Blumberg*, Stadionverbot, S. 29 f. m.w.N.; *Sprau*, in: *Palandt*, § 823 BGB Rn. 13.

185 *Hilpert*, Fußballstrafrecht, IV. Rn. 7; *Ruhs*, Sicherheit und Ordnung, S. 20. Verbotene Eigenmacht i.S.d. § 858 Abs. 1 BGB erfordert eine widerrechtliche Beeinträchtigung des unmittelbaren Besitzes, *Bassenge*, in: *Palandt*, § 858 BGB Rn. 1. Eine Beinträchtigung i.S.d. § 1004 Abs. 1 S. 1 BGB ist jeder Eingriff in die rechtliche oder tatsächliche Herrschaftsmacht des Eigentümers, der § 903 BGB widerspricht, *BGH*, NJW 89, 2251 (2252); *Bassenge*, in: *Palandt*, § 1004 BGB Rn. 6. Der Anspruch aus § 862 Abs. 1 BGB und der Anspruch aus § 1004 Abs. 1 BGB stehen zueinander in Anspruchskonkurrenz, *BGHZ* 44, 27; *Bassenge*, in: *Palandt*, § 1004 BGB Rn. 3.

186 *Joost*, in: *Säcker/Rixecker*, MüKo BGB, § 863 BGB Rn. 6; *Joost*, in: *Säcker/Rixecker*, MüKo BGB, § 858 BGB Rn. 8. *Blumberg* schließt daraus, dass der Störer seine Rechte aus dem Zuschauervertrag nur dann geltend machen kann, wenn der Verein als Anspruchsberechtigter damit einverstanden ist, *Blumberg*, Stadionverbot, S. 32.

187 *Orth/Schiffbauer*, RW 2011, 177 (204f.).

188 *Orth*, Vereins- und Verbandsstrafen, S. 137; *Orth/Schiffbauer*, RW 2011, 177 (206); *Breucker*, JR 2005, 133 (134); *Eilers*, in: *WFV*, Zuschauerausschreitungen bei Fußballspielen, S. 18 (20).

nicht freiwillig befolgt, ist es möglich, ihn gewaltsam des Stadions zu verweisen.[189]

Während der private Ordnungsdienst[190], den die Vereine beauftragen, um die Stadionsicherheit zu überwachen, die Beseitigungsansprüche aus § 1004 Abs. 1 S. 1 BGB (ggfs. i.V.m. § 823 Abs. 1 BGB oder § 903 BGB) und § 862 Abs. 1 S. 1 BGB nur geltend machen kann, wenn er dazu ausdrücklich ermächtigt ist, berechtigen ihn die §§ 859 Abs. 1, 858 Abs. 1 BGB als Besitzdiener i.S.d. § 855 BGB unmittelbar zur Selbsthilfe.[191] Dies ergibt sich aus § 860 BGB.

dd) Kein vertraglicher Beseitigungsanspruch

Darüber hinaus besteht nach der Ansicht von *Jenny* ein vertraglicher Anspruch des Vereins, den Störer aus dem Stadion zu entfernen.[192] Dieser ergebe sich nach Treu und Glauben als stillschweigender Vertragsinhalt aus dem Zuschauervertrag.[193] Da den Veranstalter spezifische Schutz- und Obhutspflichten gegenüber allen Personen treffe, die sich auf dem Sportgelände aufhalten, müsse es ihm nach Treu und Glauben auf Grundlage des Zuschauervertrages mit dem Störer möglich sein, diesen aus dem Stadionbereich zu entfernen.[194] Durch das Fehlverhalten des Störers entfalle zugleich dessen vertraglicher Teilnahmeanspruch an der Fußballveranstaltung.[195]

Diese Ansicht ist abzulehnen. Der vertragliche Teilnahmeanspruch des Störers aus dem Zuschauervertrag entfällt nicht, ohne dass der Verein zumindest konkludent von diesem zurückgetreten ist.[196] Den Rücktritt zu erklären wäre nur dann entbehrlich, wenn der vertragliche Zulassungsanspruch des Zuschauers auflösend dadurch bedingt wäre, dass gegen ihn ein Stadionverbot ausgesprochen wird. Kommt der Zuschauervertrag zustande, bevor der Verein das Stadionverbot erteilt, kann diesem gemäß §§ 133, 157 BGB keine solche auflösende Bedingungen entnommen werden. Zudem tritt der Verein nicht zugleich kon-

---

189 *Fritzsche*, in: *Bamberger/Roth*, BeckOK, § 859 BGB, Rn. 11.

190 Vertiefend zur Aufgabe des privaten Ordnungsdienstes: *Schulz*, Kritische Analyse, S. 76 f. m.w.N.

191 *Breucker*, JR 2005, 133 (135); *Eilers*, in: *WFV*, Zuschauerausschreitungen bei Fußballspielen, S. 18 (20). *Ruhs* sieht die Rechtsgrundlage für Maßnahmen des privaten Ordnungsdienstes nur allgemein „im Hausrecht" und greift lediglich für Zwangsdurchsuchungen auf §§ 229, 859 BGB zurück, *Ruhs*, Sicherheit und Ordnung, S. 22.

192 *Jenny,* in: *Kauerhof u.a.*, Zuschauer als Störer, S. 129 (144).

193 *Jenny,* in: *Kauerhof u.a.*, Zuschauer als Störer, S. 129 (144).

194 *Jenny,* in: *Kauerhof u.a.*, Zuschauer als Störer, S. 129 (144).

195 *Jenny,* in: *Kauerhof u.a.*, Zuschauer als Störer, S. 129 (144).

196 Vgl. vertiefend: Kapitel 5A.I.2, S. 302 ff.

kludent vom Zuschauervertrag zurück, wenn er ein Stadionverbot ausspricht. Beides wird später ausführlich erläutert.[197]

An dieser Stelle können beide Rechtsfragen offen bleiben: Denn selbst wenn der Verein vom Zuschauervertrag zurücktreten würde oder der Teilnahmeanspruch auflösend bedingt wäre, ergäbe sich kein vertraglicher Beseitigungsanspruch des Vereins. Ein solcher würde voraussetzen, dass sich die Vertragsparteien auf einen solchen Anspruch ausdrücklich oder konkludent geeinigt haben. Da einem Stadionverbot nur Tatsachen zugrunde liegen müssen, die einen strafprozessualen Anfangsverdacht bilden, kann der Willenserklärung des Zuschauers nach §§ 133, 157 BGB ein solcher Rechtsbindungswille nicht entnommen werden. Auch für eine ergänzende Vertragsauslegung bleibt kein Raum, vor allem da die Allgemeinen Ticketbedingungen Regelungen darüber enthalten, welche gegenseitigen Rechte und Pflichten sich ergeben, wenn der Zuschauervertrag beendet wird. Diese zu ergänzen ist auch nach der Interessenlage der Vereine nicht notwendig, da sie die gesetzlichen Beseitigungsansprüche sogar effektiver durchsetzen können, wie insbesondere §§ 859 Abs. 1, 858 Abs. 1 BGB zeigen. Demgegenüber tritt der Vorschlag *Jenny*'s, auf § 242 BGB zurückzugreifen, als subsidiär zurück.

ee) Zwischenergebnis: Die Rechtsordnung ermöglicht sofortige Stadionverbote

Somit ist zu konstatieren, dass der Verein gemäß § 1004 Abs. 1 S. 1 BGB (ggfs. i.V.m. § 903 BGB oder ggfs. i.V.m. § 823 Abs. 1 BGB analog) und §§ 862 Abs. 1 S. 1, 858 Abs. 1 BGB verlangen kann, den Störer von dem Stadiongelände zu beseitigen, wenn er ein (Ad-Hoc) Stadionverbot ausspricht. Alle Ansprüche bestehen kumulativ.[198] Welche Anspruchsgrundlagen konkret einschlägig sind, hängt davon ab, ob der Verein nur Besitzer oder auch Eigentümer des Stadions ist. Dem steht selbst der Zuschauervertrag nicht entgegen.[199] Um das Ad-Hoc-Stadionverbot notfalls mit Hilfe des privaten Ordnungsdienstes gewaltsam durchsetzen zu können, stellt die Rechtsordnung dem Hausrechtsinhaber die §§ 859 Abs. 1, 858 Abs. 1 BGB zur Verfügung.[200] Hilfsweise kann der Verein auf die Polizei zurückgreifen.[201]

---

197 Vgl. vertiefend: Kapitel 5A.I.2.b), S. 306 ff.

198 *Orth/Schiffbauer*, RW 2011, 177 (205) m.w.N.

199 *Breucker*, JR 2005, 133 (137); *Schild*, in: *WFV*, Recht der Sportstätte, S. 66 (81 ff.). Für das Verbandsinnenrecht: § 1 Abs. 7 SVR.

200 Das Selbsthilferecht nach §§ 859 Abs. 1, 858 Abs. 1 BGB besteht als Abwehrrecht unabhängig von staatlicher Hilfe, *Löwisch*, NJW 1994, 2596 (2596) m.w.N.

201 Die Polizei kann das Hausrecht bzw. die eigentums- und besitzrechtlichen Ansprüche (in subsidiärer Zuständigkeit) zumindest vorläufig durchsetzen, indem sie sich auf die polizeiliche Generalklausel beruft, um die Rechtsordnung wiederherzustellen, vgl.

b) *Stadionverbot für künftige Fußballspiele*

Ist es dem Verein gelungen, den Störer aus dem Stadion zu entfernen, wird er sich fragen, wie er ihn auch von künftigen Stadionbesuchen fernhalten kann, um weitere Störungen zu vermeiden. Dazu muss er einen zivilrechtlichen Unterlassungsanspruch gegen den Störer geltend machen:[202] das Stadionverbot im eigentlichen Sinne. Das Ziel eines Unterlassungsanspruchs besteht nicht nur darin, dass der Störer bloß untätig bleibt; dieser schuldet dem Verein vielmehr, sich so zu verhalten, dass die drohende Beeinträchtigung unterbleibt: der Störer darf den Stadionbereich für die Dauer des Stadionverbots nicht mehr betreten.[203] Dazu übersendet der Verein ein Stadionverbotsschreiben an die Adresse des Störers, die er von der Polizei erhalten hat.[204] Dieses beruht gemäß § 8 Abs. 1 SVR verbindlich auf einem Muster des DFB.[205]

aa) Anspruchsgrundlagen

Auf welche rechtliche Grundlage der Unterlassungsanspruch zu stützen ist, hängt erneut davon ab, ob der Verein Eigentümer oder Besitzer des Stadions ist. Ist er Eigentümer, kann er sich direkt auf § 1004 Abs. 1 S. 2 BGB berufen;[206] ist er Pächter und wurde ihm das Hausrecht ausdrücklich übertragen, ergibt sich sein Unterlassungsanspruch aus § 1004 Abs. 1 S. 2 BGB i.V.m. § 903 BGB.[207] Jedenfalls kann der Verein als tatsächlicher Stadionbesitzer den quasi-negatorischen Unterlassungsanspruch gemäß § 1004 Abs. 1 S. 2 BGB i.V.m. § 823 Abs. 1 BGB analog sowie den possessorischen Unterlassungsanspruch gemäß § 862 Abs. 1 S. 2 BGB geltend machen.[208] Der possessorische Besitzschutz ist jedoch auf ein Jahr gemäß § 864 Abs. 1 BGB begrenzt, so dass

---

Schlink, NJW 1988, 1689 (1691); vertiefend: *Eilers*, in: *WFV*, Zuschauerausschreitungen bei Fußballspielen, S. 18 (32 f.).

202 *Blumberg* beschreibt den Unterlassungsanspruch als einen Abwehranspruch, der in die Zukunft gerichtet ist, *Blumberg*, Stadionverbot, S. 21; vgl. auch: *Orth/Schiffbauer*, RW 2011, 177 (197).

203 *Orth/Schiffbauer*, RW 2011, 177 (197).

204 Die meisten Stadionverbote beruhen auf Informationen der Polizei, die diese den Vereinen übermittelt, *Blumberg*, Stadionverbot, S. 41 m.w.N.

205 *Räker*, SpuRt 2008, 99 (101).

206 *Orth/Schiffbauer*, RW 2011, 177 (196).

207 *Breucker*, JR 2005, 133 (134); *Blumberg*, Stadionverbot, S. 20.

208 *Breucker*, JR 2005, 133 (134); *Orth/Schiffbauer*, RW 2011, 177 (196 f.); *Ruhs*, Sicherheit und Ordnung, S. 20.

längere Stadionverbote nur auf § 1004 Abs. 1 S. 2 BGB direkt oder entsprechend gestützt werden können.[209]

bb) Die Besorgnis künftiger Störungen

Grundsätzlich muss der Unterlassungsanspruch die gleichen Tatbestandsvoraussetzungen erfüllen wie der Beseitigungsanspruch,[210] der den Ad-Hoc-Stadionverboten zugrunde liegt. Hinzutreten muss wegen seines präventiven Charakters jedoch die ernstliche Besorgnis künftiger Störungen (Erstbegehungs- oder Wiederholungsgefahr), die auf objektiven Tatsachen beruhen muss.[211] Dafür ist der Verein darlegungs- und beweisbelastet.[212] Die Wiederholungsgefahr beruht auf einer tatsächlichen Vermutung: Verletzt der Störer das Eigentum oder den Besitz, ist davon auszugehen, dass er dies künftig wiederholen wird, so dass der Störer hohe Anforderungen erfüllen muss, um dies zu widerlegen.[213] Auch wenn er noch nicht aufgefallen ist, kann der Verein einen Unterlassungsanspruch darauf stützen, dass erstmalig Störungen zu besorgen sind, da dem Hausrechtsinhaber nicht zuzumuten ist, „sehenden Auges eine (erste) Rechtsverletzung hinzunehmen, wenn der (künftige) Störer bereits konkrete Anstalten hierzu trifft“[214].

Die Stadionverbotsrichtlinie konkretisiert diese Anforderungen an die Gefahrenprognose eines Unterlassungsanspruchs in den Regelbeispielen des § 4 Abs. 3, Abs. 4 SVR. Danach kann ein Stadionverbot insbesondere ausgesprochen werden, wenn Tatsachen über die Störung nachgewiesen sind, die dazu ge-

---

209 *Orth*, Vereins- und Verbandsstrafen, S. 137; *Breucker*, JR 2005, 133 (134). Zwar könnte der Verein im Wege der Widerklage vorgehen, wenn der betroffene Zuschauer gegen das Stadionverbot klagt und die Frist des § 864 Abs. 1 BGB zu verstreichen droht, jedoch ist dies in der Praxis selten, weil die Vereine stets den effektivsten und kostengünstigsten Weg wählen, indem sie den Betroffenen schlicht nicht in das Stadion hineinlassen, *Walker*, in: *Gödicke* u.a., FS Schapp, S. 491 (503); *Orth/Schiffbauer*, RW 2011, 177 (205). Dabei können sie sich konkludent auf § 1004 Abs. 1 S.2 BGB direkt oder entsprechend stützen.

210 *Baldus*, in: *Säcker/Rixecker*, MüKo BGB, § 1004 BGB Rn. 294.

211 Die Anforderungen an den Begriff der „Besorgnis weiterer Störungen“ i.S.d. § 1004 Abs. 1 S. 2 BGB und dessen rechtliche Qualifikation sind unabhängig von der Frage des Stadionverbots umstritten, vgl. zum Streitstand: *Dippel,* Zivilrechtliche Haftung, S. 304 f.; *Baldus*, in: *Säcker/Rixecker*, MüKo BGB, § 1004 BGB Rn. 291 f. m.w.N.; *Orth/Schiffbauer*, RW 2011, 177 (198).

212 *Breuker*, JR 2005, 133 (135) m.w.N.; *Blumberg*, Stadionverbot, S. 71. Vgl. vertiefend zur Darlegungs- und Beweislast: Fn. 35, S. 35 und Kapitel 6A.II.1.d), S. 419 ff.

213 *BGHZ*, 14, 163 (167); *BGHZ*, 140, 1 (10 f.); *Keukenschrijver*, in: *Dauner-Lieb u.a.*, NK-BGB, § 1004 BGB Rn. 101 m.w.N.; *Breuker*, JR 2005, 133 (135) m.w.N.

214 *Breuker*, JR 2005, 133 (135). Vertiefend zur Erstbegehungsgefahr: *Keukenschrijver*, in: *Dauner-Lieb u.a.*, NK-BGB, § 1004 BGB Rn. 100 m.w.N., Rn. 118 ff. m.w.N.

führt haben, dass gegen den Betroffenen ein strafprozessuales Ermittlungsverfahren eingeleitet oder sonstige (hoheitliche) Maßnahmen ergriffen werden. § 4 Abs. 3, Abs. 4 SVR knüpfen folglich nicht an die Erstbegehungsgefahr, sondern an die tatsächliche Vermutung der Wiederholungsgefahr an. Allerdings ist die Stadionverbotsrichtlinie gegenüber dem Störer nicht bindend, so dass sie lediglich herangezogen wird, um sich an einheitlichen Vorgaben zu orientieren.[215] Maßgeblich bleiben die Voraussetzungen der §§ 1004 Abs. 1 S. 2, 862 Abs. 1 S. 2 BGB.[216]

Danach kommt es entscheidend darauf an, dass künftigen Störungen zu besorgen sind. Diese Prognoseentscheidung bildet zugleich den sachlichen Grund, den der Kontrahierungszwang fordert, damit der Verein sein Hausrecht ausüben kann:[217] „Ein sachlicher Grund besteht dann, wenn aufgrund von objektiven Tatsachen, nicht aufgrund subjektiver Befürchtungen, die Gefahr besteht, dass künftige Störungen durch die betreffende Person zu besorgen sind."[218] Objektive Tatsachen sind sinnlich wahrnehmbare Vorgänge der Vergangenheit oder Gegenwart; sie müssen objektiv die Wahrscheinlichkeit (Prognoseentscheidung) begründen, dass sich die Störung wiederholen wird.[219] Es reicht nicht aus, dass die künftige Störung bloß denkbar ist.[220] Andererseits dürfen keine zu hohen Anforderungen gestellt werden, um den besonderen Sicherheitsinteressen sportlicher Großveranstaltungen gerecht zu werden.[221]

---

215 *Blumberg*, Stadionverbot, S. 22. Ob ihre verbandsrechtlichen Vorgaben mit den zivilrechtlichen Anforderungen an eine Gefahrenprognose i.S.d. §§ 1004 Abs. 1 S. 2, 862 Abs. 1 S. 2 BGB zu vereinbaren sind, ist später im Einzelnen zu prüfen, vgl. vor allem: Kapitel 2 (S. 113 ff.) und Kapitel 3 (S. 191 ff).

216 *Orth/Schiffbauer* weisen (zutreffend) darauf hin, dass die Jahresfrist des § 864 BGB in der Praxis dazu führt, dass die Vereine langjährige Stadionverbote nur auf §§ 1004 Abs. 1 S. 2 analog, 823 Abs. 1 BGB stützen können, *Orth/Schiffbauer*, RW 2011, 177 (205). Dass der Bundesgerichtshof sein Urteil auf den „Unterlassungsanspruch nach §§ 862 Abs. 1 S. 2, 1004 Abs. 1 S. 2 BGB" [*BGH*, NJW 2010, 534 (535)] stützt, könnte nach Ansicht von *Orth/Schiffbauer* wegen dieses „offensichtlichen Verstoßes gegen geltendes Recht" sogar zum Erfolg der Verfassungsbeschwerde führen, *Orth/Schiffbauer*, RW 2011, 177 (214). Dem ist nicht zuzustimmen, weil der *BGH* sein Urteil zumindest auch auf den Anspruch aus § 1004 Abs. 1 S. 2 BGB stützt. Zudem besteht bei jedem Stadionverbot im Ausgangspunkt auch der Unterlassungsanspruch aus § 862 Abs. 1 S. 2 BGB, so dass der *BGH* seine allgemeinen Rechtsausführungen auch auf diesen Anspruch stützen darf. Deswegen sollen auch in dieser Arbeit stets die Ansprüche aus §§ 862 Abs. 1 S. 2, 1004 Abs. 1 S. 2 BGB angeführt werden, da es sich um allgemeine Rechtsausführungen handelt.

217 Dies formuliert indirekt auch: *Marzahn*, ZJS 2010, 428 (430).

218 *BGH*, Urt. v. 30.10.2009 – V ZR 253/08. Vgl. auch *Blumberg*, Stadionverbot, S. 22.

219 *Breuker*, JR 2005, 133 (135) m.w.N.; *Blumberg*, Stadionverbot, S. 22.

220 *BGH*, Urt. v. 9.3.2012 – V ZR 115/11; *Breuker*, JR 2005, 133 (135).

221 *BGH*, NJW 2010, 534 (536); *Blumberg*, Stadionverbot, S. 24.

Die §§ 1004 Abs. 1, 862 Abs. 1 BGB fordern, dass der Störer den Besitz oder das Eigentum des Hausrechtsinhabers beeinträchtigt. Ein Stadionverbot kann somit auf objektive Tatsachen gestützt werden, die Eigentums- oder Besitzbeeinträchtigungen des Vereins als Stadionbetreiber besorgen lassen.[222] Problematisch sind jedoch Stadionverbote, denen eine Störung zugrunde liegt, die sich nicht gegen die Rechtsgüter des Hausrechtsinhabers, sondern gegen Dritte (insbesondere andere Zuschauer) richtet. Dann ist ein Unterlassungsanspruch nach dem Wortlaut der §§ 1004 Abs. 1, 862 Abs. 1 BGB fraglich, da nicht der Besitzer oder Eigentümer unmittelbar beeinträchtigt zu werden droht. Um den präventiven Schutz des Hausrechtsinhabers effektiv zu gewährleisten, muss nach dem Sinn und Zweck des Unterlassungsanspruchs auch dann eine Wiederholungsgefahr bestehen, wenn die Störungshandlung gegenüber dem Dritten in einem inneren Zusammenhang zu dem Hausrechtsinhaber steht (Kausalitätsbeziehung).[223]

Dieser kann dadurch begründet werden, dass der Verein als Veranstalter gegenüber Dritten vertraglich und deliktisch zum Schutz verpflichtet ist.[224] Dazu muss jedoch ein konkreter Zusammenhang zwischen der Störung und der Fußballveranstaltung bestehen, den § 4 Abs. 1 SVR wie folgt formuliert: „Ein Stadionverbot ist gegen eine Person zu verhängen, *die im Zusammenhang mit dem Fußballsport, insbesondere anlässlich einer Fußballveranstaltung der Lizenzligen* (…) sicherheitsbeeinträchtigend aufgetreten ist“. Der Bundesgerichtshof bestätigt dies in seinem Urteil vom 30.10.2009: „Eine solche Besorgnis ergibt sich entgegen der Ansicht der Revision zunächst aus den der Einleitung eines Ermittlungsverfahrens *wegen eines im Zusammenhang mit dem Stadionbesuch begangenen_* Landfriedensbruchs zugrunde liegenden Tatsachen.“[225] *Blumberg* ergänzt, dass es sich um einen „direkten Zusammenhang mit dem Fußball“ handeln muss.[226] Dieses Kausalitätskriterium ist insbesondere für Taten an Drittorten zu beachten.[227]

---

222 Vgl. auch *Blumberg*, Stadionverbot, S. 22, der das Kriterium der „Fußballbezogenheit“ bereits an dieser Stelle einführt, obwohl ein Fußballbezug bei Beeinträchtigungen des Besitzes oder Eigentums des Hausrechtsinhabers nicht erforderlich ist. Dieser wird erst später relevant.

223 *Breuker*, JR 2005, 133 (135); *Blumberg*, Stadionverbot, S. 23. Beispielsweise entschied das *AG Köln*, dass kein ausreichend kausaler Zusammenhang zum Hausrecht besteht, wenn ein Fußballfan einen Polizisten während einer Festnahme in der Innenstadt beleidigt, vgl. *Walker*, in: *Gödicke u.a.*, FS Schapp, S. 491 (496 f.) m.w.N.

224 Vgl. *BGH*, NJW 2010, 534 (535); vertiefend zu diesen Schutz- und Verkehrssicherungspflichten: vgl. Fn. 535 f., S. 135.

225 *BGH*, NJW 2010, 534 (536).

226 *Blumberg*, Stadionverbot, S. 84.

227 Vgl. vertiefend: Kapitel 2D, S. 188 ff.

cc) Unterschiede zwischen örtlichen und bundesweiten Stadionverboten

Des Weiteren ist diese Kausalitätsbeziehung für die bundesweite Wirkung des Stadionverbots wichtig. Grundsätzlich sind an ein bundesweites Stadionverbot die gleichen Voraussetzungen zu stellen wie an ein örtliches.[228] Die bundesweite Wirkung des Stadionverbots kann jedoch nicht auf den Unterlassungsanspruch des Vereins gestützt werden, der das Stadionverbot festsetzt, weil nur dessen örtlicher Hausrechtsbereich vom Wortlaut der §§ 1004 Abs. 1 S. 2, 862 Abs. 1 S. 2 BGB erfasst ist.[229] Deswegen setzt das bundesweite Stadionverbot voraus, dass bundesweit jedem Verein ein eigener Unterlassungsanspruch gegen den Störer zusteht, den der Verein, der das bundesweite Stadionverbot ausspricht, stellvertretend gemäß §§ 164 ff. BGB für alle anderen Vereine geltend macht.[230] Dies regelt auch die Stadionverbotsrichtlinie in § 1 Abs. 5 SVR. Ob diese Bevollmächtigung wirksam ist und welche rechtlichen Probleme aus ihr resultieren, stellt das 4. Kapitel ausführlich dar.[231]

Aus der bundesweiten Wirkung eines Stadionverbots folgen besondere Anforderungen, die an die Gefahrenprognose zu stellen sind: Ein bundesweites Stadionverbot ist im Gegensatz zu einem örtlichen Stadionverbot nur gerechtfertigt, wenn das Verhalten des Störers befürchten lässt, dass er künftig die Sicherheit aller Fußballstadien beeinträchtigen wird.[232] Schließlich soll ein Hausverbot für Grundstücke ausgesprochen werden, auf denen der Betroffene zuvor nicht störend aufgetreten ist, die er gegebenenfalls sogar noch nie betreten hat.[233] Eine tatsächliche Vermutung erleichtert jedoch diese (räumlich) erweiterte Gefahrenprognose:[234] Stört ein Zuschauer das Fußballspiel eines Vereins, ist zu befürchten, dass er künftig auch die Fußballspiele anderer Vereine stören wird. Erforderlich, aber auch ausreichend ist deswegen, dass ein direkter Kausalzusammenhang zwischen der Störung und dem Fußballsport besteht.[235]

---

228 *Blumberg*, Stadionverbot, S. 34.

229 *Blumberg*, Stadionverbot, S. 34.

230 *Blumberg*, Stadionverbot, S. 34.

231 Vgl. Kapitel 4, S. 245 ff.

232 *Blumberg*, Stadionverbot, S. 35; *Breuker*, JR 2005, 133 (135).

233 *Breuker*, JR 2005, 133 (135).

234 *Klesczewski*, in: *Kauerhof u.a.*, Zuschauer als Störer, S. 69 (76). Problematisch sind nur solche Fälle, in denen die Tat einen konkreten Bezug zu einem anderen Verein erkennen lässt, *Blumberg*, Stadionverbot, S. 36. Doch auch in diesen Fällen können andere Vereine ihre Gefahrenprognose auf die Tat stützen. Denn wenn der Störer einen bestimmten Verein schädigen will, ist es nicht ausgeschlossen, dass er dies auch bei Auswärtsspielen des Vereins, also auf „fremdem" Stadiongelände tun wird.

235 *Blumberg*, Stadionverbot, S. 36.

III. Inhaltliche Pauschalisierung der zivilrechtlichen Anspruchsgrundlagen durch die Stadionverbotsrichtlinie

Die Stadionverbotsrichtlinie des DFB bildet als reines Innenrecht der Fußballverbände weder eine taugliche Anspruchsgrundlage für ein Stadionverbot, noch kann sie dessen Voraussetzungen und Rechtsfolgen bindend konkretisieren.[236] Sie wirkt sich nur mittelbar als kundgemachte Innenvollmacht auf das zivilrechtliche Außenverhältnis zum Störer aus.[237] Dies hindert die Vereine jedoch nicht, sich an ihren detaillierten Vorgaben zu orientieren, wenn sie ein Stadionverbot gemäß §§ 1004 Abs. 1 S. 2, 862 Abs. 1 S. 2 BGB aussprechen wollen.[238] Dies billigte der Bundesgerichtshof ausdrücklich, solange die Vereine erkennen, dass zivilrechtlich die Umstände des Einzelfalls maßgeblich bleiben.[239] Dafür kritisiert ihn die Literatur teilweise stark.[240]

1. Inhalt der Stadionverbotsrichtlinie

Um diese Kritik besser verstehen zu können, soll die Stadionverbotsrichtlinie zunächst inhaltlich dargestellt werden. Sie regelt auf 14 Seiten in 11 Paragraphen das Stadionverbotsverfahren, dessen Voraussetzungen und Umfang sowie Mechanismen, um es zu ermöglichen, das Stadionverbot bundesweit durchzusetzen.

a) Definition und Grundlagen des Stadionverbots

§ 1 Abs. 1 SVR definiert das Stadionverbot wie folgt: „Ein Stadionverbot ist die auf der Basis des Hausrechts gegen eine natürliche Person wegen sicherheitsbeeinträchtigenden Auftretens im Zusammenhang mit dem Fußballsport, insbesondere anlässlich einer Fußballveranstaltung, innerhalb oder außerhalb einer Platz- oder Hallenanlage vor, während oder nach der Fußballveranstaltung festgesetzte Untersagung bei vergleichbaren zukünftigen Veranstaltungen eine Platz- oder Hallenanlage zu betreten bzw. sich dort aufzuhalten." Nach § 1 Abs. 2 SVR ist das Stadionverbot keine staatliche Sanktion auf ein strafrechtlich relevantes Verhalten, sondern eine Präventivmaßnahme auf zivilrechtlicher

---

236 *Walker*, in: *Gödicke u.a.*, FS Schapp, S. 491 (503); *Marzahn*, ZJS 2010, 428 (430); *Blumberg*, Stadionverbot, S. 18.

237 *Gietl*, JR 2010, 50 (50); *Klode*, Pyrotechnik und Stadionverbote, S. 88.

238 *BGH*, NJW 2010, 534 (536); *Marzahn*, ZJS 2010, 428 (430).

239 *BGH*, NJW 2010, 534 (536); *Marzahn*, ZJS 2010, 428 (430).

240 *Klesczewski*, in: *Kauerhof u.a.*, Zuschauer als Störer, S. 69 (73) m.w.N.

Grundlage. Diese Definitionen beschränken sich auf das Verbandsinnenrecht. Wie das Stadionverbot dogmatisch einzuordnen ist, wird am Ende dieses Kapitels diskutiert.[241] § 1 Abs. 7 SVR stellt verbandsrechtlich klar, dass ein Stadionverbot selbst dann wirksam ist, wenn der Betroffene eine Eintrittskarte besitzt oder erwirbt.

Auf welchen räumlichen Bereich sich das Stadionverbot erstreckt, beschreiben § 1 Abs. 4 SVR und § 1 Abs. 5 SVR. Sie unterscheiden zwischen einem örtlichen und einem bundesweiten Stadionverbot: Nach § 1 Abs. 4 i.V.m. § 4 Abs. 2 SVR erstreckt sich ein örtliches Stadionverbot grundsätzlich nur auf den befriedeten Bereich der Platz- oder Hallenanlage des Vereins, der sein Hausrecht ausgeübt hat.[242] Demgegenüber kann ein überörtliches (sog. bundesweites) Stadionverbot gemäß § 1 Abs. 5 i.V.m. § 4 Abs. 3, Abs. 4 und Abs. 5 SVR auch für den Bereich anderer Platz- oder Hallenanlagen festgesetzt werden, soweit die Vereine und der DFB sich hierzu gegenseitig bevollmächtigt haben. Alle bundesweiten Stadionverbote sind bei der Zentralverwaltung des DFB gemäß § 1 Abs. 5 S. 3 SVR registriert. Dort sind auch die gegenseitigen Vollmachten hinterlegt, die die bundesweite Wirkung ermöglichen.

b) *Verbandsrechtliche Zuständigkeit und die Rolle der Stadionverbotsbeauftragten*

§§ 2, 3 SVR regeln, wer verbandsrechtlich zuständig ist, um ein Stadionverbot festzusetzen, zu reduzieren, aufzuheben oder auszusetzen. § 2 Abs. 1 SVR weist deklaratorisch darauf hin, dass zivilrechtlich grundsätzlich nur der Eigentümer der Platzanlage das Hausrecht originär ausüben kann. Deswegen verpflichtet § 2 Abs. 2 SVR die Vereine sicherzustellen, dass der Stadioneigentümer ihnen das Hausrecht schriftlich überträgt. Darüber haben sie nach § 2 Abs. 3 SVR die Zentralverwaltung des DFB zu informieren und einen Beauftragten für Stadionverbote zu benennen. Dabei handelt es sich um Angestellte oder Organe der Profivereine, die mindestens für eine Saison beauftragt sind, das Hausrecht des jeweiligen Vereins auszuüben.

---

241 Vgl. vertiefend: Kapitel 1D, S. 96 ff.

242 *Orth/Schiffbauer* weisen darauf hin, dass die Stadionverbotsrichtlinie für ein örtliches Stadionverbot nur „wenig hilfreich“ sei, da jeder Verein ein Stadionverbot für seinen Hausrechtsbereich aussprechen könne, wenn er sich auf eine entsprechende Gefahrenprognose stützen könne, ohne dass er auf die Stadionverbotsrichtlinie bezugnehmen müsse, *Orth/Schiffbauer*, RW 2011, 177 (185). Diesem Hinweis ist nicht zuzustimmen, da die Stadionverbotsrichtlinie vor allem in §§ 3, 5a, 6-8, 9 Abs. 1. 10 SVR auch Verfahrensvoraussetzungen enthält, die die Stadionverbotsrichtlinie bundesweit vereinheitlichen will.

Da diese Positionen in der Regel aus finanziellen und organisatorischen Gründen nicht durch Juristen besetzt werden können, müssen sich die Stadionverbotsbeauftragten in der Praxis stark am Wortlaut der Stadionverbotsrichtlinie orientieren, wenn sie die Zuständigkeit, die Voraussetzungen und das Verfahren eines bundesweiten Stadionverbots im konkreten Einzelfall prüfen. Der Wortlaut der eigentlich maßgeblichen §§ 1004 Abs. 1 S. 2, 862 Abs. 1 S. 2 BGB ist abstrakt-generell formuliert und kann Nicht-Juristen nicht dazu anleiten, rechtmäßige und bundesweit einheitliche Stadionverbote umzusetzen. Dies verdeutlicht, dass die Stadionverbotsrichtlinie des DFB die Praxis der Stadionverbote maßgeblich prägt, obwohl sie im zivilrechtlichen Außenverhältnis unverbindlich ist. Im Übrigen sind die Stadionverbotsbeauftragten verbandsrechtlich im Innenverhältnis ohnehin verpflichtet, die Vorgaben der Stadionverbotsrichtlinie nach außen umzusetzen.

Verbandsrechtlich zuständig ist gemäß § 3 Abs. 1 SVR grundsätzlich der Verein, in dessen Bereich oder unmittelbarem Umfeld das sicherheitsbeeinträchtigende Ereignis eingetreten ist. Anderenfalls ist subsidiär gemäß § 3 Abs. 1 Nr. 2 SVR der Gastverein zuständig, wenn er die Auswärtsreise seiner eigenen Fans organisiert und betreut. Sofern auch diese Regelung nicht eingreift, ist der DFB gemäß § 3 Abs. 1 Nr. 3 SVR, hilfsweise die DFL gemäß § 3 Abs. 1 Nr. 4 SVR zuständig.[243]. Das gleiche gilt, wenn der DFB oder die DFL ein Fußballspiel veranstalten.

c) *Verwaltung und Durchsetzung der bundesweiten Stadionverbote*

Örtliche Stadionverbote verwalten die Vereine nach § 9 Abs. 1 Hs. 1 SVR selbst. Allerdings sind sie gemäß § 9 Abs. 3 SVR verpflichtet, die Zentralverwaltung des DFB zu informieren, wenn sie ein bundesweites Stadionverbot aussprechen, aufheben, reduzieren, aussetzen oder Auflagen erteilen. Dies sollen sie unverzüglich melden und dabei einen einheitlichen Vordruck verwenden.[244] Die Zentralverwaltung des DFB registriert und verwaltet die bundesweiten Stadionverbote; sie speichert gemäß § 9 Abs. 2 SVR folgende Daten:

---

243 Des Weiteren ist der DFB originär verbandsrechtlich gemäß § 3 Abs. 1 Nr. 3 SVR für das DFB-Pokalfinale sowie für eigene Veranstaltungen insbesondere Nationalmannschaftsspiele zuständig.

244 Das Muster dieses Vordrucks ist im Internet abrufbar: www.sportnord.de/CMS/img_news/5_Stadionverbote.pdf, abgerufen am 28.03.2012.

- Zur Person: Name, Vorname, Geburtsdatum, Wohnstraße und Wohnort
- Verein, dem die Person zugeneigt ist
- Grund des Stadionverbots, Festsetzungsdatum, Reduzierung, Aussetzung, Aufhebung und Ablauffrist

Diese Daten können nach zwei Suchkriterien abgerufen werden: alphabetisch unter dem Namen der Betroffenen und chronologisch nach Ablauf der festgesetzten Dauer. Die Zentralverwaltung übersendet den Vereinen gemäß § 9 Abs. 4 SVR mindestens einmal im Monat die aktualisierte Stadionverbotsdatei.[245] Dadurch soll gewährleistet werden, dass jede Person bei einer Zugangskontrolle zu einem deutschen Profifußball-Stadion überprüft werden kann, ob gegen sie ein bundesweites Stadionverbot besteht. Dies unterstützt die Vereine, ein Stadionverbot bundesweit durchsetzen zu können.[246] Darüber hinaus verpflichtet § 9 Abs. 5 SVR die Vereine verbandsrechtlich, die aktuelle Stadionverbotsdatei an die örtlich zuständige Polizeibehörde weiterzuleiten. Zusätzlich informiert die Zentralverwaltung unmittelbar die Zentrale Informationsstelle Sporteinsätze (ZIS[247]), die Landes Informationsstelle Sporteinsätze (LIS) und die Bundespolizeidirektion.[248] § 10 SVR gewährleistet, dass das Datenschutzrecht dabei beachtet wird. Dies untersuchen die Kapitel 5 und 6 noch gesondert.[249]

Die Polizei ist originär für die öffentliche Sicherheit außerhalb des Stadions verantwortlich, da die Sicherheitsverantwortung im Stadion dem Hausrechtsinhaber obliegt.[250] Die Polizei soll über das privatrechtliche Stadionverbot informiert werden, da sie maßgeblich dazu beiträgt, das Stadionverbot bei den Eingangskontrollen zum Stadion effektiv durchzusetzen. Die Vereine sind organisa-

245 Außerdem übermittelt der DFB gemäß § 9 Abs. 6 S. 1 SVR ein Exemplar der Stadionverbotsliste an die FIFA bzw. UEFA, um sie mit den Ticketerwerbern aus Deutschland vor Welt- und Europameisterschaften im erforderlichen Umfang abzugleichen. Gleiches erfolgt gemäß § 6 Abs. 6 S. 2 SVR bei Auslandsspielen der deutschen Nationalmannschaften mit dem jeweiligen ausländischen Nationverband.

246 *Orth/Schiffbauer*, RW 2011, 177 (191). Dies erkannte *Eilers* bereits im Jahre 1980, als es eine solche elektronische Datenauswertung noch „Zukunftsmusik" war, *Eilers*, in: *WFV*, Zuschauerausschreitungen bei Fußballspielen, S. 18 (24).

247 Vertiefend zur Zentralen Informationsstelle Sporteinsätze: *Dissinger*, Zwischen Kommerzialisierung und Sicherheit, S. 26; *Nolte*, in: *Höfling/Horst*, Sport und Gewalt, S. 37 (39); *Ruhs*, Sicherheit und Ordnung, S. 5 m.w.N.; *Schulz*, Kritische Analyse, S. 43.

248 Vgl. zur Vertiefung der Organisation und Aufgaben der genannten Institutionen: S. 33 ff. des Sachstandsberichts der DFB-Stiftung-Egidius-Braun, http://www.dfb.de/uploads/media/PuS_ PuS_DFB__3_.pdf, abgerufen am 10.11.2011.

249 Vgl. vertiefend zum zivilrechtlichen Datenschutz: Kapitel 5A.IV (S. 343 f.) und zum öffentlich-rechtlichen Datenschutz: Kapitel 5C.II (S. 376 ff.).

250 Vgl. *Blumberg*, Stadionverbot, S. 38 f.

torisch nicht in der Lage, jeden Zuschauer am Stadioneingang darauf zu überprüfen, ob ein bundesweites Stadionverbot besteht.[251] Es sind lediglich Stichproben bei verdächtigen Zuschauern möglich. Auch die Videoüberwachung des Stadions ist ungeeignet, um Stadionverbote kontrollieren zu können, da der Stadionverbotsliste des DFB kein Foto beigefügt ist. Deswegen sind die Vereine darauf angewiesen, mit der Polizei zusammenzuarbeiten, um das privatrechtliche Stadionverbot bundesweit durchsetzen zu können („Zweisäulenmodell“ für die Sicherheit des Sports[252]).[253]

Die Landespolizei verfügt über „Szenekundige Beamte“ (SKB), die Bundespolizei über sog. „Fankundige Beamte“ (FKB).[254] Diese Polizeibeamten sind auf Gewalttäter im (Fußball-) Sport spezialisiert.[255] Jedem Profiverein wird mindestens ein SKB oder FKB zugeordnet, um die dortige Fanszene detailliert kennen zu lernen, Problemfans und Zuschauer, die mit einem Stadionverbot belegt sind, zu identifizieren und diese „Fans“ bei Heim- und Auswärtsspielen zu begleiten.[256] Die Vereine gewähren diesen spezialisierten Polizeibeamten Zutritt zum Stadion und ermöglichen ihnen, auf die Videoüberwachung zuzugreifen.[257] Dadurch kann der Polizeibeamte die Stadioneingänge und während des Fußballspiels die „problematischen“ Fanblöcke darauf kontrollieren, ob Personen in den Stadionbereich gelangt sind, gegen die ein bundesweites Stadionverbot vorliegt.[258] Entdeckt der Polizeibeamte eine solche Person, informiert er den Verein, damit dieser zivilrechtlich sein Hausrecht ausüben kann. Diese Zusammenarbeit zwischen den öffentlich-rechtlichen Sicherheitsbehörden und dem privat-

---

251 Vgl. *Conrad*, CR 2005, 537 (537 f.); *Eilers*, in: *WFV*, Zuschauerausschreitungen bei Fußballspielen, S. 18 (24).

252 Vertiefend dazu: *Ruhs*, Sicherheit und Ordnung, S. 3 m.w.N.

253 *Blumberg*, Stadionverbot, S. 38 f.

254 Vertiefend zu den SKB und FKB: *Blumberg*, Stadionverbot, S. 39 ff.; *Breuker*, NJW 2006, 1233 (1236); *Marzahn*, ZJS 2010, 428 (436); *Schulz*, Kritische Analyse, S. 43 f.

255 Die Polizeibeamten verfügen neben den Informationen aus der privatrechtlichen Stadionverbotsliste über eine eigene öffentlich-rechtliche Datei „Gewalttäter Sport“, in der weitere Informationen über potenzielle Gewalttäter gespeichert sind, vgl. Kapitel 5C.II, S. 376 ff.

256 Vgl. dazu: S. 35 f. des Sachstandsberichts der DFB-Stiftung Egidius-Braun, http://www.dfb.de/uploads/media/PuS_PuS_DFB__3_.pdf , abgerufen am 10.11.2011

257 *Ruhs*, Sicherheit und Ordnung, S. 14 m.w.N.

258 *Blumberg* beschreibt, dass diese Aufgaben im Stadion vorrangig durch den privaten Ordnungsdienst wahrgenommen werden, *Blumberg*, Stadionverbot, S. 39. Dies ist von Verein zu Verein unterschiedlich. Manchmal übernimmt auch die Polizei (mit Zustimmung des Hausrechtsinhabers) diese Aufgaben innerhalb des Stadions.

rechtlichen Hausrechtsinhaber ist für die Praxis der Stadionverbote enorm wichtig, um ein Stadionverbot bundesweit effektiv durchsetzen zu können.[259]

d) *Das Stadionverbotsverfahren*

Die Polizei übernimmt neben der Kontrolle bestehender Stadionverbote eine weitere, entscheidende Aufgabe: Über 95 % der Stadionverbote werden auf Empfehlung der Polizei ausgesprochen, weil die Vereine nicht über eigene Tatsacheninformationen verfügen, auf deren Grundlage sie ein Stadionverbot festsetzen könnten.[260] Die Polizei informiert die Vereine darüber, dass gegen den Zuschauer ein Ermittlungsverfahren eingeleitet wurde, empfiehlt (oder drängt auf) ein bundesweites Stadionverbot und fügt eine kurze Sachverhaltsdarstellung bei.[261] Die SKB und FKB der Polizei übermitteln den Vereinen diese Informationen in der Regel sogar, bevor sie ihre Ermittlungsergebnisse der Staatsanwaltschaft übergeben, um es den Vereinen zu ermöglichen, ein Stadionverbot zeitnah zur sicherheitsbeeinträchtigenden Handlung auszusprechen.[262] Dies bestätigt § 3 Abs. 3 SVR verbandsrechtlich, indem er den Vereinen ein intendiertes Ermessen[263] einräumt, das Stadionverbot schnellstmöglich auszusprechen, sogar ohne den Betroffenen vorher anhören zu müssen.

e) *Voraussetzungen für ein Stadionverbot*

Ein Stadionverbot ist nach § 4 Abs. 1 SVR gegen eine Person zu verhängen, die im Zusammenhang mit dem Fußballsport in einer die Menschenwürde verletzenden Art und Weise oder sicherheitsbeeinträchtigend aufgetreten ist. Verletzt ein Zuschauer die Menschenwürde eines anderen (Alt. 1), ist das (verbandsrechtliche) Ermessen der Vereine auf Null reduziert: Sie müssen ein Stadionverbot aussprechen. Beeinträchtigt der Zuschauer in sonstiger Weise die Sicherheit der Fußballveranstaltung (Alt. 2), konkretisieren § 4 Abs. 2 bis Abs. 5 SVR die Voraussetzungen, unter denen ein Stadionverbot gerechtfertigt ist. Sind diese

---

259 Davon profitieren auch die Polizeibehörden, die durch die Stadionverbotsdatei eine bessere Informationsgrundlage erhalten und dadurch eine fundiertere Gefahrenprognose für öffentlich-rechtliche Zwangsmaßnahmen wie beispielsweise Platz- oder Aufenthaltsverbote erstellen können.

260 Dies geht aus einer Evaluierung aus dem Jahr 2009 hervor, *Blumberg*, Stadionverbot, S. 57 m.w.N. *Klode* bestätigt dies in ihrer Interview-Studie, vgl. *Klode*, Pyrotechnik und Stadionverbote, S. 147.

261 *Orth/Schiffbauer*, RW 2011, 177 (191 f.).

262 *Blumberg*, Stadionverbot, S. 39.

263 Vgl. vertiefend zum Begriff des intendierten Ermessens: *Borowski*, DVBl 2000, 149 (149 ff.); *Blumberg*, Stadionverbot, S. 10; *Marzahn*, ZJS 2010, 428 (431).

erfüllt, ergibt sich auf Rechtsfolgenseite folgende Systematik: Grundsätzlich räumt die Stadionverbotsrichtlinie den Vereinen ein intendiertes Ermessen ein, sie sollen ein Stadionverbot verhängen, sofern ihr Ermessen nicht ausnahmsweise bei Verstößen gegen die Menschenwürde auf Null reduziert (§ 4 Abs. 1 SVR) oder bei Auslandsverstößen für frei (§ 4 Abs. 5 SVR) erklärt wird.[264] Das Ermessen der Vereine erstreckt sich auch auf die Frage, ob ein örtliches oder ein bundesweites Stadionverbot auszusprechen ist.[265]

Ob die verbandsrechtlichen Voraussetzungen eines Stadionverbots in § 4 SVR mit den zivilrechtlichen Vorgaben in §§ 1004 Abs. 1 S. 2, 862 Abs. 1 S. 2 BGB übereinstimmen, prüft das 2. Kapitel.[266]

aa) Intendiertes Ermessen für bundesweite Stadionverbote

Die Voraussetzungen für ein bundesweites Stadionverbot i.S.d. § 1 Abs. 5 SVR legen § 4 Abs. 3 SVR und § 4 Abs. 4 SVR fest. Dazu verwendet der Richtliniengeber Regelbeispiele.[267] Er unterscheidet zwischen Stadionverboten, die mit dem strafprozessualen Ermittlungsverfahren verknüpft (§ 4 Abs. 3 SVR), und solchen, die von diesem unabhängig (§ 4 Abs. 4 SVR) sind.

1) Stadionverbote nach § 4 Abs. 3 SVR

Nach § 4 Abs. 3 SVR soll ein bundesweites Stadionverbot ausgesprochen werden, wenn gegen den Betroffenen ein Ermittlungs- oder sonstiges Verfahren eingeleitet wird, insbesondere in folgenden Fällen (schwerer Fall):

„1. Straftaten unter Anwendung von Gewalt gegen

   1.1 Leib oder Leben

   1.2 fremde Sachen mit der Folge eines nicht unerheblichen Schadens

2. Gefährliche Eingriffe in den Verkehr (§§ 315 ff. StGB)

3. Störung öffentlicher Betriebe (§ 316b StGB)

4. Nötigung (§ 240 StGB)

---

264 *Orth/Schiffbauer*, RW 2011, 177 (187) mit dem Hinweis auf eine mögliche anderweitige Betrachtungsweise; a.A. *Blumberg*, Stadionverbot, S. 10.

265 *Blumberg*, Stadionverbot, S. 10.

266 Vgl. Kapitel 2, S. 113 ff..

267 Vertiefend dazu: Fn. 816 - 818, S. 192. Dass es sich um Regelbeispiele handelt, zeigt die Formulierung „insbesondere" sowie der Auffangtatbestand des § 4 Abs. 3 Nr. 15 SVR, vgl. auch: *Orth/Schiffbauer*, RW 2011, 177 (189).

5. Verstöße gegen das Waffengesetz

6. Verstöße gegen das Sprengstoffgesetz

7. Landfriedensbruch (§§ 125, 125a, 126 (1) Nr. 1 StGB)

8. Hausfriedensbruch (§§ 123, 124 StGB)

9. Gefangenenbefreiung (§ 120 StGB)

10. Raub- und Diebstahlsdelikte (§§ 242 ff., 249 ff. StGB)

11. Missbrauch von Notrufeinrichtungen (§ 145 StGB)

12. Handlungen nach § 27 Versammlungsgesetz

13. Rechtsextremistische Handlungen, insbesondere das Zeigen und Verwenden nationalsozialistischer Parolen, Embleme (§ 86a StGB), Verstöße gegen das Uniformverbot (§ 3 Versammlungsgesetz) und Beleidigung (§ 185 StGB) aus rassistischen bzw. fremdenfeindlichen Motiven

14. Einbringen und / oder Abbrennen von pyrotechnischen Gegenständen

15. Sonstige schwere Straftaten im Zusammenhang mit Fußballveranstaltungen."

Der Wortlaut knüpft in § 4 Abs. 3 SVR nur daran an, dass ein Ermittlungsverfahren eingeleitet wurde. Auf dessen Ausgang kommt es erst in § 6 SVR an, wie noch auszuführen sein wird.[268] Um ein bundesweites Stadionverbot aussprechen zu können, sind somit Tatsachen erforderlich, die einen Anfangsverdacht i.S.d. § 152 Abs. 2 StPO über eines der genannten Regelbeispiele begründen und die Polizei oder Staatsanwalt deswegen ein Ermittlungsverfahren einleitet.

2) Stadionverbote nach § 4 Abs. 4 SVR

Zudem soll ein Verein ein bundesweites Stadionverbot auch ohne ein vorheriges Ermittlungs- oder sonstiges Verfahren aussprechen, wenn die Voraussetzungen des § 4 Abs. 4 SVR vorliegen:

16. „bei Ingewahrsamnahme oder schriftlich belegten Platzverweisen, wenn hinreichende Tatsachen vorliegen, die die Annahme rechtfertigen, dass die Person Taten gemäß § 4 Abs. 3 SVR begangen hat oder begehen wollte,

[268] Vgl. Kapitel 1C.III.1.f), S. 86 ff.

17. bei Sicherstellung bzw. Beschlagnahmung von Waffen oder anderen gefährlichen Gegenständen, die der Betroffene in der Absicht mitführte, Straftaten zu begehen, soweit die Handlung nicht bereits in § 4 Abs. 3 SVR erfasst ist,

18. bei Handlungen/Verhaltensweisen, die die Menschenwürde einer anderen Person in Bezug auf Rasse, Hautfarbe, Sprache, Religion, Geschlecht oder Herkunft verletzen, insbesondere durch herabwürdigende, diskriminierende, verunglimpfende Äußerungen oder entsprechende Aufschriften auf Transparenten. Unberührt hiervon bleiben die Vorschriften des § 9 Abs. 2 und 3 der Rechts- und Verfahrensordnung des DFB,

19. bei schwerwiegenden Verstößen gegen die Stadionordnung".

bb) Intendiertes Ermessen für örtliche Stadionverbote

In minderschweren Fällen sollen die Vereine gemäß § 4 Abs. 2 SVR ein örtliches Stadionverbot i.S.d. § 1 Abs. 4 SVR verhängen. Dies setzt voraus, dass der Betroffene bisher nicht wiederholt sicherheitsbeeinträchtigend aufgefallen ist und gegen die Stadionordnung verstößt, ohne dass die Voraussetzungen des § 4 Abs. 3 SVR erfüllt sind.

cc) Gebundene Entscheidung bei Verletzungen der Menschenwürde

Nach § 4 Abs. 1 SVR sind die Vereine verpflichtet, ein Stadionverbot festzusetzen, wenn die Voraussetzungen eines Stadionverbots nach § 4 Abs. 3, 4 SVR erfüllt sind und der Zuschauer zusätzlich sicherheitsbeeinträchtigend oder in einer die Menschenwürde verletzenden Art und Weise gehandelt hat.[269] Dann handelt es sich nicht um eine intendierte Ermessensentscheidung, sondern um eine gebundene Entscheidung des Vereins.

dd) Freies Ermessen über Stadionverbote bei Auslandstaten

Die Vereine können gemäß § 4 Abs. 5 SVR über ein Stadionverbot frei entscheiden, wenn der Betroffene die Voraussetzungen des § 4 Abs. 3 SVR oder § 4 Abs. 4 SVR im Ausland verwirklicht hat. Ein solches Stadionverbot ist problematisch, weil der Betroffene nicht sicherheitsbeeinträchtigend auf dem Hausrechtsgelände des Vereins aufgefallen ist.[270]

---

269 *Orth/Schiffbauer*, RW 2011, 177 (187).
270 Vertiefend zu Stadionverboten wegen Taten an Drittorten: Kapitel 2D, S. 188 ff.

f) Auswirkungen einer Veränderung der Tatsachengrundlage

Da ein Stadionverbot verbandsrechtlich gemäß § 3 Abs. 3 S. 2 SVR ausgesprochen werden kann, ohne den Betroffenen anzuhören, wenn ein Ermittlungsverfahren wegen eines schweren Falls i.S.d. § 4 Abs. 3 SVR eingeleitet wurde, kann sich im weiteren Verlauf der Ermittlungen herausstellen, dass das Stadionverbot auf der Grundlage falscher Tatsachen erteilt wurde. Ändert sich die Tatsachengrundlage, normiert § 6 SVR dessen Folgen. Ein Stadionverbot ist unter den Voraussetzungen des § 6 Abs. 1 SVR[271] aufzuheben und unter den Voraussetzungen des § 6 Abs. 2 SVR zu überprüfen. Die Staatsanwaltschaft kann das Ermittlungsverfahren abschließen, indem sie es mangels hinreichendem Tatverdacht gemäß § 170 Abs. 2 StPO oder aus Opportunitätsgründen gemäß §§ 153, 153a StPO einstellt oder Anklage gemäß § 170 Abs. 1 StPO erhebt (ggfs. mit späterem Schuld- oder Freispruch des Gerichts). § 6 SVR soll diesen gesetzlichen Möglichkeit gerecht werden.[272]

aa) Rechtskräftige Schuldfeststellung

Wird das eingeleitete Strafverfahren durch Strafbefehl oder gerichtlichen Schuldspruch beendet, bleibt das Stadionverbot aufrecht erhalten. Der Anfangsverdacht hat sich in diesem Fall zu einem rechtskräftigen Schuldnachweis erhärtet. § 6 SVR ist dann systematisch nicht anzuwenden.

Besonderheiten können sich ergeben, wenn der Schuldspruch des Gerichtes vom ursprünglichen Tatvorwurf abweicht, der Grundlage für das Stadionverbot war.[273] Grundsätzlich ist das Stadionverbot dann gemäß § 6 Abs. 1 SVR aufzuheben, wenn dadurch der ursprüngliche Anfangsverdacht ausgeräumt ist.[274] Eine Ausnahme ist dann zu machen, wenn die Tatsachen, die dem abweichenden Schuldspruch zugrunde liegen, die Voraussetzungen eines anderen Regelbeispiels i.S.d. § 4 Abs. 3 SVR erfüllen.[275] Insbesondere muss dem Schuldspruch

---

271 § 6 SVR beziffert die Absätze in seinem Wortlaut nicht. Es ist davon auszugehen, dass es sich dabei um ein Redaktionsversehen des Richtliniengebers handelt, da er an anderen Stellen der Richtlinie stets Absätze bezeichnet. Um die Regelung besser darstellen zu können, soll deswegen in dieser Arbeit die Bezeichnung der beiden Absätze in § 6 SVR unterstellt werden.

272 *Immerheiser*, in: *Kauerhof u.a.*, Zuschauer als Störer, S. 21 (32).

273 *Gietl*, JR 2010, 50 (52).

274 Das Zivilgericht ist nicht zwingend an die tatsächlichen Feststellungen des Ermittlungsverfahrens oder eines strafgerichtlichen Urteils gebunden, sondern muss sich eine eigene Überzeugung bilden, *BAG*, NZA 1992, 1121 (1123); *Marzahn*, ZJS 2010, 428 (435). Dabei kann es die strafverfahrensrechtlichen Feststellungen aber maßgeblich berücksichtigen, *BAG*, NZA 1992, 1121 (1123).

275 *Gietl*, JR 2010, 50 (52).

dann der erforderliche Kausalzusammenhang zu der Fußballveranstaltung zu entnehmen sein.[276]

bb) Verfahrenseinstellung gemäß § 170 Abs. 2 StPO oder Freispruch

Nach § 6 SVR ist das Stadionverbot verbandsrechtlich zwingend ohne eigenen Ermessensspielraum der festsetzenden Stelle aufzuheben, wenn das Ermittlungsverfahren nach § 170 Abs. 2 StPO oder nach einer entsprechenden Regelung des JGG[277] eingestellt oder der Betroffene in einem Strafverfahren rechtskräftig freigesprochen worden ist.[278] Die Verfahrenseinstellung nach § 170 Abs. 2 StPO entkräftigt den ursprünglichen Anfangsverdacht, wodurch zivilrechtlich die Besorgnis künftiger Störungen und damit der Tatbestand des Unterlassungsanspruchs entfällt.[279] Der Verein kann das Stadionverbot im Außenverhältnis gegenüber dem Betroffenen nicht länger aufrechterhalten.

cc) Verfahrenseinstellung gemäß § 153a StPO

Des Weiteren kann das Ermittlungsverfahren gemäß § 153a StPO gegen Auflagen aus Opportunitätsgründen eingestellt werden. In diesem Fall kann das Stadionverbot gemäß § 6 Abs. 2 SVR auf Antrag des Betroffenen nur darauf überprüft werden, ob seine ursprüngliche Dauer i.S.d. § 5 SVR weiterhin gerechtfer-

---

276 Beispielsweise darf das Stadionverbot in folgendem Fall nicht aufrechterhalten werden: Ein polizeibekannter Fußballfan wird in einem Zug auf dem vermeintlichen Weg zu einem Auswärtsspiel wegen einer Körperverletzung gegenüber einem anderen Fahrgast festgenommen und ein Ermittlungsverfahren i.S.d. § 4 Abs. 3 Nr. 1 SVR eingeleitet. Wird im abweichenden Schuldspruch festgestellt, dass der Fan nicht auf dem Weg zum Auswärtsspiel war, sondern seine Freundin besuchen wollte und sich die Tat als Eifersuchtstat gegenüber dem zufällig im Zug anwesenden Ex-Freund seiner Freundin herausstellt, fehlt es an dem erforderlichen Kausalzusammenhang zu der Fußballveranstaltung. Das Stadionverbot ist aufzuheben.

277 § 6 SVR ist systematisch ungenau formuliert. Das JGG kennt keine Regelung, die § 170 Abs. 2 StPO entspricht. Deswegen gilt § 170 Abs. 2 StPO auch im Jugendstrafrecht, wie die Verweisung in § 2 Abs. 2 JGG zeigt, vgl. *Eisenberg*, in: *ders.*, § 45 JGG Rn. 8. Die Formulierung „oder nach einer entsprechenden Regelung des JGG“ sollte deswegen hinter § 170 Abs. 2 StPO gestrichen und stattdessen hinter den verbandsrechtlichen Regelungen zu §§ 153, 153a StPO ergänzt werden. Diesbezüglich enthält das JGG nämlich in § 45 Abs. 1 JGG eine entsprechende Regelung. Der Richtliniengeber ist aufgefordert, den Wortlaut des § 6 SVR zu überarbeiten.

278 Die verbandsrechtliche Pflicht, das Stadionverbot aufzuheben, besteht allerdings nur, wenn sich dieses nicht noch auf ein anderes Regelbeispiel des § 4 SVR stützen kann und die Verfahrenseinstellung oder der Freispruch den dortigen Tatverdacht nicht erfasst.

279 *Breucker*, SpuRt 2010, 31 (31).

tigt ist.[280] Es handelt sich um eine freie Ermessensentscheidung des Stadionverbotsbeauftragten. Er überprüft das Stadionverbot aber nicht darauf, ob es auch dem Grunde nach aufrechterhalten werden kann.

Die letzte umfangreiche Reform der Stadionverbotsrichtlinie im Nachgang zum Fankongress im Juni 2007[281] nahm ausdrücklich davon Abstand, in den Fällen der §§ 153, 153a StPO verbandsrechtlich vorzuschreiben, das Stadionverbot zwingend aufzuheben. Die Motivation des DFB bestand darin, den gesetzgeberischen Willen der Strafprozessordnung in die Systematik des § 6 SVR einfließen zu lassen:[282] Im Gegensatz zu § 153 StPO setze § 153a StPO einen wesentlich höheren Grad des Tatverdachtes voraus.[283] Da das Ermittlungsverfahren nur gegen Auflagen eingestellt werde, überwinde der Beschuldigte eine wesentlich höhere Hemmschwelle, wenn er einer Verfahrenseinstellung nach § 153a StPO zustimme.[284]

Die bisherige gerichtliche Praxis zeigt, dass Stadionverbote rechtmäßig aufrecht erhalten werden können, obwohl das Ermittlungsverfahren nach § 153a StPO eingestellt wurde, da die zivilrechtliche Besorgnis künftiger Störungen im Sinne der §§ 1004 Abs. 1 S. 2, 862 Abs. 1 S. 2 BGB nicht entfalle.[285] Inwiefern dies mit rechtsstaatlichen und zivilprozessualen Grundsätzen zu vereinbaren ist, wird noch zu untersuchen sein.[286]

dd) Verfahrenseinstellung gemäß § 153 StPO

Des Weiteren besteht gemäß § 153 StPO die Möglichkeit, von der weiteren Strafverfolgung mit gerichtlicher Zustimmung abzusehen, wenn die Schuld des Täters als gering anzusehen wäre und kein öffentliches Interesse besteht. § 153 StPO ist nur auf strafrechtliche Vergehen anzuwenden und scheidet deswegen für die Regelbeispiele § 4 Abs. 3 Nr. 1.1. SVR (§§ 226, 227, 211, 212 StGB)

---

280 In der ursprünglichen Fassung der Stadionverbotsrichtlinie des DFB war nicht vorgesehen, dass Stadionverbote überprüft oder aufgehoben werden können, wenn das Ermittlungsverfahren gemäß §§ 153, 153a StPO eingestellt wird, *Hilpert*, Fußballstrafrecht, IV. Rn. 9.

281 Vgl. dazu *Immerheiser*, in: *Kauerhof u.a.*, Zuschauer als Störer, S. 21 (26).

282 *Immerheiser*, in: *Kauerhof u.a.*, Zuschauer als Störer, S. 21 (32).

283 *Gietl*, JR 2010, 50 (51) m.w.N.

284 *Gietl*, JR 2010, 50 (51) m.w.N.

285 *LG Duisburg*, Urt. v. 22.7.2005 – 7 S 63/05; *Gietl*, JR 2010, 50 (51). Zwar wird bei einer Verfahrenseinstellung nach § 153a StPO die Unschuldsvermutung nicht widerlegt, allerdings wird auch der ursprüngliche Anfangsverdacht, der zum Ausspruch eines Stadionverbots berechtigt, nicht widerlegt, da die Einstellung die Unschuld des Betroffenen nicht positiv feststellt, *BVerfG*, MDR 1991, 891 (891 f.); *OLG Frankfurt a.M.*, NJW 1996, 3353 (3354).

286 Vgl. vertiefend: Kapitel 2B.IV.1.b), S. 157 ff.

und § 4 Abs. 3 Nr. 10 SVR (§§ 249 ff. StGB) aus, da es sich um Verbrechen handelt. Wenn die Staatsanwaltschaft das Verfahren nach § 153 StPO beendet, stellt sie die Unschuld des Betroffenen nicht positiv fest; stattdessen kann der Verfahrenseinstellung nur entnommen werden, dass seine Schuld gering wäre, falls er sich strafbar gemacht haben sollte.[287]

Das Verbandsrecht sieht in § 6 Abs. 2 SVR für diesen Fall vor, dass die Vereine das Stadionverbot auf Antrag des Betroffenen nochmals überprüfen sollen, ob es überhaupt aufrecht erhalten bleiben kann oder jedenfalls zu verkürzen ist. Es schreibt den Stadionverbotsbeauftragten ein intendiertes Ermessen vor, das sich allerdings nicht darauf bezieht, das Stadionverbot aufzuheben, sondern nur darauf, es zu überprüfen. In der Praxis werden Stadionverbote nur selten aufgehoben, wenn das Ermittlungsverfahren nach § 153 StPO eingestellt wurde, wie der Sachverhalt beispielhaft zeigt, über den der Bundesgerichtshof zu entscheiden hatte.[288]

g) Anhörung des Betroffenen

Die Vereine können das Stadionverbot gemäß § 3 Abs. 3 S. 2 SVR aussprechen, ohne den potenziellen Störer vorher anhören zu müssen. Nur in Zweifelsfällen sollen die Vereine gemäß § 3 Abs. 3 S. 4 SVR weitere Informationen einholen. Erst die Reform vom 31.03.2008[289] begründete ein nachträgliches Anhörungsrecht des Betroffenen gemäß § 5a Abs. 1 SVR innerhalb von zwei Wochen, nachdem ihm das Stadionverbotsschreiben zugegangen ist. Dann entscheidet der Stadionverbotsbeauftragte gemäß § 5a Abs. 2 SVR neu darüber, ob das Stadionverbot nachträglich aufzuheben, zu reduzieren oder aufrecht zu erhalten ist. Zivilrechtlich nimmt er eine neue Prognose über die Wiederholungsgefahr i.S.d. Unterlassungsanspruchs vor. Auch diese Regelung wird im sechsten Kapitel kritisch überprüft.[290]

h) Auflagen

§ 7 Abs. 1 SVR sieht die Möglichkeit vor, das Stadionverbot gegen Auflagen auszusetzen, in seiner Dauer zu reduzieren oder aufzuheben, wenn dies nach der Art und den Umständen der Tat, aufgrund der Einsicht des Betroffenen, seines jugendlichen Alters oder aus anderen vergleichbaren Gründen zweckmäßig er-

---

287 *BGH*, NJW 2010, 534 (536).

288 *BGH*, NJW 2010, 534 (535).

289 Vgl. vertiefend zur Geschichte des Stadionverbots: Fn. 22, S. 33.

290 Vertiefend zur Diskussion über den Anspruch auf rechtliches Gehör: Kapitel 6A.I.1, S. 383 ff.

scheint. Die präventive Zielsetzung des Stadionverbots ist dabei zu beachten. Welche Voraussetzungen verfahrensrechtlich zu erfüllen sind, regelt § 7 Abs. 4, 5 SVR. Gemäß § 7 Abs. 2 SVR sollen Auflagen bedeutsame soziale Verpflichtungen beinhalten und den Zweck verfolgen, den Betroffenen zu reintegrieren und künftige Sicherheitsbeeinträchtigungen zu verhindern. In der Praxis verpflichten Auflagen den Betroffenen beispielsweise zu folgendem:[291]

- Betretungsverbot von bestimmten Bereichen bzw. Verbot von Auswärtsfahrten,
- Sozialstunden für den Verein oder ein Fanprojekt oder gemeinnützige Arbeit,
- Meldepflicht vor Spielen,
- Reinigung des Stadions oder sonstige Mitarbeit im Stadionbereich,
- Beteiligung an anderen sozialen Projekten.

Auflagen sind verbandsrechtlich gemäß § 7 Abs. 3 SVR nur zulässig, wenn der Betroffene durch seine Tat keine erhebliche kriminelle Einstellung zeigte, bisher nicht als Wiederholungstäter aufgefallen ist, die Folgen seiner Tat gering waren, er einsichtig ist und die hohe Wahrscheinlichkeit bietet, dass er sich künftig sicherheitskonform verhalten wird. Verstößt der Betroffene gegen die Auflagen oder fällt erneut sicherheitsbeeinträchtigend auf, tritt das Stadionverbot wieder in vollem Umfang in Kraft. Darüber hinaus kann ein neues Stadionverbot festgesetzt werden. Für Stadionverbote der Kategorien B und C i.S.d. § 5 Abs. 2 SVR sollen Auflagen frühestens erteilt werden, wenn die Hälfte der Dauer des Stadionverbots abgelaufen ist. Die Möglichkeit, ein Stadionverbot gemäß § 7 SVR „auf Bewährung" auszusprechen, greift das 6. Kapitel nochmals auf.[292]

i) Dauer des Stadionverbots

Die Vereine ordnen den Störer in die Kategorien A, B oder C ein, wenn sie ein Stadionverbot erteilen. Dies ist gemäß § 5 Abs. 2 SVR bedeutsam, um zu bestimmen, wie lange das Stadionverbot höchstens gültig sein kann. Maßgeblich für dessen individuelle Dauer sind allerdings die Kriterien in § 5 Abs. 1 S. 2 SVR im konkreten Einzelfall, die sich (teilweise) an der strafjustiziellen Praxis orientieren:[293]

---

291 Vgl. *Immerheiser*, in: *Kauerhof u.a.,* Zuschauer als Störer, S. 21 (32).
292 Vgl. vertiefend: Kapitel 6A.I.3, S. 401 ff.
293 *Orth/Schiffbauer*, RW 2011, 177 (190).

- die Schwere des Falls (insbesondere die Intensität und den Grad der Sicherheitsbeeinträchtigung),
- die Folgen der vorgeworfenen Handlung (insbesondere Personen- oder Sachschäden),
- das Alter des Betroffenen,
- etwaige Erkenntnisse über die Einsicht des Betroffenen und seine Reue,
- etwaige Erkenntnisse über vorherige Verfehlungen des Betroffenen (Erst- oder Wiederholungstäter),
- eine etwaige Stellungnahme des Bezugsvereins.

Die Höchstdauer eines Stadionverbots bestimmt § 5 Abs. 2 SVR nach drei Kategorien, die im Einzelnen wie folgt zu beschreiben sind:

Ein Stadionverbot der Kategorie A liegt in minderschweren Fällen i.S.d. § 4 Abs. 2 SVR vor. Das Stadionverbot darf höchstens „bis zum 30.06. des ersten Jahres, das auf die laufende Spielzeit folgt", ausgesprochen werden. Diese umständliche Formulierung ist dem Kalender des Fußballs geschuldet: Die jeweilige Saison beginnt in allen großen europäischen Fußballverbänden zum 01.07. eines Jahres und endet zum 30.06. des Folgejahres[294].

Der Kategorie B ist ein Stadionverbot zuzuordnen, wenn ein „schwerer Fall (§ 4 Abs. 3, 4, 5)" vorliegt. Dann kann das Stadionverbot höchstens „bis zum 30.06. des zweiten Jahres, das auf die laufende Spielzeit folgt", festgesetzt werden. Der Richtliniengeber verwendet den Begriff des schweren Falls systematisch unklar: In § 4 Abs. 3 SVR definiert er als schweren Fall die dort genannten Regelbeispiele. Demgegenüber verweist er in § 5 Abs. 2 SVR als „schwere Fälle" nicht nur auf § 4 Abs. 3 SVR, sondern zudem auch auf § 4 Abs. 4, 5 SVR, obwohl er die Regelbeispiele dort nicht ausdrücklich als schwere Fälle bezeichnet. Dies ist systematisch unklar und sollte präziser formuliert werden.

Ein Stadionverbot der Kategorie C setzt nach § 5 Abs. 2 S. 2 SVR insbesondere voraus, dass der Betroffene die Sicherheit des Fußballspiels besonders intensiv gestört hat oder nicht einsichtig ist. Ein solches Stadionverbot ist höchstens „bis zum 30.06. des dritten Jahres, das auf die laufende Spielzeit folgt", auszusprechen.

§ 5 SVR lässt sich systematisch wie folgt zusammenfassen: Ein Stadionverbot kann gemäß § 5 Abs. 1 S. 1, Abs. 2 SVR für einen Zeitraum von einer Woche bis höchstens – je nach Kategorie i.S.d. § 5 Abs. 2 SVR – zum 30.06. des dritten Jahres ausgesprochen werden, das auf die laufende Spielzeit folgt. Die drei (Höchst-) Kategorien richten sich gemäß § 5 Abs. 2 SVR danach, wie intensiv der Betroffene die Sicherheit beeinträchtigt hat. § 5 Abs. 1 S. 2 SVR

---

294 *Orth/Schiffbauer*, RW 2011, 177 (190).

stellt klar, dass es für die individuelle Dauer des Stadionverbots nicht auf diese Höchstfristen, sondern auf die Kriterien des Einzelfalls ankommt,[295] um eine zivilrechtliche Gefahrenprognose für die Zukunft zu erstellen.

Gemäß § 5 Abs. 3 SVR erlischt das Stadionverbot verbandsrechtlich automatisch, wenn es abgelaufen ist. Zivilrechtlich bedeutet dies, dass die Vereine ab diesem Zeitpunkt ihre Unterlassungsansprüche nicht mehr geltend machen, weil die bis dahin prognostizierte Wiederholungsgefahr i.S.d. §§ 1004 Abs. 1 S. 2, 862 Abs. 1 S. 2 BGB entfallen ist.

2. Pauschalisierung zivilrechtlicher Tatbestandsvoraussetzungen durch Richtlinien

Ob die Zivilgesetze in der Praxis mittelbar durch solche unverbindliche Verbandsrichtlinien konkretisiert werden können, wird kontrovers diskutiert. Angeknüpft wird insbesondere an § 5 SVR, der die Dauer des Stadionverbots – wie beschrieben – regelt.

a) Urteil des Bundesgerichtshofs vom 30.10.2009

Der Bundesgerichtshof befasst sich mit dieser Problematik nicht näher. Er bezeichnet die Stadionverbotsrichtlinie lediglich als „ein insgesamt um Ausgewogenheit bemühtes Regelwerk (…), welches die Vereine der verschiedenen Fußballligen anerkannt haben (…).“[296] Grundsätzlich sei ein Stadionverbot nicht willkürlich, wenn es die Vorgaben der Stadionverbotsrichtlinie beachte, maßgeblich seien jedoch stets die Umstände des Einzelfalls.[297]

b) Kritisierende Literatur

Dem sind Teile der Literatur kritisch entgegengetreten. Eine solche Regelung verstoße gegen §§ 1004 Abs. 1 S. 2, 862 Abs. 1 S. 2 BGB; dort sei die Dauer eines Hausverbots nicht zeitlich beschränkt, sondern ausschließlich davon abhängig, wie lange künftig Störungen zu besorgen seien.[298] Die Wiederholungsgefahr hinge alleine davon ab, wie schwer die Störung gewesen sei, ob sie nachgewiesen werden könne, ob der Störer sie leugne oder eine Berechtigung behaupte, ob sie irrtümlich oder als Überreaktion im Affekt oder aufgrund unver-

---

295 *Orth/Schiffbauer*, RW 2011, 177 (190); *Blumberg*, Stadionverbot, S. 11.

296 *BGH*, NJW 2010, 534 (536).

297 *BGH*, NJW 2010, 534 (536).

298 *Klesczewski*, in: *Kauerhof u.a.,* Zuschauer als Störer, S. 69 (73) m.w.N.; so nun auch: *Klode*, Pyrotechnik und Stadionverbote, S. 90 f.

hältnismäßiger Gegenmaßnahmen erfolgt sei sowie von den Faktoren, wie lange das störende Ereignis her sei und ob der damalige Störer zwischenzeitlich Wohlverhalten gezeigt habe.[299] Die Stadionverbotsrichtlinie des DFB berücksichtige nicht alle dieser Kriterien, sondern bemesse die Dauer des Stadionverbots schematisch nach der Schwere des aktenkundig gewordenen Vorfalls.[300]

Zwar erkenne das Zivilrecht Pauschalisierungen als Gestaltungsmittel an, allerdings gelte dies nur bei Schadensersatzansprüchen aus Verträgen und nicht bei gesetzlichen Unterlassungsansprüchen.[301] Aus diesem Grunde verließe der Bundesgerichtshof „die bisher üblichen Pfade der Dogmatik“[302], indem er billige, dass sich die Dauer des Stadionverbots an § 5 SVR orientieren könne.[303]

c) *Zustimmende Literatur*

Andere halten diese Kritik für unberechtigt, weil die Kategorien der Stadionverbotsrichtlinie sich an der Schwere des Einzelfalls orientierten und dadurch der zivilrechtlichen Wiederholungsgefahr entsprächen.[304] § 6 SVR garantiere zudem, dass nachträgliche Entwicklungen in die zivilrechtliche Gefahrenprognose einbezogen werden können.[305] Die zivilrechtliche Gefahrenprognose mittelbar durch bundesweit einheitliche Richtlinien zu konkretisieren, schaffe Rechtssicherheit und sei interessengerecht, um zu gewährleisten, dass die Vereine das Instrument des Stadionverbots bundesweit einheitlich handhaben.[306]

d) *Stellungnahme: Keine (unzulässige) Pauschalisierung*

Dem Bundesgerichtshof und der ihm folgenden Literatur ist zuzustimmen. Der Bundesgerichtshof erkennt zutreffend, dass die Vereine verbandsrechtlich an die Stadionverbotsrichtlinie gebunden sind, im Außenverhältnis zum Zuschauer jedoch davon abweichen können, wenn das Zivilrecht dies fordert. Die Stadion-

---

299 *Klesczewski*, in: *Kauerhof u.a.*, Zuschauer als Störer, S. 69 (73) m.w.N.; *Klode*, Pyrotechnik und Stadionverbote, S. 91.

300 *Klesczewski*, in: *Kauerhof u.a.*, Zuschauer als Störer, S. 69 (73); *Klode*, Pyrotechnik und Stadionverbote, S. 91.

301 *Klesczewski*, in: *Kauerhof u.a.*, Zuschauer als Störer, S. 69 (74) m.w.N.

302 *Klesczewski*, in: *Kauerhof u.a.*, Zuschauer als Störer, S. 69 (73).

303 *Klesczewski*, in: *Kauerhof u.a.*, Zuschauer als Störer, S. 69 (73).

304 *Walker*, in: *Kauerhof u.a,*. Zuschauer als Störer, S. 51 (66); *Breucker*, JR 2005, 133 (137).

305 *Breucker*, JR 2005, 133 (137).

306 *Walker*, in: *Kauerhof u.a.*, Zuschauer als Störer, S. 51 (66); *Walker,* in: *Gödicke u.a.*, FS Schapp, S. 491 (503).

verbotsrichtlinie konkretisiert das staatliche Recht also nur mittelbar, ohne es verbindlich zu beeinflussen.

Sähe man in der Stadionverbotsrichtlinie eine (unzulässige) Pauschalisierung zivilrechtlicher Tatbestandsvoraussetzungen, wäre der Grundsatz der Relativität der Schuldverhältnisse missachtet, da der sachliche Grund im Verhältnis zwischen Zuschauer und Verein bestehen muss, währenddessen die Stadionverbotsrichtlinie nur für die Verbände und Vereine verbindlich ist.[307] Würde die Stadionverbotsrichtlinie als privatautonome Innenvereinbarung den gesetzlichen Unterlassungsanspruch verbindlich konkretisieren wollen, läge ein verbotener Vertrag zu Lasten des Zuschauers als unbeteiligtem Dritten vor. Für einen dahingehenden Rechtsbindungswillen der Verbände ist nichts ersichtlich. Stattdessen will die Stadionverbotsrichtlinie gewährleisten, dass Stadionverbote im gesamten Bundesgebiet und Profi-Fußball einheitlich eingesetzt werden. Der Bundesgerichtshof berücksichtigt diese Regelungssystematik.[308]

Soweit einige Stimmen in der Literatur darüber hinaus einwenden, dass es im Zivilrecht nur für Schadensersatzansprüche anerkannt sei, deren Voraussetzungen zu pauschalisieren, interpretieren sie das Urteil des Bundesgerichtshofs vom 08.10.1969[309] zu eng. Es trifft zu, dass der Bundesgerichtshof dort erstmalig entschied, dass die Vertragsparteien eine Schadensersatzpauschale zulässig vereinbaren können. Jedoch beschränkt sich die Begründung des Urteils nicht auf schadenersatzspezifische Erwägungen, sondern argumentiert damit, dass es im Allgemeinen interessengerecht sei, wenn zivilrechtliche Ansprüche vereinfacht durchgesetzt werden sollen.[310] Es bestehe ein praktisches Bedürfnis des Anspruchsstellers, die Schwierigkeiten zu erleichtern, die damit verbunden sind, die Voraussetzungen eines zivilrechtlichen Anspruchs darzulegen.[311] Es sei anzuerkennen, wenn der Anspruchssteller versuche, seiner Beweislast im Zivilprozess leichter nachkommen zu können.[312] Es ist nicht ersichtlich, warum diese allgemeinen Erwägungen des Bundesgerichtshofs auf Schadensersatzansprüche beschränkt werden sollten. Wer einen Unterlassungsanspruch geltend machen will, sieht ähnlichen Problemen entgegen und will seine prozessuale Stellung deswegen verbessern. Dazu traf der Gesetzgeber allgemeine Wertungen in § 309 Nr. 5 BGB und § 343 BGB. Zwar setzt er der privatautonomen Pauschalisierung Grenzen, gibt dabei aber gleichzeitig zu erkennen, dass er sie als grundsätzlich

---

307 Vgl. zur rechtlichen Bindung der Stadionverbotsrichtlinie: Kapitel 1C.I, S. 56 ff.
308 *BGH*, NJW 2010, 534 (536).
309 *BGH*, Urt. v. 8.10.1969 – VIII ZR 20/68.
310 *BGH*, Urt. v. 8.10.1969 – VIII ZR 20/68.
311 *BGH*, Urt. v. 8.10.1969 – VIII ZR 20/68.
312 *BGH*, NJW 1990, 29 (32).

zulässig erachtet. Anderenfalls hätte er sie nicht begrenzt, sondern vollständig verboten.

Diese Wertungen lassen sich auf die Praxis der bundesweiten Stadionverbote übertragen. Die Vereine und Verbände haben ein großes Interesse, Stadionverbote und die ihnen zugrunde liegenden gesetzlichen Unterlassungsansprüche einheitlich zu behandeln und durchzusetzen. Dies garantieren die detaillierten Vorgaben der Stadionverbotsrichtlinie. Dadurch schaffen sie für die Besucher eines Fußballstadion Transparenz und damit mittelbar Rechtssicherheit.[313] Jeder kann sein Verhalten an der Stadionordnung und der Stadionverbotsrichtlinie ausrichten, um ein Stadionverbot zu vermeiden.[314] Dies wird insbesondere relevant, wenn Fußballfans zu einem Auswärtsspiel reisen und nicht wissen, welche Regelungen die Stadionordnung des Veranstalters im Detail enthält. Die Stadionverbotsrichtlinie gewährleistet, dass die Auswärtsfans sich darauf verlassen können, dass sie ihr Verhalten an den gleichen Maßstäben ausrichten müssen wie bei Heimspielen. Jeder Verein muss den sachlichen Grund für ein bundesweites Stadionverbot gleich definieren. Alle Vereine müssen ihr Hausrecht bundesweit gleichmäßig ausüben. Dafür besteht ein erhebliches praktisches Bedürfnis.

Soweit sich die Kritik auf die Stadionverbots-Kategorien in § 5 Abs. 2 SVR bezieht, verkennt sie, dass diese Höchstfristen für den Störer günstig sind.[315] Der Wortlaut der §§ 1004 Abs. 1 S. 2, 862 Abs. 1 S. 2 BGB enthält solche Höchstfristen nicht. Theoretisch wären zivilrechtlich danach grundsätzlich sogar unbefristete Stadionverbote möglich.[316] Außerdem verdeutlicht § 5 Abs. 1 S. 2 SVR,

---

313 Wie die Stadionverbotsrichtlinie in der Praxis zu Transparenz beiträgt, zeigt: *Marzahn*, ZJS 2010, 428 (431). Anderer Auffassung ist *Klode*, Pyrotechnik und Stadionverbote, S. 147.

314 Zwar werden nur die wenigsten Zuschauer vor dem Besuch eines Fußballspiels die Stadionordnung oder die Stadionverbotsrichtlinie studieren, da die dort normierten Verhaltensanforderungen in der Regel mit den üblichen Erwartungen an zulässige Verhaltensweisen übereinstimmen. Relevant wird die Möglichkeit, sie einzusehen, aber insbesondere bei organisierten Fanaktionen. Um sie Stadionatmosphäre zu steigern, bereiten Fans besondere Aktionen vor (beispielsweise: Spruchbänder oder Schwenkfahnen oder Pyrotechnik). Auch heute wird Pyrotechnik insbesondere durch die sog. Ultra-Gruppierungen illegal in den Stadien verwendet, vgl. Jahresbericht 10/11 der ZIS: http://www.polizei-nrw.de/lzpd/stepone/data/downloads/a0/00/00/10-11jahresbericht-oeffentlich.pdf, abgerufen am 26.10.2011. Dies untersagen mittlerweile die Stadionordnungen und § 4 Abs. 3 Nr. 5, 6 und 14 SVR. Die Vereine sind hierzu aufgrund der gestiegenen öffentlich-rechtlichen Brandschutzbestimmungen verpflichtet und zudem für das Verhalten ihrer Zuschauer verantwortlich, vgl. http://www.dfb.de/index.php?id=500014&tx_dfbnews_pi1[showUid]=29825&tx_dfbnews_pi4[cat]=121, abgerufen am 10.11.2011.

315 So auch: *Blumberg*, Stadionverbot, S. 11.

316 *Ruhs*, Sicherheit und Ordnung, S. 21.

dass nicht die Kategorien des § 5 Abs. 2 SVR, sondern die Umstände des Einzelfalls maßgeblich sind. Dies hatte auch der Bundesgerichtshof gefordert.[317] § 5a SVR verstärkt die Einzelfallgerechtigkeit, indem der Störer die Chance erhält, sich zu den Vorwürfen äußern zu können. Verändert sich die Tatsachengrundlage, kann er sich auf § 6 SVR berufen. Die Vereine können individuell auch durch geeignete Auflagen i.S.d. § 7 SVR reagieren.

Selbst wenn die Vereine in der Praxis pauschale Stadionverbote anhand der Kategorien des § 5 Abs. 2 SVR aussprechen würden, ändert dies materiell nichts daran, dass diese die gesetzlichen Voraussetzungen des Unterlassungsanspruchs systematisch nicht verbindlich konkretisieren. Außerdem würden die Vereine dann die Vorgaben der Stadionverbotsrichtlinie in § 5 Abs. 1 S. 2, § 5a, § 6 und § 7 SVR missachten. Dies zu verhindern ist keine Frage des materiellen Regelungsgehalts der Stadionsverbotsrichtlinie, sondern eine Frage des Stadionverbotsverfahrens. Es ist zu fragen, wie gewährleistet werden kann, dass die Vereine individueller eine Gefahrenprognose erstellen müssen. Dazu sollte in § 5 SVR noch deutlicher klargestellt werden, dass für die Dauer des Stadionverbots eine individuelle Gefahrenprognose im Einzelfall entscheidend ist: Konkrete Reformvorschläge werden später weiter vertieft.[318]

Abschließend bleiben keine durchgreifenden rechtsdogmatischen Bedenken dagegen bestehen, dass sich die Vereine an der unverbindlichen Stadionverbotsrichtlinie orientieren, wenn sie einen gesetzlichen Unterlassungsanspruch geltend machen, solange sie die Umstände des Einzelfalls nicht aus den Augen verlieren. Da die Stadionverbotsrichtlinie das zivilrechtliche Außenverhältnis zum Zuschauer nicht unmittelbar beeinflusst, ist damit keine Pauschalisierung verbunden. Auch wenn dies zu bejahen wäre, wofür nichts ersichtlich ist, hat der Gesetzgeber in § 309 Nr. 5 BGB und § 343 BGB solche Wertungen anerkannt. Selbst die Stadionverbotsrichtlinie stellt darauf ab, dass die Umstände des Einzelfalls maßgebend sein müssen. Zugleich macht sie die Stadionverbotspraxis transparenter und vorhersehbarer, wovon nicht nur die Vereine, sondern vor allem die Stadionbesucher profitieren.

D. Dogmatische Einordnung des Stadionverbots

Bevor man sich vertieft mit der Frage auseinandersetzen kann, welche Anforderungen zivilrechtlich an den sachlichen Grund für ein Stadionverbot zu stellen sind, sollte dieses zunächst dogmatisch als Präventivmaßnahme oder Strafe eingeordnet werden. Schließlich kann dies später als Kriterium der Auslegung he-

317 *BGH*, NJW 2010, 534 (537).

318 Vgl. vertiefend: Kapitel 7A.II.2, S. 463 ff.

rangezogen werden. Außerdem könnten verfassungsrechtliche Bedenken entstehen, wenn das Stadionverbot eine repressive Maßnahme darstellen würde. § 1 Abs. 2 SVR definiert das Stadionverbot (unverbindlich) als „Präventivmaßnahme auf zivilrechtlicher Grundlage". In Rechtsprechung und Literatur ist umstritten, ob dieses Selbstverständnis der Stadionverbotsrichtlinie dogmatisch zutrifft.

I. Stadionverbot als Präventivmaßnahme

Der Bundesgerichtshof schloss sich am 30.10.2009 der Selbstdefinition des § 1 Abs. 2 SVR an und stufte das Stadionverbot als Präventivmaßnahme ein: „Bei der Festsetzung von Stadionverboten sind andere Maßstäbe anzuwenden als bei der strafrechtlichen Sanktionierung von Störungen bei früheren Spielen. Während insoweit nach dem Grundsatz in dubio pro reo eine Bestrafung unterbleibt, wenn keine Tat bewiesen ist, können Stadionverbote eine nennenswerte präventive Wirkung nur dann erzielen, wenn sie auch gegen solche Besucher ausgesprochen werden, die zwar nicht wegen einer Straftat verurteilt sind, deren bisheriges Verhalten aber besorgen lässt, dass sie bei künftigen Spielen sicherheitsrelevante Störungen verursachen werden (...)."[319] Dadurch setzte der Bundesgerichtshof seine bisherige Rechtsprechung zu Hausverboten (in anderem Zusammenhang) fort: „Ein Hausverbot hat keinen Sanktionscharakter, denn es dient nicht dazu, eine gegenwärtige Verletzung des Hausrechts zu beenden - hierzu genügt ein Hausverweis -, sondern hat in erster Linie den Zweck, künftige Verletzungen des Hausrechts zu verhindern (...). Die Beurteilung der Wirksamkeit eines Hausverbots hängt deshalb auch davon ab, inwieweit weitere Verstöße gegen das Hausrecht zu besorgen sind."[320]

Viele Stimmen in der Literatur teilen diese Auffassung:[321] Das Stadionverbot stelle eine rein privatrechtliche, „präventive Maßnahme zur Gefahrenabwehr"[322] dar. Da die Unschuldsvermutung nicht anzuwenden sei, reiche die hinreichende Wahrscheinlichkeit aus, dass von dem Betreffenden eine Gefahr für die Durchführung von Fußballveranstaltungen ausgehe, um ein Stadionverbot

---

319 *BGH*, NJW 2010, 534 (536); vgl. auch *AG Freiburg*, Urt. v. 23.3.2005 – 6 C 3294/04. *Orth/Schiffbauer* kritisieren, dass die Entscheidung des *AG Freiburg* nicht mehr trage, obwohl der *BGH* sie zitiert hatte, *Orth/Schiffbauer*, RW 2011, 177 (201, Fn. 116).

320 *BGH*, NJW 2006, 1054 (1055).

321 *Gietl*, JR 2010, 50 (50); *Walker*, in: *Gödicke u.a.*, FS Schapp, S. 491 (493); *Walker*, in: *Kauerhof u.a.*, Zuschauer als Störer, S. 51 (52); *Breucker*, SpuRt 2010, 31 (31); *Immerheiser*, in: *Kauerhof u.a.*, Zuschauer als Störer, S. 21 (25); *Haslinger*, Zuschauerausschreitungen, S. 216; *Nolte*, in: *Höfling/Horst*, Sport und Gewalt, S. 37 (48) m.w.N..

322 *Immerheiser*, in: *Kauerhof u.a.*, Zuschauer als Störer, S. 21 (25).

aussprechen zu können.[323] Obwohl dieses sowohl in der Öffentlichkeit als auch von dem Betroffenen nachvollziehbar oft als Sanktionierung empfunden werde, handele es sich um eine rein präventive Maßnahme, um zukünftiges sicherheitsrelevantes Verhalten zu vermeiden und den Betroffenen zur Friedfertigkeit anzuhalten.[324]

Diese Ansicht fügt sich in die zivilrechtliche Systematik ein. Das Stadionverbot begründet ein individuelles Rechtsverhältnis zwischen Zuschauer und Verein: Während dem Beseitigungsanspruch nach §§ 1004 Abs. 1. S. 1, 862 Abs. 1 S. 1 BGB in den Fällen des „Ad-Hoc-Stadionverbots"[325] (Hausverweis) punitive Züge zukommen, zeichnet sich ein Unterlassungsanspruch nach §§ 1004 Abs. 1 S. 2, 862 Abs. 1 S. 1 BGB (Hausverbot) durch seinen überwiegend präventiven Charakter aus.[326] Dies wirkt sich auch auf den sachlichen Grund aus, den der Kontrahierungszwang fordert. An ihn sind „keine überhöhten Anforderungen zu stellen"[327]. Die präventive Wirkung des Stadionverbots bezweckt nicht nur, Eigentum oder Besitz der Vereine zu schützen, sondern vor allem die Sicherheit aller Zuschauer zu gewährleisten.[328] Stellt man ausschließlich auf den Präventionsgedanken des Stadionverbots ab, besteht keine Gefahr, dass das Stadionverbot gegen die rechtsstaatliche Unschuldsvermutung verstößt.[329]

II. Stadionverbot als gemischt präventive und repressive Maßnahme

Andere erkennen das Stadionverbot zwar grundsätzlich als präventive Maßnahme an, heben andererseits aber auch den Sanktionscharakter des Stadionverbots

323 *Gietl*, JR 2010, 50 (50); *Walker*, in: *Gödicke u.a.*, FS Schapp, S. 491 (493); *Walker*, in: *Kauerhof u.a.*, Zuschauer als Störer, S. 51 (52); *Breucker*, SpuRt 2010, 31 (31); *Immerheiser*, in: *Kauerhof u.a.*, Zuschauer als Störer, S. 21 (25).

324 *Breucker*, SpuRt 2010, 31 (31); *Haslinger*, Zuschauerausschreitungen, S. 216; *Walker*, in: *Kauerhof u.a.*, Zuschauer als Störer, S. 51 (52).

325 Vgl. vertiefend: Kapitel 1C.II.2.a), S. 66 ff.

326 Vgl. *BGH*, NJW 2010, 534 (536); *BGH*, NJW 2004, 1035 (1036). Diese präventive Wirkung von Stadionverboten stützt auch die kriminologische Literatur: *Albrecht*, MschrKrim 2006, 158 (170).

327 *BGH*, NJW 2010, 534 (536).

328 *Walker/Klopp*, LMK 2010, 295984; *Dippel*, Zivilrechtliche Haftung, S. 297; *Marzahn*, ZJS 2010, 428 (436); *Blumberg*, Stadionverbot, S. 4 m.w.N.

329 *BGH*, NJW 2010, 534 (536); *Immerheiser*, in: *Kauerhof u.a.*, Zuschauer als Störer, S. 21 (25).

hervor.[330] *Walker/Klopp* bezeichnen das Stadionverbot als generalpräventive Maßnahme, sprechen jedoch gleichzeitig davon, dass der Bundesgerichtshof die „Sanktionspraxis“ der Vereine billige.[331] *Dippel* stellt darauf ab, dass es sich um eine nur überwiegend präventive Maßnahme des Veranstalters handele, obwohl das Stadionverbot aus Sicht des Betroffenen eine repressive Maßnahme darstelle, die ein vorangegangenes Verhalten bestrafe.[332]

Orth teilt die Auffassung, das Stadionverbot grundsätzlich als Präventivmaßnahme einzuordnen, möchte dem Stadionverbot wegen seines reaktiven Elements den Sanktionscharakter aber nicht vollkommen aberkennen, da Präventionsaspekte auch häufig Bestandteil einer Bestrafungsmotivation seien.[333] Nach seiner Auffassung handelt es sich um eine Präventivmaßnahme, die gleichwohl von den Fans als Sanktion empfunden werde, weil sie auf ein sicherheitsbeeinträchtigendes Verhalten der Vergangenheit reagiere.[334] Diese Literaten arbeiten zwar den subjektiven Sanktionscharakter als ein Element des Stadionverbotes heraus, beschäftigen sich allerdings nicht näher mit den rechtlichen Folgen, die sich daraus ergeben.

330 *Walker/Klopp*, LMK 2010, 295984; *Dippel*, Zivilrechtliche Haftung, S. 297; *Orth*, Vereins- und Verbandsstrafen, S. 136, S. 220; *Orth/Schiffbauer*, RW 2011, 177 (179). Die DFB-Egidius-Braun-Stiftung beschreibt das Stadionverbot in ihrem Sachstandsbericht unter dem Gliederungspunkt „2.1.4 Präventionsmaßnahme“, dort aber unter der Überschrift „Sanktion“, vgl. http://www.bundesliga.de/media/native/dfl/dfl_dfb_stadion_handbuch.pdf, abgerufen am 10.11.2011. Dies deutet auf ein gemischt präventiv-repressives Verständnis hin.

331 *Walker/Klopp*, LMK 2010, 295984.

332 *Dippel*, Zivilrechtliche Haftung, S. 297.

333 *Orth*, Vereins- und Verbandsstrafen, S. 136, S. 220; *Orth/Schiffbauer*, RW 2011, 177 (179). Dies spielt nach Ansicht *Blumberg's* keine Rolle, da es ausschließlich auf die bestrafende Wirkung gegenüber dem Betroffenen ankomme, *Blumberg*, Stadionverbot, S. 15. Insofern stellen auch *Orth/Schiffbauer* klar, dass der Zuschauer nicht der Vereins- oder Verbandsstrafgewalt des DFB oder der DFL unterliegt, *Orth/Schiffbauer*, RW 2011, 177 (179).

334 *Orth/Schiffbauer*, RW 2011, 177 (179); *dies.*, RW 2011, 177 (186). Dies gelte nicht nur für das Stadionverbot, sondern auch für die Stadionverbotsrichtlinie wegen der dortigen Sprachwahl und Regelungssystematik, *Orth/Schiffbauer*, RW 2011, 177 (186).

III. Stadionverbot als Repressionsmaßnahme

Die Öffentlichkeit nimmt das Stadionverbot vor allem als Repression wahr.[335] Beispielsweise äußerte sich Bundesinnenminister Hans-Peter Friedrich am 13.11.2011 im Vorfeld des sog. Runden Tisches zum Thema „Ausufernde Gewalt im Fußball" wie folgt: „Aber es gibt eben nach wie vor viele Gewalttäter, die nur deshalb zum Fußball gehen, um Gewalt zu suchen. Bei denen werden wir allein mit gutem Zureden wenig Erfolg haben. Da müssen Sanktionen wie zum Beispiel Stadionverbote ausgesprochen werden. Und das Entscheidende: Diese Verbote müssen dann auch durchgesetzt werden und zwar bundesweit."[336]

In der juristischen Fachliteratur teilt *Klesczewski* diese öffentliche Wahrnehmung: Er stellt ausschließlich auf den Repressions- und Sanktionscharakter des Stadionverbots ab und folgert daraus, dass es sich um eine Privatstrafe handele, die gegen Art. 92 GG verstoße.[337] Er geht von *Grotius'* Begriffsbestimmung der Strafe aus („Poena est malum passionis, quod infligitur propter malum actionis"[338]), so dass diese zu definieren sei als „diejenige Rechtseinbuße, die wegen eines Angriffs auf fremde Rechtsfähigkeit verhängt und mit der dem Täter (als Ausdruck des Tadels) partiell die Rechtsfähigkeit aberkannt wird"[339].

---

335 „Aber für die betreffenden Fans könnte es kaum eine härtere Strafe geben, als nicht mehr zum Spiel gelassen zu werden.", Die Welt, *Steffen Lübeke*, 31.08.2009, http://www.welt.de/die-welt/debatte/article5034678/Der-Willkuer-die-Tuer-geoeffnet.html, abgerufen am 19.12.2011. Auch die sozialwissenschaftliche Fachliteratur beschreibt das Stadionverbot als Repressionsmaßnahme, vgl. *Brauer,* Foulspiel auf den Rängen, S. 49 f. Ausführlich zu der einschneidenden Wirkung eines Stadionverbots für Ultra-Mitglieder: *Klode*, Pyrotechnik und Stadionverbote, S. 113 ff.

336 Hans-Peter Friedrich (CDU) im Interview mit Welt am 13.11.2011, abrufbar unter http://www.welt.de/sport/fussball/article13713485/Innenminister-Friedrich-fordert-mehr-Stadionverbote.html, abgerufen am 14.11.2011.

337 *Klesczewski*, in: *Kauerhof u.a.,* Zuschauer als Störer, S. 69 (76 ff); *Klesczewski*, JZ 2010, 251 (254). Dem folgt *Blumberg* in Bezug auf den Inhalt der Stadionverbotsrichtlinie, so dass die Richtlinie verfassungswidrig sei, *Blumberg*, Stadionverbot, S. 14 ff. Da diese jedoch nicht Anspruchsgrundlage des Stadionverbots sei, führe der Verstoß gegen Art. 92 GG nicht zur Verfassungswidrigkeit der Stadionverbotspraxis, vgl. *Blumberg*, Stadionverbot, S. 16 f. Diese Argumenation ist widersprüchlich, denn wenn *Blumberg* darauf abstellt, dass die Stadionverbotsrichlinie keine unmittelbare Wirkung gegenüber dem Zuschauer entfaltet, stellt sie diesem gegenüber auch keine Privatstrafe dar. - *Hilpert* erwähnt beiläufig, dass ein bundesweites Stadionverbot „die härteste Strafe dar[stelle], die [er] sich vorstellen könne.", *Hilpert*, Fußballstrafrecht, IV. Rn. 10.

338 Vgl. *Klesczewski*, in: *Kauerhof u.a.,* Zuschauer als Störer, S. 69 (77) m.w.N.

339 *Klesczewski*, in: *Kauerhof u.a.,* Zuschauer als Störer, S. 69 (78) m.w.N. Vertiefend zum Begriff der Strafe, der innerhalb der strafrechtlichen Literatur sehr umstritten ist: *Klesczewski*, in: *Kauerhof u.a.*, Zuschauer als Störer, S. 69 (76 ff.). *Blumberg* definiert die Strafe als eine Interessenverletzung, die einer Person wegen eines missbilligten

Charakteristisch für den Strafbegriff seien drei Merkmale, die das bundesweite Stadionverbot alle erfülle[340]:

1. Zuführung einer Einbuße am Grundrechtsstatus des Täters,
2. die aufgrund einer schuldhaften Unrechtstat verhängt werde,
3. um eine sozialethische Missbilligung zum Ausdruck zu bringen.[341]

1. Einbuße am Grundrechtsstatus

Das Stadionverbot stelle für den Betroffenen ein erhebliches Übel dar;[342] es sei ein geradezu „punitiver Zug"[343] zu erkennen. Dieses Übel führe über die mittelbare Drittwirkung der Grundrechte[344] zu einer Rechtseinbuße am Grundrechtsstatus des Täters.[345] Dazu reiche es aus, dass das Stadionverbot in den Schutzbereich der Art. 2 Abs. 1 GG und Art. 3 Abs. 1 GG eingreife, da es für eine Einbu-

---

Verhaltens von einer dazu ermächtigten Instanz zugefügt wird, *Blumberg*, Stadionverbot, S. 14. Nach diesem Strafbegriff würde das Stadionverbot bereits deswegen scheitern, weil die Stadionverbotsrichtlinie die Vereine nicht im Außenverhältnis ermächtigt, ein Stadionverbot auszusprechen. Diese Möglichkeit eröffnen nur §§ 1004 Abs. 1 S. 2, 862 Abs. 1 S. 2 BGB.

340 *Klesczewski*, in: *Kauerhof u.a.*, Zuschauer als Störer, S. 69 (78) m.w.N. Dem schließt sich *Klode* an, vgl. *Klode*, Pyrotechnik und Stadionverbote, S. 91.

341 *Klesczewski*, in: *Kauerhof u.a.*, Zuschauer als Störer, S. 69 (77 f.).

342 *Klesczewski*, in: *Kauerhof u.a.*, Zuschauer als Störer, S. 69 (78); vgl. auch *Orth*, Vereins- und Verbandsstrafen, S. 136; *Dippel*, Zivilrechtliche Haftung, S. 297; *BAFF*, Die 100 „schönsten" Schikanen gegen Fußballfans, S. 135 f.

343 *Klesczewski*, JZ 2010, 251 (254). „Aber für die betreffenden Fans könnte es kaum eine härtere Strafe geben, als nicht mehr zum Spiel gelassen zu werden.", Die Welt, *Steffen Lübeke*, 31.08.2009, http://www.welt.de/die-welt/debatte/article5034678/Der-Willkuer-die-Tuer-geoeffnet.html, abgerufen am 19.12.2011.

344 Vgl. dazu *BGH*, NJW 2010, 534 (535); *Breucker*, JR 2005, 133 (136). Vertiefend zur mittelbaren Drittwirkung der Grundrechte im Stadionverbotsverfahren: Kapitel 2B.IV.1.a)bb), S. 131 ff.

345 Die Medien sehen in einem Stadionverbot sogar einen Verstoß gegen das „soziokulturelle Existenzminimum", vgl. *Dietmar Hipp*, Spiegel Online vom 30.10.2009, http://www.spiegel.de/sport/fussball/0,1518,658328,00.html, abgerufen am 03.11.2011. Dieses Grundrecht wird aus Art. 1 Abs. 1 i.V.m. 20 Abs. 1 GG i.V.m. Sozialstaatsgebot abgeleitet, vgl. *BVerfG*, NJW 2010, 505 (507). Ein Verstoß gegen das Grundrecht ist aber abzulehnen, da sich der Auftrag, das menschenwürdige Existenzminimum zu sichern, nur an den Gesetzgeber und nicht an Privatpersonen richtet, vgl. *BVerfG*, NJW 2010, 505 (507 f.). Im Übrigen hat der Gesetzgeber durch die Generalklauseln der §§ 242, 826 BGB (Kontrahierungszwang) die Möglichkeit für jeden geschaffen, die kulturelle Leistung „Besuch des Fußballstadions" abrufen zu können, vgl. vertiefend: Kapitel 1B.II, S. 51 ff. Diese Möglichkeit kann der Betroffene nur durch eigenes Fehlverhalten (Störungsgefahr) verlieren.

ße am Grundrechtsstatus nicht darauf ankomme, ob dieser Eingriff gerechtfertigt sei.[346]

2. Kausalzusammenhang zu schuldhafter Unrechtstat

Ein Stadionverbot knüpfe zudem an eine Tat an, die in der Vergangenheit begangen wurde. Dagegen könne zwar die Definition des § 1 Abs. 2 SVR sprechen, nach deren Selbstverständnis es sich um eine präventive Maßnahme handele, die in die Zukunft gerichtet sei. Allerdings konterkariere der weitere Inhalt der Stadionverbotsrichtlinie diese Definition:[347] Nach § 4 Abs. 3 SVR sei ein Stadionverbot auszusprechen, wenn der Betroffene sicherheitsbeeinträchtigend aufgetreten und ein strafrechtliches Ermittlungsverfahren eingeleitet sei. Bereits der dort genannte Straftatenkatalog kehre den präventiven Charakter um. Zudem bemesse sich die Dauer des Stadionverbotes gemäß § 5 Abs. 1 SVR alleine nach der Schwere der begangenen Tat und der Person des Täters, nicht jedoch nach der für die Prävention typischen Frage, wie groß die Gefahr sei, dass der Betroffene rückfällig werde. Dies betone den repressiven Sanktionscharakter nochmals deutlich.[348]

Dass ein Stadionverbot keine Strafbarkeit fordere, sondern den bloßen Tatverdacht ausreichen lasse, ändere daran ebenso wenig wie der Umstand, dass über ein Stadionverbot nicht in öffentlicher Verhandlung entschieden werde. Schließlich würden die meisten Kriminalstrafen ohne mündliche Verhandlung im Strafbefehlsverfahren nach den §§ 407 ff. StPO ausgesprochen, für das es nach zutreffender Ansicht ebenfalls genüge, dass der Richter den Beschuldigten für hinreichend tatverdächtig halte.[349] Somit sei das Stadionverbot ähnlich dem Strafbefehlsverfahren ausreichend kausal mit einer Tat verknüpft, die in der Vergangenheit begangen wurde.

---

346 *Klesczewski*, in: *Kauerhof u.a.*, Zuschauer als Störer, S. 69 (78 f.).

347 *Klesczewski*, in: *Kauerhof u.a.*, Zuschauer als Störer, S. 69 (79).

348 *Blumberg* meint, dass alle Regelungen der Stadionverbotsrichtlinie an das Strafrecht angelehnt seien; sie erwähne nicht, dass zukünftig eine Sicherheitsbeeinträchtigung von dem Betroffenen erwartet werden müsse, *Blumberg*, Stadionverbot, S. 15. *Blumberg* übersieht jedoch, dass § 1 Abs. 2 SVR als Zweck des Stadionverbots ausdrücklich festlegt, „zukünftiges sicherheitsbeeinträchtigendes Verhalten zu vermeiden." Des Weiteren bestätigt § 7 Abs. 5 SVR, dass die Stadionverbotsrichtlinie die präventive Gefahrenprognose berücksichtigt: „Der Verantwortliche entscheidet über den Antrag nach prognostischer Einschätzung, ob von dem Betroffenen weitere Sicherheitsbeeinträchtigungen bei zukünftigen Bundesspielen zu erwarten sind." Deswegen sprechen *Orth/Schiffbauer* lediglich davon, dass der Wortlaut der Stadionverbotsrichtlinie „vorwiegend den üblichen strafrechtlichen Mustern" folgt, *Orth/Schiffbauer*, RW 2011, 177 (195).

349 *Klesczewski*, in: *Kauerhof u.a.*, Zuschauer als Störer, S. 69 (79).

3. Sozialethische Missbilligung

Auch enthalte das Stadionverbot eine sozialethische Missbilligung. Der Tadelscharakter einer Strafe setze einen Schuldspruch und eine Eintragung im Bundeszentralregister voraus.[350] Das Stadionverbot enthalte ähnliche Elemente: Der Schuldspruch sei in dem Schreiben des Vereins zu erkennen, mit dem dieser dem Betroffenen das Stadionverbot verkünde. Zwar werde das Stadionverbot nicht im Bundeszentralregister, wohl aber bei der Zentralverwaltung des DFB und in der öffentlich-rechtlichen Datei „Gewalttäter Sport"[351] geführt. Die sozialethische Missbilligung verstärke sich weiter dadurch, dass der Betroffene aus seinem sozialen Umfeld und der Fankultur ausgeschlossen werde, was ihn in seinem sozialen Alltag schmerzhaft einschränke.[352]

Da das Stadionverbot boykottähnliche Züge trage, erkenne es dem Betroffenen zugleich dessen Rechtsfähigkeit ab.[353] Der Begriff des Boykotts sei aus dem Wettbewerbs- und Kartellrecht bekannt und setze voraus, dass der Verrufene aus einem bestimmten Segment des Rechtsverkehrs ausgeschlossen sei.[354] Da für Fußballspiele ein Kontrahierungszwang bestehe, sei dies zu bejahen, da dem Betroffenen ausnahmsweise untersagt werde, einen Zuschauervertrag abzuschließen.[355] *Klesczewski* vergleicht das Stadionverbot weiter mit einem Fahrverbot i.S.d. § 44 StGB als Nebenstrafe: Das Fahrverbot schließe den Betroffenen vom motorisierten Straßenverkehr, das Stadionverbot schließe ihn vom Besucherkreis eines Fußballstadions aus. Dass das Stadionverbot bundesweit wirke, verstärke dessen Charakter als Privatstrafe.[356]

4. Folgen der Einordnung als Privatstrafe

Daraus folgert *Klesczewski*, dass die Stadionverbotspraxis gegen Art. 92 GG verstoße.[357] Art. 92 GG gelte zwar unmittelbar nur für staatliche Gerichte, bilde aber zugleich eine allgemeine verfassungsrechtliche Grenze, die die private Ge-

---

350 *BVerfGE* 22, 49 (80); *Klesczewski*, in: *Kauerhof u.a.,* Zuschauer als Störer, S. 69 (80).

351 Vgl. *Klesczewski*, in: *Kauerhof u.a.*, Zuschauer als Störer, S. 69 (80) m.w.N.

352 *Dippel*, Zivilrechtliche Haftung, S. 297; *Klesczewski*, in: *Kauerhof u.a.*, Zuschauer als Störer, S. 69 (80); *Blumberg*, Stadionverbot, S. 4.

353 *Klesczewski*, in: *Kauerhof u.a.*, Zuschauer als Störer, S. 69 (80 f.).

354 *Klesczewski*, in: *Kauerhof u.a.*, Zuschauer als Störer, S. 69 (81) m.w.N.

355 *Klesczewski*, in: *Kauerhof u.a.*, Zuschauer als Störer, S. 69 (81).

356 *Klesczewski*, in: *Kauerhof u.a.*, Zuschauer als Störer, S. 69 (76).

357 Vgl. hierzu ausführlich *Klesczewski*, in: *Kauerhof u.a.*, Zuschauer als Störer, S. 69 (82 f). *Klode* sympathisiert mit dieser Auffassung, vgl. *Klode*, Pyrotechnik und Stadionverbote, S. 92. *Blumberg* ergänzt, dass Privatstrafen vor allem deswegen problematisch seien, weil sie nicht an rechtsstaatliche Garantien wie die Unschuldsvermutung gebunden seien, *Blumberg*, Stadionverbot, S. 14.

richtsbarkeit begrenze.[358] Art. 92 GG normiere ein Rechtsprechungsmonopol der staatlichen Gerichte für den Kernbereich der materiellen Gerichtsbarkeit. Dies ergebe sich daraus, dass nur staatliche Gerichte in die Grundrechte eingreifen dürften.

Da das Stadionverbot zumindest mittelbar in die Grundrechte eingreife und dem Betroffenen partiell die Rechtsfähigkeit aberkenne, wohne diesem eine Sanktion mit erheblichem materiellem Kriminalstrafcharakter inne. Deswegen sei der Kernbereich der materiellen Gerichtsbarkeit betroffen, sodass ein Stadionverbot gegen Art. 92 GG verstoße, wenn es ein Verein als (juristischen) Person des Privatrechts ausspreche. Darin sei eine unzulässige Privatstrafe zu sehen.[359] Deswegen könnten nur staatliche Gerichte ein Stadionverbot verhängen, solange für dieses keine gesetzliche Grundlage und verfahrensrechtliche Regelungen bestehen.[360]

IV. Stellungnahme: Überwiegend präventiver Charakter mit subjektiv-repressivem Element

Für diese Ansicht *Klesczewski*'s lässt sich der Wortlaut des Begriffs „Stadion*verbot*" anführen. Das Verbot, den Stadionbereich zu betreten, erinnert nach dem Wortsinn an einen repressiven Charakter. Darüber hinaus heben *Orth* und *Dippel* zutreffend hervor, dass der Betroffene ein Stadionverbot subjektiv als erhebliche Sanktion und schmerzhafte Einschränkung empfindet.[361] Jedes Stadionverbot berührt mittelbar die Schutzbereiche der Art. 3 Abs. 1 GG und Art. 2 Abs. 1 i.V.m. Art. 1 Abs. 1 GG.[362] Dieser subjektive Sanktionscharakter manifestiert sich objektiv, indem das Stadionverbot in der Stadionverbotsliste des DFB und der Datei „Gewalttäter Sport" eingetragen wird.

Boellmann weist zudem darauf hin, dass andere Rechtsordnungen ein Stadionverbot ebenfalls als Strafe ansehen.[363] Entgegen der Ansicht von *Klesczewski* lässt sich dies jedoch nicht eindeutig aus der deutschen Stadionverbotsrichtlinie in § 4 Abs. 3 SVR herleiten. Dem steht zunächst § 1 Abs. 2 SVR entgegen, der klar auf den präventiven Charakter eines Stadionverbots abstellt. Systematisch ist die präventive Gefahrenprognose in § 4 Abs. 3 SVR mit Tatsachen verknüpft,

---

358 *Klesczewski*, in: *Kauerhof u.a.*, Zuschauer als Störer, S. 69 (82) m.w.N.

359 *Klesczewski*, in: *Kauerhof u.a.*, Zuschauer als Störer, S. 69 (83).

360 *Klesczewski*, in: *Kauerhof u.a.*, Zuschauer als Störer, S. 69 (84).

361 *Orth*, Vereins- und Verbandsstrafen, S. 135; *Dippel*, Zivilrechtliche Haftung, S. 297.

362 *BGH*, NJW 2010, 534 (535); *Breucker*, JR 2005, 133 (136); *Marzahn*, ZJS 2010, 428 (429).

363 *Boellmann*, in: *Kauerhof u.a.*, Zuschauer als Störer, S. 13 (18).

die einen strafprozessualen Anfangsverdacht darstellen. Daraus kann nicht geschlossen werden, dass das Stadionverbot ausschließlich bestrafend wirkt.[364] Dies bestätigt auch der Bundesgerichtshof, der in ständiger Rechtsprechung darauf abstellt, dass die zivilrechtliche Gefahrenprognose an eine rechtswidrige Tat anknüpfen kann, die in der Vergangenheit begangen wurde.[365] Präventiv- und Bestrafungsfunktion lassen sich insoweit kaum voneinander trennen.[366] Deswegen überzeugt es nicht, mit der Systematik in § 4 Abs. 3 SVR zu argumentieren.

Dies gilt im Ergebnis für jede Argumentation mit der Stadionverbotsrichtlinie, denn diese ist im Außenverhältnis zum Zuschauer nicht bindend. Außerdem legt sie sich – unabhängig von der Systematik in § 4 Abs. 3 SVR – selbst nicht eindeutig darauf fest, ob das Stadionverbot rein präventiv oder auch repressiv wirkt, obwohl sie es in § 1 Abs. 2 SVR ausdrücklich als „präventive Maßnahme auf zivilrechtlicher Grundlage" bezeichnet.[367] Sie beinhaltet sowohl den Resozialisierungsgedanken, der für das Strafrecht typisch ist, als auch den Präventivgedanken, der für einen zivilrechtlichen Unterlassungsanspruch charakteristisch ist.

Dies lässt sich an § 7 SVR verdeutlichen: Nach § 7 Abs. 2 SVR kann ein Stadionverbot gegen Auflagen auf Bewährung ausgesprochen werden, wobei die Auflagen dazu dienen sollen, den Betroffenen zu reintegrieren (Strafgedanke). § 7 Abs. 5 SVR schreibt zudem vor, dass die Entscheidung über einen Antrag, das Stadionverbot gegen Auflagen auszusetzen, davon abhängen soll, ob nach prognostischer Einschätzung zu erwarten ist, dass der Betroffene künftig weitere Bundesspiele stören wird (Präventionsgedanke). Es kristallisiert sich heraus, dass dem Stadionverbot nach dem Selbstverständnis der Stadionverbotsrichtlinie ein gemischt repressiver und präventiver Charakter beigemessen werden muss. Davon sind auch die Richtliniengeber ausgegangen.[368] Danach stellt das Stadi-

---

364 Gleiches gilt für § 5 Abs. 1 SVR, der hinsichtlich der Dauer des Stadionverbots an die Person des Täters und an die Schwere der begangenen Tat anknüpft.

365 *BGH*, NJW 2010, 534 (536); *BGH*, NJW 2004, 1035 (1036).

366 *Spindler*, in: *Bamberger/Roth*, BeckOK BGB, § 823 BGB Rn. 0.7.

367 Darauf stellt auch *Blumberg* ab, indem er den im Arbeitsrecht verbreiteten Gedanken heranzieht, dass es nicht auf die Bezeichnung, sondern auf das tatsächlich Gelebte ankomme, *Blumberg*, Stadionverbot, S. 16 m.w.N. Daraus folgert *Blumberg* allerdings - in sich widersprüchlich -, dass die Stadionverbotsrichtlinie eine Privatstrafe darstelle (vgl. *Blumberg*, Stadionverbot, S. 16), obwohl er später selbst klarstellt, dass das Stadionverbot in der gelebten Praxis tatsächlich eine Präventivmaßnahme und keine Strafe sei, vgl. *Blumberg*, Stadionverbot, S. 66.

368 Dies bestätigt das Vorwort des ersten Nachdrucks des Ergebnisberichts der Arbeitsgruppe Nationale Konzept Sport und Sicherheit: „Die guten Resultate des durch das Nationale Konzept Sport und Sicehrheit geregelten Kommunikationsablaufs zwischen repressiven und präventiven Maßnahmen (...)", *DSJ*, NKSS, S. 6. Dass die Arbeitsgruppe *NKSS* nicht nur von einer präventiven, sondern auch von einer repressiven

onverbot eine Mischform dar. Es soll überwiegend präventive Zwecke verfolgen, um die Sicherheit von Fußballspielen zu gewährleisten, nimmt dabei aber in Kauf, dass es subjektiv repressiv wirkt.

Dem steht auch die bisherige Rechtsprechung des Bundesgerichtshofs nicht entgegen. Dieser formulierte am 30.10.2009 lediglich, dass das Stadionverbot eine „nennenswerte präventive Wirkung“[369] erziele. Dies schließt nicht aus, dass es daneben (subjektiv) als Repression wirken kann. Dies bestätigt der Bundesgerichtshof auch in seiner Entscheidung vom 20.1.2006 zum Hausverbot, die auf das Stadionverbot zu übertragen ist, da dieses als Unterfall eines Hausverbots anzusehen ist:[370] „Ein Hausverbot hat keinen Sanktionscharakter, denn es dient nicht dazu, eine gegenwärtige Verletzung des Hausrechts zu beenden - hierzu genügt ein Hausverweis -, sondern hat *in erster Linie den Zweck*, künftige Verletzungen des Hausrechts zu verhindern (...).“[371] Der Bundesgerichtshof stellt klar, dass das Hausverbot „in erster Linie“ präventive Zwecke verfolgt. Dies schließt nicht aus, dass es aus subjektiver Sicht des Betroffenen „in zweiter Linie“ sanktionierenden Charakter haben kann. Das Stadionverbot als überwiegend präventive, aber auch subjektiv repressiv wirkende Maßnahme einzustufen, lässt sich folglich in die bisherige Rechtsprechung einordnen.

Festzuhalten bleibt, dass das Stadionverbot dogmatisch weder als reine Präventiv- noch als reine Repressivmaßnahme zu verstehen ist. Es handelt sich vielmehr um eine Mischform, die vorrangig (general-) präventiv die Sicherheit von Fußballspielen gewährleisten will, dabei aber subjektiv von den Betroffenen als Strafe wahrgenommen wird. Dies bestätigen die vielseitigen Ziel- und Zwecksetzungen der Stadionverbotsrichtlinie. Das Stadionverbot ist eine überwiegend präventive Maßnahme des Veranstalters, um alle Zuschauer effektiv zu schützen, die sich aus Sicht des betroffenen Zuschauers gleichzeitig repressiv auf seinen sozialen Alltag auswirkt.[372]

Wirkung des bundesweiten Stadionverbots ausgegangen ist, zeigt zudem der Protokollvermerk der Sportministerkonferenz, der der Einführung bundesweit gültiger Stadionverbote kritisch gegenüberstand, *DSJ*, NKSS, S. 23.

369 *BGH*, NJW 2010, 534 (536).

370 Vgl. vertiefend: Kapitel 1B.I, S. 49.

371 *BGH*, NJW 2006, 1054 (1055).

372 *Dippel*, Zivilrechtliche Haftung, S. 297.

V. Die Folgen der Einordnung des Stadionverbots als Mischform

Es wurde bisher nicht untersucht, wie es sich rechtlich auswirkt, dass das Stadionverbot als überwiegend präventive Maßnahme mit subjektiv-repressivem Einschlag einzuordnen ist. Es ist zu fragen, ob sich das Stadionverbot weiterhin auf §§ 1004 Abs. 1 S. 2, 862 Abs. 1 S. 2 BGB stützen kann, ob es gegen die rechtsstaatliche Unschuldsvermutung verstößt und ob Art. 92 GG auf das Stadionverbot als gemischt repressiv-präventive Maßnahme anzuwenden ist.

1. Auswirkungen auf die Anspruchsgrundlage eines Stadionverbots

Möglicherweise sind §§ 1004 Abs. 1 S. 2, 862 Abs. 1 S. 2 BGB nicht mehr anzuwenden, wenn das Stadionverbot nicht nur präventive Zwecke verfolgt, sondern subjektiv als Sanktion wahrgenommen wird. Vorrangig sind Unterlassungsansprüche darauf gerichtet, eine künftige Verhaltensweise zu unterbinden: Wer einen Unterlassungsanspruch geltend macht, verfolgt typischerweise präventive Zwecke.[373] Dies schließt jedoch nicht aus, dass der Anspruchsgegner den Unterlassungsanspruch subjektiv als Repression wahrnimmt. Man könnte sogar soweit gehen, zu sagen, dass dies nahezu jedem Unterlassungsanspruch innewohnt: Jedes Unterlassungsbegehren schränkt die allgemeine Handlungsfreiheit des Anspruchsgegners ein. Stützt sich der Unterlassungsanspruch nicht auf eine Erstbegehungs-, sondern auf eine Wiederholungsgefahr, ist die zivilrechtliche Gefahrenprognose zudem mit einem Verhalten des Anspruchsgegners verknüpft, das in der Vergangenheit liegt. Deswegen nimmt dieser das Anspruchsbegehren subjektiv als Repression wahr, die sich auf eine vergangene Tat stützt. Schließlich verlangt die Rechtsordnung von ihm, eine bestimmte Handlungsweise in Zukunft nicht mehr vorzunehmen, wenn der Unterlassungsanspruch berechtigt ist. Dies wirkt auf den Betroffenen subjektiv nicht präventiv, sondern freiheitseinschränkend, denn seine allgemeinen Handlungsfreiheit und sein allgemeines Persönlichkeitsrecht sind betroffen.

Insoweit ist *Klesczewski* zuzustimmen: Jedem Unterlassungsanspruch oder Stadionverbot wohnt ein „punitiver Zug“[374] inne.[375] Als Beispiel sei eine Privat-

---

373 *Baldus*, in: *Säcker/Rixecker*, MüKo BGB, § 1004 BGB Rn. 289. Daneben ist Rechtsnatur des § 1004 BGB streitig, die davon zu unterscheiden ist; die h.M. geht zutreffend davon aus, dass es sich um einen materiell-rechtlichen Anspruch und nicht nur um einen prozessualen Behelf handelt, *Keukenschrijver*, in: *Dauner-Lieb u.a.*, NK-BGB, § 1004 BGB Rn. 99 m.w.N.

374 *Klesczewski*, JR 2010, 251 (254).

person erdacht, die illegal Musik oder Filme im Internet herunterlädt. Die geschädigte Musikfirma wird gegen diese Person einen Unterlassungsanspruch geltend machen, um weitere Urheberrechtsverstöße zu vermeiden. Der Betroffene wird die präventiven Zwecke der Musikfirma nicht erkennen, sondern deren Reaktion subjektiv als Sanktion für sein vergangenes Verhalten – das Herunterladen der Musik – empfinden. Zivilrechtlich basiert die in die Zukunft gerichtete Gefahrenprognose auf dessen Verhalten in der Vergangenheit (Wiederholungsgefahr). Dass der Betroffene diese Systematik in der Regel nicht erkennt, sondern den Unterlassungsanspruch subjektiv als Sanktion wahrnimmt, verstärkt sich in der Praxis dadurch, dass einem Unterlassungsbegehren häufig eine strafbewehrte Unterlassungserklärung beigefügt und gleichzeitig angedroht wird, gerichtliche Schritte einzuleiten, wenn der Betroffene diese nicht unterzeichnet. Für den Laien verschwinden hier die Grenzen zwischen Prävention und Repression völlig.[376] Zivilrechtlich entfällt die Besorgnis künftiger Störungen i.S.d. §§ 1004 Abs. 1 S. 2, 862 Abs. 1 S. 2 BGB, wenn die Parteien sich auf eine Vertragsstrafe einigen.[377]

An diesem Beispiel wird deutlich, dass die Grenze zwischen präventivem Anspruchszweck und subjektiver Wahrnehmung als Repression fließend ist. Dies ist auch für das Stadionverbot typisch. Wer ein Stadionverbot erhält, empfindet dieses subjektiv als Strafe, obwohl die Vereine objektiv präventive Zwecke verfolgen. Ob das Stadionverbot dogmatisch als präventive oder repressive Maßnahme einzuordnen ist, hängt also davon ab, ob man das Stadionverbot aus Sicht der Vereine als Anspruchssteller oder aus Sicht des Zuschauers als Anspruchsgegner betrachtet. Dies ist typisch für jeden Unterlassungsanspruch. Das Stadionverbot ist deswegen weiterhin auf §§ 1004 Abs. 1 S. 2, 862 Abs. 1 S. 2 BGB zu stützen.

2. Kein Verstoß gegen Art. 92 GG

Das Stadionverbot stellt zudem keine Strafe im von *Klesczewski* beschriebenen Sinne dar und verstößt nicht gegen Art. 92 GG. Legt man dessen Definition einer Strafe zugrunde, fehlt es jedenfalls an einem Schuldspruch. Das Stadionver-

---

375 Deswegen muss der verschuldensunabhängige Anspruch aus § 1004 BGB klar von einem verschuldensabhängigen Schadensersatzanspruch abgegrenzt werden, vgl. dazu vertiefend: *Haslinger*, Zuschauerausschreitungen, S. 195 f. m.w.N.

376 Sogar der juristischen Fachliteratur fällt es schwer, die Grenzen zwischen Prävention und Bestrafung klar zu trennen, vgl. *Spindler*, in: *Bamberger/Roth*, BeckOK BGB, § 823 BGB Rn. 0.7 m.w.N.

377 *BGH* NJW 1985, 191 (191); *BGH*, Urt. v. 24.10.2005 – II ZR 56/04; *Pitz*, Patentverletzungsverfahren, Teil 5 Rn. 88; *Bassenge*, in: *Palandt*, § 1004 BGB Rn. 32. Vgl. vertiefend dazu: Kapitel 6A.I.3, S. 401 ff.

bot verfolgt überwiegend präventive Zwecke und stellt deswegen keine Schuld des Betroffenen fest. Dass dieser das Stadionverbot subjektiv als Strafe empfindet, ändert daran nichts. Die Bedeutung des Stadionverbotsschreibens erschöpft sich darin, dass die Vereine einen zivilrechtlichen Unterlassungsanspruch geltend machen. Sie informieren den Betroffenen darüber, dass sie davon ausgehen, dass von ihm für die Dauer des Stadionsverbots eine Wiederholungsgefahr ausgeht. Insofern kann das Stadionverbot weder mit einem Strafurteil noch mit einem Strafbefehl verglichen werden.[378] Das Stadionverbot erfüllt folglich nicht alle Merkmale einer Strafe.

Darüber hinaus ist *Klesczewski* entgegenzuhalten, dass ein Stadionverbot, selbst wenn es eine Privatstrafe darstellen würde, nicht den Kernbereich der materiellen Gerichtsbarkeit betrifft und deswegen nicht das Rechtsprechungsmonopol staatlicher Gerichte beschneidet.[379] *Klesczewski* erkennt nicht, dass unterschieden werden muss, wer das Stadionverbot verhängt und wer seine Rechtmäßigkeit kontrolliert: Wenn die Vereine ein Stadionverbot aussprechen, machen sie einen Unterlassungsanspruch geltend. Art. 92 GG verbietet es Rechtssubjekten des Privatrechts nicht, zivilrechtliche Ansprüche zu erheben. Sogar unberechtigte Ansprüche zu stellen, unterfällt dem grundrechtlichen Schutz der allgemeinen Handlungsfreiheit.[380] Dies gilt selbst dann, wenn es sich um repressive Vertragsstrafen oder sonstige Schadensersatzansprüche handelt. Davon zu unterscheiden ist die gerichtliche Kontrolle, ob diese Ansprüche tatsächlich bestehen. Nur auf letzteres erstreckt sich das staatliche Monopol der Judikative. Erst durch das richterliche Urteil steht fest, ob der erhobene Anspruch materiell besteht oder zu Unrecht geltend gemacht wurde.

Daraus folgt, dass die Vereine durch den Ausspruch eines Stadionverbots selbst dann nicht gegen Art. 92 GG verstoßen, wenn es sich um eine Privatstrafe handeln würde. Denn der Betroffene kann gerichtlich überprüfen lassen, ob der

---

378 Ein weiterer wesentlicher Unterschied liegt auch darin, dass der strafrechtliche Schuldspruch von einer unabhängigen Instanz erfolgt, währenddessen das Stadionverbot von dem Hausrechtsinhaber selbst ausgesprochen wird. Der Hausrechtsinhaber ist zugleich Gläubiger des zivilrechtlichen Unterlassungsanspruches, sodass es an seiner Unabhängigkeit fehlt.

379 Es ist anerkannt, dass selbst die Vereinsgerichtsbarkeit der Fußballverbände nicht den Art. 92 ff. GG unterfällt, vgl. *Haslinger*, Zuschauerausschreitungen, S. 22 m.w.N. Dann kann erst recht kein zivilrechtlicher Unterlassungsanspruch unter Art. 92 GG fallen, den ein Fußballverein gegen einen Störer geltend macht.

380 Allerdings kann die Geltendmachung unberechtigter Ansprüche zur Schadensersatzpflicht hinsichtlich vorprozessualer Rechtsanwaltskosten führen, vgl. *BGH*, Urt. v. 16.01.2009 - V ZR 133/08.

erhobene Unterlassungsanspruch rechtmäßig besteht.[381] Der Kernbereich materieller Gerichtsbarkeit i.S.d. Art. 92 GG ist folglich nicht betroffen.

3. Kein Verstoß gegen Unschuldsvermutung

Nach der Ansicht von *Gietl* führt das subjektiv-repressive Element aber dazu, dass ein Stadionverbot gegen die rechtsstaatliche Unschuldsvermutung aus Art. 20 Abs. 3 GG und Art. 6 Abs. 2 EMRK verstößt.[382] Ein Stadionverbot sei aufzuheben, wenn dem Betroffenen eine konkrete Schuld nicht nachgewiesen werden könne.[383] Dazu stützt er sich auf Rechtsprechung des Bundesverfassungsgerichtes: „Nach alledem verbietet die Unschuldsvermutung zum einen, im konkreten Strafverfahren ohne gesetzlichen, prozessordnungsgemäßen – nicht notwendigerweise rechtskräftigen – Schuldnachweis Maßnahmen gegen den Beschuldigten zu verhängen, die in ihrer Wirkung einer Strafe gleichkommen und ihn verfahrensbezogen als schuldig zu behandeln; zum anderen verlangt sie den rechtskräftigen Nachweis der Schuld, bevor dem Verurteilten dies im Rechtsverkehr allgemein vorgehalten werden darf."[384] Das Bundesverfassungsgericht erstrecke die Unschuldsvermutung auf alle Maßnahmen gegen einen Beschuldigten, die in ihrer Wirkung einer Strafe gleich kommen. Dies sei aus Sicht des Betroffnen auch für ein Stadionverbot zu bejahen.[385] Über die mittelbare Drittwirkung der Grundrechte strahle die Unschuldsvermutung in das Zivilrecht aus, so dass ein Stadionverbot ohne konkreten Schuldnachweis das allgemeine Persönlichkeitsrecht des Betroffenen verletze.[386]

Dabei verkennt *Gietl* zweierlei: Erstens kann die zitierte Rechtsprechung des Bundesverfassungsgerichts systematisch nicht auf die Stadionverbotspraxis übertragen werden. Nach dem Bundesverfassungsgericht verbietet die Unschuldsvermutung staatliche Strafen ohne individuellen Schuldnachweis. Gleichgestellt sind alle staatlichen Maßnahmen, die einer Strafe gleichkommen. Der Staat darf den Betroffenen im allgemeinen Rechtsverkehr auch nicht als „Verurteilten" behandeln. Diese Rechtsprechung betrifft die Stellung eines Grundrechtsträgers während eines staatlichen Strafverfahrens, was das Bundesverfassungsgericht durch seine Wortwahl („…, bevor *dem Verurteilten* dies im Rechtsverkehr allgemein vorgehalten werden darf."[387]) bekräftigt. Hier liegt der

---

381 Vgl. vertiefend: Kapitel 6A.II, S. 409.
382 *Gietl*, JR 2010, 50 (51).
383 *Gietl*, JR 2010, 50 (51).
384 *BVerfGE* 35, 311 (320); *BVerfGE* 19, 342 (347); *Gietl*, JR 2010, 50 (51).
385 *Gietl*, JR 2010, 50 (51).
386 *Gietl*, JR 2010, 50 (51).
387 *BVerfGE* 35, 311 (320); *BVerfGE* 19, 342 (347).

strukturelle Unterschied zum Fußball-Stadionverbot: Das Stadionverbot stellt keine staatliche Sanktion dar. Stattdessen erhebt eine Privatperson einen zivilrechtlichen Unterlassungsanspruch.

Zweitens knüpft das Stadionverbot dogmatisch nicht an die individuelle Schuld des Betroffenen, sondern an die Besorgnis künftiger Störungen an. Der Rechtsverkehr behandelt den Betroffnen nicht als schuldig. Er versucht stattdessen, anhand einer Gefahrprognose präventiv künftige Schädigungen zu vermeiden. Selbst wenn der Zuschauer den gegen ihn erhobenen Unterlassungsanspruch subjektiv als Schuldvorwurf empfindet, folgt daraus nichts anderes, denn die Rechtsordnung ermöglicht es jedem in §§ 1004 Abs. 1 S. 2, 862 Abs. 1 S. 2 BGB einen Unterlassungsanspruch zu stellen, wenn eine objektive Gefahrenprognose besteht.

Ein Stadionverbot auszusprechen verstößt als privatrechtlicher Unterlassungsanspruch folglich nicht per se gegen die rechtsstaatliche Unschuldsvermutung[388]. Daran ändert sich auch dann nichts, wenn man das Stadionverbot dogmatisch als objektiv präventive, subjektiv repressive Maßnahme einordnet. Somit verbietet das Grundgesetz es den Vereinen nicht, ein Stadionverbot zu verhängen. Daraus darf jedoch nicht abgeleitet werden, dass jeder einzelne Sachgrund, der in der Stadionverbotsrichtlinie normiert ist, mit rechtsstaatlichen Anforderungen zu vereinbaren ist. Welche Anforderungen die Rechtsordnung und das Grundgesetz an den sachlichen Grund für ein Stadionverbot konkret stellen, ist im folgenden Kapitel zu untersuchen.

388 *Späte*, Kein Zutritt, S. 10.

Kapitel 2 Voraussetzungen und Grenzen des bundesweiten Stadionverbots

A. Problemeinführung

Am schärfsten diskutiert werden die Voraussetzungen und Grenzen des bundesweiten Stadionverbots. Höchstrichterlich äußerte sich der Bundesgerichtshof erstmals am 30.10.2009 dazu, welche Anforderungen an den sachlichen Grund für ein Stadionverbot zu stellen sind.[389] Darin bestätigte er die Vorgaben der Stadionverbotsrichtlinie: Wenn ein Stadionverbot die Stadionverbotsrichtlinie berücksichtige, sei es in der Regel nicht willkürlich.[390] Ob diese Wertungen mit dem Zivilrecht und dem Grundgesetz zu vereinbaren sind, diskutieren alle Beteiligten hochemotional.[391] Bevor der juristische Aspekt dieser Diskussion inhaltlich dargestellt werden kann, ist zunächst aufzuzeigen, woran sie dogmatisch im Zivilrecht festzumachen ist: *Klesczewski* und *Breucker* prüfen den sachlichen Grund, den der Kontrahierungszwang fordert, bei der Besorgnis künftiger Störungen (Tatbestandsebene).[392] Demgegenüber knüpft *Walker* an die Eigenschaft als Störer an (Passivlegitimation).[393] Nach *Gietl* entfällt die Duldungspflicht des § 1004 Abs. 2 BGB, wenn ein sachlicher Grund für ein Stadionverbot vorliegt (Ausschlusstatbestand).[394]

Für die letztgenannte Ansicht spricht, dass sie die Prüfungspunkte klar trennt. Sie prüft die Anforderungen an den sachlichen Grund unabhängig von den Tatbestandsvoraussetzungen des Unterlassungsanspruchs. Dies erscheint vor dem Hintergrund nachvollziehbar, dass der sachliche Grund ursprünglich dem Vertragsabschlusszwang und nicht der Dogmatik eines Unterlassungsanspruchs entspringt. Dieser („erzwungene") Zuschauervertrag begründet eine Duldungspflicht nach § 1004 Abs. 2 BGB, so dass gerechtfertigt werden könnte, sachliche Ausnahmen dogmatisch dort zu verorten.

Dagegen spricht jedoch, dass das Tatbestandsmerkmal der „Besorgnis künftiger Störungen" inhaltlich mit den sachlichen Anforderungen an ein Stadion-

---

389 *Walker,* in: *Gödicke u.a.,* FS Schapp, S. 491 (497).

390 *BGH*, NJW 2010, 534 (536).

391 Vgl. beispielsweise die Zitate aus den Medien und der juristischen Literatur auf S. 31.

392 *Klesczewski*, in: *Kauerhof u.a.*, Zuschauer als Störer, S. 69 (71 ff.); *Breucker*, JR 2005, 133 (135).

393 *Walker*, in: *Kauerhof u.a.*, Zuschauer als Störer, S. 51 (59 ff.). „Die entscheidende Frage lautet, ob die [Einleitung eines Ermittlungsverfahrens] für die Störereigenschaft genügt.", *Walker*, in: *Gödicke u.a.,* FS Schapp, S. 491 (497); *Walker*, in: *Höfling/Horst*, Sport und Gewalt, S. 51 (69).

394 *Gietl*, JR 2010, 50 (50).

verbot verknüpft ist. Es besteht eine Wechselwirkung zwischen dem präventiven Schutzgedanken eines Stadionverbots und dem Tatbestandsmerkmal der Wiederholungs- oder Erstbegehungsgefahr (Gefahrenprognose). Dieser Schutzzweck kann den Tatbestand in §§ 1004 Abs. 1 S. 2, 862 Abs. 1 S. 2 BGB teleologisch konkretisieren. Wer die Voraussetzungen des sachlichen Grundes auf die Duldungspflicht auslagert, legt den Grundtatbestand des Unterlassungsanspruchs aus, ohne seinen Sinn und Zweck zu berücksichtigen. Dies ist nicht sachgerecht. Das gleiche gilt für den Vorschlag *Walker*'s, der das Problem auf die Passivlegitimation als Störer verlagern will. Auch dadurch würden die Tatbestandsmerkmale ohne ihren Schutzzweck und die Besonderheiten des Fußball-Stadionverbots bestimmt. Deswegen überzeugt es methodisch alleine, bereits auf Tatbestandsebene die „Besorgnis künftiger Störungen" teleologisch anhand der Besonderheiten des Stadionverbots auszulegen. Dort ist der sachliche Grund für ein Stadionverbot als Ausnahme vom Kontrahierungszwang zu berücksichtigen.

Dem schließt sich auch der Bundesgerichtshof an: „(...) Ein sachlicher Grund besteht dann, wenn auf Grund von objektiven Tatsachen, nicht auf Grund subjektiver Befürchtungen, die Gefahr besteht, dass künftige Störungen durch die betreffende Person zu besorgen sind."[395] Um dies näher zu konkretisieren, definiert die unverbindliche Stadionverbotsrichtlinie in § 4 Abs. 3 SVR (nach Einleitung eines Ermittlungsverfahrens) und in § 4 Abs. 4 SVR (ohne Ermittlungsverfahren) unterschiedliche Voraussetzungen. Daran orientiert sich auch die folgende Darstellung:

B. Stadionverbot nach Einleitung eines Ermittlungsverfahrens

I. Einführung - Stadionverbote auf Grundlage der Tatsachen des Anfangsverdachts

Die Vereine müssen den sachlichen Grund für ein Stadionverbot darlegen und beweisen, weil sie sich auf eine Ausnahme vom Kontrahierungszwang berufen wollen.[396] Dies können sie aus eigener Kraft häufig jedoch nicht, da sie nicht über ausreichende Mittel verfügen, um die erforderlichen Tatsachen zu ermit-

395 *BGH*, NJW 2010, 534 (534).

396 *BGH*, NJW 1994, 188 (189); *Gietl*, JR 2010, 50 (51) m.w.N. Vgl. vertiefend zur Darlegungs- und Beweislast im Stadionverbotsverfahren: Kapitel 6A.II.1.d), S. 419 ff.

teln. Deswegen sind sie auf die staatlichen Ermittlungsbehörden angewiesen.[397] In der Praxis ermitteln die SKB der Polizei gegen die Störer, leiten ein strafprozessuales Ermittlungsverfahren ein und informieren die Vereine darüber, indem sie den Sachverhalt kurz schildern.[398] Gleichzeitig empfehlen sie den Vereinen, ein örtliches oder bundesweites Stadionverbot für einen bestimmten Zeitraum auszusprechen.[399] Die Vereine befolgen diese Empfehlung in der Regel, obwohl sie nicht an sie gebunden sind.[400]

Diese Praxis stützt sich auf § 4 Abs. 3 SVR. Danach kann ein Verein ein bundesweites Stadionverbot festsetzen, wenn die Polizei oder Staatsanwaltschaft gegen den Störer ein Ermittlungsverfahren wegen den schweren Fällen (Regelbeispiele) einleitet, die § 4 Abs. 3 SVR in Nr.1 bis 15 aufzählt. Dies setzt einen Anfangsverdacht i.S.d. § 152 Abs. 2 StPO voraus, die schwächste Form des strafrechtlichen Verdachts:[401] Zwar muss er sich auf konkrete Tatsachen stützen, es genügen jedoch entfernte Indizien – nicht aber bloße Vermutungen –, die eine Straftat objektiv möglich erscheinen lassen.[402] Die Tatsachen müssen dafür sprechen, dass gerade der zu untersuchende Lebenssachverhalt eine Straftat enthält.[403] Diese Tatsachen bilden im zivilrechtlichen Außenverhältnis zugleich die Grundlage, um beurteilen zu können, ob künftig weitere Störungen von dem Zuschauer gemäß §§ 1004 Abs. 1 S. 2, 862 Abs. 1 S. 2 BGB zu erwarten sind und

---

397 *Gietl*, JR 2010, 50 (51); *Breucker*, SpuRt 2005, 154 (165); AG Frankfurt a.M., SpuRt 2005, 172 (172 f.).

398 Die Vereine müssen aber selbständig prüfen, ob der ihnen vorgetragene Sachverhalt ein bundesweites Stadionverbot rechtfertigt, insbesondere ob ein ausreichender kausaler Zusammenhang zu der Fußballveranstaltung besteht.

399 An diese Empfehlung sind die Vereine nicht gebunden, weil sich das Stadionverbot als zivilrechtlicher Unterlassungsanspruch alleine nach zivilrechtlichen Maßstäben bestimmt und es dem Hausrechtsinhaber überlassen bleibt, seine zivilrechtlichen Ansprüche geltend zu machen oder nicht. Allerdings befolgen die Vereine diese Empfehlungen regelmäßig in der Praxis, vgl. *Friedmann*, Polizei und Fans, S. 34 f. m.w.N.; *Gietl*, JR 2010, 50 (52 f.). Sprechen sie kein Stadionverbot aus, kann die Polizei eigene Maßnahmen prüfen, vgl. dazu vertiefend: Kapitel 5C.I, S. 371 ff.

400 *Friedmann*, Polizei und Fans, S. 34 f. m.w.N.

401 *Orth/Schiffbauer*, RW 2011, 177 (193).

402 *BVerfG*, NStZ-RR 2004, 143 (143); *BVerfGE*, 44, 353, (381 f.); *BVerfGE*, 59, 95 (97); *Orth/Schiffbauer*, RW 2011, 177 (193).

403 *BGH*, NStZ 1994, 499 (499 f.) m.w.N. Zwar steht den Ermittlungsbehörden ein Beurteilungsspielraum zu, ob tatsächliche Anhaltspunkte für eine Straftat vorliegen, allerdings reichen Vermutungen oder reine denktheoretische Möglichkeiten nicht aus, solange sie nicht durch konkrete Hinweise belegt sind, vgl. *BVerfG*, NJW 1984, 1451 (1452); *BGHSt* 37, 48 (51).

deswegen ein bundesweites Stadionverbot gerechtfertigt ist.[404] Ob diese Tatsachen ausreichen, um den zivilrechtlichen Unterlassungsanspruch zu begründen, obwohl die Ermittlungen der staatlichen Behörden noch nicht abgeschlossen sind oder zwischenzeitlich sogar eingestellt wurden, bildet den Kern der Diskussion über die Voraussetzungen eines bundesweiten Stadionverbots.

II. Urteil des Bundesgerichtshofs vom 30.10.2009

Die Diskussion entfachte sich an dem Urteil des Bundesgerichtshofs vom 30.10.2009. Der Sachverhalt, der seiner Entscheidung zugrunde lag, verdeutlicht das Problem anschaulich.

1. Sachverhaltsdarstellung

Am 25.03.2006 spielte der FC Bayern München auswärts im Stadion des MSV Duisburg e.V., die Beklagte des späteren Gerichtsverfahrens. Der seinerzeit 16 jährige Kläger, Vereinsmitglied und Inhaber einer Dauerkarte des FC Bayern München, reiste mit dem Fanclub „Schickeria München" in einer Gruppe von ca. 100 Personen nach Duisburg. Der FC Bayern gewann das Auswärtsspiel 1:3. Nach dem Spiel gegen 17.30 Uhr gerieten die Fans der Heim- und Auswärtsmannschaft aneinander. Daran war maßgeblich die Gruppe beteiligt, der der Kläger zugehörte. Der Polizeibericht schildert die gewalttätigen Ausschreitungen, bei denen mindestens eine Person verletzt und ein Auto beschädigt wurde. Die Polizei nahm zahlreiche Personen fest, darunter auch den Kläger. Welchen Tatbeitrag er konkret geleistet hatte, konnte sie ihm allerdings nicht nachweisen.

Die Polizei leitete gegen den Kläger ein Ermittlungsverfahren wegen Landfriedensbruch gemäß § 152 Abs. 2 StPO i.V.m. § 125 StGB ein. Dies teilte der zuständige SKB der Beklagten mit, die daraufhin am 18.04.2006 ein bundesweites Stadionverbot bis zum 30.08.2008 aussprach, ohne den Kläger vorher anzuhören. Davon erfuhr der FC Bayern München über die Stadionverbotsliste des DFB. Wegen des Stadionverbots kündigte er die Dauerkarte des Klägers und beendete dessen Vereinsmitgliedschaft.

Am 27.10.2006 stellte die Staatsanwaltschaft Duisburg das Ermittlungsverfahren gemäß § 153 StPO[405] ein. Der Kläger beantragte bei der Beklagten, das

---

404 *BGH*, NJW 2010, 534 (536 f.); *Breuker*, JR 2005, 133 (135); *Klesczewski*, JZ 2010, 251 (254); *Gietl*, JR 2010, 50 (50); *Orth/Schiffbauer*, RW 2011, 177 (193); *Blumberg*, Stadionverbot, S. 50.

405 Eigentlich wäre wegen des jugendlichen Alters des beschuldigten Klägers § 45 JGG einschlägig gewesen, *Orth/Schiffbauer*, RW 2011, 177 (200) m.w.N.

Stadionverbot zu überprüfen. Diese sah erst jetzt (im Dezember 2006) erstmals die Ermittlungsakten bei der Staatsanwaltschaft ein und hörte den Kläger an. Dieser gab zwar zu, der Gruppe „Schickeria München" zuzugehören; er behauptete jedoch, an den Auseinandersetzungen nicht aktiv als Täter beteiligt gewesen zu sein. Dennoch hob die Beklagte das bundesweite Stadionverbot nicht auf.

Der Kläger erhob eine Leistungsklage zum Amtsgericht Duisburg, um das Stadionverbot aufheben zulassen, hilfsweise um es örtlich auf das Stadion des MSV Duisburg zu begrenzen. Dass der FC Bayern München die Dauerkarte gekündigt und die Vereinsmitgliedschaft beendet hatte, war nicht Gegenstand der Klage. Das Amtsgericht sah das bundesweite Stadionverbot als rechtmäßig an und wies die Klage ab.[406] Der Kläger legte Berufung zum LG Duisburg ein.[407] Doch das Berufungsverfahren konnte nicht vor dem 30.06.2008 abgeschlossen werden, so dass das bundesweite Stadionverbot gemäß § 5 Abs. 3 SVR während des Rechtsstreits endete. Der Kläger gab nicht auf: Er änderte seine Leistungs- in eine Feststellungsklage mit dem Ziel, feststellen zu lassen, dass das bundesweite Stadionverbot rechtswidrig war. Dies sah das Berufungsgericht als zulässig an. Es wies die Berufung jedoch als unbegründet ab. Der Kläger, zwischenzeitlich durch den Fanrechtefonds finanziell unterstützt,[408] kämpfte weiter: Seine Revision ließ der Bundesgerichtshof zu. Sie hatte jedoch keinen Erfolg. (Nun ist eine Verfassungsbeschwerde gegen das Urteil anhängig[409]).

2. Entscheidungsgründe

Der Bundesgerichtshof bestätigte das Berufungsurteil des LG Duisburg und damit auch, dass das Stadionverbot rechtmäßig war.

a) Zulässigkeit

Das Problem der Zulässigkeit bestand darin, dass das bundesweite Stadionverbot während des Zivilprozesses abgelaufen war. Der Bundesgerichtshof sah jedoch keinen Rechtsfehler darin, dass der Kläger seine Leistungsklage in eine Feststellungsklage umstellte. Anders als das verwaltungsgerichtliche Verfahren in § 113 Abs. 1 S. 4 VwGO kenne das Zivilprozessrecht zwar keine Fortsetzungsfeststellungsklage, allerdings bestehe weiterhin ein rechtliches Interesse des Klägers i.S.d. § 256 Abs. 1 ZPO, rehabilitiert zu werden.

---

406 *AG Duisburg*, Urt. v. 13.3.2008 – 73 C 1565/07.

407 *LG Duisburg*, Urt. v. 20.11.2008 – 12 S 42/08, SpuRt 2009, 78 (78 f.).

408 Vgl. dazu: *Walker*, in: *Höfling/Horst*, Sport und Gewalt, S. 51 (65) m.w.N.

409 Vgl. *Walker,* in: *Gödicke u.a.*, FS Schapp, S. 491 (493) m.w.N. Die Verfassungsbeschwerde wird beim 1. Senat des *BVerfG* unter dem AZ: 1 BvR 3080/09 geführt.

Das Urteil des Bundesgerichtshofs vom 04.10.1984[410] zeige, dass ein solches rechtliches Interesse auch dann bestehe, wenn keine vermögenswerten Rechtsgüter, sondern die Ehre geschädigt zu werden drohe. Das Stadionverbot beeinträchtige das gesellschaftliche Ansehen des Klägers erheblich. Ihm werde nicht nur versagt, an Fußballveranstaltungen teilzuhaben, sondern er habe darüber hinaus seine Mitgliedschaft beim FC Bayern München verloren und sei in die Stadionverbots-Liste des DFB sowie in die Datei „Gewalttäter Sport" aufgenommen worden. Damit sei eine „Brandmarkung"[411] verbunden. Die grundrechtlich geschützte Ehre und das Gebot effektiven Rechtsschutzes forderten, dem Kläger zu ermöglichen, nachträglich gerichtlich feststellen zu lassen, ob das Stadionverbot rechtswidrig war. Schließlich sei es angesichts der gewöhnlichen Dauer eines Zivilprozesses geradezu vorprogrammiert, dass sich das Stadionverbot während des Rechtstreites erledige. Deswegen müsse die Klageänderung zulässig sein.

b) Begründetheit

Das LG Duisburg habe die Klage frei von Rechtsfehlern als unbegründet abgewiesen, weil die Beklagte das Stadionverbot rechtmäßig ausgesprochen habe. Grundstückseigentum oder -besitz ermöglichen dem Hausrechtsinhaber gemäß §§ 858 ff., 903, 1004 BGB, frei darüber zu entscheiden, wem er Zutritt gestatte und wem er ihn verwehre. Dies gelte auch, wenn mit dem Zuschauer ein Vertrag bestehe. Der Verein könne sein Hausrecht mit bundesweiter Wirkung ausüben, da die Vereine bzw. deren Tochtergesellschaften sich in den DFB-Richtlinien gegenseitig bevollmächtigt haben.

Diese Grundsätze seien jedoch einzuschränken, weil das allgemeinen Persönlichkeitsrecht aus Art. 2 Abs. 1 GG i.V.m. Art. 1 Abs. 1 GG und das Gleichbehandlungsgebot aus Art. 3 Abs. 1 GG mittelbar in das Zivilrecht ausstrahlen. Dazu sei die Vertragsfreiheit des Vereins aus Art. 2 Abs. 1 GG einzuschränken. Dieser dürfe einzelne Zuschauer nicht willkürlich ohne sachlichen Grund ausschließen. Grundlage eines Stadionverbotes sei ein Unterlassungsanspruch nach §§ 862 Abs. 1 S. 2, 1004 Abs. 1 S. 2 BGB, der als sachlichen Grund voraussetze, dass von dem Störer zu besorgen sei, dass er künftig Fußballveranstaltungen stören werde. Der Verein habe als Veranstalter ein erhebliches und schützenswertes Interesse, präventiv zu gewährleisten, dass diese Großveranstaltungen sicher und reibungslos ablaufen. Dazu sei er vertraglich und verkehrssicherungsrechtlich verpflichtet. Insbesondere wegen der emotional aufgeheizten Stim-

---

410 *BGH*, BeckRS 1984, 30374743.
411 *BGH*, NJW 2010, 534 (535).

mung zwischen rivalisierenden Gruppen komme es beim Fußball häufig zu Ausschreitungen. Deswegen seien an den sachlichen Grund keine überhöhten Anforderungen zu stellen: Er besteht, „wenn aufgrund von objektiven Tatsachen, nicht aufgrund bloßer subjektiver Befürchtungen, die Gefahr besteht, dass künftige Störungen durch die betreffende Person zu besorgen sind.“[412] Dies werde vermutet, sobald jemand die Sicherheit einmal gefährdet habe.[413]

Im vorliegenden Fall sah der Bundesgerichtshof in dem Verhalten des Klägers solche sachlichen Gründe. Gegen ihn lägen Tatsachen vor, die besorgen ließen, dass er sich künftig sicherheitsbeeinträchtigend verhalten werde. Diese Tatsachen seien daraus zu schließen, dass die Polizei gegen ihn ein Ermittlungsverfahren wegen Landfriedensbruch eingeleitet habe. Dieses stehe in Zusammenhang mit dem Stadionbesuch des Klägers. Ihm müsse keine Straftat nachgewiesen werden, da das Stadionverbot ihn nicht sanktioniere, so dass der Grundsatz in dubio pro reo nicht anzuwenden sei. Das Stadionverbot könne nur dann nennenswert präventiv wirken, wenn der Verein keine Schuld nachweisen müsse, sondern an solche Tatsachen anknüpfen könne, die einen strafprozessualen Anfangsverdacht rechtfertigen. Dieser komme dadurch zum Ausdruck, dass ein Ermittlungsverfahren eingeleitet worden sei, es sei denn dies sei offensichtlich willkürlich oder aufgrund falscher Tatsachenannahmen erfolgt.[414] Dafür sei vorliegend nichts ersichtlich, so dass die Beklagte am 18.04.2006 ein bundesweites Stadionverbot verhängen konnte.

Diese zivilrechtliche Gefahrenprognose sei nicht dadurch entfallen, dass die Staatsanwaltschaft Duisburg das Ermittlungsverfahren wegen Geringfügigkeit gemäß § 153 StPO eingestellt habe. Dadurch seien die Tatsachen nicht widerlegt, die dem strafprozessualen Anfangsverdacht und dem Stadionverbot zugrunde lagen. Indem die Staatsanwaltschaft das Ermittlungsverfahren einstellte, habe sie nur zum Ausdruck gebracht, dass die Schuld des Klägers gering wäre, wenn er sich strafbar gemacht haben sollte. Das Stadionverbot knüpfe weder an das Ermittlungsverfahren noch an einen Straftatbestand an, sondern ausschließlich an das tatsächliche Verhalten des Klägers, das dazu geführt habe, dass die staatlichen Ermittlungsbehörden einen Anfangsverdacht bejahten. Der Kläger habe während des Prozesses zugestanden, der gewalttätigen Gruppe bewusst zugehört zu haben. Deswegen sei anzunehmen, dass er sich in einem Umfeld bewege, das zu Gewalttätigkeiten neige, wodurch zu besorgen sei, dass er künftig die Sicherheit eines Fußballspiels beeinträchtigen werde. Dazu müsse

412 *BGH*, NJW 2010, 534 (536).
413 *BGH*, NJW 2010, 534 (536); *BGHZ* 160, 232 (236).
414 *BGH*, NJW 2010, 534 (536); *AG Freiburg*, SpuRt 2005, 257; *Breucker*, SpuRt 2005, 154; *Breucker*, NJW 2006, 1233 (1235).

ihm nicht nachgewiesen werden, dass er innerhalb der Gruppe eine konkrete Straftat begangen habe.

Es sei rechtlich nicht zu beanstanden, dass die Beklagte den Kläger nicht anhörte, bevor sie ein Stadionverbot aussprach. Dies sei nicht erforderlich, wenn ein zivilrechtlicher Anspruch geltend gemacht werde. Das Stadionverbot stelle nichts anderes als einen Unterlassungsanspruch dar. Die Beklagte unterliege als juristische Person des Privatrechts keinem gerichtsförmigen oder verwaltungsähnlichen Verfahren. Dass sie sich an der Stadionverbotsrichtlinie des DFB orientiert habe, könne nicht beanstandet werden. Diese wirke zwar nicht unmittelbar zwischen den Parteien, enthalte jedoch einheitliche Maßstäbe, die insgesamt um Ausgewogenheit bemüht seien. Deswegen sei ein Stadionverbot in der Regel nicht willkürlich, wenn es der Richtlinie gemäß verhängt sei. Dies enthebe die Vereine aber nicht ihrer Pflicht, die besonderen Umstände des Einzelfalls zu berücksichtigen. Entscheidend seien die Tatsachen des zivilrechtlichen Einzelfalls, nicht die Stadionverbotsrichtlinie.

Genausowenig wie die bundesweite Wirkung des Stadionverbots sei seine Dauer zu beanstanden. Die Beklagte habe die Umstände des Einzelfalls und den Grundsatz der Verhältnismäßigkeit berücksichtigt. Auch die Heim- und Auswärtsdauerkarte des Klägers stehe dem Stadionverbot nicht entgegen, da dessen präventive Wirkung ansonsten leer liefe. Wenn der Kläger wegen des Stadionverbots die Spiele des FC Bayern Münchens nicht mehr besuchen könne, müsse er sich mit diesem als seinem Vertragspartner auseinandersetzen. An der Wirksamkeit des Stadionverbots ändere dies nichts. In Betracht zu ziehen sei, dass die Dauerkarte aus wichtigem Grund gemäß § 314 Abs. 1 BGB zugleich gekündigt sei, wenn ein Stadionverbot ausgesprochen werde.[415] Der Bundesgerichtshof fasst seine Entscheidung in zwei Leitsätzen zusammen:

„1. Hat der Kläger die Aufhebung oder Beschränkung eines gegen ihn verhängten Stadionverbots beantragt, ist unter dem Gesichtspunkt des effektiven Rechtschutzes der Übergang von der Leistungsklage zu der auf die Feststellung der Rechtswidrigkeit des Verbots gerichteten Klage zulässig, wenn es im Laufe des Rechtsstreits in Folge Zeitablaufs erloschen ist und Umstände vorliegen, die auch nach dem Ablauf des Verbots geeignet sind, die Ehre des Klägers zu beeinträchtigen.

2. Der Ausspruch eines bundesweiten Stadionverbots ist von dem Hausrecht des Veranstalters gedeckt, wenn ein sachlicher Grund besteht; ein sachlicher Grund besteht dann, wenn aufgrund von objektiven Tatsachen, nicht aufgrund subjekti-

415 *BGH*, NJW 2010, 534 (537); *Breucker*, JR 2005, 133 (137).

ver Befürchtungen, die Gefahr besteht, dass künftige Störungen durch die betreffende Person zu besorgen sind."[416]

III. Anmerkungen der Fachliteratur zum Urteil des Bundesgerichtshofs

Über dieses Urteil ist ein heftiger Streit vor allem darüber entbrannt, ob einem Stadionverbot Tatsachen zugrunde liegen müssen, die die Schuld des Betroffenen beweisen und eine strafrechtliche Verurteilung ermöglichen würden, oder ob Tatsachen ausreichen, die (lediglich) einen strafprozessualen Anfangsverdacht begründen. Der Bundesgerichtshof betonte den präventiven Charakter des Stadionverbots als Unterlassungsanspruch und bejahte letzteres. Damit billigte er die unverbindliche Regelung des § 4 Abs. 3 SVR.

1. Zustimmende Literatur

Breucker[417], *Nolte*[418], *Walker*[419] und *Geisler*[420] begrüßen diese Entscheidung des Bundesgerichtshofs.

a) *Höherer Sicherheitsstandard und präventiver Zweck*

Diese Rechtsprechung schütze alle Zuschauer eines Fußballspiels vor körperlichen Verletzungen und gewährleiste einen höheren Sicherheitsstandard im Fußball.[421] Das Urteil schrecke gewaltbereite Fans erheblich ab und ermögliche es, ihre Gruppenführer leichter zu identifizieren.[422] Es sei gerechtfertigt, ein Stadionverbot ohne strafrechtlichen Schuldnachweis zu ermöglichen, da dessen präventiver Zweck anderenfalls weitgehend leer liefe.[423] Auch wenn das Stadionverbot für den Betroffenen aus dessen Sicht eine strenge Maßnahme sei, dürfe das Recht des Eigentümers auf effektiven Rechtschutz nicht vergessen wer-

---

416 *BGH*, NJW 2010, 534 (534).
417 *Breucker*, SpuRt 2010, 31 (31).
418 *Nolte*, in: *Höfling/Horst*, Sport und Gewalt, S. 37 (37 ff.).
419 *Walker*, in: *Höfling/Horst*, Sport und Gewalt, S. 51 (51 ff.); *Walker*, in: *Kauerhof u.a.*, Zuschauer als Störer, S. 51 (51 ff.); *Walker*, in: *Gödicke u.a.*, FS Schapp, S. 491 (497 ff.).
420 *Geisler*, Juris PR-BGH ZivilR 25/2009 Anm. 4.
421 *Breucker*, SpuRt 2010, 31 (31); *Geisler*, Juris PR-BGH ZivilR 25/2009 Anm. 4.
422 *Geisler*, Juris PR-BGH ZivilR 25/2009 Anm. 4.
423 *Walker*, in: *Höfling/Horst*, Sport und Gewalt, S. 51 (69) m.w.N.

den.[424] Zudem sei das allgemeine Persönlichkeitsrecht zwischen Privaten schwächer geschützt als im Verhältnis zwischen Staat und Bürger.[425] Die Wertungen des Bundesgerichtshofs seien methodisch überzeugend, da an den Tatsachennachweis eines Unterlassungsanspruchs geringere Anforderungen zu stellen seien als an den eines Schadensersatzanspruchs, so dass ein Tatverdacht ausreiche, der auf objektive Tatsachen gestützt werde.[426]

b) Wertungen aus § 830 Abs. 1 S. 2 BGB

Walker führt darüber hinaus den Rechtsgedanken aus § 830 Abs. 1 S. 2 BGB an.[427] Danach haften mehrere Beteiligte gesamtschuldnerisch, wenn nicht ermittelt werden könne, wer durch seine Handlung den Schaden verursacht habe. Der Gesetzgeber habe den Geschädigten gegenüber den potenziellen Schädigern besser stellen wollen.[428] Zwar sei § 830 BGB nach seinem Wortlaut nur auf Schadensersatzansprüche anzuwenden. Jedoch seien die Voraussetzungen eines Unterlassungsanspruchs weniger streng, so dass Rechtsprechung[429] und Schrifttum[430] anerkannten, diesen Rechtsgedanken auf präventive Ansprüche zu erweitern. Dies sei interessengerecht, da jeder Beteiligte die Gefahr für den Geschädigten dadurch erhöhe, dass er die gesamte Gruppe stärke und einzelne Taten möglicherweise sogar verdecke, indem er der Gruppe zugehöre.[431] Unabhängig vom Gewicht seiner Mitwirkung und der Kausalität seines Tatbeitrages, müsse der Hausrechtsinhaber auf die besondere Gefahr solcher Gruppenausschreitungen effektiv reagieren können; deswegen könne die Gefahrenprognose des §§ 862 Abs. 1 S. 2, 1004 Abs. 1 S. 2 BGB von der Wertung des § 830 Abs. 1 S. 2 BGB getragen werden.[432]

---

424 *Walker*, in: *Kauerhof u.a.*, Zuschauer als Störer, S. 51 (60).

425 *Nolte*, in: *Höfling/Horst*, Sport und Gewalt, S. 37 (49).

426 *Walker*, in: *Kauerhof u.a.*, Zuschauer als Störer, S. 51 (60); *Walker*, in: *Gödicke u.a.*, FS Schapp, S. 491 (497). *Nolte* ergänzt, dass der Vorwurf, dass der Bundesgerichtshof auf einem reinen „Gefahrenverdacht" beruhe, unberechtigt sei, da keine Unsicherheiten bei der Diagnose des Sachverhalts bestünden, wenn die Gruppenzugehörigkeit des Betroffenen feststehe, *Nolte*, in: *Höfling/Horst*, Sport und Gewalt, S. 37 (49).

427 *Walker*, in: *Kauerhof u.a.*, Zuschauer als Störer, S. 51 (61); *Walker*, in: *Gödicke u.a.*, FS Schapp, S. 491 (498); *Walker*, in: *Höfling/Horst*, Sport und Gewalt, S. 51 (69); *Walker/Klopp*, LMK 2010, 295984; *Stegemann*, RUBRR 2010, 17 (19).

428 *Walker*, in: *Gödicke u.a.*, FS Schapp, S. 491 (498) m.w.N.

429 *BGH*, NJW 2003, 2525 (2526); *BGH*, NJW 1987, 2810 (2812); *BGH*, NJW 1971, 509 (510); *LG Köln*, NJW-RR 1990, 865 (866).

430 *Walker*, in: *Gödicke u.a.*, FS Schapp, S. 491 (498) m.w.N.

431 *Walker*, in: *Gödicke u.a.*, FS Schapp, S. 491 (498); *Walker*, in: *Kauerhof u.a.*, Zuschauer als Störer, S. 51 (61); *Stegemann*, RUBRR 2010, 17 (19).

432 *Walker/Klopp*, LMK 2010, 295984.

c) *Kein Widerspruch zur Rechtsprechung bei Großdemonstrationen*

Dem stehe die Rechtsprechung des Bundesgerichtshofs zu einem Schadensersatzanspruch aus § 830 Abs. 1 S. 1, Abs. 2 BGB wegen der Teilnahme an Großdemonstrationen nicht entgegen.[433] Danach haften Beteiligte nicht für die Schäden einer Großdemonstration, solange ihre individuelle Schuld nicht bewiesen sei, auch wenn sie der Gruppe der Demonstranten bewusst zugehörten und sich in deren räumlicher Nähe aufhielten:[434] Wer sich verabrede, das Gelände der Demonstration zu besetzen, bringe nicht automatisch zum Ausdruck, notfalls gewaltsam gegen Polizeibeamte vorgehen zu wollen; subjektiv könne darin kein gemeinsamen Tatentschluss aller Mitdemonstranten gesehen werden, Körperverletzungen oder Sachbeschädigungen zu verüben.[435]

Die grundrechtlich geschützte Demonstrationsfreiheit dürfe nicht dadurch unterlaufen werden, dass die Teilnehmer einer Demonstration zu großen Haftungsgefahren ausgesetzt werden.[436] Deswegen seien die Anforderungen streng, die an die Mittäterschaft oder Beihilfe als Voraussetzung eines Schadensersatzanspruchs nach § 830 Abs. 1 S. 1, Abs. 2 BGB zu stellen seien: Es reicht nicht, „dass [der Betroffene] schon mit seiner Anwesenheit den Gewalttätern mindestens durch Gewährung von Anonymität Förderung und Schutz geben kann. (…) Dazu ist mehr erforderlich, nämlich die Feststellung, dass Gewährung von Anonymität und Äußerung von Sympathie darauf ausgerichtet und geeignet sind, Gewalttäter in ihren Entschlüssen zu fördern und zu bestärken. (…) Eine Ausdehnung der Haftung für die bei einer Großdemonstration angerichteten Schäden auf „passiv" bleibende Sympathisanten wäre verfassungswidrig (…)."[437] § 830 Abs. 1 S. 2 BGB dürfe diese Wertung nicht unterlaufen, solange Zweifel bestehen, ob der Demonstrant an einer unerlaubten Handlung teilnahm.[438]

Walker erkennt an, dass diese Rechtsprechung zu Großdemonstrationen seinem Vorschlag widersprechen könnte, § 830 Abs. 1 S. 2 BGB analog auf Stadionverbote anzuwenden.[439] Dem hält er entgegen, dass der scheinbare Widerspruch nicht entstehe, weil Demonstrationen nicht mit Stadionverboten im Fuß-

433 *Walker*, in: *Kauerhof u.a.*, Zuschauer als Störer, S. 51 (62); *Walker*, in: *Gödicke u.a.*, FS Schapp, S. 491 (499).

434 *Walker*, in: *Gödicke u.a.*, FS Schapp, S. 491 (499).

435 *BGH,* NJW 1984, 1226 (1228).

436 *BGH,* NJW 1984, 1226 (1229).

437 *BGH,* NJW 1984, 1226 (1229).

438 *BGH,* NJW 1984, 1226 (1230).

439 *Walker*, in: *Kauerhof u.a.,* Zuschauer als Störer, S. 51 (63); *Walker*, in: *Gödicke u.a.,* FS Schapp, S. 491 (500); *Walker*, in: *Höfling/Horst*, Sport und Gewalt, S. 51 (70).

ball zu vergleichen seien:[440] Erstens stütze sich das Stadionverbot nicht auf einen Schadensersatz-, sondern auf einen präventiven Unterlassungsanspruch, der geringeren Voraussetzungen unterläge. Zweitens seien Fußballfans nicht durch das Grundrecht der Demonstrationsfreiheit geschützt, wenn sie zu Fußballspielen reisen. Drittens sei der Verlauf einer Großdemonstration nicht überschaubar, vorhersehbar oder gar steuerbar, wohingegen Fangruppierungen im Fußball grundsätzlich geschlossen und damit kontrollierbar auftreten. Deswegen stütze der Rechtsgedanke aus § 830 Abs. 1 S. 2 BGB die Rechtsprechung des Bundesgerichtshofs zu Stadionverboten. Ein individueller Tatnachweis sei nicht erforderlich, um ein Stadionverbot auszusprechen.

2. Kritisierende Literatur

Vor allem *Klesczewski*[441], *Orth/Schiffbauer*[442], *Heermann*[443] und *Marzahn*[444] kritisieren den Bundesgerichtshof und die ihm folgende Literatur.

a) Sanktionswirkung und unzulässige Verknüpfung mit dem Ermittlungsverfahren

Nach *Klesczewski* sanktioniere ein Stadionverbot den Zuschauer spürbar und erheblich, weswegen darin eine Privatstrafe zu sehen sei, die gegen Art. 92 GG verstoße.[445] Andere kritisieren, dass das Stadionverbot an die Einleitung eines Ermittlungsverfahrens anknüpfe.[446] Jedenfalls könne es nicht aufrecht erhalten bleiben, wenn das Ermittlungsverfahren nach §§ 153, 153a StPO eingestellt werde; anderenfalls würde missachtet, dass die Staatsanwaltschaft diese Einstellungsart in der Praxis häufig wegen ihrer Arbeitsüberlastung wähle, obwohl es gerechtfertigt gewesen wäre, das Verfahren nach § 170 Abs. 2 StPO einzustellen.[447] Im Übrigen stelle die Staatsanwaltschaft keine Schuld fest, wenn sie das

---

440 *Walker*, in: *Kauerhof u.a.*, Zuschauer als Störer, S. 51 (63); *Walker*, in: *Gödicke u.a.*, FS Schapp, S. 491 (500); *Walker*, in: *Höfling/Horst*, Sport und Gewalt, S. 51 (70).

441 *Klesczewski*, in: *Kauerhof u.a.*, Zuschauer als Störer, S. 69 (69 ff.); *Klesczewski*, JZ 2010, 251 (251 ff.).

442 *Orth/Schiffbauer*, RW 2011, 177 (177 ff.).

443 *Heermann*, NJW 2010, 537 (537).

444 *Marzahn*, ZJS 2010, 428 (428 ff.).

445 *Klesczewski*, in: *Kauerhof u.a.*, Zuschauer als Störer, S. 69 (82 f.). Vgl. zum repressiven Charakter auch: *Dippel*, Zivilrechtliche Haftung, S. 297; *Orth*, Vereins- und Verbandsstrafen, S. 135. Dass das Stadionverbot nicht gegen Art. 92 GG verstößt, wurde oben bereits aufgezeigt: Kapitel 1D.V.2, S. 108 f.

446 *Heermann*, NJW 2010, 537 (537); *Orth/Schiffbauer*, RW 2011, 177 (193); *Klode*, Pyrotechnik und Stadionverbote, S. 89 f.

447 *Orth/Schiffbauer*, RW 2011, 177 (194).

Verfahren nach § 153 StPO beende.[448] Deswegen nähmen die Fußballfans die Stadionverbotspraxis zu Recht als undurchsichtig und ungerecht wahr.[449] Die Rechtsanwälte des Klägers sprechen sogar von einer „unzulässigen Sippenhaft“[450].

b) Rechtsstaatliche Bedenken wegen Unschuldsvermutung und „fair trial“

Das Stadionverbot sei zudem rechtsstaatlich sehr bedenklich: Ein Stadionverbot könne auf bloßen Tatverdacht nicht ausgesprochen werden, ohne den Betroffenen zuvor anzuhören.[451] Dies verstoße gegen die Unschuldsvermutung und den Grundsatz des fairen Verfahrens als elementare Grundsätze des Grundgesetzes.[452] Die Vereine dürften in der Praxis kein Stadionverbot aussprechen, ohne zuvor die Ermittlungsergebnisse der Polizei und Staatsanwaltschaft zu überprüfen.[453] Die gegenteilige Praxis führe zu einem unzulässigen Generalverdacht.[454] Wenn die Tat nicht aufgeklärt werde und selbst erwiesene Täter nicht resozialisiert werden, könne das Stadionverbot seine präventive Wirkung nicht entfalten.[455] Der Bundesgerichtshof setze ein zweifelhaftes Signal: Statt gewaltbereite Gruppenmitglieder zwangsweise zu entfernen, müsse die Zivilcourage gestärkt werden.[456]

c) Räumliche Nähe zu einer Gruppe kein taugliches Kriterium

Schließlich stelle die räumlichen Nähe zu einer gewaltbereiten Gruppe weder aus individual- noch aus generalpräventiver Sicht ein taugliches Kriterium für ein Stadionverbot dar.[457] Dies habe auch die Theorie und Praxis der Kriminalprognose erkannt: Dass jemand einem gewaltbereiten Umfeld zugehöre, lasse nicht prognostizieren, dass er künftig Straftaten begehen oder rückfällig werde.[458] Jedenfalls sei es bedenklich, dass § 4 Abs. 3 SVR nicht zwischen bisher

---

448 *Orth/Schiffbauer*, RW 2011, 177 (194).

449 *Klesczewski*, JZ 2010, 251 (252); *Orth/Schiffbauer*, RW 2011, 177 (186).

450 Vgl. dazu: *Walker*, in: *Gödicke u.a.*, FS Schapp, S. 491 (498); *Walker*, in: *Kauerhof u.a.*, Zuschauer als Störer, S. 51 (60) m.w.N.

451 *Klesczewski*, JZ 2010, 251 (252).

452 *Heermann*, NJW 2010, 537 (537).

453 *Heermann*, NJW 2010, 537 (537); *Orth/Schiffbauer*, RW 2011, 177 (210).

454 *Heermann*, NJW 2010, 537 (537).

455 *Klesczewski*, JZ 2010, 251 (252).

456 *Heermann*, NJW 2010, 537 (537) m.w.N.

457 *Klesczewski*, in: *Kauerhof u.a.*, Zuschauer als Störer, S. 69 (71); *Klesczewski*, JZ 2010, 251 (252).

458 *Klesczewski*, in: *Kauerhof u.a.*, Zuschauer als Störer, S. 69 (71); *Klesczewski*, JZ 2010, 251 (252).

unbescholtenen und polizeilich als gewaltbereit bekannten Personen unterscheide.[459]

d) *Verstoß gegen Grundsätze der Beweiswürdigung*

Zudem unterliege der Bundesgerichtshof einer „verhängnisvollen Äquivokation“[460]. Er verwechsle den strafprozessualen Begriff der bloßen Tatsachenbehauptung i.S.d. § 152 Abs. 2 StPO mit einer bewiesenen Tatsache i.S.d. § 286 Abs. 1 ZPO.[461] Der Verein könne seiner Darlegungs- und Beweislast für Sachgründe eines Stadionverbots nach §§ 1004 Abs. 1 S. 2, 862 Abs. 1 S. 2 BGB[462] nicht nachkommen, indem er sich auf bloße Tatsachenbehauptungen stütze.[463] Nicht die straf- oder polizeirechtliche Bewertung eines Sachverhalts, sondern alleine der zivilprozessuale Tatsachenbegriff sei für ein Stadionverbot maßgeblich.[464]

Deswegen seien der zivilrechtlichen Gefahrenprognose nur unstreitige oder bewiesene Tatsachen zugrunde zu legen.[465] Diese unterscheiden sich von dem strafprozessualen Anfangsverdacht nach § 152 Abs. 2 StPO: Tatsachen i.S.d. § 286 Abs. 1 ZPO setzten eine Beweiserhebung durch das Gericht voraus und müssten zu dessen Überzeugung feststehen, währenddessen § 152 Abs. 2 StPO in seinem Wortlaut nur „tatsächliche Anhaltspunkte“ fordere, die bereits durch eine bloße Behauptung oder Strafanzeige begründet seien.[466] Selbst wenn Anklage nach § 170 Abs. 1 StPO erhoben werde, stehe nicht fest, ob die behaupteten Tatsachen wahr seien.[467] Der Anfangsverdacht der StPO stehe am Anfang einer Untersuchung eines Sachverhalts, § 286 Abs. 1 ZPO fordere demgegenüber, dass der Sachverhalt am Ende einer Untersuchung zur Überzeugung des Gerichts feststehe.[468] Deswegen verstoße die Stadionverbotspraxis gegen die zivilprozessualen Grundsätze der Beweiswürdigung.

---

459 *Klesczewski*, JZ 2010, 251 (253); *Klesczewski*, in: *Kauerhof u.a.*, Zuschauer als Störer, S. 69 (71).

460 *Klesczewski*, JZ 2010, 251 (253).

461 *Klesczewski*, in: *Kauerhof u.a.*, Zuschauer als Störer, S. 69 (72).

462 Vgl. dazu: *BGH,* NJW 2010, 534 (535); *BGH,* NJW 1994, 188 (189); *Breucker*, JR 2005, 133 (135).

463 *Klesczewski*, in: *Kauerhof u.a.*, Zuschauer als Störer, S. 69 (72); *Klesczewski*, JZ 2010, 251 (253).

464 So fassen *Orth/Schiffbauer* die Argumentation von *Klesczewski* zusammen und bewerten sie als „wertvoll“, *Orth/Schiffbauer*, RW 2011, 177 (199).

465 *Orth/Schiffbauer*, RW 2011, 177 (199).

466 *Klesczewski*, JZ 2010, 251 (253 f.); *Klesczewski*, in: *Kauerhof u.a.*, Zuschauer als Störer, S. 69 (72 f.).

467 *BGHSt*, 24, 304 (306); *Klesczewski*, JZ 2010, 251 (254).

468 *Klesczewski*, JZ 2010, 251 (253 f.).

Dieser Verstoß könne nicht dadurch gerechtfertigt werden, dass die Vereine über keine besseren Erkenntnisse als die Polizei oder die Staatsanwaltschaft verfügen.[469] Im Übrigen könnten sie den Sachverhalt selbst ermitteln, indem sie die Betroffenen persönlich befragen[470] oder auf die Aussagen von Ordner, Fanbeauftragten und Fanprojektmitarbeitern zurückgreifen, die vor Ort gewesen sind.[471]

e) Rechtsgedanke aus § 830 BGB untauglich

Der Rechtsgedanke des § 830 BGB, den *Walker* vorschlägt, setze ebenfalls eine Tatsachengrundlage i.S.d. § 286 Abs. 1 ZPO voraus, den der strafprozessuale Anfangsverdacht nicht erfülle.[472] Dazu genüge es auch nicht, dass der Betroffene körperlich anwesend sei; darin sei keine Beihilfe oder Anstiftung gewaltbereiter Personen zu sehen.[473] Die Wertung dieses Rechtsgedankens verkenne zudem die tatsächlichen Verhältnisse des Fußballsports:[474] Die Polizei schließe insbesondere die Auswärtsfans in der Regel zwangsweise als Gruppe zusammen und führe sie geschlossen zum Stadion; dann sei es nicht möglich, sich räumlich von potenziellen Gewalttätern zu distanzieren.[475] Erst recht solidarisiere sich niemand mit gewaltbereiten Personen, nur weil die Polizei die Fans zwangsweise zusammenschließe.[476] *Walker* vernachlässige außerdem, dass § 830 Abs. 1 BGB nicht unerhebliche subjektive Elemente voraussetze,[477] wie die Rechtsprechung zu Großdemonstrationen zeige, die einem Unterlassungsanspruch fremd seien.[478]

f) Vergleich mit Terminologie des Polizeirechts

Letztlich verdeutliche ein dogmatischer Vergleich zwischen der Gefahrenprognose des § 1004 BGB mit der Terminologie des Polizeirechts, dass strengere Anforderungen an den sachlichen Grund für ein Stadionverbot zu stellen seien,

469 *Klesczewski*, JZ 2010, 251 (254).
470 *Klesczewski*, JZ 2010, 251 (254) m.w.N.
471 *Klesczewski*, JZ 2010, 251 (254).
472 *Klesczewski*, in: *Kauerhof u.a.*, Zuschauer als Störer, S. 69 (71).
473 *Klesczewski*, in: *Kauerhof u.a.*, Zuschauer als Störer, S. 69 (72); ausführlich zur Anwendbarkeit des § 830 BGB bei rassistischen Ausschreitungen innerhalb einer Gruppe: *Dippel*, Zivilrechtliche Haftung, S. 184.
474 *Orth/Schiffbauer*, RW 2011, 177 (202 ff.).
475 *Klesczewski*, JZ 2010, 251 (253); *Klesczewski*, in : *Kauerhof u.a.,* Zuschauer als Störer, S. 69 (72); *Orth/Schiffbauer*, RW 2011, 177 (202 ff.).
476 *Orth/Schiffbauer*, RW 2011, 177 (200).
477 *Orth/Schiffbauer*, RW 2011, 177 (200).
478 Vgl. vertiefend: Kapitel 2B.IV.2.b), S. 163 ff.

als es der Bundesgerichtshof fordere.[479] Der Gefahrenbegriff setze im Polizeirecht eine Sachlage voraus, bei der im Einzelfall hinreichend wahrscheinlich sei, dass in absehbarer Zeit ein Schaden eintreten werde.[480] Daran fehle es in den Fällen des Fußballstadionverbots typischerweise.[481]

Zwar sei dieser polizeirechtliche Gefahrenbegriff zu modifizieren, wenn die Polizei ein Aufenthaltsverbot aussprechen wolle, welches dem Stadionverbot ähnlich sei.[482] Dort seien tatsächliche Anhaltspunkte ausreichend, die die Annahme rechtfertigen, dass jemand an einem bestimmten Ort eine Straftat begehen werde.[483] Maßgeblich sei aus äußeren Umständen auf die innere Gesinnung des potenziellen Störers und die Gefahr künftiger Straftatbegehungen zu schließen.[484] Als Indizien seien anerkannt, dass der potenzielle Störer eine Straftat ankündige, Tatwerkzeuge mitführe oder vorbestraft sei.[485] Demgegenüber reiche es jedoch nicht aus, dass der potenzielle Störer sozial einer Gruppe von möglichen Straftätern zugehöre.[486] Darauf eine negative Gefahrenprognose zu stützen, würde dem Schutzbereich der Freizügigkeit und dessen Kriminalvorbehalt in Art. 11 Abs. 2 GG nicht genügen.[487] Die Kriterien des Bundesgerichtshofs könnten deswegen keine öffentliche-rechtliche Gefahrenprognose für ein Aufenthaltsverbot begründen.[488]

g) Lösung über Grundsätze der arbeitsrechtlichen Verdachtskündigung

Ein Stadionverbot könne somit nicht ausgesprochen werden, wenn ein Fußballfan räumlich einer gewaltbereiten Gruppe zugehöre und daraufhin ein Ermittlungsverfahren eingeleitet werde. § 4 Abs. 3 SVR widerspreche den Wertungen des Zivilrechts in §§ 1004 Abs. 1 S. 2, 862 Abs. 1 S. 2 BGB, so dass die aktuelle Stadionverbotspraxis zu ändern sei.[489] Dazu schlägt *Marzahn* vor, das Stadionverbot aus Gründen der Verhältnismäßigkeit erst auszusprechen, sobald das

---

479 *Klesczewski*, JZ 2010, 251 (252 f.); *Orth/Schiffbauer*, RW 2011, 177 (204).

480 *BVerwGE* 45, 51 (57); *Klesczewski*, JZ 2010, 251 (252).

481 *Klesczewski*, JZ 2010, 251 (252) m.w.N. Eine andere Ansicht hat das *VG Aachen* kürzlich in Bezug auf ein polizeiliches Aufenthaltsverbot im Zusammenhang mit der Gefahr von Gruppenausschreitungen vertreten, *VG Aachen*, Beschl. v. 26.04.2013 - 6 L 162/13.

482 *Klesczewski*, JZ 2010, 251 (252 f.).

483 *Klesczewski*, JZ 2010, 251 (253) m.w.N.

484 *Klesczewski*, JZ 2010, 251 (253) m.w.N.

485 *Klesczewski*, JZ 2010, 251 (253) m.w.N. So auch: *VG Aachen*, Beschl. v. 26.04.2013 - 6 L 162/13.

486 *Klesczewski*, JZ 2010, 251 (253) m.w.N.

487 *Klesczewski*, JZ 2010, 251 (253) m.w.N.; *Orth/Schiffbauer*, RW 2011, 177 (204).

488 *Klesczewski*, JZ 2010, 251 (253).

489 *Klesczewski*, JZ 2010, 251 (254).

Strafverfahren beendet sei.[490] Anderenfalls bestünden rechtsstaatliche Bedenken, weil die Hürde eines Anfangsverdachts regelmäßig zu niedrig sei.[491] Sofern es wegen der Sicherheit der Fußballveranstaltung im Einzelfall nicht zuzumuten sei, abzuwarten, bis das Strafverfahren beendet werde, dürfe ein Stadionverbot auf einen hinreichender Tatverdacht i.S.d. § 203 StPO gestützt werden.[492]

Dies ergebe sich aus den arbeitsrechtlichen Grundsätzen der Verdachtskündigung, die für ein Stadionverbot analog heranzuziehen seien.[493] Die aufgezeigte Kritik verdeutliche, dass eine planwidrige Regelungslücke für Stadionverbote bestehe.[494] Ihnen liege auch eine Interessenlage zugrunde, die mit der arbeitsrechtlichen Verdachtskündigung zu vergleichen sei.[495] Zwar fehle es zwischen Zuschauer und Verein an der Vertrauensbeziehung, die zwischen Arbeitgeber und Arbeitnehmer idealtypisch bestehe.[496] Dennoch seien Gemeinsamkeiten zwischen einer Verdachtskündigung und einem Stadionverbot zu benennen: Die Rechtsfolgen beider Maßnahmen seien in die Zukunft gerichtet und mit dem Risiko behaftet, „Unschuldige“ zu treffen.[497] Des Weiteren sei beiden Maßnahmen ihr hoher Sanktionscharakter gemeinsam.[498] Zudem ließe sich durch die Grundsätze der Verdachtskündigung der Vorwurf entkräften, dass eine zivilrechtliche Sanktion auf der Basis eines bloßen Tatverdachts per se unzulässig sei.[499]

IV. Stellungnahme

Die bisherige Diskussion über das Urteil des Bundesgerichtshofs vermischt mehrere Rechtsfragen, die klar voneinander zu trennen sind. Die materiellrechtlichen Anforderungen an den Sachgrund für ein Stadionverbot lassen sich zunächst in folgende Fragen aufteilen:

Erstens stellt sich die Frage, ob ein Stadionverbot auf die Tatsachen gestützt werden kann, die der Einleitung eines Ermittlungsverfahrens zugrunde liegen. Fraglich ist insofern, ob der strafprozessuale Anfangsverdacht zivilrechtlich künftige Störungen besorgen lässt, mithin ob § 4 Abs. 3 SVR mit den zivilrechtlichen Anspruchsgrundlagen aus §§ 1004 Abs. 1 S. 2, 862 Abs. 1 S. 2 BGB zu

[490] *Marzahn*, ZJS 2010, 428 (434).
[491] *Marzahn*, ZJS 2010, 428 (432).
[492] *Marzahn*, ZJS 2010, 428 (435).
[493] *Marzahn*, ZJS 2010, 428 (433).
[494] *Marzahn*, ZJS 2010, 428 (434).
[495] *Marzahn*, ZJS 2010, 428 (434).
[496] *Marzahn*, ZJS 2010, 428 (434).
[497] *Marzahn*, ZJS 2010, 428 (434).
[498] *Marzahn*, ZJS 2010, 428 (434).
[499] *Marzahn*, ZJS 2010, 428 (433).

vereinbaren ist. Weiter ist zu fragen, wie es sich auf die zivilrechtliche Gefahrenprognose auswirkt, wenn die Staatsanwaltschaft das Ermittlungsverfahren später einstellt, mithin ob § 6 SVR mit §§ 1004 Abs. 1 S. 2, 862 Abs. 1 S. 2 BGB zu vereinbaren ist.

Nachdem geklärt ist, wie das strafprozessuale Ermittlungsverfahren und die zivilrechtlichen Unterlassungsansprüche grundsätzlich ineinander greifen, ist zweitens zu fragen, welche Anforderungen inhaltlich konkret an die Tatsachen der potenziellen Störung zu stellen sind, um einen schweren Fall zu begründen, der ein bundesweites Stadionverbot rechtfertigen kann. Denn Grundlage eines Stadionverbots ist nicht, dass gegen den Betroffenen ein Ermittlungsverfahren eingeleitet wurde, sondern die Tatsachen bzw. das Verhalten des Betroffenen, das Anlass für die Einleitung des Ermittlungsverfahrens gegeben hat.[500] Diese Frage soll exemplarisch an der Problematik erörtert werden, ob bereits die Zugehörigkeit zu einer Gruppe, aus der heraus Gewalttaten verübt werden, einen tauglichen individuellen Tatvorwurf darstellen kann, der die Gefahrprognose einer künftigen Störung im Sinne der §§ 1004 Abs. 1 S. 2, 862 Abs. 1 S. 2 BGB begründet.

1. Grundsätzliche Anknüpfung an Tatsachen des strafprozessualen Anfangsverdachts

Erörterungsbedürftig ist zuvorderst, ob das Stadionverbot an die Tatsachen anknüpfen kann, die zugleich einen Anfangsverdacht i.S.d. § 152 Abs. 2 StPO begründen. Dabei ist zwischen der Einleitung (§ 4 Abs. 3 SVR) und dem späteren Verlauf (§ 6 SVR) des Ermittlungsverfahrens zu unterscheiden.

a) Tatsachengrundlage nach Einleitung des Ermittlungsverfahrens

aa) Der überwiegend präventive dogmatische Charakter des Stadionverbots

Auszugehen ist davon, dass das Stadionverbot als gemischt repressive, überwiegend präventive Maßnahme einzuordnen ist.[501] Unabhängig davon, ob das Stadionverbot general- oder individualpräventive Zwecke verfolgt, empfindet der Betroffene das Stadionverbot subjektiv als Sanktion. Zwar beschränkt ein Stadionverbot den Freiheitskreis des Anspruchsgegners, insbesondere dessen allgemeines Persönlichkeitsrecht. Dies ist jedoch für jeden zivilrechtlichen Unterlassungsanspruch typisch, so dass daraus nicht hergeleitet werden kann, dass Stadi-

---

500 *BGH*, NJW 2010, 534 (536); *Gietl*, JR 2010, 50 (50); *Marzahn*, ZJS 2010, 428 (430).

501 Vgl. vertiefend: Kapitel 1D.IV, S. 104 f.

onverbote generell unzulässig seien. Denn dann müsste jeder Unterlassungsanspruch untersagt werden.

bb) Die verfassungsrechtliche Dimension eines Stadionverbots

Möglicherweise ergibt sich aber aus der verfassungsrechtlichen Dimension eines Stadionverbots, dass die zivilrechtliche Gefahrenprognose und der strafprozessuale Anfangsverdacht nicht miteinander verknüpft werden dürfen.

1) Ausstrahlungswirkung der Grundrechte in das Zivilrechtsverhältnis

Zwar sind die Grundrechte nicht unmittelbar auf privatrechtliche Beziehungen anzuwenden, jedoch strahlen sie mittelbar in diese Rechtsverhältnisse aus: Dies wird als sog. „mittelbare Drittwirkung" oder „Horizontalwirkung" bezeichnet.[502] Die Grundrechte sind als Teil der objektiven Wertordnung zu berücksichtigen, indem das Zivilrecht, insbesondere deren Generalklauseln, verfassungskonform auszulegen sind.[503] Daran sind die staatlichen Zivilgerichte unmittelbar gemäß Art. 1 Abs. 3 GG gebunden. Für die Stadionverbote strahlen die Grundrechte mittelbar über die Generalklauseln der §§ 826, 242 BGB in den zivilrechtlichen Unterlassungsanspruch aus, da diese den Kontrahierungszwang der Vereine begründen: Der Verein schädigt den Zuschauer sittenwidrig, wenn er ein Stadionverbot ohne ausreichenden sachlichen Grund ausspricht.[504]

Nach der Ansicht von *Orth/Schiffbauer* bestehe im Ausgangspunkt ein asymmetrisches Verhältnis zwischen beiden Grundrechtsträgern, da der Zuschauer durch den Kontrahierungszwang begünstigt sei und gegenüber der Privatautonomie des Vereins den Vorrang genieße.[505] Berufe sich der Verein auf eine Ausnahme von diesem Grundsatz, müsse er dies im Einzelfall begründen, indem er die betroffenen Interessen umfassend gegeneinander abwäge.[506]

---

502 *BVerfGE*, 7, 198 (296 f.); 73, 261 (269); *Dippel*, Zivilrechtliche Haftung, S. 58 m.w.N., S. 306 ff; *Orth/Schiffbauer*, RW 2011, 177 (206) m.w.N.; *Breuker*, SpuRt 2010, 31 (31).

503 *BVerfGE*, 7, 198 (296 f.); 73, 261 (269); *Dippel*, Zivilrechtliche Haftung, S. 58 m.w.N.; *Orth/Schiffbauer*, RW 2011, 177 (206) m.w.N.

504 *BGH*, NJW 2010, 534 (535); *Breucker*, SpuRt 2010, 31 (31); *Breucker*, JR 2005, 133 (136); *Schild*, in: *WFV* Recht der Sportstätte, S. 66 (89); *Klesczewski*, in: *Kauerhof u.a.,* Zuschauer als Störer, S. 69 (78); *Dippel*, Zivilrechtliche Haftung, S. 57 f., S. 306 ff.; *Orth/Schiffbauer*, RW 2011, 177 (207) m.w.N.

505 *Orth/Schiffbauer*, RW 2011, 177 (207).

506 *Dippel*, Zivilrechtliche Haftung, S. 307; *AG Kulmbach*, NJW 1998, 3360 (3361). Vgl. zum Verhältnismäßigkeitsgrundsatz: *Marzahn*, ZJS 2010, 428 (434 f.). Vgl. zur Ab-

2) Betroffene Grundrechte und Rechtsgüter

Um willkürliche Stadionverbote zu verhindern, muss der Verein sich also mit den Grundrechten und Rechtsgütern aller Betroffenen[507] vertieft auseinandersetzen.

(a) Grundrechte der Vereine

Zunächst wird er seine eigenen Grundrechte in die Abwägung einstellen.

(aa) Art. 2 Abs. 1 GG – Die (eingeschränkte) negative Vertragsfreiheit

Er kann von seiner (negativen) Vertragsfreiheit als Veranstalter ausgehen, die Art. 2 Abs. 1 GG ihm garantiert.[508] Sie ist konstituierend für die soziale Marktwirtschaft und umfasst das Recht, Verträge im Rahmen der zivilrechtlichen Ordnung frei zu schließen und aufzulösen (Abschluss- und Gestaltungsfreiheit).[509] Als Ausfluss der Privatautonomie ist sie elementares Mittel des „homo oeconomicus", um seine Persönlichkeit frei und eigenverantwortlich entfalten zu können.[510] Grundsätzlich können freie und gleiche Bürger daher beanspruchen, ihre gegenläufigen Interessen aus ihrer Sicht angemessen auszugleichen, ohne dass sich der Staat oder dessen Rechtsordnung darin einmischt.[511] Diesen Schutz genießen auch die Kapitalgesellschaften der Vereine über Art. 19 Abs. 3 GG.

Ein gesetzlicher oder rechtlich abgeleiteter Kontrahierungszwang hebt die Vertragsabschlussfreiheit auf und beschränkt die Privatautonomie nicht unerheblich.[512] Es wurde bereits aufgezeigt, dass die §§ 826, 242 BGB grundsätzlich einen solchen Kontrahierungszwang begründen, wenn ein Zuschauer Zutritt zu einem Fußballstadion begehrt.[513] *Orth/Schiffbauer* schließen daraus, dass grundsätzlich ein asymmetrisches Verhältnis zwischen den Vereinen und dem Zuschauer bestehe, bei dem im Zweifel die Grundrechtsposition des Zuschauers

---

wägung des allgemeinen Persönlichkeitsrechts im Zusammenhang mit Hausverboten: *LG Frankfurt Oder*, Urt. v. 22.6.2010 – 12 O 17/10 m.w.N.

507 Demgegenüber setzen sich *Orth/Schiffbauer* vertieft nur mit den Grundrechten des betroffenen Zuschauers auseinander, vgl. *Orth/Schiffbauer*, RW 2011, 177 (206 ff). Dies wird der notwendigen, umfassenden Grundrechtsabwägung nicht gerecht.

508 *BGH*, NJW 2010, 534 (535); *BGH*, Urt. v. 9.3.2012 – V ZR 115/11; *Breucker*, NJW 2006, 1233 (1235); *Breucker*, SpuRt 2010, 31 (31); *Ruhs*, Sicherheit und Ordnung, S. 21; *Di Fabio*, in: *Maunz/Dürig*, Art. 2 GG Rn. 101 m.w.N.

509 *Di Fabio*, in: *Maunz/Dürig*, Art. 2 GG Rn. 101 m.w.N.

510 *Di Fabio*, in: *Maunz/Dürig*, Art. 2 GG Rn. 101 m.w.N.

511 *Di Fabio*, in: *Maunz/Dürig*, Art. 2 GG Rn. 101 m.w.N.

512 *Di Fabio*, in: *Maunz/Dürig*, Art. 2 GG Rn. 101 m.w.N.

513 Vgl. vertiefend: Kapitel 1B.II, S. 51 ff.

den Vorrang genieße.[514] Dies ist grundsätzlich nicht zu beanstanden, wenn man ein „Recht auf den Fußball-Stadionbesuch" für jedermann bejaht.[515] In der Diskussion darf allerdings nicht vergessen werden, dass gerade dieses „Recht auf den Fußball-Stadionbesuch" eine Ausnahme von der Vertragsabschlussfreiheit der Art. 2 Abs. 1, 19 Abs. 3 GG darstellt. Wenn die Vereine versuchen, (potenziell) gewalttätige Zuschauer aus ihrem Stadion auszuschließen, berufen sie sich grundrechtlich insofern nicht auf die Ausnahme (Kontrahierungszwang), sondern auf den Grundsatz (Vertragsabschlussfreiheit). Sie versuchen, sich von dem staatlichen Zwang der §§ 826, 242 BGB zu befreien. Dies wirft ein anderes Licht auf die Ausgangssituation beider Grundrechtsträger.

(bb) Art. 13 GG und Art. 14 GG – Schutz des Hausrechts

Darüber hinaus schützt Art. 13 Abs. 1 GG das Hausrecht des Vereins.[516] Schutzgut ist die räumliche Sphäre der Privatheit und damit das Selbstbestimmungsrecht des Hausrechtsinhabers.[517] In der Rechtsprechung des Bundesverfassungsgerichts ist anerkannt, dass ein (Sport-) Veranstalter den grundrechtlichen Schutz seines Hausrechts nicht verliert, wenn er sich entschließt, seine Betriebsräume der Öffentlichkeit zugänglich zu machen.[518] Auch dann gewährleistet Art. 13 GG besonderen Schutz gegen Eingriffe in die Entscheidung des Hausrechtsinhabers, wem er Zutritt gewähren und wem er ihn verweigern will.[519] Die objektiv-rechtliche Wertentscheidung des Art. 13 Abs. 1 GG muss beachtet werden, wenn Normen und Rechtsbegriffe der Privatrechtsordnung ausgelegt werden.[520]

Daneben ist das zivilrechtliche Hausrecht des Vereins besonders über Art. 14 Abs. 1, 19 Abs. 3 GG geschützt.[521] Der Eigentumsschutz ist für das

---

514 *Orth/Schiffbauer*, RW 2011, 177 (207). Dabei nehmen sie – wie noch aufzuzeigen sein wird – unzutreffend an, dass die Vereine nur durch die allgemeine Handlungsfreiheit geschützt sind, vgl. *Orth/Schiffbauer*, RW 2011, 177 (213).

515 Vgl. vertiefend: Kapitel 1B.II.2, S. 55.

516 *LG Hamburg*, SpuRt 2002, 202 (204); *Marzahn*, ZJS 2010, 428 (429); *Löwisch/Rieble*, NJW 1994, 2596 (2596) m.w.N.; *Breucker*, JR 2005, 133 (136); *Breucker*, NJW 2006, 1233 (1235); *Ruhs*, Sicherheit und Ordnung, S. 19; *Blumberg*, Stadionverbot, S. 19 m.w.N.

517 *BVerwG*, JuS 2005, 744 (745); *Papier*, in: *Maunz/Dürig*, Art. 13 GG Rn. 1 m.w.N.

518 *BVerfG*, NJW 1998, 1627 (1631); *LG Hamburg*, SpuRt 2002, 202 (204).

519 *BVerfG*, NJW 1998, 1627 (1631) m.w.N.; *LG Hamburg*, SpuRt 2002, 202 (204).

520 *Papier*, in: *Maunz/Dürig*, Art. 13 GG Rn. 8 m.w.N.

521 *BGH*, Urt. v. 9.3.2012 – V ZR 115/11; *LG Hamburg*, SpuRt 2002, 202 (204); *AG Frankfurt*, Urt.v. 14.12.2004 - 31 C 2244/04; *Breucker*, JR 2005, 133 (136); *Ruhs*, Sicherheit und Ordnung, S. 19; *Breucker*, NJW 2006, 1233 (1235); *Blumberg*, Stadionverbot, S. 19 m.w.N.

Hausrecht als privatrechtliche Rechtsposition anerkannt.[522] Das Eigentum ist ein elementares Grundrecht und als Wertentscheidung besonders bedeutsam für den sozialen Rechtsstaat.[523] Es gewährleistet die ökonomische Grundlage der individuellen Freiheit und wird deswegen als „verdinglichte Freiheit" bezeichnet.[524] Auch Art. 14 Abs. 1 GG strahlt mittelbar in die Zivilrechtsordnung aus.[525]

(cc) Art. 12 GG – Kein grundrechtlicher Schutz des störungsfreien Spielbetriebs

Des Weiteren ist das Interesse des Vereins zu berücksichtigen, die Veranstaltung des Fußballspiels störungsfrei durchführen zu können.[526] Dieses Interesse könnte über Art. 12 Abs. 1, 19 Abs. 3 GG geschützt sein. Nach der Rechtsprechung des Bundesverfassungsgerichts üben nicht nur die Fußballspieler, Schiedsrichter und Journalisten eine dauerhafte, auf den Erwerb gerichtete Betätigung und damit einen Beruf aus, sondern auch die Vereine als Veranstalter des Fußballspiels.[527] Den besonderen Schutz der Berufsfreiheit genießen die Vereine über Art. 19 Abs. 3 GG, spätestens seitdem ihre Satzungen einen kommerzialisierten Geschäftsbetrieb vorsehen.[528] Die Berufsfreiheit wird neben der Eigentumsgarantie als „Hauptfreiheitsrecht des Wirtschaftslebens" bezeichnet.[529]

Ob diese Wertentscheidung in das Zivilrechtsverhältnis zwischen Fußballverein und Zuschauer ausstrahlt, muss jedoch bezweifelt werden. Denn Art. 12 Abs. 1 GG strahlt grundsätzlich nicht mittelbar in das Zivilrecht aus,[530] es sei denn um ausnahmsweise vertragliche Beschränkungen aufzuheben und ein Kräftegleichgewicht herzustellen.[531] Auf diese Ausnahme können sich die Vereine nicht berufen. Zudem beziehen sich Gewalttaten im Fußballsport nur selten auf die Berufsausübung der Vereine. Ausnahmen sind denkbar, in denen Gewalttä-

---

522 *BVerfG*, NJW 2008, 2409 (2410); *Axer*, in: *Epping/Hillgruber*, Art. 14 GG Rn. 49; *LG Hamburg*, SpuRt 2002, 202 (204); *Breucker*, JR 2005, 133 (136); *Breucker*, NJW 2006, 1233 (1235); *Blumberg*, Stadionverbot, S. 19 m.w.N.

523 *BVerfG*, NJW 2000, 2573 (2574); *Axer*, in: *Epping/Hillgruber*, Art. 14 GG Rn. 1 m.w.N.

524 *BVerfG*, NJW 1998, 1934 (1936); *Axer*, in: *Epping/Hillgruber*, Art. 14 GG Rn. 1 m.w.N.

525 *Papier*, in: *Maunz/Dürig*, Art. 14 GG Rn. 220 m.w.N.

526 *AG Leverkusen*, Urt. v. 11.7.2000 – 20 C 188/00.

527 *BVerfG*, NJW 1998, 1627 (1628); *Gröpl*, ZUM 2004, 865 (868); *Haslinger*, Zuschauerausschreitungen, S. 67 m.w.N. Für die unternehmische Freiheit im Zusammenhang mit der Hausrechtsausübung argumentiert wiederholt auf der Bundesgerichtshof in: *BGH*, Urt. v. 9.3.2012 – V ZR 115/11

528 *BVerfG*, NJW 1998, 1627 (1628); *Gröpl*, ZUM 2004, 865 (868).

529 *Scholz*, in: *Maunz/Dürig*, Art. 12 GG Rn. 4.

530 *Scholz*, in: *Maunz/Dürig*, Art. 12 GG Rn. 77 m.w.N.

531 *BVerfG*, NJW 1990, 1469 (1470); *Scholz*, in: *Maunz/Dürig*, Art. 12 GG Rn. 82 m.w.N.

ter (beispielsweise durch einen Platzsturm oder bengalisches Feuer) einen Spielabbruch erzwingen wollen, um den veranstaltenden Verein (v.a. bei DFB-Pokal- oder Relegationsspielen) finanziell zu schädigen.[532] Grundsätzlich werden sich die Vereine im Zivilrechtsverhältnis aber nicht auf Art. 12 Abs. 1, 19 Abs. 3 GG berufen können.

(dd) Verstärkung der (Grundrechts-) Position durch die Einheit der Rechtsordnung

Allerdings ist das Interesse der Vereine an einem störungsfreien Spielbetrieb einfachgesetzlich über den Grundsatz der Einheit der Rechtsordnung zu berücksichtigen:[533] Dem Veranstalter obliegen deliktische Verkehrssicherungspflichten[534] und nebenvertragliche Schutzpflichten gemäß § 241 Abs. 2 BGB aus dem Zuschauervertrag gegenüber allen Stadionbesuchern.[535] Wenn die Rechtsordnung von ihm verlangt, diese Pflichten zu erfüllen,[536] muss sie ihm gleichzeitig ermöglichen, seine (Haus-) Rechte effektiv gegenüber (potenziellen) Störern durchzusetzen. Dieser einfachgesetzliche Grundsatz lässt sich systematisch überzeugend auf die Ebene der Grundrechte übertragen, denn Art. 14 Abs. 1 GG schützt die Vereine nicht nur, sondern verpflichtet sie zugleich, ihre Rechte zum

532 Ein Beispiel könnte das Relegationsspiel Fortuna Düsseldorf gegen Hertha BSC Berlin vom 15.05.2012 sein, wenn man einem Hertha-Fan, der Bengalische Fakeln auf den Platz geworfen hat oder den Platz stürmen wollte, nachweisen könnte, dass er dadurch einen Spielabbruch erzwingen und somit den Aufstieg von Fortuna Düsseldorf verhindern wollte, vgl. vertiefend: http://www.faz.net/aktuell/bundesliga-relegation-duesseldorf-versinkt-im-chaos-11753013.html.

533 *AG Leverkusen*, Urt. v. 11.7.2000 – 20 C 188/00.

534 *BGH*, NJW 2010, 534 (535); *Breucker*, JR 2005, 133 (136); *Breucker*, NJW 2006, 1233 (1233); *Walker*, in: *Kauerhof u.a.*, Zuschauer als Störer, S. 51 (56); *Ruhs*, Sicherheit und Ordnung, S. 17; *Hilpert*, Fußballstrafrecht, IV. Rn. 3; *Dippel*, Zivilrechtliche Haftung, S. 296, S. 367 f.; *Kleiner*, in: *Arter/Baddeley*, Sport u. Recht, S. 19 (25); *Marzahn*, ZJS 2010, 428 (429); *Weller*, NJW 2007, 960 (961); *Seipp*, Grundriß des Sportrechts, S. 226 ff.; *Fritzweiler*, in: *Fritzweiler u.a.*, Praxishandbuch Sportrecht, 2. Kap. Rn. 70 f.; *LG München* I, SpuRt 2006, 121 (121 ff.) mit Anmerkung von *Breucker* zur Zumutbarkeitsgrenze.

535 *BGH*, NJW 2010, 534 (535); *Weller*, NJW 2007, 960 (961); *Seipp*, Grundriß des Sportrechts, S. 226 f.; *Jenny*, in: *Kauerhof u.a.*, Zuschauer als Störer, S. 129 (139); *Marzahn*, ZJS 2010, 428 (429); *Ruhs*, Sicherheit und Ordnung, S. 17; *Hilpert*, Fußballstrafrecht, IV. Rn. 3; *Haslinger*, Zuschauerausschreitungen, S. 25 m.w.N.

536 Der Umfang der Sicherheitsvorkehrungen des Vereins richtet sich nach dem Zumutbaren und Vorhersehbaren, vgl. *Marzahn*, ZJS 2010, 428 (436); *Walker*, in: *Höfling/Horst*, Sport und Gewalt, S. 51 (62 ff.); *Hilpert*, Fußballstrafrecht, IV. Rn. 3 m.w.N.

Schutze anderer einzusetzen.[537] Dies kann aus Art. 14 Abs. 2 GG abgeleitet werden.

(b) Grundrechte der anderen Stadionbesucher – Art. 2 GG Allgemeine Handlungsfreiheit und körperliche Unversehrtheit

Dies zeigt, dass auch die Grundrechte der anderen Stadionbesucher über die mittelbare Drittwirkung in die Abwägung einzubeziehen sind. Im Schnitt besuchen ca. 42.100 Zuschauer (Saison 2010 / 2011) ein Spiel der 1. Bundesliga.[538] Der Fußball berührt also eine große Anzahl von Grundrechtsträgern.[539] Nicht nur die allgemeine Handlungsfreiheit schützt sie über Art. 2 Abs. 1 GG vor gewalttätigen Ausschreitungen, sondern vor allem das Grundrecht auf Leben und körperliche Unversehrtheit aus Art. 2 Abs. 2 S. 1 GG.[540] Das Recht auf Leben wird als „Voraussetzungsgrundrecht" für alle anderen grundrechtlichen Berechtigungen bezeichnet und ist deswegen keiner Abwägung zugänglich.[541] Art. 2 Abs. 2 S. 1 GG schützt daneben die körperliche Integrität und die psychische Gesundheit.[542] Die besondere Bedeutung dieser Grundrechte muss bei jeder Verhältnismäßigkeitsabwägung streng beachtet werden.[543]

Aus ihr resultieren sogar Schutzpflichten des Staates, wenn ein privater Störer die Gesundheit eines privaten Opfers beeinträchtigt.[544] Art. 2 Abs. 2 GG schützt nicht nur als subjektives Abwehrrecht gegen staatliche Eingriffe, sondern begründet aus seinem objektiv-rechtlichen Gehalt die Pflicht staatlicher Organe, „sich schützend und fördernd vor die in Art. 2 Abs. 2 GG genannten Rechtsgüter zu stellen und sie insbesondere vor rechtswidrigen Eingriffen von

537 *AG Frankfurt a.M.*, Urt.v. 14.12.2004 - 31 C 2244/04.

538 Vgl. Jahresbericht 2010/2011 der ZIS: http://www.polizei-nrw.de/lzpd/stepone/data/downloads/ a0/00/00/10-11jahresbericht-oeffentlich.pdf, abgerufen am 26.10.2011.

539 „Als Folgen [von Ausschreitungen] ergeben sich zum Teil schwerwiegende Gesundheits- und Vermögensschäden sowie Beeinträchtigungen des Sicherheitsgefühls von Veranstaltungsbesuchern und Bevölkerung.", *DSJ*, NKSS, S. 7. *Eilers* spricht von „zum Teil verheerenden Folgen für unbeteiligte Zuschauer und der Vernichtung erheblicher Werte", *Eilers*, in: *WFV*, Zuschauerausschreitungen bei Fußballspielen, S. 18 (21). Zu den Gefahren für andere Zuschauer auch: *Köhler*, in: *Schild*, Rechtliche Aspekte, S. 13 (13).

540 *Geisler*, jurisPR-BGHZivilR 25/2009 Anm 4; *Breucker*, SpuRt 2010, 31 (31); *Ruhs*, Sicherheit und Ordnung, S. 3 m.w.N.

541 *Lang*, in: *Epping/Hillgruber*, BeckOK-GG, Art. 2 GG Rn. 56 m.w.N.

542 *Lang*, in: *Epping/Hillgruber*, BeckOK-GG, Art. 2 GG Rn. 62 m.w.N.

543 *Lang*, in: *Epping/Hillgruber*, BeckOK-GG, Art. 2 GG Rn. 74 m.w.N.

544 *Lang*, in: *Epping/Hillgruber*, BeckOK-GG, Art. 2 GG Rn. 75 m.w.N.; *Nolte*, in: *Höfling/Horst*, Sport und Gewalt, S. 37 (37); *Hilpert*, Fußballstrafrecht, IV. Rn. 3.

Seiten anderer zu bewahren."[545] Es ist anerkannt, dass sich dieser Schutzauftrag auch darauf erstreckt, gewalttätige Ausschreitungen bei Fußballspielen zu vermeiden:[546] „Denn Fangewalt führt typischerweise zu unkontrollierten Gefährdungen Dritter. Die Szenarien sind bekannt: Entglasungsaktionen außerhalb des Stadions, Massenschlägereien während des Spiels und Jagdszenen zwischen Polizei und Fangruppen in der „Dritten Halbzeit" – mit massiven Gefahren für fremdes Eigentum, Gesundheit und Leben Unbeteiligter. Der Staat darf diese Fangewalt nicht dulden. Sie widerspricht seinem Gewaltmonopol. Die Pflicht des Staates zum Einschreiten ist unbestritten."[547]

Hervorzuheben ist, dass diese Schutzpflicht nicht voraussetzt, dass die Grundrechte aus Art. 2 Abs. 2 S. 1 GG bereits verletzt wurden, bloße Gefährdungen reichen aus.[548] Dem Staat stehen zahlreiche Möglichkeiten zur Verfügung, um seinen Schutzauftrag zu erfüllen.[549] Er kann die Sicherheit von Fußballspielen gewährleisten, indem er Polizeikräfte einsetzt, den Vereinen hohe Sicherheitsstandards für ihre Fußballstadien auferlegt oder den Vereinen über seine Rechtsordnung ermöglicht, selbst effektive Präventivmaßnahmen zu ergreifen. Diese verfassungsrechtlich verankerten Rechtspositionen des Veranstalters aus Art. 2 Abs. 1, 13 Abs. 1, 14 Abs.1, 19 Abs. 3 GG und die Grundrechte der Stadionbesucher aus Art. 2 Abs. 2 S. 1 GG, sowie der Grundsatz der Einheit der Rechtsordnung und der Schutzauftrag des Staates rechtfertigen es, keine überhöhten Anforderungen an den sachlichen Grund eines Stadionverbots zu stellen.

(c) Grundrechte des potenziellen Störers

Dem stehen die (Grund-) Rechte des (potenziellen) Störers entgegen, der als Zuschauer eines Fußballspiels ein Stadionverbot erhält.[550]

---

545 *BVerfG*, NJW 1981, 1655 (1656). Diese Rechtsprechung geht zurück auf: *BVerfGE*, 39, 1 (41) und *BVerfGE*, 46, 160 (164). Vgl. auch: *Hilpert*, Fußballstrafrecht, IV. Rn. 5.

546 *Nolte*, in: *Höfling/Horst*, Sport und Gewalt, S. 37 (37); *Nesemann*, NJW 2010, 1703 (1704); *Fritzweiler*, in: *Fritzweiler u.a.*, Praxishandbuch Sportrecht, 2. Kap. Rn. 72 f.; *Breucker*, NJW 2006, 1233 (1234); *Hilpert*, Fußballstrafrecht, IV. Rn. 5; *Ruhs*, Sicherheit und Ordnung, S. 3 m.w.N.

547 *Nolte*, in: *Höfling/Horst*, Sport und Gewalt, S. 37 (37).

548 *Lang*, in: *Epping/Hillgruber*, BeckOK-GG, Art. 2 GG Rn. 73 m.w.N.

549 *Lang*, in: *Epping/Hillgruber*, BeckOK-GG, Art. 2 GG Rn. 77 m.w.N.

550 Wie noch aufzuzeigen sein wird, steht ein bestehender Zuschauervertrag als Tages- oder Dauerkarte einem Stadionverbot nicht entgegen und darf somit auch in die Abwägung der einzelnen Rechtspositionen nicht zu Gunsten des Betroffenen einbezogen werden, vgl. Kapitel 5A.I, S. 289 ff.

(aa) Art. 2 Abs. 1 GG – Das allgemeine Persönlichkeitsrecht

Für ihn streitet vorrangig das allgemeine Persönlichkeitsrecht aus Art. 2 Abs. 1 i.V.m. Art. 1 Abs. 1 GG.[551] Das Persönlichkeitsrecht stellt ein unbenanntes Freiheitsrecht dar, dessen Grundrechtsstatus in Anlehnung an Art. 2 Abs. 1 GG und Art. 1 Abs. 1 GG anerkannt ist.[552] Das Persönlichkeitsrecht ist passiv auf eine Persönlichkeitssphäre ausgerichtet, in die sich der Einzelne zurückziehen, Dritte hiervon ausschließen und letztlich bestimmen können muss, was aus diesem Bereich nach außen hin offenbart werden soll.[553] Seine Schutzintensität verstärkt sich mit heranrückender Nähe zu Art. 1 Abs. 1 GG.[554] Dazu entwickelte das Bundesverfassungsgericht die sog. Sphärentheorie (Intim-, Privat- und Sozialsphäre), die den Verhältnismäßigkeitsgrundsatz besonders ausprägt und dem Schutzbereich des Grundrechts zugleich Konturen verschafft.[555] Denn die Problematik dieses Schutzrechts besteht darin, dass es ein Rahmenrecht darstellt, dessen Inhalt und Reichweite im jeweiligen Einzelfall zu bestimmen und abzugrenzen ist.[556] Dazu sind die gegeneinander streitenden Rechtsgüter mit dem Persönlichkeitsrecht abzuwägen: Das Persönlichkeitsrecht wird dabei umso strenger geschützt, je mehr im Bild konzentrischer Kreise der innere Bereich berührt wird.[557]

Aufgrund der besonderen „gesellschaftspolitischen Brisanz"[558] und „sozialen Missbilligung"[559], die mit einem Stadionverbot verbunden sind, kann auf einen schwerwiegenden Eingriff in das Persönlichkeitsrecht geschlossen wer-

551 *BGH*, NJW 2010, 534 (535); *Breucker*, JR 2005, 133 (136); *Breucker*, NJW 2006, 1233 (1235); *Orth/Schiffbauer*, RW 2011, 177 (209). Vgl. des Weiteren zum allgemeinen Persönlichkeitsrecht: *BGH*, NJW 2000, 2901; *BGH*, NJW 1994, 188; *BGH*, NJW 1994, 2596. Vgl. zu der Frage der Persönlichkeitsrechtsverletzung eines Hooligans wegen eines rechtmäßigen Stadionverbots: *AG Frankfurt*, Urt.v. 14.12.2004 - 31 C 2244/04.

552 *Di Fabio*, in: *Maunz/Dürig*, Art. 2 GG Rn. 128 m.w.N.

553 *Di Fabio*, in: *Maunz/Dürig*, Art. 2 GG Rn. 129 m.w.N.

554 *Di Fabio*, in: *Maunz/Dürig*, Art. 2 GG Rn. 130 m.w.N.

555 *Lang*, in: *Epping/Hillgruber*, BeckOK-GG, Art. 2 GG Rn. 35 ff. m.w.N.

556 *BVerfGE*, 90, 255 (260 f.); *LG Frankfurt Oder*, Urt. v. 22.6.2010 – 12 O 17/10 m.w.N.; „In der Erteilung des Stadionverbots aber ist bereits noch kein Eingriff in das allgemeine Persönlichkeitsrecht des Klägers zu sehen.", *AG Frankfurt*, Urt.v. 14.12.2004 – 31 C 2244/04.

557 *Lang*, in: *Epping/Hillgruber*, BeckOK-GG, Art. 2 GG Rn. 43 m.w.N.

558 *Klesczewski*, JZ 2010, 251 (252). Die gesellschaftspolitische Brisanz wird aus Sicht des Betroffenen verstärkt, indem er in die zivilrechtliche Zentraldatei des DFB und die öffentlich-rechtliche Datei „Gewalttäter Sport" aufgenommen wird.

559 *Klesczewski*, in: *Kauerhof u.a.*, Zuschauer als Störer, S. 69 (80); *Dippel*, Zivilrechtliche Haftung, S. 297; *Orth/Schiffbauer*, RW 2011, 177 (209 ff.). Vgl. zu den Auswirkungen auf das allgemeine Persönlichkeitsrecht vertiefend: Kapitel 2B.IV.1.a)bb)2)(c)(aa), S. 138 ff.

den:[560] „Die von einem Stadionverbot Betroffenen ordnen dem Fußball oft ihr gesamtes Leben unter, sie leben den Fußball, den Verein und die Kurve."[561]

Daraus folgt jedoch nicht, dass ein bundesweites Stadionverbot die Intimsphäre berührt, die Art. 2 Abs. 1 i.V.m. Art. 1 Abs. 1 GG am stärksten schützt. Der Schutzbereich und die Eingriffsintensität sind streng voneinander zu unterscheiden. Ein Fußballspiel stellt ein öffentliches Großereignis dar, an dem auch die Medien teilhaben. Der soziale Kontakt und das gemeinsame Erlebnis der Fans stehen im Vordergrund. Der Fan gibt bewusst seine Intim- und Privatsphäre auf, um sich sozial mit den anderen Fans auszutauschen. Das Stadionverbot steht zudem nicht in besonderer Nähe zur Menschenwürde. Stattdessen führt es dazu, dass der Betroffene nicht mehr an öffentlichen (Profi-) Fußballveranstaltungen teilhaben kann und sein gesellschaftliches Ansehen unter den Fußballfans leidet.[562] Deswegen berührt ein Stadionverbot nur den äußeren Kreis des Persönlichkeitsrechts: die Sozialsphäre.[563]

Das Persönlichkeitsrecht schützt die soziale Identität nur am Rande.[564] Die Sozialsphäre ist erst verletzt, wenn sich die Maßnahme schwerwiegend auf die Persönlichkeit des Betroffenen auswirkt, etwa wenn sie ihn stigmatisiert oder sozial ausgrenzt.[565] Wenn die Sozialsphäre beeinträchtigt zu werden droht, wird

---

560 *Orth/Schiffbauer*, RW 2011, 177 (209); *Klode*, Pyrotechnik und Stadionverbote, S. 150 ff. „Der Besuch der wöchentlichen Spiele ist für viele Fußballanhänger elementarer Bestandteil ihres Lebens, insbesondere ihrer Sozialkontakte, deshalb haben Stadionverbote teilweise eine erhebliche Auswirkung auf ihr Leben. Sie können nicht mehr in gewohnter Weise mit ihrem sozialen Umfeld kommunizieren und interagieren, (…)", vgl. S. 31 des Sachstandsberichts der Egidius-Braun-Stiftung des DFB, http://www.dfb.de/uploads/media/PuS_PuS_DFB__3_.pdf, abgerufen am 10.11.2011. „Aber für die betreffenden Fans könnte es kaum eine härtere Strafe geben, als nicht mehr zum Spiel gelassen zu werden.", Die Welt, *Steffen Lübeke*, 31.08.2009, http://www.welt.de/die-welt/debatte/article5034678/Der-Willkuer-die-Tuer-geoeffnet.html, abgerufen am 19.12.2011. „Kaum eine Maßnahme gegen Fans ist so einschneidend wie die Verhängung eines Stadionverbots.", http://www.fananwaelte.de/Forderungen/Stadionverbote/1,000000306301,8,1, abgerufen am 06.02.2012.

561 *Blumberg*, Stadionverbot, S. 63. Dies gilt insbesondere für die sog. „Ultra-Szene": „Für sie ist Ultra-Sein ein Lebensgefühl, das Spiel der wöchentliche Höhepunkt.", *Hilpert*, Fußballstrafrecht, IV. Rn. 10.

562 *Orth/Schiffbauer*, RW 2011, 177 (209).

563 *Orth/Schiffbauer*, RW 2011, 177 (209). *Orth/Schiffbauer* weisen noch darauf hin, dass dieser Eingriff nicht durch die Stadionverbotsrichtlinie, sondern nur durch §§ 1004 Abs. 1 S. 2, 862 Abs. 1 S. 2 BGB gerechtfertigt werden kann, weil nur diese der verfassungsmäßigen Ordnung i.S.d. Art. 2 Abs. 1 GG unterfallen, *Orth/Schiffbauer*, RW 2011, 177 (209)

564 *Lang*, in: *Epping/Hillgruber*, BeckOK-GG, Art. 2 GG Rn. 35 m.w.N.

565 *BVerfG*, NJW 2011, 47 (48); *Keukenschrijver*, in: *Dauner-Lieb u.a.*, NK-BGB, § 1004 BGB Rn. 68 m.w.N. Davon gehen *Orth/Schiffbauer* zumindest in den Fällen aus, in

die Schwelle zur Persönlichkeitsrechtsverletzung erst überschritten, wo ein Persönlichkeitsschaden zu befürchten ist, der außer Verhältnis zu dem Interesse an der Beeinträchtigung des Persönlichkeitsrechts steht.[566] Dabei handelt es sich jedoch um krasse Ausnahmefälle, da das allgemeine Persönlichkeitsrecht keinen Anspruch verleiht, nur so in der Öffentlichkeit dargestellt zu werden, wie es dem Betroffenen genehm ist.[567] Dies muss erst recht gelten, wenn die Beeinträchtigung notwendige Voraussetzung ist, um schutzwürdige Sicherheitsinteressen bedeutender Rechtsgüter und einer Vielzahl von Rechtsgutsträgern durchzusetzen. Diese verfassungsrechtliche Tragweite des Persönlichkeitsrechts strahlt in das Zivilrecht aus[568] und ist in einer umfassenden Interessenabwägung für jedes einzelne Stadionverbot zu würdigen.[569]

(bb) Art. 3 Abs. 1 GG – Das Gleichbehandlungsgebot

Weiter ist das Gebot der Gleichbehandlung aus Art. 3 Abs. 1 GG zu berücksichtigen[570] und die sog. „neue Formel"[571] anzuwenden. Der Gleichheitssatz ist danach verletzt, wenn eine Gruppe von Normadressaten im Vergleich zu anderen Normadressaten anders behandelt wird, obwohl zwischen beiden Gruppen keine Unterschiede von solcher Art und solchem Gewicht bestehen, dass sie die ungleiche Behandlung rechtfertigen könnten.[572] „[D]er Gesetzgeber [unterliegt] bei

denen ein Stadionverbot nur wegen der Gruppenzugehörigkeit des Betroffenen ausgesprochen wird, *Orth/Schiffbauer*, RW 2011, 177 (211). Vorliegend wird jedoch die grundsätzliche Frage behandelt, ob ein Stadionverbot an die Tatsachen anknüpfen kann, die zugleich der Einleitung des Ermittlungsverfahrens zugrunde liegen.

566 *BVerfGE* 97, 391 (403 ff.); *BverfGE* 99, 185 (196 f.); *BVerfG*, Beschl. v. 8.6.2010 – 1 BvR 1745/06.

567 *BverfGE* 97, 391 (403); *BVerfG*, Beschl. v. 8.6.2010 – 1 BvR 1745/06.

568 *Di Fabio*, in: *Maunz/Dürig*, Art. 2 GG Rn. 138 m.w.N.

569 *Di Fabio*, in: *Maunz/Dürig*, Art. 2 GG Rn. 145 m.w.N. Verfassungsrechtlich ausgedrückt, ist eine praktische Konkordanz herzustellen, *Di Fabio*, in: *Maunz/Dürig*, Art. 2 GG Rn. 145 m.w.N.

570 *BGH*, NJW 2010, 534 (535); *Dippel*, Zivilrechtliche Haftung, S. 307 f.; *Schild*, in: *WFV*, Recht der Sportstätte, S. 66 (89 f.). Auf Art. 19 Abs. 4 S. 1 GG kann sich der Betroffene nicht stützen, da in dem privatrechtlichen Stadionverbot keine Rechtsverletzung durch die öffentliche Gewalt gesehen werden kann.

571 Zur Vertiefung der Rechtsprechung des Bundesverfassungsgerichts, um eine Ungleichbehandlung zu rechtfertigen: *Kischel*, in: *Epping/Hillgruber*, BeckOK-GG, Art. 3 GG Rn. 28 m.w.N.

572 *BVerfG*, NJW 1981, 271 (271 f.); *Kischel*, in: *Epping/Hillgruber*, BeckOK-GG, Art. 3 GG Rn. 28. *Orth/Schiffbauer* bejahen sachfremde Erwägungen der Vereine, wenn sie gegen einen Gruppenzugehörigen Stadionverbote verhängen, *Orth/Schiffbauer*, RW 2011, 177 (211). Dabei übersehen sie jedoch, dass die Vereine dabei nicht ohne jeden Grund handeln, denn sachliches Differenzierungskriterium ist die „Gruppenzugehörigkeit". Ob dieses Kriterium gegen Art. 3 Abs. 1 GG verstößt, ist jedoch eine Frage der

einer Ungleichbehandlung von Personengruppen regelmäßig einer strengen Bindung. Diese Bindung ist umso enger, je mehr sich die personenbezogenen Merkmale den in Art. 3 Abs. 3 GG genannten annähern und je größer deshalb die Gefahr ist, dass eine an sie anknüpfende Ungleichbehandlung zur Diskriminierung einer Minderheit führt."[573]

Das bundesweite Stadionverbot knüpft nicht an die personenbezogenen Merkmale des Art. 3 Abs. 3 GG, sondern an die Tatsachen an, die einem strafprozessualen Anfangsverdacht zugrunde liegen. Dem liegt kein Merkmal des besonderen Diskriminierungsverbots, sondern ein eigenes Verhalten des Zuschauers zugrunde, das den Verdacht auf eine Straftatbegehung begründet. Deswegen ist es nicht geboten, die Rechtfertigungsanforderungen streng an dem besonderen Schutz des Art. 3 Abs. 3 GG zu orientieren.

(cc) Art. 11 Abs. 1 GG - Kein Schutz über Freizügigkeit

Darüber hinaus kann der (potenzielle) Störer sich nicht auf Art. 11 Abs. 1 GG berufen.[574] Zweifelhaft ist bereits, ob Art. 11 Abs. 1 GG überhaupt mittelbar in das Zivilrechtsverhältnis ausstrahlen kann, da der Wortlaut des Gesetzesvorbehalts in Art. 11 Abs. 2 GG sich nur auf das Verhältnis zwischen Staat und Bürger ausrichtet.[575] Jedenfalls ist der Schutzbereich nicht eröffnet: Art. 11 Abs. 1 GG schützt das Recht aller Deutschen, an jedem Ort des Bundesgebietes Aufenthalt und Wohnung zu nehmen.[576] Um Art. 11 Abs. 1 GG von Art. 2 Abs. 1 GG abgrenzen zu können, muss der Betroffene sich für eine bestimmte Dauer an einem Ort aufenthalten.[577] Dies ist nicht der Fall, wenn er ein Fußballspiel besucht.[578]

Verhältnismäßigkeitsprüfung und kann nicht pauschal als „sachfremd" bezeichnet werden.

573 *BVerfG*, NJW 1993, 1517 (1517); *Kischel*, in: *Epping/Hillgruber*, BeckOK-GG, Art. 3 GG Rn. 28. So aber für ein öffentlich-rechtliches Aufenthaltsverbot nach § 34 Abs. 2 PolG NRW: *VG Aachen*, Beschl. v. 26.04.2013 - 6 L 162/13.

574 *Orth/Schiffbauer*, RW 2011, 177 (208).

575 *Orth/Schiffbauer*, RW 2011, 177 (208).

576 *Ruhs*, Sicherheit und Ordnung, S. 13 m.w.N.; *Baldus*, in: *Epping/Hillgruber*, BeckOK-GG, Art. 11 GG Rn. 2. *Ruhs* weist darauf hin, dass die Definition der Freizügigkeit in Einzelheiten umstritten ist, *Ruhs*, Sicherheit und Ordnung, a.a.O.

577 *Baldus*, in: *Epping/Hillgruber*, BeckOK-GG, Art. 11 GG Rn. 2. Vertiefend zum umstrittenen Begriff des Aufenthalts: *Orth/Schiffbauer*, RW 2011, 177 (208) m.w.N.

578 *Orth/Schiffbauer*, RW 2011, 177 (208). Zudem wäre es wenig sachgerecht, Art. 11 GG heranzuziehen, da die Anforderungen an ein Stadionverbot dann von der Nationalität abhängen könnte, weil Art. 11 GG ein sog. „Deutschengrundrecht" darstellt, vgl. *Orth/Schiffbauer*, RW 2011, 177 (208). Ausnahmsweise könnte Art. 11 Abs. 1 GG einschlägig sein, wenn ein Fußballfan nach einem Auswärtsspiel in der Nähe des Stadions in einem Hotel übernachtet. Dieser besondere Schutz erstreckt sich jedoch nicht

(dd) Ausnahmsweise besonderer Schutz über Art. 5 Abs. 1 GG und Art. 12 Abs. 1 GG

Darüber hinaus kann sich der potenzielle Störer im Einzelfall auf Art. 5 Abs. 1 S. 2 GG und Art. 12 Abs. 1 GG berufen, wenn er das Stadion aus beruflichen oder journalistischen Gründen besucht.[579]

Ob Zuschauer, die ein Stadionverbot im Zusammenhang mit Gruppenausschreitungen erhalten, besonders über die Vereinigungsfreiheit gemäß Art. 9 Abs. 1 GG oder über die Versammlungsfreiheit gemäß Art. 8 Abs. 1 GG geschützt sind, wird später gesondert erörtert.[580] An dieser Stelle geht es alleine um die Frage, welche Anforderungen grundsätzlich an die zivilrechtliche Gefahrenprognose gestellt werden müssen; die Besonderheiten von Gruppenausschreitungen sind davon zu unterscheiden.[581]

3) Verhältnismäßigkeitsprüfung: Abwägung zugunsten der Sicherheitsinteressen

Im Ergebnis kommt es entscheidend darauf dann, dass die mittelbar wirkenden Grundrechte und gegenläufigen Interessen ausgeglichen werden. Verfassungsrechtlich ist eine praktische Konkordanz herzustellen.[582] Dabei ist der Grundsatz der Verhältnismäßigkeit zu wahren.[583] Der legitime Zweck eines Stadionverbots liegt darin, potenzielle Gewalttäter von Fußballveranstaltungen fernzuhalten.[584] Der zivilrechtliche Anspruch aus §§ 1004 Abs. 1 S. 2, 862 Abs. 1 S. 2 BGB verfolgt Sicherheitsinteressen. Das Stadionverbot stellt eine geeignete Präventivmaßnahme dar, um die Gewalt im Zusammenhang mit Fußballveranstaltungen zu bekämpfen.[585] Dazu ist es auch erforderlich.[586] „Angesichts der Vielzahl der

---

auf etwaige Ausschreitungen in unmittelbar zeitlichem Zusammenhang mit dem Fußballspiel.

579 *Breucker*, JR 2005, 133 (136); *Schild*, in: *WFV*, Recht der Sportstätte, S. 66 (89); *Dippel*, Zivilrechtliche Haftung, S. 307. Zur besonderen Bedeutung der Pressefreiheit bei Fußballspielen: *LG Münster*, Urt. v. 24.6.1977 – 10 O 154/77.

580 Vgl. vertiefend: Kapitel 2B.IV.2.a), S. 161 ff.

581 Vgl. vertiefend zu den Besonderheiten bei Gruppenausschreitungen: Kapitel 2B.IV.2, S. 160 ff.

582 *Di Fabio*, in: *Maunz/Dürig*, Art. 2 GG Rn. 145 m.w.N.

583 *Orth/Schiffbauer*, RW 2011, 177 (209 ff.).

584 *Orth/Schiffbauer*, RW 2011, 177 (209).

585 „Auch wenn das Zivilrecht keine Sanktionsmöglichkeit im engeren Sinne bietet, sind potenzielle Stadionverbote sowie finanzielle Verpflichtungen des Störers gegenüber den belasteten Vereinen durchaus geeignet, Fußballfans zur Rechtstreue anzuhalten.“, *Marzahn*, ZJS 2010, 428 (437). Dies bestätigt auch der Ergebnisbericht der NKSS: *DSJ*, NKSS, S. 8. Auch weite Teile der Literatur sehen in dem Stadionverbot ein sinnvolles und notwendiges Mittel zur Gewalteindämmung, vgl. *Blumberg*, Stadionverbot,

Besucher und der häufig emotional aufgeheizten Stimmung zwischen rivalisierenden Gruppen ist daher die Bemühung der Vereine sachgerecht, neben Sicherungsmaßnahmen während des Spiels etwa durch Ordnungskräfte und bauliche sowie organisatorische Vorkehrungen auch im Vorfeld tätig zu werden und potenziellen Störern bereits den Zutritt zu dem Stadion zu versagen (...).“[587]

Schließlich muss das zivilrechtliche Stadionverbot in einem angemessenen Verhältnis zu den beeinträchtigten Grundrechten des Betroffenen stehen. Dazu sind seine Grundrechte mit dem Schutzgut des Stadionverbots umfassend gegeneinander abzuwägen.[588]

(a) Abstrakte Abwägung: Vorrang der Sicherheitsinteressen

Es wurde bereits aufgezeigt, dass ein Stadionverbot abstrakt unterschiedliche Rechtsgüter diverser Grundrechtsträger berührt. Während für den betroffenen Zuschauer nur die Sozialsphäre des allgemeinen Persönlichkeitsrechts und das Gleichbehandlungsgebot streiten,[589] kann sich der Verein auf die Vertragsfreiheit und den grundrechtlichen Schutz seines Hausrechtes berufen. Wenn man darin noch keinen Vorrang der abstrakten Grundrechtspositionen der Vereine erkennen möchte, schlägt spätestens der besondere Schutz des Lebens und der körperlichen Unversehrtheit der übrigen Zuschauer zugunsten der Sicherheitsinteressen einer Fußballveranstaltung aus, nicht nur wegen der großen Anzahl der betroffenen Rechtsgutsträger, sondern vor allem wegen der besonderen Bedeu-

---

S. 78; *Hilpert*, Fußballstrafrecht, IV. Rn. 10; *Haslinger*, Zuschauerausschreitungen, S. 216. Daran zweifeln *Orth/Schiffbauer*, da die Vereine über die staatsanwaltlichen Ermittlungsergebnisse hinaus den Sachverhalt nicht selbständig aufklären und die Staatsanwaltschaft das Verfahren aus ermittlungsökonomischen Gründen oft nur nach § 153 StPO anstatt nach § 170 Abs. 2 StPO einstellen würden, *Orth/Schiffbauer,* RW 2011, 177 (210). Diese Kritik ist jedoch zurückzuweisen, da sie auf bloße Behauptungen ohne tatsächliche Nachweise beschränkt ist. Außerdem stehen Fußballvereinen nur stark eingeschränkte Sachmittel und rechtliche Kompetenzen zu, um eigene Ermittlungen durchzuführen. Zudem verfügt sogar der Gesetzgeber über einen Prognose- und Einschätzungsspielraum hinsichtlich der Geeignetheit des Mittels, vgl. *Huster/Rux*, in: *Epping/Hillgruber*, BeckOK GG, Art. 20 GG Rn. 195. Dann muss dies erst recht für Privatpersonen gelten, wenn der Verhältnismäßigkeitsgrundsatz nur über die mittelbare Drittwirkung in das Zivilrechtsverhältnis ausstrahlt. Entsprechendes gilt für den Verstoß gegen Art. 3 Abs. 1 GG, den *Orth/Schiffbauer*, RW 2011, 177 (212) behaupten.

586 *Orth/Schiffbauer*, RW 2011, 177 (210).

587 *BGH*, NJW 2010, 534 (536).

588 *Huster/Rux*, in: *Epping/Hillgruber*, BeckOK GG, Art. 20 GG Rn. 197.

589 Verstärkt durch das Recht auf Berufs- und Pressefreiheit bei besonderer beruflicher Stellung.

tung dieser Rechtsgüter[590] und dem daraus herzuleitenden Schutzauftrag an den Veranstalter und den Staat. Dieser Schutzauftrag setzt nicht voraus, dass die Rechtsgüter Dritter bereits verletzt sind; es reicht aus, dass sie gefährdet sind.[591] Deswegen dürfen keine überhöhten Anforderungen an das Stadionverbot gestellt werden: die Gefahr künftiger Störungen darf auf Tatsachen gestützt werden, die einen strafprozessualen Anfangsverdacht begründen.

(b) Konkrete Abwägung: Ebenfalls Vorrang der Sicherheitsinteressen

Das gleiche Ergebnis erzielt eine konkrete Abwägung der gegenläufigen Interessen: die Sicherheitsinteressen der Fußballveranstaltung überwiegen. Der besondere Wert der Rechtsgüter Leben und Gesundheit und die Anzahl der gefährdeten Menschen sind vorrangig gegenüber dem Einzelinteresse des betroffenen Zuschauers an dem Schutz seiner Sozialsphäre, insbesondere wenn ein strafprozessualer Anfangsverdacht gegen ihn besteht. Der grundrechtliche Schutz des Hausrechtes und der Vertragsfreiheit verstärkt diese Wertung zugunsten der Vereine. Der präventive Zweck des Stadionverbots fordert es, einen Zuschauer auszuschließen, wenn gegen ihn ein Ermittlungsverfahren eingeleitet ist und in diesem ausreichende Tatsachen ermittelt werden können, die künftige Sicherheitsbeeinträchtigungen erwarten lassen.

(aa) Schutz der bedeutenden Rechtsgüter Leib und Leben

Die Sicherheit des Fußballspiels dient bedeutenden Rechtsgütern: dem Leben und der körperlichen Gesundheit aller Stadionbesucher. Innerhalb einer demokratisch-freiheitlichen Werteordnung stehen diese Rechte neben der Menschenwürde an prioritärer Rangstelle. Der Parlamentarische Rat stellte dies heraus, indem er sie systematisch am Anfang des Grundgesetzes verortete:[592] „Das Grundgesetz [errichtete] eine wertgebundene Ordnung (...), die den einzelnen Menschen und seine Würde in den Mittelpunkt aller seiner Regelungen stellt. (...) Diese Grundentscheidung der Verfassung bestimmt Gestaltung und Auslegung der gesamten Rechtsordnung."[593]

Wenn das Leben und die Gesundheit unbeteiligter Zuschauer gefährdet sind, darf die Rechtsordnung keine strengen Anforderungen an Maßnahmen stellen, die ihren Schutz effektiv gewährleisten sollen. Der Wandel des Profifußballs in

---

590 Auch *Blumberg* betont die enorme Bedeutung der Schutzgüter Leib, Leben und Handlungsfreiheit der anderen Zuschauer, *Blumberg*, Stadionverbot, S. 28.

591 Vgl. vertiefend zum Schutzauftrag des Staates: Kapitel 2B.IV.1.a)bb)2)(b), S. 136 ff.

592 Vertiefend zur entstehungsgeschichtlichen Auslegung des grundrechtlichen Lebensschutzes: *BVerfG*, NJW 1975, 573 (582).

593 *BVerfG*, NJW 1975, 573 (582).

den letzten Jahrzehnten verstärkte die Notwendigkeit dieses Schutzauftrags: Der Sport kommerzialisierte sich stark und wurde dadurch auch zu einer familienfreundlichen Freizeitbeschäftigung. Immer mehr Frauen, Kinder und ältere Menschen befinden sich im Stadion,[594] die besonders schutzbedürftig sind.

(bb) Anzahl der geschützten Rechtsgutsträger

Neben dem besonderen Wert der Rechtsgüter Leben und Gesundheit und der besonderen Schutzbedürftigkeit von Familien und älteren Menschen streitet auch die Zahl der betroffenen Rechtsgutsträger dafür, keine überhöhten Anforderungen an ein präventives Stadionverbot zu stellen. Auch wenn es hart klingt: Das Stadionverbot betrifft „nur" eine Einzelperson, die zudem durch ihr Verhalten zumindest die Aufmerksamkeit staatlicher Verfolgungsbehörden auf sich lenkte, und schließt sie für einen Zeitraum von maximal drei Jahren von einer (wenn auch subjektiv wichtigen) Freizeitbeschäftigung aus.

Demgegenüber können Ausschreitungen[595] im Stadion zu dauerhaften Gesundheitsschädigungen zahlreicher Zuschauer oder sogar zum Tode[596] führen, wenn zu strenge Anforderungen an ein Stadionverbot verhindern, dass die Vereine potenzielle Gewalttäter effektiv ausschließen können. Sollten Ausschreitungen zu einer Massenpanik führen,[597] sind mehrere zehntausend Menschen gefährdet: Beispielsweise führten Zuschauerausschreitungen am 15. April 1989 während eines Pokalspiels zwischen dem FC Liverpool und Nottingham Forrest im Hillsborough Stadion zu einer Massenpanik, in deren Folge 96 Menschen getötet und hunderte verletzt wurden.[598] Auch wenn sich seitdem die baulichen Sicherheitsstandards der Stadien und die Qualität der Polizeieinsätze deutlich

594 Vgl. dazu auch: *Späte*, Kein Zutritt, S. 6.

595 Zudem können bengalische Feuer oder sonstige Pyrotechnik zu einem Brand des Stadions oder einer sonstigen Gefährung der baulichen Sicherheit der Stadionkonstruktion führen. Am 02.11.2011 sprach sich der DFB nochmals klar gegen Pyrotechnik im Stadion aus und berief sich dabei auf die Sicherheitsinteressen der Stadionbesucher sowie zwingende bau- und ordnungsrechtliche Vorgaben: http://www.dfb.de/index.php?id=500014&tx_dfbnews_pi1[showUid]=29825&tx_dfbnews_pi4[cat]=121 , abgerufen am 02.11.2011.

596 Als jüngstes Beispiel für tödliche Zuschauerausschreitungen ist das Fußballspiel im ägyptischen Fußballstadion Port Said am 01.02.2012 zu nennen, bei dem mindestens 74 Menschen getötet und über 1000 Menschen verletzt wurden, vgl. http://www.sueddeutsche.de/politik/nach-fan-gewalt-in-aegypten-hunderte-menschen-protestieren-gegen-militaerrat-1.1273409, abgerufen am 03.02.2012.

597 Vgl. http://www.sueddeutsche.de/politik/nach-fan-gewalt-in-aegypten-hunderte-menschen-protestieren-gegen-militaerrat-1.1273409, abgerufen am 03.02.2012.

598 http://www.bpb.de/publikationen/Y5GTA8,0,Zuschauer_Fans_und_Hooligans.html, abgerufen am 06.03.2012.

europaweit verbessert haben, darf nie vergessen werden, welche Folgen gewalttätige Ausschreitungen haben können.

(cc) Keine abweichende Beurteilung durch Intensität der Persönlichkeitsbeeinträchtigung

Dahinter muss die Sozialsphäre des Einzelnen zurücktreten, auch wenn dadurch sein allgemeines Persönlichkeitsrecht – das ist nicht zu bestreiten – erheblich eingeschränkt werden kann. Der Betroffene muss jedoch bedenken, dass sein eigenes Verhalten dazu geführt hat, dass er in das Visier staatlicher Verfolgungsbehörden geraten ist (, wenn diese nicht ausnahmsweise willkürlich handeln).[599] Dies rechtfertigt es, ihn zivilrechtlich als Handlungsstörer zu behandeln. Auch wenn der Anfangsverdacht impliziert, dass eine konkrete Schuld (noch) nicht bewiesen ist,[600] darf der Nachweis einer Schuld keine Messlatte sein, die überschritten werden muss, bevor das Leben und die Gesundheit anderer effektiv geschützt werden können. Die Sicherheit des Fußballspiels muss an erster Stelle stehen.[601]

Dabei ist auch zu berücksichtigen, dass das allgemeine Persönlichkeitsrecht originär ein passives Abwehrrecht darstellt und nur in seltenen Fällen eine anspruchsbegründende Rechtsposition entfaltet. Dass die mittelbare Drittwirkung des Persönlichkeitsrechts einen Kontrahierungszwang begründet, stellt den Ausnahmefall und nicht den Grundsatz dar.[602] Will der Verein zum Grundsatz der Vertragsfreiheit zurückkehren, dürfen daran keine überhöhten Anforderungen gestellt werden. Zudem beschneidet das Stadionverbot nur einen Teil des allgemeinen Persönlichkeitsrechts, sogar nur die am schwächsten geschützte Sozialsphäre. Es schließt den Betroffenen nicht von jedwedem sozialen Kontakt aus, sondern verbietet ihm lediglich, für maximal drei Jahre einer bestimmten – wenn auch für ihn sehr wichtigen – Freizeitbeschäftigung nachzugehen. Demgegenüber können Gewalttaten die Gesundheit anderer Zuschauer dauerhaft schädigen oder sogar zu ihrem Tode führen.

Andererseits ermahnt die schwerwiegende Beeinträchtigung des allgemeinen Persönlichkeitsrechts die Vereine dazu, in jedem Einzellfall sorgfältig und gewissenhaft mit dem Instrument des Stadionverbots umzugehen. Es beraubt den (möglicherweise unschuldigen) Zuschauer, seine Freizeit selbst zu gestalten

---

599 Die Problematik von Gruppenausschreitungen wird gesondert erörtert: Kapitel 2B.IV.2, S. 160 ff.

600 Ermitteln Staatsanwaltschaft oder Polizei, dass der Betroffene unschuldig ist, muss das Stadionverbot gemäß § 6 SVR zwingend aufgehoben werden.

601 Vgl. *Blumberg*, Stadionverbot, S. 24.

602 Dies bestätigt der *BGH* mittelbar in seiner Entscheidung vom 09.03.2012: *BGH*, Urt. v. 9.3.2012 – V ZR 115/11.

und seiner Begeisterung für das Erlebnis „Fußball-Stadion“ nachzugehen. Er wird sozial diskreditiert und in zivil- und öffentlich-rechtliche Dateien aufgenommen. Das Erlebnis, ein Live-Fußballspiel mit Freunden und Gleichgesinnten zu besuchen, wird ihm verwehrt und kann nicht adäquat durch eine (kostenpflichtige) Fernsehübertragung ersetzt werden. Diese befriedigt jedoch zumindest sein Informationsinteresse am Verlauf und Ergebnis des Fußballspiels.[603] Der Betroffene ist also nicht vollends seiner Rechte benommen.[604]

(dd) Praktische Konkordanz über das Verfahrensrecht und materiell-rechtlicher Vorrang der Sicherheitsinteressen

Es zeigt sich, dass das bundesweite Stadionverbot grundsätzlich auf Tatsachen gestützt werden können muss, die „nur“ einen strafprozessualen Anfangsverdacht begründen, um die Sicherheitsinteressen der Fußballveranstaltung effektiv durchsetzen zu können. Andererseits entsteht ein Spannungsfeld zum allgemeinen Persönlichkeitsrecht des Einzelnen. Dieses führt jedoch nicht dazu, dass materiell-rechtlich strengere Anforderungen an die Tatsachen zu stellen sind, die einer zivilrechtlichen Gefahrenprognose zugrunde liegen müssen. Vielmehr ermahnt dieses Spannungsfeld die Vereine dazu, sorgfältig und gewissenhaft in jedem Einzelfall zu prüfen, ob ein Stadionverbot gerechtfertigt ist. Dabei müssen sie größtmögliche Einzelfallgerechtigkeit anstreben.

Dieses Spannungsfeld ist auf materiell-rechtlicher Ebene zugunsten der Sicherheitsinteressen aufzulösen: Die Rechtsgüter Leib und Leben genießen zugunsten geringerer materiell-rechtlicher Anforderungen an ein Stadionverbot den Vorrang. Größtmögliche Einzelfallgerechtigkeit und praktische Konkordanz muss stattdessen verfahrensrechtlich angestrebt werden, indem die Vereine verbandsrechtlich gezwungen werden, ihrer zivilprozessualen Darlegungs- und Beweislast für eine Wiederholungsgefahr gerecht zu werden. Verfahrensrechtliche Fragen werden gesondert geprüft und eigene Verfahrensvorschläge dazu erarbeitet.[605] Materiell-rechtlich ergibt die abstrakte und konkrete Abwägung der

603 Im Gegensatz zur oben beschriebenen Problematik des Kontrahierungszwangs findet vorliegend eine umfassende Interessenabwägung in Bezug auf die Anforderungen an den sachlichen Grund für ein Stadionverbot und nicht in Bezug auf die Vertragsfreiheit der Vereine im Rahmen des Kontrahierungszwangs statt, vgl. vertiefend zur Abwägung beim Kontrahierungszwang: Kapitel 1B.II, S. 51 ff.

604 Das *AG Frankfurt a.M.* weist zudem darauf hin, dass es jedem Zuschauer möglich ist, die Bundesligaspiele über Pay-TV im Fernsehen zu verfolgen, da die Kosten eines solchen Abonemments geringer sind als die einer Dauerkarte für das Stadion, *AG Frankfurt*, Urt.v. 14.12.2004 - 31 C 2244/04. In der Gastronomie kann er das Spiel häufig sogar kostenlos verfolgen, wenn er dort etwas konsumiert.

605 Vgl. vertiefend zu verfahrensrechtlichen Reformvorschlägen: Kapitel 7A.II.2.a), S. 463 ff.

gegenläufigen Interessen, dass keine überhöhten Anforderungen an die zivilrechtliche Gefahrenprognose zu stellen sind, so dass Tatsachen ausreichen, die einen strafprozessualen Anfangsverdacht begründen.

Die Gefahrenprognose kann allerdings materiell-rechtlich modifiziert werden, wenn die Tatsachen des Einzellfalls Zweifel offen lassen, ob künftige Störungen zu erwarten sind. In diesen Zweifelsfällen können die Vereine ihrer Sicherheitsverantwortung dadurch nachkommen, indem sie zunächst ein vorläufiges Stadionverbot aussprechen[606] und weitere Tatsachen ermitteln. Die materiell-rechtlichen Anforderungen an die Gefahrenprognose sind für ein vorläufiges Stadionverbot noch geringer als für ein endgültiges. In diesem Fall überwiegen die Sicherheitsinteressen der Vereine und der übrigen Zuschauer solange deutlich, bis die Vereine zumutbar weitere Tatsachen ermitteln konnten, um eine neue Gefahrenprognose erstellen zu können.[607] Nach Ablauf dieses Zeitfensters steigen die materiell-rechtlichen Anforderungen an die Gefahrenprognose auf das oben aufgezeigte Niveau: die Tatsachen einer zivilrechtlichen Gefahrenprognose müssen den Grad eines strafprozessualen Anfangsverdachts erreichen.

(ee) Fazit: Auflösung des Spannungsfelds zugunsten der Sicherheit des Fußballs

Zusammenzufassend ist festzustellen, dass die Vereine, die ein Stadionverbot aussprechen, zahlreiche, gegenläufige Interessen, Grundrechte und Grundrechtsträger in ein ausgewogenes Verhältnis bringen müssen. Dieses Spannungsfeld ist auf der Ebene des materiellen Rechts zugunsten des präventiven Stadionverbots zu entscheiden: Die mittelbare Drittwirkung der Grundrechte schreibt für ein Stadionverbot keine überhöhten Anforderungen vor. Im Gegenteil fordert der aus Art. 2 Abs. 2 S. 1 GG resultierende Schutzauftrag, dass potenzielle Gewalttäter effektiv aus den Fußballstadien verbannt werden können. Die Gefahrenprognose i.S.d. §§ 1004 Abs. 1 S. 2, 862 Abs. 1 S. 2 BGB kann – verfassungskonform ausgelegt – an Tatsachen anknüpfen, die dem strafprozessualen Anfangsverdacht entsprechen.

---

606 *Orth/Schiffbauer* schlagen dazu einen Zeitraum von zwei bis drei Wochen vor, *Orth/Schiffbauer*, RW 2011, 177 (215). Dies ist möglich. Etwas anderes gilt nur, wenn der Verein das schutzwürdige Vertrauen erweckt hat, das Stadionverbot in Zukunft nicht weiterverfolgen zu wollen. In diesem Ausnahmefall kann der Betroffene sich auf den Einwand der unzulässigen Rechtsausübung oder des widersprüchlichen Verhaltens gemäß § 242 BGB berufen. Zu den engen Voraussetzungen einer Verwirkung des Unterlassungsanspruchs: *Keukenschrijver*, in: *Dauner-Lieb u.a.*, NK-BGB, § 1004 BGB Rn. 150 m.w.N. Die Vereine können diesen Einwand umgehen, indem sie in dem Stadionverbotsschreiben hinreichend deutlich machen, dass das Stadionverbot vorläufig unter dem Vorbehalt weiterer Ermittlungen ausgesprochen ist.

607 *Orth/Schiffbauer*, RW 2011, 177 (215).

Dies enthebt die Vereine jedoch nicht ihrer Pflicht, über jedes Stadionverbot im Einzelfall zu entscheiden und eine individuelle Gefahrenprognose auszuarbeiten. Unterlassen es die Vereine die Mitteilungen der Tatsachen sorgfältig zu prüfen, die die Polizeibeamten ihnen übermitteln,[608] kommen sie ihrer Darlegungs- und Beweislast nicht nach. Dies sicherzustellen, ist nicht Aufgabe des materiellen Rechts, also der Anforderungen an die Besorgnis künftiger Störungen i.S.d. §§ 1004 Abs. 1 S. 2, 862 Abs. 1 S. 2 BGB, sondern der prozessualen Darlegungs- und Beweislast sowie des formellen Stadionverbotsverfahrens. Beide Ebenen sind streng voneinander zu trennen. Zur Darlegungs- und Beweislast sowie zum Stadionverbotsverfahren werden später eigenständige Vorschläge erarbeitet.[609]

Materiell-rechtlich können die Vereine als sachlichen Grund für ein Stadionverbot ihre Gefahrenprognose auf Tatsachen stützen, die der Einleitung eines Ermittlungsverfahrens zugrunde liegen. Die Sicherheitsinteressen der Fußballveranstaltung und die bedeutenden Rechtsgüter Leib und Leben aller Stadionbesucher sind stärker zu schützen als die Sozialsphäre des allgemeinen Persönlichkeitsrechts des Einzelnen.

cc) Stellungnahme zur Kritik von *Klesczewski*

Nicht überzeugen kann die von *Klesczewski* gegen dieses Ergebnis geäußerte Kritik, dass die derzeitige Stadionverbotspraxis die erforderlichen Tatsachenfeststellungen der zivilrechtlichen Unterlassungsansprüche mit Tatsachenhypothesen im Sinne des Anfangsverdachts der StPO verwechsle und folglich gegen den Vorbehalt der richterlichen Beweiswürdigung aus § 286 ZPO verstoße.

Klesczewski weist zwar zutreffend darauf hin, dass unterschiedliche Anforderungen an den Beweis einer Tatsache i.S.d. § 286 Abs. 1 ZPO und an den Anfangsverdacht i.S.d. § 152 Abs. 2 StPO zu stellen sind. Eine Tatsache im Sinne des § 152 Abs. 2 StPO bildet nur einen Anhaltspunkt oder eine Hypothese, die verifiziert oder falsifiziert werden soll, indem Polizei oder Staatsanwaltschaft ermitteln. Es müssen Tatsachen bestehen, die nach kriminalistischer Erfahrung

---

608 Problematisch ist, dass die Landes- oder Bundespolizei den Vereinen in der Praxis den Tatablauf nur kurz schildern. Sie teilen lediglich mit, dass ein Ermittlungsverfahren eingeleitet wurde und empfehlen, ein Stadionverbot für eine gewisse Dauer zu verhängen. Die Vereine verfügen über keine eigenen Tatsachenkenntnisse und die Stadionverbotsrichtlinie verlangt nicht, dass die Vereine von den staatlichen Ermittlungsbehörden Auskunft über den Stand der Ermittlungen verlangen. Daraus resultiert der verfahrensrechtliche Vorschlag, die Informationsgrundlage der Vereine zu verbessern: Kapitel 7A.II.2.a)ee), S. 470 ff.

609 Vgl. vertiefend: Kapitel 7A.II.2.b)bb), S. 475 f.

eine verfolgbare Straftat möglich erscheinen lassen.[610] Eine Tatsache im Sinne des § 286 Abs. 1 ZPO muss demgegenüber am Ende der Beweisaufnahme feststehen, so dass das Gericht von dem behaupteten Sachverhalt überzeugt ist. Das heißt: Eine Tatsache nach § 152 Abs. 2 StPO steht am Anfang der Ermittlungen, eine Tatsache nach § 286 Abs. 1 ZPO an deren Ende.

Dennoch führt dies nicht dazu, dass strengere Anforderungen an ein Stadionverbot zu stellen sind. *Klesczewski* beschränkt sich darauf, die Problematik prozessual zu betrachten, obwohl ihre Lösung auf der Ebene des materiellen Rechtes zu finden ist: Materiell-rechtlich stützt sich das überwiegend präventive Stadionverbot auf einen Unterlassungsanspruch, der weniger strengen Tatbestandsvoraussetzungen unterliegt als ein Schadensersatzanspruch. Die Problematik betrifft die Frage, wie das Tatbestandsmerkmal der „Wiederholungsgefahr“ auszulegen ist. § 4 Abs. 3 SVR und §§ 1004 Abs. 1 S. 2, 862 Abs. 1 S. 2 BGB lassen – verfassungskonform ausgelegt – dazu Tatsachen ausreichen, die einen strafprozessualen Anfangsverdacht hervorrufen. Inhaltlich greifen die materiell-rechtliche Gefahrenprognose im Sinne des Zivilrechts und die Anforderungen an den Anfangsverdacht im Sinne des Strafprozessrechts sowie die jeweils zugrunde liegenden Tatsachen ineinander: Liegt ein Anfangsverdacht i.S.d. § 152 Abs. 2 StPO vor, sind dadurch gleichzeitig materiell-rechtlich künftige Störungen i.S.d. §§ 1004 Abs. 1 S. 2, 862 Abs. 1 S. 2 BGB zu besorgen. Dann müssen zivilprozessual nach § 286 Abs. 1 ZPO auch nur Tatsachen nachgewiesen werden, die einen Anfangsverdacht i.S.d. § 152 Abs. 2 StPO begründen.

Darin liegt keine „verhängnisvolle Äquivokation“[611], sondern eine methodische Konsequenz: Zuerst sind materiell-rechtlich die Tatbestandsvoraussetzungen auszulegen. Das Beweismaß des § 286 Abs. 1 ZPO bestimmt sich anschließend nach dem Ergebnis dieser Auslegung. Das zivilprozessuale Beweisrecht darf keinen strengeren Voraussetzungen unterliegen als materiell-rechtlich erforderlich. Entgegen der von *Klesczewski* geäußerten Kritik kann ein Stadion-

---

610 *BGH*, NJW 89, 96 (97); *BVerfG*, NStZ-RR 2004, 206 (206 f.); *Schoreit*, in: *Hannich*, Karlsruher Kommentar, § 152 StPO Rn. 28. Über die Frage, ob der Verdacht „zureicht“, um ein Ermittlungsverfahren einzuleiten, steht der Staatsanwaltschaft und Polizei ein gerichtlich nicht kontrollierbarer Beurteilungsspielraum zu, vgl. *Schoreit*, in: *Hannich*, Karlsruher Kommentar, § 152 StPO Rn. 28; *BVerfG*, MDR 1984, 284; *BGH*, NJW 89, 96 (97). Etwas anderes gilt nur dann, wenn das Ermittlungsverfahren offensichtlich willkürlich oder auf Grund falscher Tatsachenannahmen eingeleitet wurde, *BGH*, NJW 2010, 534 (536); *AG Freiburg*, SpuRT 2005, 257; *Breuker*, NJW 2006, 1233 (1235). Dies müssen die Vereine stets im Einzelfall überprüfen, *BGH*, NJW 2010, 534 (537).

611 *Klesczewski*, JZ 2010, 251 (253).

verbot folglich auf die Tatsachen gestützt werden, die der Einleitung eines Ermittlungsverfahrens zugrunde liegen.

dd) Kein Verstoß gegen Unschuldsvermutung trotz fehlender strafrechtlicher Verurteilung

Dem steht die rechtsstaatliche Unschuldsvermutung nicht entgegen. Die dazu vertretene Auffassung ist abzulehnen:[612] *Gietl* und *Marzahn* setzen voraus, ohne dies näher zu begründen, dass die Unschuldsvermutung über die mittelbare Drittwirkung der Grundrechte in das Zivilrecht ausstrahlt.[613] Dies überspannt die Bedeutung der mittelbaren Drittwirkung, da die Unschuldsvermutung kein Grundrecht darstellt, sondern als Ausfluss der Menschenwürde dem Rechtsstaatsprinzip zuzuordnen ist und sich somit ausschließlich an den Staat, insbesondere den staatlichen Richter, richtet.[614] Die Unschuldsvermutung gilt nur für staatliche Strafverfahren oder strafähnliche Verfahren, wie beispielsweise das Ordnungswidrigkeitenverfahren.[615] Das Stadionverbotsverfahren führt jedoch nicht der Staat, sondern der privatrechtlich organisierte Verein durch. Außerdem handelt es sich nicht um ein Straf- oder strafähnliches Verfahren, sondern um eine Präventivmaßnahme. Die Unschuldsvermutung strahlt nicht mittelbar auf das Zivilrechtsverhältnis zwischen Zuschauer und Fußball-Verein aus.[616]

Im Übrigen liegt kein Verstoß gegen die Unschuldsvermutung vor, selbst wenn sie anwendbar wäre. *Gietl* stützt seine gegenteilige Auffassung auf folgende Formulierung des Bundesverfassungsgerichts: „Nach alledem verbietet die Unschuldsvermutung zum einen im konkreten Strafverfahren ohne gesetzlichen, prozessordnungsgemäßen – nicht notwendigerweise rechtskräftigen – Schuldnachweis Maßnahmen gegen den Beschuldigten zu verhängen, die in ihrer Wirkung einer Strafe gleich kommen und ihn verfahrensbezogen als schuldig zu behandeln; zum anderen verlangt sie den rechtskräftigen Nachweis der

---

612 *Gietl*, JR 2010, 50 (51).

613 *Gietl*, JR 2010, 50 (51); *Marzahn*, ZJS 2010, 428 (435).

614 *Eser*, in: *Meyer*, Charta Europ. Grundrechte, Art. 48 Rn. 18f. m.w.N.; *Marzahn, ZJS 2010, 428 (434) m.w.N.; Pfeiffer/Hannich*, in: *Hannich*, Karlsruher Kommentar, Einl. Rn. 32a.

615 *Eser*, in: *Meyer*, Charta Europ. Grundrechte, Art. 48 Rn. 18f. m.w.N.; *Pfeiffer/Hannich*, in: *Hannich*, Karlsruher Kommentar, Einl. Rn. 32a f..

616 Vgl. *AG Freiburg*, Urt. v. 23.3.2005 – 6 C 3294/04. *Blumberg* gelangt zu dem gleichen Ergebnis, in dem er sich darauf beruft, dass die Stadionverbotsrichtlinie keine unmittelbare Außenwirkung entfaltet, *Blumberg*, Stadionverbot, S. 52. Dieser Hinweis ist jedoch wenig aussagekräftig, da die Kritik in Bezug auf die Unschuldsvermutung nicht gegen die Stadionverbotsrichtlinie (Innenverhältnis), sondern gegen die Stadionsverbotspraxis (Außenverhältnis) gerichtet ist. § 4 Abs. 3 SVR dient den Stadionverbotsbeauftragten dabei nur als Orientierungshilfe.

Schuld, bevor dem Verurteilten diese im Rechtsverkehr allgemein vorgehalten werden darf."[617] *Gietl* folgert aus dieser Rechtsprechung, dass der Verein dem Betroffenen im Zivilrechtsverkehr einen Schuldnachweis nicht entgegenhalten dürfe, solange dieser nicht strafprozessual durch Beweiserhebung bestätigt sei.[618]

Dem ist nicht zuzustimmen. Diese Rechtsprechung des Bundesverfassungsgerichts richtet sich gegen den Staat. Dieser darf dem Beschuldigten die strafrechtliche Schuld auch im allgemeinen Rechtsverkehr nicht vorhalten, solange sie nicht nachgewiesen ist. Doch selbst wenn sich diese Rechtsprechung auf das Rechtsverhältnis zwischen zwei Privaten übertragen ließe, würde ein Stadionverbot i.S.d. § 4 Abs. 3 SVR nicht gegen die Unschuldsvermutung verstoßen. Materielle Grundlage eines Stadionverbots als Präventivmaßnahme ist nicht die strafrechtliche Schuld, sondern eine Gefahrenprognose gemäß §§ 1004 Abs. 1 S. 2, 862 Abs. 1 S. 2 BGB.[619] Künftiges sicherheitsbeeinträchtigendes Verhalten prognostizieren zu können, setzt keine strafrechtliche Schuld voraus.[620] Dies ergibt sich aus dem präventiven Charakter des Stadionverbots und der obigen Interessenabwägung.[621] Deswegen knüpft der Verein nicht an das staatliche Strafverfahren, sondern an objektive Tatsachen an, die den Grad eines Anfangsverdachts i.S.d. § 152 Abs. 2 StPO erreicht haben müssen. Prozessual kann der Verein diese materiell-rechtliche Gefahrenprognose darlegen und beweisen, indem er sich darauf beruft, dass gegen den Betroffenen ein Ermittlungsverfahren eingeleitet wurde und entsprechende Tatsachen vorträgt.[622]

Dass eine präventive Gefahrenprognose an einen strafprozessualen Anfangsverdacht anknüpft, steht entgegen der Ansicht von *Gietl* sogar ausdrücklich im Einklang mit der Rechtsprechung des Bundesverfassungsgerichts. Dieses entschied am 16.5.2002, dass personenbezogene Daten für präventivpolizeiliche Zwecke (sogar trotz strafrechtlichen Freispruchs) gespeichert werden dürfen: „Die Berücksichtigung und Bewertung von Verdachtsgründen (...)

---

617 *BVerfGE,* 19, 342 (347); *BVerfGE,* 35, 311 (320), vgl. auch: *Gietl*, JR 2010, 50 (51).

618 *Gietl*, JR 2010, 50 (51).

619 *BGH*, NJW 2010, 534 (536).

620 „Insofern gelten für die Anforderungen an die Annahme künftiger Störungen andere Maßstäbe als für die strafrechtliche Ahndung von Störungen.", *Marzahn*, ZJS 2010, 428 (430). Deswegen greift auch das Urteil des *BGH* vom 14.11.1989 nicht ein, *BGH*, NJW-RR 1990, 446 (447). Zudem wurde der dortige Beklagte im Strafprozess sogar rechtskräftig freigesprochen, so dass sich die Aussagen des *BGH* nicht auf die Verknüpfung des Stadionverbots mit der Einleitung des Ermittlungsverfahrens übertragen lassen.

621 Vgl. vertiefend zum Präventivcharakter des Stadionverbots: Kapitel 1D.I, S. 97 f. und zu der obigen Interessenabwägung: Kapitel 2B.IV.1.a)bb)3), S. 142 ff.

622 *BGH*, NJW 2010, 534 (536); *Ruhs*, Sicherheit und Ordnung, S. 21 m.w.N.

stellt jedoch keine durch die Unschuldsvermutung verbotene Schuldfeststellung oder -zuweisung dar. Die Feststellung des Tatverdachts ist etwas substanziell anderes als eine Schuldfeststellung. Dieses Ergebnis entspricht auch der Auslegung der Europäischen Konvention zum Schutz der Menschenrechte und Grundfreiheiten durch den EGMR (...), die als Auslegungshilfe bei der Ermittlung der Tragweite des verfassungsrechtlichen Rechtsstaatsgrundsatzes und der daraus abgeleiteten Unschuldsvermutung heranzuziehen ist (...).“[623] Wenn sogar der Staat nicht gegen die Unschuldsvermutung verstößt, indem er zu Präventivzwecken an einen Tatverdacht i.S.d. § 152 Abs. 2 StPO anknüpft, muss dies erst recht für einen Privaten gelten.

ee) Keine entsprechende Anwendung der arbeitsrechtlichen Grundsätze der Verdachtskündigung

Abzulehnen ist auch der Vorschlag *Marzahns*, ein Stadionverbot grundsätzlich erst nach Abschluss des Strafverfahrens auszusprechen, jedenfalls aber auf einen hinreichenden Tatverdacht i.S.d. § 203 StPO zu stützen.[624] Nach seiner Ansicht sei dies das Ergebnis des Verhältnismäßigkeitsgrundsatzes, der mittelbar in das Zivilrechtsverhältnis ausstrahle.[625]

Dies wird durch die oben vorgenommene Interessenabwägung widerlegt: Vorbehaltlich der besonderen Umstände des Einzelfalls, überwiegt das Interesse an der Sicherheit der Fußballveranstaltung wegen der besonderen Bedeutung von Leben und Gesundheit der übrigen Zuschauer und der Vielzahl der potenziell betroffenen Rechtsgutsträger.[626] Deswegen ist es dem Verein grundsätzlich nicht zuzumuten, sein Hausrecht erst dann auszuüben, wenn der Störer strafrechtlich verurteilt ist. Außerdem würde das Stadionverbot dadurch seine überwiegend präventive Wirkung verlieren, da das Ermittlungs- und Strafverfahren oftmals – selbst wenn es sich um ein beschleunigtes Verfahren iSd §§ 417 ff. StPO handelt – erst mehrere Wochen, Monate oder im Revisionsverfahren sogar Jahre nach der Tat beendet ist. Schließlich ist das Stadionverbot als Präventivmaßnahme unabhängig von der strafrechtlichen Entscheidung über die Schuld oder Unschuld des Betroffenen.[627]

Soweit *Marzahn* ausnahmsweise ein Stadionverbot ohne strafrechtliche Verurteilung zulässt, ist seine Argumentation nicht schlüssig. Er fordert für ein

---

623 *BVerfG*, NJW 2002, 3231 (3231), vgl. auch: *Ritzert*, in: *Graf*, BeckOK StPO, § 81b StPO Rn. 2.
624 *Marzahn*, ZJS 2010, 428 (433 ff.).
625 *Marzahn*, ZJS 2010, 428 (435).
626 Vgl. vertiefend: Kapitel 2B.IV.1.a)bb)3)(b)(ee), S. 148.
627 Vgl. vertiefend: Kapitel 2B.IV.1.b)bb), S. 158.

solches Stadionverbot einen hinreichenden Tatverdacht i.S.d. § 203 StPO.[628] Dazu wendet er die arbeitsrechtlichen Grundsätze der Verdachtskündigung analog an.[629] Diese setzen allerdings nach dem Urteil des Bundesarbeitsgerichts vom 29.11.2007 einen dringenden, schwerwiegenden Tatverdacht i.S.d. StPO voraus.[630] Darauf hatte *Marzahn* selbst hingewiesen.[631] Deswegen müsste er ein Stadionverbot auf einen dringenden und nicht auf einen hinreichenden Tatverdacht stützen, wenn er die arbeitsrechtlichen Grundsätze der Verdachtskündigung analog anwenden will. Diese Anforderungen an ein Stadionverbot wären zu streng.

Im Übrigen sind die Voraussetzungen einer solchen Analogie nicht erfüllt. Zwar kann eine planwidrige Regelungslücke bejaht werden, da die Voraussetzungen des Stadionverbots gesetzlich nicht ausdrücklich geregelt sind.[632] Allerdings liegt keine vergleichbare Interessenlage vor. Selbst *Marzahn* äußert Zweifel daran, indem er darlegt, dass zwischen dem Verein und dem Zuschauer kein Dauerschuldverhältnis bestehe.[633] Jedenfalls scheitert eine vergleichbare Interessenlage daran, dass zwischen Verein und Zuschauer keine Vertrauensbeziehung besteht, die mit derjenigen zu vergleichen wäre, die zwischen einem Arbeitnehmer und einem Arbeitgeber besteht.[634]

Diese Argumente versucht *Marzahn* zu überwinden, indem er hervorhebt, dass sowohl die Verdachtskündigung als auch das Stadionverbot mit seinen Rechtsfolgen in die Zukunft gerichtet seien.[635] Dies überzeugt nicht, da es sich um eine Tautologie handelt. Denn bereits der Wortsinn „Rechtsfolge" zeigt, dass das Recht an bestimmte Tatsachen „Folgen" für die Zukunft knüpft. Deswegen

---

628 *Marzahn*, ZJS 2010, 428 (435). Soweit *Marzahn* diesbezüglich auch auf die Entscheidung des *AG Kulmbach* verweist, ist dies unzutreffend, da das Gericht dort ausdrücklich offen ließ, welcher Verdachtsgrad für ein Hausverbot erforderlich ist, *AG Kulmbach*, NJW 1998, 3360 (3360).

629 *Marzahn*, ZJS 2010, 428 (434).

630 *BAG*, Urt. v. 29.11.2007 – 2 AZR 724/06.

631 *Marzahn*, ZJS 2010, 428 (433).

632 *Marzahn*, ZJS 2010, 428 (434).

633 *Marzahn*, ZJS 2010, 428 (434). Dem ist nur eingeschränkt zuzustimmen, weil einige Zuschauer über den Dauerkartenvertrag ein Dauerschuldverhältnis zu dem Verein begründet haben, vgl. vertiefend zu den Auswirkungen des Stadionverbots auf den Dauerkartenvertrag: Kapitel 5A.I.3, S. 314 ff. Dies kann vorliegend allerdings nicht berücksichtigt werden, da kein Sachgrund ersichtlich ist, Dauerkarteninhaber (insbesondere Heimfans) und Tageskarteninhaber (insbesondere Auswärtsfans) unterschiedlich zu behandeln. Entscheidend ist in beiden Fällen immer eine Gefahrenprognose im Einzelfall gemäß §§ 1004 Abs. 1 S. 2, 862 Abs. 1 S. 2 BGB. Für diese Gefahrenprognose ist es ohne Bedeutung, ob der Zuschauer eine Tages- oder Dauerkarte erworben hat.

634 *Marzahn*, ZJS 2010, 428 (434).

635 *Marzahn*, ZJS 2010, 428 (434).

ist jede Rechtsfolge (zumindest auch) in die Zukunft gerichtet. Selbst Rechtsfolgen mit rückwirkender Kraft erzeugen Folgen für die Zukunft: Beispielsweise führt eine Anfechtung gemäß § 142 Abs. 2 BGB zur Nichtigkeit des Rechtsgeschäfts ex tunc,[636] allerdings ist das Rechtsgeschäft nicht nur für die Vergangenheit, sondern auch für die Zukunft nichtig.[637] Dass sowohl das Stadionverbot als auch die Verdachtskündigung in die Zukunft gerichtet sind, stellt folglich eine Tautologie dar, die *Marzahn* als Argument nicht fruchtbar machen kann.

Des Weiteren scheitert eine Analogie aus methodischen Gründen: § 626 BGB stellt eine Sonderregelung dar,[638] die grundsätzlich nicht bzw. nur eng begrenzt analogiefähig ist.[639] Darüber hinaus entwickelte das Bundesarbeitsgericht seine Rechtsprechung zur Verdachtskündigung wegen der Besonderheiten des Arbeitsrechts, die grundsätzlich nicht auf andere Rechtsgebiete übertragen werden können.[640] Die arbeitsrechtliche Verdachtskündigung fußt auf einem personenbedingten Kündigungsgrund, der auf die besondere Vertrauenswürdigkeit der Eigenschaft des Arbeitnehmers gestützt ist.[641] Der Zuschauer eines Fußballspiels verkörpert kein vergleichbares Vertrauen und ist zudem weniger schutzbedürftig. Folglich scheidet eine Analogie bereits methodisch aus.

Zudem scheitert eine vergleichbare Interessenlage an den unterschiedlichen gesetzlichen Grundlagen einer Verdachtskündigung und eines Stadionverbots. Während eine arbeitsrechtliche Verdachtskündigung auf den Kündigungstatbestand des § 626 Abs. 1 BGB gestützt wird, liegt einem Stadionverbot ein Unterlassungsanspruch aus §§ 1004 Abs. 1 S. 2, 862 Abs. 1 S. 2 BGB zugrunde. Die Verdachtskündigung beendet ein bestehendes (vertragliches) Schuldverhältnis. Demgegenüber begründet das Stadionverbot ein neues (gesetzliches) Schuldverhältnis[642]. Deswegen bestehen für beide Normen sogar entgegengesetzte Interes-

---

636 *Ellenberger*, in: *Palandt*, § 142 BGB Rn. 2.

637 Einen weiteren Nachweis für die Folgen einer Anfechtung nach §§ 119 ff. BGB für die Zukunft stellt die Schadensersatzpflicht des Anfechtenden gemäß § 122 Abs. 1 BGB dar.

638 *Weidenkaff*, in: *Palandt*, § 626 BGB Rn. 3; *Grüneberg*, in: *Palandt*, § 314 BGB Rn. 4.

639 *Sprau*, in: *Palandt*, Einl v § 1 BGB Rn. 53 m.w.N. Zum Grundsatz der „Singularia non sunt extendenda" und seinen Ausnahmen: *Säcker*, in: *Säcker/Rixecker*, MüKo BGB, Einl. Rn. 120 ff. m.w.N.

640 Vgl. *BAG*, Urt. v. 29.11.2007 – 2 AZR 724/06 m.w.N. zur ständigen Rechtsprechung des *BAG*.

641 *BAG*, BeckRS 2008, 50549; *Von Steinau-Steinrück/Glanz*, NJW-Spezial 2008, 274 (274).

642 Wie noch aufzuzeigen sind wird, beendet das Stadionverbot nicht automatisch den Zuschauervertrag, vgl. Kapitel 5A.I.2.b)dd)2)(b), S. 311 ff. Selbst wenn dies der Fall wäre, ist die Beendigung des Zuschauervertrages nur sekundäre Rechtsfolge. Primär entsteht ein gesetzliches Schuldverhältnis aus §§ 1004 Abs. 1 S. 2, 862 Abs. 1 S. 2 BGB.

senlagen. Dies verstärken auch die unterschiedliche dogmatischen Grundlagen beider Maßnahmen: Während eine Verdachtskündigung sanktioniert,[643] verfolgt das Stadionverbot überwiegend präventive Zwecke.[644] Daran scheitert auch der weitere Vergleich *Marzahn's*, der darauf abstellt, dass beide Maßnahmen mit dem Risiko behaftet seien, „Unschuldige" zu treffen.[645] Das Stadionverbot steht als Präventivmaßnahme in keinem Zusammenhang mit der Frage der Schuld. Da der Unterlassungsanspruch keinen Schuldnachweis erfordert, besteht keine Gefahr, dass das Stadionverbot Personen trifft, die unschuldig sind. Es kommt alleine auf eine Gefahrenprognose an, die in die Zukunft gerichtet ist.[646] Die Interessenlagen beider Maßnahmen sind somit nicht vergleichbar, da sich die gesetzlichen Grundlagen in § 626 Abs. 1 BGB und §§ 1004 Abs. 1 S. 2, 862 Abs. 1 S. 2 BGB erheblich unterscheiden und beide Maßnahmen dogmatisch entgegengesetzte Zielrichtungen verfolgen.

ff) Zwischenergebnis: Anknüpfung an Einleitung des Ermittlungsverfahrens zulässig

Somit ist zu konstatieren, dass künftige Beeinträchtigungen der Stadionsicherheit gemäß §§ 1004 Abs. 1 S. 2, 862 Abs. 1 S. 2 BGB zu besorgen sind, wenn die Vereine Tatsachen nachweisen, die einen Anfangsverdacht i.S.d. § 152 Abs. 2 StPO begründen und die Einleitung eines Ermittlungsverfahrens rechtfertigen. Das bundesweite Stadionverbot kann gemäß § 4 Abs. 3 SVR an diese Tatsachen anknüpfen. Allgemeiner ausgedrückt: Wenn der Hausrechtsinhaber einem Kontrahierungszwang unterliegt, darf er den sachlichen Grund für ein zivilrechtliches Hausverbot auf die Tatsachen stützen, die zugleich einen strafprozessualen Anfangsverdacht i.S.d. § 152 Abs. 2 StPO begründen. Anders betrachtet: Die Besorgnis künftiger Störungen im Sinne eines zivilrechtlichen Unterlassungsanspruchs besteht grundsätzlich, wenn gegen den Anspruchsgegner ein strafprozessuales Ermittlungsverfahren wegen eines Straftatbestandes eingeleitet wird, dessen Schutzzweck sich gegen das Hausrecht des Anspruchsinhabers

643 *Marzahn*, ZJS 2010, 428 (434). A.A.: „Die Verdachtskündigung ist vielmehr ein Vertragsgestaltungsinstrument zum Zwecke des vorbeugenden Selbstschutzes des Arbeitgebers (…)", *Berkowsky*, in: *Richardi u.a.*, Münchener Handbuch zum Arbeitsrecht, § 119 Rn. 3.

644 Darauf weist selbst *Marzahn* an anderer Stelle hin: *Marzahn*, ZJS 2010, 428 (432). Zur überwiegend präventiven Wirkung eines Stadionverbots: Kapitel 1D.IV, S. 104 ff.

645 *Marzahn*, ZJS 2010, 428 (434). Diese Formulierung entnimmt *Marzahn* vermutlich dem Urteil des *BAG*, Urt. v. 29.11.2007 – 2 AZR 724/06.

646 Vgl. vertiefend zur Gefahrenprognose i.S.d. §§ 1004 Abs. 1 S. 2, 862 Abs. 1 S. 2 BGB: Kapitel 1C.II.2.b)bb), S. 73 f.

richtet.[647] Ausnahmen können sich aus den Tatsachenumständen des Einzelfalls ergeben, die stets maßgeblich bleiben.

b) Tatsachengrundlage nach Abschluss des Ermittlungsverfahrens

Davon zu unterscheiden ist die Frage, ob diese Gefahrenprognose zivilrechtlich aufrechterhalten werden kann, wenn die Staatsanwaltschaft das strafprozessuale Ermittlungsverfahren einstellt. Der Bundesgerichtshof bejahte dies für § 153 StPO.[648] Dies haben die Literatur und die Öffentlichkeit stark kritisiert: Das Schicksal des Stadionverbots hänge nach den verbandsrechtlichen Vorgaben des § 6 SVR von der Art der Einstellungsverfügung der Staatsanwaltschaft ab.[649] Dies sei problematisch, weil gegen die Art der Einstellungsverfügung kein rechtsstaatliches Rechtsschutzverfahren existiere.[650] Dadurch erhalte die Staatsanwaltschaft faktisch die Entscheidungsgewalt darüber, ob der zivilrechtliche Unterlassungsanspruch fortbestehen könne.[651] Die Staatsanwaltschaft müsse noch nicht einmal begründen, warum sie das Verfahren nach § 153 StPO und nicht nach § 170 Abs. 2 StPO eingestellt habe.[652]

aa) Gefahrenprognose unabhängig von Einstellung nach §§ 153, 153a StPO

Diese Kritik verkennt die materiell-rechtliche Bedeutung des Stadionverbotes als zivilrechtlichen Unterlassungsanspruch. Zutreffend weist der Bundesgerichtshof darauf hin, dass es nicht auf die Strafbarkeit des Betroffenen ankomme, sondern alleine auf das dem Stadionverbot zugrunde liegende Verhalten des

---

647 Ob dies für alle Straftatbestäände, die § 4 Abs. 3 SVR nennt, zu bejahen ist, wird im Kapitel 3 untersucht, vgl. vertiefend: S. 191 ff.

648 *BGH*, NJW 2010, 534 (536).

649 Vgl. zur ausführlichen Darstellung des § 6 SVR: Kapitel 1C.III.1.f), S. 86 ff.

650 *Marzahn*, ZJS 2010, 428 (433); *Orth/Schiffbauer*, RW 2011, 177 (194); *Schoreit*, in: *Hannich*, Karlsruher Kommentar, § 153 StPO Rn. 7 m.w.N.; *Döhmann/Kehr*, DVBl 2011, 930 (934). *OLG Zweibrücken*, NJW 1996, 2246 (2247). Dies wird auch in den Medien kritisiert: http://www.sueddeutsche.de/sport/urteil-zu-stadionverboten-rechtsstaatlich-untragbar-1.146982, abgerufen am 03.11.2011. *Döhmann/Kehr* kritisieren darüber hinaus, dass die Einstellungsentscheidung nicht begründet werden müsse; da dies nicht auf die Sphäre des Betroffenen zurückzuführen sei, dürfe die Unaufklärbarkeit des Sachverhalts nicht zu Lasten des Betroffenen herangezogen werden, *Döhmann/Kehr*, DVBl 2011, 930 (934).

651 *Marzahn*, ZJS 2010, 428 (433); *Heermann*, NJW 2010, 537 (537); *Orth/Schiffbauer*, RW 2011, 177 (210). Davon zu unterscheiden ist die Anregung der Polizei am Anfang des Stadionverbotsverfahrens, ein Stadionverbot auszusprechen.

652 Diese Kritik übt Rechtsanwalt *Marco Noli*, der den Kläger bis zum Bundesgerichtshof vertreten hatte, vgl. dazu: http://www.taz.de/!43139/, abgerufen am 03.11.2011. Vgl. zu den Rechtsschutzmöglichkeit des Betroffenen vertiefend: Kapitel 6B.II, S. 445 ff.

Klägers, das Anlass für die Einleitung des Ermittlungsverfahrens gegeben hat.[653] An diesen Tatumstände ändert sich nichts, wenn die Staatsanwaltschaft das Ermittlungsverfahren nach §§ 153, 153a StPO einstellt, da sie dadurch nur ausdrückt, dass die Schuld des Betroffenen gering wäre, falls er sich strafbar gemacht haben sollte.[654] Dadurch werden die Tatsachen, die dem Anfangsverdacht zugrunde liegen, weder ent- noch bekräftigt.[655]

Auf diese Tatsachen ist die Gefahrenprognose materiell-rechtlich gemäß §§ 1004 Abs. 1 S. 2, 862 Abs. 1 S. 2 BGB gestützt.[656] Wenn ihre Glaubwürdigkeit unberührt bleibt, auch wenn das Ermittlungsverfahren eingestellt wird, ändert sich an dieser zivilrechtlichen Gefahrenprognose nichts. Die Vereine dürfen weiterhin davon ausgehen, dass der Betroffene künftig die Sicherheit eines Fußballspiels beeinträchtigen wird. Die hiergegen erhobene Kritik verkennt, wie die materiellen Tatbestandsvoraussetzungen des Zivilrechts, der strafprozessualen Anfangsverdacht und die Einstellungsverfügung der Staatsanwaltschaft ineinander greifen. Das Stadionverbot kann zivilrechtlich aufrechterhalten bleiben, solange der strafprozessuale Anfangsverdacht nicht vollständig (gemäß § 170 Abs. 2 StPO) ausgeräumt ist.

bb) Kein Verstoß gegen die Unschuldsvermutung trotz Verfahrenseinstellung

Dem steht die rechtsstaatliche Unschuldsvermutung nicht entgegen. Diese ist im Zivilrechtsverhältnis zwischen Zuschauer und Verein nicht anzuwenden.[657] Selbst wenn sie mittelbar in das Zivilrechtsverhältnis ausstrahlen würde, verstößt die oben beschriebene Gefahrenprognose nicht gegen die Unschuldsvermutung.[658]

Dies bestätigt auch das Bundesverfassungsgericht in seinem Beschluss vom 16.5.2002 zur präventiv-polizeilichen Datenspeicherung: „Die Vermutung der Unschuld gilt bis zu einem etwaigen richterlichen Schuldspruch. Kommt es nicht dazu, gilt sie fort. Bei der Verfahrensbeendigung durch Einstellung nach §§ 153 ff. StPO oder bei einem Freispruch, der ausweislich der Gründe aus

---

653 *BGH*, NJW 2010, 534 (536); *Gietl*, JR 2010, 50 (50).

654 *BGH*, NJW 2010, 534 (535); *BVerwG*, NZWehrr 2006, 153 (154); *Beukelmann*, in: *Graf*, BeckOK-StPO, § 153 StPO Rn. 2.

655 *BGH*, NJW 2010, 534 (535); *BVerwG*, NZWehrr 2006, 153 (154); *Beukelmann*, in: *Graf*, BeckOK-StPO, § 153 StPO Rn. 2; *Orth/Schiffbauer*, RW 2011, 177 (216), die jedoch gleichzeitig darauf hinweisen, dass zumindest eine gewisse Verurteilungswahrscheinlichkeit gegeben sein muss.

656 Vgl. vertiefend zu den Anforderungen an die Gefahrenprognose: Kapitel 1C.II.2.b)bb), S. 73 f.

657 Vgl. vertiefend: Kapitel 2B.IV.1.a)dd), S. 151 ff.

658 Vgl. vertiefend: Kapitel 2B.IV.1.a)dd), S. 151 ff.

Mangel an Beweisen erfolgt, ist der Straftatverdacht nicht notwendig ausgeräumt. Darf er Grundlage für Maßnahmen der weiteren Datenspeicherung sein, so steht die Unschuldsvermutung als solche dem nicht entgegen."[659] Wenn die Unschuldsvermutung sogar dem Staat nicht verbietet, Präventivmaßnahmen auf einen Anfangsverdacht nach § 152 Abs. 2 StPO zu stützen und diese selbst dann aufrecht zu erhalten, wenn das Strafverfahren gemäß §§ 153 ff. StPO eingestellt ist, muss dies erst recht für das privatrechtlich organisierte Stadionverbotsverfahren gelten.

Dies gilt allerdings nach dem Beschluss des Bundesverfassungsgerichts vom 29.5.1990 nur unter der Voraussetzung, dass dem Stadionverbot kein Strafcharakter beigemessen wird: „Die Unschuldsvermutung verbietet, gegen den Beschuldigten Maßregeln zu verhängen, die in ihrer Wirkung einer Strafe oder strafähnlichen Sanktion gleichkommen, oder ihm in einer strafgerichtlichen Entscheidung Schuld zuzuweisen, ohne daß ihm in dem gesetzlich dafür vorgeschriebenen Verfahren strafrechtliche Schuld nachgewiesen worden ist. Rechtsfolgen, die keinen Strafcharakter haben, können darum auch in einer das Verfahren abschließenden Entscheidung an einen verbleibenden Tatverdacht geknüpft werden."[660] Dass das zivilrechtliche Stadionverbot keinen Strafcharakter hat, sondern als zivilrechtliche Präventivmaßnahme einzustufen ist, wurde oben bereits ausführlich dargestellt.[661]

cc) Keine Korrektur über zivilprozessuale Grundsätze

Nach der Auffassung von *Gietl* sei das Stadionverbot grundsätzlich aufzuheben, wenn das Ermittlungsverfahren eingestellt werde.[662] Wenn man dem Verein eine Beweiserleichterung gewähre, indem er an die Einleitung des Ermittlungsverfahrens anknüpfen könne, sei es gerechtfertigt, diese anschließend zu verweigern, wenn die Grundlage der Beweiserleichterung entfallen sei, weil das Ermittlungsverfahren eingestellt worden ist.[663]

Dem ist nicht zuzustimmen. *Gietl* vermischt unzulässig die materiellrechtlichen Anforderungen an das Stadionverbot und die Darlegungs- und Be-

---

659 *BVerfG*, NJW 2002, 3231 (3231). Etwas anderes gilt nur dann, wenn hierdurch sämtliche Verdachtsmomente gegen den Beschuldigten restlos ausgeräumt worden sind, vgl. auch: *Ritzert*, in: *Graf*, BeckOK StPO, § 81b StPO Rn. 2.

660 *BVerfG*, NJW 1990, 2741 (2742).

661 Vgl. vertiefend: Kapitel 1D.IV, S. 104 ff.

662 *Gietl*, JR 2010, 50 (51).

663 *Gietl*, JR 2010, 50 (51). Allerdings sei es dem Verein vorbehalten, an dem Stadionverbot festzuhalten, wenn er seiner Darlegungs- und Beweislast anders als durch die Einleitung des Ermittlungsverfahrens nachkommen könne, *Gietl*, JR 2010, 50 (51). Vgl. dazu vertiefend: Kapitel 2C.II, S. 187 f.

weislast des Vereins. Der Verein muss die materiellen Tatbestandsvoraussetzungen eines Stadionverbots darlegen und gegebenenfalls beweisen. Dazu gehört insbesondere die Gefahrenprognose i.S.d. §§ 1004 Abs. 1 S. 2, 862 Abs. 1 S. 2 BGB. Diese setzt materiell-rechtlich eine objektive Tatsachengrundlage voraus, die § 152 Abs. 2 StPO entspricht. An dieser Stelle greifen das Strafprozessrecht in § 152 Abs. 2 StPO und das materielle Zivilrecht in §§ 1004 Abs. 1 S. 2, 862 Abs. 1 S. 2 BGB ineinander: Eine ausreichende Tatsachengrundlage für die Prognose künftiger Sicherheitsbeeinträchtigungen besteht materiell-rechtlich jedenfalls dann, wenn der Betroffene einer Straftat im Grade des § 152 Abs. 2 StPO verdächtigt wird. Dies muss der Verein darlegen und beweisen, indem er sich auf die Einleitung des Ermittlungsverfahrens beruft. Dem Verein wird insofern zivilprozessual kein Beweis erleichtert. Stattdessen laufen das materielle Zivilrecht in §§ 1004 Abs. 1 S. 2, 862 Abs. 1 S. 2 BGB und das Strafprozessrecht in § 152 Abs. 2 StPO diesbezüglich parallel. Wenn die Einstellung des Ermittlungsverfahrens sich strafprozessual nicht auf § 152 Abs. 2 StPO auswirkt, bleibt auch die materielle Gefahrenprognose des Zivilrechts in §§ 1004 Abs. 1 S. 2, 862 Abs. 1 S. 2 BGB unverändert.

dd) Zwischenergebnis: Keine Aufhebungspflicht nach Verfahrenseinstellung

Das bundesweite Stadionverbot kann gemäß § 6 SVR grundsätzlich aufrecht erhalten bleiben, auch wenn die Staatsanwaltschaft das Ermittlungsverfahren einstellt, es sei denn, sie räumt in ihrer Einstellungsverfügung jeden Tatverdacht gegen den Störer aus. Allgemeiner ausgedrückt: Wenn der Hausrechtsinhaber einem Kontrahierungszwang unterliegt, muss er den sachlichen Grund eines ausgesprochenen Hausverbots nicht anders bewerten, nur weil die Staatsanwaltschaft das Ermittlungsverfahren nach §§ 153, 153a StPO einstellt. Anders betrachtet: Es wirkt sich nicht auf die Besorgnis künftiger Störungen im Sinne eines zivilrechtlichen Unterlassungsanspruchs aus, wenn die Staatsanwaltschaft das Ermittlungsverfahren gegen den Anspruchsgegner einstellt, es sei denn, sie räumt in ihrer Einstellungsverfügung jeden Tatverdacht gegen den Störer aus.

2. Anforderungen an den sachlichen Grund eines Stadionverbots bei Gruppenausschreitungen

Damit steht fest, dass die Tatsachen, die den sachlichen Grund eines Stadionverbots bilden, grundsätzlich mit dem strafprozessualen Ermittlungsverfahren verknüpft werden können. Dies bedeutet jedoch nicht, dass alle Tatsachen, die einen Anfangsverdacht i.S.d. § 152 Abs. 2 StPO rechtfertigen, die Vereine zugleich berechtigen, ein bundesweites Stadionverbot auszusprechen. Hinzutreten muss neben der kausalen Verbindung zu einer Fußballveranstaltung auch, dass sich die vorgeworfene Tat gegen das Hausrecht richtet. Dies wird für die in § 4 Abs. 3 SVR genannten Regelbeispiele im 3. Kapitel ausführlich geprüft.[664] Entscheidend für die Problematik, die sich aus dem Urteil des Bundesgerichtshofs ergibt, ist eine weitere, davon zu unterscheidende Voraussetzung:

Nicht jedes Ermittlungsverfahren führt zu einem bundesweiten Stadionverbot. Der diesem zugrunde liegende Anfangsverdacht muss einen sog. schweren Fall darstellen, der bundesweit künftige Sicherheitsbeeinträchtigungen auch in Stadien besorgen lässt, in deren Nähe sich der Betroffene im Tatzeitpunkt nicht aufgehalten hat. Maßgebend sind dafür die Tatsachen des Einzelfalls:[665] Der Bundesgerichtshof warf am 30.10.2009 die Frage auf, welche Tatsachen gegen den Zuschauer bei Gruppenausschreitungen im Einzelnen festgestellt sein müssen, um einen schweren Fall i.S.d. § 4 Abs. 3 SVR zu begründen. Er sah es als ausreichend an, dass der Zuschauer einer Gruppe zugehörte, von der Gewalt ausging, wenn gegen ihn ein Ermittlungsverfahren eingeleitet wurde, auch wenn der Täter innerhalb der Gruppe später nicht ermittelt werden könne.[666] Dies ist kritisch zu überprüfen.

a) Ausgangspunkt: Wertung vorrangiger Sicherheitsinteressen

Auszugehen ist von den obigen grundgesetzlichen Wertungen, die mittelbar in das Zivilrecht ausstrahlen: An den sachlichen Grund eines Stadionverbots sind wegen der besonderen Interessenlage bei sportlichen Großveranstaltungen keine überhöhten Anforderungen zu stellen.[667] Möglicherweise können die Grundrechte den Zuschauer jedoch besonders schützen, wenn er sich im Zeitpunkt der Ausschreitungen in einer Gruppe befindet.

aa) Kein grundrechtlicher Schutz durch Vereinigungsfreiheit

Auf die Vereinigungsfreiheit kann er sich dazu nicht berufen. Art. 9 Abs. 1 GG schützt Fangruppierungen nicht, selbst dann nicht, wenn sie sich als eingetragene Vereine (Fanclubs) organisiert haben. Die Vereinigungsfreiheit schützt nur vereinsspezifisches Handeln,[668] in welches ein Stadionverbot nicht eingreift.

---

664 Vgl. vertiefend: Kapitel 3B, S. 194 ff.

665 *BGH*, NJW 2010, 534 (535); *Gietl*, JR 2010, 50 (50).

666 *BGH*, NJW 2010, 534 (536).

667 *BGH*, NJW 2010, 534 (536).

668 *BVerfG*, NJW 1986, 772 (772); *Haslinger*, Zuschauerausschreitungen, S. 65 f. m.w.N.; *Cornils*, in: *Epping/Hillgruber*, BeckOK-GG, Art. 9 GG Rn. 13 ff. m.w.N.

bb) Kein grundrechtlicher Schutz durch Versammlungsfreiheit

Möglicherweise verstärkt die Gruppenzugehörigkeit des Zuschauers seine Rechtsposition, wenn er sich auf den grundrechtlichen Schutz aus Art. 8 Abs. 1 GG stützen könnte. Dessen Schutzbereich setzt eine Versammlung voraus, die von einer bloßen Ansammlung abzugrenzen ist. Der enge Versammlungsbegriff erfordert eine Zusammenkunft, die bezweckt, öffentliche Angelegenheiten zu erörtern, zu beraten oder eine Meinung öffentlich kundzutun.[669] Die gemeinsame Anreise von Zuschauern zu einem Fußballspiel müsste diese Voraussetzungen erfüllen.

Walker lehnt dies ab.[670] Seine Auffassung begründet er nicht. *Ruhs* verneint einen Eingriff in Art. 8 Abs. 1 GG, da die Zuschauer einen gleichen, aber regelmäßig keinen gemeinsamen Zweck verfolgen.[671] *Breuker* ergänzt, dass die Zuschauer eines Fußballspiels zwar innerlich verbunden seien, sich jedoch nicht in öffentlichen Angelegenheiten äußern.[672] Dies ist grundsätzlich zutreffend, aber unvollständig. Ein Fußballspiel dient als Sportveranstaltung vorrangig nicht Versammlungs-, sondern Unterhaltungszwecken. Allerdings kann dies von einzelnen Zuschauern auch genutzt werden, um eine öffentliche Meinung kundzutun, beispielsweise durch Choreographien, die gegen Stadionverbote oder Polizeiwillkür protestieren.[673] Dann ist der besondere Schutz aus Art. 8 Abs. 1 GG gerechtfertigt. Jedoch endet dieser Schutz, sobald die Versammlung gewalttätig

---

669 *BVerfG*, NJW 2001, 2459 (2459 f.); *BayObLG*, NJW 1970, 479 (480); *VGH Mannheim*, NVwZ-RR 1995, 271; *VGH BW*, DVBl 1995, 361; *Schild*, in: *WFV*, Rechte Sportstätte, S. 66 (91).

670 *Walker*, in: *Kauerhof u.a.*, Zuschauer als Störer, S. 51 (63); *Walker*, in: *Gödicke u.a.*, FS Schapp, S. 491 (500); *Walker*, in: *Höfling/Horst*, Sport und Gewalt, S. 51 (70). Auch im Strafrecht ist für § 125 StGB anerkannt, dass Art. 8 Abs. 1 GG keinen Rechtfertigungsgrund für Straftaten darstellt, da dort nur friedliche Demonstrationen geschützt sind, *Schäfer*, in: *Joecks/Miebach*, MüKo StGB, § 125 StGB Rn. 41 m.w.N.

671 *Ruhs*, Sicherheit und Ordnung, S. 3 f. m.w.N.

672 *Breucker*, NJW 2006, 1233 (1236).

673 Am 09.10.2010 demonstrierten in Berlin mehr als 5000 Fußballfans gegen Stadionverbote und Polizeiwillkür, vgl. http://www.spiegel.de/sport/fussball/0,1518,722340,00.html, abgerufen am 17.03.2012. Praxisbeispiele von Choreographien gegen Stadionverbote und Polizeiwillkür: http://de.wikipedia.org/wiki/Tifo, abgerufen am 10.02.2012, und http://www.fussballmafia.de/stadionverbot-willkuerliche-stadionverbote/, abgerufen am 06.02.2012. Häufig handelt es sich hierbei um die so genannte Ultra-Szene, vgl. *Blumberg*, Stadionverbot, S. 63; http://www.fananwaelte.de/Fanalltag/1,000000384532,8,1, abgerufen am 06.02.2012. Ein häufiger Demonstrationsspruch gegen Stadionverbote lautet: „Fußballfans sind keine Verbrecher“, vgl. *Orth/Schiffbauer*, RW 2011, 177 (178).

wird.[674] Die Versammlungsfreiheit kann die Rechtsposition des Einzelnen dann nicht stärken. Folglich ergibt sich aus der Gruppenzugehörigkeit des Betroffenen kein besonderer grundrechtlicher Schutz, der es rechtfertigen würde, von der oben getroffenen Güterabwägung abzuweichen.

b) Kein Widerspruch zu bisheriger Rechtsprechung des Bundesgerichtshofs

Deswegen ist *Walker* auch darin zuzustimmen, dass die (entgegenstehende) Rechtsprechung zu Großdemonstrationen nicht auf die Fußball-Stadionverbote übertragen werden kann.[675] Nach dieser Rechtsprechung darf die Demonstrationsfreiheit nicht dadurch unterlaufen werden, dass zu geringe Anforderungen an die Haftung einzelner gestellt werden, wenn sie an Gewaltakten anderer Demonstranten teilnehmen.[676] Es sei verfassungswidrig, die Haftung auf passiv bleibende Sympathisanten auszudehnen.[677] Diese Wertungen sind auf die besondere Bedeutung der Versammlungsfreiheit gestützt. Diese schützt Zuschauer während gewalttätigen Ausschreitungen grundsätzlich jedoch nicht.[678]

Darüber hinaus betrifft die Rechtsprechung zu Großdemonstrationen ausschließlich Schadensersatzansprüche.[679] Dogmatische Grundlage des Stadionverbots ist ein Unterlassungsanspruch, der wegen seiner Tatbestandsvoraussetzungen und seines präventiven Zwecks weniger strengen Voraussetzungen unterliegt. Das Gruppenzugehörigkeits-Kriterium des Bundesgerichtshofs für ein Stadionverbot widerspricht seiner Rechtsprechung zu Großdemonstrationen deswegen nicht.

Stattdessen setzt der Bundesgerichtshof in seinem Urteil vom 30.10.2009 sogar seine bisherige Rechtsprechung vom 3.2.1976 zum Begriff des Störers eines Unterlassungsanspruchs fort: „Auszugehen ist davon, daß als Störer jeder anzusehen ist - ohne Rücksicht darauf, ob ihn ein Verschulden trifft -, der die Störung herbeigeführt hat oder dessen Verhalten eine Beeinträchtigung befürchten läßt (...). Sind bei einer Beeinträchtigung mehrere Personen beteiligt, so kommt es für die Frage, ob ein Unterlassungsanspruch gegeben ist, grundsätzlich nicht auf Art und Umfang des Tatbeitrages oder auf das Interesse des ein-

---

674 *Depenheuer*, in: *Maunz/Dürig*, Art. 8 GG Rn. 78 ff. m.w.N. Zum Strafrecht: *Schäfer*, in: *Joecks/Miebach*, MüKo StGB, § 125 StGB Rn. 41 m.w.N.

675 *Walker* lehnt es ebenfalls ab, die Rechtsprechung zu Großdemonstrationen auf Stadionverbote zu übertragen, vgl. *Walker*, in: *Gödicke u.a.*, FS Schapp, S. 491 (499 ff.); *Walker*, in: *Kauerhof u.a.*, Zuschauer als Störer, S. 51 (62 f.).

676 *BGH*, NJW 1984, 1226 (1229).

677 *BGH*, NJW 1984, 1226 (1229 f.).

678 Vgl. vertiefend: Kapitel 2B.IV.2.a)bb), S. 162 f.

679 *Walker*, in: *Kauerhof u.a.*, Zuschauer als Störer, S. 51 (63); *Walker*, in: *Gödicke u.a.*, FS Schapp, S. 491 (500).

zelnen Beteiligten an der Verwirklichung der Störung an. Im Allgemeinen ist ohne Belang, ob er sonst nach der Art seines Tatbeitrages als Täter oder Gehilfe anzusehen wäre (...).“[680] In seinen Urteilen vom 27.5.1986 und 9.12.2003 bestätigte der Bundesgerichtshof diese Entscheidung nochmals ausdrücklich.[681] Die Grundsätze dieser Rechtsprechung sind auch in der Literatur anerkannt.[682] Obwohl die Entscheidungen aus den Jahren 1976, 1986 und 2003 in einem medienrechtlichen Zusammenhang ergangen sind, betreffen sie dennoch dieselbe dogmatische Grundlage wie das Stadionverbot: einen Unterlassungsanspruch. Deswegen verwundert es, dass weder der Bundesgerichtshof noch *Walker* diese Rechtsprechung aufgreifen, um die getroffenen Wertungen im Zusammenhang mit den bundesweiten Stadionverboten zu bestätigen. Schließlich setzt das Urteil vom 30.10.2009 eine Rechtsprechung fort, die zu diesem Zeitpunkt bereits seit ca. 33 Jahren bestand.

c) Keine Parallele zum Gefahrenbegriff im Polizeirecht

Dem Gruppenzugehörigkeits-Kriterium kann zudem nicht entgegengehalten werden, dass die soziale Gruppenzugehörigkeit kein Indiz für die Gefahr sei, die ein polizeiliches Aufenthaltsverbot fordere.[683] Diese von *Klesczewski* angestrebte Parallele[684] zwischen der Dogmatik des § 1004 BGB zu dem öffentlich-rechtlichen Gefahrenbegriff[685] eines Aufenthaltsverbots ist systematisch abzulehnen.

Zwar wirken das öffentlich-rechtliche Aufenthaltsverbot und das privatrechtliche Stadionverbot vergleichbar, sie führen nämlich dazu, dass der Betroffene einen räumlich abgegrenzten Bereich für einen bestimmten Zeitraum nicht mehr betreten darf. Allerdings muss das Polizeirecht systematisch als besonderes Gefahrenabwehrrecht des öffentlichen Rechts verstanden werden. Dieses ermächtigt den Staat vertikal zu Grundrechtseingriffen unmittelbar gegenüber dem Bürger. Demgegenüber wirkt das Stadionverbot ausschließlich horizontal im privatrechtlichen Verhältnis zwischen Zuschauer und Verein.[686] Zwar fließen

680 *BGH*, NJW 1976, 799 (800).

681 *BGH*, NJW 1986, 2503 (2504); *BGH*, NJW 2004, 762 (765).

682 *Keukenschrijver*, in: *Dauner-Lieb u.a.*, NK-BGB, § 1004 BGB Rn. 37 m.w.N.

683 *Klesczewski*, JZ 2010, 251 (253) m.w.N.

684 *Klesczewski*, JZ 2010, 251 (252 f.).

685 Zur weiteren Vertiefung des polizeilichen Gefahrenbegriffs und der polizeirechtlichen Verantwortlichkeit der Zuschauer und Fußballvereine: *Brinktine*, in: *Kauerhof u.a.*, Doping und Gewaltprävention, S. 167 ff.; *Siegel*, NJW 2013, 1035 (1036 ff.).

686 Das gesetzliche Schuldverhältnis aus §§ 1004 Abs. 1 S. 2, 862 Abs. 1 S. 2 BGB übt in der Praxis die sog. „Stadionverbots-GbR“ aus, vgl. dazu ausführlicher: Kapitel 4B.II.4,

die Wertungen der Grundrechte über die Generalklauseln in das Privatrechtsverhältnis ein, allerdings nur mittelbar. Der Staat unterliegt im direkten Verhältnis zum Bürger einer deutlich strengeren Grundrechtsbindung.[687] Die Eingriffssystematik des Polizeirechts kann nicht auf das Zivilrecht übertragen werden. Das öffentliche Polizeirecht steht zudem nur im Rang eines einfachen Gesetzes. Mittelbare Drittwirkung in das Zivilrecht strahlen aber nicht alle öffentlichrechtlichen Normen, sondern nur die höherrangigen, in der Verfassung verankerten Grundrechte aus. Die Kriterien eines polizeilichen Gefahrenbegriffes können nicht auf das zivilrechtliche Stadionverbot übertragen werden.

d) Der Rechtsgedanke aus § 830 BGB

Stattdessen überzeugt die von *Walker* vorgeschlagene Analogie zu § 830 Abs. 1 S. 2 BGB.[688] Diese Norm verkörpert die gesetzgeberische Wertung, dass jede Beteiligung als Anstifter, Gehilfe oder Mittäter innerhalb einer Gruppe dazu führt, dass alle Gruppenmitglieder gesamtschuldnerisch verantwortlich sind. Um den Geschädigten zu schützen, darf es nicht darauf ankommen, jedem einzelnen Gruppenmitglied die Kausalität ihres Tatbeitrages nachzuweisen, da die Rechtsordnung den Geschädigten anderenfalls nicht effektiv schützen könnte, wenn Gruppenmitglieder deliktisch handeln.

§ 830 Abs. 1 BGB erfasst nach seinem Wortlaut nur Schadensersatzansprüche, allerdings ist in Rechtsprechung und Literatur anerkannt, ihn auf Unterlassungsansprüche analog anzuwenden.[689] Dies ist auf das Stadionverbot zu übertragen. Da dem Stadionverbot kein Schadensersatz-, sondern ein Unterlassungsanspruch zugrunde liegt, besteht eine planwidrige Regelungslücke. Zudem ist die Interessenlage, die für ein Stadionverbot besteht, mit der in § 830 Abs. 1 S. 2 BGB zu vergleichen. Vorrangig ist das Bedürfnis der Vereine anzuerkennen, ihre Eigentumsrechte und den präventiven Schutz aller Stadionbesucher durchzusetzen.[690] Die besondere Gefahr sportlicher Großveranstaltungen und die daraus resultierenden Verkehrssicherungspflichten der Vereine sowie der Schutzauftrag des Staates fordern effektive Präventionsmaßnahmen gegen Gewalt in

---

S. 260 ff. Gegen eine Vergleichbarkeit des Stadionverbots mit einem Verwaltungsakt in anderem Zusammenhang: *Klode*, Pyrotechnik und Stadionverbote, S. 149.

687 *Nolte*, in: *Höfling/Horst*, Sport und Gewalt, S. 37 (49).

688 *Walker*, in: *Kauerhof u.a.*, Zuschauer als Störer, S. 51 (61); *Walker*, in: *Gödicke u.a.*, FS Schapp, S. 491 (498); *Walker/Klopp*, LMK 2010, 295984.

689 *BGH*, NJW 2003, 2525 (2526); *BGH*, NJW 1987, 2810 (2812); *BGH*, NJW 1971, 509 (510); *LG Köln*, NJW-RR 1990, 865 (866); *Walker*, in: *Gödicke u.a.*, FS Schapp, S. 491 (498) m.w.N.

690 Vgl. vertiefend zu der umfassenden Interessenabwägung: Kapitel 2B.IV.1.a)bb), S. 131 ff.

Fußballstadien. Solidarisierungseffekte gewaltbereiter Gruppen verstärken diese Gefahren zusätzlich.[691] Der Gesetzgeber bestätigt in § 830 BGB den Rechtsgedanken, dass der Schutz der Opfer deliktischen Verhaltens nicht von einem individuellen Kausalitätsnachweis abhängen darf, wenn der Beteiligte als Mitglied einer Gruppe gehandelt hat. Dies muss auch für einen Fußballfan gelten, der die Täter in einer Gruppe unterstützt, indem er sich in deren räumlicher Nähe befindet und der Gruppe zugehört. Dies kann die Täter psychisch motivieren oder sie schützen, indem ihre Identität nicht festgestellt werden kann.[692] Gruppenausschreitungen könnten anderenfalls nicht effektiv verhindert werden, so dass die Stadionbesucher nicht vor den besonderen Gefahren einer gewaltbereiten Gruppe geschützt wären.[693] Deswegen besteht eine vergleichbare Interessenlage zu dem Schutzzweck aus § 830 Abs. 1 S. 2 BGB.

Dagegen äußert *Klesczewski* Kritik.[694] Den Rechtsgedanken aus § 830 Abs. 1 S. 2 BGB anzuwenden, verkenne die tatsächlichen Verhältnisse einer Fußballveranstaltung, da es den Zuschauern in der Regel vor allem bei der Anreise zu Auswärtsspielen nicht möglich sei, sich von potenziellen Gewalttätern räumlich zu distanzieren.[695] Diese Kritik ist zurückweisen, obwohl er die tatsächlichen Verhältnisse vor, nach oder während eines Fußballspiels zutreffend beschreibt: Innerhalb des Stadions können sich Zuschauer wegen des Blockzwangs nicht von Gewalttätern entfernen. Reisen Auswärtsfans zum Fußballstadion, werden sie am Bahnhof oder auf dem Parkplatz in der Regel von Hundertschaften der Polizei erwartet. Die Polizisten kesseln die Zuschauer zwangsweise zu Gruppen ein, um sie geschlossen zum Stadion zu führen. Versuchen sie, sich zu distanzieren, unterbinden die Polizisten dies sofort. Sie wollen die Auswärtsfans gemeinsam zum Stadion führen, um die Gefahren der Anreise von Auswärtsfans besser beherrschen zu können (sog. einschließende Begleitung[696]).[697]

---

691 *Blumberg*, Stadionverbot, S. 5 m.w.N. Deswegen solle der Aufenthalt in solchen Gruppen so unattraktiv wie möglich gemacht werden, vgl. *Blumberg*, Stadionverbot, S. 5.

692 Vgl. diesbezüglich auch: *Walker*, in: *Gödicke u.a.,* FS Schapp, S. 491 (498); *Walker*, in: *Kauerhof u.a.,* Zuschauer als Störer, S. 51 (61); *Marzahn*, ZJS 2010, 428 (432).

693 Zu den besonderen Gefahren von Gruppenausschreitungen und den damit verbundenen Solidarisierungseffekten: *Marzahn*, ZJS 2010, 428 (432) m.w.N.

694 *Klesczewski*, JZ 2010, 251 (253); *Klesczewski*, in: *Kauerhof u.a.*, Zuschauer als Störer, S. 69 (72).

695 *Klesczewski*, JZ 2010, 251 (253); *Klesczewski*, in: *Kauerhof u.a.*, Zuschauer als Störer, S. 69 (72). So auch: *Marzahn*, ZJS 2010, 428 (432), jedoch ohne Bezug zu § 830 BGB.

696 Diese Maßnahme stützt sich auf die polizeiliche Generalklausel, *Ruhs*, Sicherheit und Ordnung, S. 9 f. m.w.N.

697 Unbeteiligten ist es häufig nicht möglich, größere Menschenansammlungen auf Zu- und Abfahrtswegen zum Stadion zu meiden, vgl. *Marzahn*, ZJS 2010, 428 (432). Nach den Auswertungen der ZIS sind an anlassbezogenen Straftaten zu einem wesentlichen Teil Gästefans überwiegend beteiligt: http://www.polizei-

Deswegen hängt es häufig vom Zufall ab (nämlich vom Zeitpunkt der Anreise oder vom Steh- oder Sitzplatz im Stadion), ob eine räumliche Nähe zu friedfertigen oder zu gewaltbereiten Zuschauern entsteht. In diesen Fällen darf die räumliche Nähe nicht als Solidarisierung mit etwaigen Störern gewertet werden. Anderenfalls besteht die Gefahr von willkürlichen Stadionverboten.

Diese Gefahr bestünde selbst dann, wenn die Zuschauer sich nicht zwangsweise, sondern freiwillig zu Gruppen zusammenschließen. Dies ist im und außerhalb des Stadions typisch für den Fußball. Dadurch entsteht die besondere Atmosphäre und Stimmung. Leider führen diese großen Emotionen (oft unter Alkoholeinfluss[698]) zu unvorhergesehenen Ausschreitungen. Wer sich zufällig in räumlicher Nähe dieser Spontanausschreitungen befindet, darf nicht mit einem Stadionverbot belegt werden. Sonst wäre der „Willkür Tür und Tor geöffnet"[699] und noch schlimmer: dem Fußball sein wichtigster Reiz genommen – die räumliche Geschlossenheit und Stimmung der Zuschauer im und außerhalb des Stadions.[700] Wer ein Stadionverbot sicher vermeiden will, müsste sich von jeder Zuschauergruppe fernhalten, selbst wenn sie bisher als friedfertig bekannt ist.

Klesczewski ist folglich in diesem Punkt zuzustimmen: Das Kriterium der räumlichen Nähe kann ein Stadionverbot nicht alleine rechtfertigen. Soweit er diese Erkenntnis nutzt, um die Entscheidung des Bundesgerichtshofs zu kritisieren, ist dem allerdings zu widersprechen,[701] denn der Bundesgerichtshof stellt nicht auf die räumliche Nähe zu einer gewaltbereiten Gruppe, sondern auf mehr, nämlich auf die Zugehörigkeit zu einer solchen Gruppe, ab: „Der Kläger ist *nicht zufällig in die Gruppe*, aus der heraus Gewalttaten verübt worden sind, geraten, sondern war Teil dieser Gruppe. *Die Zugehörigkeit zu dieser Gruppe*, mit

---

nrw.de/lzpd/stepone/data/downloads/a0/00/00/10-11jahresbericht-oeffentlich.pdf, abgerufen am 26.10.2011.

698 Übermäßiger Alkoholgenuss stellt nach wie vor eine wesentliche Ursache für die hohe Gewaltbereitschaft unter den Fans dar, vgl. *Ruhs*, Sicherheit und Ordnung, S. 23 m.w.N.; S. 41 des Sachstandsberichts der DFB-Egidius-Braun-Stiftung, http://www.dfb.de/uploads/media/PuS_PuS_DFB__3_.pdf, abgerufen am 10.11.2011.

699 Die Welt vom 31.10.2009, http://www.welt.de/die-welt/debatte/article5034678/Der-Willkuer-die-Tuer-geoeffnet.html, abgerufen am 28.06.2011.

700 Vgl. zur Gefahr, dass eine ungerechte Stadionverbotspraxis dem Fußball wichtige Emotionen nimmt: *Marzahn*, ZJS 2010, 428 (437).

701 Während *Klesczewski* in: JZ 2010, 251 (253) noch Zweifel geäußert hatte, „ob der 5. Zivilsenat die Zugehörigkeit zu einer Gruppe (auch) im Sinne der räumlichen Nähe während des Vorfalls verstehe", scheint er diese Zweifel in seinem später erschienen Beitrag in: *Kauerhof u.a.*, Zuschauer als Störer, S. 69 (72) aufgegeben zu haben, da er dort das Kriterium der „räumlichen Nähe" vorbehaltlos kritisiert, mithin ein entsprechendes Verständnis des *BGH* unterstellt. Auch *Geisler* und *Marzahn* betonen maßgeblich das Kriterium der räumlichen Nähe, *Geisler*, juristPR-BGHZivilR 25/2009, Anm. 4; *Marzahn*, ZJS 2010, 428 (432).

der der Kläger in Gewahrsam genommen wurde, *rechtfertigt die Annahme, dass er sich bei Fußballveranstaltungen in einem zu Gewalttätigkeiten neigenden Umfeld bewegt* und von ihm deshalb künftige, Dritte gefährdende Störungen zu besorgen sind; auf den Nachweis, er habe sich an den aus der Gruppe heraus begangenen Gewalttätigkeiten beteiligt, kommt es – entgegen der Auffassung der Revision – nicht an."[702]

e) Lösung über Definition der Gruppenzugehörigkeit

Problematisch ist jedoch, dass der Bundesgerichtshof das Kriterium der Gruppenzugehörigkeit nicht näher definiert.[703] Dies arbeiten auch *Orth/Schiffbauer* heraus: „Seinen neu kreierten *terminus technicus* versäumt der BGH jedoch mit Inhalt zu füllen, obwohl dieses Tatbestandsmerkmal einige Fragen hinsichtlich seiner objektiven Grundlagen, seiner subjektiven Einflüsse und auch der dadurch ausgelösten Rechtsfolgen aufwirft."[704] Das Kriterium der „Gruppenzugehörigkeit" näher zu definieren, ist wichtig, um Missverständnissen vorzubeugen, rechtsstaatliche Bedenken auszuräumen und dadurch zu erreichen, dass das Stadionverbot bei den Fans und in der Öffentlichkeit besser akzeptiert wird, so dass seine präventive Wirkung steigt.[705]

aa) Definition durch *Orth/Schiffbauer*

Orth/Schiffbauer lehnen das Kriterium der Gruppenzugehörigkeit im Ergebnis ab,[706] dennoch sollen ihre Ansätze, den Begriff der „Zugehörigkeit" zu definieren, aufgezeigt werden.

---

702 *BGH*, NJW 2010, 534 (536). Auch *Nolte* betont, dass der Bundesgerichtshof nicht auf die räumliche Nähe, sondern auf die Gruppenzugehörigkeit abstellt, *Nolte*, in: *Höfling/Horst*, Sport und Gewalt, S. 37 (48).

703 „Der Bundesgerichtshof wäre gut beraten gewesen, mit dem Reizthema „Stadionverbot" differenzierter und einfühlsamer umzugehen. Dies fordert nicht nur unser Grundgesetz; eine solche Gangart könnte darüber hinaus zu einer bislang kaum zu verzeichnenden Akzeptanz des vom Grunde her wirksamen und sinnvollen Mittels „Stadionverbot" unter den Fans verhelfen.", *Orth/Schiffbauer*, RW 2011, 177 (217). Dies hätte der *BGH* erreichen können, wenn er das Kriterium der „Gruppenzugehörigkeit" näher definiert hätte.

704 *Orth/Schiffbauer*, RW 2011, 177 (202).

705 So auch: *Orth/Schiffbauer*, RW 2011, 177 (217).

706 *Orth/Schiffbauer*, RW 2011, 177 (204).

1) Objektive Grundlagen der „Zugehörigkeit"

Sie gehen von der Bedeutung des Wortes „Zugehörigkeit" aus und verstehen es als „das bloße Dazugehören", „also die wertneutrale, auf objektiven Tatsachen gestützte Feststellung, Teil eines Ganzen zu sein"[707]. Diese Bedeutung sei weit gefasst und erfasse sogar jede Mitgliedschaft in einem Fanclub.[708] Qualitativ sei die Zugehörigkeit zu einer Gruppe von einer aktiven Tatbeteiligung abzugrenzen, da es genüge, sich im räumlichen Umfeld gewalttätiger Personen aufzuhalten.[709] Dies erfülle bereits nicht die Voraussetzungen des Landfriedensbruchs nach § 125 StGB.[710] Auch sei das Merkmal in zeitlicher Hinsicht „äußerst schnell erfüllt"[711]: unklar bleibe, ob die Zugehörigkeit bereits vor der ersten erkennbaren Gewalthandlung oder erst danach begründet werden müsse.

Hinzu komme, dass sich die Anhänger der Gastmannschaft regelmäßig entweder organisiert oder spontan zu Gruppen zusammenschließen, ohne die einzelnen Gruppenmitglieder zu kennen, um sich vor denkbaren Übergriffen von Anhängern der gegnerischen Mannschaft auf Einzelne zu schützen.[712] Problematisch sei zudem die von *Klesczewski* angesprochene Praxis, dass örtliche Sicherheitskräfte vor allem die Anhänger der Gastmannschaft zwangsweise zusammenschließen.[713] Dies führe letztlich dazu, dass Gewalthandlungen von Gruppenmitgliedern nicht vorherzusehen seien.[714] Häufig sei es einzelnen nicht möglich, sich dem Zusammenschluss der Gruppe zu entziehen.[715]

2) Subjektive Einflüsse auf Zugehörigkeit

Wie sich anhand dieser lebensnahen Beispiele erschließen lasse, sei eine vorsätzliche Zugehörigkeit zu einer gewaltbereiten Gruppe nicht notwendig.[716] Dadurch entstehe ein Widerspruch zu § 125 StGB, der für Gewalthandlungen Vorsatz und für bloße Unterstützungshandlungen sogar Absicht erfordere.[717] Diese Kriterien fehlten nach der Entscheidung des Bundesgerichtshofs völlig, da er nur nach dem Kriterium der „Zufälligkeit" differenziere.[718] Fußballfans seien – wie

707 *Orth/Schiffbauer*, RW 2011, 177 (202) m.w.N.
708 *Orth/Schiffbauer*, RW 2011, 177 (202); *Klesczewski*, JZ 2010, 251 (253).
709 *Orth/Schiffbauer*, RW 2011, 177 (202).
710 *Orth/Schiffbauer*, RW 2011, 177 (202) m.w.N.
711 *Orth/Schiffbauer*, RW 2011, 177 (202).
712 *Orth/Schiffbauer*, RW 2011, 177 (202 f.).
713 *Orth/Schiffbauer*, RW 2011, 177 (202); *Klesczewski*, JZ 2010, 251 (252).
714 *Orth/Schiffbauer*, RW 2011, 177 (203).
715 *Orth/Schiffbauer*, RW 2011, 177 (203).
716 *Orth/Schiffbauer*, RW 2011, 177 (203).
717 *Orth/Schiffbauer*, RW 2011, 177 (203) m.w.N.
718 *Orth/Schiffbauer*, RW 2011, 177 (203).

soeben aufgezeigt – in der Praxis jedoch in der Regel nicht zufällig einer Gruppe zugehörig; stattdessen hänge es vom Zufall ab, ob von der Gruppe später Gewalt ausgehe.[719] Nach dem Kriterium des Bundesgerichtshofs müsste ein Stadionverbot in diesen Fällen jedoch bejaht werden.[720]

bb) Stellungnahme: Vorschlag einer neuen Definition in Anlehnung an den Rechtsgedanken aus § 830 BGB unter Berücksichtigung der besonderen Verhältnisse des Fußballsports

Die Schlussfolgerungen von *Orth/Schiffbauer* überraschen, denn zunächst erkennen sie, dass der Bundesgerichtshof es versäumte, den Begriff der „Gruppenzugehörigkeit" mit Inhalt zu füllen. Anschließend beginnen sie, eine Definition dieses Begriffs zu entwickeln, um im Ergebnis festzustellen, dass die problematischen Sachverhalte in der Praxis unter die Definition des Bundesgerichtshofs zu subsumieren seien, ohne dass dies gerechtfertigt sei, so dass ungerechte Stadionverbote ausgesprochen werden könnten.

Dies ist widersprüchlich, denn wenn der Bundesgerichtshof das Kriterium der „Gruppenzugehörigkeit" nicht näher definiert, ist völlig offen, welche Sachverhalte unter dieses Kriterium in der Zukunft zu subsumieren sein werden. Eine Definition muss erst noch entwickelt werden. Dabei vergeben *Orth/Schiffbauer* eine wichtige Chance: Denn eine Definition des Kriteriums der „Gruppenzugehörigkeit" könnte die Wertungen berücksichtigen, die *Orth/Schiffbauer* anmahnen.

Der Bundesgerichtshof musste das Kriterium der Gruppenzugehörigkeit nicht definieren, weil feststand, dass der Kläger der gewalttätigen Gruppe zugehörte.[721] Im Rahmen der Kritik gegen die Auffassung von *Klesczewski* wurde bereits aufgezeigt, dass das Kriterium der räumlichen Nähe („Der Kläger ist nicht zufällig in die Gruppe, ..., geraten, ..."[722]) nicht das einzige, erst recht nicht das entscheidende Kriterium des Bundesgerichtshofs war. Stattdessen kommt es – wie *Orth/Schiffsbauer* selbst betonen – auf den „terminus technicus"

---

719 *Orth/Schiffbauer*, RW 2011, 177 (203).

720 *Orth/Schiffbauer*, RW 2011, 177 (203).

721 „Das Stadionverbot gründete sich demnach auf hinreichende Verdachtsmomente. Ausweislich der Berichtes der ... und ... (Bl. 7, 8 der beigezogenen Akte StA Duisburg) war der Kläger Mitglied einer aus ca. 80 Personen bestehenden Gruppe der " ... ", die sich selbst zur " ... "-Bewegung zählt und sich in Richtung Nordkurve bewegte. Der Kläger befand sich in der Gruppe, aus welcher es zu Provokationen und Körperverletzungsdelikten kam. Hinzu kommt, dass der Kläger nach eigenem Vortrag nicht zurück nach, sondern nach ... fahren wollte.", *LG Duisburg*, Urt. v. 20.11.2008 – 12 S 42/08.

722 *BGH*, NJW 2010, 534 (536).

der „Gruppenzugehörigkeit“ maßgeblich an.[723] Des Weiteren muss nach der Rechtsprechung des Bundesgerichtshofs gefragt werden, wann die Zugehörigkeit zu dieser Gruppe die Annahme rechtfertigt, dass der Betroffene „sich bei Fußballveranstaltungen in einem zu Gewalttätigkeiten neigenden Umfeld bewegt“[724]. Nur wenn diese Merkmale kumulativ erfüllt sind, steht nach dem Urteil vom 30.10.2009 fest, dass „von ihm deshalb künftige, Dritte gefährdende Störungen zu besorgen sind“[725]. Eine interessengerechte Definition dieser Merkmale kann anhand der anerkannten juristischen Auslegungsmethode entwickelt werden:

1) Wortlautgetreue Auslegung

Jede Auslegung muss vom Wortlaut ausgehen und den semantisch möglichen Wortsinn ermitteln (sog. logisch-grammatische Interpretation).[726] Dies hängt davon ab, wie das Wort im Sprachgebrauch verwendet wird.[727] Das Wort „Gruppenzugehörigkeit“ lässt sich in seinem Sprachgebrauch erfassen als eine Person, die „einer Gruppe“ „zugehört“. Daraus lässt sich ableiten, dass sich die „Gruppenzugehörigkeit“ aus zwei Begriffen zusammensetzt:

(a) Wortbedeutung „Gruppe“

Unter einer Gruppe versteht man eine „kleinere Anzahl von (zufällig) zusammengekommenen, dicht beieinander stehenden oder nebeneinander gehenden Personen (, die als eine geordnete Einheit erscheinen)“[728]. Den letztgenannten Definitionsteil verwendet der Duden in seiner Definition als Klammerzusatz. Daran wird deutlich, dass dieses Definitionselement nicht zwingend erforderlich ist. Wenn es erforderlich wäre, erscheint eine Gruppe nach außen als geordnete Einheit, wenn sich deren Personen nach gemeinsamen Merkmalen klassifizieren lassen.[729] Ein bestimmtes Organisationsniveau ist nicht erforderlich.[730] Daraus lassen sich bereits wesentliche Merkmal ableiten. Eine Gruppe setzt also eine

---

[723] *Orth/Schiffbauer*, RW 2011, 177 (201 f.).

[724] *BGH*, NJW 2010, 534 (536).

[725] *BGH*, NJW 2010, 534 (536).

[726] *Säcker*, in: *Säcker/Rixecker*, MüKo BGB, Einl. Rn. 136.

[727] *Säcker*, in: *Säcker/Rixecker*, MüKo BGB, Einl. Rn. 136 m.w.N.

[728] http://www.duden.de/rechtschreibung/Gruppe_Team_Abteilung_Einheit, abgerufen am 24.02.2012.

[729] http://www.duden.de/rechtschreibung/Gruppe_Team_Abteilung_Einheit, abgerufen am 24.02.2012.

[730] *Marzahn* weist darauf hin, dass bisher offen war, ob die gewalttätige Gruppe eines bestimmten Organisationsniveaus bedarf, oder ob hierzu jeglicher spontaner Zusammenschluss von Personen genügt, *Marzahn*, ZJS 2010, 428 (432).

gewisse Anzahl von Personen[731] und ein räumliches Beieinander voraus, das nicht lückenlos bestehen muss, jedoch für den Beobachter den Eindruck erwecken muss, als wären die Mitglieder zu einem Ganzen verbunden.

(b) Wortbedeutung „Zugehörigkeit“

Derjenige, der ein Stadionverbot erhalten soll, muss „Zugehöriger“ dieser Gruppe sein. „Zugehörigkeit“ meint „Dazugehören, Verbundenheit, Mitgliedschaft“.[732] Einer Gruppe zugehörig ist also jemand, der Mitglied dieser Gruppe ist oder in anderer Weise mit ihr verbunden ist. Das Wort „Mitgliedschaft“ kann dabei eine gesellschaftsrechtliche Mitgliedschaft meinen: Beispielsweise wenn der Betroffene Mitglied des in der konkreten Situation gewalttätigen Fanclubs ist, falls er vereinsrechtlich organisiert ist. Das Wort „Verbundenheit“ drückt gleichzeitig aus, dass eine gesellschaftsrechtliche Mitgliedschaft nicht zwingend erforderlich ist. Eine Zugehörigkeit entsteht auch, wenn sich jemand geplant oder spontan einer Ansammlung von Menschen tatsächlich anschließt, ohne dass es auf die rechtlichen Beziehungen der Personen zueinander ankommt. Entscheidend ist also eine tatsächliche Geschlossenheit des Personenkreises. Dafür könnte es allenfalls ein Indiz sein, dass jemand vereinsrechtliches Mitglied einer rechtlich organisierten Gruppe ist.

Wichtig ist jedoch hervorzuheben, dass die Mitgliedschaft in bestimmten Fanclubs alleine keinesfalls ausreicht, um ein Stadionverbot gegen den Betroffenen auszusprechen. Sie kann nur ein Beweisanzeichen für die Zugehörigkeit des Betroffenen zu der Gruppe darstellen, die nur eine von mehreren Voraussetzungen ist, die kumulativ erfüllt sein müssen, um ein Stadionverbot verhängen zu können. Außerdem kann auch jemand, der der Gruppe rechtlich zugehört, diese Vermutung widerlegen, indem er sich in der konkreten Situation tatsächlich bewusst (räumlich oder in sonstiger, klar erkennbarer Weise) von der Gruppe distanziert (sog. Negativkriterium einer Gefahrenprognose).[733]

Entstehende Abgrenzungsschwierigkeiten können durch das Merkmal der „Identifikation“ entschärft werden: Nach dem äußeren Erscheinungsbild muss darauf zu schließen sein, dass der Betroffene sich mit dem Handeln der Gruppe in der konkreten Situation identifiziert. Dafür besteht eine widerlegbare Vermu-

---

731 Welche Anzahl von Personen dazu erforderlich ist, lässt sich nicht abstrakt beziffern. Dies hängt vielmehr von den konkreten Umständen des Einzelfalls ab. Je nach Situation können mehr oder weniger Personen erforderlich sein, um den Eindruck der Geschlossenheit zu erwecken. Dazu werden auf einem weitflächigen Stadionvorplatz beispielsweise mehr Personen erforderlich sein als in der Fan-Kneipe.

732 http://www.duden.de/rechtschreibung/Zugehoerigkeit, abgerufen am 21.02.2012.

733 *Ruhs*, Sicherheit und Ordnung, S. 7 m.w.N.

tung, wenn er gesellschaftsrechtliches Mitglied dieser Gruppe ist, weil er sich dadurch dem Satzungszweck unterworfen und eine gemeinsame Gesinnung mit den übrigen Mitgliedern zum Ausdruck gebracht hat. Diese Vermutung kann im Einzelfall widerlegt werden, wenn der Betroffene sich nach außen erkennbar, in der konkreten Situation von den Aktivitäten der Gruppe distanziert. Besteht keine rechtliche Zugehörigkeit, muss der Verein im Einzelfall darlegen und beweisen, dass der Betroffene sich nach dem äußeren Erscheinungsbild mit der Gruppe identifiziert. Dazu reicht die räumliche Nähe zu der Gruppe nur, wenn sie nicht nur kurzfristig besteht und freiwillig herbeigeführt wurde. Werden mehrere Personen zwangsweise durch Sicherheitskräfte zusammengeschlossen, führt dies nicht dazu, dass die einzelnen Gruppenmitglieder sich verbunden fühlen oder sich mit der Gruppe identifizieren.

Anderenfalls besteht die Gefahr von willkürlichen Stadionverboten, da *Klesczewski* zutreffend dargestellt hat, dass Fußballfans oft räumlich zwangsweise zusammenstehen. Dann besteht zwar nach der obigen Definition eine Gruppe, jedoch sind deren Mitglieder nicht „Zugehörige" dieser Gruppe im Sinne dieses zweiten Definitionsmerkmals. Denn die Tatsache, dass alle Beteiligten dasselbe Fußballspiel besuchen wollen und Anhänger desselben Vereins sind (beispielsweise Auswärtsfans, die am Bahnhof gemeinsam zum Stadion geführt werden), begründet noch keine „Zugehörigkeit", denn es fehlt an der Mitgliedschaft oder Verbundenheit zu dieser konkreten Gruppe von Menschen, die in dieser Situation räumlich (und nicht nur ideell durch die Sympathie zur gleichen Mannschaft) zusammengeschlossen ist.

Deshalb fordert die „Gruppenzugehörigkeit" nach der semantischen Bedeutung folgende Merkmale, die kumulativ erfüllt sein müssen:

1. eine gewisse Anzahl von Personen
2. der äußere Eindruck der räumlichen Geschlossenheit
3. die freiwillige und nicht nur kurzfristige Nähe des Betroffenen zu der Gruppe
4. die Identifikation des Betroffenen mit dem Handeln der Gruppe nach dem äußeren Erscheinungsbild (Vermutung, wenn der Betroffene rechtlich mit der Gruppe verbunden ist und sich in der konkreten Situation nicht von deren Handeln erkennbar distanziert).

(c) Rechtfertigung der Annahme, dass Zugehöriger sich in gewaltbereitem Umfeld bewegt

Diese Gruppenzughörigkeit muss nach dem Bundesgerichtshof die Annahme rechtfertigen, dass sich der Betroffene in einem zu Gewalttätigkeiten neigenden

Umfeld bewegt. Dazu ist auf die oben dargestellte Wiederholungsgefahr in §§ 1004 Abs. 1 S. 2, 862 Abs. 1 S. 2 BGB zurückzugreifen.[734] Sie beruht auf einer tatsächlichen Vermutung: Fällt der Störer sicherheitsbeeinträchtigend auf, ist davon auszugehen, dass er dies künftig wiederholen wird, so dass der Störer hohe Anforderungen erfüllen muss, um dies zu widerlegen.[735] Die obige Diskussion hat gezeigt, dass eine sicherheitsbeeinträchtigende Störung auf die Tatsachen gestützt werden kann, die einem Anfangsverdacht i.S.d. § 152 Abs. 2 StPO, mithin der Einleitung eines strafprozessualen Ermittlungsverfahrens zugrunde liegen.[736] Deswegen kann die Wiederholungsgefahr sich darauf stützen, dass gegen den „Gruppenzugehörigen" Tatsachen ermittelt sind, die einen Anfangsverdacht einer Straftat gemäß § 125 StGB wegen Landfriedensbruch (§ 4 Abs. 3 Nr. 7 SVR[737]) begründen.

§ 125 Abs. 1 Nr. 1 StGB verwirklicht, wer sich an Gewalttätigkeiten gegen Menschen oder Sachen als Täter oder Teilnehmer beteiligt, die aus einer Menschenmenge in einer die öffentliche Sicherheit gefährdenden Weise mit vereinten Kräften begangen werden, oder wer auf die Menschenmenge einwirkt, um ihre Bereitschaft zu solchen Handlungen zu fördern. § 125 Abs. 1 Nr. 2 StGB lässt es auch ausreichen, dass Menschen mit Gewalttätigkeiten bedroht werden.

„Der Begriff der Menschenmenge bezeichnet eine nicht notwendigerweise ungezählte, aber doch so große Personenmehrheit, daß die Zahl nicht sofort überschaubar ist und daß es auf das Hinzukommen oder Weggehen eines einzelnen Menschen nicht mehr ankommt. Zudem muß zwischen den Personen ein so enger räumlicher Zusammenhang bestehen, daß bei Außenstehenden der Eindruck einer Menschenmenge als räumlich verbundenes Ganzes entsteht."[738] Eine Gewalttätigkeit i.S.d. § 125 Abs. 1 Nr. 1 StGB verlangt keine vollendete Körperverletzung i.S.d. §§ 223 ff. StGB; es reicht ein physischer Krafteinsatz durch aggressives, gegen die körperliche Integrität von Menschen oder gegen Sachen gerichtetes aktives Tun von einiger Erheblichkeit.[739] Diese Gewalttätigkeiten

---

734 Vgl. vertiefend: Kapitel 1C.II.2.b)bb), S. 73 f.

735 *BGHZ*, 14, 163 (167); *BGHZ*, 140, 1 (10 f.); *Breuker*, JR 2005, 133 (135) m.w.N.

736 Vgl. vertiefend: Kapitel 2B.IV.1.b), S. 157 ff.

737 Ob § 4 Abs. 3 SVR überhaupt mit den Vorgaben der §§ 1004 Abs. 1 S. 2, 862 Abs. 1 S. 2 BGB zu vereinbaren ist, wird aus Gründen der Übersicht erst im Kapitel 3 geprüft, vgl. S. 191 ff. „Maßgebend für die Beurteilung, ob aus einer Menschenmenge i.S. des § 125 Abs. 1 Nr. 1 StGB gehandelt wurde, ist der Zeitpunkt der Gewalttätigkeit - auf etwa ursprünglich friedliche Absichten kommt es nicht an. Im Zeitpunkt der Gewalttätigkeiten bildete hier die Menge nicht nur die Kulisse für das aggressive Vorgehen einzelner." BGH, NJW 1995, 2643 (2644).

738 *BGH*, NStZ 1993, 538 (538); *Rackow*, in: *v.Heintschel-Heinegg*, BeckOK StGB, § 125 StGB Rn. 7.

739 *BGH*, NJW 1995, 2643 (2644); *Rackow*, in: *v.Heintschel-Heinegg*, BeckOK StGB, § 125 StGB Rn. 8 m.w.N.

(oder Bedrohungen i.S.d. § 125 Abs. 1 Nr. 2 StGB) müssen mit vereinten Kräften aus der Menge begangen worden sein. Dazu muss sich nicht die gesamte Menge oder eine Personenmehrheit unfriedlich verhalten.[740] Es reicht aus, dass die Menschenmenge von einer feindseligen Grundstimmung getragen und Basis der Ausschreitungen ist.[741] Daraus muss eine Gefährdung der öffentlichen Sicherheit folgen, die voraussetzt, dass eine unbestimmte Vielzahl von Personen für Leib und Leben oder Hab und Gut fürchten müssen.[742]

Strafbar ist nach § 125 Abs. 1 StGB nur, wer sich aktiv als Täter oder Beteiligter i.S.d. §§ 25 ff. StGB an den Ausschreitungen beteiligt.[743] Dies setzt ein aktives Verhalten voraus: einerseits steht die bloße Anwesenheit nicht unter Strafe, andererseits fordert eine Beteiligung keine eigenhändige Ausführung.[744] Die bloße Zugehörigkeit zu unfriedlichen Menschen genügt nicht, um den Tatbestand des § 125 StGB zu erfüllen.[745] Dieser gesetzgeberische Wille darf nicht dadurch unterlaufen werden, dass man bereits das „bloße Dabeisein" als psychische Beihilfe zu den Gewalttätigkeiten der anderen Mitglieder der Menschenmenge wertet.[746] Dies gilt auch, wenn der Betreffende objektiv anderen Personen Gewalttätigkeiten oder Drohungen tatsächlich erleichtert, indem er passiv dabei ist und dies auch weiß.[747] Ein Indiz für eine weitergehende Beteiligung

---

740 *Schäfer*, in: *Joecks/Miebach*, MüKo StGB, § 125 StGB Rn. 16; *Rackow*, in: *v.Heintschel-Heinegg*, BeckOK StGB, § 125 StGB Rn. 10 m.w.N.

741 *OLG Köln*, NStZ-RR 1997, 234 (235); *AG Tiergarten*, NJW 1988, 3218 (3219). Die Menschenmenge darf nicht nur bloße Kulisse der Ausschreitungen sein, *Rackow*, in: *v.Heintschel-Heinegg*, BeckOK StGB, § 125 StGB Rn. 10 m.w.N. Ausschreitungen innerhalb einer Menschenmenge reichen auch nicht aus, um den Tatbestand des § 125 Abs. 1 StGB zu verwirklichen, *BGH*, NJW 1986, 1116 (1116).

742 *OLG Köln*, NStZ-RR 1997, 234 (235); *Rackow*, in: *v.Heintschel-Heinegg*, BeckOK StGB, § 125 StGB Rn. 11 m.w.N. Es reicht auch aus, wenn das Sicherheitsgefühl einer unbestimmten Vielzahl von Personen dadurch beeinträchtigt wird, dass sich die Ausschreitungen gegen einen einzelnen Betroffenen richten, der als Repräsentant einer bestimmten Gruppe angegriffen wird, *BGH*, NStZ 2004, 618 (618).

743 *Rackow*, in: *v.Heintschel-Heinegg*, BeckOK StGB, § 125 StGB Rn. 12 f. m.w.N.

744 *Rackow*, in: *v.Heintschel-Heinegg*, BeckOK StGB, § 125 StGB Rn. 12 m.w.N.; *Arzt*, in: *WFV*, Zuschauerausschreitungen bei Fußballspielen, S. 82 (87). Umstritten ist weiterhin, ob der Täter sich während seiner aktiven Beteiligung in der Menschenmenge befinden muss oder ob er sich auch außerhalb befinden kann, *Schäfer*, in: *Joecks/Miebach*, MüKo StGB, § 125 StGB Rn. 29; *Rackow*, in: *v.Heintschel-Heinegg*, BeckOK StGB, § 125 StGB Rn. 13 m.w.N. Ähnlich entschied der Bundesgerichtshof auch im Zusammenhang mit § 830 BGB, *BGH*, NJW 1984, 1226 (1232).

745 *Schäfer*, in: *Joecks/Miebach*, MüKo StGB, § 125 StGB Rn. 31.

746 *Schäfer*, in: *Joecks/Miebach*, MüKo StGB, § 125 StGB Rn. 31.

747 *BGH*, NStZ 1984, 549 (549); *Schäfer*, in: *Joecks/Miebach*, MüKo StGB, § 125 StGB Rn. 31 m.w.N. Es kommt somit für eine Strafbarkeit nach § 125 StGB darauf an, ob neben der bloßen Ortsanwesenheit zusätzliche objektive Verhaltensumstände feststellbar sind, die eine Solidarisierung mit den Gewalttätern erkennbar zum Ausdruck

stellt es jedoch dar, wenn der Betreffende sich ohne äußeren Zwang in einer gewalttätigen Gruppe befindet und sich während der Ausschreitungen nicht von ihr entfernt.[748]

Dabei muss der Betreffende zumindest bedingt vorsätzlich handeln, um sich strafbar zu machen.[749] Dazu muss er die Art der Ausschreitungen in ihren wesentlichen Merkmalen und Grundzügen konkretisiert vor Augen haben, ohne dass ihm alle Einzelheiten klar sein müssen.[750] Für eine Strafbarkeit nach § 125 StGB ist des Weiteren ein rechtswidriges und schuldhaftes Handeln erforderlich.

Daraus lassen sich für die Gefahrenprognose nach §§ 1004 Abs. 1 S. 2, 862 Abs. 1 S. 2 BGB folgende Schlüsse ableiten: Zunächst erfordert der präventive Unterlassungsanspruch keinen Verschuldensnachweis, so dass vorsätzliches oder fahrlässiges Handeln i.S.d. § 15 StGB und eine strafrechtliche Schuld i.S.d. §§ 19 ff. StGB nicht erforderlich sind.[751] Im Übrigen können die Anforderungen an die Tatsachenfeststellungen zu § 125 StGB im Wege des Erst-Recht-Schlusses (argumentum a fortiori) auf die Voraussetzungen für ein Stadionverbot übertragen werden.[752] Denn wenn sogar Tatsachen festgestellt werden, die es ermöglichen, den Betroffenen wegen Landfriedensbruchs zu bestrafen, dann kann sich darauf erst recht die zivilrechtliche Gefahrenprognose eines präventiven Unterlassungsanspruchs stützen: Dann ist zu besorgen, dass der Betroffene künftig sicherheitsbeeinträchtigend auftreten wird.

Dabei reichen wegen des präventiven Charakters Tatsachen aus, die einen Anfangsverdacht in Bezug auf den Landfriedensbruch rechtfertigen. Die Tatbestandsmerkmale des § 125 StGB können somit herangezogen werden, um zu begründen, wann die Gruppenzugehörigkeit zivilrechtlich die Annahme rechtfertigt, dass der Betroffene sich in einem gewaltbereiten Umfeld bewegt. Daraus ergeben sich folgende Kriterien für die zivilrechtliche Gefahrenprognose, zusammengefasst nach Kriterienbündeln:

---

bringen und von diesen als Unterstützung ihrer unfriedlichen Aktionen wahrgenommen werden können, *Schäfer*, in: *Joecks/Miebach*, MüKo StGB, § 125 StGB Rn. 31 m.w.N.

748 *BGH*, NStZ 1984, 549 (549); *Schäfer*, in: *Joecks/Miebach*, MüKo StGB, § 125 StGB Rn. 31 m.w.N.

749 *OLG Köln*, NStZ-RR 1997, 234 (235); *Schäfer*, in: *Joecks/Miebach*, MüKo StGB, § 125 StGB Rn. 37 m.w.N.; *Rackow*, in: *v.Heintschel-Heinegg*, BeckOK StGB, § 125 StGB Rn. 16 m.w.N.

750 *Schäfer*, in: *Joecks/Miebach*, MüKo StGB, § 125 StGB Rn. 37 m.w.N.

751 *BGH*, NJW 1976, 799 (800); *BGH*, NJW 2004, 762 (765); *Haslinger*, Zuschauerausschreitungen, S. 191 m.w.N.

752 Vertiefend zum „argumentum a fortiori“: *Sprau*, in: *Palandt*, Einl v § 1 BGB Rn. 51.

1) *Gewalttätige Gruppe*
   a. räumlicher Zusammenschluss von Menschen mit gewisser Anzahl, die äußerlich als verbundenes Ganzes erscheinen
   b. feindselige Grundstimmung der Gruppe als Basis der Ausschreitungen
   c. Gewalttätigkeiten aus der Menge mit vereinten Kräften
2) *Kausale Gefährdung der öffentlichen Sicherheit für eine Vielzahl von Personen oder Sachen von erheblichem Wert*
3) *Gruppenzugehörigkeit des Betroffenen*
   a. freiwillige und nicht nur kurzfristige räumliche Nähe zu der Gruppe im Zeitpunkt der Ausschreitungen
   b. Identifikation des Betroffenen mit der Gruppe (tatsächliche Vermutung bei rechtlicher Zugehörigkeit)
4) *Aktive, rechtswidrige Beteiligung des Betroffenen*
   (tatsächliche Vermutung, wenn er sich nicht von den Ausschreitungen entfernt)

Der Verein darf nach wortlautgetreuer Auslegung ein bundesweites Stadionverbot aussprechen, wenn er im konkreten Einzelfall diese Merkmale kumulativ den Tatsachen entnehmen kann, die dem Anfangsverdacht eines Landfriedensbruchs zugrunde liegen.

2) Systematische Auslegung

Dieses Ergebnis der wortlautgetreuen Auslegung ist anhand der systematischen Interpretation zu überprüfen. Sie hat das Ziel, dasjenige Auslegungsergebnis zu ermitteln, das sich möglichst widerspruchsfrei und kohärent in die bestehende Rechtsordnung zu einer Wertungseinheit zusammenfügt (Prinzip der inneren Kohärenz).[753]

Zweifel an der wortlautgetreuen Definition könnten entstehen, weil sie nicht verlangt, dem Betroffenen einen konkreten, kausalen Tatbeitrag zu einer unmittelbaren Rechtsgutsverletzung nachzuweisen.[754] Es genügt, dass sich der Betroffene aktiv, rechtswidrig an der Gruppenausschreitung beteiligt, wenn er der Gruppe zugehört. Ihm muss nicht nachgewiesen werden, dass er ein konkretes Rechtsgut verletzt hat, beispielsweise dass er einen Menschen verletzt oder ein Auto beschädigt hat. Sofern dagegen Zweifel entstehen, lassen sie sich überzeugend über den Rechtsgedanken aus § 830 Abs. 1 S. 2 BGB ausräumen. Dieser ist entsprechend auf den zivilrechtlichen Unterlassungsanspruch und das bun-

---

[753] *Säcker*, in: *Säcker/Rixecker*, MüKo BGB, Einl. Rn. 136.

[754] Dies hatte auch der Bundesgerichtshof ausdrücklich nicht gefordert, *BGH*, NJW 2010, 534 (536).

desweite Stadionverbot anzuwenden.[755] Um die Sicherheit der Fußballveranstaltung zu schützen, darf es nicht auf den Nachweis der Kausalität des Tatbeitrags jedes einzelnen Gruppenmitglieds ankommen, da anderenfalls präventive Maßnahmen nicht effektiv durchgesetzt werden könnten. Der für § 830 Abs. 1 S. 2 BGB erforderliche tatsächliche, örtliche und zeitliche Zusammenhang zwischen den Handlungen der Gruppenmitglieder[756] besteht, wenn die oben vorgeschlagenen Merkmale einer gewalttätigen Gruppe und der Gruppenzugehörigkeit vorliegen.

Dass die Definition der Gruppenzugehörigkeit zumindest auch subjektive Elemente aufweist (Freiwilligkeit und Identifikation), steht nicht in systematischem Widerspruch[757] zu dem Rechtsgedanken aus § 830 Abs. 1 S. 2 BGB. Eine „Beteiligung" i.S.v. § 830 Abs. 1 S. 2 BGB fordert keinen subjektiven Zusammenhang zwischen den Tätern.[758] Dieser wird jedoch auch durch die subjektiven Elemente der Freiwilligkeit und Identifikation nicht hergestellt. Denn diese fordern nicht, dass sich die Mitglieder der Gruppe gegenseitig miteinander identifizieren und ein übergeordnetes Organisationsniveau darstellen.[759] Es reicht vielmehr aus, dass sich der Betroffene einseitig mit dem Handeln der Gruppe identifiziert, um willkürliche Stadionverbote auszuschließen und die Besonderheiten des Fußballsports zu berücksichtigen. Dies wird in der teleologischen Auslegung näher beschrieben.[760] Schließlich ist auch zu bedenken, dass vorliegend lediglich der Rechtsgedanke aus § 830 Abs. 1 S. 2 BGB herangezogen wird, so dass die Voraussetzungen des bundesweiten Stadionverbots nicht vollständig § 830 Abs. 1 S. 2 BGB entsprechen müssen, sondern nur seinem Rechtsgedanken an-

---

755 Vgl. vertiefend: Kapitel 2B.IV.2.d), S. 165 ff.

756 *BGHZ*, 33, 286 (291); *Köhler*, in: *Schild*, Rechtliche Aspekte, S. 13 (26).

757 Außerdem entsteht auch kein systematischer Widerspruch zwischen dem Unterlassungsanspruch und einem Schadensersatzanspruch, da diese subjektiven Merkmal bei weitem nicht die Voraussetzungen des Verschuldens i.S.d. §§ 276 ff. BGB erfüllen. Selbst wenn dies der Fall wäre, entstünde kein systematischer Widerspruch, da Verschuldensmerkmale systematisch auch in den Ansprüchen aus § 1004 Abs. 1 BGB berücksichtigt werden dürfen, *Keukenschrijver*, in: *Dauner-Lieb u.a.*, NK-BGB, § 1004 BGB Rn. 82.

758 *BGH*, NJW 1961, 263 (264); *BGH*, NJW 1969, 2136 (2138); *Wagner*, in: *Säcker/Rixecker,* MüKo BGB Bd. 5, § 830 BGB Rn. 36, 52 m.w.N. *Köhler*, in: *Schild*, Rechtliche Aspekte, S. 13 (26). Diese Frage ist allerdings umstritten, worauf *Köhler* hinweist, *Köhler*, in: *Schild*, Rechtliche Aspekte, S. 13 (26) m.w.N. Nach der Auffassung von *Sprau* ist sogar eine Verschuldensfeststellung erforderlich, *Sprau*, in: *Palandt,* BGB, § 830 Rn. 7. Dieser Meinungsstreit kann hier allerdings offenbleiben, da vorliegend nur der Rechtsgedanke des § 830 BGB herangezogen wird, so dass nicht vertieft auf jedes einzelne Tatbestandsmerkmal abzustellen ist.

759 Diese Frage hatte *Marzahn* aufgeworfen, vgl. *Marzahn*, ZJS 2010, 428 (432).

760 Vgl. vertiefend: Kapitel 2B.IV.2.e)bb)4), S. 180 ff.

zulehnen sind. Das Merkmal der Freiwilligkeit fordert die Systematik des § 1004 Abs. 1 BGB, denn Handlungsstörer kann nur sein, wer handlungsfähig ist und die Möglichkeit zur Abhilfe hat.[761]

Des Weiteren bestätigt die oben aufgezeigte Parallele zur Rechtsprechung des Bundesgerichtshofs aus den Jahren 1976, 1986 und 2003 diese Wertung systematisch: „Sind bei einer Beeinträchtigung mehrere Personen beteiligt, so kommt es für die Frage, ob ein Unterlassungsanspruch gegeben ist, grundsätzlich nicht auf Art und Umfang des Tatbeitrages oder auf das Interesse des einzelnen Beteiligten an der Verwirklichung der Störung an. Im Allgemeinen ist ohne Belang, ob er sonst nach der Art seines Tatbeitrages als Täter oder Gehilfe anzusehen wäre (...).“[762]

3) Verfassungskonforme Auslegung

Auch die Grundrechte aller Beteiligten strahlen mittelbar in die Auslegung der zivilrechtlichen Gefahrenprognose aus. Sie sind im Wege der verfassungskonformen Auslegung als Unterfall der systematischen Auslegung zu berücksichtigen.[763]

Auszugehen ist dabei grundsätzlich von dem obigen Abwägungsergebnis: Grundsätzlich überwiegen die Sicherheitsinteressen der Fußballveranstaltung das Persönlichkeitsrecht des Betroffenen.[764] Vorbehaltlich der Umstände des Einzelfalls dürfen keine überhöhten Anforderungen an das Stadionverbot gestellt werden, da es den Schutz überragend wichtiger Rechtsgüter (Leib und Leben) einer Vielzahl von Grundrechtsträgern verfolgt. Verstärkt wird dies zugunsten der Vereine durch den grundrechtlichen Schutz ihres Hausrechts und ihrer Vertragsabschlussfreiheit. Auch wenn das Stadionverbot für den Betroffenen besonders einschneidend ist und ihn von gesellschaftlichen Teilbereichen ausschließt, muss sein Persönlichkeitsschutz grundsätzlich hinter der Sicherheit des Fußballsports zurücktreten.[765] Die hier vorgeschlagenen materiellrechtlichen Kriterien schließen es nahezu aus, dass Stadionverbote erteilt werden, die mit den gesellschaftlichen Gerechtigkeitsvorstellungen nicht mehr zu vereinbaren sind. Darüber hinaus sollen diese materiell-rechtlichen Kriterien durch weitere verfahrensrechtliche Reformvorschläge ergänzt werden, um eine

761 *Keukenschrijver*, in: *Dauner-Lieb*, NK-BGB, § 1004 BGB Rn. 37 m.w.N.
762 *BGH*, NJW 1976, 799 (800); *BGH*, NJW 1986, 2503 (2504).
763 *Säcker*, in: *Säcker/Rixecker*, MüKo BGB, Einl. Rn. 136.
764 Vgl. vertiefend: Kapitel 2B.IV.1.a)bb)3)(b)(ee), S. 148 f.
765 A.A. *Orth/Schiffbauer*, RW 2011, 177 (210 f.).

größtmögliche Einzelfallgerechtigkeit zu erreichen. Die verfahrensrechtlichen Reformvorschläge werden gesondert dargestellt.[766]

Diese Wertungen verschieben sich auch dann nicht zugunsten des Betroffenen, wenn dieser als Zugehöriger einer Gruppe handelt. Denkbar wäre es, seine Rechtsposition durch die besonderen Grundrechte der Versammlungsfreiheit gemäß Art. 8 Abs. 1 GG und der Vereinigungsfreiheit gemäß Art. 9 Abs. 1 GG zu verstärken. Dass deren besonderer Schutz jedoch versagt, wenn sich Fußballfans (nur) zusammenschließen, um zu einem Fußballspiel zu reisen oder ihre Mannschaft anzufeuern, wurde bereits erörtert.[767] Die Demonstrationsfreiheit könnte nur in Ausnahmefällen zugunsten der Fußballfans streiten, wenn sie das Fußballspiel als Plattform nutzen, um eine öffentliche Meinung kundzutun. Ihr Schutz versagt jedoch spätestens in dem Moment, indem Gewalttaten von der Gruppe der Demonstranten verübt werden.[768] Somit sind die obigen Auslegungskriterien nicht verfassungskonform zu korrigieren.

4) Teleologische Auslegung (ratio legis)

Die Auslegung darf dem Gesetzeszweck nicht zuwiderlaufen.[769] Das Auslegungsergebnis muss stets mit dem gesetzgeberischen Willen zu vereinbaren sein.[770] Es wurde bereits dargestellt, dass das Hausrecht und der Unterlassungsanspruch aus §§ 1004 Abs. 1 S. 2, 862 Abs. 1 S. 2 BGB im allgemeinen sowie das bundesweite Stadionverbot im speziellen überwiegend präventive Schutzzwecke verfolgen.[771] Dieser Schutzzweck wird durch die oben vorgeschlagenen Auslegungskriterien bei Gruppenausschreitungen weder unter- noch überschritten. Die Kriterien gleichen die widerstreitenden Interessen angemessen aus.

Einerseits wahren sie die Interessen der Zuschauer. Diese können sich weiterhin mit anderen Fans zu Gruppen zusammenschließen, ohne sich überhöhte Sorgen machen zu müssen, deswegen mit rechtswidrigen Stadionverboten belegt zu werden. Solange sich ihr Umfeld friedlich verhält, fehlt jeder negativen Gefahrenprognose des Zivilrechts die Tatsachengrundlage. Dies ist bedeutend, um den wichtigsten Reiz des Fußballsports zu erhalten: das emotionale Gruppenerlebnis! Der Zusammenschluss von Fans ist wesentlicher Bestandteil der Begeisterung und des sozialen Wertes des Fußballsports. Könnten sich Fußballfans nicht mehr im oder außerhalb des Stadions zusammenschließen, um gemeinsam

---

766 Vgl. vertiefend: Kapitel 7A.II.2.a), S. 463 ff.
767 Vgl. vertiefend: Kapitel 2B.IV.2.a), S. 161 ff.
768 Vgl. vertiefend: Kapitel 2B.IV.2.a)bb), S. 162 f.
769 *Säcker*, in: *Säcker/Rixecker*, MüKo BGB, Einl. Rn. 142 m.w.N.
770 *Säcker*, in: *Säcker/Rixecker*, MüKo BGB, Einl. Rn. 142 m.w.N.
771 Vgl. vertiefend: Kapitel 1D.V.1, S. 107 ff.

das Erlebnis eines Live-Fußballspiels zu feiern und zu genießen, wäre dem Fußball das Element genommen, das ihn gesellschaftlich so erfolgreich gemacht hat. Die Stimmung in den Fußballstadien darf nicht unter der Sorge leiden, mit rechtswidrigen Maßnahmen belegt zu werden.

Andererseits wahren die obigen Kriterien auch die Sicherheitsinteressen angemessen. Die Stimmung und der soziale Austausch müssen dann zurücktreten, wenn andere Menschen oder Sachen von bedeutendem Wert gefährdet werden. Es gehört nicht nur zur moralischen Verantwortung eines Fußballfans, sich von jeder Gewalt zu distanzieren. Diese moralische Verantwortung konkretisiert sich bei Gruppenausschreitungen zu einer rechtlichen Obliegenheit. Zwar ist der Einzelne nicht verpflichtet, die Ausschreitungen zu schlichten. Seine Obliegenheit besteht allerdings darin, sich räumlich von den Ausschreitungen zu entfernen. Anderenfalls ist zu vermuten, dass er aktiv an den Ausschreitungen beteiligt ist.[772] Einzelfallgerechtigkeit wird dadurch gewährleistet, dass der Betroffene jederzeit darlegen kann, er sei nur räumlich anwesend gewesen, habe sich jedoch selbst nicht aktiv beteiligt. Dann kann kein Verein gegen ihn ein Stadionverbot festsetzen. Zwar wird ihm ein solcher Gegenbeweis in der Praxis schwer fallen, allerdings dürfen Beweisprobleme keinen Einfluss auf die materiellen Kriterien haben. Dies wird in der bisherigen Diskussion oft übersehen. Beweislastprobleme sind dort zu lösen, wo sie entstehen: im Verfahrensrecht. Dieses wird später gesondert dargestellt.[773] Davon streng zu unterscheiden sind die materiell-rechtlichen Anforderungen an ein Stadionverbot.

Wichtig ist in diesem Zusammenhang auch, dass die vorgeschlagenen Kriterien den tatsächlichen Verhältnissen der Praxis gerecht werden. Zu Recht wird darauf hingewiesen, dass die Polizei Fußballfans (aus berechtigten, präventiven) Gründen zwangsweise zusammenschließt. Häufig sei es Einzelnen dann überhaupt nicht möglich, sich dem Zusammenschluss der Gruppe zu entziehen.[774] Kommt es in diesen Fällen zu Ausschreitungen, kann gegen Unbeteiligte nach den obigen Kriterien kein Stadionverbot ausgesprochen werden. Denn es fehlt an der Gruppenzugehörigkeit, die eine freiwillige räumliche Nähe und eine Identifikation mit der Gruppe voraussetzt. Daran scheitert ein Stadionverbot, wenn die Polizei die Sicherheitsverantwortung übernimmt, indem sie die Fans gegen ihren Willen einkesselt.

Auch die Problematik von spontanen Ausschreitungen wird angemessen gelöst: Der Betroffene erhält die Möglichkeit, sich unverzüglich von der Spontanausschreitung zu entfernen, um der tatsächlichen Vermutung zu entgehen, sich

---

772 *Blumberg*, Stadionverbot, S. 5 m.w.N.

773 Vgl. vertiefend zur Problematik, wie die Darlegungs- und Beweislast zu verteilen ist: Kapitel 6A.II.1.d), S. 419 ff.

774 *Orth/Schiffbauer*, RW 2011, 177 (203).

aktiv beteiligt zu haben. Kann er nicht schnell genug reagieren, um sich zu entfernen, besteht das letzte Korrektiv auf subjektiver Ebene. Eine Gefahrenprognose i.S.d. §§ 1004 Abs. 1 S. 2, 862 Abs. 1 S. 2 BGB setzt voraus, dass der Betroffene sich zumindest einseitig mit dem Handeln der Gruppe identifiziert. Dies entspricht auch dem – oben aufgezeigten – semantischen Verständnis einer Gruppenzugehörigkeit.

Zudem vermeiden die Kriterien einen unzulässigen Generalverdacht. Die Definition der Gruppe weist einen konkreten räumlichen Bezug auf. Dadurch verhindert sie, dass ganze Fanclubs von den Stadien ausgeschlossen werden können, nur weil eines ihrer Mitglieder an Gewalttaten beteiligt war.[775] Es kommt nicht auf die rechtliche Organisation, sondern auf den tatsächlichen, räumlichen Zusammenschluss aller Beteiligten an. Die rechtliche Organisation kann nur dann relevant sein, wenn der räumliche und der rechtliche Zusammenschluss gleichzeitig bestehen, d.h. wenn alle Gewalttäter einer Gruppe zugleich in demselben Fanclub rechtlich zusammengeschlossen sind. Dann ist zu vermuten, dass der Betroffene Zugehöriger dieser Gruppe ist. Dies führt nicht zu unzumutbaren Nachteilen: Denn der Betroffene kann diese tatsächliche Vermutung widerlegen. Zudem ist die Zugehörigkeit zu dieser Gruppe nicht das einzige Kriterium, um ein Stadionverbot im Zusammenhang mit Gruppenausschreitungen aussprechen zu können. Kumulativ hinzutreten müssen die weiteren Kriterien, insbesondere dass sich der Betroffene aktiv beteiligt hat.

Der Gedanke, der hinter den vorgeschlagenen Kriterien steht, lässt sich wie folgt zusammenfassen: Wer sich bewusst einer gewalttätigen Gruppe anschließt,[776] begründet die Gefahrenprognose, die Sicherheit anderer auch künftig zu beeinträchtigen, sobald sich die Gewaltbereitschaft der Gruppe in konkreten Ausschreitungen realisiert, ohne dass der Betroffene sich davon ausdrücklich distanziert hat. Insoweit sind die vorgeschlagenen Kriterien mit der ratio legis und den Besonderheit sportlicher Großveranstaltungen zu vereinbaren.

5) Ergebnis: (Eingeschränkte) Zustimmung für den Bundesgerichtshof

Der Bundesgerichtshof beschränkte sich darauf, seine zivilrechtliche Gefahrenprognose darauf zu stützen, dass der Kläger Teil einer Gruppe war, aus der heraus Gewalttaten verübt worden sind.[777] Leider versäumte er es, seine Gefahren-

---

[775] Vgl. zu dieser Problematik: *Marzahn*, ZJS 2010, 428 (432).

[776] Auch *Nolte* stellt auf die „bewusste Zugehörigkeit zu einer gewaltbereiten Gruppe" ab, *Nolte*, in: *Höfling/Horst*, Sport und Gewalt, S. 37 (48 f.). *Walker* beschreibt die aktive Beteiligung als „bewusstes Dabeisein", vgl. *Walker*, in: *Höfling/Horst*, Sport und Gewalt, S. 51 (69 f.).

[777] *BGH*, NJW 2010, 534 (536).

prognose näher zu konkretisieren. Stattdessen ließ er die Leser seines Urteils im Unklaren darüber, wie er die Gruppenzugehörigkeit im Streitfall definieren würde. Dies führte zu zahlreichen Missverständnissen und juristischer sowie öffentlicher Kritik. Diese Diskussion ist nicht – wie bisher stets vorgeschlagen – damit zu lösen, das Instrument des bundesweiten Stadionverbots vorzuverurteilen, sondern sie sollte in eine konkrete Diskussion über die Kriterien der Zugehörigkeit zu einer gewalttätigen Gruppe münden, die die Annahme rechtfertigen können, dass sich der Betroffene in einem gewaltbereiten Umfeld bewegt und deswegen die bundesweite Sicherheit aller Fußballstadien zu beeinträchtigen droht.

Diese Kriterien können interessengerecht über die juristische Auslegungsmethodik erarbeitet werden. Der hier vorgeschlagene Weg gelangt zu dem Ergebnis, dass ein bundesweites Stadionverbot ausgesprochen werden kann, wenn die Voraussetzungen des oben genannten Kriterienbündels[778] kumulativ erfüllt sind, die sich in folgender Formel zusammenfassen lassen: Ein bundesweites Stadionverbot kann auch gegen denjenigen ausgesprochen werden, der sich aktiv und rechtswidrig an den Gewalttaten einer Gruppe beteiligt, der er zugehört, wenn dadurch die öffentliche Sicherheit für eine Vielzahl von Personen oder Sachen von erheblichem Wert gefährdet wird. Einer Gruppe als räumlichem Zusammenschluss in äußerlicher Verbundenheit gehört derjenige zu, der sich im Zeitpunkt der Ausschreitungen freiwillig und nicht nur kurzfristig in ihrer räumlichen Nähe befindet und sich mit ihr identifiziert. Eine konkrete Tat (Gewalttätigkeit) muss einem Zugehörigen einer solchen Gruppe nicht nachgewiesen werden.

Abschließend soll dargestellt werden, dass der Sachverhalt, der der Entscheidung des Bundesgerichtshofs vom 30.10.2009 zugrunde lag, ein bundesweites Stadionverbot gegen den Kläger rechtfertigt. Er lässt sich unter die neuen Kriterien subsumieren. Dabei war der Bundesgerichtshof gemäß § 559 Abs. 1 S. 1, Abs. 2 ZPO an die Tatsachenfeststellungen des Berufungsgerichts gebunden:

Das LG Duisburg stellte als Berufungsgericht unter dem 20.11.2008 fest: „Das Stadionverbot gründete sich demnach auf hinreichende Verdachtsmomente. Ausweislich der Berichtes der ... und ... (Bl. 7, 8 der beigezogenen Akte StA Duisburg) war der Kläger Mitglied einer aus ca. 80 Personen bestehenden Gruppe der " ... ", die sich selbst zur " ... "-Bewegung zählt und sich in Richtung Nordkurve bewegte. Der Kläger befand sich in der Gruppe, aus welcher es zu Provokationen und Körperverletzungsdelikten kam. Hinzu kommt, dass der Kläger nach eigenem Vortrag nicht zurück nach, sondern nach ... fahren wollte. Auch dies spricht dafür, dass der Kläger sich zumindest im Umfeld der gewaltbereiten " ... " bewegt, da diese eine "Fan-Freundschaft" mit den " ... " verbindet.

[778] Vgl. Kapitel 2B.IV.2.e)bb)1)(c), S. 173 ff.

Nach alledem besteht jedenfalls der Verdacht gegen den Kläger, dass auch er in Straftaten verwickelt gewesen sein kann und zur gewaltbereiten " ... "-Szene gehören könnte."[779]

Der Bundesgerichtshof ergänzt am 30.10.2009 noch: „Der Kläger hat diese Besorgnis weder im vorliegenden Zivilrechtsstreit noch anlässlich der Überprüfung des Stadionverbots durch die Beklagte, bei der ihm Gelegenheit zur Stellungnahme gegeben worden war, ausgeräumt. Er hat in dem als übergangen gerügten Vorbringen die Zugehörigkeit zu der Gruppe zugestanden und lediglich eine aktive Teilnahme an den Ausschreitungen in Abrede gestellt."[780]

Danach stand fest, dass der Kläger Zugehöriger der Gruppe war und sich in einem gewaltbereiten Umfeld bewegte: Er hatte selbst zugestanden, dass er sich im Zeitpunkt der Ausschreitungen in einer Fangruppe von ca. 80-100 Personen befunden hatte, darunter maßgeblich die Mitglieder des Fanclubs „Schickeria München", in dem auch der Kläger rechtlich organisiert war. Dabei handelte es sich um einen räumlichen Zusammenschluss mit einer nicht unerheblichen Anzahl von Personen, die als verbundenes Ganzes erschien, die von einer feindseligen Grundstimmung getragen wurde und von der heraus Gewalttaten mit vereinten Kräften verübt wurden. Deswegen hat die Polizei ausweislich ihres Berichts nicht nur der Kläger, sondern auch zahlreiche andere Zugehörige der Gruppe in Gewahrsam genommen. Die Gewalttaten der Gruppe führten kausal zu einer Gefährdung der öffentlichen Sicherheit für eine Vielzahl von Fans der Heimmannschaft des MSV Duisburg und für Sachen von erheblichem Wert. Diese Gefährdungslage manifestierte sich sogar in Rechtsgutsverletzungen: Eine Person wurde verletzt und ein Auto beschädigt. Der Kläger war also Zugehöriger einer gewaltbereiten Gruppe.

Im Übrigen lassen die Feststellungen des Berufungsgerichts unabhängig von dem Geständnis des Klägers darauf schließen, dass er sich freiwillig und nicht nur kurzfristig mit den übrigen Personen der Gruppe „Schickeria München" bewegte, mit denen er sich identifizierte.[781] Ob der Kläger sich aktiv und rechts-

---

779 *LG Duisburg*, Urt. v. 20.11.2008 – 12 S 42/08.

780 *BGH*, NJW 2010, 534 (536).

781 Die Zugehörigkeit des Fanclubs „Schickeria München" zu der sog. Ultraszene bestätigt auch deren Internetauftritt: http://www.schickeria-muenchen.org/,abgerufen am 08.11.2011. Der Fanclub bestätigte seine Gewaltbereitschaft erneut am 22.08.2009 anlässlich des Bundesligaspiels FSV Mainz gegen FC Bayern München, bei dem 81 Mitglieder des Fanclubs Stadionverbote erhalten haben, vgl. *Walker*, in: *Höfling/Horst*, Sport und Gewalt, S. 51 (67) m.w.N. Relativierend, aber mit weiteren Nachweisen zu der Gewaltbereitschaft von Teilen der Ultras im Allgemeinen und der „Schickeria München" im Speziellen: *Hilpert*, Fußballstrafrecht, IV. Rn. 10. „Nach wie vor berichten zahlreiche Polizeibehörden über das nunmehr seit zwölf Spielzeiten festzustellende, vermehrte Auftreten von Angehörigen so genannter "Ultra"-Gruppierungen in den

widrig beteiligte, war zwischen den Parteien streitig, da sich das Zugeständnis des Klägers ausdrücklich nicht auf diesen Punkt erstreckte. Dies wird allerdings tatsächlich vermutet, da der Kläger sich von den Ausschreitungen nicht räumlich distanziert hatte. Diese Vermutung widerlegte der Kläger nicht ausreichend substantiiert, wie bereits das Amtsgericht Duisburg festgestellt hatte.[782] Die Tatsachenfeststellungen begründeten zugleich einen Anfangsverdacht i.S.d. § 152 Abs. 2 StPO, was sich daran zeigt, dass die Staatsanwaltschaft gegen den Kläger ein Ermittlungsverfahren wegen Landfriedensbruch gemäß § 125 Abs. 1 Nr. 1 StGB eingeleitet hatte.

Somit waren alle der vorgeschlagenen Tatbestandsmerkmale für Gruppenausschreitungen erfüllt. Die Entscheidung des Bundesgerichtshofs erweist sich materiell-rechtlich im Ergebnis als zutreffend.

C. Stadionverbot ohne vorheriges Ermittlungsverfahren

§ 4 Abs. 3 und § 4 Abs. 4 SVR ermöglichen es den Vereinen, ein bundesweites Stadionverbot auszusprechen, auch ohne dass zuvor ein strafprozessuales Ermittlungsverfahren oder Ordnungswidrigkeitenverfahren eingeleitet wurde.

I. Stadionverbot auf Grundlage einer öffentlich-rechtlichen Maßnahme

Nach § 4 Abs. 3 SVR kann ein Stadionverbot auch ausgesprochen werden, wenn ein „sonstiges Verfahren" eingeleitet wird. Zwar nennt die Richtlinie in den fol-

---

Anhängerschaften nahezu aller Vereine der ersten vier Spielklassen (BL, 2. BL, 3. Liga, RL). Nach dem Vorbild vergleichbarer Gruppen in Italien hatten sie sich anfänglich zum Ziel gesetzt, durch „choreografische Aktionen" - insbesondere auch durch das Abbrennen pyrotechnischer Gegenstände - ihre besondere Verbundenheit zum Verein zu dokumentieren und eine "südländische" Atmosphäre in den Stadien zu erzeugen.", S. 5 ZIS Jahresbericht 2010/2011, http://www.polizei-nrw.de/lzpd/stepone/data/downloads/a0/00/00/10-11jahresbericht-oeffentlich.pdf , abgerufen am 26.10.2011. *Marzahn* stellt zudem fest, dass die Gruppenzugehörigkeit auch durch die polizeiliche Ingewahrsamnahme dokumentiert sei, *Marzahn*, ZJS 2010, 428 (430). Dies ist jedoch nicht ausreichend, da dadurch lediglich dokumentiert wird, dass sich der Kläger im Zeitpunkt der Ingewahrsamnahme in räumlicher Nähe zu der Gruppe befand. Allerdings ergibt sich aus den Feststellungen des *BGH*, dass der Kläger zugestanden hatte, Zugehöriger der Gruppe gewesen zu sein; er hatte lediglich eine aktive Teilnahme an den Ausschreitungen bestritten, vgl. *BGH*, NJW 2010, 534 (536).

782 *AG Duisburg*, Urt. v. 13.3.2008 – 73 C 1565/07.

genden Regelbeispielen überwiegend Straftatbestände, allerdings brachte der Richtliniengeber durch den Wortlaut „insbesondere" zum Ausdruck, dass seine Aufzählung nicht abschließend ist. Davon kann die festsetzende Stelle im Einzelfall abweichen, so dass bundesweite Stadionverbote auch an eine öffentlich-rechtliche Sicherheitsmaßnahme anknüpfen können.[783] Ausdrücklich geregelt ist dies für die staatliche Maßnahmen, wenn der Betroffene in Gewahrsam genommen bzw. des Platzes verwiesen wird (§ 4 Abs. 4 Nr. 16 SVR) oder Waffen oder andere gefährliche Gegenstände bei ihm beschlagnahmt bzw. sichergestellt werden (§ 4 Abs. 4 Nr. 17 SVR).

Präventive Maßnahmen der Polizei bilden einen sachlichen Grund, um ein bundesweites Stadionverbot aussprechen zu können,[784] weil die Tatsachen, die einer konkrete Gefahr im Sinne der §§ 12 ff. Polizeigesetz NRW zugrunde liegen, zugleich zivilrechtlich nach §§ 1004 Abs. 1 S. 2, 862 Abs. 1 S. 2 BGB besorgen lassen, dass der Betroffene künftige Fußballspiele stören wird.[785] Zwar wurde oben darauf hingewiesen, dass die öffentlich-rechtliche Gefahrenprognose nicht mit der privatrechtlichen gleichzusetzen ist, weil der Private weniger streng an die Grundrechte gebunden ist als der Staat.[786] Dies verhindert allerdings nicht den folgenden Erst-Recht-Schluss:[787] Wenn öffentlich-rechtlich eine Gefahr vorliegt, die sogar den unmittelbar an die Grundrechte gebundenen Staat berechtigt, in diese einzugreifen, darf ein Privater, der nur mittelbar an die Grundrechte gebunden ist, darauf erst recht seine zivilrechtliche Gefahrenprognose stützen. Deswegen kann ein privatrechtlicher Fußballverein ein zivilrechtliches Stadionverbot erst recht erteilen, wenn sogar der Staat präventive Maßnahmen ergreifen dürfte, solange ein kausaler Sachzusammenhang zu einer Fußballveranstaltung besteht.

Der umgekehrte Schluss verbietet sich: Stellt ein Verwaltungsgericht fest, dass die öffentlich-rechtliche Maßnahme rechtswidrig war, kann der Verein zivilrechtlich dennoch ein Stadionverbot aussprechen, wenn die Feststellungen

---

783 Ausführlich zu den möglichen staatlichen Sicherheitsmaßnahmen und deren Voraussetzungen vgl. *Breucker*, NJW 2006, 1233 (1235 ff.).

784 *Gietl*, JR 2010, 50 (52).

785 „Beruft sich der Veranstalter zur Begründung des Stadionverbots auf frühere oder laufende Ermittlungsverfahren der präventiv-polizeilichen Maßnahmen, muss er die diesen Maßnahmen zugrunde liegenden Vorgänge nach Datum, Ort und konkretem Geschehensablauf konkretisieren. Alleine der abstrakte Umstand als solcher, dass gegen den Betroffen einmal ein staatliches Verfahren eingeleitet wurde, vermag eine Gefahrenprognose nicht zu begründen. Vielmehr ist stets auf das den staatlichen Maßnahmen zugrunde liegende individuelle Verhalten des Betroffenen abzustellen.", *Breucker*, JR 2005, 133 (135).

786 *Nolte*, in: *Höfling/Horst*, Sport und Gewalt, S. 37 (49).

787 „Für die Wahrscheinlichkeit einer Störung gelten vergleichbare Kriterien wie bei der polizeilichen Gefahrenprognose.", *Breucker*, JR 2005, 133 (135).

des Gerichts zum Sachverhalt nach §§ 1004 Abs. 1 S. 2, 862 Abs. 1 S. 2 BGB besorgen lassen, dass der Betroffene künftig Fußballveranstaltungen stören wird.[788] Dies folgt logisch aus dem oben aufgezeigten systematischen Verhältnis zwischen dem öffentlichen Recht und der zivilrechtlichen Anspruchsgrundlage.[789] Zudem kann eine öffentlich-rechtliche Maßnahme auch aus formalen oder sonstigen Gründen rechtswidrig sein, obwohl das Gericht eine öffentlich-rechtliche Gefahr bejahte. Verneinte das Verwaltungsgericht eine solche, stellt dies zumindest ein Indiz dar, das gegen die zivilrechtliche Wiederholungsgefahr spricht.[790]

II. Stadionverbot durch eigene Tatsachenermittlungen des Vereins

§ 4 Abs. 4 Nr. 18 und 19 SVR berechtigt die Vereine verbandsrechtlich, ein Stadionverbot zu verhängen, ohne dass ein staatliches straf- oder öffentlich-rechtliches Verfahren vorangegangen ist, wenn der Betroffene schwerwiegend gegen die Menschenwürde oder gegen die Stadionordnung verstößt. Ohne vorheriges staatliches Verfahren müssen die Vereine die dazu erforderlichen Tatsachen selbst ermitteln, insbesondere indem sie mit dem von ihnen privatrechtlich beauftragten Ordnungsdienst, Fanbeauftragten sowie Fanprojektmitarbeitern zusammenarbeiten und den Betroffenen anhören.[791]

Problematisch sind solche Stadionverbote, die der Verein verhangen hat, ohne sich auf ausreichende Tatsachenfeststellungen berufen zu können. Nach der Auffassung von *Gietl* könne ein Stadionverbot generell nicht erteilt werden, wenn diesem keine Maßnahme, Verurteilung, Tat oder Tatverdacht des Staates zugrunde liege.[792] Ohne ausreichende Tatsachengrundlage handele der Verein als Vertreter ohne Vertretungsmacht i.S.d. § 177 Abs. 1 BGB; solche Stadionverbote seien als einseitiges Rechtsgeschäft gemäß § 180 BGB unwirksam.[793] Da der Adressat des Stadionverbots den Umfang der Vollmacht in der Regel nicht kenne, sei das Stadionverbot sogar endgültig nichtig.[794] Habe der Adressat Kenntnis von der fehlenden Vollmacht, müsse er hiergegen durch ein laienhaft

788 *Gietl*, JR 2010, 50 (52).
789 Vgl. Fn. 784 und 785.
790 *Gietl*, JR 2010, 50 (52).
791 *Klesczewski*, JZ 2010, 251 (254).
792 *Gietl*, JR 2010, 50 (52).
793 *Gietl*, JR 2010, 50 (52).
794 *Gietl*, JR 2010, 50 (52).

formuliertes Schreiben protestieren, da der jeweilige Verein das Rechtsgeschäft anderenfalls gemäß § 180 S. 2 BGB i.V.m. § 177 ff. BGB genehmigen könne.[795]

Diese Auffassung von *Gietl* ist dogmatisch unzutreffend begründet. Der Verein muss seiner Darlegungs- und Beweislast gerecht werden, indem er Tatsachen vorweist, die ein bundesweites Stadionverbot rechtfertigen. Kann er dies nicht, fehlt es jedoch nicht nur an der Vollmacht des Vereins, sondern es liegt bereits kein ausreichender sachlicher Grund als Ausnahme vom Kontrahierungszwang vor, um das Hausrecht ausüben zu können. Der Verein darf sich nicht weigern, einen Zuschauervertrag abzuschließen. Demgegenüber würde dem Verein nach der Auffassung von *Gietl* nur die Vollmacht fehlen, so dass das Stadionverbot nicht bundesweit, sondern nur örtlich i.S.d. § 1 Abs. 4 i.V.m. § 4 Abs. 2 SVR wirken würde. Der Verein könnte sich also ohne sachlichen Grund weigern, mit dem Betroffenen für den örtlichen Stadionbereich einen Zuschauervertrag abzuschließen. Dies widerspräche dem Kontrahierungszwang.

Stattdessen ist die Problematik bereits auf der Tatbestandsebene zu lösen: Kann der Verein keine Tatsachen vorlegen, um eine zivilrechtliche Gefahrenprognose nach §§ 1004 Abs. 1 S. 2, 862 Abs. 1 S. 2 BGB zu begründen, kann er weder einen gesetzlichen Unterlassungsanspruch geltend machen, noch kann er sich weigern, dem Zuschauer eine Eintrittskarte zu verkaufen. Folglich könnte er auch kein örtliches Stadionverbot aussprechen. Auf die überdies fehlende Vertretungsmacht kommt es dann nicht mehr an.

D. Stadionverbot bei Taten an Drittorten

Stadionverbote können nicht nur erteilt werden, wenn der Betroffene die Sicherheit auf dem Stadiongelände stört, sondern auch wenn er außerhalb des Hausrechtsbereichs (sog. Drittorte) handelt.[796]

I. Das Kausalitätskriterium

Ein Stadionverbot an solche Taten anzuknüpfen, ermöglicht seine rechtliche Grundlage als Unterlassungsanspruch und der daraus resultierende Gedanke der

---

795 *Gietl*, JR 2010, 50 (52).

796 Nach den Angaben des ZIS Jahresbericht 2010/2011 berichteten die zuständigen Polizeibehörden, dass ca. 64% der Straftaten im Stadion bzw. im unmittelbaren Umfeld der Stadien begangen wurden. „Dies ist ein eindeutiges Indiz dafür, dass die Fußball-Gewalttäter die „Bühne" und die Nähe des Stadions für ihre Aktivitäten benötigen", http://www.polizei-nrw.de/lzpd/stepone/data/downloads/a0/00/00/10-11jahresbericht-oeffentlich.pdf, abgerufen am 26.10.2011.

Prävention.[797] Wie oben bereits aufgezeigt, können auch Handlungen an Drittorten eine Wiederholungsgefahr begründen; entscheidend ist in diesem Zusammenhang das Kausalitätskriterium:[798] § 4 Abs. 3 Nr. 15 SVR und § 4 Abs. 1 SVR zeigen, dass eine Störung im Zusammenhang mit dem Fußballsport, insbesondere mit einer Fußballveranstaltung,[799] stehen muss, um den Verein zu berechtigen, ein Stadionverbot auszusprechen. Erforderlich ist ein Zusammenhang zwischen der Störungshandlung und den geschützten Interessen des Hausrechtsinhabers,[800] um die Gefahrenprognose zu rechtfertigen, dass der Betroffene künftig auch Störungen auf dem Hausrechtsgelände des Stadions vornehmen wird.[801] Die Tatsachen, die der Gefahrenprognose zugrunde liegen, müssen dabei umso gravierender sein, je weiter sich der Betroffene zeitlich und örtlich von dem Fußballspiel entfernt und dadurch den Zurechnungszusammenhang zum Fußballspiel gelockert hat.[802]

II. Taten im Ausland

Nach diesen zivilrechtlichen Grundsätzen ist es unbedenklich, dass § 4 Abs. 5 SVR es ermöglicht, ein Stadionverbot auszusprechen, wenn der Betroffene im Ausland eine Tat begangen hat, die mit den Fällen des § 4 Abs. 3 SVR oder des § 4 Abs. 4 SVR vergleichbar ist, wenn ein ausreichender Kausalzusammenhang

---

797 *Immerheiser*, in: *Kauerhof u.a.*, Zuschauer als Störer, S. 21 (30); *Gietl*, JR 2010, 50 (52).

798 Vgl. vertiefend zum Kausalitätskriterium: Kapitel 2D.I, S. 188; *Marzahn*, ZJS 2010, 428 (435). Das Kausalitätskriterium betont auch Art. 63 Abs. 4 des DFB-Stadionhandbuchs, http://www.bundesliga.de/media/native/dfl/dfl_dfb_stadion_ handbuch.pdf, abgerufen am 10.11.2011.

799 Im Einzelfall kann fraglich werden, was unter einer Fußballveranstaltung zu verstehen ist. Nach dem Wortsinn stellt auch eine Aufstiegsfeier eines Vereins auf einem öffentlichen Marktplatz eine Fußballveranstaltung dar. Da diese nicht auf dem Hausrechtsgelände des Vereins stattfindet und dort aktiv kein Fußball gespielt wird, könnte bezweifelt werden, ob dortige Störungen ein Stadionverbot rechtfertigen. Hier dürfte jedoch keine zu enge Betrachtungsweise geboten sein. Dies bestätigt auch der Wortlaut in § 4 Abs. 1 SVR, der nicht auf die „Fußballveranstaltung", sondern auf den „Fußballsport" abstellt. Wer auf einer Aufstiegsfeier eines Fußballvereins (Fußballveranstaltung im weiteren Sinne: Fußballsport) Störungen begeht, lässt befürchten, dass er sein Fehlverhalten zu einem späteren Zeitpunkt auch auf dem Stadiongelände wiederholen wird.

800 *Walker*, in: *Kauerhof u.a.*, Zuschauer als Störer, S. 51 (59); *Breucker*, JR 2005, 133 (135); *Gietl*, JR 2010, 50 (52).

801 *Walker*, in: *Kauerhof u.a.*, Zuschauer als Störer, S. 51 (59).

802 *Marzahn*, ZJS 2010, 428 (435 f.).

besteht, der befürchten lässt, dass der Betroffene künftige auch Fußballspiele in deutschen Stadien stören wird.[803]

Walker weist darauf hin, dass problematisch sei, wer für Stadionverbote bei Auslandstaten verbandsrechtlich zuständig sei: Da der ausländische Veranstalter nicht bevollmächtigt, der DFB oder der deutsche Gastverein demgegenüber aber nicht Veranstalter sei, komme nach seiner Ansicht nur der deutsche Verein in Betracht, der als Veranstalter das nächste Spiel ausrichten wird, an dem der Betroffene als Zuschauer teilhaben will.[804]

Dieser Auffassung ist nur eingeschränkt zuzustimmen: Der Verein, der das nächste Fußballspiel veranstaltet, kann zivilrechtlich (zunächst) ein örtliches Stadionverbot auf §§ 1004 Abs. 1 S. 2, 862 Abs. 1 S. 2 BGB stützen, wenn ein ausreichender Kausalzusammenhang zu seinem eigenen Stadiongelände besteht. *Walker* ist allerdings zu widersprechen, soweit er diesen Verein auch verbandsrechtlich als zuständig erachtet. Er übersieht die spezielle Regelung in § 3 Abs. 1 Nr. 3 Unterziff. 4 SVR. Danach ist ausschließlich der DFB verbandsrechtlich berechtigt, bundesweite Stadionverbote wegen Auslandsverstößen i.S.d. § 4 Abs. 5 SVR auszusprechen.[805] Er kann seine Befugnis gemäß § 3 Abs. 2 SVR auf einen Verein übertragen, wenn dieser zustimmt und eine Sachnähe zum sicherheitsbeeinträchtigenden Ereignis besteht. Anderenfalls bleibt der DFB verbandsrechtlich zuständig, um Stadionverbote bei Auslandsverstößen einheitlich behandeln zu können.

---

803 Erfasst werden Auslandsverstöße. Dies darf nicht verwechselt werden mit der räumlichen Wirkung des bundesweiten Stadionverbots. Diese erfasst wegen mangelnder Zuständigkeit nicht ausländische Fußballstadien, *Orth/Schiffbauer*, RW 2011, 177 (182).

804 *Walker*, in: *Kauerhof u.a.*, Zuschauer als Störer, S. 51 (59).

805 Wie es sich auswirkt, wenn ein Verein entgegen der verbandsrechtlichen Zuständigkeit des DFB ein bundesweites Stadionverbot wegen eines Auslandsverstoßes ausspricht, wird ausführlich unten erörtert, vgl. vertiefend: Kapitel 4C, S. 284 ff.

Kapitel 3 Die DFB-Stadionverbotsrichtlinie – „ein um Ausgewogenheit bemühtes Regelwerk“?

A. Problemeinführung

Nachdem nunmehr feststeht, dass die bisherige Stadionverbotspraxis im Grundsatz mit den Vorgaben des Zivilrechts zu vereinbaren ist, sind die Regelbeispiele der § 4 Abs. 3 SVR und § 4 Abs. 4 SVR im Einzelnen zu untersuchen. Die Stadionverbotsrichtlinie ist für die Stadionverbotsbeauftragten als rechtliche Laien[806] enorm wichtig, da sie sich im zivilrechtlichen Außenverhältnis zum Zuschauer an ihren detaillierten Voraussetzungen orientieren können, obwohl diese dort nicht verbindlich sind.[807] Weder der Bundesgerichtshof noch die bisher veröffentlichte Literatur haben sich bisher mit der Frage auseinandersetzen, „ob alle [in der Stadionverbotsrichtlinie] genannten Fälle wirklich ein Stadionverbot rechtfertigen“[808]. Der Bundesgerichtshof beschränkte sich auf die Aussage, dass die Stadionverbotsrichtlinie „ein insgesamt um Ausgewogenheit bemühtes Regelwerk“[809] darstelle, so dass ein Stadionverbot in der Regel nicht willkürlich sei, wenn es die Stadionverbotsrichtlinie beachte. „Auch wenn die Stadionverbotsrichtlinie um Ausgewogenheit bemüht ist, gilt es konkret zu überprüfen, ob jeder aufgeführte Grund der Stadionverbotsrichtlinie die gesetzlichen Anforderungen erfüllt.“[810]

Maßgeblich sind die konkreten Umstände des Einzelfalls,[811] also nicht die Tatsache, dass ein Ermittlungsverfahren eingeleitet wurde, sondern die Tatsachen, die der Einleitung des Ermittlungsverfahrens zugrunde liegen.[812] Konkreter Anknüpfungspunkt ist nicht der Verdacht, dass der Störer einen Straftatbestand verwirklicht hat, der in den Regelbeispielen des § 4 Abs. 3 SVR genannt ist, sondern das Verhalten des Störers, das dazu geführt hat, dass die Polizei oder

---

806 Vgl. http://www.taz.de/1/sport/artikel/1/stadionverbote-zulaessig/, abgerufen am 09.11.2011.

807 *Blumberg*, Stadionverbot, S. 43.

808 *Walker*, in: *Gödicke u.a.*, FS Schapp, S. 491 (496). Dies wird in der öffentlichen Wahrnehmung oft bezweifelt, *Blumberg*, Stadionverbot, S. 45 m.w.N.

809 *BGH*, NJW 2010, 534 (536).

810 *Blumberg*, Stadionverbot, S. 45. *Blumberg* widerspricht sich jedoch, denn an späterer Stelle lehnt er es ab, die Regelbeispiele des § 4 Abs. 3, Abs. 4 SVR näher zu untersuchen, da diese im Außenverhältnis ohnehin nicht verbindlich seien, *Blumberg*, Stadionverbot, S. 52.

811 *BGH*, NJW 2010, 534 (537).

812 *Gietl*, JR 2010, 50 (50); *Breucker*, JR 2005, 133 (135); *BGH*, NJW 2010, 534 (536).

Staatsanwaltschaft ein Ermittlungsverfahren gegen ihn eingeleitet hat.[813] Aus diesem Grund ist zu fragen, ob die Rechtsstechnik der Regelbeispiele in § 4 Abs. 3, Abs. 4 SVR überhaupt geeignet ist, um die Besorgnis künftiger Störungen i.S.d. zivilrechtlichen Unterlassungsanspruchs zu konkretisieren. *Kleszewski* bezweifelt dies, da die Regelbeispiele allein auf die Schwere der Straftat abstellten, der der Betroffene verdächtigt werde, anstatt zu gewichten, wie wahrscheinlich es sei, dass der Störer erneut sicherheitsbeeinträchtigend auffallen würde.[814]

Um diese Kritik beurteilen zu können, ist es erforderlich, die Bedeutung von Regelbeispielen näher zu betrachten:[815] Ist ein Regelbeispiel verwirklicht, vermutet der Rechtsanwender widerlegbar, dass der konkrete Sachverhalt einen schweren Fall darstellt (Regelwirkung).[816] Daneben kommt einem Regelbeispiel eine Analogie-[817] und eine Gegenschlusswirkung[818] zu. Das Regelbeispiel bietet dem Rechtsanwender also einen Maßstab für ähnliche Fälle. Übertragen auf die Stadionverbotsrichtlinie bedeutet dies: Sind die Voraussetzungen des § 4 Abs. 3 SVR erfüllt, ist es in der Regel gerechtfertigt, das Stadionverbot räumlich bundesweit auf alle Fußballstadien zu erstrecken. Anderenfalls bleibt es für minderschwere Fälle i.S.d. § 4 Abs. 2 SVR bei einem örtlichen Stadionverbot.

§ 4 Abs. 3 SVR knüpft an die Tatsachen an, die die Polizei oder Staatsanwaltschaft bis zu dem Zeitpunkt ermittelt hat, zu dem sie ein strafprozessuales Ermittlungsverfahren einleitet. Diese Tatsachen müssen zivilrechtlich besorgen lassen, dass der strafprozessual Beschuldigte künftig weitere Fußballspiele stören wird. Dies setzt jedoch voraus, dass sich der Tatverdacht auf einen schweren Fall im Sinne der Regelbeispiele des § 4 Abs. 3 SVR bezieht. Ist dies zu bejahen, wird die Regelwirkung relevant: Liegen gegen den Betroffenen Tatsachen vor, die den Anfangsverdacht über einen in den Regelbeispielen genannten Straftatbestand begründen, wird privatrechtlich widerlegbar vermutet, dass künf-

813 *BGH*, NJW 2010, 534 (536).

814 *Klesczewski*, in: *Kauerhof u.a.*, Zuschauer als Störer, S. 69 (76).

815 Die folgenden Ausführungen beziehen sich originär auf Regelbeispiele in Gesetzen. Allerdings ist kein Grund dagegen ersichtlich, diese Wertungen auch auf Regelbeispiele in einer verbandsrechtlichen Richtlinie zu übertragen.

816 *Fischer*, § 46 StGB Rn. 91. Ist das Regelbeispiel verwirklicht, ist zu prüfen, ob bei einer Gesamtbewertung des Sachverhalts Umstände erkennbar werden, die sich deutlich vom Regelfall absetzen, *BGHZ*, 20, 125; *Fischer*, § 46 StGB Rn. 90 ff.

817 Die Analogiewirkung eines Regelbeispiels bedeutet, dass alle dem normierten Regelbeispiele ähnlich gelagerten Fälle (parallele Struktur, nur geringfügige Abweichungen etc.) ebenfalls einen schweren Fall begründen, *Fischer*, § 46 StGB Rn. 93.

818 Im Rahmen der Gegenschlusswirkung ist zu prüfen, ob der konkrete Sachverhalt trotz Ähnlichkeit mit dem Regelbeispiel dessen normgeberischer Bewertung als schwerer Fall gerecht wird, *Fischer*, § 46 StGB Rn. 94.

tige Störungen durch den Betroffenen i.S.d. §§ 1004 Abs. 1 S. 2, 862 Abs. 1 S. 2 BGB zu besorgen sind.

Entgegen der Kritik von *Klesczewski* kommt es dabei nicht maßgeblich darauf an, wie schwer die verdächtigte Straftat ist. Stattdessen gewichtet die Stadionverbotsrichtlinie in § 4 Abs. 3 SVR die Frage, wie wahrscheinlich es ist, dass aus den oben beschriebenen Tatsachen künftig erneut Störungen zu erwarten sind. Systematisch bedeutet dies: Aus den Tatsachen, die einem bestimmten Straftatverdacht in Bezug auf ein Regelbeispiel zugrunde liegen müssen, leiten die Vereine die Wiederholungswahrscheinlichkeit her, auf die sie ihren zivilrechtlichen Unterlassungsanspruch stützen müssen. Die Stadionverbotsrichtlinie ersetzt die zivilrechtliche Gefahrenprognose – entgegen der Kritik *Klesczewski*'s – also nicht durch einen Regelbeispielskatalog. Stattdessen führt sie die zivilrechtliche Gefahrenprognose gemäß § 4 Abs. 3 SVR aktiv anhand einer widerlegbaren Vermutung durch, die alle Umstände des Einzelfalls einbeziehen kann und auch einbeziehen muss, weil es sich lediglich um eine Vermutung handelt, die im Einzelfall widerlegt werden kann. Dass die Stadionverbotsrichtlinie Regelbeispiele verwendet, ist deswegen zivilrechtlich nicht zu beanstanden.

Hervorzuheben ist in diesem Zusammenhang nochmals das Kausalitätskriterium, das systematisch im Auffangtatbestand des § 4 Abs. 3 Nr. 15 SVR angedeutet ist. Ein schwerer Fall im Sinne der Regelbeispiele des § 4 Abs. 3 SVR ist nur dann gegeben, wenn der Tatverdacht über den jeweiligen Straftatbestand „im Zusammenhang mit Fußballveranstaltungen" steht. Dies ist positiv anhand der Tatsachen festzustellen, die dem Ermittlungsverfahren zugrunde liegen. Die Kausalität ist nicht von der Regelwirkung eines Regelbeispiels erfasst, d.h. sie wird nicht vermutet, wenn ein schwerer Fall i.S.d. § 4 Abs. 3 SVR vorliegt.

Davon zu unterscheiden ist die Frage, ob alle Regelbeispiele der Stadionverbotsrichtlinie zivilrechtlich besorgen lassen, dass der Betroffene künftig erneut sicherheitsbeeinträchtigend auffallen wird. Dazu müsste der jeweilige Straftatbestand, der im Katalog der Regelbeispiele des § 4 Abs. 3 SVR aufgeführt ist, typischerweise im Zusammenhang mit einer Fußballveranstaltung stehen.[819] Die Regelwirkung ist nur dann gerechtfertigt, wenn sich das jeweilige Regelbeispiel des § 4 Abs. 3 SVR und die darin genannte Straftat konkret gegen das Hausrecht richten.[820] Da das Hausrecht der Vereine nicht nur deren Eigentum oder Besitz am Stadion, sondern insbesondere die Durchführung der Fußballveranstaltung und die Sicherheit aller Zuschauer schützt, ist die Regelwirkung nur dann zu bejahen, wenn der Straftatbestand eines dieser Rechtsgüter

---

[819] Damit ist – wie oben klargestellt – nicht das Kausalitätskriterium gemeint.

[820] *Walker*, in: *Gödicke u.a.*, FS Schapp, S. 491 (497); *Walker*, in: *Höfling/Horst*, Sport und Gewalt, S. 51 (67); *Walker*, in: *Kauerhof u.a.*, Zuschauer als Störer, S. 51 (57).

schützen soll.[821] Die Regelbeispiele der Stadionverbotsrichtlinie sind also im Einzelnen darauf zu überprüfen, ob der jeweilige Strafzweck zumindest auch dem Schutz des Hausrechts, mithin dem Schutz der Fußballveranstaltung, zu dienen bestimmt ist.[822] Nur dann kann in der Regel von dem Anfangsverdacht des Straftatbestandes, der im Regelbeispiel des § 4 Abs. 3 SVR genannt ist, auf die zivilrechtliche Besorgnis künftiger Störungen einer Fußballveranstaltung geschlossen werden. Die Regelbeispiele des § 4 SVR können in verdachtsbegründete Stadionverbote (§ 4 Abs. 3 Nr. 1-15 SVR) und verstoßbegründete Stadionverbote (§ 4 Abs. 3 Nr. 16-19 SVR) unterschieden werden.[823] Daran soll sich auch die folgende Darstellung orientieren.

B. Die Regelbeispiele des § 4 Abs. 3 Nr. 1-15 SVR (verdachtsbegründete Stadionverbote nach vorherigem Ermittlungsverfahren)

I. § 4 Abs. 3 Nr. 1 SVR Gewaltstraftaten gegen Leib, Leben oder fremde Sachen mit erheblichem Schaden

§ 4 Abs. 3 Nr. 1 SVR erfasst alle Straftaten, die voraussetzen, dass der Betroffene Gewalt gegen Leib oder Leben oder gegen fremde Sachen mit einem nicht unerheblichen Schaden angewendet hat. Daraus folgen für § 4 Abs. 3 Nr. 1.1 SVR zwei kumulative Voraussetzungen: die Anwendung von Gewalt und kausal daraus folgend eine Straftat gegen Leib oder Leben. Für § 4 Abs. 3 Nr. 1.2 SVR ergeben sich kumulativ drei Voraussetzungen: die Anwendung von Gewalt, kausal daraus folgend eine Straftat gegen eine fremde Sache und wiederum kausal daraus folgend ein nicht unerheblicher Schaden.

---

821 „Vielmehr habe ein Stadionverbot den vorrangigen Zweck, künftige Verletzungen des Hausrechts zu verhindern.", *Marzahn*, ZJS 2010, 428 (430). Darunter fallen auch die Rechtsgüter unbeteiligter Stadionbesucher, da das Stadionverbot dem Interesse des Veranstalters geschuldet ist, die sonstigen Stadionbesucher „vor Übergriffen randalierender und gewaltbereiter Fans zu bewahren", *BGH*, NJW 2010, 534 (535); *Marzahn*, ZJS 2010, 428 (435).

822 Anders formuliert: Ein Stadionverbot ist nur dann gerechtfertigt, wenn der vorgeworfene Verdacht einer Straftat auch dann geeignet wäre, die Besorgnis zu begründen, dass das Hausrecht bzw. die Sicherheit der Fußballveranstaltung in Zukunft beeinträchtigt wird, wenn man (hypothetisch) unterstellen würde, dass die Tat bewiesen ist.

823 *Orth/Schiffbauer* führen diese Begriffe ein und weisen darauf hin, dass die Stadionverbotsrichtlinie den verstoßbegründeten Stadionverboten formell ein größeres Gewicht beimesse, obwohl sie in der Praxis weniger bedeutend seien, *Orth/Schiffbauer*, RW 2011, 177 (188 f.).

1. Straftaten unter Gewaltanwendung gegen den Leib

Unter Straftaten gegen den Leib i.S.d. § 4 Abs. 3 Nr. 1.1 Alt. 1 SVR sind die §§ 221[824], 223-231 StGB zu subsumieren. Ermittlungsverfahren werden bei Zuschauerausschreitungen häufig wegen dieser Körperverletzungsdelikte eingeleitet.[825] Schutzgut sind neben dem Selbstbestimmungsrecht[826] vor allem das Wohl des Menschen, mithin soll seine körperliche Integrität und Gesundheit davor bewahrt werden, dass andere diese körperlich oder seelisch beeinträchtigen.[827] Üben die Vereine ihr Hausrecht aus, verfolgen sie denselben Schutzzeck, indem sie die Sicherheit der Fußballveranstaltung gewährleisten wollen. Die vertraglichen und deliktischen Verkehrssicherungspflichten verpflichten den Hausrechtsinhaber, alle Stadionbesucher davor zu schützen, dass ihr körperliches Wohl verletzt wird.[828] Deswegen lassen die Tatsachen, die einem Anfangsverdacht wegen eines Körperverletzungsdelikts zugrunde liegen, zivilrechtlich typischerweise befürchten, dass der Betroffene künftig die Sicherheit stören wird, wenn im Einzelfall das Kausalitätskriterium erfüllt ist. Die Regelwirkung der Straftaten gegen den Leib ist anzuerkennen.

Hinzuweisen bleibt darauf, dass sich die Tatbestandsvoraussetzungen zwischen § 4 Abs. 3 Nr. 1.1 SVR und § 4 Abs. 3 Nr. 1.2 SVR systematisch unterscheiden: Während Sachbeschädigungen (Nr. 1.2) nur dann ein bundesweites Stadionverbot rechtfertigen, wenn sie zu einem erheblichen Schaden führen, fehlt es an dieser Voraussetzung bei Körperverletzungen (Nr. 1.1). Nach der Systematik dieses Regelbeispiels führt der Anfangsverdacht zu einem bundesweiten Stadionverbot, ohne dass es sich um eine erhebliche Verletzung des Körpers handeln muss. Dies könnte über den besonderen Schutz des Art. 2 Abs. 2

---

824 § 221 StGB schützt ebenfalls die körperliche Unversehrtheit, *Fischer,* § 221 StGB Rn. 1. Deswegen ist § 221 StGB § 4 Abs. 3 Ziff. 1.1 Alt. 1 SVR zuzuordnen, obwohl er systematisch außerhalb der §§ 223 ff. StGB steht.

825 Rund 27% aller Strafverfahren, die im Zusammenhang mit Fußballveranstaltungen eingeleiteten wurden, betreffen Körperverletzungsdelikte. Dies geht aus dem aktuellen Jahresbericht 2010 / 2011 der ZIS hervor: http://www.polizei-nrw.de/lzpd/stepone/data/downloads/a0/00/00/10-11jahresbericht-oeffentlich.pdf, abgerufen am 26.10.2011.

826 *Kühl*, § 223 StGB Rn. 1 m.w.N.

827 *Eser/Sternberg-Lieben*, in: *Schönke/Schröder*, § 223 StGB Rn. 1. Aktuell entschied der Bundesgerichtshof , dass die gegenseitige Einwilligungen in Körperverletzungen bei verabredeten Massenschlägereien unter rivalisierenden Fangruppierungen (sog. „Dritte Halbzeit) wegen Sittenwidrigkeit gemäß § 228 StGB unbeachtlich seien, vgl. BGH, Beschl. v. 20.2.2013-1 StR 585/12. Diese Entscheidung ist begrüßenswert, da sie Hooligan-Schlägerein nunmehr mit Rechtssicherheit dem staatlichen Strafanspruch zuführt und zugleich bundesweite Stadionverbote ermöglicht.

828 Vgl. vertiefend dazu: Fn. 534 f., S. 135.

GG begründet werden, so dass den Vereinen eine erhöhte Sicherheitsverantwortung obliegt. Problematisch ist allerdings, dass die Rechtsprechung geringe Anforderungen an die Körperverletzung i.S.d. § 223 StGB stellt, so dass sogar strafbar ist, wer einem anderen einen Zopf abschneidet.[829] Ob das bundesweite Stadionverbot auch auf solche geringfügigen Körperverletzungen anzuwenden ist, muss kritisch hinterfragt werden, weil sich ein Stadionverbot einschneidend auf das allgemeine Persönlichkeitsrecht des Betroffenen auswirken kann.

Möglicherweise können diese Zweifel dadurch ausgeräumt werden, dass die Strafverfolgungsbehörde ein Ermittlungsverfahren wegen einfachen Körperverletzungen gemäß § 230 Abs. 1 S. 1 StGB nur einleiten kann, wenn sie (ausnahmsweise) ein besonderes öffentliches Interesse erkennt, die Straftat zu verfolgen. Anderenfalls ist ein Strafantrag des Geschädigten erforderlich. Darin ist eine sinnvolle Korrektur auf der Ebene des Verfahrensrechts dafür zu sehen, dass der Wortlaut des § 4 Abs. 3 Nr. 1.1 SVR materiell jede Körperverletzung ausreichen lässt. Systematisch setzt § 4 Abs. 3 SVR stets voraus, dass die Staatsanwaltschaft oder Polizei ein Ermittlungsverfahren einleitet. Dies ist bei einfachen Körperverletzungen nicht möglich, wenn der Geschädigte den Strafantrag nach § 230 Abs. 1 S. 1 StGB nicht stellt. Dann liegen zwar Tatsachen vor, die einen Anfangsverdacht in Bezug auf § 223 Abs. 1 StGB begründen, ein bundesweites Stadionverbot scheitert aber daran, dass kein Ermittlungsverfahren oder sonstiges Verfahren eingeleitet wird. Das formale Antragserfordernis des § 230 Abs. 1 S. 1 StGB stellt somit für geringfügige Verstöße gegen §§ 223 ff. StGB sicher, dass diese die Vereine nicht zwangsläufig dazu berechtigen, bundesweite Stadionverbote auszusprechen. Deswegen ist die Regelwirkung des § 4 Abs. 3 Nr. 1.1 Alt.1 SVR gerechtfertigt und mit zivilrechtlichen Wertungen zu vereinbaren.

2. Straftaten unter Anwendung von Gewalt gegen das Leben

§ 4 Abs. 3 Nr. 1.1 Alt. 2 SVR erfasst die Straftatbestände der §§ 211 bis 222 StGB. Geschütztes Rechtsgut der Tötungsdelikte ist das Leben, wobei das ungeborene Leben speziell über § 218 StGB geschützt ist.[830] Eine vergleichbare Problematik wie bei § 4 Abs. 3 Nr. 1.1 Alt.1 SVR, dessen Wortlaut für Körperverletzungen keinen erheblichen Schaden voraussetzt, stellt sich für die Tötungstatbestände selbstredend nicht. Demgegenüber ist problematisch, dass der Wortlaut in § 4 Abs. 3 Nr. 1.1 Alt. 2 SVR auch die Straftatbestände der §§ 218

829 *Fischer,* § 223 StGB Rn. 7.

830 *Kühl*, Vorb. § 211 ff. StGB Rn. 1; *Eser*, in: *Schönke/Schröder*, Vorb. § 211 ff. StGB Rn. 12.

bis 219b StGB erfasst. Diese Straftaten richten sich gegen die lebende Frucht im Mutterleib.[831] § 218 Abs. 2 S. 2 Nr. 1 StGB zeigt, dass diese Tat nicht nur die Schwangere, sondern auch ein Dritter begehen kann.[832] Fraglich ist dann, welcher kausale Sachzusammenhang zwischen dem Hausrecht und dem strafbaren Schwangerschaftsabbruch besteht. Schließlich bringt der Täter nicht seine Gesinnung zum Ausdruck, die Stadionveranstaltung i.S.d. §§ 1004, 862 BGB stören zu wollen, indem er die lebende Frucht im Mutterleib angreift.

Andererseits ist der Veranstalter vertraglich und deliktisch dazu verpflichtet, die körperliche Unversehrtheit der Mutter und der Frucht zu schützen, die sich in ihrem Leib befindet. Sollte ein Dritter das Fußballspiel ausnahmsweise zum Anlass nehmen, um die Frucht gegen den Willen der Schwangeren zu schädigen, könnte ein ausreichender Sachzusammenhang im Einzelfall zu bejahen sein. Dieser Fall erscheint jedoch praxisfern. Jedenfalls rechtfertigt er nicht die Regelwirkung der §§ 218 ff. StGB in § 4 Abs. 3 Nr. 1.1 Alt. 2 SVR. Diese Straftatbestände sind deswegen aus dem Regelbeispielskatalog auszunehmen. Die Analogiewirkung der verbleibenden Straftatbestände gegen das Leben erlaubt es, den obigen Einzellfall dennoch als schweren Fall unter § 4 Abs. 3 SVR zu subsumieren, wenn er ausnahmsweise eintreten sollte.

3. Gewaltstraftaten gegen fremde Sachen mit erheblicher Schadensfolge

Ein weiterer schwerer Fall als sachlicher Grund für ein bundesweites Stadionverbot liegt gemäß § 4 Abs. 3 Nr. 1.2 SVR vor, wenn ein Zuschauer einer Straftat verdächtigt wird, die voraussetzt, dass er Gewalt gegen eine fremde Sache anwandte und dadurch einen nicht unerheblichen Schaden verursachte.[833] Gemeint sind die Straftatbestände der §§ 303 bis 305a StGB. Sie schützen das Eigentum gegen Tauglichkeitsminderungen und Substanzeinbußen.[834] Geschützt wird nicht nur das Eigentum des Veranstalters, sondern auch das der übrigen Stadionbesucher. Denn auch die Sachen der Stadionbesucher sind dem Störer fremd.

---

831 *Fischer*, § 218 StGB Rn. 3.

832 *Fischer*, § 218 StGB Rn. 9.

833 Demgegenüber führt *Marzahn* – ohne nähere Begründung und nicht nachvollziehbar – an, dass Sachbeschädigungen auf dem Weg zum Stadion nicht erfasst seien, *Marzahn*, ZJS 2010, 428 (435).

834 *Kühl*, § 303 StGB Rn. 1; *Stree/Hecker*, in: *Schönke/Schröder*, § 303 StGB Rn. 1.

a) *Problematik geringfügiger Sachbeschädigungen*

Problematisch ist die Voraussetzung, dass ein erheblicher Schaden eingetreten sein muss. Dies hebt § 4 Abs. 3 Nr. 1.2 SVR im Gegensatz zu § 4 Abs. 3 Nr. 1.1 Alt. 1 SVR ausdrücklich als Tatbestandsmerkmal hervor.[835] Möglicherweise könnte dies überflüssig sein, wenn das Strafantragserfordernis in § 303c StGB ebenfalls ein ausreichendes Korrektiv darstellt, um einfache Sachbeschädigungen vom bundesweiten Stadionverbot auszunehmen. Oben wurde im Rahmen der Körperverletzungsdelikte festgestellt, dass geringfügige Körperverletzungen nicht zu einem bundesweiten Stadionverbot führen dürfen.[836] Dies war verfahrensrechtlich hinreichend durch § 230 Abs. 1 S. 1 StGB ausgeschlossen, ohne dass ein erheblicher Schaden am Körper im Wortlaut des § 4 Abs. 3 Nr. 1.1 Alt. 1 SVR erwähnt werden musste. Überträgt man dies auf die Problematik einer geringfügigen Sachbeschädigung, könnte das Tatbestandsmerkmal „mit der Folge eines nicht unerheblichen Schadens" in § 4 Abs. 3 Nr. 1.2 SVR überflüssig sein, da § 303c StGB verfahrensrechtlich mittelbar minderschwere Fälle ausschließt.[837] Schließlich bringt das Opfer, indem es einen Strafantrag nach § 303c StGB stellt, zum Ausdruck, dass die Tat subjektiv einen erheblichen Schaden zur Folge hatte. Dann wäre dieses zweite Tatbestandsmerkmal in § 4 Abs. 3 Nr. 1.2 SVR überflüssig.

Eigenständige Bedeutung erlangt das Tatbestandsmerkmal des erheblichen Schadenseintritts im Wortlaut des § 4 Abs. 3 Nr. 1.2 SVR aber, wenn man es im Gegensatz zu den Körperverletzungsdelikten bei den Sachbeschädigungsdelikten als objektives Kriterium versteht. Das Strafantragserfordernis schließt lediglich aus, dass Ermittlungsverfahren wegen subjektiv unerheblichen Schäden eingeleitet werden.[838] Hält das Opfer es für gerechtfertigt, dass ein Ermittlungsverfahren eingeleitet wird, obwohl der Schaden objektiv gering ist, wird es einen Strafantrag stellen. Dann betrifft das Ermittlungsverfahren einen objektiv geringen Sachschaden. Durch das weitere Tatbestandsmerkmal „eines nicht unerheblichen Schadens" brachte der Richtliniengeber zum Ausdruck, dass weder ein Strafantrag i.S.d. § 303c StGB und ein daraufhin eingeleitetes Ermittlungsverfahren noch ein subjektiv erheblicher Schaden alleine einen tauglichen Sachgrund für ein bundesweites Stadionverbot bilden.

---

[835] Dies billigte auch das *AG Freiburg*, Urt. v. 23.3.2005 – 6 C 3294/04.

[836] Vgl. vertiefend: Kapitel 3B.I.1, S. 195 f.

[837] Der Strafantrag ist eine Bedingung der Verfolgbarkeit und damit Prozessvoraussetzung, *BGH*, NJW 1954, 1414 (1414); *Griesbaum*, in: *Hannich*, Karlsruher Kommentar, § 158 StPO Rn. 33.

[838] Strafantragsdelikte sind in der Regel gleichzeitig zulässige Privatklagedelikte i.S.d. § 374 Abs. 1 StPO, so dass die Staatsanwaltschaft gemäß § 376 StPO nur Klage erheben wird, wenn dies im öffentlichen Interesse liegt.

Systematisch bedeutet dies, dass zusätzlich zu diesen strafrechtlichen und strafprozessualen Voraussetzungen ein objektiv erheblicher Schaden hinzutreten muss, um zivilrechtlich die Besorgnis künftiger Störungen hervorzurufen. Ein bundesweites Stadionverbot unterliegt somit bei Sachbeschädigungen strengeren Voraussetzungen als bei Körperverletzungen. Dadurch wird der DFB als Richtliniengeber der besonderen Bedeutung der Rechtsgüter Leben und Gesundheit gerecht. Diese sind (präventiv) höher zu schützen als die Sachsubstanz. Während bei Körperverletzungsdelikten ein bundesweites Stadionverbot bereits gerechtfertigt ist, wenn das Opfer einen subjektiven Schaden erleidet, der sich durch einen Strafantrag nach § 230 Abs. 1 S. 1 StGB manifestieren muss, ist bei Sachbeschädigungen zusätzlich objektiv ein erheblicher Schaden zu verlangen, um ein bundesweites Stadionverbot nach § 4 Abs. 3 Nr. 1.2 SVR erteilen zu können.

b) Problematik der Beschädigung des äußeren Erscheinungsbildes

Problematisch sind darüber hinaus die Fälle des § 303 Abs. 2 StGB, nach denen bestraft wird, wer unbefugt das Erscheinungsbild einer fremden Sache nicht nur unerheblich und nicht nur vorübergehend verändert. Schutzgut ist das äußere Erscheinungsbild einer Sache.[839] Fraglich ist, ob ein bundesweites Stadionverbot darauf gestützt werden kann, dass der Betroffene das äußere Erscheinungsbild des Stadions beeinträchtigt hat. Schließlich greift er nicht unmittelbar in den Stadionbetrieb oder die Sicherheit der Fußballveranstaltung ein. Andererseits dient das Hausrecht nicht nur dazu, die Fußballveranstaltung, sondern auch das Eigentum des Hausrechtsinhabers zu schützen. Das äußere Erscheinungsbild des Stadions verdient effektiven Rechtsschutz, insbesondere wenn Graffitis oder Sprüche eine Stadionwand beschmutzen und dies zu Provokationen unter den Fußballfans führt.[840] Dann ist auch der nötige Sachzusammenhang zur Fußballveranstaltung gegeben. § 303 Abs. 2 StGB muss somit nicht vom Regelbeispielskatalog ausgenommen werden.

c) Die Straftatbestände der §§ 303a, 303b StGB

Anders ist dies bei den Straftatbeständen der §§ 303a, 303b StGB zu beurteilen. Geschütztes Rechtsgut ist hier das Interesse des Verfügungsberechtigten, die Informationen verwenden zu können, die in den gespeicherten Daten enthalten

---

839 *Stree/Hecker*, in: *Schönke/Schröder*, § 303 StGB Rn. 1.

840 Beispielsweise ist hier an fremdenfeindliche Äußerungen oder an Beleidigungen der Fans des Heimvereins zu denken.

sind.[841] Zwar gehören Computerprogramme und sonstige Datentechnik heute zu elementaren Voraussetzungen, um ein Stadion störungsfrei und sicher betreiben zu können. Allerdings normiert § 4 Abs. 3 Nr. 1 SVR als zusätzliches Tatbestandsmerkmal, dass der Störer Gewalt anwenden muss. Dies ist in den Fällen der §§ 303a, 303b StGB regelmäßig zu verneinen, da diese keine Gewalt fordern, sondern als Tathandlung nur voraussetzen, dass der Täter spezifisch in die Verwendbarkeit der Daten eingreift.[842]

Abweichend ist dies nur bei § 303b S. 1 Nr. 3 StGB einzuschätzen. Dort muss der Täter äußerlich Gewalt anwenden, indem er den Datenträger oder die Datenverarbeitungsanlage zerstört, beschädigt oder sonst unbrauchbar macht.[843] Die Straftatbestände der §§ 303a, 303b StGB sind folglich mit Ausnahme des § 303b Abs. 1 Nr. 3 StGB aus dem Regelbeispielskatalog des § 4 Abs. 3 Nr. 1.2 SVR zu streichen.

d) Die Straftatbestände der §§ 304, 305, 305a StGB

Auch § 304 StGB ist vom Regelbeispielskatalog auszunehmen, da dieser nicht das Eigentum des Hausrechtsinhabers oder der Stadionbesucher, sondern ausschließlich das öffentliche Nutzungsinteresse der Gegenstände schützt, die dort abschließend aufgezählt sind.[844] Das Stadion wäre selbst dann nicht darunter zu subsumieren, wenn ihm eine Gemeinwohlfunktion zukäme.[845]

Demgegenüber schützt der Qualifikationstatbestand des § 305 StGB ebenso wie § 303 StGB fremdes Eigentum[846] und ist damit zumindest in der Tatbestandsalternative tauglicher Anknüpfungspunkt für ein bundesweites Stadionverbot, die voraussetzt, dass der Täter ein Gebäude zerstört. Gleiches gilt für die Qualifikation des § 305a Abs. 1 Nr. 2 Var. 1 StGB,[847] wenn der Störer im Zusammenhang mit einer Fußballveranstaltung ein Polizeifahrzeug zerstört.

4. Zwischenfazit: § 4 Abs. 3 Nr. 1 SVR tauglich, aber reformbedürftig

Zusammenfassend ist festzustellen, dass die Regelbeispiele des § 4 Abs. 3 Nr. 1 SVR grundsätzlich gegen das Hausrecht gerichtet sind und deswegen taugliche

841 *Fischer,* § 303a StGB Rn. 2.
842 *Fischer,* § 303a StGB Rn. 8 ff.
843 *Fischer,* § 303b StGB Rn. 13.
844 *Fischer,* § 304 StGB Rn. 2.
845 *Fischer,* § 304 StGB Rn. 10 m.w.N.
846 *Fischer,* § 305 StGB Rn. 2.
847 *Fischer,* § 305a StGB Rn. 2.

Sachgründe darstellen, auf die sich ein bundesweites Stadionverbot stützen kann. Der Richtliniengeber formuliert den Kreis der erfassten Straftatbestände allerdings zu weit, indem er in Nr. 1.1 und Nr. 1.2 nur die Überschriften verwendet, die dem jeweiligen Abschnitt des Besonderen Teils im Strafgesetzbuch entsprechen. Betrachtet man die einzelnen Straftatbestände genauer, sind einzelne Straftaten vom Regelbeispielskatalog auszunehmen, weil sie sich nicht gegen die Rechtsgüter richten, die das Hausrecht schützen soll.

Selbst wenn man dem Richtliniengeber für den Katalog der Regelbeispiele einen Ermessens- oder Gestaltungsspielraum eingestehen würde, sollte die Stadionverbotsrichtlinie angepasst werden, da sich die Stadionverbotsbeauftragten in der Praxis sehr stark an § 4 Abs. 3 SVR orientieren. Schließlich beschränkt sich der DFB an anderer Stelle (beispielsweise in § 4 Abs. 3 Nr. 2 bis 13 SVR) auch nicht darauf, die Überschriften des Strafgesetzbuches zu verwenden, sondern benennt die Straftatbestände genau, denen er eine Regelwirkung beimisst.[848] Übertragt man dies systematisch auf § 4 Abs. 3 Nr. 1.1 Alt. 1 SVR wäre es ausreichend, die „(§§ 223 ff. StGB)" zu bezeichnen. In § 4 Abs. 3 Nr. 1.1 Alt. 2 SVR müsste der Richtliniengeber die Regelwirkung auf „(§§ 211 bis 216, 221 und 222 StGB)" und in § 4 Abs. 3 Nr. 1.2 SVR auf „(§§ 303, 303b Abs. 1 Nr. 3, 305 Var. 1, 305a Abs. 1 Nr. 2 Alt. 1 StGB)" beschränken.

II. § 4 Abs. 3 Nr. 2 SVR Gefährliche Eingriffe in den Verkehr (§§ 315 ff. StGB)

§ 4 Abs. 3 Nr. 2 SVR erfasst gefährliche Eingriffe in den Straßenverkehr. Der Wortlaut dieses Regelbeispiels stimmt nur mit der Überschrift des Straftatbestandes in § 315b StGB überein. Durch den Klammerzusatz „(§§ 315 ff. StGB)" macht der Richtliniengeber deutlich, dass er alle Straßenverkehrsdelikte der §§ 315 bis 316a StGB erfasst will.[849] Hätte der Richtliniegeber sich mit der Überschrift „Gefährliche Eingriffe in den Verkehr" auf den Straftatbestand des § 315b StGB beschränken wollen, hätte er § 315b StGB im Klammerzusatz exakt bezeichnet und nicht formuliert: „§§ 315 ff. StGB". § 4 Abs. 3 Nr. 7 SVR

---

848 Beispielsweise sei § 4 Abs. 3 Ziff. 7 angeführt: „Landfriedensbruch (§§ 125, 125a, 126 (1) Nr. 1 StGB)".

849 Hätte der Richtliniengeber sich auf den Straftatbestand des § 315c StGB beschränken wollen, hätte er entsprechend der Systematik der folgenden Regelbeispiele formulieren müssen: „Gefährliche Eingriffe in den Verkehr (§ 315c StGB)". Eine solche Beschränkung enthält beispielsweise das Regelbeispiel des § 4 Abs. 3 Ziff. 3: „Störung öffentlicher Betriebe (§ 316b StGB)". Auch die Systematik spricht folglich dafür, alle Straßenverkehrsdelikte einzubeziehen.

zeigt systematisch, dass der Richtliniengeber im Klammerzusatz einzelne Straftatbestände genau bezeichnet, wenn er nur bestimmten Delikten eine Regelwirkung beimisst.[850] Vorsorglich sind deswegen alle Straßenverkehrsdelikte darauf zu überprüfen, ob sie mit dem Hausrecht des Vereins zu vereinbaren sind. Dabei handelt es sich jeweils um Gefährdungsdelikte,[851] so dass im Gegensatz zu § 4 Abs. 3 Nr. 1 SVR nicht erforderlich ist, dass der Störer Gewalt angewandt hat oder ein Schaden eingetreten ist.

1. § 315 StGB Gefährlicher Eingriff in den Bahn-, Schiffs- und Luftverkehr

§ 315 StGB behandelt die Transportgefährdung als konkretes Gefährdungsdelikt.[852] Geschützt sind die Verkehrssicherheit sowie die Individualrechtsgüter Leben, Gesundheit und Sachen von bedeutendem Wert.[853] Der Tatbestand bezieht sich auf alle Arten des öffentlichen und privaten Verkehrs mit Ausnahme des Straßenverkehrs.[854] Ein Zusammenhang zwischen diesem Straftatbestand und einem Fußballspiel ist nur in wenigen Ausnahmefällen denkbar: Neben dem Extremfall einer Flugzeugentführung, um ein Attentat auf ein Fußballstadion zu verüben, könnte ein gefährlicher Eingriff in den Bahnverkehr relevant werden, insbesondere wenn Fußballfans per Eisenbahn zum Auswärtsspiel reisen.

Geschützt wird der Betrieb der Bahnen in all seinen Teilen, somit das Eigentum an den Bahnfahrzeugen, alle Fahrgäste und auch die im Zugdienst eingesetzten Betriebsangehörigen.[855] Allerdings besteht kein ausreichender Kausalzusammenhang zu dem Fußballspiel im Stadion, wenn es zu Auseinandersetzungen zwischen Fußballfans im Zug kommt. Schließlich fordert § 315 StGB, dass die Sicherheit des Bahnverkehrs oder der Bahnreisenden konkret gefährdet ist, beispielsweise indem rivalisierenden Fußballfans (der Heimmannschaft) Gegenstände auf die Bahngleise legen, um den Zug der anreisenden Fußballfans

850 Dort beschreibt der Richtliniengeber die erfassten Delikte wie folgt: „7. Landfriedensbruch (§§ 125, 125a, 126 (1) Nr. 1 StGB)".

851 Beispielsweise ist § 315 StGB ein konkretes Gefährungsdelikt, *Fischer,* § 315 StGB Rn. 2. § 316 StGB ist ein abstraktes Gefährdungsdelikt, *Fischer,* § 316 StGB Rn. 2, 3.

852 *Kühl*, § 315 StGB Rn. 1.

853 *Sternberg-Lieben/Hecker*, in: *Schönke/Schröder*, § 315 StGB Rn. 1. Während dort der Schutzzweck Verkehrssicherheit gleichrangig mit dem bezweckten Schutz der Individualrechtsgüter gesehen wird, führt *Kühl* aus, dass die Sicherheit der genannten vier Verkehrsarten vorrangiger Schutzzweck sei und lediglich daneben die Individualrechtsgüter geschützt werden, vgl. *Kühl*, § 315 StGB Rn. 1.

854 *Kühl*, § 315 StGB Rn. 1.

855 *Sternberg-Lieben/Hecker*, in: *Schönke/Schröder*, § 315 StGB Rn. 3.

(der Auswärtsmannschaft) entgleisen zu lassen.[856] Auf solche Vorfälle erstreckt sich der Hausrechtsschutz der Veranstalter jedoch nicht, zudem sind sie in der Praxis (mit Ausnahme von besonderen Derbys) nur äußerst selten.[857] Deswegen ist § 315 StGB eine Regelwirkung abzusprechen.

2. § 315a StGB Gefährdung des Bahn-, Schiffs- und Luftverkehrs

§ 315a StGB schützt dieselben Rechtsgüter und Verkehrsarten wie § 315 StGB, ergänzt dessen Anwendungsbereich allerdings um gewisse betriebsinterne Gefahrenhandlungen.[858] Es handelt sich um ein Sonderdelikt, das auf den Führer eines Schienenbahnfahrzeugs oder einen sonst für die Sicherheit Verantwortlichen beschränkt ist.[859] § 315a StGB ist deswegen aus dem Regelbeispiel des § 4 Abs. 3 Nr. 2 SVR auszunehmen.

3. § 315b StGB Gefährliche Eingriffe in den Straßenverkehr

§ 315b StGB schützt als konkretes Gefährdungsdelikt neben den Individualrechtsgütern Leben, Gesundheit und Eigentum von bedeutendem Wert, insbesondere die Sicherheit des Straßenverkehrs.[860] Der Begriff des Straßenverkehrs bezieht sich angesichts seines Schutzzweckes nur auf Vorgänge im öffentlichen Verkehr,[861] wobei es sich jeweils um verkehrsfremde Eingriffe in den Straßenverkehr handeln muss.[862] Dieser Straftatbestand entfaltet eine ausreichende Regelwirkung für die Stadionverbotspraxis. Unter ihn sind solche Fälle zu subsumieren, in denen randalierende Fans vor oder nach dem Fußballspiel in unmit-

---

856 In der Rechtsprechung anerkannt sind beispielsweise Fälle, in denen Hindernisse auf die Bahnschienen gelegt werden mit dem Ziel, eine Gleissperre zu errichten, vgl. *Fischer,* § 315 StGB Rn. 9 m.w.N.

857 In der Statistik der ZIS gemäß Jahresbericht 2010/2011 werden die Straßenverkehrsdelikte auf Seite 25 noch nichtmals eigens aufgeführt, sondern nur unter den sonstigen Verstößen erfasst, vgl. http://www.polizei-nrw.de/lzpd/stepone/data/downloads/a0/00/00/10-11jahresbericht-oeffentlich.pdf, abgerufen am 26.10.2011.

858 *Kühl,* § 315 a StGB Rn. 1; *Sternberg-Lieben/Hecker*, in: *Schönke/Schröder*, § 315a StGB Rn. 1.

859 Dies gilt jedenfalls für § 315a Abs. 1 Nr. 2 StGB, *Fischer,* § 315a StGB Rn. 3.

860 *BGH*, NStZ-RR 06, 127; *Sternberg-Lieben/Hecker*, in: *Schönke/Schröder*, § 315b StGB Rn. 1; *Kühl*, § 315b StGB Rn. 1.

861 Öffentlicher Verkehr kann auch auf Privatgrundstücken vorliegen, da es nicht auf die Eigentumsverhältnis, sondern darauf ankommt, dass die Verkehrsfläche für jedermann geöffnet ist, *BGH*, NJW 63, 152; *Fischer,* § 315b StGB Rn. 3 m.w.N.

862 *Sternberg-Lieben/Hecker*, in: *Schönke/Schröder*, § 315 b StGB Rn. 2; *Fischer,* § 315b StGB Rn. 2.

telbarer Nähe zum Stadion den an- oder abreisenden Pkw-Verkehr konkret gefährden, indem sie beispielsweise Glasflaschen oder sonstigen Gegenständen in den öffentlichen Verkehr oder gezielt auf Busse der Auswärtsfans werfen. Dadurch zeigen sie ein Gewaltpotenzial, das zivilrechtlich besorgen lässt, dass sie auch bei künftigen Fußballspielen sicherheitsbeeinträchtigend auffallen werden. § 315b StGB ist zu Recht als Regelbeispiel in § 4 Abs. 3 Nr. 2 SVR aufgeführt.

4. § 315c StGB Gefährdung des Straßenverkehrs

§ 315c StGB schützt als konkretes Gefährdungsdelikt neben der Verkehrssicherheit gleichermaßen die bereits aufgezählten Individualrechtsgüter.[863] § 315c StGB erfasst systematisch abgegrenzt zu § 315b StGB nur solche Gefährdungen, die im Straßenverkehr selbst begangen werden.[864] Es handelt sich um ein eigenhändiges Delikt der Verkehrsteilnehmer.[865] Aus einem Verkehrsverstoß i.S.d. § 315c StGB kann jedoch nicht geschlossen werden, dass zivilrechtlich zu besorgen ist, dass der Verkehrsteilnehmer künftig das Hausrecht des Vereins beeinträchtigen wird. Dies könnte allenfalls in Fällen angenommen werden, in denen ein Fußballfan ein Kraftfahrzeug für einen Anschlag auf das Fußballstadion zweckentfremdet. Pervertiert er das Fahrzeug derart, ist er jedoch nach § 315b Abs. 1 Nr. 3 StGB und nicht nach § 315c StGB zu bestrafen.[866] Im Übrigen handelt es sich um Ausnahmefälle, denen die notwendige Regelwirkung fehlt. § 315c StGB ist als Regelbeispiel zu streichen.

5. § 315d StGB Schienenbahnen im Straßenverkehr

§ 315d StGB erfasst alle Schienenbahnen, die am öffentlichen Straßenverkehr teilnehmen, insbesondere alle Straßenbahnen, die bestimmt sind, um zum Fußballstadion an- oder abzureisen.[867] Diese unterfallen nicht dem verschärften Schutz des Bahnverkehrs nach §§ 315, 315a StGB, sondern werden dem Schutz des Straßenverkehrs in §§ 315b, 315c StGB gleichgestellt.[868] Da § 315b StGB Regelwirkung entfaltet, muss dies auch für den Straftatbestand des §§ 315d, 315b StGB gelten. Erfasst werden insbesondere die praxisrelevanten Sachver-

---

863 *Sternberg-Lieben/Hecker*, in: *Schönke/Schröder*, § 315c StGB Rn. 2; *Kühl*, § 315c StGB Rn. 1.

864 *Fischer*, § 315c StGB Rn. 2.

865 *Fischer*, § 315c StGB Rn. 2 m.w.N.

866 *BGHZ*, 48, 233 (237 f.); *Fischer*, § 315b StGB Rn. 9 ff. m.w.N.

867 *Fischer*, § 315d StGB Rn. 2.

868 *Steinberg-Lieben/Hecker*, in: *Schönke/Schröder*, § 315 d StGB Rn. 1; *Kühl*, § 315 d StGB Rn. 1.

halte, in denen im öffentlichen Straßenverkehr Straßenbahnen angegriffen werden, in denen sich rivalisierende Fans befinden. Diese Fälle lassen auf ein Gewaltpotenzial des Tatverdächtigen schließen, sodass typischerweise die Besorgnis künftiger Störungen begründet ist. §§ 315d, 315b StGB sind zu Recht im Regelbeispielskatalog erfasst.

6. § 316 StGB Trunkenheit im Straßenverkehr

Schutzgut des abstrakten Gefährdungsdeliktes des § 316 StGB ist die Sicherheit des öffentlichen Straßenverkehrs.[869] Es handelt sich um einen gegenüber den §§ 315a, 315c StGB subsidiären Tatbestand, der als eigenhändiges Delikt nur von Verkehrsteilnehmern begangen werden kann.[870] Der Strafgrund des § 316 StGB betrifft nicht das Hausrecht, sondern ausschließlich die Sicherheit des Straßenverkehrs. Diese steht nicht in unmittelbarem Zusammenhang mit der Fußballveranstaltung. Wer betrunken am Straßenverkehr teilnimmt, zeigt zwar, dass er nicht verantwortungsvoll mit Alkohol umgehen kann. Dieser Gesinnungsunwert seiner Persönlichkeit lässt aber nicht typischerweise besorgen, dass der Tatverdächtige das Hausrecht des Vereins stören wird. Zwischen der betrunkenen Teilnahme am Straßenverkehr und der Störung einer Fußballveranstaltung liegt ein erhöhter, jedenfalls ein unterschiedlicher Unrechtsgehalt.

Dass (überhöhter) Alkoholkonsum nicht generell die Besorgnis von Störungen des Stadionbetriebes hervorruft, zeigt sich daran, dass (mit Ausnahme von Sicherheitsspielen) in allen Fußballstadien Alkohol verkauft wird.[871] Ferner darf nicht jede kriminelle Neigung in der Persönlichkeit des Täters ohne Sachzusammenhang zu einer Fußballveranstaltung dazu führen, dass bundesweite Stadionverbote ausgesprochen werden, da anderenfalls die Grenze des Art. 3 Abs. 1 GG überschritten würde. § 316 StGB ist nicht gegen das Hausrecht gerichtet und folglich aus dem Regelbeispielskatalog des § 4 Abs. 3 SVR auszunehmen.

---

869 *Sternberg-Lieben/Hecker*, in: *Schönke/Schröder*, § 316 StGB Rn. 1; *Kühl*, § 316 StGB Rn. 1; *Fischer*, § 316 StGB Rn. 2, 3.

870 *Fischer*, § 316 StGB Rn. 2, 3.

871 Da nachgewiesen ist, dass (überhöhter) Alkoholkonsum zu einer erhöhten Gewaltbereitschaft führt, wurde in den letzten Jahren häufig ein generelles Alkoholverbot in Fußballstadien diskutiert, vgl. *Ruhs*, Sicherheit und Ordnung, S. 23 m.w.N. Dem hat zuletzt Innenminister *Friedrich* in einem Interview mit der Welt am 13.11.2011 ein klare Absage erteilt: http://www.welt.de/sport/fussball/article13713485/Innenminister-Friedrich-fordert-mehr-Stadionverbote.html, abgerufen am 17.11.2011.

7. § 316a StGB Räuberischer Angriff auf Kraftfahrer

§ 316a StGB dient als Nahtstelle zwischen Vermögens- und Verkehrsdelikten zugleich dem Verkehrs- und Vermögensschutz. Er soll die Funktionsfähigkeit des Straßenverkehrs und das Vertrauen in dessen Sicherheit gewährleisten.[872] Systematisch ist ein eigener Anwendungsbereich des § 316a StGB neben dem Regelbeispiel des § 4 Abs. 3 Nr. 10 SVR (Raub- und Diebstahlsdelikte) nicht erkennbar. Zudem schützt § 316a StGB genauso wie § 316 StGB nur die Sicherheit des Straßenverkehrs, mithin kein Rechtsgut, das vom Hausrechtsschutz umfasst ist. Der Tatverdacht in Bezug auf § 316a StGB begründet somit keine ausreichende zivilrechtliche Gefahrenprognose. § 316a StGB ist aus dem Regelbeispielskatalog zu streichen.

8. Zwischenfazit: § 4 Abs. 3 Nr. 2 SVR zu weit

Das Regelbeispiel des § 4 Abs. 3 Nr. 2 SVR ist zu weit gefasst. Nicht alle Delikte der §§ 315 ff. StGB bilden als Regelbeispiel einen Sachgrund für cin bundesweites Stadionverbot. Lediglich die §§ 315b, 315d StGB entfalten eine ausreichende Regelwirkung. Wer §§ 315- 315a StGB verwirklicht, kann zwar in seltenen Ausnahmefällen mit einem bundesweiten Stadionverbot belegt werden, allerdings wird dies regelmäßig ausscheiden, weil es an dem erforderlichen Kausalzusammenhang fehlt. Die §§ 315c, 316, 316a StGB schützen darüber hinaus nicht die Rechtsgüter, denen das Hausrecht zu dienen bestimmt ist. Deswegen sollte der Richtliniengeber das Regelbeispiel des § 4 Abs. 3 Nr. 2 SVR wie folgt einschränken:

> „2. Gefährliche Eingriffe in den Straßen- und Schienenverkehr (§§ 315b, 315d StGB)"
>
> statt bisher:
>
> „2. Gefährliche Eingriffe in den Verkehr (§ 315 ff. StGB)".

III. § 4 Abs. 3 Nr. 3 SVR Störung öffentlicher Betriebe (§ 316b StGB)

Das Regelbeispiel des § 4 Abs. 3 Nr. 3 SVR ist ausdrücklich auf den Straftatbestand des § 316b StGB beschränkt. Dieser schützt als abstraktes Gefährdungsde-

[872] *BGHSt* 39, 249 (250); *BGHSt* 49, 8 (11); *Sternberg-Lieben/Hecker*, in: *Schönke/Schröder*, § 316 a StGB Rn. 1; *Kühl*, § 316a StGB Rn. 1 m.w.N.

likt den Betrieb bestimmter Unternehmen gegen gewaltsame Eingriffe, wenn die Unternehmen gemeinschaftswichtigen Zwecken dienen.[873] Fraglich ist, ob der Betrieb eines Fußballstadions unter § 316b Abs. 1 Nr. 2 Alt. 2 StGB subsumiert werden kann. Dieser schützt Unternehmen strafrechtlich, wenn sie lebensnotwendig sind, um die Bevölkerung zu versorgen,[874] auch wenn sie privatrechtlich organisiert sind.[875] Für den zivilrechtlichen Kontrahierungszwang wurde bereits bejaht, dass Vereine die Fans – ähnlich wie Museen oder Badeanstalten ihre Besucher – mit lebenswichtigen Gütern versorgen.[876] Zwar ist diese zivilrechtliche Wertung nicht zwingend auf das Strafrecht zu übertragen. Allerdings streitet der Grundsatz der Einheit der Rechtsordnung dafür: Wenn das Zivilrecht die Vertragsautonomie der Vereine einschränkt, weil sie die Bevölkerung mit lebenswichtigen Gütern versorgen, muss das Strafrecht sie andererseits besonders nach § 316b Abs. 1 Nr. 2 StGB schützen. Es ist vorliegend nichts dafür ersichtlich, diese Rechtsfrage im Strafrecht anders als im Zivilrecht zu beantworten.

Problematisch könnte weiterhin sein, dass § 316b StGB als abstraktes Gefährdungsdelikt zu qualifizieren ist. Fraglich ist, ob eine abstrakte Gefährdung im Sinne des Strafrechts ausreichen kann, um die Besorgnis künftiger Störungen im Sinne des Zivilrechts zu begründen. Dagegen könnte sprechen, dass sich die zivilrechtliche Gefahrenprognose auf objektive Tatsachen stützen muss. Dies ist für § 316b StGB jedoch zu bejahen, denn dieser setzt für eine „Störung des Betriebes" voraus, dass der Täter diesen soweit beeinträchtigt, dass er nicht mehr ordnungsgemäß funktioniert; die bloße Gefahr einer Störung genügt nicht, um den Straftatbestand zu verwirklichen.[877] Es handelt sich nur deswegen um ein abstraktes Gefährdungsdelikt, weil die Störung nicht dazu führen muss, dass die Versorgung der Bevölkerung konkret unterbrochen wird, sondern es bereits ausreicht, dass diese abstrakt gefährdet ist. Die zivilrechtliche Gefahrenprognose i.S.d. §§ 1004 Abs. 1 S. 2, 862 Abs. 1 S. 2 BGB stützt sich jedoch nicht (nur) auf die abstrakte Gefährdung der Bevölkerung, sondern auf die konkrete Störung des Stadionbetriebes. Grundsätzlich erfasst der Schutzzweck des § 316b StGB die Rechtsgüter des Hausrechtes und berechtigt die Vereine zivilrechtlich, ein bundesweites Stadionverbot auszusprechen.

---

873 *Sternberg-Lieben/Hecker*, in: *Schönke/Schröder*, § 316 b StGB Rn. 1; *Kühl*, § 316 b StGB Rn. 1.

874 *Kühl*, § 316b StGB Rn. 3; *Sternberg-Lieben/Hecker*, in: *Schönke/Schröder*, § 316b StGB Rn. 4.

875 *Steinberg-Lieben/Hecker*, in: *Schönke/Schröder,* § 316b StGB Rn. 1.

876 Vgl. vertiefend: Kapitel 1B.II.1, S. 53 f.

877 *Steinberg-Lieben/Hecker*, in: *Schönke/Schröder*, § 316b StGB Rn. 6.

Statistisch sind die Fälle des § 316b StGB selten.[878] Deswegen ist dessen Regelwirkung zweifelhaft. Wenn § 316b StGB verwirklicht ist, begründet er allerdings typischerweise einen schweren Fall i.S.d. § 4 Abs. 3 SVR. Insofern bleibt es dem Gestaltungsermessen des Richtliniengebers überlassen, den Straftatbestand vom Regelbeispielskatalog auszunehmen oder dort zu belassen. Da die Stadionverbotspraktiker als Rechtslaien möglicherweise die rechtliche Bedeutung der Regelbeispiele verkennen und annehmen könnten, dass nur die dort abschließend aufgezählten Straftatbestände ein bundesweites Stadionverbot berechtigen, erscheint es nicht geboten, § 316b StGB zu streichen. § 4 Abs. 3 Nr. 3 SVR steht nicht im Widerspruch zu zivilrechtlichen Wertungen.

IV. § 4 Abs. 3 Nr. 4 SVR Nötigung (§ 240 StGB)

Der Straftatbestand der Nötigung gemäß § 240 StGB ist als Regelbeispiel in § 4 Abs. 3 Nr. 4 SVR aufgeführt. Geschütztes Rechtsgut ist die freie Willensentschließung und Willensbetätigung des Einzelnen.[879] Dies steht mit dem zivilrechtlichen Hausrechtsschutz in Einklang. Das Hausrecht ist nicht nur betroffen, wenn der Störer Stadionpersonal des Veranstalters nötigt. Wegen dessen vertraglichen und deliktischen Schutzpflichten reicht es aus, dass der Störer andere Stadionbesucher nötigt, um Störungen i.S.d. §§ 1004 Abs. 1 S. 2, 862 Abs. 1 S. 2 BGB besorgen zu lassen. Die Schutzpflichten des Veranstalters erstrecken sich auch auf die Willensentschließungs- und Willensbetätigungsfreiheit aller Stadionbesucher. Dann muss die Rechtsordnung es ihm ermöglichen, seine Schutzpflichten effektiv durch sein Hausrecht durchzusetzen. Anders ausgedrückt: Wenn ein Zuschauer einen anderen Zuschauer auf dem Stadiongelände in strafrechtlich relevanter Weise nötigt, ist nicht nur dessen Willensbetätigungsfreiheit, sondern auch das Hausrecht des Vereins betroffen. Solange das Kausalitätskriterium beachtet wird, gilt dies auch für Nötigungen an Drittorten.[880] § 240 StGB ist zu Recht als Regelbeispiel in § 4 Abs. 3 Nr. 4 SVR aufgeführt.

---

878 Vergleiche dazu: Jahresbericht 2010 / 2011 der ZIS: http://www.polizei-nrw.de/lzpd/stepone/data/ downloads/a0/00/00/10-11jahresbericht-oeffentlich.pdf, abgerufen am 26.10.2011.

879 *BVerfGE*, 73, 206 (237); *BGHSt*, 37, 353; *Eser/Eisele*, in: *Schönke/Schröder*, § 240 StGB Rn. 1 m.w.N. *Kühl*, § 240 StGB Rn. 1 führt weitere Fundstellen an, um das im Kern umstrittene Rechtsgut zu konkretisieren.

880 Vgl. vertiefend zu Taten an Drittorten: Kapitel 2D, S. 188 f.

V. § 4 Abs. 3 Nr. 5 SVR Verstöße gegen das Waffengesetz

Verstöße gegen das Waffengesetz werden in § 4 Abs. 3 Nr. 5 SVR als Regelbeispiel erfasst. Nach § 1 Abs. 1 WaffG dient dieses vorrangig sicherheitsrechtlichen Interessen, nur nachrangig auch beschlussrechtlichen, zollrechtlichen, allgemeinen, gewerberechtlichen oder umweltschutzrechtlichen Schutzzwecken.[881] Diesen vorrangigen Schutzzweck des WaffG, die öffentliche Sicherheit und Ordnung im Stadion aufrechtzuerhalten, verfolgt auch das zivilrechtliche Hausrecht des Vereins. Problematisch ist allerdings der Wortlaut des § 4 Abs. 3 Nr. 5 SVR. Dieser erfasst jeden Verstoß gegen eine Bestimmung des WaffG. Der Richtliniengeber arbeitet hier – ebenso wie in § 4 Abs. 3 Nr. 2 SVR[882] – ungenau. Nicht jeder Verstoß gegen das Waffengesetz reicht aus, um zivilrechtlich künftige Störungen besorgen zu lassen.

Systematisch fordert § 4 Abs. 3 SVR, dass ein Ermittlungs- oder sonstiges Verfahren gegen den Störer eingeleitet wird. Dieses setzt gemäß § 152 Abs. 2 StPO voraus, dass zureichende tatsächliche Anhaltspunkte dafür bestehen, dass der Betreffende eine Straftat verwirklicht hat. Das WaffG enthält lediglich in §§ 51, 52, 52a WaffG Straftatbestände.[883] Als sonstiges Verfahren i.S.d. § 4 Abs. 3 SVR könnte zudem ergänzt werden, dass ein Ordnungswidrigkeitsverfahren wegen des Bußgeldtatbestandes nach § 53 WaffG eingeleitet wird. Nur diese Straf- und Bußgeldtatbestände rufen zivilrechtlich die Besorgnis künftiger Störungen hervor, so dass das Regelbeispiel des § 4 Abs. 3 Nr. 5 SVR auf diese zu beschränken ist: „Verstöße gegen das Waffengesetz (§§ 51-53 WaffG)“

VI. § 4 Abs. 3 Nr. 6 SVR Verstöße gegen das Sprengstoffgesetz

§ 4 Abs. 3 Nr. 6 SVR erfasst nach seinem Wortlaut alle Verstöße gegen das Sprengstoffgesetz. Das Sprengstoffgesetz dient ebenfalls vorrangig sicherheitsrechtlichen Interessen.[884] Folglich gelten die obigen Ausführungen zum WaffG entsprechend: Verstöße gegen das Sprengstoffgesetz sind mit zivilrechtlichen Wertungen zu vereinbaren; sie sind allerdings auf Straf- oder Bußgeldtatbestän-

---

881 *Heinrich*, in: *Joecks/Miebach*, MüKo StGB, § 1 WaffG Rn. 2; *Pauckstadt-Maihold*, in: *Erbs/Kohlhaas*, Strafrechtliche Nebengesetze, § 1 WaffG Rn. 2.

882 Vgl. dazu vertiefend: Kapitel 3B.II.8, S. 206 f.

883 *Pauckstadt-Maihold*, in: *Erbs/Kohlhaas*, Strafrechtliche Nebengesetze, Vorb. Zu §§ 51 -53 WaffG Rn. 1.

884 *Heinrich*, in: *Joecks/Miebach,* MüKo StGB, § 40 SprengG Rn. 1.

de zu beschränken: „Verstöße gegen das Sprengstoffgesetz (§§ 40 - 42 SprengG)".

VII. § 4 Abs. 3 Nr. 7 SVR Landfriedensbruch (§§ 125, 125a, 126 Abs. 1 Nr. 1 StGB)

Präzise arbeitet der Richtliniengeber in § 4 Abs. 3 Nr. 7 SVR. Dort listet er die erfassten Straftatbestände einzeln auf: §§ 125, 125a, 126 Abs. 1 Nr. 1 StGB.

1. Landfriedensbruch § 125 StGB

§ 125 StGB schützt gleichrangig die öffentliche Sicherheit als Teil des öffentlichen Friedens und die Individualrechtsgüter Leib, Leben, Gesundheit und Eigentum der Personen, die durch die Gewalttätigkeiten bedroht sind.[885] Der Bundesgerichtshof billigte in seinem Urteil vom 30.10.2009 ausdrücklich, dass ein bundesweites Stadionverbot an die Tatsachen anknüpfen kann, die einem Anfangsverdacht in Bezug auf § 125 StGB zugrunde liegen. Mittelbar bestätigte er dadurch auch das Regelbeispiel des § 4 Abs. 3 Nr. 7 SVR.

Dem ist zuzustimmen. § 125 StGB ist nicht nur auf Ausschreitungen von Demonstranten, sondern auch auf Ausschreitungen bei Sportveranstaltungen anzuwenden.[886] Der Schutzzweck des § 125 StGB und des zivilrechtlichen Hausrechtes sind gleichgerichtet: Beide dienen der öffentlichen Sicherheit, um das Fußballstadion sicher betreiben, dort Veranstaltungen durchführen sowie die Individualrechtsgüter der einzelnen Stadionbesucher schützen zu können. Die Tatsachen, die dem Anfangsverdacht des § 125 StGB zugrunde liegen, berechtigten die Vereine, ein bundesweites Stadionverbot auszusprechen, wenn sie in kausalem Zusammenhang mit dem Fußballspiel stehen.

2. § 125a StGB Besonders schwerer Fall des Landfriedensbruchs

Ausdrücklich als Regelbeispiel ist des Weiteren § 125a StGB benannt. Dieser stellt eine reine Strafzumessungsregel und keine Qualifikation des § 125 StGB

---

885 *Kühl*, § 125 StGB Rn. 1; *Lenckner/Sternberg-Lieben*, in: *Schönke/Schröder*, § 125 StGB Rn. 2; *Fischer*, § 125 StGB Rn. 2. Die konkrete Definition des Rechtsgutes sowie das Verhältnis zwischen dem Schutz der öffentlichen Sicherheit und einem möglicherweise vorgelagerten Schutz der Individualrechtsgüter ist ausführlich dargestellt in: *Lenckner/Sternberg-Lieben*, in: *Schönke/Schröder*, § 125 StGB Rn. 2 m.w.N.

886 *Kühl*, § 125 StGB Rn. 1 m.w.N.

dar.[887] Welcher Strafrahmen zu erwarten ist, spielt für die zivilrechtliche (präventive) Gefahrenprognose keine Rolle. Selbst die Dauer des Stadionverbotes richtet sich nicht nach dem Strafrahmen, sondern nach der Schwere der Tat, also dem Grad der Störung. Da § 125a StGB ohnehin nur anzuwenden ist, wenn § 125 StGB verwirklicht ist, kommt der Strafzumessungsregel in § 4 Abs. 3 Nr. 7 SVR keine eigene Bedeutung zu. § 125a StGB sollte deswegen dort gestrichen werden.

3. § 126 Abs. 1 Nr. 1 StGB Störung des öffentlichen Friedens durch Androhung von Straftaten

§ 126 Abs. 1 Nr. 1 StGB bestraft den, der Straftaten nach § 125a S. 2 Nr. 1 bis 4 StGB in einer Weise androht, die geeignet ist, den öffentlichen Frieden zu stören. Diesen schützt § 126 StGB als Rechtsgut.[888] Es handelt sich um ein abstraktes Gefährdungsdelikt, eine konkrete Gefährdung ist nicht erforderlich.[889] Wenn der öffentliche Friede betroffen ist, berührt dies gleichzeitig das Hausrecht des Vereins. Problematisch könnte sein, dass § 126 StGB nicht fordert, dass die Straftat öffentlich angedroht wird.[890] Doch selbst wenn der Störer nicht öffentlich droht, kann sich ein präventiver Unterlassungsanspruch darauf stützen, wenn er an die objektive Tatsache des charakterlichen Störungspotenzials der Person anknüpft. Dass § 126 Abs. 1 Nr. 1 StGB in § 4 Abs. 3 Nr. 7 SVR genannt ist, lässt sich zivilrechtlich nicht beanstanden.

VIII. § 4 Abs. 3 Nr. 8 SVR Hausfriedensbruch(§ 123 StGB)

Der Hausfriedensbruch nach §§ 123, 124 StGB ist als Regelbeispiel in § 4 Abs. 3 Nr. 8 SVR aufgeführt. Geschützt ist nicht die öffentliche Ordnung oder der öffentliche Frieden, sondern das Hausrecht unmittelbar.[891]

---

887 *Fischer,* § 125a StGB Rn. 1.

888 *Lenckner/Sternberg-Lieben*, in: *Schönke/Schröder*, § 126 StGB Rn. 1; *Kühl*, § 126 StGB Rn. 1; *Fischer,* § 126 StGB Rn. 2 ff. m.w.N. Nach herrschender Meinung versteht man unter dem öffentlichen Frieden den objektiven Zustand allgemeiner Rechtssicherheit sowie das subjektive Bewusstsein der Bevölkerung, in Ruhe und Frieden zu leben, *BGHSt,* 34, 331; *Fischer,* § 126 StGB Rn. 3 m.w.N.

889 *BGHSt,* 16, 56; *Fischer,* § 126 StGB Rn. 9 m.w.N.

890 Dies entspricht der herrschenden Meinung, vgl. *BGHSt*, 29, 27; *BGHSt*, 34, 332; *Fischer,* § 126 StGB Rn. 10.

891 *Kühl*, § 123 StGB Rn. 1; *Lenckner/Steinberg-Lieben*, in: *Schönke/Schröder,* § 123 StGB Rn. 1. Nach anderer Ansicht wird die öffentliche Ordnung zumindest in zweiter Linie als Rechtsgut geschützt, vgl. *Fischer,* § 123 StGB Rn. 2 m.w.N.

1. § 123 Abs. 1 StGB Hausfriedensbruch

Da der Schutzzweck des § 123 Abs. 1 StGB dem zivilrechtlichen Hausrechtsschutz zu dienen bestimmt ist, wird der Hausfriedensbruch zu Recht als Regelbeispiel in § 4 Abs. 3 Nr. 8 SVR aufgeführt. Besonders bedeutsam ist dieser strafrechtliche Schutz, damit die Vereine ihre zivilrechtlichen Hausrechtsbefugnisse effektiv durchsetzen können, insbesondere wenn sie Ad-Hoc-Stadionverbot aussprechen und der Störer sich weigert, den Stadionbereich zu verlassen (§ 123 Abs. 1 Alt. 2 StGB), oder wenn der Störer versucht, das Stadion zu betreten, obwohl gegen ihn ein rechtmäßiges Stadionverbot besteht (§ 123 Abs. 1 Alt 1 StGB). In welchen Fällen des Stadionverbots sich der Betroffene nach § 123 Abs. 1 StGB strafbar macht, ist umstritten; dies wird später gesondert erörtert.[892]

Die Vereine sind gemäß § 3 Abs. 4 SVR verbandsrechtlich verpflichtet, bei Verstößen gegen das Hausrecht, einen Strafantrag gemäß § 123 Abs. 2 StGB zu stellen, damit die Polizei oder Staatsanwaltschaft das Ermittlungsverfahren i.S.d. § 4 Abs. 3 SVR einleitet. Dadurch kann ein weiteres Stadionverbot ausgesprochen oder ein bestehendes verlängert werden.

2. § 124 StGB Schwerer Hausfriedensbruch

§ 124 StGB ist eine Qualifikation zu § 123 StGB[893] und schützt als Mischform zwischen den Taten aus §§ 123, 125 StGB das Hausrecht und den öffentlichen Frieden.[894] Bestraft wird, wer sich zu einer öffentlichen Menschenmenge zusammenrottet in der Absicht, das Hausrecht eines anderen widerrechtlich zu verletzen. Die Tathandlung besteht darin, dass sich der Täter körperlich und räumlich an einer solchen Zusammenrottung beteiligt.[895] Der Wortlaut des § 124 StGB erfordert zusätzlich die Absicht, Gewalttätigkeiten gegen Personen oder Sachen innerhalb des Hausrechtsbereichs[896] mit vereinten Kräften zu begehen.[897] § 124 StGB schützt folglich neben dem Hausrechtsinhaber alle Rechtsgutsträger, die sich in dessen räumlicher Herrschaftssphäre befinden. Dies ist mit den zivil-

[892] Vgl. vertiefend: Kapitel 5B.I, S. 362 ff.

[893] *Fischer,* § 124 StGB Rn. 2.

[894] *Lenckner/Sternberg-Lieben*, in: *Schönke/Schröder*, § 124 StGB Rn. 1; *Kühl*, § 124 StGB Rn. 1.

[895] *Fischer,* § 124 StGB Rn. 11 m.w.N.

[896] *Fischer,* § 124 StGB Rn. 10. Nach Ansicht des Reichsgerichts genügen beabsichtigte Gewalttätigkeiten, die sich ausschließlich gegen Personen oder Sachen außerhalb des Gebäudes richten sollen, *RGSt*, 53, 64.

[897] *Fischer,* § 124 StGB Rn. 8 f.

rechtlichen Wertungen zu vereinbaren, so dass § 124 StGB zu Recht in § 4 Abs. 3 Nr. 8 SVR genannt ist.

IX. § 4 Abs. 3 Nr. 9 SVR Gefangenenbefreiung (§ 120 StGB)

Die Gefangenenbefreiung gemäß § 120 StGB ist als Regelbeispiel in § 4 Abs. 3 Nr. 9 SVR aufgeführt. Geschütztes Rechtsgut ist nicht die Rechtspflege[898], sondern die amtliche Gewalt, die darin sichtbar wird, dass sie eine Person gefangen hält.[899] Gefangene sind solche Personen, denen die öffentliche Straf-, Polizei- oder sonstige hoheitliche Zwangsgewalt die persönliche Freiheit entzogen hat, und die sich deswegen in tatsächlichem Gewahrsam des zuständigen Amtsträgers befinden.[900] Im Zusammenhang mit Fußballspielen wird § 120 StGB praktisch bedeutsam, wenn Fußballfans versuchen, zu verhindern, dass andere Fans festgenommen werden.[901] Eine Festnahme ist strafrechtlich geschützt, wenn eine Haftanordnung formal ordnungsgemäß zustande gekommen ist und Gefahr im Verzug besteht; die Haftanordnung muss nicht materiell rechtmäßig sein.[902] § 120 Abs. 1 StGB schützt auch vorläufige Festnahmen nach § 127 Abs. 2 StPO.[903]

Problematisch ist, dass § 120 StGB alleine die amtliche Gewalt und nicht die Sicherheit des privatrechtlich organisierten Stadionbereichs schützen soll. Das Strafrecht gewährleistet, dass der Strafvollzugsanspruch als originäre Staatsaufgabe durchgesetzt werden kann. Dieser steht mit dem zivilrechtlichen Hausrecht des Vereins in keinem Zusammenhang. Zwar überschneiden sich die Aufgabenbereiche des Vereins und der Polizei darin, dass beide die Sicherheit der Stadionveranstaltung gewährleisten müssen. Art. 103 Abs. 2 GG verhindert es allerdings, § 120 Abs. 1 StGB auf den zivilrechtlichen Hausrechtsinhaber zu erstrecken. Wer einen Gefangenen entgegen § 120 Abs. 1 StGB befreit, stört folglich das Hausrecht nicht.

---

898 *Kühl*, § 120 StGB Rn. 1 m.w.N.

899 *BGHSt*, 9, 62 (64).

900 *Eser*, in: *Schönke/Schröder*, § 120 StGB Rn. 3.

901 Da in moderenen Fußballstadien mittlerweile Haftzellen der Polizei eingerichtet sind, wäre eine Gefangenenbefreiung grundsätzlich auch aus einer solchen Zelle denkbar. Allerdings erscheint dies praxisfern.

902 *BGHSt*, 37, 388 (393 f.); *Dallmeyer*, in: *von Heintschel-Heinegg*, BeckOK StGB, § 120 StGB Rn. 3.

903 *Eser*, in: *Schönke/Schröder*, § 120 StGB Rn. 3 m.w.N.

Verwirklicht jemand eine Straftat nach § 120 StGB, zeigt er zwar, dass er gewaltbereit oder zumindest gewaltgeneigt ist. Dies alleine genügt den spezifischen Anforderungen an ein bundesweites Stadionverbot allerdings nicht. Eine Tat i.S.d. § 120 StGB kann schließlich auch auf einer Affekthandlung beruhen, wenn beispielsweise ein Familienmitglied – aus subjektiver Sicht unberechtigt – während einer Fußballveranstaltung festgenommen wird. Die Aggressionen richten sich in solchen Fällen nicht gegen den Hausrechtsinhaber oder gegen andere Zuschauer, sondern ausschließlich gegen die Staatsgewalt. Von einer Affekthandlung kann nicht auf eine grundsätzliche Gewaltbereitschaft geschlossen werden. Selbst wenn man wegen der Tat nach § 120 StGB eine Gewaltneigung des Tatverdächtigen bejahen würde, kann diese nur gegenüber der amtlichen Staatsgewalt und nicht gegenüber den Rechtsgutsträgern festgestellt werden, die durch das Hausrecht geschützt sind. Der Hausrechtsinhaber ist zivilrechtlich nicht verpflichtet, die Polizei zu schützen, selbst wenn sie sich auf seinem Hausrechtsgelände aufhält.[904] Deswegen entfaltet die Gefangenenbefreiung keine Regelwirkung. § 4 Abs. 3 Nr. 9 SVR ist aus dem Regelbeispielskatalog zu streichen.

X. § 4 Abs. 3 Nr. 10 SVR Raub- und Diebstahlsdelikte (§§ 242 ff., 249 ff. StGB)

Als weitere Regelbeispiele sieht der Richtliniengeber in § 4 Abs. 3 Nr. 10 SVR die Vermögensdelikte an: „Raub- und Diebstahlsdelikte gemäß §§ 242 ff., 249 ff. StGB“. In der Überschrift des Regelbeispiels ist systematisch zu beachten, dass der Richtliniengeber sich bewusst nicht an den Überschriften des Strafgesetzbuches orientiert hat. Danach wären im 19. Abschnitt der Diebstahl und die Unterschlagung sowie im 20. Abschnitt der Raub und die Erpressung erfasst. Stattdessen beschränkte der Richtliniengeber sich in seiner Überschrift auf die Raub- und Diebstahlsdelikte. Konkret bedeutet dies, dass das Regelbeispiel des § 4 Abs. 3 Nr. 10 SVR die Straftatbestände der §§ 242-244a StGB und §§ 249-252 StGB erfasst.

---

904 Dies erkennt auch der Richtliniengeber an, indem er den Straftatbestand des § 113 StGB (Widerstand gegen Vollstreckungsbeamte) nicht in den Regelbeispielskatalog aufnahm.

1. Diebstahl § 242 StGB

Geschützte Rechtsgüter des § 242 StGB sind das Eigentum und der Gewahrsam.[905] Präziser formuliert handelt es sich um die Verfügungsmöglichkeit des Rechtsgutsinhabers.[906] § 242 Abs. 1 StGB unterfallen zunächst solche Sachverhalte, in denen der Tatverdächtige einen Gegenstand in Zueignungsabsicht wegnimmt, der sich im Gewahrsam des Vereins befindet. Dann richtet sich die Tat direkt gegen die Rechtsgüter des Hausrechtsinhabers. Dies rechtfertigt bereits die Regelwirkung des Diebstahls.

Relevant sind daneben solche Sachverhalte, in denen der Diebstahl sich nicht unmittelbar gegen den Hausrechtsinhaber, sondern gegen die Rechtsgüter anderen Stadionbesucher richtet. Dann ist das Hausrecht zumindest mittelbar betroffen, wenn sich die vertraglichen und verkehrssicherungsrechtlichen Schutzpflichten des Veranstalters auch darauf erstrecken, Diebstähle der Zuschauer untereinander – soweit möglich – zu verhindern. Dies kann man bejahen, wenn man berücksichtigt, dass der Verein verpflichtet ist, die Fußballveranstaltung ordnungsgemäß und sicher auszurichten. Erkennt der Veranstalter, dass sich unter den Zuschauern Personen befinden, die das Eigentum bzw. den Gewahrsam anderer Zuschauer gefährden, ist er aufgefordert, weitere Diebstähle dieser Person zu verhindern. Dies muss der Veranstalter effektiv mit Hilfe seines Hausrechtes durchsetzen können. Folglich kann sich die zivilrechtliche Gefahrenprognose auch auf die Sachverhalte stützen, in denen ein Zuschauer einen anderen bestiehlt.

Die Problematik des Diebstahls geringwertiger Sachen ist durch das Strafantragserfordernis nach § 248a StGB – ähnlich wie im Rahmen der Körperverletzungsdelikte durch § 230 Abs. 1 StGB[907] – verfahrensrechtlich angemessen gelöst. § 4 Abs. 3 Nr. 10 SVR führt § 242 StGB zu Recht als Regelbeispiel auf.

2. § 243 StGB Besonders schwerer Fall des Diebstahls

§ 243 StGB stellt ebenso wie § 125a StGB eine Strafzumessungsregel dar[908] und ist deswegen aus dem Regelbeispielskatalog auszunehmen.

---

905 Dies entspricht der herrschenden Meinung, vgl. *Kühl*, § 242 StGB Rn. 1; *Eser/Bosch*, in: *Schönke/Schröder*, § 242 StGB Rn. 1/2 m.w.N.

906 *Eser/Bosch*, in: *Schönke/Schröder*, § 242 StGB Rn. 1/2 m.w.N.

907 Vgl. vertiefend: Kapitel 3B.I.1, S. 195 ff.

908 *BGHSt*, 23, 254; *BGH*, NJW 70, 2120 (2120 f.); *Fischer*, § 243 StGB Rn. 2 m.w.N.

3. § 244 StGB Diebstahl mit Waffen; Bandendiebstahl; Wohnungseinbruchsdiebstahl

§ 244 Abs. 1 StGB ist ein Qualifikationstatbestand des § 242 Abs. 1 StGB.[909] Da ein Fußballstadion nicht dazu bestimmt ist, dass sich Personen ständig darin aufhalten,[910] ist der Qualifikationstatbestand des Wohnungseinbruchsdiebstahls nach § 244 Abs. 1 Nr. 3 StGB für Fußballspiele nicht relevant. Zwar kontrolliert der Ordnungsdienst die Zuschauer im Eingangsbereich, so dass diese grundsätzlich im Stadion keine Waffen oder gefährlichen Werkzeuge bei sich führen dürften, im Einzelfall sind Diebstähle i.S.d. § 244 Abs. 1 Nr. 1 StGB dennoch nicht ausgeschlossen. Größere Bedeutung können demgegenüber Diebstähle als Mitglieder einer Bande nach § 244 Abs. 1 Nr. 2 StGB erlangen, beispielsweise wenn Fangruppierungen sich dauerhaft zu dem Zweck zusammenschließen, Symbole gegnerischer Fangruppierungen zu stehlen.

Die Regelwirkung des § 244 Abs. 1 Nr. 3 StGB ist abzulehnen; die der übrigen Fälle des § 244 StGB und deren eigenständige Bedeutung neben § 242 StGB als Regelbeispiel muss zumindest bezweifelt werden. Ob § 244 StGB vollständig zu streichen ist, bleibt jedoch dem Gestaltungsermessen des Richtliniengebers überlassen, da ein Widerspruch zu zivilrechtlichen Wertungen nicht konstatiert werden kann.

4. § 244a StGB Schwerer Bandendiebstahl

§ 244a StGB ist gegenüber § 244 Abs. 1 StGB ein echter Qualifikationstatbestand.[911] § 244a StGB verfolgt das Ziel, organisierte Kriminalität zu bekämpfen.[912] Diese gesetzgeberische Absicht steht nicht in direktem Zusammenhang mit dem Hausrecht des Fußballveranstalters. Der Verweis des § 244a Abs. 1 StGB auf § 244 Abs. 1 Nr. 3 StGB läuft – wie gerade aufgezeigt – sogar leer. Im Übrigen gelten die obigen Ausführungen entsprechend. Letztlich bleibt es dem gestalterischen Ermessen des Richtliniengebers überlassen, § 244a StGB aus dem Regelbeispiel des § 4 Abs. 3 Nr. 10 zu streichen.

---

909 *Fischer,* § 244 StGB Rn. 53.

910 Zur Definition des Wohnungsbegriffs i.S.d. § 244 Abs. 1 Nr. 3 StGB, vgl. *RGSt*, 12, 132; *Fischer,* § 244 StGB Rn. 46.

911 *Fischer,* § 244 StGB Rn. 54.

912 BT-Drs. 12/989, S. 25; *Eser/Bosch*, in: *Schönke/Schröder*, § 244a StGB Rn. 1; *Kühl,* § 244a StGB Rn. 1 m.w.N.

5. § 249 StGB Raub

Geschützte Rechtsgüter des § 249 StGB sind das Eigentum und die persönliche Freiheit.[913] Der Raub ist ein zusammengesetztes Delikt aus Diebstahl und Nötigung.[914] Deswegen kann auf die dortigen Ausführungen verwiesen werden.[915] Wenn sowohl der Diebstahl als auch die Nötigung als selbstständige Regelbeispiele für ein bundesweites Stadionverbot anerkannt sind, muss dies erst recht für einen Straftatbestand geltend, der sich aus diesen Delikten zusammensetzt.[916]

6. § 250 StGB Schwerer Raub

Der qualifizierte schwere Raub i.S.d. § 250 StGB ist in weiten Teilen der Qualifikation des § 244 StGB angeglichen.[917] Was zu § 244 StGB gesagt wurde, gilt hier entsprechend: § 250 StGB als Regelbeispiel zu benennen, erscheint neben § 249 Abs. 1 StGB überflüssig. Ihn zu streichen, ist nicht zwingend zu fordern, da er den §§ 1004 Abs. 1 S. 2, 862 Abs. 1 S. BGB nicht widerspricht. § 250 StGB bleibt somit dem Gestaltungsermessen des Richtliniengebers überlassen.

7. § 251 StGB Raub mit Todesfolge

Der Raub mit Todesfolge nach § 251 StGB stellt eine Erfolgsqualifikation dar.[918] Da sowohl die Tötungsdelikte als auch der Raub als selbständige Regelbeispiele i.S.d. § 4 Abs. 3 SVR anerkannt sind,[919] bestehen keine Bedenken, die Regelwirkung des § 251 StGB anzuerkennen.

8. § 252 StGB Räuberischer Diebstahl

§ 252 StGB stellt einen selbstständigen, raubähnlichen Tatbestand dar.[920] Hier setzt der Täter die qualifizierten Nötigungsmittel nicht ein, um Sachen wegzunehmen, sondern um seine Beute zu sichern oder zu verteidigen.[921] Da dieser

---

913 *Eser/Bosch*, in: *Schönke/Schröder*, § 249 StGB Rn. 1; *Kühl*, § 249 StGB Rn. 1.

914 *Eser/Bosch*, in: *Schönke/Schröder*, § 249 StGB Rn. 1; *Kühl*, § 249 StGB Rn. 1.

915 Vgl. vertiefend zu den Diebstahlsdelikten: Kapitel 3B.X.1, S. 215 ff. und zur Nötigung: Kapitel 3B.IV, S. 208 f.

916 Vertiefend zum Sonderproblem des sog. „Fahnenraub“: *Schild*, in: *Schild*, Rechtliche Aspekte, S. 63 (88 ff.) m.w.N.

917 *Fischer,* § 250 StGB Rn. 2.

918 *Fischer,* § 251 StGB Rn. 1.

919 Vertiefend zu den Tötungsdelikten: Kapitel 3B.I.2, S. 196.

920 *Fischer,* § 252 StGB Rn. 1.

921 *Fischer,* § 252 StGB Rn. 8 f.

Tatbestand auf die Vortat des Diebstahls und das Nötigungsmittel Bezug nimmt, kann auf die dortigen Ausführungen verwiesen werden.[922] Es bestehen keine Bedenken, § 252 StGB im Regelbeispielskatalog zu nennen.

9. Zwischenfazit: Präzisierungsbedarf für § 4 Abs. 3 Nr. 10 SVR

Die Regelbeispiele der Raub- und Diebstahlsdelikte in § 4 Abs. 3 Nr. 10 SVR sind grundsätzlich gegen das Hausrecht gerichtet und stehen somit mit den zivilrechtlichen Wertungen im Einklang. Der Richtliniengeber sollte den Klammerzusatz „(§§ 242 ff., 249 ff. StGB)“ allerdings präzisieren. Rechtlich nicht zu beanstanden sind lediglich die folgenden Raub- und Diebstahlsdelikte: §§ 242 Abs. 1, 244 Abs. 1 Nr. 1, Nr. 2, 244a StGB und §§ 249 Abs. 1, 250 Abs. 1, Abs. 2, 251, 252 StGB. Demgegenüber sind die Tatbestände der § 243 StGB und § 244 Abs. 1 Nr. 3 StGB auszunehmen, da kein ausreichender Zusammenhang zum Hausrecht des Vereins besteht. Systematisch überflüssig sind die §§ 244, 244a und 250 StGB und könnten deswegen gestrichen werden. Dies bleibt jedoch dem Gestaltungsermessen des Richtliniengebers überlassen.

XI. § 4 Abs. 3 Nr. 11 SVR Missbrauch von Notrufen und Beeinträchtigung von Unfallverhütungs- und Nothilfemitteln (§ 145 StGB)

§ 4 Abs. 3 Nr. 11 SVR verweist als weiteres Regelbeispiel auf den Missbrauch von Notrufeinrichtungen nach § 145 StGB. Es handelt sich um ein abstraktes Gefährdungsdelikt, wobei die Tathandlungen des § 145 Abs. 1 StGB und des § 145 Abs. 2 StGB unterschiedliche Rechtsgüter schützen:[923]

1. § 145 Abs. 1 StGB

§ 145 Abs. 1 StGB will die Allgemeinheit davor schützen, dass Notrufe missbraucht und Hilfe unnötig in Anspruch genommen wird.[924] Wird fremde Hilfe zur Gefahrenabwehr angefordert, obwohl sie nicht erforderlich ist, fehlen die

[922] Vgl. vertiefend zu den Diebstahlsdelikten: Kapitel 3B.X.1, S. 215 ff. und zur Nötigung: Kapitel 3B.IV, S. 208 f.

[923] *Kühl*, § 145 StGB Rn. 1; *Sternberg-Lieben*, in: *Schönke/Schröder*, § 145 StGB Rn. 1.

[924] *Kühl*, § 145 StGB Rn. 1; *Sternberg-Lieben*, in: *Schönke/Schröder*, § 145 StGB Rn. 1. Rechtsgut ist das Allgemeininteresse an wirkungsvoller Hilfe in plötzlichen Notsituationen, *Fischer*, § 145 StGB Rn. 2.

Hilfskräfte an anderen Orten, wo sie tatsächlich benötigt werden.[925] Dass § 145 Abs. 1 StGB die Allgemeinheit schützt, steht einem ausreichenden Sachzusammenhang zur Fußballveranstaltung dann nicht entgegen, wenn die Stadionbesucher als konkreter Teil dieser geschützten Allgemeinheit angesehen werden könnten. Dies ist jedoch in beiden denkbaren Sachverhaltskonstellationen des § 145 Abs. 1 StGB ausgeschlossen:

Wird innerhalb des Stadions tatsächlich Hilfe benötigt, steht diese aber nicht zur Verfügung, weil anderenorts der Notruf missbraucht wurde, fehlt es an dem vorhersehbaren Zusammenhang zwischen dem Notrufsmissbrauch und der Fußballveranstaltung. Etwas anderes würde nur dann gelten, wenn der Täter des Notrufsmissbrauchs die spätere Hilfsbedürftigkeit der Stadionallgemeinheit im Zeitpunkt seiner Tat bereits kannte und die Hilfskräfte bewusst anderenorts bündeln wollte. Ein solcher Fall erscheint jedoch konstruiert und rechtfertigt nicht die notwendige Regelwirkung.

Gleiches gilt für die davon zu unterscheidende zweite Sachverhaltskonstellation, in der innerhalb des Stadions ein Notfall i.S.d. § 145 Abs. 1 StGB simuliert wird, so dass die anderenorts tatsächlich benötigten Hilfskräfte dort nicht zur Verfügung stehen. In diesem Fall wäre zwar ein Zusammenhang zwischen dem simulierten Notfall und der Fußballveranstaltung gegeben. Die Zuschauer sind dann allerdings nicht von dem geschützten Kreis der Allgemeinheit i.S.d. § 145 Abs. 1 StGB erfasst. Geschützt werden nämlich nur solche Personen, die tatsächlich Hilfe benötigen. Täuscht beispielsweise jemand einen Brand im Stadion vor, werden sich alle Feuerwehrkräfte unverzüglich in Stadionnähe begeben. Brennt gleichzeitig oder kurze Zeit später tatsächlich ein Einfamilienhaus, das mehrere Kilometer entfernt liegt, stehen die Feuerwehrkräfte dort nicht zur Verfügung. § 145 Abs. 1 StGB schützt in dieser Situation nicht die Stadionbesucher, sondern die tatsächlich Hilfebedürftigen außerhalb des Stadions, im genannten Beispiel die Eigentümer und Bewohner des brennenden Einfamilienhauses. Dann ist die Tat des § 145 Abs. 1 StGB aber nicht gegen das Hausrecht gerichtet. Auch in dieser Sachverhaltskonstellation scheidet die Regelwirkung des § 145 Abs. 1 StGB folglich aus. § 145 Abs. 1 StGB ist kein Regelbeispiel, auf das sich ein bundesweites Stadionverbots i.S.d. §§ 1004 Abs. 1 S. 2, 862 Abs. 1 S. 2 BGB stützen kann.

2. § 145 Abs. 2 StGB

§ 145 Abs. 2 StGB verfolgt einen anderen Schutzzweck: Der Straftatbestand will verhindern, dass präventive Unfallverhütungs- und Nothilfemitteln beein-

---

925 *Kühl*, § 145 StGB Rn. 1; *Sternberg-Lieben*, in: *Schönke/Schröder*, § 145 StGB Rn. 1.

trächtigt werden.[926] Demnach wird bestraft, wer Zeichen oder Schutzvorrichtungen beseitigt, verändert oder unbrauchbar macht, die dazu dienen, Unglücksfälle oder gemeine Gefahren zu verhüten, es sei denn die Tat ist bereits in § 303 StGB oder § 304 StGB mit Strafe bedroht.

Wird eine solche Tat innerhalb des Stadiongeländes begangen, sind die konkreten Sicherheitsinteressen der Stadionbesucher betroffen. Denkbar sind insbesondere solche Fälle, in denen Feuerlöscher unbrauchbar, Rettungsschilder unkenntlich oder sonstige Warn- oder Verbotszeichen im Stadion zerstört oder unbrauchbar gemacht werden. Dann ist nicht die Allgemeinheit außerhalb des Stadions, sondern die Sicherheit im Stadion betroffen. Der Hausrechtsinhaber hat die Sicherheit der Veranstaltung aufgrund seiner Schutzpflichten zu gewährleisten. Dann muss er sein Hausrecht ausüben können, wenn Präventiveinrichtungen zerstört oder unbrauchbar gemacht werden, die der Stadionsicherheit dienen. Der Anfangsverdacht in Bezug auf § 145 Abs. 2 StGB ruft die Besorgnis künftiger Störungen im Sinne des zivilrechtlichen Unterlassungsanspruchs hervor und rechtfertigt es, die Präventivmaßnahme des bundesweiten Stadionverbots einzusetzen.

Das Regelbeispiel des § 4 Abs. 3 Nr. 11 SVR ist folglich nicht vollständig zu streichen,[927] sondern durch einen Klammerzusatz auf den Straftatbestand des § 145 Abs. 2 StGB zu beschränken. Klarstellend sollte zudem die irreführende Bezeichnung „Missbrauch von Notrufeinrichtungen“ geändert werden in: „Beeinträchtigung von Unfallverhütungs- und Nothilfemitteln (§ 145 Abs. 2 StGB)“.

XII. § 4 Abs. 3 Nr. 12 SVR Handlung iSd § 27 VersammlG

Als weiteres Regelbeispiel nennt § 4 Abs. 3 Nr. 12 SVR: „Handlungen nach § 27 VersammlG“. Gemäß § 27 Abs. 1 VersammlG wird bestraft, wer bei öffentlichen Versammlungen oder Aufzügen Waffen oder sonstige gefährliche Gegenstände mit sich führt oder bereithält, ohne dazu behördlich ermächtigt zu sein. § 27 Abs. 2 VersammlG enthält weitere Straftatbestände im Zusammenhang mit Versammlungen. § 27 VersammlG dient in allen Varianten dazu, das Leben, die körperlicher Unversehrtheit und das Eigentum zu schützen.[928] Diese Rechtsgüter zu schützen bezweckt auch das Hausrecht, so dass es gerechtfertigt erscheint, diesen Straftatbestand für ein bundesweites Stadionverbot heranzuziehen, insbesondere wenn sich Fans in Fanblöcken, bei Ausschreitungen und im

---

926 *Sternberg-Lieben*, in: *Schönke/Schröder*, § 145 StGB Rn. 1; *Kühl,* § 145 StGB Rn. 1.

927 Dies fordert *Marzahn*, ZJS 2010, 428 (435).

928 *Altenhain*, in: *Joecks/Miebach*, MüKo StGB, § 27 VersammlG Rn. 1.

Zusammenhang mit pyrotechnischen Aktionen vermummen und sich dadurch nach § 27 Abs. 2 Nr. 2 VersammlG strafbar machen.

Problematisch könnte aber sein, dass § 27 VersammlG den strafrechtlichen Schutzbereich in allen Verwirklichungsvarianten weit vorverlagert, insbesondere in § 27 Abs. 1 S. 2 VersammlG, um eine Vorfeldkriminalisierung zu verhindern.[929] Dadurch verfolgt der Gesetzgeber präventive Ziele: Die Anwesenheit derart bewaffneter Personen ist typischerweise geeignet, die Aggressionsbereitschaft zu steigern und dadurch gewalttätige Ausschreitungen zu begünstigen.[930] Dem soll entgegengewirkt werden, indem der strafrechtliche Schutz weit vorverlagert wird. Da das Stadionverbot selbst überwiegend präventive Zwecke verfolgt, steht diese gesetzgeberische Intention im Einklang mit den zivilrechtlichen Wertungen eines Unterlassungsanspruchs.

Die eigentliche Problematik dieses Regelbeispiels liegt im Anwendungsbereich des § 27 VersammlG. Der Betroffene muss als Mitglied einer Versammlung handeln, wobei der Versammlungsbegriff nach Art. 8 Abs. 1 GG grundrechtskonform auszulegen ist.[931] Gleiches gilt für den Begriff des „Aufzuges“, den § 27 VersammlG verwendet. Dabei handelt es sich um eine bewegliche Versammlung unter freiem Himmel i.S.d. Art. 8 Abs. 1 GG.[932] Die Problematik liegt darin begründet, dass Ansammlungen von Fußballfans grundsätzlich nicht dem engen Versammlungsbegriff des Art. 8 Abs. 1 GG unterfallen, da sie – abgesehen von wenigen Ausnahmen während Fanprotesten[933] / Fanaktionen – kollektiv keine öffentliche Meinung äußern.[934] Dann können Fußballfans regelmäßig auch nicht nach § 27 VersammlG bestraft werden.

Andererseits ist zu erkennen, dass der Richtliniengeber in § 4 Abs. 3 Nr. 12 SVR im Gegensatz zu den Regelbeispielen des Waffen- und Sprengstoffgesetzes in § 4 Abs. 3 Nr. 5 und 6 SVR nicht auf einen „Verstoß gegen § 27 VersammlG“, sondern auf „Handlungen nach § 27 VersammlG“ abstellt. Diese systematisch differenzierte Wortwahl zeigt, dass der Richtliniengeber die Problematik, dass der Zusammenschluss von Fußballfans regelmäßig keine Versamm-

---

929 *Altenhain*, in: *Joecks/Miebach*, MüKo StGB, § 27 VersammlG Rn. 1.

930 *Altenhain*, in: *Joecks/Miebach*, MüKo StGB, § 27 VersammlG Rn. 1.

931 Der Versammlungsberiff des § 1 Abs. 1 VersammlG ist aber insofern gegenüber Art. 8 Abs. 1 GG erweitert, als dass der persönliche Anwendungsbereich des Versammlungsgesetzes nicht nur Deutsche, sondern jedermann erfasst, *Wache*, in: *Erbs/Kohlhaas*, Strafrechtliche Nebengesetze, § 1 VersammlG Rn. 1 f.

932 *Wache*, in: *Erbs/Kohlhass*, Strafrechtliche Nebengesetzte, § 1 VersammlG Rn. 33 f.

933 Beispielsweise demonstrierten am 09.10.2010 in Berlin mehr als 5000 Fußballfans gegen Stadionverbote und Polizeiwillkür, vgl. http://www.spiegel.de/sport/fussball/0,1518,722340,00.html, abgerufen am 17.03.2012.

934 Vgl. vertiefend: Kapitel 2B.IV.2.a)bb), S. 162 f.

lung darstellt, würdigt, indem er jede Handlung nach § 27 VersammlG für ein bundesweites Stadionverbot ausreichen lässt. Abzustellen ist auf die hypothetische Frage, ob der Betroffene sich nach § 27 VersammlG strafbar gemacht hätte, wenn dessen Anwendungsbereich eröffnet wäre.

Dem widerstrebt allerdings die Systematik in § 4 Abs. 3 SVR, die voraussetzt, dass ein Ermittlungsverfahren eingeleitet wird. Ein solches setzt nach § 152 Abs. 2 StPO einen tatsächlichen Anfangsverdacht einer Straftat voraus. Daran fehlt es aus Rechtsgründen, wenn der Anwendungsbereich des § 27 VersammlG nicht eröffnet ist, weil keine Versammlung vorliegt. „Handlungen nach § 27 VersammlG“ sind von § 4 Abs. 3 folglich nur dann erfasst, wenn ein Verstoß (Strafbarkeit) nach § 27 VersammlG gegeben ist und deswegen ein Ermittlungsverfahren eingeleitet wird. Weil Fußballfans sich nur ausnahmsweise zu Versammlungen oder Aufzügen i.S.d. § 27 VersammlG zusammenschließen, scheidet die Regelwirkung dieser „Verstöße nach § 27 VersammlG“ in § 4 Abs. 3 SVR aus.[935]

Somit ist zu konstatieren, dass die zivilrechtliche Gefahrenprognose sich grundsätzlich auf Handlungen nach § 27 VersammlG stützen könnte, weil dieser präventiv genauso wie das Hausrecht die Rechtsgüter Leben, körperlicher Unversehrtheit und Eigentum schützen will. Der Richtliniengeber erkannte zwar zutreffend, dass eine Strafbarkeit der Fußballfans nach § 27 VersammlG wegen des engen Versammlungsbegriffs in Art. 8 Abs. 1 GG regelmäßig ausscheiden wird, platzierte das Regelbeispiele aber dennoch in § 4 Abs. 3 SVR. Stattdessen sollte dieses Regelbeispiel in § 4 Abs. 4 SVR systematisch folgerichtig eingeordnet werden: Danach kann ein bundesweites Stadionverbot auch ohne vorheriges Ermittlungsverfahren ausgesprochen werden, also auch wegen „Handlungen nach § 27 VersammlG“, ohne dass es auf eine Strafbarkeit ankommt.

XIII. § 4 Abs. 3 Nr. 13 SVR Rechtsextreme Handlungen

Als weiteres Regelbeispiel führt der DFB in § 4 Abs. 3 Nr. 13 SVR die Einleitung eines Ermittlungsverfahrens wegen rechtsextremistischer Handlungen an, insbesondere wegen des Zeigens und Verwendens nationalsozialistischer Parolen und Embleme (§ 86a StGB[936]), wegen Verstößen gegen das Uniformverbot

---

[935] So auch ohne nähere Begründung: *Marzahn*, ZJS 2010, 428 (435).

[936] In der Bundesligasaison 2010/2011 wurden 74 Strafverfahren wegen Verstoßes gegen § 86a StGB eingeleitet: „Auch dies ist ein Indiz dafür, dass in den deutschen Fußballstadien strafbewehrte, rechtsmotivierte Handlungen nur in sehr geringer Anzahl festzustellen sind.“, http://www.polizei-nrw.de/lzpd/stepone/data/downloads/a0/00/00/10-11jahresbericht-oeffentlich.pdf, abgerufen am 26.10.2011.

(§ 3 VersammlG) und wegen Beleidigungen (§ 185 StGB) aus rassistischen bzw. fremdenfeindlichen Motiven. Hervorzuheben ist die Systematik dieses Regelbeispiels: Der Richtliniengeber verwendet innerhalb des Regelbeispiels des § 4 Abs. 3 Nr. 13 SVR (Einleitung eines Ermittlungsverfahrens wegen rechtsextremistischer Handlungen) weitere (Unter-) Regelbeispiele, nämlich Verstöße gegen § 86a StGB, § 3 VersammlG und § 185 StGB aus rassistischer bzw. fremdenfeindlicher Motivation.

1. Verwenden von Kennzeichen verfassungswidriger Organisationen § 86a StGB

§ 86a StGB wird als erstes (Unter-) Regelbeispiel genannt. Der Wortlaut erfasst in § 4 Abs. 3 Nr. 13 SVR aber nicht alle Straftaten des § 86a StGB, sondern nur das Zeigen und Verwenden nationalsozialistischer Parolen und Embleme. § 86a StGB ist ein abstraktes Gefährdungsdelikt.[937] Geschützt werden der demokratische Rechtsstaat und der politische öffentliche Friede, zusätzlich auch das Ansehen der Bundesrepublik Deutschland im Ausland.[938] Der Gesetzgeber will erreichen, dass Kennzeichen verfassungswidriger Organisationen tabuisiert und umfassend aus der Öffentlichkeit verbannt werden.[939] Dieser Schutzzweck ist auf den Rechtsstaat, den Frieden und das außenpolitische Ansehen Deutschlands ausgerichtet und steht deswegen auf den ersten Blick in Widerspruch zu den Schutzgütern des Hausrechtes: Eigentum des Veranstalters und Sicherheit der Fußballveranstaltung sowie ihrer Besucher. Während sich der Rechtsgüterschutz des Hausrechtes auf diese individuellen Rechtsgutsträger konkretisiert, verallgemeinert § 86a StGB den Rechtsgüterschutz auf den Staat und dessen Bürger.

Betrachtet man dieses Regelbeispiel genauer, lässt sich erkennen, dass beide Rechtsschutzziele dennoch ein systematischer Zusammenhang verbindet: Internationale Medien sind an der Berichterstattung über deutsche Fußballspiele interessiert, insbesondere an Spielen der 1. Bundesliga, der UEFA Champions League und der UEFA Europa League mit deutscher Beteiligung sowie an Spielen der deutschen Fußball-Nationalmannschaft. Auch die deutschen Fußballfans

---

937 *BGHSt*, 47, 354 (359); *BVerfG*, NJW 2006, 3050 (3051); *Kühl*, § 86 a StGB Rn. 1; *Sternberg-Lieben*, in: *Schönke/Schröder*, § 86a StGB Rn. 1.

938 *BGHSt*, 47, 354 (359); *Sternberg-Lieben*, in: *Schönke/Schröder*, § 86 a StGB Rn. 1; *Kühl*, § 86a StGB Rn. 1. m.w.N. Zu der Frage, wie das geschützte Rechtsgut genau zu konkretisieren ist, bestehen unterschiedliche Auffassungen, die allerdings für die Fälle des Stadionverbots nicht relevant sind, vgl. zur Vertiefung: *Sternberg-Lieben*, in: *Schönke/Schröder*, § 86a StGB Rn. 1 m.w.N.

939 *BVerfG*, NJW 06, 3050 (3052); *BGHSt*, 25, 32; *Sternberg-Lieben*, in: *Schönke/Schröder*, § 86a StGB Rn. 1 m.w.N.

werden als Teil dieser Fußballveranstaltungen international beobachtet. Werden auf den Rängen deutscher Fußballstadien Kennzeichen verfassungswidriger, insbesondere nationalsozialistischer Organisationen verwendet, wird dadurch das gesellschaftliche Ansehen der Bundesrepublik Deutschland im Ausland insgesamt berührt.

Das Bundesverfassungsgericht hebt in seiner ständigen Rechtsprechung die besondere Bedeutung der nationalsozialistischen Vergangenheit für das Grundgesetz der Bundesrepublik Deutschland hervor; diese habe einfachgesetzlich in § 86a StGB ihren Niederschlag gefunden.[940] Dass alle Kennzeichen verfassungswidriger Organisationen tabuisiert werden, steht nicht nur im Interesse des außenpolitischen Ansehens der Bundesrepublik Deutschland. Solche Kennzeichen sollen wegen der besonderen historischen Bedeutung des § 86a StGB aus der gesamten öffentlichen Wahrnehmung verbannt werden. Dies umfasst nicht nur die internationale, sondern auch die nationale Medienberichterstattung. § 86a StGB erlangt konkreten Bezug zu der Fußballveranstaltung, genauer: zu den übrigen im Stadion anwesenden Zuschauern, die das Hausrecht schützen soll, aus zwei weiteren Gründen:

Erstens neigen Medien dazu, Sachverhalte zu vereinfachen oder sogar zu pauschalisieren. Dies führt dazu, dass die (internationale) Berichterstattung viele Fußballfans in Deutschland als rassistisch titulieren wird, zumindest die Fans des Vereins, in dessen Stadion es zu rassistischen Handlungen gekommen ist. Dann ist nicht nur das Ansehen der Bundesrepublik Deutschland, sondern auch das konkrete Ansehen aller Fußballfans betroffen, die sich im Stadion, mithin auf dem Hausrechtsgelände, befinden.[941] Da der Veranstalter auch deren Ansehen zu schützen hat, muss er sein Hausrecht diesbezüglich effektiv ausüben können.

Zweitens betrifft die von § 86a StGB geschützte Öffentlichkeit nicht nur das Ansehen in den Medien. Die Zuschauer, die sich im Stadion befinden, sind ebenfalls Teil der Öffentlichkeit, die § 86a StGB vor rassistischen Handlungen schützen will. Kommt es im Stadion dazu, schützt § 86a StGB somit auch alle Zuschauer, die diese Handlungen im Stadion öffentlich wahrnehmen müssen. Ihr Stadionbesuch wird durch Straftaten nach § 86a StGB gestört.

§ 86a StGB verfolgt somit nur vordergründig Schutzzwecke, die von dem Individualrechtsgüterschutz des Hausrechts abstrahiert zu sein scheinen. Untersucht man diese Fälle genauer, sind alle Stadionbesucher von Straftaten nach § 86a StGB betroffen. Da das Hausrecht dazu dient, Fußballveranstaltungen un-

---

940 *BVerfG*, NJW 2006, 3050 (3052); *BGHSt*, 25, 32; *Sternberg-Lieben*, in: *Schönke/Schröder*, § 86a StGB Rn. 1 m.w.N.

941 Allgemein zu den negativen Auswirkungen von Gewalt auf das Ansehen von Fußballvereinen: *Albrecht*, MschrKrim 2006, 158 (159).

gestört durchführen zu können, bilden die Tatsachen, die dem Anfangsverdacht des § 86a StGB zugrunde liegen, einen ausreichenden Sachgrund, um darauf ein zivilrechtliches Stadionverbot stützen zu können.

2. § 3 VersammlG

Als weiteres (Unter-) Regelbeispiel erfasst § 4 Abs. 3 Nr. 13 SVR einen Verstoß gegen das Uniformverbot in § 3 VersammlG. Diese Vorschrift ist im Gegensatz zu § 27 VersammlG auch dann anzuwenden, wenn die Uniform außerhalb einer Versammlung oder eines Aufzuges getragen wird.[942] § 3 VersammlG verbietet es jedem, eine Uniform zu tragen und dadurch eine gemeinsame politische Gesinnung auszudrücken.[943] Folglich ist § 3 VersammlG anzuwenden, obwohl Fußballfans in der Regel keine Versammlung i.S.d. Art. 8 Abs. 1 GG darstellen. Der Gesetzgeber will durch dieses Verbot massensuggestive Wirkungen unterbinden, deren besonderen Gefahren häufig durch das Tragen einer Uniform entstehen, wie die Weimarer Zeit in abschreckender Weise gezeigt hat.[944] Diese Gefahren bestehen auch bei Fußballveranstaltungen, wenn einzelne Personen oder Personengruppen sich im Fanblock uniformieren und dadurch eine gemeinsame politische (oft nationalsozialistische) Gesinnung ausdrücken. Dadurch wird die friedliche Durchführung der Fußballveranstaltung gestört. Es besteht ein berechtigtes Interesse des Hausrechtsinhabers, solche Personen oder Personengruppen vom Stadion auszuschließen.

Klarzustellen ist noch, dass § 3 VersammlG selbst keinen Straftatbestand darstellt, sondern erst in Verbindung mit § 28 VersammlG strafbar ist.[945] § 28 VersammlG normiert gegenüber § 3 VersammlG keine weiteren Tatbestandsvoraussetzungen. Da § 4 Abs. 3 SVR voraussetzt, dass die Polizei oder Staatsanwaltschaft ein Ermittlungsverfahren wegen einer Straftat einleiten, kann sich das Stadionverbot nur auf § 28 VersammlG i.V.m. § 3 VersammlG stützen. Das (Unter-) Regelbeispiel des § 4 Abs. 3 Nr. 13 SVR ist folglich zu präzisieren: „… Verstöße gegen das Uniformverbot (§§ 3, 28 Versammlungsgesetz)“

---

942 *Wache*, in: *Erbs/Kohlhaas*, Strafrechtliche Nebengesetze, § 3 VersammlG Rn. 1.

943 *Wache*, in: *Erbs/Kohlhaas*, Strafrechtliche Nebengesetze, § 3 VersammlG Rn. 1.

944 *BVerfG,* NJW 1982, 1803; *Wache*, in: *Erbs/Kohlhaas*, Strafrechtliche Nebengesetze, § 3 VersammlG Rn. 2 m.w.N.

945 *Wache*, in: *Erbs/Kohlhaas*, strafrechtliche Nebengesetze, § 3 VersammlG Rn. 13.

3. Beleidigungen aus rassistischen bzw. fremdenfeindlichen Motiven

Als weiteres (Unter-) Regelbeispiel nennt § 4 Abs. 3 Nr. 13 SVR Beleidigungen aus rassistischen bzw. fremdenfeindlichen Motiven gemäß § 185 StGB. Geschütztes Rechtsgut ist die Ehre als Ausfluss des Persönlichkeitsrechtes.[946] Ein Zusammenhang zur Fußballveranstaltung besteht offensichtlich bei Ehrverletzungen gegenüber dem Verein oder dessen Mitgliedern und Angestellten. Wie für den Diebstahl und die Nötigung bereits aufgezeigt,[947] kann eine zivilrechtliche Gefahrenprognose im Sinne der §§ 1004 Abs. 1 S. 2, 862 Abs. 1 S. 2 BGB auch damit begründet werden, dass der Störer andere Zuschauer beleidigt, weil sich die Schutzpflichten des Vereins auf diese erstrecken. Dies gilt erst recht, weil der Wortlaut des § 4 Abs. 3 Nr. 13 SVR voraussetzt, dass die Beleidigung nach § 185 StGB strafbar ist und zusätzlich rassistisch bzw. fremdenfeindlich motiviert sein muss.[948] Strafbare Beleidigungen aus rassistischen oder fremdenfeindlichen Motiven führen zu Recht zu einem bundesweiten Stadionverbot.

XIV. § 4 Abs. 3 Nr. 14 SVR Pyrotechnische Gegenstände

§ 4 Abs. 3 Nr. 14 SVR erkennt als weiteres Regelbeispiel für bundesweite Stadionverbote an, dass Zuschauer pyrotechnische Gegenstände in das Fußballstadion einbringen und/oder dort abbrennen.[949] „Durch die starke Rauchentwicklung [wegen des Einsatzes von Pyrotechnik] kommt es regelmäßig zu teilweise erheblichen Gesundheitsschädigungen, von denen auch eine Vielzahl unbeteiligter Stadionbesucher betroffen ist."[950] Deswegen besteht ein erhebliches Interesse

---

946 *Kühl*, Vorb. §§ 185 ff. StGB Rn. 1 m.w.N. Wie das geschützte Rechtsgut genau zu beschrieben, und wie der Begriff der Ehre zu definieren ist, ist im Einzelnen stark umstritten, vgl. dazu *Kühl*, Vorb. zu § 185 ff. StGB Rn. 1 m.w.N.

947 Vgl. vertiefend zur Nötigung: Kapitel 3B.IV, S. 208 f.

948 Eine politische Überzeugung (beispielsweise die Parteimitgliedschaft in der NPD) stellt für sich alleine keinen sachlichen Grund dar, um ein Hausverbot trotz Kontrahierungszwang zu rechtfertigen, vgl. dazu: *BGH*, Urt. v. 9.3.2012 – V ZR 115/11.

949 Zwischenzeitlich wurde sogar diskutiert, Pyrotechnik in Fußballstadien zu legalisieren, vgl. vertiefend S. 39 des Sachstandsberichts der DFB-Egidius-Braun-Stiftung, http://www.dfb.de/uploads/media/PuS_ PuS_ DFB__3_.pdf, abgerufen am 10.11.2011. Dem hat der DFB aber nun eine klar Absage erteilt, vgl. http://www.dfb.de/index.php?id=500014&tx_dfbnews_pi1[showUid]=29825&tx_dfbnews_pi4[cat]=121, abgerufen am 10.11.2011.

950 http://www.polizei-nrw.de/lzpd/stepone/data/downloads/a0/00/00/10-11jahresbericht-oeffentlich.pdf, abgerufen am 26.10.2011. Der damalige DFB-Generalsekretär *Wolfgang Niersbach* stellt klar: „Nicht nur die staatlichen Stellen und Behörden, sondern

des Hausrechtsinhabers, Zuschauer mit einem Stadionverbot zu belegen, die im Zusammenhang mit der Fußballveranstaltung pyrotechnische Gegenstände eingebracht oder abgebrannt haben. Der Begriff des pyrotechnischen Gegenstandes ist legal definiert in § 3 Abs. 1 Nr. 2 und Nr. 1 SprengG i.V.m. Nr. 1 der Anlage 1 zur 1. SprengV.[951] Darunter fallen solche Gegenstände, die vergnügungs- oder technischen Zwecken dienen und in denen explosionsgefährliche Stoffe oder Stoffgemische enthalten sind, die dazu bestimmt sind, Energielicht-, Schall-, Rauch-, Nebel-, Heiz-, Druck-, oder Bewegungswirkungen zu erzeugen.

Da die Legaldefinition des pyrotechnischen Gegenstandes auf das Sprengstoffgesetz verweist und Verstöße hiergegen bereits durch den Wortlaut des Regelbeispiels in § 4 Abs. 3 Nr. 6 SVR erfasst sind, stellt sich die Frage, ob für § 4 Abs. 3 Nr. 14 SVR ein eigener Anwendungsbereich verbleibt. Dieses Regelbeispiel hätte keine eigene Bedeutung, wenn jemand bereits gegen §§ 40 bis 42 Sprengstoffgesetz i.S.d. § 4 Abs. 3 Nr. 6 SVR[952] verstößt, indem er pyrotechnische Gegenstände in das Stadion einbringt oder sie dort abbrennt.

1. Das Einbringen pyrotechnischer Gegenstände

Nach § 40 Abs. 1 Nr. 3 SprengG macht sich strafbar, wer entgegen § 27 Abs. 1 SprengG ohne Erlaubnis explosionsgefährliche Stoffe, mithin pyrotechnische Gegenstände i.S.d. § 3 Abs. 1 Nr. 2 SprengG, erwirbt oder mit diesen umgeht. Gemäß § 3 Abs. 2 SprengG geht jemand mit explosionsgefährlichen Stoffen um, wenn er sie herstellt, bearbeitet, verarbeitet, wiedergewinnt, aufbewahrt, verbringt, verwendet oder vernichtet. Nach § 3 Abs. 3 SprengG „verbringt" jemand einen explosionsgefährlichen Stoff, wenn er dessen Aufenthaltsort außerhalb einer genehmigten Betriebsstätte verändert. Dazu reicht es aus, dass ein Zuschauer einen pyrotechnischen Gegenstand in den Stadionbereich einbringt.[953]

---

auch FIFA und UEFA untersagen den Einsatz von Pyrotechnik. Oberste Priorität hat die Verantwortung für die Sicherheit aller Zuschauer. Es ist unstrittig, dass Feuerwerkskörper eine Gefahr für Leib und Leben darstellen.", http://www.dfb.de/index.php?id=500014&tx_dfbnews_pi1[showUid]=29825&tx_dfbnews_pi4[cat]=121, abgerufen am 10.11.2011. Vertiefend zu den Gefahren der Pyrotechnik: *Klode*, Pyrotechnik und Stadionverbote, S. 27 f.

951 *Klode*, Pyrotechnik und Stadionverbote, S. 26.

952 Das Regelbeispiel des § 4 Abs. 3 Nr. 6 SVR ist auf die Straftat- und Ordnungswidrigkeitstatbestände der §§ 40-42 SprenG zu beschränken, vgl. vertiefend: Kapitel 3B.VI, S. 209 f.

953 *AG Düsseldorf*, Urt. v. 10.08.2012 – 132 Ds-80 Js 362/12-162/12.

2. Das Abbrennen pyrotechnischer Gegenstände

Wer einen pyrotechnischen Gegenstand abbrennt, könnte ihn im Sinne des § 3 Abs. 2 SprengG „verwenden". Ein pyrotechnischer Gegenstand als explosionsgefährlicher Stoff wird verwendet, wenn er bestimmungsgemäß vorbereitet oder verbraucht wird, zum Beispiel zum Sprengen oder zum Zünden.[954] Das Amtsgericht Dortmund entschied am 11.07.2005, dass sich wegen Giftbeibringung in Tateinheit mit einem Verstoß gegen das Sprengstoffgesetz strafbar macht, wer eine Rauchbombe in einem Fußballstadion mit der Folge zündet, dass eine Rauchwolke sich in der Tribüne ausbreitet und zu erheblichen Gesundheitsstörungen einer größeren Zahl von Menschen führt.[955] Wer vorsätzlich pyrotechnische Gegenstände im Stadionbereich abbrennt, verwirklicht somit den Straftatbestand des § 40 Abs. 1 Nr. 3 SprengG.[956]

3. Zwischenfazit: § 4 Abs. 3 Nr. 14 SVR entfällt

Strafbar nach §§ 40 Abs. 1 Nr. 3 SprengG ist folglich sowohl das vorsätzliche Einbringen als auch das vorsätzliche Abbrennen von pyrotechnischen Gegenständen. Diese Straftaten werden bereits durch das Regelbeispiel des § 4 Abs. 3 Nr. 6 SVR erfasst. Demgegenüber verbleibt dem Regelbeispiel des § 4 Abs. 3 Nr. 14 SVR kein eigener Anwendungsbereich. Deswegen ist es zu streichen.[957]

XV. § 4 Abs. 3 Nr. 15 SVR Sonstige schwere Straftaten im Zusammenhang mit Fußballveranstaltungen

Innerhalb des Regelbeispielskatalogs nimmt § 4 Abs. 3 Nr. 15 SVR die Funktion eines Auffangtatbestandes ein. Danach kann ein bundesweites Stadionverbot ausgesprochen werden bei „sonstigen schweren Straftat im Zusammenhang mit Fußballveranstaltungen".

---

954 *Steindorf*, in: *Erbs/Kohlhaas*, Strafrechtliche Nebengesetze, § 3 SprengG Rn. 10.

955 *AG Dortmund*, Urt. v. 11.7.2005 – 73 Ls 163 Js 64/04.

956 *Pommerening*, SpuRt 2012, 187 (190); *Bernard*, SpuRt 2013, 8 (10). Kritisch und vertiefend zur Strafbarkeit durch das Abbrennen von „bengalischem Feuer": *Steinsiek*, SpuRt 2013, 11 (12 ff.).

957 Der schweizerische Sportverband hat in Art. 8 der Richtlinien Stadionverbote SFL folgerichtig beide Regelbeispiele zusammengefasst, indem es dort heißt: „Verstösse gegen das Sprengstoffgesetz (u.a. Mitführen und/oder Abbrennen von pyrotechnischen Gegenständen)", vgl. zum schweizerischen Recht *Kleiner*, in: *Arter/Baddeley*, Sport und Recht, S. 19 (31).

1. Bedeutung des § 4 Abs. 3 Nr. 15 SVR

Als Auffangtatbestand bestätigt § 4 Abs. 3 Nr. 15 SVR die Rechtstechnik der Regelbeispiele in § 4 Abs. 3 Nr. 1-14 SVR. Die Bedeutung der Regelbeispiele liegt nicht nur in ihrer Regelwirkung, sondern auch in ihrer Analogie- und Gegenschlusswirkung.[958] Die Fälle eines bundesweiten Stadionverbots sind nicht abschließend in § 4 Abs. 3 Nr. 1-14 SVR aufgezählt (Wortlaut: „insbesondere in folgenden Fällen"). Vereinfacht ausgedrückt kommt den Regelbeispielen eine Vorbildfunktion auch für Sachverhalte zu, die nicht unter einen der genannten Tatbestände subsumiert werden können, die aber dennoch eine vergleichbare Störungsintensität für das Hausrecht bewirken. Trifft der konkrete Sachverhalt zwar nicht den Tatbestand eines Regelbeispiels, ist er jedoch mit diesem vergleichbar, dienen dessen Wertungen als Maßstab, um zu entscheiden, ob der Sachverhalt besorgen lässt, dass der Störer künftig sicherheitsbeeinträchtigend auffallen wird. Diese Vorbildfunktion konkretisiert sich in dem Auffangtatbestand des § 4 Abs. 3 Nr. 15 SVR. Dieser fasst alle Anforderungen zusammen, die zu stellen sind, wenn ein Verein ein bundesweites Stadionverbot aussprechen will, obwohl das Verhalten des Störers nicht unter eines der in § 4 Abs. 3 Nr. 1 bis 14 SVR genannten Regelbeispiele subsumiert werden kann. Voraussetzungen sind:

1. Einleitung eines Ermittlungsverfahrens wegen einer Straftat,
2. die als „schwer" zu bezeichnen ist und
3. die im Zusammenhang mit einer Fußballveranstaltung steht.

Ordnungswidrigkeiten stellen nach dem Wortlaut in § 4 Abs. 3 Nr. 15 SVR („Straftat") keinen ausreichenden Sachgrund für ein bundesweites Stadionverbot dar, wenn sie nicht in § 4 Abs. 3 Nr. 1-14 SVR als „sonstiges Verfahren" ausdrücklich erfasst sind. Zudem reicht qualitativ nicht jede sonstige Straftat aus. Es muss sich um eine schwere handeln, d.h. die aus der Straftat resultierende Störung des Hausrechts darf nicht unerheblich sein. Diese Kriterien des verbandsrechtlichen Innenverhältnisses sind mit den Anforderungen an den zivilrechtlichen Unterlassungsanspruch im Außenverhältnis zu vereinbaren.

Darüber hinaus nimmt § 4 Abs. 3 Nr. 15 SVR eine weitere Funktion ein. Der Wortlaut des § 4 Abs. 3 Nr. 15 SVR stellt das Kausalitätskriterium klar: „im Zusammenhang mit Fußballveranstaltungen"[959]. An dieser Stelle zeigt der Richtliniengeber ausdrücklich, was er in den Regelbeispielen des § 4 Abs. 3 Nr. 1-14 SVR stillschweigend voraussetzt: Die Tatsachen, die der Einleitung eines Ermittlungsverfahrens wegen einer der genannten Straftaten zugrunde liegen, rei-

[958] Vgl. zur Bedeutung der Regelbeispiele vertiefend: Kapitel 3A, S. 191 ff.
[959] Dies übersieht *Blumberg*, Stadionverbot, S. 52.

chen alleine nicht aus, um darauf ein bundesweites Stadionverbot zu stützen. Erforderlich ist vielmehr, dass die Tatsachen den Schluss zulassen, dass die Straftat im Zusammenhang mit einer Fußballveranstaltung, also im Zusammenhang mit dem Hausrecht des Vereins, begangen worden ist. Damit setzt die Stadionverbotsrichtlinie die Vorgaben der §§ 1004 Abs. 1 S. 2, 862 Abs. 1 S. 2 BGB um, die oben bereits aufgezeigt wurden:[960] Die Taten des Störers begründen nur dann die Besorgnis künftiger Störungen i.S.d. §§ 1004 Abs. 1 S. 2, 862 Abs. 1 S. 2 BGB, wenn sie in ausreichend kausalem Zusammenhang mit den Rechtsgütern stehen, die das Hausrecht schützt. Dies gilt für alle Regelbeispiele in § 4 Abs. 3 SVR und sollte deswegen durch einen eigenen Satz in § 4 Abs. 3 SVR noch deutlicher hervorgehoben werden[961].

2. Problematik des Versuchs eines Regelbeispiels

Möglicherweise ist § 4 Abs. 3 Nr. 15 SVR auch bedeutsam, um versuchte Straftaten zu erfassen. Ob diese von den Regelbeispielen der § 4 Abs. 3 Nr. 1-14 SVR erfasst sind, ist nicht eindeutig geregelt. Im Gegensatz dazu erfassen die Stadionverbotsrichtlinien des schweizerischen Fußballverbandes (Richtlinien Stadionverbote SFL[962]) in Art. 8 lit. l) ausdrücklich die Versuchsstrafbarkeit: „l) Vorliegen hinreichender Gründe anlässlich der Eintritts- bzw. Personenkontrolle, die die Annahme rechtfertigen, dass eine Person eine Straftat gemäß dieser lit. a) bis k) [Regelbeispiele, die denen des § 4 Abs. 3 Nr. 1-14 DFB-Stadionverbotsrichtlinie sehr ähnlich sind] begangen hat, begehen wollte oder begehen will; …“[963] Eine solche klarstellende Regelung fehlt in der Stadionverbotsrichtlinie des DFB.

a) Stadionverbote wegen versuchter Straftaten

Fraglich ist, ob der DFB als Richtliniengeber die Versuchsstrafbarkeit von den Sachgründen des § 4 Abs. 3 SVR bewusst ausschließen oder ob er sie in der Stadionverbotsrichtlinie erfassen wollte. Möglicherweise nannte er die Versuchsstrafbarkeit bewusst nicht, da er davon ausging, dass die Tatsachen, die einem Anfangsverdacht einer versuchten Straftat zugrunde liegen, kein bundesweites Stadionverbot rechtfertigen können. Fraglich ist deswegen, ob der An-

---

960 Vgl. vertiefend zu den Anforderungen an die Gefahrenprognose i.S.d. §§ 1004 Abs. 1 S. 2, 862 Abs. 1 S. 2 BGB: Kapitel 1C.II.2.b)bb), S. 73 ff.

961 Dazu der Reformvorschlag unter: Kapitel 7A.II.2.b)ee), S. 479 ff.

962 Vgl. dazu *Kleiner*, in: *Arter/Baddeley*, Sport und Recht, S. 19 (32).

963 Vgl. dazu *Kleiner*, in: *Arter/Baddeley*, Sport und Recht, S. 19 (32).

fangsverdacht einer versuchten Straftat eine ausreichende Gefahrenprognose i.S.d. §§ 1004 Abs. 1 S. 2, 862 Abs. 1 S. 2 BGB begründet.

Im Gegensatz zu der Stadionverbotsrichtlinie der Schweiz knüpft die deutsche Stadionverbotsrichtlinie systematisch in § 4 Abs. 3 SVR daran an, dass ein strafprozessuales Ermittlungsverfahren eingeleitet wird.[964] Der Störer muss zumindest in das strafbare Versuchsstadium im Sinne der §§ 22, 23 StGB gelangt sein. Der Versuch einer Straftat setzt nach § 22 StGB voraus, dass der Täter nach seiner Vorstellung von der Tat unmittelbar ansetzt, um den Tatbestand zu verwirklichen. Er setzt unmittelbar an, wenn er Handlungen vornimmt, die nach seinem Tatplan unmittelbar vorgelagert sind, ein Tatbestandsmerkmal zu verwirklichen, und deswegen ohne weitere Zwischenakte, unmittelbar in die Tatbestandshandlung einmünden, wenn die Geschehnisse ungestört fortlaufen würden.[965] Fraglich ist, ob ein solches Verhalten des Störers ausreicht, um zivilrechtlich besorgen zu lassen, dass er künftig sicherheitsbeeinträchtigend auffallen wird.

Um dies beantworten zu können, sollte der Grund der Versuchsstrafbarkeit näher beleuchtet werden. Das Strafgesetzbuch bestraft ein Verhalten, obwohl dieses objektiv keinen Straftatbestand vollständig verwirklicht, wenn ein Unrechtsgehalt bereits darin zu erkennen ist, dass der Handelnde unmittelbar zur Tat ansetzt. Sein Entschluss, eine tatbestandlich vertypte Tat zu verwirklichen, zeigt den Gesinnungsunwert des Handelnden.[966] Strafgrund des Versuchs ist der rechtsfeindliche Wille des Täters, den er nach außen trägt, indem er unmittelbar zur Tat ansetzt.[967] Der zivilrechtliche Unterlassungsanspruch fordert wegen seines Präventivcharakters ebenfalls nicht, dass eine Störung objektiv vollendet wird. Vielmehr reicht die sog. Erstbegehungsgefahr aus:[968] „Eine derartige Gefahr wird regelmäßig bei vorangegangenen rechtswidrigen Beeinträchtigungen vermutet, kann aber auch bei einer erstmals drohenden Beeinträchtigung gege-

---

964 Der Wortlaut der SFL ist (teilweise) abgedruckt in: *Kleiner*, in: *Arter/Baddeley*, Sport und Recht, S. 19 (31 f.).

965 *Fischer,* § 22 StGB Rn. 10 m.w.N. Wegen der beschriebenen objektiven Voraussetzung des unmittelbaren Ansetzens reicht es – entgegen den schweizerischen Richtlinien – nicht aus, dass die Person eine Straftat rein subjektiv „begehen wollte oder begehen will".

966 *Eser*, in: *Schönke/Schröder*, § 22 StGB Rn. 3.

967 *Kühl*, § 23 StGB Rn. 11. Literatur und Rechtsprechung streiten über den Strafgrund des Versuchs im Einzelnen, vgl. hierzu ebenfalls *Kühl*, § 22 StGB Rn. 11 m.w.N.

968 Der Begriff der Erstbegehungsgefahr hat sich in der allgemeinen Zivilrechts-Literatur wie auch in der stadionverbotsspezifischen Literatur durchgesetzt, vgl. *Heermann*, NJW 2010, 537 (537); *Marzahn*, ZJS 2010, 428 (430). An die Prognoseentscheidung sind bei der Erstbegehungsgefahr strengere Anforderungen zu stellen, *Blumberg*, Stadionverbot, S. 22 m.w.N.

ben sein (...).“[969] Sowohl der zivilrechtliche Unterlassungsanspruch als auch die Versuchsstrafbarkeit stellen auf die rechtsfeindliche Gesinnung des Störers ab. Die Tatsachen, die dem Anfangsverdacht einer versuchten Straftat zugrunde liegen, die sich gegen das Hausrecht richtet, können herangezogen werden, um eine zivilrechtliche Gefahrenprognose nach den Grundsätzen der sog. Erstbegehungsgefahr zu begründen.[970] Allerdings sind zivilrechtliche strengere Voraussetzungen an die Erstbegehungs- als an die Wiederholungsgefahr zu stellen.[971]

Folglich ist davon auszugehen, dass der Richtliniengeber die Versuchsstrafbarkeit erfassen wollte,[972] obwohl er dies im Wortlaut der Stadionverbotsrichtlinie nicht ausdrücklich klarstellt. Künftige Sicherheitsbeeinträchtigungen sind auch dann zu besorgen, wenn der Täter zwar nicht alle Merkmale des jeweiligen Straftatbestandes objektiv erfüllt, jedoch unmittelbar dazu angesetzt hat. Entscheidend ist, dass darin sein Wille zum Ausdruck kommt, die Fußballveranstaltung zu beeinträchtigen. Aus Sicht der Hausrechtsinhaber macht es keinen Unterschied, ob der Täter objektiv einen Straftatbestand voll verwirklicht hat oder im Versuchsstadium stecken geblieben ist. Er kann die Sicherheit des Fußballspiels nur effektiv gewährleisten, wenn er das Stadionverbot auch an ein Ermittlungsverfahren anknüpfen kann, dem der Versuch einer Straftat zugrunde liegt. Dass der Richtliniengeber dieses Auslegungsergebnis teilt, bestätigt er systematisch im Wortlaut des § 4 Abs. 4 Nr. 16 SVR: „(…) bei Ingewahrsamnahmen (…), wenn hinreichende Tatsachen vorliegen, die die Annahme rechtfertigen, dass die Person Taten gemäß § 4 Abs. 3 begangen hat oder begehen wollte.“ Dadurch setzt der Richtliniengeber voraus, dass § 4 Abs. 3 SVR vollendete und versuchte Straftaten erfasst. Er stellt das „Begehen einer Tat“ mit dem „Begehenwollen“ einer Tat gleich. Die Stadionverbotsrichtlinie des DFB erfasst folglich die Versuchsstrafbarkeit.

---

969 *BGH*, NJW 2010, 534 (536); *BGHZ*, 160, 232 (236); *BGH*, NJW 2004, 1035 (1036).

970 Das *AG Frankfurt a.M.* hatte ein bundesweites Stadionverbot als rechtmäßig angesehen, obwohl der Straftatverdacht sich nur auf eine versuchte Straftat bezog, *AG Frankfurt a.M.*, Urt.v. 14.12.2004 - 31 C 2244/04. Allerdings setzte sich das *AG Frankfurt a.M.* nicht näher mit der rechtlichen Versuchsproblematik auseinander.

971 Vertiefend zu den Anforderungen an die zivilrechtliche Gefahrenprognose: Kapitel 1C.II.2.b)bb), S. 73 ff.

972 Es ist darauf hinzuweisen, dass nicht jeder Versuch eines Straftatbestandes strafbar ist, der in § 4 Abs. 3 SVR genannt ist. Gemäß § 23 Abs. 1 StGB ist der Versuch nur strafbar, wenn es sich um ein Verbrechen handelt oder die Versuchsstrafbarkeit im Gesetz ausdrücklich bestimmt ist.

b) Dogmatische Anknüpfung des Problems

Problematisch bleibt die Frage, wie die Versuchsstrafbarkeit dogmatisch unter die Stadionverbotsrichtlinie zu subsumieren ist. Da eine der Stadionverbotsrichtlinie der Schweiz vergleichbare Regelung fehlt, sind nur zwei Lösungsmöglichkeiten denkbar: Entweder ist die Versuchsstrafbarkeit unter den Auffangtatbestand einer „sonstigen schweren Straftat" i.S.d. § 4 Abs. 3 Nr. 15 SVR zu subsumieren oder sie ist im jeweiligen Wortlaut der Regelbeispiele der § 4 Abs. 3 Nr. 1-14 SVR bereits (stillschweigend) enthalten.

Auszugehen ist vom Wortlaut der einzelnen Regelbeispiele. Der Wortlaut spricht dort von „Straftaten", wie § 4 Abs. 3 Nr. 1 SVR beispielhaft zeigt. Versteht man den Wortlaut eng, sind unter einer „Straftat" nur vollendete Straftaten zu verstehen. Gegen ein enges Wortlautverständnis spricht allerdings die Systematik des Strafgesetzbuches: Die §§ 22, 23 StGB zeigen, dass auch der Versuch eine „Straftat" darstellt. Zudem verwendet der Richtliniengeber in § 4 Abs. 3 Nr. 15 SVR ebenfalls den Begriff der „Straftat". Da nicht ersichtlich ist, warum der Wortlaut einer „Straftat" i.S.d. § 4 Abs. 3 Nr. 15 SVR anders zu verstehen sein sollte als in den übrigen Regelbeispielen, wäre die Versuchsstrafbarkeit weder unter den Auffangtatbestand noch unter die übrigen Regelbeispiele zu subsumieren, wenn unter einer „Straftat" nur vollendete Straftaten zu verstehen wären. Dies widerspricht jedoch den oben getroffenen Wertungen. Unter einer „Straftat" im Sinne der Stadionverbotsrichtlinie können folglich vollendete und versuchte Straftaten subsumiert werden. Fruchtbare Argumente lassen sich deswegen weder für die eine noch für die andere Lösungsmöglichkeit herleiten, da sowohl § 4 Abs. 3 Nr. 1-14 SVR als auch § 4 Abs. 3 Nr. 15 SVR diesen Begriff verwenden.

Für eine Lösung über § 4 Abs. 3 Nr. 15 SVR spricht dessen Charakter als Auffangtatbestand. Nach seinem Sinn und Zweck soll er alle Fälle erfassen, die zwar nicht ausdrücklich unter den Regelbeispielskatalog zu subsumieren, jedoch mit der dortigen Störungsintensität zu Lasten des Hausrechts zu vergleichen sind.[973]

Dagegen spricht die Systematik der Stadionverbotsrichtlinie. Der Richtliniengeber bezeichnet in nahezu allen Regelbeispielen des § 4 Abs. 3 Nr. 1 bis 14 SVR durch einen Klammerzusatz die erfassten Straftatbestände, zum Beispiel in § 4 Abs. 3 Nr. 4 SVR: „Nötigung (§ 240 StGB)". Nach dem Wortlaut des Klammerzusatzes sind alle Absätze des § 240 StGB erfasst, also auch die in § 240 Abs. 3 StGB geregelte Versuchsstrafbarkeit. Systematisch bestätigt der

---

[973] Vgl. vertiefend zur Bedeutung des Auffangtatbestandes des § 4 Abs. 3 Nr. 15 SVR: Kapitel 3B.XV.1, S. 229 f. Zum Begriff der Analogiewirkung ausführlich: *Fischer,* § 46 StGB Rn. 93 m.w.N.

Richtliniengeber dies in § 4 Abs. 3 Nr. 7 SVR: „Landfriedensbruch (§§ 125, 125a, 126 (1) Nr. 1 StGB)". Will der Richtliniengeber – wie in § 4 Abs. 3 Nr. 7 SVR – nur einzelne Absätze und nicht den gesamten Straftatbestand erfassen, verdeutlicht er dies, indem er die Absätze des jeweiligen Straftatbestandes genau bezeichnet, die das Regelbeispiel erfassen soll. Daraus ist systematisch umgekehrt zu schließen, dass der Richtliniengeber auf alle Absätze eines Straftatbestandes einschließlich einer dort normierten Versuchsstrafbarkeit verweisen will, wenn er den Straftatbestand in dem Klammerzusatz bezeichnet, ohne ihn auf einen bestimmten Absatz oder vollendete Taten einzuschränken.

Durch die Klammerzusätze in § 4 Abs. 3 Nr. 1 bis 14 SVR ist folglich die Versuchsstrafbarkeit der jeweiligen Straftatbestände erfasst. Es ist nicht erforderlich, auf § 4 Abs. 3 Nr. 15 SVR zurückzugreifen.[974] Versuchte Straftaten lassen sich somit überzeugend unter die Stadionverbotsrichtlinie subsumieren, obwohl sie in deren Wortlaut nicht ausdrücklich erwähnt werden. Dennoch ist dem Richtliniengeber zu empfehlen, dies für die Stadionverbotsbeauftragten als Rechtslaien klarzustellen, indem er § 4 Abs. 3 SVR mit einem Satz 2 ergänzt: „Ein schwerer Fall liegt auch dann vor, wenn ein Ermittlungsverfahren wegen des Versuchs eines der in Satz 1 genannten Regelbeispiele eingeleitet wird.".

C. Die Regelbeispiele des § 4 Abs. 4 Nr. 16 bis 19 SVR (verstoßbegründete Stadionverbote ohne vorheriges Ermittlungsverfahren)

§ 4 Abs. 4 SVR sieht die Möglichkeit vor, ein bundesweites Stadionverbot auszusprechen, ohne dass zuvor ein strafprozessuales Ermittlungs- oder sonstiges Verfahren eingeleitet wurde. Der Richtliniengeber verwendet in § 4 Abs. 4 Nr. 16-19 SVR ebenfalls die Rechtstechnik der Regelbeispiele. Auch hier ist zu untersuchen, ob die jeweiligen Tatbestände gegen das Hausrecht gerichtet und mit zivilrechtlichen Wertungen zu vereinbaren sind.[975]

---

974 Davon scheint auch der schweizerische Stadionverbots-Richtliniengeber auszugehen. Denn dieser regelt in Art. 8 lit. l) Richtlinien Stadionverbote SFL die Versuchsstrafbarkeit und in Art. 8 lit. m) Richtlinien Stadionverbote SFL den Auffangtatbestand gesondert. Art. 8 lit l) wäre überflüssig, wenn die Versuchsstrafbarkeit bereits in Art. 8 lit. m) enthalten wäre.

975 Vgl. in diese Problematik einführend: Kapitel 3A, S. 191 ff.

I. § 4 Abs. 4 Nr. 16 SVR Ingewahrsamnahmen oder schriftlich belegte Platzverweise

§ 4 Abs. 4 Nr. 16 SVR setzt voraus, dass der Störer in Gewahrsam genommen[976] oder mit einem schriftlichen Platzverweis belegt wurde und zusätzlich hinreichende Tatsachen vorliegen, die die Annahme rechtfertigen, dass die Person Taten gemäß § 4 Abs. 3 SVR begangen hat oder begehen wollte.

1. Auslegung des ersten Tatbestandsmerkmals

Das erste Tatbestandsmerkmal dieses Regelbeispiels knüpft an die polizeilichen Standardmaßnahmen des Gewahrsams und des Platzverweises an. Da ein zivilrechtlicher Unterlassungsanspruch wegen des Grundsatzes der Einheit der Rechtsordnung nicht an eine rechtswidrige öffentlich-rechtliche Polizeimaßnahme anknüpfen kann, setzt ein bundesweites Stadionverbot nach § 4 Abs. 4 Nr. 16 SVR eine rechtmäßige Ingewahrsamnahme oder einen rechtmäßigen Platzverweis voraus.[977] Der Wortlaut der Stadionverbotsrichtlinie legt aber nicht fest, ob sich die Rechtmäßigkeit der Maßnahme nach dem Landes- oder nach dem Bundespolizeigesetz bestimmt.

Der Zweck der Stadionverbotsrichtlinie, bundeseinheitlich verbindliche Regelungen für die Stadionverbotspraxis festzulegen, spricht dafür, das Bundespolizeigesetz anzuwenden. Würde sich die Rechtmäßigkeit der Ingewahrsamnahme oder des Platzverweises nach dem jeweiligen Landespolizeigesetz bestimmen, bestünde die Gefahr, dass dieser Zweck verfehlt würde. Schließlich kann

---

976 Festnahmen der Polizei bei Fußballausschreitungen erfolgen zu ca. 63 % auf Grundlage der StPO und zu ca. 37 % auf Grundlage des Gefahrenabwehrrechts, vgl. ZIS Jahresbericht 2010/2011: http://www.polizei-nrw.de/lzpd/stepone/data/downloads /a0/00/00/10-11jahresbericht-oeffentlich.pdf, abgerufen am 26.10.2011. § 4 Abs. 4 Nr. 16 SVR erfasst nach seinem Wortlaut jedoch nur „Ingewahrsamnahmen" auf Grundlage des Gefahrenabwehrrechts. Anderenfalls hätte der Richtliniengeber andere Terminologien verwendet. Zudem ergibt sich dies aus einem systematischen Umkehrschluss zu § 4 Abs. 4 Nr. 17 SVR, der ausdrücklich den Begriff der Beschlagnahmung i.S.d. StPO normiert. Selbst wenn unter einer „Ingewahrsamnahme" i.S.d. § 4 Abs. 4 Nr. 16 SVR eine repressive Festnahme i.S.d. § 127 Abs. 2 StPO zu verstehen wäre, würde sich dies auf die folgenden Ausführungen zur Problematik des Polizeigesetzes nicht auswirken, da die StPO bundesweit einheitlichen Voraussetzungen unterliegt.

977 Dass die Vereine auf die polizeilichen Feststellungen über Ingewahrsamnahmen zurückgreifen können, um ein bundesweites Stadionverbot zu begründen, bestätigen: *AG Frankfurt a.M.*, Urt. v. 14.12.2004 – 31 C 2244/04; *Fritzweiler*, NJW 2006, 960 (963). Öffentlich-rechtliche Aufenthaltsverbote dürften einem Platzverweis im Sinne des § 4 Abs. 4 Nr. 16 SVR gleichzustellen sein, vgl. zum Aufenthaltsverbot bei Gruppenausschreitungen: *VG Aachen*, Beschl. v. 26.04.2013 – 6 L 162/13.

jedes Bundesland unterschiedliche Anforderungen an die Rechtmäßigkeit einer solchen polizeilichen Standardmaßnahme stellen. Dies würde wegen § 4 Abs. 4 Nr. 16 SVR dazu führen, dass die Voraussetzungen eines bundesweiten Stadionverbots von Bundesland zu Bundesland verschieden wären. Verhindert werden könnte dies, indem § 4 Abs. 4 Nr. 16 SVR auf § 39 BPolG für Ingewahrsamnahme und auf § 38 BPolG für den Platzverweis zurückgreift.

Für diese Auslegung des § 4 Abs. 4 Nr. 16 SVR spricht zudem die Interessenlage, die der Stadionverbotspraxis zugrunde liegt. Stadionverbote können nicht nur wegen eines Fehlverhaltens innerhalb des Stadions, sondern auch wegen Taten an Drittorten ausgesprochen werden.[978] Insbesondere wenn Fußballfans zu Auswärtsspielen anreisen, sind unterschiedliche (Landes- oder Bundes-) Polizeibehörden zuständig: Gemäß § 3 Abs. 1 BPolG ist die Bundespolizei für die öffentliche Sicherheit oder Ordnung an Bahnhöfen zuständig. Außerhalb des Bahnhofsgeländes geht die Zuständigkeit auf die Landespolizei über. Findet das Auswärtsspiel in einem anderen Bundesland statt, ist zu Reisebeginn die Polizei eines anderen Bundeslandes zuständig als am Ziel der Reise. Fußballfans kommen während der Anreise zum Fußballstadion also mit unterschiedlichen Polizeiträgern und folglich mit unterschiedlichen Polizeigesetzen in Berührung. Es darf für die Praxis der bundesweiten Stadionverbote keinen Unterschied machen, ob der Fußballfan am Hauptbahnhof von der Bundespolizei oder in unmittelbarer Stadionnähe von der Landespolizei in Gewahrsam genommen wird. Dies könnte erreicht werden, indem § 4 Abs. 4 Nr. 16 SVR auf die einheitlichen Voraussetzungen des Bundespolizeigesetzes zurückgreift.

Dagegen kann allerdings der Wortlaut der Stadionverbotsrichtlinie angeführt werden. § 4 Abs. 4 SVR verweist weder auf das Bundespolizeigesetz noch auf das jeweilige Landespolizeigesetz, sondern spricht verallgemeinernd nur von einer „Ingewahrsamnahme oder einem schriftlich belegten Platzverweis". Auch die Systematik streitet dagegen, ausschließlich auf das Bundespolizeigesetz zurückzugreifen: Hätte der Richtliniengeber für ein bundesweites Stadionverbot ausschließlich auf Ingewahrsamnahmen und Platzverweise abstellen wollen, die nach §§ 38, 39 BPolG rechtmäßig sind, hätte er dies – wie in § 4 Abs. 3 SVR – systematisch durch einen entsprechenden Klammerzusatz am Ende des Regelbeispiels deutlich machen müssen. Auch die Interessenlage bei Auswärtsspielen lässt sich entschärfen: Die Landespolizeigesetze beruhen auf einem einheitlichen Musterentwurf aus dem Jahre 1977, so dass deren Tatbestandsvoraussetzungen zumindest als ähnlich zu bezeichnen sind.[979]

---

[978] Vgl. vertiefend: Kapitel 2D, S. 188 f.

[979] Vgl. *Riegel*, NVwZ 1988, 615 (615).

Würde die Stadionverbotsrichtlinie außerdem alleine darauf abstellen, dass die Polizeimaßnahmen nach dem BPolG rechtmäßig waren, bestünde die Gefahr, dass ein Widerspruch in der Rechtsordnung entsteht. Dann müsste die Rechtmäßigkeit jeder Ingewahrsamnahme durch einen Landespolizisten öffentlich-rechtlich anhand des Landespolizeigesetzes bestimmt werden, zivilrechtlich käme es aber wegen § 4 Abs. 4 Nr. 16 SVR darauf an, dass sie die Voraussetzungen des Bundespolizeigesetzes erfüllt. Theoretisch könnte sich die Ingewahrsamnahme dann öffentlich-rechtlich nach dem Landespolizeigesetz als rechtswidrig erweisen, dennoch zivilrechtlich zu einem bundesweiten Stadionverbot führen, wenn die Ingewahrsamnahme nach dem Bundespolizeigesetz rechtmäßig war. Dieser Widerspruch in der Rechtsordnung muss verhindert werden.

Folglich ist § 4 Abs. 4 Nr. 16 SVR nur mit den zivilrechtlichen Wertungen aus §§ 1004 Abs. 1 S. 2, 862 Abs. 1 S. 2 BGB zu vereinbaren, wenn es für die Rechtmäßigkeit der Ingewahrsamnahme oder des Platzverweises auf das Polizeigesetz ankommt, dem der konkret handelnde Polizist unterworfen ist. Handelt ein Bundespolizist, verlangt § 4 Abs. 4 Nr. 16 SVR, inzident das Bundespolizeigesetz zu prüfen; handelt ein Landespolizist, verlangt § 4 Abs. 4 Nr. 16 SVR, inzident das jeweilige Landespolizeigesetz zu prüfen.

2. Bedeutung des zweiten Tatbestandsmerkmals

Nun stellt sich die Frage, welche Bedeutung dem zweiten Tatbestandsmerkmal zukommt: „…, wenn hinreichende Tatsachen vorliegen, die die Annahme rechtfertigen, dass die Person Taten gemäß § 4 Abs. 3 SVR begangen hat oder begehen wollte.“ Die Problematik dieses zweiten Tatbestandsmerkmals besteht darin, dass alle Polizeigesetze für die Rechtmäßigkeit einer Ingewahrsamnahme oder eines Platzverweises ähnliche Mindestvoraussetzungen definieren: Es müssen hinreichende Tatsachen[980] vorliegen, die die Annahme rechtfertigen,[981] dass der Täter in unmittelbar zeitlichem Zusammenhang erhebliche Straftaten begangen

[980] Ein hinreichender Tatverdacht i.S.d. § 170 Abs. 1 StPO besteht, wenn die Beweisfähigkeit des Tatvorwurfs den Grad der Wahrscheinlichkeit erreicht, vgl. *OLG Bremen*, NStZ-RR 200, 170 (170 f.); *Schmid*, in: *Hannich*, Karlsruher Kommentar, § 170 StPO Rn. 3 m.w.N.

[981] Grundlage ist eine konkrete Gefahrprognose, die das individuelle Vorverhalten des Betroffenen einbezieht. Eine vorherige strafrechtliche Verurteilung ist für diese Gefahrenprognose jeweils nicht Voraussetzung. Aufgrund seiner Eingriffsintensität ist der Präventivgewahrsam ultima ratio, vgl. dazu jeweils *Breucker*, NJW 2006, 1233 (1236 f.); *Ruhs*, Sicherheit und Ordnung, S. 14 m.w.N.; *Hilpert*, Fußballstrafrecht, IV. Rn. 11.

hat oder begehen will.[982] Dieses zweite Tatbestandsmerkmal könnte überflüssig sein, wenn das erste Tatbestandsmerkmal des § 4 Abs. 4 Nr. 16 SVR bereits inzident prüft, ob die Standardmaßnahme der Polizei rechtmäßig war, so dass hinreichende Tatsachen im oben beschriebenen Sinne vorliegen müssen.

Dennoch erlangt das zweite Tatbestandsmerkmal eine eigene Bedeutung und bestätigt zugleich das obige Auslegungsergebnis zum ersten Tatbestandsmerkmal: Wenn es für die Rechtmäßigkeit der Ingewahrsamnahme oder des Platzverweises öffentlich-rechtlich darauf ankommt, ob ein Bundes- oder Landespolizist gehandelt hat, besteht die Gefahr, dass der Zweck der Stadionverbotsrichtlinie unterlaufen wird, die unterschiedlichen Tatbestandsvoraussetzungen in den einzelnen Polizeigesetzen bundesweit zu vereinheitlichen. Dem versucht der Richtliniengeber durch das zweite Tatbestandsmerkmal entgegenzuwirken.[983] Sollte eines der Polizeigesetze der Länder oder des Bundes zum jetzigen Zeitpunkt oder zu einem späteren Zeitpunkt aufgrund einer Gesetzesänderung erheblich von dem Musterentwurf abweichen und geringere Anforderungen an eine Ingewahrsamnahme oder einen Platzverweis normieren, sichert das zweite Tatbestandsmerkmal des § 4 Abs. 4 Nr. 16 SVR bundeseinheitliche Mindeststandards und damit den Zweck der Stadionverbotsrichtlinie. Gleichzeitig bestätigt diese Funktion des zweiten Tatbestandsmerkmals, Mindestanforderungen an die Polizeimaßnahme abzusichern, dass im Rahmen des ersten Tatbestandsmerkmals je nach Zuständigkeit des Handelnden entweder auf das Landes- oder auf das Bundespolizeigesetz abzustellen ist. Wäre dort ausschließlich auf die Regelung in §§ 38, 39 BPolG abzustellen, wäre das zweite Tatbestandsmerkmal überflüssig.

---

982 Vgl. beispielsweise den Wortlaut in § 35 Abs. 1 Nr. 2 PolG NRW. Dazu vertiefend: *Breucker*, NJW 2006, 1233 (1236 f.); *OLG Köln*, Beschl. v. 17.1.2007 – 16 Wx 220/06; *BayVerfGH*, NVwZ 1991, 667; *OLG München*, NJW-RR 1997, 279 (281); *OLG Köln*, FGPrax 2007,193 (193) m.w.N. Interessant an der zuletzt zitierten Entscheidung ist, dass alleine die Biografie eines potenziellen Störers (z.B. die Nennung in der Datei „Gewalttäter Sport") noch nicht ausreicht, um sicher annehmen zu können, dieser werde auch in Zukunft in gleichbarer Weise die öffentliche Sicherheit stören: „Auch für die Ingewahrsamnahme eines bekannten Fußballgewalttäters im Rahmen der Fußball-WM 2006 setzt § 35 Abs. 1 Nr. 2 PolG NRW voraus, dass im konkreten Fall mit einer unmittelbar bevorstehenden, dem Verantwortungsbereich des Betroffenen hinzuzurechnenden Straftat oder Ordnungswidrigkeit von erheblicher Bedeutung für die Allgemeinheit gerechnet werden muss.", *OLG Köln*, Beschl. v. 17.1.2007 – 16 Wx 220/06.

983 Nach den obigen Feststellungen normieren die Polizeigesetze derzeit nahezu einheitlich die Mindestvoraussetzung entsprechender hinreichender Tatsachen. Allerdings besteht wegen unterschiedlicher Gesetzgebungskompetenzen die Gefahr, dass sich dies jederzeit durch Reformen der jeweiligen Polizeigesetze ändern könnte.

3. Zwischenfazit: Keine Beanstandung für § 4 Abs. 4 Nr. 16 SVR

Indem § 4 Abs. 4 Nr. 16 SVR an die Ingewahrsamnahme oder den Platzverweis unter den Voraussetzungen des jeweiligen Polizeigesetzes anknüpft, erfüllt der Richtliniengeber die Anforderungen, die eine ausreichende Gefahrenprognose fordert, um zivilrechtlich künftige Störungen zu besorgen.[984] Durch das zusätzliche zweite Tatbestandsmerkmal bestätigt der Richtliniengeber dieses strengen Anforderungen und stellt zugleich sicher, dass bundeseinheitlich hinreichende Tatsachen vorliegen müssen, die auf die Taten nach § 4 Abs. 3 SVR Bezug nehmen. Liegen diese hohen Voraussetzungen des § 4 Abs. 4 Nr. 16 SVR vor, ist es gerechtfertigt, ein bundesweites Stadionverbot ohne vorheriges Ermittlungsverfahren auszusprechen.

II. § 4 Abs. 4 Nr. 17 SVR Sicherstellung und Beschlagnahme von Waffen oder anderen gefährlichen Gegenständen

Gemäß § 4 Abs. 4 Nr. 17 SVR kann ein bundesweites Stadionverbot ohne vorheriges Ermittlungsverfahren erteilt werden, wenn Waffen oder andere gefährliche Gegenstände sichergestellt oder beschlagnahmt werden, die der Betroffene in der Absicht mitführte, Straftaten zu begehen, soweit die Handlung nicht bereits in Abs. 3 erfasst ist. Geregelt werden drei Tatbestandsvoraussetzungen:

1. Tatbestandsmerkmal: Sicherstellung bzw. Beschlagnahmung

Auch dieses Tatbestandsmerkmal setzt voraus, dass die Sicherstellung bzw. Beschlagnahmung rechtmäßig war, da anderenfalls ein Widerspruch in der Rechtsordnung entstünde. Für die Sicherstellung stellt sich die gleiche Frage wie bei dem Regelbeispiel in § 4 Abs. 4 Nr. 16 SVR, ob an das Landes- oder Bundespolizeigesetz anzuknüpfen ist. Dazu kann auf die obigen Ausführungen verwiesen werden.[985] Der zuständige Polizeibeamte muss rechtmäßig nach dem jeweils einschlägigen Landes- oder Bundespolizeigesetz handeln. Es ist auch hier nicht geboten, das bundesweite Stadionverbot ausschließlich an den einheitlichen Voraussetzungen des Bundespolizeigesetzes zu messen. Im Vergleich zum vorherigen Regelbeispiel fällt auf, dass der Richtliniengeber in § 4 Abs. 4 Nr. 17 SVR eine abweichende Terminologie („Sicherstellung“ und „Beschlagnahme“)

---

[984] A.A. ohne nähere Begründung: *Marzahn*, ZJS 2010, 428 (435).

[985] Vgl. vertiefend: Kapitel 3C.I.1, S. 235 ff.

verwendet: Die Sicherstellung ist ein Begriff des polizeilichen Gefahrenabwehrrechts. Demgegenüber entstammt der Begriff der Beschlagnahme dem Strafprozessrecht in §§ 94 ff. StPO. Die oben beschriebene Problematik stellt sich für die Beschlagnahme nicht, da die StPO bundesweit ohnehin einheitliche Voraussetzungen festlegt.

2. Tatbestandsmerkmal: Straftatbegehungsabsicht

Nachdem inzident geprüft wurde, ob die Sicherstellung oder Beschlagnahme rechtmäßig war, muss als zweites Tatbestandsmerkmal hinzutreten, dass der Betroffene die Waffe oder den gefährlichen Gegenstand in der Absicht mitführte, Straftaten zu begehen. Bei den beabsichtigten Straftaten muss es sich ausweislich des eindeutigen Wortlauts nicht zwingend um solche des § 4 Abs. 3 SVR handeln.

3. Tatbestandsmerkmal: Subsidiarität

Als weitere Voraussetzung legt § 4 Abs. 4 Nr. 17 SVR fest, dass dieses Regelbeispiel gegenüber den Regelbeispielen der § 4 Abs. 3 Nr. 1 bis 15 SVR subsidiär ist. Zu achten ist vor allem darauf, § 4 Abs. 4 Nr. 17 SVR zu dem Regelbeispiel des § 4 Abs. 3 Nr. 5 SVR abzugrenzen, für das es ausreicht, dass ein Ermittlungsverfahren wegen der Straftatbestände in §§ 51-53 WaffG eingeleitet wird. Da sich § 4 Abs. 3 Nr. 5 SVR auf die Straftatbestände der §§ 51-53 WaffG beschränkt und nicht jeder Verstoß gegen das Waffengesetz ausreicht,[986] verbleibt § 4 Abs. 4 Nr. 17 SVR trotz der Subsidiaritätsklausel ein eigener Anwendungsbereich. Nicht subsidiär sind alle Sicherstellungen und Beschlagnahmen, bei denen der Störer zugleich keine Straftatbestand nach §§ 51-53 WaffG verwirklicht und/oder kein Ermittlungsverfahren eingeleitet wird. Zudem können unter § 4 Abs. 4 Nr. 17 SVR solche Fälle subsumiert werden, in denen der Störer die Fußballveranstaltung mit Waffen, die das Waffengesetz erlaubt, zu stören versucht bzw. Straftaten begehen will.

4. Zulässigkeit dieses Regelbeispiels

Der Richtliniengeber bringt durch das Regelbeispiel des § 4 Abs. 4 Nr. 17 SVR die besondere Gefährlichkeit zum Ausdruck, die sich daraus ergibt, dass der Störer Waffen oder sonstige gefährliche Gegenstände bei sich führt. Diese Gefährlichkeit ist gegen die Sicherheit der Fußballveranstaltung und somit gegen das

[986] Vgl. vertiefend: Kapitel 3B.V, S. 209 f.

Hausrecht gerichtet. Die erforderliche Regelwirkung besteht. Sowohl die Landes- und Bundespolizeigesetze als auch die §§ 94 ff. StPO normieren ausreichend strenge Tatbestandsvoraussetzungen, sodass ein bundesweites Stadionverbot ohne vorheriges Ermittlungsverfahren in solchen Fällen nicht gegen zivilrechtliche Wertungen verstößt.

III. § 4 Abs. 4 Nr. 18 SVR Verletzung der Menschenwürde

Als weiteres Regelbeispiel eines bundesweiten Stadionverbotes ohne vorheriges Ermittlungsverfahren ist in § 4 Abs. 4 Nr. 18 SVR jede Handlung und Verhaltensweise vorgesehen, die die Menschenwürde einer anderen Person in Bezug auf Rasse, Hautfarbe, Sprache, Religion, Geschlecht oder Herkunft verletzt. Dabei setzt der Richtliniengeber erneut – ähnlich wie im Regelbeispiel des § 4 Abs. 3 Nr. 13 SVR – (Unter-) Regelbeispiele ein, um diese Begehungsweisen zu konkretisieren: Insbesondere sollen solche Handlungen/Verhaltensweisen erfasst sein, die durch herabwürdigende, diskriminierende, verunglimpfende Äußerungen oder entsprechende Aufschriften auf Transparenten erfolgen. Hiervon unberührt bleiben die Vorschriften des § 9 Abs. 2 und 3 der Rechts- und Verfahrensordnung des DFB.[987] Dort sind für diskriminierende Handlungen eines Spielers oder eines Zuschauers einer Mannschaft verbandsrechtliche Strafen vorgesehen.

Ein Stadionverbot gemäß § 4 Abs. 4 Nr. 18 SVR ohne vorheriges Ermittlungsverfahren auszusprechen, ist wegen der besonderen Bedeutung der Menschenwürde möglich. Diese fließt mittelbar über die Generalklauseln der §§ 242, 826 BGB in das Rechtsverhältnis zwischen Verein und Zuschauer ein.[988] Die Menschenwürde ist nach Art. 1 Abs. 1 S. 1 GG unantastbar. Den Staat trifft eine Schutzpflicht aus Art. 1 Abs. 1 S. 2 GG. Weil die Menschenwürde danach besonders vor Diskriminierungen zu schützen ist, kann ein bundesweites Stadionverbot ausgesprochen werden, ohne dass zuvor ein Ermittlungsverfahren eingeleitet wurde oder eine sonstiges polizeiliche Präventiv- oder Repressivmaßnahme vorangegangen ist.[989]

---

987 Die Rechts- und Verfahrensordnung ist abrufbar: www.dfb.de/uploads/media/rechtundverfahren.pdf, abgerufen am 20.11.2011.

988 Vgl. vertiefend zur Ausstrahlungswirkung der Grundrechte: Kapitel 2B.IV.1.a)bb)1), S. 131 f.

989 So auch *Dippel* in seiner Dissertation, Zivilrechtliche Haftung, S. 296 ff. (312). Problematisch ist in diesen Fällen allerdings, dass der Verein Schwierigkeiten haben wird, seiner ihm obliegenden Darlegungs- und Beweislast nachzukommen. Dazu ausführlicher unter Kapitel 6A.II.1.d), S. 419 ff.

IV. § 4 Abs. 4 Nr. 19 SVR Schwerwiegende Verstöße gegen die Stadionordnung

§ 4 Abs. 4 Nr. 19 SVR erfasst alle schwerwiegenden Verstößen gegen die Stadionordnung. Grundsätzlich hat jeder Verein kraft seines Hausrechtes die Möglichkeit, den Inhalt der Stadionordnung selbst zu bestimmen. Wenn das bundesweite Stadionverbot an die lokalen Stadionordnungen anknüpft, entsteht die Gefahr, dass der Zweck der Stadionverbotsrichtlinie konterkariert wird, Stadionverbote bundeseinheitlich handhaben zu können und dadurch Rechtssicherheit zu schaffen. Dieser Gefahr beugt der DFB in der Praxis vor, indem er als Anlage 4 zu den Richtlinien zur Verbesserung der Sicherheit bei Bundesspielen eine Musterstadionordnung verbandsrechtlich vorgibt.[990]

In dieser Musterstadionordnung sind in Ziff. VII Verbote für Besucher im Bereich des Stadions vorgesehen. Einige Beispiele seien hier aufgeführt: Ziff. VII 1. untersagt dem Zuschauer, die dort einzeln aufgelisteten Gegenstände mit sich zu führen, wie beispielsweise rassistisches Propagandamaterial, Waffen, Feuerwerkskörper, alkoholische Getränke, aber auch Tiere und Laserpointer. In Ziff. VII 2. sind Verhaltensweisen hervorzuheben, die die öffentliche Ordnung gefährden oder die die Bauten und Einrichtungen widmungswidrig benutzen, sowie wenn der Störer mit Gegenständen wirft, Feuer entfacht oder das Stadion unter erkennbar erheblichem Alkohol- oder Drogeneinfluss betritt oder sich darin aufhält.

Die Liste der Verbote in der Musterstadionordnung ist lang, so dass die genannten Beispiele nicht als abschließend zu verstehen sind. Deswegen ist das zweite Tatbestandsmerkmal eines „schwerwiegenden Verstoßes" für § 4 Abs. 4 Nr. 19 SVR von besonderer Bedeutung. Ähnlich wie § 4 Abs. 3 Nr. 15 SVR entfaltet § 4 Abs. 4 Nr. 19 SVR eine Auffangfunktion. Ohne diese Erheblichkeitsschwelle eines „schwerwiegenden Verstoßes" festzulegen, wäre nicht nur die Analogie- und Gegenschlusswirkung der Regelbeispiele des § 4 Abs. 4 Nr. 16-18 SVR gefährdet. § 4 Abs. 4 Nr. 19 SVR wäre auch nicht mit den zivilrechtlichen Wertungen des §§ 1004 Abs. 1 S. 2, 862 Abs. 1 S. 2 BGB zu vereinbaren, da nicht jeder Verstoß gegen die Stadionordnung eine ausreichende Prognose begründet, um künftiger Störungen besorgen zu lassen. Die Vereine dürfen sich nicht über ihre Stadionordnung i.V.m. § 4 Abs. 4 Nr. 19 SVR mit Hilfe des bundesweiten Stadionverbots zu allgemeinen „Sittenwächtern" aufschwingen.[991] Sie

---

990 Die Musterstadionordnung ist abrufbar unter: http://www.dfb.de/uploads/media/ Muster-Stadionordnung_01.pdf, abgerufen am 04.02.2012. Dazu auch in anderem Zusammenhang: *Blumberg*, Stadionverbot, S. 46; *Schulz*, Kritische Analyse, S. 77.

991 Beispielsweise wäre es unzulässig, einem Zuschauer ein Stadionverbot auszusprechen, weil er Mitglied der NPD ist, auch wenn der Verein in der Mitgliedschaft eine rechts-

müssen stets beachten, dass ein Stadionverbot seine Grundlage in ihrem Hausrecht findet, d.h. in dem Unterlassungsanspruch aus §§ 1004 Abs. 1 S. 2, 862 Abs. 1 S. 2 BGB, der an das Eigentum oder den Besitz des Vereins an dem Stadiongelände anknüpft. § 4 Abs. 4 Nr. 19 SVR ist deswegen nur dann mit diesen zivilrechtlichen Vorgaben zu vereinbaren, wenn strenge und bundesweit einheitliche Anforderungen an das zweite Tatbestandsmerkmal des „schwerwiegenden Verstoßes" gestellt werden. Dazu müssen die Umstände des Einzelfalls für ein bundesweites Stadionverbot auf Grundlage des § 4 Abs. 4 Nr. 19 SVR besonders streng geprüft werden.[992]

extremistische Gesinnung zu erkennen glaubt. Dies verbietet Art. 3 Abs. 1 GG, der mittelbar in das Zivilrechtsverhältnis ausstrahlt. Dem steht auch die aktuelle Entscheidung des *BGH* nicht entgegen, *BGH*, Urt. v. 9.3.2012 – V ZR 115/11.

992 *BGH*, NJW 2010, 534 (537). Alternativ könnte in § 4 Abs. 4 Nr. 19 SVR auch auf die Musterstadionordnung verwiesen werden, die als Anlage beigefügt ist, um zu gewährleisten, dass die Sachgründe für ein bundesweites Stadionverbot einheitlich ausgelegt werden.

Kapitel 4 Die bundesweite Wirkung des Stadionverbots

A. Problemeinführung

Es wurde bereits ausführlich dargelegt, dass das Stadionverbot sich auf einen zivilrechtlichen Unterlassungsanspruch stützt und dogmatisch einen Unterfall des Hausrechts darstellt.[993] Die Vereine können wegen ihres Eigentums gemäß § 1004 Abs. 1 S. 2 BGB und/oder wegen ihres Besitzes an dem Stadiongrundstück gemäß § 862 Abs. 1 S. 2 BGB sowie gemäß § 1004 Abs. 1 S. 2 BGB analog i.V.m. § 823 Abs. 1 BGB ein Stadionverbot verhängen. Die Wirkung des Stadionverbots erstreckt sich aber zunächst nur auf den lokalen Stadionbereich des Vereins, der das Stadionverbot ausspricht („Prinzip der lokalen Zuständigkeit“[994]). Das Stadionverbot wirkt nicht automatisch bundesweit, weil es mit dem Eigentum und Besitz des Hausrechtsinhabers verknüpft ist. Dies bestätigt auch die Stadionverbotsrichtlinie in § 1 Abs. 4: „Das Stadionverbot erstreckt sich grundsätzlich nur auf den befriedeten Bereich der Platz- oder Hallenanlage, in der das Hausrecht des das Stadionverbot Festsetzenden ausgeübt wird (örtliches Stadionverbot - § 4 Abs. 2).“

Demgegenüber zeigt § 1 Abs. 5 S. 1 SVR: „Das Stadionverbot kann auch für den Bereich anderer Platz- oder Hallenanlagen festgesetzt werden (überörtliches, sog. bundesweites Stadionverbot – § 4 Abs. 3, 4 und 5).“ Wegen seines präventiven Charakters kann sich die von dem Störer ausgehende Gefahrenprognose nicht nur auf das Stadiongelände erstrecken, auf dem der Störer das Hausrecht eines Vereins beeinträchtigt hat. Richtet sich die Störung kausal gegen die Sicherheit einer Fußballveranstaltung, können sich vielmehr bundesweit alle Vereine auf diese der Störung zugrunde liegenden Tatsachen berufen, um eine eigene Gefahrenprognose und dadurch einen eigenen Unterlassungsanspruch gegen den Störer geltend zu machen.[995] Dadurch ist der Störer nicht nur einem, sondern bundesweit insgesamt 113 Unterlassungsansprüchen der Vereine, des DFB und der DFL ausgesetzt. Die bundesweite Durchsetzung dieser Unterlassungsansprüche wird gewährleistet, indem die Vereine die „Erklärung zu den bundesweit wirksamen Stadionverboten (Mustervorlage zu § 6 Nr. 2 Abs. 5 LO)“ unterzeichnen.[996] Dabei treten sie ihr Hausrecht nicht ab,[997] sondern be-

---

993 Vgl. vertiefend: Kapitel 1B.I, S. 49 ff.

994 *Gietl*, JR 2010, 50 (50).

995 Vgl. vertiefend: Kapitel 1B.I, S. 49 ff.

996 *BGH*, NJW 2010, 534 (535); *Breuker*, JR 2005, 133 (134 f.); *Gietl*, JR 2010, 50 (50); *Walker/Klopp*, LMK 2010, 295984; *Räker*, SpuRt 2008, 99 (99). Der DFB bietet eine

vollmächtigen sich gegenseitig, ihre zivilrechtlichen Unterlassungsansprüche gegen den Störer geltend zu machen.[998] Die Vereine sind verbandsrechtlich gemäß § 1 Abs. 5 S. 3 SVR verpflichtet, diese Erklärung abzugeben.[999] Sie ist gemäß § 1 Abs. 5 S. 4 SVR jährlich im Rahmen des Lizenzierungsverfahrens jeweils vor Beginn einer Spielzeit neu auszufertigen und bei der Zentralverwaltung des DFB zu hinterlegen. Sie hat folgenden Inhalt:

> „Der [Fußballverein]
>
> - im Folgenden „Teilnehmer" genannt -
>
> anerkennt ausdrücklich § 31 der Richtlinien zur Verbesserung der Sicherheit bei Bundesspielen und die auf dieser Grundlage beim DFB erlassenen weiteren Richtlinien (im Folgenden insgesamt „Sicherheitsrichtlinien" genannt) mit den darin enthaltenen Regelungen über das bundesweit wirksame Stadionverbot sowohl in formeller als auch in materieller Hinsicht als rechtswirksam und für sich verbindlich. Das gilt insbesondere auch für die Pflege der Daten durch die bei der Zentralverwaltung des DFB eingerichteten Zentralstelle.
>
> 1. Der Teilnehmer ist als Stadioneigentümer / auf Grund des Vertrags mit dem Stadioneigentümer vom [Datum] Inhaber des Hausrechts im Stadion [Name].
>
> 2. Der Teilnehmer ist damit einverstanden, dass der DFB, der Ligaverband sowie die jeweiligen Vereine und Gesellschaften der Bundesliga, der 2. Bundesliga, der 3. Liga und der Regionalligen auf der Grundlage der Sicherheitsrichtlinien ein auch für seine Platzanlage geltendes, bundesweit wirksames Stadionverbot aussprechen, reduzieren, aussetzen, und/oder aufheben können. Die erforderlichen Ermächtigungen und Vollmachten werden hiermit erteilt. Der DFB wird dies den betreffenden Vereinen und Gesellschaften mitteilen. Bereits erlassene Stadionverbote werden übernommen und als verbindlich anerkannt.

Mustervorlage an, die seitens der Vereine nur individuell ausgefüllt und unterschrieben werden muss. Die Vollmachten sind abrufbar: http://www.dfb.de/index.php?id=503930, abgerufen am 28.06.2011.

997 *Kleiner,* in: *Arter u.a.,* Sport u. Recht, S. 8 (35).

998 *LG Paderborn*, Urt. v. 25.1.2008 – 2 O 10/08.

999 Unzutreffend ging das *AG Leverkusen* davon aus, dass die gegenseitige Bevollmächtigung bereits durch die DFB-Richtlinien selbst erfolge, vgl. *AG Leverkusen*, SpuRt 2001, 72 (73).

3. Der Teilnehmer verpflichtet sich, bei Vorliegen der in den Sicherheitsrichtlinien festgelegten Voraussetzungen ebenfalls ein bundesweit wirksames Stadionverbot auszusprechen.

4. Der Teilnehmer wird bei Verstößen gegen ein auf der Grundlage der Sicherheitsrichtlinien erteiltes Stadionverbot Strafantrag wegen Hausfriedensbruchs stellen und die betroffenen Personen aus dem Stadion verweisen.

5. Die in dieser Erklärung enthaltenen Ermächtigungen und Verpflichtungen gelten gegenseitig und ohne Einschränkung.

[Ort, Datum und Unterschrift]“[1000]

Kleiner weist (bezugnehmend auf die Rechtsordnung der Schweiz) darauf hin, dass bezweifelt werden müsste, dass es zulässig sei, die Kompetenz für die Ausübung des Hausrechts zu übertragen, wenn dieses als Bestandteil der persönlichen Freiheit ein höchstpersönliches Recht darstellen würde.[1001] Er sieht das Hausrecht jedoch nicht als unübertragbares höchstpersönliches Recht an, da es offenkundig daran fehle, dass das affektive Leben einer Person und das Recht, das Hausrecht auszuüben, eng und persönlich miteinander verbunden seien.[1002] Deswegen könne das Hausrecht auf einen Dritten übertragen werden. *Klesczewski* deutet daneben die Ansicht an, dass es ungerechtfertigt sei, dass das Stadionverbot bundesweit gelte, da der Störer nur Spiele seines Vereins in der jeweiligen Liga verfolgen wolle und somit kein Bedürfnis für ein ligaübergreifendes Stadionverbot bestehe.[1003]

Der letztgenannten Ansicht ist nicht zuzustimmen. Ein ligaübergreifendes Bedürfnis für Stadionverbote besteht bereits, weil die Vereine im DFB-Pokal oder in Freundschaftsspielen ligaübergreifend gegeneinander antreten. Auch gilt das Stadionverbot für Spiele der Nationalmannschaft, die keiner Liga zugeordnet werden können. Außerdem pflegen insbesondere Hooligans intensive Kontakte zur Szene gewaltbereiter Fußballfans, so dass sie sich zu Ausschreitungen bei Fußballspielen anderer Fußballligen verabreden würden, wenn sich die Wirkung des Stadionverbots nur auf die Liga erstrecken würde, der ihr Verein angehört. Des Weiteren bestehen zwischen Fußballfans häufig ligaübergreifende

---

1000 Die Vollmachten sind abrufbar: http://www.dfb.de/index.php?id=503930, abgerufen am 28.06.2011.

1001 *Kleiner,* in: *Arter u.a.,* Sport u. Recht, S. 8 (35) m.w.N.

1002 *Kleiner,* in: *Arter u.a.,* Sport u. Recht, S. 8 (35 f.).

1003 *Klesczewski*, in: *Kauerhof u.a.*, Zuschauer als Störer S. 69 (74 f.).

Fanfreundschaften oder Sympathien. Wäre das Stadionverbot nur auf eine Liga begrenzt, bestünde die Gefahr, dass der Störer die Fußballveranstaltungen anderer Ligen stören würde. Letztlich verkennt *Klesczewski*, dass die bundesweite Wirkung des Stadionverbots selbst dann erforderlich wäre, wenn man kein ligaübergreifendes Bedürfnis des Stadionverbots anerkennen würde. Denn die Vereine der ersten Profiligen verteilen sich auch ligaintern auf das gesamte Bundesgebiet.

Folglich ist die bundesweite Wirkung des Stadionverbots anzuerkennen. Dogmatisch ist es nicht bedenklich, dass die Vereine sich gegenseitig bundesweit bevollmächtigen. Schließlich muss (für die deutsche Rechtsordnung) erkannt werden, dass das Stadionverbot seine Grundlage nicht im Hausrecht, sondern in einem zivilrechtlichen Unterlassungsanspruch findet. Aus diesem Grund kommt es nicht auf die von *Kleiner* aufgeworfene Frage an, ob das Hausrecht übertragbar sei. In der Mustererklärung, die die Vereine jährlich abgeben, übertragen sie nicht ihr Hausrecht, sondern bevollmächtigen sich zivilrechtlich dazu, die Unterlassungsansprüche gegenseitig geltend zu machen, um das Stadionverbot bundesweit durchzusetzen. Dem stehen rechtlich keine durchgreifenden Bedenken entgegen. Sowohl die instanzgerichtliche Rechtsprechung[1004] als auch der Bundesgerichtshof billigen dies.[1005] Dem stimmt auch die Literatur grundsätzlich zu.[1006]

Problematisch ist demgegenüber, dass der Bundesgerichtshof sein Ergebnis am 30.10.2009 dogmatisch nicht näher begründete. Denkbar wäre es, dies rechtsgeschäftlich zu lösen, wenn sich die Vereine gegenseitig bevollmächtigen, das Stadionverbot auszusprechen. Andererseits könnte das Problem gesellschaftsrechtlich gelöst werden, wenn die Vereine sich nicht gegenseitig bevollmächtigen, sondern eine Gesellschaft bürgerlichen Rechts gründen und diese bevollmächtigen, das Stadionverbot bundesweit stellvertretend für die Vereine geltend zu machen. Diese Lösungsansätze unterscheiden sich dogmatisch: Ob die Vereine sich gegenseitig vertreten (rechtsgeschäftliche Lösung) oder eine Gesellschaft bürgerlichen Rechts gründen, die die Vereine vertritt (gesellschaftsrechtliche Lösung), wirkt sich auf die materielle Aktiv- und die prozessuale Passivlegitimation aus.

[1004] Mit gleicher Begründung: *AG Leverkusen*, Urt.v. 11.07.2000 – 20 C 188/00; mit einer anderen, differenzierteren Begründung: *LG Duisburg*, SpuRt 2009, 78.

[1005] *BGH*, NJW 2010, 534 (535).

[1006] *Walker/Klopp*, LMK 2010, 295984.

B. Streit über die „Stadionverbots-Legitimation"

I. Dogmatische Verortung der Problematik

1. Problemeinführung

Die Problematik ist zu beantworten, indem die Erklärungen der Vereine gemäß §§ 133, 157 BGB ausgelegt werden, die diese gegenüber dem DFB abgeben (sog. kundgemachte Innenvollmacht i.S.d. § 167 Abs. 1 Alt. 1 BGB[1007]). Dabei kommen zwei Erklärungen in Betracht, die von einander zu unterscheiden sind: entweder § 1 Abs. 5 SVR oder die Mustererklärung im Lizenzierungsverfahren. Dogmatisch muss zunächst geklärt werden, ob das Stadionverbot seine bundesweite Wirkung durch die Stadionverbotsrichtlinie oder durch die Mustererklärung erhält. Denn dadurch wird der Gegenstand der Auslegung exakt festgelegt.[1008]

2. Ermächtigung in Stadionverbotsrichtlinie

Der Bundesgerichtshof vertritt in seinem Urteil vom 30.10.2009 die Ansicht, dass die Vereine sich bereits in der Stadionverbotsrichtlinie gegenseitig bevollmächtigen: „(...) die Befugnis der Bekl. zum Ausspruch des bundesweiten Stadionverbots [folgt] aus ihrem Hausrecht und aus dem Hausrecht der übrigen Vereine (...), die sich in den DFB-Richtlinien gegenseitig zum Ausspruch des Verbots bevollmächtigt haben."[1009] Die Mustererklärung stellt keine Richtlinie des DFB dar, sondern eine jährlich neu im Lizenzierungsverfahren abzugebende Vorlage des DFB nach § 6 Nr. 2 Abs. 5 LO. Der Bundesgerichtshof verwendet den Plural („DFB-Richtlinien"), da die Stadionverbotsrichtlinie original be-

---

1007 *Gietl*, JR 2010, 50 (50). *Gietl* führt diesen Begriff im Zusammenhang mit den Stadionverboten ein. Allerdings lässt er dabei offen, ob er die Erteilung der Innenvollmacht in der Mustererklärung oder in der Stadionverbotsrichtlinie sieht. Vertiefend zur Innenvollmacht: *Ellenberger*, in: *Palandt*, § 167 BGB Rn. 1.

1008 Dass zunächst der genaue Gegenstand der Auslegung festgelegt werden muss, bedeutet allerdings nicht, dass die Erklärung, die nicht den unmittelbaren Gegenstand der Auslegung darstellt, nicht berücksichtigt werden darf. Sie kann systematisch in die Auslegung einbezogen werden.

1009 *BGH*, NJW 2010, 534 (535). Allerdings ist darauf hinzuweisen, dass diese Rechtsfrage für den Bundesgerichtshof nicht entscheidungserheblich war, weil der Kläger das Stadionverbot nicht unter dem Hinweis auf die fehlenden Originalvollmachten nach § 174 S. 1 BGB zurückgewiesen hat und zudem umfangreiche Klage- und Hilfsanträge stellte.

zeichnet wird als: „Richtlinien zur einheitlichen Behandlung von Stadionverboten".

Neben *Marzahn*[1010] stützt auch *Walker* diese Auffassung des Bundesgerichtshofs: „Deshalb haben alle Vereine (...) sich gegenseitig bevollmächtigt, ein Stadionverbot auch mit Wirkung für die Stadien der anderen Vereine auszusprechen (Präambel und § 1 Abs. 5 der DFB-Richtlinien zur einheitlichen Behandlung von Stadionverboten). Die Vollmachtsurkunden sind beim DFB (Zentralverwaltung) beziehungsweise bei der Deutschen Fußball Liga GmbH (DFL) hinterlegt."[1011] Um die Streitfrage zwischen der oben beschriebenen rechtsgeschäftlichen oder gesellschaftsrechtlichen Lösung zu entscheiden, wäre nach dieser Ansicht die Stadionverbotsrichtlinie auszulegen. Die Mustererklärung würde die gegenseitige Vollmacht nicht erteilen, sondern lediglich eine bereits wegen der Stadionverbotsrichtlinie bestehende Vollmacht dokumentieren.

3. Ermächtigung in Mustererklärung

Diese Auffassung widerspricht nicht nur der bis dahin veröffentlichten instanzgerichtlichen Rechtsprechung[1012], sondern erfuhr auch in der danach veröffentlichten Literatur[1013] starke Kritik. Danach erteilen die Vereine die bundesweite Vollmacht nicht in der Stadionverbotsrichtlinie, sondern in der Mustererklärung; die Stadionverbotsrichtlinie reiche alleine nicht aus, um das Stadionverbot auf das gesamte Bundesgebiet zu erstrecken.[1014] § 1 Abs. 5 SVR verpflichte die Vereine lediglich im verbandsrechtlichen Innenverhältnis, ein bundesweites Stadionverbot gegenseitig anzuerkennen.[1015] Diese Innenverpflichtung werde zivil-

---

1010 Allerdings begründet *Marzahn* seine Auffassung nicht näher, *Marzahn*, ZJS 2010, 428 (430). *Späte* schließt sich dieser Auffassung an, ohne dies kenntlich zu machen, vgl. *Späte*, Kein Zutritt, S. 7.

1011 *Walker,* in: *Gödicke u.a.,* FS Schapp, S. 491 (494); *Walker*, in: *Kauerhof u.a.,* Zuschauer als Störer, S. 51 (55). Dem schließt sich *Klode* inhaltlich an, vgl. *Klode*, Pyrotechnik und Stadionverbote, S. 88.

1012 *AG Frankfurt a.M.*, Urt.v. 17.8.2007 – 30 C 1282/07; *LG Duisburg*, Urt.v. 22.7.2005 – 7 S 63/05; *LG Paderborn*, Urt.v. 25.1.2008 – 2 O 10/08.

1013 *Räker*, SpuRt 2008, 99 (99); *Dippel*, Zivilrechtliche Haftung, S. 309; *Immerheiser*, Zuschauer als Störer, S. 21 (28); *Orth*, Vereins- und Verbandsstrafen, S. 137; *Orth/Schiffbauer*, RW 2011, 177 (185).

1014 *AG Frankfurt a.M.*, Urt.v. 17.8.2007 – 30 C 1282/07; *LG Duisburg*, Urt.v. 22.7.2005 – 7 S 63/05; *LG Paderborn*, Urt.v. 25.1.2008 – 2 O 10/08; *Räker*, SpuRt 2008, 99 (99); *Blumberg*, Stadionverbot, S. 35; *Dippel*, Zivilrechtliche Haftung, S. 309; *Immerheiser*, Zuschauer als Störer, S. 21 (28); *Orth/Schiffbauer*, RW 2011, 177 (185); *Orth*, Vereins- und Verbandsstrafen, S. 137.

1015 *AG Frankfurt a.M.*, Urt.v. 17.8.2007 – 30 C 1282/07; *LG Duisburg*, Urt.v. 22.7.2005 – 7 S 63/05; *LG Paderborn*, Urt.v. 25.1.2008 – 2 O 10/08; *Räker*, SpuRt 2008, 99 (99); *Blumberg*, Stadionverbot, S. 35; *Dippel*, Zivilrechtliche Haftung, S. 309; *Immerheiser*,

rechtlich erst nach außen umgesetzt, indem die Vereine die Mustererklärung abgeben.[1016] Nach dieser Ansicht wäre primär nicht die Stadionverbotsrichtlinie, sondern die Mustererklärung auszulegen.

4. Stellungnahme zugunsten der Mustererklärung

Die Auffassung, die der Bundesgerichtshof sowie *Marzahn* und *Walker* vertreten, ist abzulehnen. Die zuletzt dargestellte Gegenauffassung überzeugt im Ergebnis: die Vereine bevollmächtigen sich gegenseitig nicht in § 1 Abs. 5 SVR, sondern erst durch die Mustererklärung, die sie jedes Jahr neu im Lizenzierungsverfahren abgeben müssen. Die Stadionverbotsrichtlinie verpflichtet die Vereine lediglich verbandsrechtlich, sich zivilrechtlich gemäß §§ 167 Abs. 1 Alt. 1, 164 Abs. 1 S. 1 BGB gegenseitig zu bevollmächtigen. Dies bestätigt der Wortlaut in § 1 Abs. 5 SVR: „Die Vereine und der DFB bevollmächtigen sich hierzu *durch eine gesonderte Erklärung (Muster gemäß Anlage)* gegenseitig. Die Erklärung ist jeweils vor Beginn einer Spielzeit neu auszufertigen und wird beim DFB (Zentralverwaltung) hinterlegt. Sobald den Verbänden die Erklärung sämtlicher Vereine vorliegen, werden diese entsprechend informiert."[1017] Diese verbandsrechtliche Pflicht erfüllen die Vereine zivilrechtlich, indem sie jedes Jahr im Lizenzierungsverfahren die Mustererklärung nach § 6 Nr. 2 Abs. 5 LO individuell ausfüllen und dort ausdrücklich in Ziff. 2 S. 2 erklären: „Die erforderlichen Ermächtigungen und Vollmachten werden *hiermit* erteilt."[1018]

Diese Auslegung anhand des Wortlauts ist auch interessengerecht. Während § 1 Abs. 5 SVR lediglich abstrakt formuliert ist, müssen die Vereine in Ziff. 1 der Mustererklärung individuell bestätigen, dass sie Inhaber des Hausrechtes sind. Da die Vereine (über den DFB) die Mustererklärungen im Internet veröffentlichen,[1019] schaffen sie Rechtssicherheit für das zivilrechtliche Außenverhältnis zum Störer.

Zuschauer als Störer, S. 21 (28); *Orth/Schiffbauer*, RW 2011, 177 (185), *Orth*, Vereins- und Verbandsstrafen, S. 137.

1016 *AG Frankfurt a.M.*, Urt.v. 17.8.2007 – 30 C 1282/07; *LG Duisburg*, Urt.v. 22.7.2005 – 7 S 63/05; *LG Paderborn*, Urt.v. 25.1.2008 – 2 O 10/08; *Räker*, SpuRt 2008, 99 (99); *Blumberg*, Stadionverbot, S. 35; *Dippel*, Zivilrechtliche Haftung, S. 309; *Immerheiser*, Zuschauer als Störer, S. 21 (28); *Orth/Schiffbauer*, RW 2011, 177 (185); *Orth*, Vereins- und Verbandsstrafen, S. 137. Dem scheint sich auch *Haslinger* anschließen zu wollen: *Haslinger*, Zuschauerausschreitungen, S. 30.

1017 http://www.dfb.de/uploads/media/Richtlinien_zur_einheitlichen_Behandlung_von_Stadionverboten.pdf, abgerufen am 06.02.2012.

1018 Die Vollmachten sind abrufbar unter: http://www.dfb.de/index.php?id=503930, abgerufen am 06.02.2012.

1019 http://www.dfb.de/index.php?id=503930, abgerufen am 06.02.2012.

Zudem kann nur die Mustererklärung erklären, warum bundesweite Stadionverbote sich auch auf solche Vereine erstrecken, die zwischenzeitlich in die Regionalliga aufgestiegen sind, jedoch als Amateur-Vereine unterhalb der Regionalliga spielten, als einer der Profi-Vereine das bundesweite Stadionverbot ausgesprochen hat. Das bundesweite Stadionverbot erstreckte sich zunächst nicht auf das Stadion des (damaligen) Amateurvereins, da dieser nicht an § 1 Abs. 5 SVR gebunden war, als dieses erteilt wurde.[1020] Dadurch handelte der Profi-Verein gegenüber dem Amateur-Verein zu diesem Zeitpunkt als Vertreter ohne Vertretungsmacht. Erst sobald der (damalige) Amateur-Verein sportlich in die Regionalliga aufsteigt und die Mustererklärung abgibt, kann sich das bundesweite Stadionverbot gemäß dessen Ziff. 2 S. 4 auch auf seinen Stadionbereich erstrecken. Dort heißt es: „Bereits erlassene Stadionverbote werden übernommen und als verbindlich anerkannt." Zivilrechtlich genehmigt der (damalige) Amateur-Verein gemäß § 177 Abs. 1 BGB, dass der Profi-Verein einen Unterlassungsanspruch zu einem Zeitpunkt geltend machte, zu dem sich die bundesweite Vollmacht nicht auf diesen erstreckte. Eine vergleichbare Regelung fehlt in der Stadionverbotsrichtlinie. Sie könnte deswegen alleine nicht erklären, warum sich bestehende Stadionverbote auch auf Vereine erstrecken, die neu von der Amateur- in die Profi-Ligen aufsteigen. Auch deswegen kommt es zivilrechtlich gegenüber dem Störer maßgeblich auf die Auslegung der Mustererklärung an.

II. Lösung der Legitimationsproblematik

1. Problemeinführung

Um die Problematik zu lösen, wer legitimiert ist, ein bundesweites Stadionverbot festzusetzen, ist folglich die Mustererklärung und nicht die Stadionverbotsrichtlinie auszulegen. Dabei sind zwei Ergebnisse möglich, die streng voneinander zu unterscheiden sind: Nach der rechtsgeschäftlichen Lösung bevollmächtigen sich die Vereine in der Mustererklärung gemäß §§ 164 ff. BGB, ein bundesweites Stadionverbot zu verhängen. Dann wären die Vereine unmittelbar materiell aktiv- und prozessual passivlegitimiert. Sie würden sich gegenseitig rechtsgeschäftlich vertreten, wenn sie die Unterlassungsansprüche gegen den Störer geltend machen.

Anders die gesellschaftsrechtliche Lösung: Diese versteht die Mustererklärung als Gesellschaftsvertrag, in der die Vereine eine „Stadionverbots-GbR"

1020 Vgl. vertiefend zum Umfang der verbandsrechtlichen Innenwirkung: Kapitel 1C.I.1, S. 57 ff.

gründen und diese zugleich bevollmächtigen, die Unterlassungsansprüche gegen den Störer zu erheben. Der Verein, der das Stadionverbot ausspricht, vertritt die Gesellschaft als alleinvertretungsberechtigter Gesellschafter. Diese Auslegungsfrage über die Bedeutung der Mustererklärung ist in der instanzgerichtlichen Rechtsprechung und Literatur umstritten.

2. Gesellschaftsrechtliche Lösung

Nach einigen Stimmen in der Literatur[1021] und Teilen der instanzgerichtlichen Rechtsprechung[1022] schließen die Profivereine der Bundesliga, Zweiten Bundesliga und Regionalligen[1023] sowie der DFB und die DFL[1024] einen Gesellschaftsvertrag im Sinne der §§ 705 ff. BGB ab, indem sie jährlich im Lizenzierungsverfahren die oben beschriebene Mustererklärung abgeben. Es sei nicht erforderlich, dass sie die GbR im Wortlaut der Mustererklärung ausdrücklich benennen.[1025] Diese enthalte zumindest einen wichtigen Hinweis, indem sie jeden Verein als „Teilnehmer" bezeichne; dies deute darauf hin, dass die Parteien sich selbst als gesellschaftlich verbundene Rechtspersönlichkeit ansähen.[1026]

Gegenstand einer GbR könne grundsätzlich jeder erlaubte Zweck sein, wobei neben wirtschaftlichen oder vermögensverwaltenden Zwecken auch ideelle Zwecke in Betracht kämen, seien sie wissenschaftlicher, kultureller, politischer oder religiöser Art.[1027] Vorliegend verfolge die GbR den ideellen Zweck, die Stadionverbotsrichtlinie bundesweit einheitlich umzusetzen.[1028] Die „Teilnehmer" seien gemäß Ziff. 2 und Ziff. 3 der Mustererklärung verpflichtet, diesen Zweck zu fördern, indem sie die Stadionverbotsrichtlinie formell und materiell als verbindlich anerkennen und sich darüber hinaus verpflichten, ein bundesweites Stadionverbot auszusprechen, wenn deren Voraussetzungen erfüllt seien.[1029] Dass die Rechtsprechung verlange, dass die Außengesellschaft mit eigener Iden-

---

1021 *Orth*, Vereins- und Verbandsstrafen, S. 139 f.; *Orth/Schiffbauer*, RW 2011, 177 (186); *Blumberg*, Stadionverbot, S. 72; *Späte*, Kein Zutritt, S. 7 f.

1022 *LG Paderborn*, Urt.v. 25.1.2008 – 2 O 10/08; *LG Duisburg*, Urt.v. 22.7.2005 – 7 S 63/05.

1023 *LG Duisburg*, Urt.v.22.7.2005 – 7 S 63/05.

1024 *LG Paderborn*, Urt.v. 25.1.2008 – 2 O 10/08; *Orth*, Vereins- und Verbandsstrafen, S. 140; *Orth/Schiffbauer*, RW 2011, 177 (186).

1025 *LG Paderborn*, Urt.v. 25.1.2008 – 2 O 10/08; *LG Duisburg*, Urt.v. 22.7.2005 – 7 S 63/05.

1026 *LG Duisburg*, Urt.v. 22.7.2005 – 7 S 63/05.

1027 *LG Duisburg*, Urt.v. 22.7.2005 – 7 S 63/05; m.w.N.

1028 *Orth*, Vereins- und Verbandsstrafen, S. 139. Dazu sind die Vereine gemäß § 1 Abs. 5 S. 2, 3 SVR verpflichtet.

1029 *LG Duisburg*, Urt.v. 2207.2005 – 7 S 63/05; *Orth*, Vereins- und Verbandsstrafen, S. 139.

tität ausgestattet sei, um als (teil-) rechtsfähig anerkannt zu werden, stehe nicht entgegen: Durch die Lizenzverträge sei bestimmbar, welche Vereine und Gesellschaften in der jeweiligen Saison den Profiligen zuzuordnen seien und nach außen als Mitglied der GbR in Erscheinung treten.[1030]

Der wesentliche Vorteil der gesellschaftsrechtlichen Lösung bestehe darin, dass der Betroffene prozessual pragmatisch und rechtschutzintensiv in die Lage versetzt werde, ein Stadionverbot überprüfen zu lassen.[1031] Sein Klagebegehren könne er gegen einen einheitlichen Klagegegner, die GbR, richten, vertreten durch den Verein, der als Gesellschafter das Verbot ausgesprochen hat.[1032] Anderenfalls müsste der Betroffene jeden Verein im gesamten Bundesgebiet verklagen.[1033] Dadurch bestünde die Gefahr, dass die Gerichte unterschiedlich über denselben Sachverhalt entscheiden; außerdem droht sein Rechtsschutz faktisch vereitelt zu werden, weil er deutlich höhere Prozesskosten riskieren müsste, um das Stadionverbot bundesweit zu beseitigen.[1034]

Dieser Lösung über das Gesellschaftsrecht stehe auch § 174 BGB nicht entgegen, da dieser auf gesetzliche Vertreter weder direkt noch entsprechend anwendbar sei.[1035] Zwar verweisen Teile der Literatur auf eine Entscheidung des Bundesgerichtshofs:[1036] Aus dieser ergebe sich, dass § 174 BGB bei juristischen Personen nicht angewendet werde, da sich die Vertretungsverhältnisse aus einem öffentlichen Register ergeben würden. An einem solchen fehle es bei der Außen-GbR, auch nachdem sie als (teil-) rechtsfähig anerkannt sei, so dass § 174 BGB auf die GbR anzuwenden sei.[1037] Dieser Ansicht sei jedoch entgegenzuhalten, dass das Musterschreiben, in dem das Stadionverbot erteilt werde, auf einen Link im Internet verweise, durch den die hinterlegten Vollmachten

---

1030 *LG Paderborn*, Urt.v. 25.1.2008 – 2 O 10/08; *LG Duisburg*, Urt.v. 22.7.2005 – 7 S 63/05.

1031 *Orth*, Vereins- und Verbandsstrafen, S. 140.

1032 *LG Duisburg*, Urt.v. 22.7.2005 – 7 S 63/05; *LG Paderborn*, Urt.v. 25.1.2008 – 2 O 10/08; *Orth*, Vereins- und Verbandsstrafen, S. 140.

1033 *LG Duisburg*, Urt.v. 22.7.2005 – 7 S 63/05; *LG Paderborn*, Urt.v. 25.1.2008 – 2 O 10/08.

1034 *LG Duisburg*, Urt.v. 22.7.2005 – 7 S 63/05; *LG Paderborn*, Urt.v. 25.1.2008 – 2 O 10/08; *Späte*, Kein Zutritt, S. 9 f.

1035 *LG Paderborn*, Urt.v. 25.1.2008 – 2 O 10/08.

1036 *BGH*, Urt.v. 9.11.2001 – LwzR 4/01.

1037 *LG Paderborn*, Urt.v. 25.1.2008 – 2 O 10/08.

eingesehen werden können.[1038] Dies genüge den Anforderungen des § 174 BGB, selbst wenn er auf die GbR anzuwenden wäre.[1039]

Nach dieser Ansicht spreche materiell-rechtlich nicht der Verein selbst, sondern die GbR als dessen Vertreterin ein bundesweites Stadionverbot aus.[1040] Der Verein, der das Stadionverbotsschreiben verschickt, handele seinerseits als alleinvertretungsberechtigter Gesellschafter dieser GbR.[1041] Prozessual sei die GbR passivlegitimiert, da sie die Mustererklärung hierzu vertraglich ermächtige.[1042]

3. Lösung nach der allgemeinen Rechtsgeschäftslehre

Demgegenüber können andere Stimmen in der Literatur und einige Instanzgerichte den Willen der Vereine nicht erkennen, sich gesellschaftsrechtlich zu binden.[1043] Stattdessen legen sie die Erklärungen gemäß §§ 133, 157 BGB dahin aus, dass sich die Vereine unmittelbar gegenseitig gemäß § 167 Abs. 1 Alt. 1 BGB bevollmächtigen.[1044] Dann handelt der Verein, der das Stadionverbotsschreiben verschickt, materiell-rechtlich nur als Hausrechtsinhaber und zugleich als rechtsgeschäftlicher Vertreter der anderen Vereine. Prozessual ist jeder Verein selbst passivlegitimiert.

a) Kritik an der gesellschaftsrechtlichen Lösung

Problematisch sei bereits, dass es gegen die Wertungen der §§ 709, 710, 714 BGB verstoße, wenn die GbR durch den Verein alleine vertreten werde, der das Stadionverbot ausspricht.[1045] Deswegen müsste die GbR grundsätzlich durch alle

---

1038 *LG Paderborn*, Urt.v. 25.1.2008 – 2 O 10/08 m.w.N. Das *LG Duisburg* musste sich mit dieser Problematik in seiner Entscheidung vom 22.07.2005 nicht auseinandersetzen, da der dortige Kläger das Stadionverbot nicht unter Hinweis auf die fehlende Vollmachtsurkunde unverzüglich zurückgewiesen hatte.

1039 *LG Paderborn*, Urt.v. 25.1.2008 – 2 O 10/08.

1040 *LG Duisburg*, Urt.v. 22.7.2005 – 7 S 63/05; *LG Paderborn*, Urt.v. 25. 1.2008 – 2 O 10/08.

1041 *LG Duisburg*, Urt.v. 22.7.2005 – 7 S 63/05; *LG Paderborn*, Urt.v. 25.1.2008 – 2 O 10/08.

1042 *LG Duisburg*, Urt.v. 22.7.2005 – 7 S 63/05; *LG Paderborn*, Urt.v. 25.1.2008 – 2 O 10/08.

1043 *Walker*, in: *Gödicke u.a.*, FS Schapp, S. 491 (504); AG Frankfurt, SpuRt, 2008, 123 (123 ff.); *Räker*, SpuRt 2008, 99 (100 f.).

1044 *Walker*, in: *Gödicke u.a.*, FS Schapp, S. 491 (504); AG Frankfurt, SpuRt, 2008, 123 (123 ff.); *Räker*, SpuRt 2008, 99 (100 f.); *Klode*, Pyrotechnik und Stadionverbote, S. 88.

1045 *Räker*, SpuRt 2008, 99 (100).

Gesellschafter gemeinschaftlich vertreten werden, so dass ein einzelner Verein kein bundesweites Stadionverbot verhängen könnte.[1046]

Zudem scheitere die gesellschaftsrechtliche Lösung daran, dass die Vereine die Mustererklärung nicht gegenüber ihren potenziellen Vertragspartnern, mithin den Vereinen als Gesellschaftern, sondern nur gegenüber dem DFB und der DFL im Lizenzierungsverfahren abgeben.[1047] Wenn den potenziellen Gesellschaftern untereinander noch nicht einmal die Erklärungen zugehen müssten, erscheine es fernliegend, der Mustererklärung einen Rechtsbindungswillen beizumessen, der darauf gerichtet sei, eine GbR zu gründen, die über eine bloße Interessengemeinschaft hinausgehen müsste.[1048] Würden die Vereine bezwecken, eine solche Gesellschaft zu gründen, würde § 1 Abs. 5 S. 3 SVR normieren, dass die Erklärung nicht nur beim DFB und der DFL hinterlegt werden muss, sondern allen Gesellschaftsmitgliedern zugehen soll.[1049]

b) Lösung der Folgeproblematik des § 174 S. 1 BGB

Die Vertreter der rechtsgeschäftlichen Lösung sehen sich selbst allerdings der Folgeproblematik des § 174 S. 1 BGB ausgesetzt, die sie jedoch im Ergebnis einstimmig überwinden.[1050] Gemäß § 174 S. 1 BGB ist ein einseitiges Rechtsgeschäft unwirksam, das ein Bevollmächtigter einem anderen gegenüber vornimmt, wenn er keine Vollmachtsurkunde vorlegt und der andere das Rechtsgeschäft aus diesem Grund unverzüglich zurückweist. Unter ein einseitiges Rechtsgeschäft i.S.d. § 174 S. 1 BGB seien dabei nicht nur einseitige Willenserklärungen, sondern auch geschäftsähnliche Handlungen wie Mahnungen oder Fristsetzungen und somit auch ein Hausverbot zu subsumieren.[1051]

Hintergrund dieser Regelung sei § 180 S. 1 BGB, wonach es unzulässig sei, jemanden ohne Vertretungsmacht bei einem einseitigen Rechtsgeschäft zu vertreten. Deshalb habe der Erklärungsempfänger ein dringendes Interesse an Rechtssicherheit dahingehend, ob der ihm gegenüber Handelnde bevollmächtigt ist oder nicht; § 174 BGB ermögliche es dem Erklärungsempfänger, klare Verhältnisse zu schaffen und somit Rechtssicherheit darüber zu erlangen, ob das Rechtsgeschäft wirksam sei.[1052] Um dem Schutzinteresse des Erklärungsemp-

---

1046 *Räker*, SpuRt 2008, 99 (100).

1047 *Räker*, SpuRt 2008, 99 (100).

1048 *Räker*, SpuRt 2008, 99 (100).

1049 *Räker*, SpuRt 2008, 99 (100).

1050 *LG Duisburg*, SpuRt 2009, 78; *OLG Hamm*, Urt. v. 31.3.2008 – 13 U 41/08; *Walker/Klopp*, LMK 2010, 295984; *Walker*, in: *Gödicke u.a.*, FS Schapp, S. 491 (494); *Heermann*, NJW 2010, 537 (537).

1051 *Räker*, SpuRt 2008, 99 (100) m.w.N.

1052 *Ellenberger*, in: *Palandt*, § 174 BGB Rn. 1; *Räker*, SpuRt 2008, 99 (100).

fängers gerecht werden zu können, müsse diesem eine Urkunde über die Vollmacht im Original vorgelegt werden.[1053] Nur dann könne er unverzüglich prüfen, ob die Urkunde echt sei. Eine beglaubigte Abschrift oder eine Faxkopie vorzulegen oder anzubieten, die Urkunde im Original einzusehen, sei in der Rechtsprechung bisher nicht als ausreichend erachtet worden.[1054] Im Gegensatz zu gegenseitigen Rechtsgeschäften sei ein Hausverbot schließlich endgültig unwirksam, wenn der Erklärende nicht nachweisen könne, dass er berechtigt sei, indem er eine Vollmacht im Original vorlege.[1055]

aa) Rechtswidrigkeit des Stadionverbots wegen § 174 S. 1 BGB

Die Problematik für die Stadionverbotspraxis liege darin, dass die Vereine den Mustererklärungen, die sie gemäß § 8 Abs. 1 SVR verwenden müssen, keine Vollmachten beifügen, weder im Original noch in Kopie. Nach § 174 S. 1 BGB müssten jedem Stadionverbot insgesamt 113 Originalvollmachten beiliegen.[1056] Dies würde den logistischen Aufwand für die Vereine sprengen.[1057] Deswegen hinterlegen sie auf Grundlage des § 1 Abs. 5 S. 3 SVR nur eine Originalvollmacht beim DFB und der DFL, die eingescannt im Internet abrufbar ist.[1058] Die Mustererklärung verweist auf den Link, unter dem der Betroffene alle Originalvollmachten im Internet abrufen kann.[1059] Gleichzeitig weist die Mustererklärung darauf hin, dass die Originale beim DFB oder der DFL eingesehen werden können, wenn der Betroffene dies wünsche.[1060] Da § 174 S. 1 BGB grundsätzlich fordert, alle 113 Vollmachtsurkunden im Original vorzulegen,[1061] dies in der Stadionverbotspraxis aus den aufgezeigten Gründen jedoch nicht geschieht, er-

---

1053 *BGH*, NJW 81, 1210; *BGH*, NJW 94, 1472 m.w.N.; *Ellenberger*, in: *Palandt*, § 174 BGB Rn. 5 m.w.N.

1054 *Ellenberger*, in: *Palandt*, § 174 BGB Rn. 5; *Räker*, SpuRt 2008, 99 (100).

1055 *Räker*, SpuRt 2008, 99 (100).

1056 Es handelt sich dabei gemäß der Präambel und gemäß § 2 Abs. 3 SVR um eine Vollmacht des DFB, der DFL und aller Vereine der Bundesliga, der 2. Bundesliga, der 3. Liga und den Regionalligen Süd, Nord und West. In der bisherigen Literatur wird stets auf eine geringere Zahl von Originalvollmachten hingewiesen, was darauf zurückzuführen ist, dass im jeweiligen Veröffentlichungszeitpunkt die neu eingeführte 3. Liga noch nicht existierte.

1057 *Räker,* SpuRt 2008, 99 (100).

1058 http://www.dfb.de/index.php?id=503930, abgerufen am 28.06.2011.

1059 Vgl. dazu *Räker*, SpuRt 2008, 99 (101).

1060 Vgl. dazu *Räker*, SpuRt 2008, 99 (101).

1061 *BGH*, NJW 1981, 1210 (1210 f.); BGH NJW 1994, 1472 m.w.N.; *Ellenberger*, in: *Palandt*, § 174 BGB Rn. 5 m.w.N.

klärte das Amtsgericht Frankfurt in seinem Urteil vom 17.08.2007 ein Stadionverbot für unwirksam.[1062]

bb) Keine Unwirksamkeit nach § 174 S. 1 BGB

Andere Instanzgerichte billigten demgegenüber die aktuelle Stadionverbotspraxis.[1063] Dem stimmt die Literatur einheitlich zu.[1064] Wäre jedes Stadionverbot ohne Originalvollmachten nach § 174 S. 1 BGB unwirksam, sei dies nicht nur praxisfern; dies hätte auch einen unverhältnismäßigen Bürokratiezuwachs zur Folge, wenn Gewalttäter auch in Zukunft noch wirksam davon abgehalten werden sollen, Sportstätten zu besuchen.[1065] Die Literaten streiten sich, wie diese Problematik dogmatisch zu entschärfen ist.

1) Analoge Anwendung des § 174 S. 2 BGB

Eine Ansicht will § 174 S. 2 BGB analog anwenden.[1066] Gemäß § 174 S. 2 BGB sei es ausgeschlossen, ein Rechtsgeschäft zurückzuweisen, wenn der Vollmachtgeber den anderen über die Bevollmächtigung informiere. Der Gesetzgeber wollte durch § 174 S. 1 BGB das klassische Drei-Personen-Verhältnis zwischen Vertretenem, Vertreter und Erklärungsempfänger regeln; den heute oftmals aufzufindenden Massenverkehr habe er nicht vor Augen gehabt.[1067] Dort stoße der Vertretene regelmäßig an seine praktischen Grenzen.[1068] Die Rechtsprechung wende deshalb § 174 S. 2 BGB analog an, wenn ein Vertreter eine Erklärung abgibt und dabei eine Stellung innehat, die üblicherweise mit einer entsprechenden Vollmacht ausgestattet ist, beispielsweise der Leiter einer Personalabteilung oder ein Prokurist für Massenentlassungen.[1069] Die Praxis der bundesweiten Stadionverbote sei mit einem solchen Massengeschäft vergleich-

---

1062 *AG Frankfurt a.M.*, SpuRt 2008, 123 (123 ff.). Allerdings ist darauf hinzuweisen, dass das Musterschreiben zum Zeitpunkt der Entscheidung des *AG Frankfurt a.M.* noch nicht darauf hinwies, dass die Originale im Internet abrufbar sind und beim DFB eingesehen werden können, *Räker*, SpuRt 2008, 99 (101).

1063 *LG Duisburg*, SpuRt 2009, 78; *OLG Hamm*, Urt. v. 31.3.2008 – 13 U 41/08.

1064 *Walker/Klopp,* LMK 2010, 295984; *Walker,* in: *Gödicke u.a.,* FS Schapp, S. 491 (494); *Heermann,* NJW 2010, 537 (537); *Klode*, Pyrotechnik und Stadionverbote, S. 88.

1065 *Räker*, SpuRt 2008, 99 (100 f.); *Dippel*, Zivilrechtliche Haftung, S. 310; *Walker*, in: *Gödicke u.a.*, FS Schapp, S. 491 (504); *Walker*, in: *Kauerhof u.a.,* Zuschauer als Störer, S. 51 (66 f.).

1066 *Räker*, SpuRt 2008, 99 (100) m.w.N.; *Blumberg*, Stadionverbot, S. 69.

1067 *Räker*, SpuRt 2008, 99 (100).

1068 *Räker*, SpuRt 2008, 99 (100).

1069 *Räker*, SpuRt 2008, 99 (100); *BAG*, DB 1992, 895; *BAG*, NJW 1993,1867.

bar.[1070] Des Weiteren sei § 174 S. 2 BGB analog anzuwenden, da es unpraktikabel wäre, in solchen Massengeschäften alle Originalvollmachten mit zu senden und der Betroffene zudem wenig schutzbedürftig sei, da das Stadionverbotsschreiben bereits auf die Vollmachten hinweise.[1071]

2) Teleologische Reduktion des § 174 S. 1 BGB

Eine andere Ansicht bevorzugt demgegenüber, § 174 S. 1 BGB teleologisch zu reduzieren.[1072] Würde man § 174 S. 2 BGB analog anwenden, wäre es gänzlich entbehrlich, Originalvollmachten nachzuweisen; demgegenüber sei es möglich, die Anforderungen an diesen Nachweis flexibel zu gestalten, wenn man § 174 S. 1 BGB teleologisch reduziere.[1073] Schließlich sei das Interesse des Erklärungsempfängers an diesem Nachweis nicht ganz auf Null reduziert.[1074] Sein Schutzbedürfnis nach § 174 S. 1 BGB entfalle erst dadurch, dass die Vereine in dem Stadionverbotsschreiben transparent darauf hinweisen, dass sie sich bundesweit bevollmächtigt haben.[1075] Deswegen sei § 174 S. 1 BGB nicht vollständig auszuschließen, sondern lediglich insoweit teleologisch zu reduzieren, als dass die Vollmacht nicht im Original nachgewiesen werden müsse.[1076]

3) Einwand der unzulässigen Rechtsausübung gemäß § 242 BGB

Außerdem schließe der Einwand der unzulässigen Rechtsausübung gemäß § 242 BGB aus, dass sich der Erklärungsempfänger auf § 174 S. 1 BGB berufen könne.[1077] Die Hinweise im Stadionverbotsschreiben ließen jedes ernsthafte Rechtschutzbedürfnis des Betroffenen entfallen, so dass es nicht gerechtfertigt werden könne, einen erheblichen Bürokratieaufwand zu betreiben, um alle Originalvollmachten beizufügen.[1078] Zudem verhalte sich der Betroffene widersprüchlich, wenn er beanstande, dass eine ordnungsgemäße Vollmacht fehle, obwohl nach seiner Ansicht gerade dies dazu führe, dass eine ihm missliebige Rechts-

---

1070 *Walker*, in: *Gödicke u.a.*, FS Schapp, S. 491 (504 f.); *Walker*, in: *Kauerhof u.a.*, Zuschauer als Störer, S. 51 (66 f.).

1071 *Walker*, in: *Gödicke u.a.*, FS Schapp, S. 491 (504 f.); *Walker*, in: *Kauerhof u.a.*, Zuschauer als Störer, S. 51 (66 f.); *Räker*, SpuRt 2008, 99 (101); *Immerheiser*, in: *Kauerhof u.a.*, Zuschauer als Störer, S. 21 (28).

1072 *Räker*, SpuRt 2008, 99 (100 f.); *Klode*, Pyrotechnik und Stadionverbote, S. 88 f.

1073 *Räker*, SpuRt 2008, 99 (101).

1074 *Räker*, SpuRt 2008, 99 (101).

1075 *Räker*, SpuRt 2008, 99 (101).

1076 *Räker*, SpuRt 2008, 99 (101).

1077 *Räker*, SpuRt 2008, 99 (101); *Hilpert*, Fußballstrafrecht, IV. Rn. 9.

1078 *Räker*, SpuRt 2008, 99 (101).

folge ausbleibe.[1079] Sich auf § 174 S. 1 BGB zu berufen verstoße folglich gegen § 242 BGB.[1080]

4. Stellungnahme

Um den Streit zu lösen, wer legitimiert ist, ein Stadionverbot festzusetzen, ist vorrangig die Mustererklärung auszulegen. Dies wurde bereits ausführlich erörtert.[1081] Diese Stellungnahme unterscheidet zur besseren Übersicht zwischen drei Fragen,

1. ob der Rechtsbindungswille, der in der Mustererklärung zum Ausdruck kommt, rein rechtsgeschäftlich als kundgemachte Innenvollmacht oder zusätzlich gesellschaftsrechtlich als Gründungsakt einer GbR auszulegen ist,
2. ob sich in beiden Auslegungsvarianten die Frage der Zurückweisungsmöglichkeit gemäß § 174 S. 1 BGB stellt,
3. und wenn ja, wie die Problematik des § 174 S. 1 BGB überzeugend zu lösen ist.

a) Entscheidung für die gesellschaftsrechtliche Lösung

Die gesellschaftsrechtliche Lösung überzeugt.

aa) Wortlautargumente für die rechtsgeschäftliche Lösung

Der Wortlaut der Mustererklärung spricht in Ziff. 2 S. 1 dafür, diese als rechtgeschäftliche Innenvollmacht i.S.d. § 167 Abs. 1 Alt. 1 BGB auszulegen: „Der Teilnehmer ist damit einverstanden, dass der DFB, der Ligaverband sowie die jeweiligen Vereine (...) auf der Grundlage der Sicherheitsrichtlinien ein auch für seine Platzanlage geltendes, bundesweit wirksames Stadionverbot aussprechen (...)" Nach diesem Wortlaut soll nicht eine GbR ein Stadionverbot aussprechen, sondern der DFB, der Ligaverband oder die Vereine. Die Stadionverbotsrichtlinie bestätigt dies systematisch in § 1 Abs. 5 S. 2 SVR: *„Die Vereine und der*

1079 *Räker*, SpuRt 2008, 99 (101).

1080 *Räker*, SpuRt 2008, 99 (101); *Hilpert*, Fußballstrafrecht, IV. Rn. 9. Ein Verstoß gegen § 242 BGB liege auch in Altfällen vor, d.h. bei Stadionverboten vor der Entscheidung des *AG Frankfurt a.M.*, SpuRt 2008, 123 (123 ff.), die entsprechende Hinweise in den Stadionverbotsschreiben noch nicht enthielen, *Räker*, SpuRt 2008, 99 (101), vgl. auch: *Hilpert*, Fußballstrafrecht, IV. Rn. 9.

1081 Vgl. vertiefend: Kapitel 4B.I.4, S. 251.

DFB bevollmächtigen sich hierzu durch eine gesonderte Erklärung (Muster gemäß Anlage) *gegenseitig*." Zwar ist vorrangig nicht die Stadionverbotsrichtlinie, sondern die Mustererklärung auszulegen, um die Problematik zu lösen.[1082] Dies schließt allerdings nicht aus, die Stadionverbotsrichtlinie systematisch als Auslegungshilfe heranzuziehen. Indem die „Teilnehmer" sich der Stadionverbotsrichtlinie in Ziff. 2 S.1 und Ziff. 3 der Mustererklärung unterwerfen, erkennen sie deren Voraussetzungen einschließlich § 1 Abs. 5 S. 2 SVR an. Folglich spricht der Wortlaut in der Mustererklärung und in der Stadionverbotsrichtlinie zunächst für die rechtsgeschäftliche Lösung.

bb) Wortlautargumente für die gesellschaftsrechtliche Lösung

Andererseits enthält der Wortlaut gewichtige Argumente für die gesellschaftsrechtliche Lösung. Er deutet den Rechtsbindungswillen der Vereine an, dass sie einen Gesellschaftsvertrag i.S.d. § 705 BGB abschließen wollen, um eine „Stadionverbots- GbR" zu gründen. Die Mustererklärung bezeichnet den unterzeichnenden Verein als „Teilnehmer". Die Stadionverbotsrichtlinie verwendet demgegenüber die Begriffe „Der Verein" oder „Der Hausrechtsinhaber".[1083] Die Mustererklärung hätte den Unterzeichner ebenfalls als „Verein" oder „Hausrechtsinhaber" bezeichnen können. Dass sie abweichend das Wort „Teilnehmer" verwendet, deutet darauf hin, ihr eine andere Bedeutung zukommt als der Stadionverbotsrichtlinie. Ein „Teilnehmer" ist Mitglied eines übergeordneten Zusammenschlusses. Wer das Wort „Teilnehmer" verwendet, setzt voraus, dass ein solcher übergeordneter Zusammenschluss existiert. Dies legt es nahe, dass die Mustererklärung einen selbständigen Rechtsträger gründen will: die „Stadionverbots-GbR".

Vor diesem Hintergrund ist Ziff. 5 der Mustererklärung zu lesen: „Die *in dieser Erklärung enthaltenen* Ermächtigungen und *Verpflichtungen gelten gegenseitig und ohne Einschränkung*." Der Wortlaut verdeutlicht hier, dass durch „diese Erklärung" (nicht durch die Stadionverbotsrichtlinie) gegenseitige Verpflichtungen begründet werden. Eine rechtsgeschäftliche Vollmacht i.S.d. §§ 164 ff. BGB begründet keine Pflicht des Vertretenen, sondern erweitert nur seinen rechtsgeschäftlichen Wirkungskreis.[1084] Ziff. 5 der Mustererklärung zeigt

---

1082 Vgl. vertiefend: Kapitel 4B.I.4, S. 251.

1083 Beispiele sind § 2 Abs. 2, § 3 Abs. 1 oder § 3 Abs. 4 SVR.

1084 *Ellenberger*, in: *Palandt*, Einf v § 164 BGB Rn. 5. Eine Verpflichtung des Vertreters, bestimmte Handlungen vorzunehmen, könnte sich nur aus dem Rechtsverhältnis ergeben, das der Vertretungsmacht zugrunde liegt; dieses ist aber wegen des Abstraktionsprinzips streng von der Vertretungsmacht i.S.d. §§ 164 ff. BGB zu trennen, vgl. *Ellenberger*, in: *Palandt*, Einf v § 164 BGB Rn. 2.

somit, dass die Mustererklärung über eine rechtsgeschäftliche Vollmacht hinausgehen muss. Schließlich begründet sie Pflichten der Vereine als Mitglied der „Stadionverbots-GbR". Diese gesellschaftsrechtlichen Pflichten treten selbständig neben die verbandsrechtlichen Pflichten der Stadionverbotsrichtlinie.

cc) Einzelvertretungsberechtigung der Gesellschafter der „Stadionverbots-GbR"

Auch der Wortlaut („aussprechen") in Ziff. 2 S. 1 der Mustererklärung spricht nicht entscheidend gegen die gesellschaftsrechtliche Lösung. Im Gegenteil: Ziff. 2 S. 1 entkräftet den Vorwurf, dass diese gegen die Wertungen der §§ 709, 710, 714 BGB verstößt. Entnimmt man der Mustererklärung den Rechtsbindungswillen, eine „Stadionverbots-GbR" zu gründen, stellt die Mustererklärung den Gesellschaftsvertrag dar. Dann legt Ziff. 2 S. 1 gesellschaftsvertraglich fest, wer ein Stadionverbot „aussprechen" darf: Jeder Verein soll die Gesellschaft abweichend von §§ 709, 714 BGB einzeln nach außen vertreten können. Der Grundsatz, die Gesellschaft gemeinschaftlich zu vertreten, kann durchbrochen werden, wenn die Gesellschafter dies (konkludent) vertraglich vereinbaren.[1085] Dies bestätigt der Wortlaut des § 711 S. 1 BGB. Alternativ könnte Ziff. 2 S. 1 der Mustererklärung den einzelnen Gesellschaftern auch gesondert eine Vollmacht erteilen. Die Vertretungsmacht eines Gesellschafters kann sich aus einer Vollmacht ergeben, die ihm gesondert und gegenständlich beschränkt erteilt wurde.[1086]

Beide Auslegungsvarianten der Ziff. 2 S. 1 entkräften die Kritik, dass die Stadionverbotspraxis gegen die Wertungen der §§ 709, 710, 714 BGB verstoße: Die „Teilnehmer" der „Stadionverbots-GbR" haben in Ziff. 2 S. 1 der Mustererklärung eine Individualvereinbarung getroffen, die den §§ 709, 710, 714 BGB vorgeht. Da der Gesellschaftszweck der „Stadionverbots-GbR" darin besteht, bundesweit wirksame Stadionverbote auszusprechen, zu reduzieren, auszusetzen oder aufzuheben, ist Ziff. 2 S. 1 nicht als gesonderte Vollmacht, sondern als gesellschaftsvertragliche Regelung über die Einzelvertretungsmacht jedes Gesellschafters auszulegen. § 3 Abs. 1 SVR bestätigt dies in Verbindung mit Ziff. 2 S. 1 und Ziff. 3 der Mustererklärung, da die Vereine danach grundsätzlich einzeln zuständig sind, um ein Stadionverbot auszusprechen. Die §§ 709, 710, 714 BGB stehen somit nicht entgegen, die Mustererklärung als Gesellschaftsvertrag auszulegen, der darauf gerichtet ist, eine „Stadionverbots-GbR" zu gründen.

1085 *Sprau*, in: *Palandt*, Vorb v §§ 709-715 BGB Rn. 4.

1086 *Sprau*, in: *Palandt*, § 714 BGB Rn. 3.

dd) Zustandekommen des Gesellschaftsvertrages

Ebenfalls nicht überzeugen kann die weitere Kritik, § 1 Abs. 5 S. 3 SVR schreibe vor, dass die Mustererklärungen nur der Zentralverwaltung des DFB, nicht aber den Vereinen als Gesellschaftsmitgliedern zugehen. Denn der Gesellschaftsvertrag kommt zustande, ohne dass die Annahmeerklärungen den einzelnen Gesellschafter zugehen müssen. Die Vereine geben ein Angebot i.S.d. § 145 BGB ab, indem sie ihre ausgefüllte Mustererklärung an die Zentralverwaltung des DFB übersenden. Die Vereine können gemäß § 151 S. 1 Alt. 2 BGB stillschweigend darauf verzichten, dass ihnen die Mustererklärungen der übrigen Gesellschafter zugehen müssen, wenn sich dies aus den Umständen ergibt.[1087]

Dies ist vorliegend zu bejahen: Es besteht kein praktisches Bedürfnis der Vereine, dass ihnen die Mustererklärungen der anderen zugehen sollten, da sich deren Inhalt gemäß § 6 Nr. 2 Abs. 5 nur darin unterscheidet, dass die Vereine ihren vollständigen Namen, das betriebene Stadion und das Datum des Pachtvertrages ergänzen müssen. Inhaltlich ist die Mustererklärung ansonsten für alle gleiche. Die Vereine können zudem sicher sein, dass alle Vereine die ausgefüllte und unterzeichnete Mustererklärung an die Zentralverwaltung des DFB übersenden, da sie anderenfalls wegen § 6 Nr. 2 Abs. 5 LO keine Lizenz erhalten, um am sportlichen Ligabetrieb teilnehmen zu können. Außerdem entstünde ein unnötiger Bürokratieaufwand, wenn alle 111 Vereine der Profi-Ligen sich gegenseitig die Mustererklärungen übersenden müssten. Folglich ergibt sich aus den Umständen, dass die Vereine stillschweigend darauf verzichten, dass ihnen die Erklärungen der übrigen Vereine zugehen, die erforderlich sind, um den Gesellschaftsvertrag abzuschließen.

Jedenfalls ist es gemäß § 151 S. 1 Alt. 1 BGB nach der Verkehrssitte nicht zu erwarten, dass die Annahmeerklärungen den Vereinen gegenseitig zugehen. Gemäß § 1 Abs. 5 S. 4 SVR informiert der DFB alle Vereine, sobald dort alle Mustererklärungen vorliegen. Dann gehen den einzelnen Gesellschaftern zwar nicht unmittelbar die Mustererklärungen der anderen Vereine zu, allerdings werden sie über deren Zugang beim DFB informiert. Weil sie verbandsrechtlich verbindlich ist, begründet diese Information der Zentralverwaltung eine Verkehrssitte, die es zwar nicht entbehrlich macht, die eigene Erklärung abzugeben, wohl aber dass die Mustererklärungen den Gesellschaftern untereinander zugehen. Letztlich kann die Zentralverwaltung des DFB sogar als empfangsbevollmächtigt nach § 164 Abs. 3 BGB angesehen werden. Folglich kommt der Gesellschaftsvertrag der „Stadionverbots-GbR" wirksam zustande.

1087 *Ellenberger*, in: *Palandt*, § 151 BGB Rn. 3 m.w.N.; *Schulze*, in: *Dauner-Lieb u.a.*, NK-BGB, § 151 BGB Rn. 3 f.

ee) Vorliegen der weiteren Voraussetzungen einer GbR

Auch die übrigen Tatbestandsvoraussetzungen einer GbR lassen sich überzeugend darlegen. Den gemeinsamen Zweck verfolgen die Gesellschafter der „Stadionverbots-GbR", indem sie die Stadionverbotsrichtlinie bundesweit einheitlich umsetzen, ihr Hausrecht effektiv durchsetzen und die Sicherheit der Stadionveranstaltung nachhaltig gewährleisten wollen. Gleichzeitig wollen die Vereine ihre verbandsrechtliche Innenverpflichtung aus § 1 Abs. 5 Stadionverbotsrichtlinie erfüllen. Mit eigener Identität werden die „Stadionverbots-GbR" und ihre Gesellschafter jedenfalls dadurch ausgestattet, dass anhand der Lizenzverträge nachvollzogen werden kann, welcher Verein dem Profifußballbereich zuzuordnen ist.

Der Beitrag der Gesellschafter i.S.d. § 706 Abs. 1 BGB besteht nicht darin, dass die Vereine ihre Unterlassungsansprüche abtreten. Gemäß § 718 Abs. 1 BGB wird ein Beitrag der Gesellschafter nur zu Gesellschaftsvermögen der GbR, indem diese den Vermögensgegenstand nach §§ 398 ff. BGB oder §§ 873 ff., 929 ff. BGB auf die GbR übertragen.[1088] Dies ist für das Fußball-Stadionverbot ausgeschlossen, weil sowohl der eigentumsrechtliche[1089] als auch der possessorische[1090] Unterlassungsanspruch nicht abtretbar sind, ohne dass zugleich der Besitz oder das Eigentum übertragen wird. Ein Gesellschaftsvermögen wird deswegen nicht gebildet.[1091] Dies ist allerdings keine zwingende Voraussetzung einer GbR.[1092] Die Beitragspflichten der Gesellschafter sind vorliegend stattdessen darin zu sehen, dass sie Dienste i.S.d. § 706 Abs. 3 BGB leisten: Gemäß Ziff. 3 und 4 der Mustererklärung sind die Vereine gesellschaftsrechtlich verpflichtet, ein bundesweit wirksames Stadionverbot festzusetzen und bei Zuwiderhandlungen einen Strafantrag wegen Hausfriedensbruch zu stellen, wenn die Voraussetzungen der Stadionverbotsrichtlinie vorliegen.[1093] Somit sind

---

1088 *Sprau*, in: *Palandt*, § 718 BGB Rn. 1 m.w.N.

1089 *Keukenschrijver*, in: *Dauner-Lieb*, NK-BGB, § 1004 BGB Rn. 3 m.w.N.; *Bassenge*, in: *Palandt*, § 1004 BGB Rn. 2 m.w.N.; *Orth/Schiffbauer*, RW 2011, 177 (197).

1090 *BGH*, NJW 2008, 580 (581); *Bassenge*, in: *Palandt*, § 862 BGB Rn. 1.

1091 Soweit es in Ziff.2 S. 4 der Mustererklärung heißt: „Bereits erlassene Stadionverbote werden übernommen und als verbindlich anerkannt", bedeutet dies nicht, dass die Stadionverbote bzw. die zugrunde liegenden Unterlassungsansprüche in das Gesellschaftsvermögen übertragen werden sollen. Dies wäre nicht möglich, weil der Unterlassungsanspruch aus § 1004 Abs. 1 S. 2 BGB nicht abgetreten werden kann. Stattdessen ist dieser Satz so auszulegen, dass sich die Vollmachten und Ermächtigungen auch auf Stadionverbote erstrecken, die in zurückliegenden Spielzeiten ausgesprochen wurden.

1092 *Sprau*, in: *Palandt*, § 718 BGB Rn. 1.

1093 Ziff. 4 der Mustererklärung bestätigt die gesellschaftsrechtliche Lösung zusätzlich systematisch: Ziff. 4 der Mustererklärung stimmt inhaltlich mit § 3 Abs. 4 SVR überein

alle Voraussetzungen erfüllt, um eine Gesellschaft bürgerlichen Rechts i.S.d. §§ 705 ff. BGB zu gründen.

ff) „Stadionverbots-GbR" als Außengesellschaft

Die „Stadionverbots-GbR" tritt als Außengesellschaft auf.[1094] Dies entspricht dem gesetzlichen Normaltypen.[1095] Zwar sehen Rechtsprechung und Literatur es als Indiz für eine (nicht rechts- und parteifähige) Innengesellschaft an, wenn die Gesellschaft kein Gesamthandsvermögen bildet.[1096] Allerdings liegen die weiteren Merkmale nicht vor, die für eine Innengesellschaft typisch sind, denn:

Die „Stadionverbots-GbR" ist darauf gerichtet, am Rechtsverkehr teilzunehmen,[1097] was die Vertretungsregelung in Ziff. 2 Sätze 1 und 2 Mustererklärung zeigt. Sie tritt in der Praxis auch nach außen auf. Das Muster-Stadionverbotsschreiben, das die Vereine gemäß § 8 Abs. 1 SVR zwingend verwenden müssen, wenn sie ein Stadionverbot aussprechen, weist den Betroffenen ausreichend auf die „Stadionverbots-GbR" hin,[1098] spätestens indem es auf den Internetlink verweist, unter dem er die eingescannten Mustererklärungen der Vereine einsehen kann. Außerdem verfügt eine Innengesellschaft in der Regel über keine besondere, über die schuldrechtlichen Beziehungen der Gesellschaf-

---

und hätte damit nach seinem Wortlaut keine eigenständige Bedeutung. Erst die Gründung der „Stadionverbots-GbR" verdeutlicht den Sinn der Ziff. 4 der Mustererklärung: Während § 3 Abs. 4 SVR die verbandsrechtliche Pflicht normiert, einen Strafantrag nach § 123 Abs. 2 StGB zu stellen, normiert Ziff. 4 der Mustererklärung diese Pflicht daneben gesellschaftsrechtlich für die Mitglieder der „Stadionverbots-GbR".

1094 *LG Paderborn*, Urt. v. 25.1.2008 – 2 O 10/08.

1095 *Ulmer*, in: *Säcker/Rixecker*, MüKo BGB, § 705 BGB Rn. 275.

1096 *OLG Köln*, Urt. v. 29.05.1995 – 19 U 83/94; *Ulmer*, in: *Säcker/Rixecker*, MüKo BGB, § 705 BGB Rn. 275 ff. m.w.N.; *Sprau*, in: *Palandt*, § 705 BGB Rn. 33.

1097 Wenn eine Innengesellschaft darauf ausgerichtet ist, nicht am Rechtsverkehr teilzunehmen, stellt dies ein Negativ-Merkmal dar, vgl. *Ulmer*, in: *Säcker/Rixecker*, MüKo BGB, § 705 BGB Rn. 275 m.w.N.

1098 Dort heißt es wörtlich: „Deswegen erteilen wir Ihnen gemäß Vereinbarung zwischen allen Lizenz- und Reginalliga-Teilnehmern (Vereine und Kapitalgesellschaften), dem Deutschen Fußball-Bund (DFB) und dem Ligaverband für Fußballveranstaltungen von Vereinen und Kapitalgesellschaften der Fußball-Lizenzligen (Bundesliga, 2. Bundesliga), der 3. Liga, der Fußball-Regionalligen, des DFB und des Ligaverbandes in sämtlichen Stadien und Hallen Deutschlands ein Betretungsverbot. Die Erteilung des Stadionverbots erfolgt ausdrücklich auch im Namen der gennanten Vereine, Kapitalgesellschaften und Verbände. Eine entsprechende gegenseitige Bevollmächtigung der genannten Vereine, Kapitalgesellschaften und Verbände liegt vor. (…)". Ein veraltetes Musterstadionverbotsschreiben ist abgedruckt in: *DSJ*, NKSS, S. 24 und *Hilpert*, Fußballstrafrecht, IV. Rn. 10. Ein aktuelles steht im Internet zur Verfügung: www.sportnord.de/CMS/img_news/5_Stadionverbote.pdf, abgerufen am 28.03.2012.

ter hinausgehende Organisation.[1099] Erhebliche organisatorische Elemente erhält die „Stadionverbots-GbR“ dadurch, dass die Mustererklärung in Ziff. 2 S. 1 und Ziff. 3 auf die Stadionverbotsrichtlinie verweist. Dort sind insbesondere in §§ 2, 3, 8 und 9 zahlreiche organisatorische Regelungen getroffen, die über Ziff. 2 S. 1 und Ziff. 3 der Mustererklärung auch gesellschaftsrechtlich verbindlich sind. Folglich stellt die „Stadionverbots-GbR“ keine Innen-, sondern eine Außengesellschaft dar.

gg) Praktisches Bedürfnis für gesellschaftsrechtliche Lösung

Maßgeblich für die gesellschaftsrechtliche Lösung spräche es zudem, wenn der Betroffene dadurch prozessual gegen einen einheitlichen Klagegegner vorgehen könnte.

1) Vorteile eines einheitlichen Klagegegners

Dafür besteht ein erhebliches praktisches Bedürfnis sowohl auf Seiten der Vereine, des DFB und der DFL als auch auf Seiten des betroffenen Zuschauers. Anderenfalls wäre jeder Verein einzeln prozessual passivlegitimiert.[1100] Der Betroffene müsste gegen jeden Verein klagen, zu dessen Stadion er Zutritt begehrt.[1101] Die Klagen wären zudem an unterschiedlichen Gerichtsständen zu erheben.[1102] Will sich ein Betroffener gegen ein Stadionverbot gerichtlich wehren, bestünde für ihn nicht nur die Gefahr, dass die Gerichte unterschiedlich über das Stadionverbot entscheiden. Dies wäre auch enorm aufwändig und mit einem erhöhten Prozesskostenrisiko verbunden.[1103] Dadurch könnte er faktisch von seinen Rechtsschutzmöglichkeiten abgehalten werden.[1104] Dies widerspricht den Be-

1099 *Ulmer*, in: *Säcker/Rixecker*, MüKo BGB, § 705 BGB Rn. 276.

1100 *Räker*, SpuRt 2008, 99 (100); *Blumberg*, Stadionverbot, S. 72.

1101 *Räker*, SpuRt 2008, 99 (100). Nach der Auffassung von *Blumberg* könne jeder Verein nur sein lokales Stadionverbot aufheben, da er nicht bundesweit zuständig sei, *Blumberg*, Stadionverbot, S. 72.

1102 Vgl. vertiefend zur Zuständigkeit im Prozess gegen das Stadionverbot: Kapitel 6A.II.1.b), S. 413 ff.

1103 Der Betroffene hat wegen der langen Verfahrensdauer faktisch auch nicht die Möglichkeit, aus Kostengründen zunächst nur eine Klage zu erheben, um seine Erfolgsaussichten gegen die übrigen Vereine besser abschätzen zu können. Typischerweise würde das Stadionverbot bereits während des ersten Gerichtsverfahrens ablaufen. Zudem wären die übrigen Gerichte nicht an das „Präzedenzurteil“ gebunden.

1104 *LG Duisburg*, Urt. v. 22.7.2005 – 7 S 63/05; *LG Paderborn*, Urt. v. 25.1.2008 – 2 O 10/08.

strebungen des DFB, der die Stadionverbotspraxis transparenter und gerechter gestalten wollte, indem er die Stadionverbotsrichtlinie mehrfach reformierte.[1105]

Zudem liegt es im Interesse aller Vereine, des DFB und der DFL nicht ständig der Gefahr ausgesetzt zu sein, wegen eines Stadionverbots verklagt zu werden, das ein einzelner Verein (möglicherweise rechtswidrig) ausgesprochen hat. Nicht nur die Justiz, sondern auch die Vereine wären einem erheblichen Mehraufwand ausgesetzt, wenn der Betroffene – zumindest theoretisch – gegen jeden Verein einzeln gerichtlich vorgehen könnte oder sogar müsste, um die Wirkung des Stadionverbots bundesweit rechtssicher zu beseitigen. Folglich ist ein praktisches Bedürfnis nach einem einheitlichen Klagegegner sowohl zugunsten des Zuschauers als auch zugunsten der Vereine anzuerkennen.

2) Rechtliche Umsetzung über Prozessstandschaft

Fraglich ist jedoch, ob die Gründung einer „Stadionverbots-GbR" tatsächlich dazu führt, dass der Zuschauer gegen einen einheitlichen Klagegegner prozessual vorgehen kann. Dies ist materiell-rechtlich zu verneinen, denn die Unterlassungsansprüche aller Vereine aus §§ 1004 Abs. 1 S. 2, 862 Abs. 1 S. 2 BGB sind nicht abtretbar und gehen deswegen nicht in das Gesellschaftsvermögen der „Stadionverbots-GbR" über. Stattdessen bevollmächtigen die Vereine die „Stadionverbots-GbR" nur nach §§ 164 Abs. 1 S. 1, 167 Abs. 1 Alt. 1 BGB, diese geltend zu machen. Da die Vereine Inhaber der Unterlassungsansprüche bleiben, sind sie grundsätzlich prozessual einzeln zu verklagen.[1106] Dann liefe das Argument leer, das die gesellschaftsrechtliche Lösung prozessuale Vorteile bietet, denn die Vereine blieben als Vertretene prozessual passivlegitimiert. Diese Problematik erkennt die bisherige instanzgerichtliche Rechtsprechung nicht.[1107]

An dieser Stelle wird der Wortlaut der Mustererklärung in Ziff. 2 S. 2 relevant: „Die erforderlichen *Ermächtigungen und Vollmachten* werden hiermit erteilt." Im Geschäftsverkehr werden die Begriffe der Vollmacht und der Ermächtigung nicht immer streng unterschieden.[1108] Fraglich ist, ob und wie es sich auswirkt, dass auch die Mustererklärung beide Begriffe gleichzeitig verwendet. Die Rechtsinstitute der Ermächtigung nach § 185 BGB und der Bevollmächtigung nach § 164 BGB überschneiden sich insoweit, als sie es Dritten ermöglichen, auf den Rechtskreis eines anderen durch rechtsgeschäftliches Handeln ein-

---

1105 *Hilpert*, Fußballstrafrecht, IV. Rn. 8.

1106 Vgl. auch: *Räker*, SpuRt 2008, 99 (100); *Weth*, in: *Musielak*, § 51 ZPO Rn. 18.

1107 *LG Duisburg*, Urt. v. 22.7.2005 – 7 S 63/05; *LG Paderborn*, Urt. v. 25.1.2008 – 2 O 10/08.

1108 *BGH*, Urt. v. 7.6.2001 – I ZR 49/99.

zuwirken.[1109] Beide Rechtsinstitute unterscheiden sich jedoch wesentlich darin, wie die Handelnden nach außen auftreten: Während eine materiell - rechtliche so genannte Einziehungsermächtigung es dem Ermächtigten gemäß § 185 BGB i.V.m. § 362 Abs. 2 BGB ermöglicht, Leistung an sich zu verlangen und außerprozessuale Einziehungshandlungen wirksam im eigenen Namen vorzunehmen,[1110] fordert § 164 Abs. 1 S. 2 BGB, dass der Bevollmächtigte im fremdem Namen handelt. Materiell-rechtlich schließen sich beide Rechtsinstitute gegenseitig aus. Die „Stadionverbots-GbR" kann die Unterlassungsansprüche der Vereine, die hinter dem bundesweiten Stadionverbot stehen, nicht zugleich im eigenen und im fremden Namen geltend machen.[1111]

Fraglich ist deswegen, ob Ziff. 2 S. 2 der Mustererklärung die „Stadionverbots-GbR" materiell-rechtlich ermächtigen oder bevollmächtigen will. Systematisch verwendet nicht nur die Mustererklärung in Ziff. 2 S. 2 das Wort „Vollmacht", sondern auch die Stadionverbotsrichtlinie in ihrer Präambel und § 1 Abs. 5 S. 2 SVR. Gegen eine materiell-rechtliche Ermächtigung i.S.d. § 185 BGB spricht zudem das Anspruchsziel der §§ 1004 Abs. 1 S. 2, 862 Abs. 1 S. 2 BGB: Sofern bei Unterlassungsansprüchen überhaupt von einer einziehbaren „Leistung" gesprochen werden kann, wäre es – anders als beispielsweise bei einem Zahlungsanspruch – nicht sinnvoll, wenn die „Stadionverbots-GbR" von dem Zuschauer Unterlassung gegenüber sich selbst im eigenen Namen verlangen würde. Mangels Gesellschaftsvermögen verfügt die „Stadionverbots-GbR" über kein eigenes Stadiongelände, von dem sie die Zuschauer fernhalten könnte. Stattdessen soll es der Zuschauer unterlassen, das Stadiongelände der einzelnen Vereine zu betreten. Deswegen erscheint eine materiell-rechtliche Ermächtigung der „Stadionverbots-GbR" zur Einziehung im eigenen Namen weder sinnvoll noch systematisch gewollt.[1112] Materiell-rechtlich erteilen die Vereine der „Sta-

1109 *BGH*, Urt. v. 7.6.2001 – I ZR 49/99 m.w.N.

1110 *BGHZ*, 82, 283 (288); *Weth*, in: *Musielak*, § 51 ZPO Rn. 32; *Hübsch*, in: *Vorwerk/Wolf*, BeckOK ZPO, § 51 ZPO Rn. 56. Zu beachten ist aber, dass der Rechtsträger dem Ermächtigten es zwar überlässt, das Recht auszuüben, die Rechtsinhaberschaft aber beim Rechtsträger verbleibt, vgl. *Weth*, in: *Musielak*, § 51 ZPO Rn. 32.

1111 Vgl. dazu auch: *BayObLG*, NJW 56, 1279 (1280); *Ellenberger*, in: *Palandt*, § 185 BGB Rn. 1 m.w.N.

1112 Man könnte noch daran denken, unter das Wort der „Ermächtigung" in Ziff. 2 S. 2 auch die Ermächtigung zum Abschluss des Gesellschaftsvertrages der „Stadionverbots-GbR" zu subsumieren. Dies würde allerdings bedeuten, dass die Vereine noch einen zusätzlichen Willensakt äußern müssten, um den Gesellschaftsvertrag abzuschließen. Dies ist allerdings –nach den obigen Ausführungen- zu verneinen, da die Mustererklärung selbst den Gesellschaftsvertrag darstellt.

dionverbots-GbR“ in Ziff. 2 S. 2 der Mustererklärung deswegen keine Ermächtigung, sondern bevollmächtigen sie gemäß §§ 164 ff. BGB.[1113]

Dass Ziff. 2 S. 2 der Mustererklärung neben dem Begriff der „Vollmacht“ auch den Begriff „Ermächtigung“ verwendet, ist demgegenüber nicht darauf zurückzuführen, dass sie die Begriffe materiell-rechtlich ungenau verwendet, da sich beide Rechtsinstitute gegenseitig ausschließen. Stattdessen könnte die „Ermächtigung“ prozessual als gewillkürte Prozessstandschaft verstanden werden.[1114] Diese ermöglicht es dem Ermächtigten, ein fremdes Recht im eigenen Namen prozessual geltend zu machen.[1115] Zur Prozessführung kann jemand auch dann ermächtigt werden, wenn er materiell-rechtlich nur Stellvertreter i.S.d. §§ 164 ff. BGB ist.[1116] Die Prozessstandschaft ist als Ausfluss der Prozessführungsbefugnis streng von der materiell-rechtlichen Aktiv- und Passivlegitimation zu unterscheiden.[1117] Deswegen kann sie prozessual auch erteilt werden, obwohl der Anspruch aus § 1004 Abs. 1 BGB materiell-rechtlich nicht abtretbar ist.[1118]

3) Voraussetzungen der gewillkürten Prozessstandschaft

Fraglich ist aber, ob die Voraussetzungen einer gewillkürten Prozessstandschaft zugunsten der „Stadionverbots-GbR“ gegeben sind. Dazu müssten die Vereine

---

1113 Eine materiell-rechtliche Einziehungsermächtigung wäre zudem problematisch, da diese nach *Grüneberg*, in: *Palandt*, § 398 BGB Rn. 37 grundsätzlich unwirksam ist, wenn der Anspruch unabtretbar ist. Demgegenüber weist *Bassenge,* in: *Palandt*, § 1004 BGB Rn. 2 darauf hin, dass eine solche Einziehungsermächtigung für den Anspruch aus § 1004 BGB zulässig ist, obwohl der Anspruch nicht abgetreten werden kann. *Weth*, in: *Musielak*, § 51 ZPO Rn. 30 stellt klar, dass Einzelheiten an dieser Stelle umstritten sind.

1114 Ohne dies ausdrücklich als gewillkürte Prozessstandschaft zu bezeichnen, scheint die instanzgerichtliche Rechtsprechung ein solches Verständnis vorauszusetzen: *LG Paderborn*, Urt. v. 25.1.2008 – 2 O 10/08; *LG Duisburg*, Urt. v. 22.7.2005 – 7 S 63/05; vgl. auch: *Orth/Schiffbauer*, RW 2011, 177 (197).

1115 *BGHZ*, 100, 217 (218); *LG Paderborn*, Urt. v. 25.1.2008 – 2 O 10/08; *Hübsch*, in: *Vorwerk/Wolf*, BeckOK ZPO, § 51 ZPO Rn. 46 m.w.N.

1116 Vgl. zur Unabhängigkeit der prozessualen Prozessführungsbefugnis von der materiell-rechtlichen Einziehungsermächtigung: *Weth*, in: *Musielak*, § 51 ZPO Rn. 32; *Orth/Schiffbauer*, RW 2011, 177 (197).

1117 *Weth*, in: *Musielak*, § 51 ZPO Rn. 18; vgl. auch *Lindacher*, in: *Rauscher u.a.*, MüKo ZPO, Vorb. zu §§ 50 ff. ZPO Rn. 55 ff. m.w.N. Ob der Anspruch dem tatsächlichen Rechtsinhaber zusteht, ist eine Frage der Begründetheit der Klage, *Weth*, in: *Musielak*, § 51 ZPO Rn. 18.

1118 *Keukenschrijver*, in: *Dauner-Lieb u.a.*, NK-BGB, § 1004 BGB Rn. 187 m.w.N.; *Bassenge*, in: *Palandt*, § 1004 BGB Rn. 2.

die „Stadionverbots-GbR“ wirksam ermächtigen,[1119] diese müsste daran ein eigenes schutzwürdiges Interesse haben und die gewillkürte Prozessstandschaft offen legen, ohne dass daraus erhebliche Nachteile für die andere Prozesspartei entstehen.[1120]

(a) Wirksame Ermächtigung und schutzwürdiges Interesse

Die Vereine ermächtigen die „Stadionverbots-GbR“ ausdrücklich im Wortlaut der Ziff. 2 S. 2 der Mustererklärung. Daran ist diese schutzwürdig interessiert. Der Ermächtigte verfolgt ein schutzwürdiges Eigeninteresse an der Prozessführung, wenn die gerichtliche Entscheidung seine eigene Rechtsstellung beeinflusst.[1121] Gründe der Prozessökonomie reichen dazu nicht aus,[1122] so dass das oben beschriebene praktische Bedürfnis nach einem einheitlichen Klagegegner nicht herangezogen werden kann, um ein schutzwürdiges Interesse der „Stadionverbots-GbR“ zu begründen.

Allerdings kann eine Parallele zu der Rechtsprechung des Bundesgerichtshofs zu Verbandsklagen gezogen werden: Dort wird ein schützenswertes Eigeninteresse eines Verbands anerkannt, wenn er im eigenen Namen die Rechte seiner Mitglieder einklagt und dies zu seinen satzungsmäßigen Aufgaben gehört.[1123] Der Gesellschaftszweck der „Stadionverbots-GbR“ besteht im Wesentlichen darin, die Stadionverbote der Vereine bundesweit einheitlich durchzusetzen und zu verwalten, um deren Hausrecht effektiv durchzusetzen. Da die Mustererklärung zugleich den Gesellschaftsvertrag darstellt und dieser im Wortlaut der Ziff. 2 S. 2 die (prozessuale) „Ermächtigung“ anführt, gehört es zu den Kernaufgaben der „Stadionverbots-GbR“, die Stadionverbotsprozesse ihrer Mitglieder zu führen. Darauf kann sie ihr schutzwürdiges Eigeninteresse stützen.

(b) Keine Nachteile für den Betroffenen und Offenlegung im Prozess

Dies benachteiligt den Zuschauer nicht unbillig i.S.d. § 138 BGB.[1124] Sein Kostenerstattungsanspruch ist im Falle eines obsiegenden Urteils nicht gefährdet, da

---

1119 *BGH*, NJW 1989, 1932 (1933); *Hübsch*, in: *Vorwerk/Wolf*, BeckOK ZPO, § 51 ZPO Rn. 47 m.w.N.

1120 *Hübsch*, in: *Vorwerk/Wolf*, BeckOK ZPO, § 51 ZPO Rn. 47 ff.

1121 *BGH*, NJW, 2009, 1213 (1215) m.w.N.; *Hübsch*, in: *Vorwerk/Wolf*, BeckOK ZPO, § 51 ZPO Rn. 50.

1122 *BGH*, NJW, 2009, 1213 (1215); *Hübsch*, in: *Vorwerk/Wolf*, BeckOK ZPO, § 51 ZPO Rn. 50.

1123 *BGH*, NJW 1967, 1558 (1559); *BGH*, MDR 1956, 154 (154 ff.); *Lindacher*, in: *Rauscher u.a.*, MüKo ZPO, Vorb. zu §§ 50 ff. ZPO Rn. 60.

1124 Vgl. zur Vertiefung dieser Voraussetzung der gewillkürten Prozessstandschaft: *Hübsch*, in: *Vorwerk/Wolf*, BeckOK ZPO, § 51 ZPO Rn. 50.

die Vereine als Gesellschafter der „Stadionverbots-GbR“ persönlich, unmittelbar und akzessorisch gemäß § 128 HGB analog haften.[1125] Er profitiert sogar davon, wenn er seine Klage prozessökonomisch gegen die „Stadionverbots-GbR“ als einheitlichem Klagegegner richten kann. Letztlich muss der Ermächtigte die Prozessstandschaft im Prozess offen legen.[1126] Da aufgrund der noch aufzuzeigenden besonderen Prozesssituation[1127] die „Stadionverbots-GbR“ in der Regel prozessual beklagt sein wird,[1128] ist die Prozessstandschaft grundsätzlich offen gelegt, da der Kläger die „Stadionverbots-GbR“ als solche im Rubrum bezeichnen sollte.[1129]

Folglich liegen die Voraussetzungen der gewillkürten Prozessstandschaft vor. Ziff. 2 S. 2 der Mustererklärung ist deswegen doppelt bedeutsam: Einerseits erteilen die Vereine der „Stadionverbots-GbR“ rechtsgeschäftliche „Vollmacht“ nach den §§ 164 ff. BGB, damit sie die Unterlassungsansprüche materiellrechtlich geltend machen kann. Andererseits wird durch das Wort „Ermächtigung“ deutlich, dass sie die „Stadionverbots-GbR“ zur Prozessführung im eigenen Namen ermächtigen. Dies bestätigt neben dem Wortlaut der Mustererklärung, dass die gesellschaftsrechtliche Lösung vorzugswürdig ist, da sie die praktischen Bedürfnisse im Zivilprozess für alle Beteiligten zufriedenstellend löst. Gleichzeitig vereinheitlicht und vereinfacht sie die Stadionverbotspraxis, schafft Rechtssicherheit und erhöht die praktischen Rechtsschutzmöglichkeiten gegen ein bundesweites Stadionverbot.

1125 *BGH*, Urt. v. 29.1.2001 – II ZR 331/00; *Dauner-Lieb*, DStR 2001, 356 (358).

1126 *BGH*, NJW 1985, 1826 (1827); *Hübsch*, in: *Vorwerk/Wolf*, BeckOK ZPO, § 51 ZPO Rn. 52.

1127 Vgl. vertiefend: Kapitel 6A.II.1.d)cc)1), S. 422 ff.

1128 Die Zulässigkeit der sog. passiven Prozessstandschaft ist umstritten, der Bundesgerichtshof bejaht sie aber tendenziell, vgl. *BGH*, NJW-RR 1995, 873 (873). Nachweise zu diesem Meinungsstreit finden sich unter: *Hübsch*, in: *Vorwerk/Wolf*, BeckOK ZPO, § 51 ZPO Rn. 46 m.w.N. Für das Stadionverbot ist eine passive Prozessstandschaft anzuerkennen, weil sich die gegenseitige Ermächtigung der Vereine gemäß Ziff. 2 S. 1 des Gesellschaftervertrages i.V.m. §§ 6, 7 SVR auch auf die Aufhebung des Stadionverbots erstreckt, so dass der Betroffene seinen Anspruch und seine Klage gegen das Stadionverbot auch gegen die „Stadionverbots-GbR“ richten kann, vgl. *LG Duisburg*, Urt. v. 22.7.2005 – 7 S 63/05; *LG Paderborn*, Urt. v. 25.1.2008 – 2 O 10/08.

1129 Zur Rubrumsänderung / -ergänzung im Zusammenhang mit Stadionverbotsklagen vertiefend: *LG Duisburg*, Urt. v. 22.7.2005 – 7 S 63/05; *LG Paderborn*, Urt. v. 25.1.2008 – 2 O 10/08.

hh) Zwischenfazit: Gründung der „Stadionverbots-GbR“ im Lizenzierungsverfahren

Somit ist zu konstatieren, dass die Mustererklärungen, die die Vereine jährlich im Lizenzierungsverfahren abgeben, gemäß §§ 133, 157 BGB als Willenserklärungen auszulegen sind, deren Rechtsbindungswille darauf gerichtet ist, eine „Stadionverbots-GbR“ als Außengesellschaft zu gründen, die den Zweck verfolgt, die Stadionverbotsrichtlinie des DFB bundesweit einheitlich um- und durchzusetzen. Deswegen wird die Mustererklärung im Folgenden überwiegend als Gesellschaftsvertrag bezeichnet. Die Rechtslage stellt sich nach der gesellschaftsrechtlichen Lösung wie folgt dar:

Liegen die Voraussetzungen eines Stadionverbots gemäß § 4 SVR vor, entsteht – unter Berücksichtigung der oben dargestellten Einschränkungen[1130] – ein zivilrechtlicher Unterlassungsanspruch gemäß §§ 1004 Abs. 1 S. 2, 862 Abs. 1 S. 2 BGB für den Verein, dessen Stadionbereich betroffen ist. Zugleich können sich alle anderen Vereine wegen des überwiegend präventiven Charakters ebenfalls darauf berufen, dass sie künftige Störungen ihres eigenen Stadiongeländes befürchten. Deswegen steht ihnen ein eigener zivilrechtlicher Unterlassungsanspruch gemäß §§ 1004 Abs. 1 S. 2, 862 Abs. 1 S. 2 BGB zu. Daran ändert sich nichts durch die gesellschaftsrechtliche Lösung. Die Gesellschafter übertragen ihre Unterlassungsansprüche nicht in das Gesellschaftsvermögen der „Stadionverbots-GbR“, sondern bevollmächtigen diese lediglich rechtsgeschäftlich gemäß Ziff. 2 S. 2 des Gesellschaftsvertrags (kundgemachte Innenvollmacht zugunsten der „Stadionverbots-GbR“).

Gleichzeitig ermächtigen sie die „Stadionverbots-GbR“ im Wege der gewillkürten Prozessstandschaft dazu, die Unterlassungsansprüche im eigenen Namen prozessual geltend zu machen. Ziff. 2 S. 1 des Gesellschaftsvertrags sieht in Verbindung mit §§ 2, 3 SVR darüber hinaus vor, dass der Verein, der das bundesweite Stadionverbot ausspricht, die „Stadionverbots-GbR“ abweichend von §§ 709, 710, 714 BGB gesellschaftsrechtlich alleine vertritt.

b) Die Problematik des § 174 BGB für die gesellschaftsrechtliche Lösung

Fraglich bleibt zuletzt, ob die Besonderheiten dieser gesellschaftsrechtlichen Lösung dazu führen, dass § 174 BGB auf ein bundesweites Stadionverbot nicht anzuwenden ist oder ob dieses Problem unabhängig davon besteht, ob man der gesellschaftsrechtlichen oder der rechtsgeschäftlichen Lösung folgt. Dies hängt davon ab, ob nach der gesellschaftsrechtlichen Lösung noch Vollmachtserklärungen bestehen, für die § 174 S. 1 BGB in Betracht zu ziehen wäre.

[1130] Vgl. vertiefend: Kapitel 2, S. 113 ff. und Kapitel 3, S. 191 ff.

In dem Urteil des Bundesgerichtshofs vom 30.10.2009 sowie in vielen instanzgerichtlichen Entscheidungen kam es auf diese Frage nicht an, weil die Kläger das Stadionverbot nicht unverzüglich zurückgewiesen hatten, obwohl ihnen die Vollmachtsurkunde nicht im Original vorgelegt wurde. Erstmals entschied das AG Frankfurt a.M. in seinem Urteil vom 17.08.2007 über die Problematik und erklärte das Stadionverbot gemäß § 174 S. 1 BGB für unwirksam.[1131] Diese Entscheidung wurde – wie oben aufgezeigt[1132] – in der Literatur ausführlich diskutiert.[1133] Allerdings vertraten sowohl das AG Frankfurt a.M. als auch die daraufhin veröffentlichte Literatur die rechtsgeschäftliche Lösung.[1134]

Am 25.1.2008 hatte das LG Paderborn über einen Sachverhalt zu entscheiden, in dem der Kläger rechtzeitig gerügt hatte, dass ihm die Originalvollmachtsurkunden nicht vorgelegt wurden.[1135] Anders als das AG Frankfurt a.M. schloss sich das LG Paderborn der zuvor vom LG Duisburg[1136] vertretenen gesellschaftsrechtlichen Lösung an.[1137] Das LG Paderborn lehnte ein Zurückweisungsrecht des Betroffenen im Ergebnis ab.[1138] § 174 BGB sei auf die persönlich haftenden vertretungsbefugten Gesellschafter von Personengesellschaften nicht anzuwenden.[1139] Jedenfalls reiche es aus, dass dem Stadionverbotsschreiben eine Vollmachtserklärung der anderen Vereine als Gesellschafter beigefügt sei, indem dieses auf einen Link im Internet verweise.[1140] Deswegen komme es für die

---

1131 *AG Frankfurt a.M.*, Urt. v. 17.8.2007 – 30 C 1282/07.

1132 Vgl. vertiefend: Kapitel 4B.II.3.b)bb), S. 258 ff.

1133 *Räker*, SpuRt 2008, 99 (99 ff.).

1134 *Räker*, SpuRt 2008, 99 (100). Das *AG Frankfurt a.M.* befürwortet die rechtsgeschäftliche Lösung zwar nicht ausdrücklich. Dass das Gericht sie allerdings (stillschweigend) voraussetzte, zeigt sich daran, dass im Rubrum der Fußballverein bzw. dessen Kapitalgesellschaft unmittelbar als Beklagter bezeichnet ist und nicht in seiner Eigenschaft als Vertreter der „Stadionverbots-GbR". Zudem nimmt das *AG Frankfurt a.M.* entgegen der Entscheidungen des *LG Duisburg* (Urt. v. 22.7.2005 – 7 S 63/05) und des *LG Paderborn* (Urt. v. 25.1.2008 – 2 O 10/08) keine Rubrumsergänzung vor, *AG Frankfurt a.M.*, Urt. v. 17.8.2007 – 30 C 1282/07.

1135 *LG Paderborn*, Urt. v. 25.1.2008 – 2 O 10/08.

1136 In dem Sachverhalt, der der Entscheidung des *LG Duisburg* zugrunde lag, hatte der Kläger nicht die fehlende Originalvollmachtsurkunde gerügt, so dass es auf die Frage des § 174 BGB nicht ankam, vgl. *LG Duisburg*, Urt. v. 22.7.2005 – 7 S 63/05.

1137 *LG Paderborn*, Urt. v. 25.1.2008 – 2 O 10/08.

1138 *LG Paderborn*, Urt. v. 25.1.2008 – 2 O 10/08, vgl. Rn. 35 und Rn. 36 der Entscheidungsbegründung.

1139 *LG Paderborn*, Urt. v. 25.1.2008 – 2 O 10/08, vgl. Rn. 35 der Entscheidungsbegründung.

1140 *LG Paderborn*, Urt. v. 25.1.2008 – 2 O 10/08, vgl. Rn. 35 der Entscheidungsbegründung.

gesellschaftsrechtliche Lösung weder auf § 174 S. 2 BGB analog noch auf § 242 BGB an.[1141]

Diesem Urteil des LG Paderborn ist aus zwei Gründen nicht zuzustimmen: § 174 S. 1 BGB ist erstens sehr wohl auf den persönlich haftenden vertretungsbefugten Gesellschafter von Personengesellschaften anzuwenden (Einzelvertretungsberechtigung der Gesellschafter der „Stadionverbots-GbR"). Darüber hinaus besteht zweitens auch nach der gesellschaftsrechtlichen Lösung eine rechtsgeschäftliche Vollmacht der Vereine an die „Stadionverbots-GbR" (rechtsgeschäftliche Vollmachtserteilung der Vereine zugunsten der „Stadionverbots-GbR"). Letztere übersieht das LG Paderborn. Selbst wenn es für die gesellschaftsvertragliche Einzelvertretungsberechtigung innerhalb einer GbR § 174 S. 1 BGB verneint, hätte es sich jedenfalls für die zweite, rechtsgeschäftliche Vollmacht mit § 174 S. 1 BGB auseinander setzen müssen. Im Einzelnen:

aa) Rechtsgeschäftliche Vollmachtserteilung der Vereine an „Stadionverbots-GbR"

Das LG Paderborn beschränkt seine Ausführungen auf die Frage, ob § 174 BGB anzuwenden ist, wenn ein persönlich haftender Gesellschafter eine Personengesellschaft einzeln vertritt.[1142] Dabei verkennt das Landgericht bereits im Ausgangspunkt die Vertretungskonstellation, die der gesellschaftsrechtlichen Lösung zugrunde liegt.[1143] Sie besteht nämlich nicht nur in eine, sondern in zwei Richtungen:

Zunächst bevollmächtigen die Vereine nach §§ 164 ff. BGB die von ihnen gegründete „Stadionverbots-GbR", die zivilrechtlichen Unterlassungsansprüche aller Vereine bundesweit geltend zu machen (Ziff. 2 S. 2 Gesellschaftsvertrag – rechtsgeschäftliche Vollmacht).[1144] Des Weiteren vereinbaren die Vereine in ihrer Eigenschaft als Gründungsmitglieder der „Stadionverbots-GbR", dass sie diese ihrerseits als Gesellschafter alleine vertreten können, wobei sich die Einzelvertretungsbefugnis nach §§ 2, 3 SVR richtet (Ziff. 2 S. 1 Gesellschaftsvertrag – gesellschaftsrechtliche Vertretungsmacht).

[1141] *LG Paderborn*, Urt. v. 25.1.2008 – 2 O 10/08, vgl. Rn. 35 und Rn. 36 der Entscheidungsbegründung.

[1142] *LG Paderborn,* Urt. v. 25.1.2008 – 2 O 10/08, vgl. Rn. 35 der Entscheidungsbegründung.

[1143] Vgl. vertiefend: Kapitel 4B.II.4.a)hh), S. 272 f.

[1144] Die prozessuale Ermächtigung als gewillkürte Prozessstandschafterin, die gleichzeitig erteilt wurde und den eigentlichen Vorteil dieser Konstruktion bildet, ist für die hier relevante Frage, ob § 174 BGB anzuwenden ist, nicht maßgebend, vgl. zur Prozessstandschaft vertiefend: Kapitel 4B.II.4.a)gg), S. 266 ff.

Das LG Paderborn setzt sich nur damit auseinander, ob § 174 BGB auf die gesellschaftsrechtliche Einzelvertretungsmacht gemäß Ziff. 2 S. 1 Gesellschaftsvertrag anzuwenden ist. Das Landgericht übersieht, dass die Vereine gemäß Ziff. 2 S. 2 Gesellschaftsvertrag die „Stadionverbots-GbR" rechtsgeschäftlich bevollmächtigen, weil sie ihre Unterlassungsansprüche nicht in das Gesellschaftsvermögen übertragen können. Für dieses Vertretungsverhältnis ist § 174 S. 1 BGB zu prüfen.[1145] Schließlich handelt es sich um eine rechtsgeschäftlich erteilte, kundgemachte Innenvollmacht gemäß §§ 167 Abs. 1 Alt. 1, 164 Abs. 1 S. 1 BGB. Bereits aus diesem Grund hätte das LG Paderborn sich mit den Voraussetzungen des § 174 S. 1 BGB inhaltlich auseinander setzen müssen.

bb) Einzelvertretungsberechtigung der Gesellschafter der „Stadionverbots-GbR"

Entgegen den Ausführungen des LG Paderborn ist § 174 S. 1 BGB zusätzlich auch auf das zweite Vertretungsverhältnis anzuwenden: die gesellschaftsrechtliche Einzelvertretungsberechtigung der Gesellschafter. Das LG Paderborn kann nicht überzeugen, da es diesbezüglich zwei Fragen unzulässig vermengt, nämlich ob § 174 S. 1 BGB grundsätzlich auf die gesellschaftsvertragliche Einzelvertretungsmacht abstrakt anzuwenden wäre und ob die Stadionverbotspraxis mit dessen Voraussetzungen konkret zu vereinbaren ist.[1146] An dieser Stelle geht es zunächst um die zuerst genannte, abstrakte Rechtsfrage, ob § 174 S. 1 BGB für die Einzelvertretungsmacht eines Gesellschafters einer GbR überhaupt anzuwenden ist:

Zutreffend verweist das LG Paderborn dazu einführend auf ein Urteil des Bundesgerichtshofs vom 09.11.2001[1147]. Dort stellt der Bundesgerichtshof zunächst klar, dass § 174 BGB nicht anzuwenden sei, wenn die Vertretungsmacht auf gesetzlicher Grundlage erteilt werde.[1148] Dies sei nicht auf eine Willensentscheidung des Vertretenen zurückzuführen, so dass sie nicht durch eine Vollmachtsurkunde nachgewiesen werden könne.[1149] Die §§ 709, 714 BGB sehen als gesetzliche Regel für die GbR eine Gesamtvertretungsmacht aller Gesellschafter

---

1145 § 174 S. 1 BGB ist auf die rechtsgeschäftliche Vollmachtserteilung der Vereine zugunsten der „Stadionverbots-GbR" anzuwenden, obwohl der festsetzende Verein sich gegenüber dem Zuschauer vorrangig nicht auf diese Vollmacht, sondern auf seine gesellschaftsvertragliche Einzelvertretungsmacht beruft, weil der Unterbevollmächtigte stets auch die Hauptvollmachtsurkunde vorlegen muss, *LG Berlin*, ZMR 1986, 439; *Schramm*, in: *Säcker/Rixecker,* MüKo BGB, § 174 BGB Rn. 4 m.w.N.

1146 *LG Paderborn*, Urt.v. 25.1.2008 – 2 O 10/08, Rn. 35 der Entscheidungsbegründung.

1147 *BGH*, NJW 2002, 1194 (1194 f.).

1148 *BGH*, NJW 2002, 1194 (1195) m.w.N.

1149 *BGH*, NJW 2002, 1194 (1195).

vor. Wird einem Gesellschafter Einzelvertretungsmacht erteilt, beruht dies auf einem Willensentschluss der Gesellschafter, der von der gesetzlichen Regelung abweicht. Ein Fall der gesetzlichen Vertretungsmacht liege somit nicht vor.

Der Bundesgerichtshof führt weiter aus, dass ein Recht, die Vertretungsmacht zurückzuweisen, grundsätzlich bei organschaftlicher Vertretung nicht bestehe, denn juristische Personen könnten nur durch ihre Organe am Rechtsverkehr teilnehmen.[1150] Für den Rechtsverkehr entstehe keine Unsicherheit, weil sich die Person und der Umfang der organschaftlichen Vertretungsmacht einem öffentlichen Register entnehmen lasse.[1151] Da die (Teil-) Rechtsfähigkeit der Gesellschaft bürgerlichen Rechts nicht auf einer Eintragung in einem öffentlichen Register beruhe, bestehe diese Rechtssicherheit bei der GbR nicht.[1152]

Die Vertretungsverhältnisse der GbR ergeben sich aus dem Gesellschaftsvertrag, der oftmals formlos geschlossen werde, so dass der Empfänger der Erklärung eines Gesellschafters vielfach weder wisse, ob eine GbR existiere, noch durch wen sie vertreten werde.[1153] Nehme die GbR am Rechtsverkehr teil, liege deswegen eine Situation vor, die der in § 174 BGB entspreche.[1154] Daraus folgert der Bundesgerichtshof: „Eine namens einer Gesellschaft des bürgerlichen Rechts von einem alleinvertretungsberechtigten Gesellschafter abgegebene einseitige empfangsbedürftige Willenserklärung kann von dem Empfänger gemäß § 174 S. 1 BGB zurückgewiesen werden, wenn ihr weder eine Vollmacht der anderen Gesellschafter, noch der Gesellschaftsvertrag oder eine Erklärung der anderen Gesellschafter beigefügt ist, aus der sich die Befugnis des handelnden Gesellschafters zur alleinigen Vertretung der Gesellschaft ergibt."[1155]

Das LG Paderborn verneint es dennoch, § 174 S. 1 BGB auf die „Stadionverbots-GbR" anzuwenden.[1156] Der Entscheidung des Bundesgerichtshof sei für die Stadionverbotspraxis entgegenzuhalten, dass in dem Stadionverbotsschreiben auf einen Link im Internet verwiesen werde, aus dem die hinterlegten Vollmachten bzw. Erklärungen der anderen Gesellschafter ersichtlich seien:[1157] „Bei konsequenter Umsetzung der Anerkennung der Rechtsfähigkeit der GbR und damit der Umsetzung und Anwendung der Entscheidung des BGH [vom

---

1150 *BGH*, NJW 2002, 1194 (1195) m.w.N.

1151 *BGH*, NJW 2002, 1194 (1195).

1152 *BGH*, NJW 2002, 1194 (1195).

1153 *BGH*, NJW 2002, 1194 (1195).

1154 *BGH*, NJW 2002, 1194 (1195).

1155 *BGH*, NJW 2002, 1194, Leitsatz. Obwohl die Literatur die Rechtslage vor der Entscheidung des Bundesgerichtshofs oftmals anders beurteilte, stimmten Teile der Literatur diesem Urteil zu. Einen Überblick dazu liefert das *LG Paderborn* in seiner Entscheidungsbegründung unter der Rn. 35: *LG Paderborn*, Urt.v. 25.1.2008 – 2 O 10/08.

1156 *LG Paderborn*, Urt.v. 25.1.2008 – 2 O 10/08, Rn. 35 der Entscheidungsbegründung.

1157 *LG Paderborn*, Urt.v. 25.1.2008 – 2 O 10/08, Rn. 35 der Entscheidungsbegründung.

09.11.2001] genügt dann aber die Hinterlegung von Vollmachten im Internet, die über einen Link einsehbar sind, zum Nachweis einer hinreichenden Bevollmächtigung und § 174 BGB kommt hier nicht zur Anwendung. Die Frage, ob die Berufung auf § 174 S. 1 BGB nach S. 2 ausgeschlossen oder zumindest rechtsmissbräuchlich wegen Kenntnis von der Bevollmächtigung ist, kann mangels Anwendbarkeit des § 174 S. 1 BGB dahinstehen.“[1158]

Diese Ausführungen sind widersprüchlich. Das LG Paderborn beruft sich auf das Urteil des Bundesgerichtshofs vom 09.11.2011 und schließt von dem Internetlink im Stadionverbotsschreiben darauf, dass § 174 S. 1 BGB nicht anwendbar sei. Demgegenüber stellte der Bundesgerichtshof in seinem dortigen Urteil fest, dass § 174 S. 1 BGB auf die Gesellschaft bürgerlichen Rechts grundsätzlich anzuwenden sei. Erst danach stellt sich die Frage, welche Anforderungen im Einzelfall gestellt werden müssen, um die Voraussetzungen des § 174 S. 1 BGB zu erfüllen. Anders ausgedrückt: Das LG Paderborn hätte unter Berufung auf die Entscheidung des Bundesgerichtshofs zu dem Ergebnis kommen müssen, dass § 174 S. 1 BGB auch grundsätzlich für die „Stadionverbots-GbR“ in Betracht kommt. In einem zweiten Schritt hätte es dann subsumieren können, ob der Link in dem Stadionverbotsschreiben den Anforderungen des § 174 S. 1 BGB entspricht, oder ob der Betroffene sich auf das Zurückweisungsrecht nicht wegen § 174 S. 2 BGB bzw. wegen § 242 BGB berufen könne.

§ 174 S. 1 BGB ist somit grundsätzlich für die gesellschaftsrechtliche Lösung zu prüfen. Wer ein Stadionverbot ausspricht, hätte danach grundsätzlich durch Vorlage einer Originalurkunde nachzuweisen, dass er gesellschaftsrechtlich für die „Stadionverbots-GbR“ alleinvertretungsberechtigt ist und die Vereine diese ihrerseits wirksam gemäß §§ 164 ff. BGB rechtsgeschäftlich bevollmächtigt haben, die zivilrechtlichen Unterlassungsansprüche gegenüber dem Störer geltend zu machen.[1159] Die gesellschaftsrechtliche Lösung entschärft die Problematik des Zurückweisungsrechts des Betroffenen also nicht. Sowohl nach der rechtsgeschäftlichen als auch nach der gesellschaftsrechtlichen Lösung stellt sich die Frage, wie dogmatisch begründet werden kann, dass die aktuelle Stadionverbotspraxis nicht gegen § 174 S. 1 BGB verstößt.

1158 *LG Paderborn*, Urt.v. 25.1.2008 – 2 O 10/08, Rn. 35 und Rn. 36 der Entscheidungsbegründung.

1159 Da der Unterbevollmächtigte stets auch die Hauptvollmachtsurkunde vorlegen muss (vgl. *LG Berlin*, ZMR 1986, 439; *Schramm*, in: *Säcker/Rixecker*, MüKo BGB, § 174 BGB Rn. 4 m.w.N.) muss zudem auch die Vollmacht des Stadioneigentümers zugunsten des Stadionpächters vorgelegt werden, die diesem das „Hausrecht“ überträgt.

c) *Kein Verstoß der Stadionverbotspraxis gegen § 174 BGB*

Ob die bundesweiten Stadionverbote gemäß § 174 S. 1 BGB unwirksam sind, beurteilte die instanzgerichtliche Rechtsprechung – wie oben aufgezeigt[1160] – unterschiedlich.

aa) Begründung des Nichtbestehens eines Zurückweisungsrechts

Dem Urteil des AG Frankfurt a.M. vom 17.08.2007, das einen Verstoß gegen § 174 S. 1 BGB bejahte, lag ein bundesweites Stadionverbot zugrunde, das der Verein Eintracht Frankfurt mit Schreiben vom 10.12.2006 ausgesprochen hatte.[1161] Zu diesem Zeitpunkt waren die Mustererklärungen nach § 6 Nr. 2 Abs. 5 LO noch nicht auf der Internetseite des DFB abrufbar.[1162] Erst seit November 2007 können die Originalvollmachten im Internet eingesehen werden.[1163] Zudem ergänzte der DFB das Muster-Stadionverbotsschreiben i.S.d. § 8 Abs. 1 SVR in Reaktion auf dieses Urteil um den Hinweis auf diesen Internetlink und darauf, dass der Betroffene die Vollmachten im Original beim DFB oder der DFL einsehen könne.[1164] Die Stadionverbotspraxis veränderte sich durch das Urteil des AG Frankfurt a.M. somit grundlegend. Zwischenzeitlich ist sich deswegen die instanzgerichtliche Rechtsprechung[1165] und Literatur[1166] darüber einig, dass die heutigen Stadionverbote nicht nach § 174 S. 1 BGB unwirksam sind, wenn die Vereine das neue Muster-Stadionverbotsschreiben i.S.d. § 8 Abs. 1 SVR verwenden.[1167]

Dem ist grundsätzlich zuzustimmen. § 174 S. 1 BGB ist nicht auf den Massenverkehr zugeschnitten. Den jährlich bis zu 1000 ausgesprochenen bundes-

---

[1160] Vgl. vertiefend: Kapitel 4B.II.3.b)aa), S. 257 ff.

[1161] *AG Frankfurt a.M.*, Urt. v. 17.8.2007 – 30 C 1282/07.

[1162] *Räker*, SpuRt 2008, 99 (101).

[1163] *Räker*, SpuRt 2008, 99 (101); *Hilpert*, Fußballstrafrecht, IV. Rn. 9.

[1164] *Räker*, SpuRt 2008, 99 (101); *Hilpert*, Fußballstrafrecht, IV. Rn. 9.

[1165] *LG Duisburg*, SpuRt 2009, 78; *OLG Hamm*, Urt. v. 31.3.2008 – 13 U 41/08.

[1166] *Walker/Klopp*, LMK 2010, 295984; *Walker*, in: *Gödicke u.a.*, FS Schapp, S. 491 (494); *Walker*, in: *Höfling/Horst*, Sport und Gewalt, S. 51 (72 f.); *Heermann*, NJW 2010, 537 (537); *Orth/Schiffbauer*, RW 2011, 177 (186); *Blumberg*, Stadionverbot, S. 69; *Hilpert*, Fußballstrafrecht, IV. Rn. 9.

[1167] Zudem kann aus der Entscheidung des *AG Frankfurt a.M.* nicht gefolgert werden, dass die Stadionverbotspraxis vorher generell unzulässig war. Denn das *AG Frankfurt a.M.* stützte seine Entscheidung maßgeblich darauf, dass der Beklagte trotz mehrfacher Aufforderung während des Prozesses noch nicht einmal nachweisen konnte, dass der Stadioneigentümer ihm das Hausrecht übertragen hatte. Sein diesbezügliches schriftliches Vorbringen nach dem Schluss der mündlichen Verhandlung wies das Amtsgericht gemäß § 296a ZPO zurück, vgl. *AG Frankfurt a.M.*, Urt. v. 17.8.2007 – 30 C 1282/07, Rn. 11 der Entscheidungsbegründung.

weiten Stadionverboten[1168] müssten jeweils 113 Originalvollmachten beigefügt werden. Der Bürokratieaufwand, der entstünde, um jedes Jahr 113.000 original unterschriebene Vollmachten an die Zentralverwaltung des DFB zu übersenden, dort zu lagern, jedem Stadionverbotsschreiben beizufügen und anschließend an den Betroffenen zu übersenden,[1169] steht in keinem Verhältnis zu der Rechtssicherheit, die dadurch für den Betroffenen erreicht und von § 174 BGB bezweckt wird. Das neue Muster-Stadionverbotsschreiben und die Möglichkeit, die Originalvollmachten im Internet herunter zu laden, schaffen ausreichende Rechtssicherheit zugunsten des Betroffenen, so dass er nicht mehr schutzwürdig ist. Dass die dort eingescannten Originale echt sind, wird er nicht ernsthaft bezweifeln können, wenn er dem DFB keine strafbare Urkundenfälschung unterstellen will.[1170] Selbst wenn ihm letzte Zweifel verbleiben sollten, kann er die Originale beim DFB einsehen. Auch hierauf weist das neue Stadionverbotsschreiben hin. Außerdem geht die Praxis der bundesweiten Stadionverbote bereits auf das Jahr 1991 zurück.[1171] Jedem Fußballfan ist deswegen bekannt, dass ein Stadionverbot bundesweit wirken kann.

Allerdings ist zu bemängeln, dass der Betroffene die Originalurkunden auf der Homepage des DFB nicht immer aktuell abrufen kann. Beispielsweise waren bis Februar 2012 nur die Vollmachten der vorletzten Saison 2009/2010 einsehbar.[1172] Für die aktuelle Saison 2011/2012 waren diese Vollmachten nicht mehr wirksam, da die Vollmachten gemäß § 6 Nr. 2 Abs. 5 i.V.m. § 1 Nr. 4 der LO der DFL[1173] jedes Jahr neu abzugeben sind. Zwar aktualisierte der DFB die Vollmachten auf seiner Homepage, wenige Wochen bevor die laufende Saison beendet war.[1174] Dennoch ist ihm dringend zu raten, die Vollmachtsurkunden auf seiner Homepage am Anfang einer neuen Saison zu aktualisieren. Denn dass

---

1168 Alleine in der Bundesligasaison 2010/2011 wurden insgesamt 983 bundesweit wirksame und 200 örtliche Stadionverbote von Vereinen der Bundes- und der 2. Bundesliga ausgesprochen, vgl. Jahresbericht ZIS: http://www.polizei-nrw.de/lzpd/stepone/data/downloads/a0/00/00/10-11jahresbericht-oeffentlich.pdf, abgerufen am 26.10.2011.

1169 Treffend tituliert *Räker* seinen Aufsatz ironisch: „Stadionverbote nur noch per Paketpost?“, *Räker*, SpuRt 2008, 99 (99).

1170 So auch Räker in seiner Fußnote 23, vgl. *Räker*, SpuRt 2008, 99 (101).

1171 Vgl. vertiefend zur Geschichte des bundesweiten Stadionverbots: Fn. 22, S. 33.

1172 Dies ging aus dem Datum der Unterschrift und dem Eingangsstempel hervor. Die Vollmachten ab der 3. Liga und Regionalligen sind im Jahr 2010 unterzeichnet und dürften somit für die Lizenz der Saison 2010/2011 abgegeben worden sein. Die eingescannten Originale der Vollmachten können im Internet abgerufen werden unter: http://www.dfb.de/index.php?id=503930, abgerufen am 21.02.2012.

1173 http://www.bundesliga.de/media/native/dfl/ligastatut/lizenzierungsordnung_lo_05-12-22_stand_.pdf, abgerufen am 21.02.2012.

1174 Vgl. http://www.dfb.de/index.php?id=503930, abgerufen am 18.04.2012.

diese aktuell sind, ist Voraussetzung dafür, dass § 174 S. 1 BGB übereinstimmend nicht (mehr) anzuwenden ist.

bb) Dogmatische Herleitung dieses Ergebnisses

Folglich kann der Störer ein bundesweites Stadionverbot nach § 174 S. 1 BGB (nur) dann nicht mehr zurückweisen, wenn er die Originalurkunden der jeweils aktuellen Saison auf der Homepage des DFB abrufen kann und die „Stadionverbots-GbR" in ihrem Stadionverbotsschreiben darauf hinweist. Fraglich ist allerdings, wie dieses Ergebnis dogmatisch überzeugend begründet werden kann.

1) Keine analoge Anwendung des § 174 S. 2 BGB

Die vorgeschlagene Lösung, § 174 S. 2 BGB analog anzuwenden, kann aus zwei Gründen nicht überzeugen. Erstens kommt § 174 S. 2 BGB der Charakter eines Ausnahmetatbestandes zu; zumindest ist er einem solchen ähnlich. Ausnahmetatbestände sind aber grundsätzlich nicht bzw. nur eng begrenzt analogiefähig.[1175] Zweitens kann die „Alles-oder-Nichts-Lösung" nicht überzeugen, die entsteht, wenn man § 174 S. 2 BGB anwendet. § 174 S. 1 BGB teleologisch zu reduzieren oder eine unzulässige Rechtsausübung nach § 242 BGB einzuwenden bietet flexiblere Lösungsmöglichkeiten im Einzelfall.

2) Vorzug der teleologischen Reduktion gegenüber dem Einwand aus § 242 BGB

Unter diesen dogmatischen Begründungsvorschlägen der Literatur und Rechtsprechung ist es vorzugswürdig, § 174 S. 1 BGB teleologisch zu reduzieren, weil der Betroffene nicht mehr schutzwürdig ist, solange die „Stadionverbots-GbR" im konkreten Einzelfall auf den Internetlink hinweist. Obwohl § 174 S. 1 BGB nach seinem Wortlaut einschlägig wäre, was die Auffassungen in der Literatur und Rechtsprechung unterstellen, schafft die „Stadionverbots-GbR" ausreichende Rechtssicherheit und Transparenz. Sie erfüllt den Schutzzweck des § 174 S. 1 BGB. Da das Ergebnis, dass bundesweite Stadionverbote heute nicht mehr gegen § 174 S. 1 BGB verstoßen, damit begründet wird, dass die Stadionverbotspraxis ausreichende Rechtssicherheit geschaffen hat, erscheint es methodisch sachgerechter, § 174 S. 1 BGB teleologisch zu reduzieren, statt sich auf § 242 BGB zu berufen. Außerdem setzt der Einwand der unzulässigen

1175 *Sprau*, in: *Palandt*, Einl v § 1 BGB Rn. 53 m.w.N. Zum Grundsatz der „Singularia non sunt extendenda" und seinen Ausnahmen: *Säcker*, in: *Säcker/Rixecker*, MüKo BGB, Einl. Rn. 120 ff. m.w.N.

Rechtsausübung stets voraus, dass das geltend gemachte (Zurückweisungs-) Recht überhaupt besteht. Wenn dieses nach seinem Sinn und Zweck bereits entfällt, bleibt kein Raum, den (subsidiären) Rechtsgedanken aus § 242 BGB anzuwenden. Unter den dogmatischen Begründungen, die die Literatur und Rechtsprechung vorschlagen, sprechen die besseren Argumente für eine teleologische Reduktion des § 174 S. 1 BGB.

3) Neuer Vorschlag zur Lösung der Problematik

Auch dies kann dogmatisch jedoch nicht voll überzeugen. Methodisch kommt eine teleologische Reduktion nur für solche Sachverhaltsgruppen in Betracht, die zwar im Wortlaut den Gesetzestatbestand erfüllen, dennoch den Gesetzeszweck nicht mehr erreichen.[1176] Die bisherige Diskussion wird ergebnisorientiert geführt und dogmatisch mit dem Schutzzweck des § 174 S. 1 BGB begründet. Dabei wird die vorgelagerte Frage vernachlässigt, ob überhaupt die Tatbestandsvoraussetzungen des § 174 S. 1 BGB erfüllt sind, wenn die „Stadionverbots-GbR" ein bundesweites Stadionverbot ausspricht.[1177] Dies wäre methodisch erforderlich, um § 174 S. 1 BGB teleologisch reduzieren, § 174 S. 2 BGB analog anwenden oder sich auf den Einwand aus § 242 BGB berufen zu können. Diese dogmatischen Begründungsmodelle erübrigen sich, wenn der Ausspruch eines Stadionverbots bereits die Tatbestandsvoraussetzungen des Grundtatbestandes in § 174 S. 1 BGB nicht erfüllt:

Im Ergebnis liegen die Voraussetzungen des § 174 S. 1 BGB nicht vor. Nach seinem Wortlaut ist er unmittelbar nur auf „einseitige Rechtsgeschäfte" anzuwenden. Ein Rechtsgeschäft besteht aus einer oder mehreren Willenserklärungen, die alleine oder in Verbindung mit anderen Tatbestandsmerkmalen eine gewollte Rechtsfolge herbeiführen.[1178] Spricht die „Stadionverbots-GbR" ein Stadionverbot aus, macht sie nichts anderes, als den Störer darüber zu informieren, dass gegen ihn bundesweit ein zivilrechtlicher Unterlassungsanspruch besteht.[1179] Da der gesetzliche Unterlassungsanspruch unabhängig davon wirksam ist, ob er geltend gemacht wird oder nicht, kann in dem Ausspruch eines Stadionverbots keine Willensäußerung gesehen werden.[1180] Bei wortlautgetreuer Auslegung ist § 174 S. 1 BGB nicht anzuwenden.[1181]

1176 *Säcker*, in: *Säcker/Rixecker*, MüKo BGB, Einl. Rn. 143.

1177 *Räker* ist der einzige, der überhaupt kurz erläutert, warum § 174 S. 1 BGB wegen seines Schutzzwecks anzuwenden sei, *Räker*, SpuRt 2008, 99 (100).

1178 *BAG*, NJW 2003, 236 (236).

1179 Vgl. vertiefend: Kapitel 1C.II.1, S. 65.

1180 *Vgl. Räker*, SpuRt 2008, 99 (100). Auch im Rahmen der Diskussion über eine entsprechende Anwendung des § 174 S. 1 BGB auf wettbewerbsrechtliche Abmahnungen ist anerkannt, dass § 174 S. 1 BGB nicht auf die bloße Geltendmachung von Ansprüchen

Möglicherweise ist § 174 S. 1 BGB aber analog auf die Stadionverbotspraxis anzuwenden. Dies setzt eine planwidrige Regelungslücke und eine vergleichbare Interessenlage voraus.[1182] Dass eine planwidrige Regelungslücke besteht, ist für rechtsgeschäftsähnliche Handlungen anerkannt.[1183] Dabei handelt es sich um Erklärungen, die auf einen tatsächlichen Erfolg gerichtet sind und deren Rechtsfolgen kraft Gesetzes eintreten.[1184] Diese müssen unmittelbar auf das Verhältnis zwischen dem Störer und dem Anspruchssteller einwirken.[1185] Daran fehlt es, wenn ein Gläubiger einen Anspruch gegen den Schuldner geltend macht, weil dieser unabhängig davon besteht, ob er geltend gemacht wird oder nicht.[1186] Das Stadionverbotsschreiben wirkt sich somit nicht auf das Rechtsverhältnis zwischen Störer und Verein bzw. „Stadionverbots-GbR" aus, so dass keine rechtsgeschäftsähnliche Handlung vorliegt. Eine planwidrige Regelungslücke besteht nicht.

Zu einer rechtsgeschäftsähnlichen Handlung könnte man nur gelangen, wenn man dem Stadionverbotsschreiben eine weiterreichende Bedeutung beimisst. Dazu müsste man argumentieren, dass ein Stadionverbot nicht nur auf den tatsächlichen Erfolg gerichtet ist, den Störer auszusperren, sondern weitere Rechtsfolgen kraft Gesetzes nach sich zieht: Spricht ein Verein ein Stadionverbot aus, macht er nicht nur einen Unterlassungsanspruch geltend, sondern beruft sich gleichzeitig auf den Sachgrund, der erforderlich ist, um sein Hausrecht trotz Kontrahierungszwang auszuüben. Dadurch kann er sich gegenüber dem Störer

---

anzuwenden ist, vgl. *Schramm*, in: *Säcker/Rixecker*, MüKo BGB, § 174 BGB Rn. 3 m.w.N.

1181 Anderer Ansicht scheint *Blumberg* zu sein, der ohne nähere Begründung feststellt, dass es sich „bei der Aussprache eines Stadionverbots um ein einseitiges Rechtsgeschäft handelt (...)", *Blumberg*, Stadionverbot, S. 69. Gleiches gilt für *Walker*, der in dem Stadionverbot eine Parallele zu einer Kündigungserklärung und deswegen ein einseitiges Rechtsgeschäft sieht, *Walker*, in: *Höfling/Horst*, Sport und Gewalt, S. 51 (72). Im Gegensatz zu einer Kündigungserklärung entfaltet der Ausspruch eines Stadionverbots jedoch keine unmittelbaren Wirkungen, da der Anspruch aus §§ 1004 Abs. 1 S. 2, 862 Abs. 1 S. 2 BGB unabhängig davon besteht, ob er gegen den Schuldner geltend gemacht wird oder nicht.

1182 *Sprau*, in: *Palandt*, Einl. v. § 1 BGB Rn. 48 m.w.N.

1183 *BGH*, NJW 1983, 1542 (1542) m.w.N.; *BAG*, NJW 2003, 236 (236); *Schramm*, in: *Säcker/Rixecker*, MüKo BGB, § 174 BGB Rn. 3 m.w.N.; *Räker,* SpuRt 2008, 99 (100) m.w.N. *Räker* stellt fest: „Auch auf die Erteilung eines Hausverbots findet § 174 BGB daher grundsätzlich Anwendung.", *Räker,* SpuRt 2008, 99 (100). Dies begründet *Räker* allerdings nicht näher.

1184 *BAG*, NJW 2003, 236 (236).

1185 *OLG Karlsruhe*, NJW-RR 1990, 1323 (1323) m.w.N.

1186 Vgl. zur wettbewerbsrechtlichen Abmahnung: *OLG Karlsruhe*, NJW-RR 1990, 1323 (1323) m.w.N.

wieder auf seine Privatautonomie berufen.[1187] Dann läge die weitere Rechtsfolge eines Stadionverbotsschreibens darin, dass dieses eine rechtliche Ausnahme vom Kontrahierungszwang begründet.

Eine solche Argumentation ist allerdings dogmatisch zweifelhaft, denn der Kontrahierungszwang und der Unterlassungsanspruch hängen nicht notwendig rechtlich zusammen. Während der Unterlassanspruch gesetzlich unmittelbar nach der Störungshandlung entsteht, wirkt sich die Ausnahme vom Kontrahierungszwang nur mittelbar auf das Rechtsverhältnis zwischen Verein und Störer aus, da zwei weitere Willensakte erforderlich sind: Der Störer muss sich trotz des gegen ihn bestehenden Anspruchs aus §§ 1004 Abs. 1 S. 2, 862 Abs. 1 S. 2 BGB dazu entscheiden, ein Angebot i.S.d. § 145 BGB gegenüber dem Verein abzugeben, einen Zuschauervertrag abzuschließen (erster Willensakt). Des Weiteren muss der Verein sich entschließen, dieses Angebot abzulehnen, und sich dabei auf die Ausnahme vom Kontrahierungszwang berufen (zweiter Willensakt). Da sich eine rechtsgeschäftsähnliche Handlung unmittelbar auf das Rechtsverhältnis auswirken muss, kann auch diese Argumentation nicht überzeugen.

Doch selbst wenn das Stadionverbotsschreiben rechtsgeschäftsähnlich wirken würde, scheitert eine analoge Anwendung des § 174 S. 1 BGB daran, dass keine vergleichbare Interessenlage zwischen dessen Schutzzweck und der aktuellen Stadionverbotspraxis besteht. Eine solche setzt voraus, dass der Lebenssachverhalt dem tatbestandlich vertypten Sachverhalt sowie dem Normzweck ähnlich ist.[1188] Dazu sind die Umstände des Einzelfalls zu werten.[1189] § 174 S. 1 BGB will für den Erklärungsempfänger Rechtssicherheit schaffen; er soll wissen, ob die Erklärung, die ihm zugegangen ist, wirksam oder mangels Vertretungsmacht gemäß § 180 BGB unzulässig ist.[1190] Dieses Interesse verfolgen grundsätzlich auch Zuschauer, die ein bundesweites Stadionverbot erhalten haben. Allerdings kommt es auf die Umstände des Einzelfalls an, so dass zu berücksichtigen ist, dass das Stadionverbotsschreiben bereits ausreichende Rechtssicherheit dadurch schafft, dass es auf die eingescannten Originalurkunden im Internet verweist. Die aktuelle Stadionverbotspraxis erfüllt den gesetzlichen Schutzzweck. Dadurch sind die Interessenlagen zwischen dem Störer und dem Tatbestand des § 174 S. 1 BGB nicht miteinander zu vergleichen. Das Ergebnis

---

1187 In diesem Zusammenhang muss die Beendigung eines bestehenden Zuschauervertrages außer Betracht bleiben (vertiefend dazu: Kapitel 5A.I.2, S. 302 ff., da der ausdrückliche oder konkludente Rücktritt/Kündigung auf einem Willensakt beruht und deswegen keine Rechtsfolgen kraft Gesetzes nach sich zieht. Dies ist aber wesentliches Definitionsmerkmal einer rechtsgeschäftsähnlichen Handlung.

1188 *Säcker*, in: *Säcker/Rixecker*, MüKo BGB, Einl. Rn. 150 m.w.N.

1189 *Säcker*, in: *Säcker/Rixecker*, MüKo BGB, Einl. Rn. 150 m.w.N.

1190 *Ellenberger*, in: *Palandt*, § 174 BGB Rn. 1.

ist (sowohl für die rechtgeschäftliche als auch für die gesellschaftsrechtliche Lösung) überraschend aber einfach: Der Störer kann ein bundesweites Stadionverbot nicht nach § 174 S. 1 BGB zurückweisen, da dieser weder direkt noch analog anzuwenden ist.

C. Rechtsfolgen eines Verstoßes gegen die Stadionverbotsrichtlinie

Abschließend ist zu untersuchen, wie es sich auswirkt, wenn ein Verein die Vorgaben der Stadionverbotsrichtlinie über- oder unterschreitet, d.h. entweder ein Stadionverbot ausspricht, das von den Vorgaben der Stadionverbotsrichtlinie nicht gedeckt ist oder kein Stadionverbot ausspricht, obwohl die Vorgaben der Stadionverbotsrichtlinie erfüllt sind. Die Rechtsfolgen sind in Bezug auf das Verbands- sowie Gesellschaftsrecht (Innenverhältnis) und auf das Zivilrecht (Außenverhältnis) zu unterscheiden.

I. Innenverhältnis

Im Innenverhältnis ist zu beachten, dass der Verein sowohl gesellschaftsrechtliches Mitglied im Fußballverband der DFL (im folgenden: verbandsrechtliche Rechtsfolgen) als auch der „Stadionverbots-GbR" (im folgenden: gesellschaftsrechtliche Rechtsfolgen) ist.

1. Gefahr von Verbandsstrafen

Zunächst sind die verbandsrechtlichen Rechtsfolgen zu beleuchten, die entstehen, wenn ein Verein gegen die Stadionverbotsrichtlinie verstößt. Diese ist im Innenverhältnis bindend.[1191] Verstoßen die Vereine gegen das Verbandsinnenrecht, drohen ihnen verbandsrechtliche Strafen gemäß § 44 Abs. 1, Abs. 2 der Satzung des DFB (darunter insbesondere Geldstrafen).[1192] Veranstaltet die DFL ein Fußballspiel, ergibt sich die Verbandsstrafengewalt des DFB mittelbar über § 11 lit. a) - c) der Satzung der DFL i.V.m. der jeweiligen Satzung der Vereine.

[1191] Vgl. vertiefend: Kapitel 1C.I.1, S. 57 ff.

[1192] *Blumberg* stellt auf § 44 Abs. 2 der Satzung des DFB ab, *Blumberg*, Stadionverbot, S. 43. In § 44 Abs. 2 der Satzung des DFB sind jedoch nur die einzelnen Strafarten aufgelistet. Der Straftatbestand ergibt sich stattdessen aus § 44 Abs. 1 der Satzung des DFB. Vertiefend zu Vereins- und Verbandsstrafen: *Orth*, Vereins- und Verbandsstrafen, S. 83 ff.

Nach § 33 der Richtlinien zur Verbesserung der Sicherheit bei Bundesspielen kann sogar eine Platzsperre ausgesprochen werden, wenn die Vereine den Sicherheitsanforderungen (wiederholt) nicht nachkommen und dadurch zu erwarten ist, dass die Sicherheit dauerhaft und schwerwiegend beeinträchtigt wird.

Die Strafgewalt der Fußballverbände gegenüber den Vereinen ist im Übrigen ein weiteres Argument dafür, dass die Stadionverbotsrichtlinie zwingend mit den Vorgaben des Zivilrechts zu harmonisieren ist. Denn anderenfalls droht den Vereinen ein unauflösbarer Konflikt: Verstößt eine Regelung der Stadionverbotsrichtlinie gegen die §§ 1004 Abs. 1 S. 2, 862 Abs. 1 S. 2 BGB, wären die Vereine im verbandsrechtlichen Innenverhältnis (unter Androhung von Strafe) verpflichtet, ein Stadionverbot auszusprechen, das im zivilrechtlichen Außenverhältnis gegenüber dem Störer rechtswidrig ist, weil es die Voraussetzungen des gesetzlichen Unterlassungsanspruchs nicht erfüllt.

Leiten Staatsanwaltschaft oder Polizei gegen den Störer beispielsweise ein Ermittlungsverfahren wegen Gefangenenbefreiung gemäß § 120 StGB ein, wäre der Verein gemäß § 4 Abs. 3 Nr. 9 SVR in seiner aktuellen Fassung verpflichtet, ein bundesweites Stadionverbot auszusprechen. Oben wurde jedoch festgestellt, dass eine solche Tat sich nicht gegen das Hausrecht des Vereins, sondern ausschließlich gegen die Staatsgewalt richtet, so dass keine ausreichende Gefahrenprognose i.S.d. §§ 1004 Abs. 1 S. 2, 862 Abs. 1 S. 2 BGB besteht.[1193] Spricht der Verein ein bundesweites Stadionverbot aus, ist dieses zivilrechtsrechtswidrig. Der Zuschauer kann von dem Verein verlangen, dieses aufzuheben.[1194] Spricht der Verein verbandsrechtswidrig kein bundesweites Stadionverbot aus, kann der Verband ihn bestrafen. Der Verein befindet sich in einem Interessenkonflikt, der durch eine Reform der Stadionverbotsrichtlinie zu beseitigen ist: der Reformbedarf wird im Einzelnen im 7. Kapitel aufgezeigt.[1195]

2. Gesellschaftsrechtlicher Anspruch

Die Vereine sind zudem als Gesellschafter der „Stadionverbots-GbR" verpflichtet, die Vorgaben der Stadionverbotsrichtlinie formell und materiell einzuhalten. Dies ergibt sich aus der Präambel i.V.m. Ziff. 2 S. 1 des Gesellschaftsvertrages (Mustererklärung im Lizenzierungsverfahren). Darüber hinaus stellt Ziff. 3 des Gesellschaftsvertrages klar: „Der Teilnehmer verpflichtet sich, bei Vorliegen der in den Sicherheitsrichtlinien festgelegten Voraussetzungen ebenfalls ein bundesweit wirksames Stadionverbot auszusprechen." Spricht der Verein kein bun-

---

1193 Vgl. vertiefend: Kapitel 3B.IX, S. 213 f.

1194 Vgl. vertiefend zum materiell-rechtlichen Aufhebungsanspruch: Kapitel 6A.I.2.a), S. 389 ff.

1195 Vgl. vertiefend: Kapitel 7A.II, S. 460 ff.

desweites Stadionverbot aus, obwohl die Voraussetzungen der Stadionverbotsrichtlinie als Teil der Sicherheitsrichtlinien erfüllt sind, ergibt sich daraus ein gesellschaftsrechtlicher Anspruch der „Stadionverbots-GbR" gegen den Verein, ein bundesweites Stadionverbot auszusprechen. Diesen kann jeder Verein nach den Grundsätzen der actio pro socio geltend machen.[1196] Dies geschieht in der Praxis, wenn ein Verein für ein bundesweites Stadionverbot gemäß § 3 SVR unzuständig ist und deswegen den zuständigen Verein „bittet", ein bundesweites Stadionverbot auszusprechen.

Andererseits kann sich ein gesellschaftsvertraglicher Korrekturanspruch aus der Präambel i.V.m. Ziff. 2 S. 1 des Gesellschaftsvertrages ergeben, wenn der Verein ein bundesweites Stadionverbot ausspricht, obwohl die formellen oder materiellen Voraussetzungen der Stadionverbotsrichtlinie nicht erfüllt sind.

Missachtet ein Verein (wiederholt) vorsätzlich oder grob fahrlässig seine gesellschaftsvertraglichen Pflichten, kann ihm aus wichtigem Grund gemäß § 723 Abs. 1 S. 2 Nr. 1 BGB gekündigt werden.[1197] Dadurch würde der Verein erneut gegen das Verbandsrecht (insbesondere gegen die LO der DFL) verstoßen. Die dadurch entstehenden verbandsrechtlichen Rechtsfolgen, die oben bereits aufgezeigt wurden,[1198] sind allerdings von denen des Gesellschaftsrechts im Zusammenhang mit der „Stadionverbots-GbR" zu unterscheiden.

II. Zivilrechtliches Außenverhältnis

Unabhängig von diesen Rechtsfolgen des Innenverhältnisses der „Stadionverbots-GbR", der Vereine, des DFB und der DFL untereinander, sind die Auswirkungen auf den Unterlassungsanspruch aus §§ 1004 Abs. 1 S. 2, 862 Abs. 1 S. 2 BGB gegenüber dem Störer zu untersuchen, die entstehen, wenn ein Verein bzw. die „Stadionverbots-GbR" die Vorgaben der Stadionverbotsrichtlinie missachtet.

1196 Vertiefend zur actio pro socio im Recht der GbR: *Schöne*, in: *Bamberger/Roth*, BeckOK BGB, § 705 BGB Rn. 115 ff. Verstoßen die Vorgaben der Stadionverbotsrichtlinie gegen die §§ 1004 Abs. 1 S. 2, 862 Abs. 1 S. 2 BGB, kann sich zudem das Problem einer rechtfertigenden oder entschuldigenden Pflichtenkollision ergeben.

1197 Vertiefend zur außerordentlichen Kündigung eines Gesellschafters der GbR: *Schöne*, in: *Bamberger/Roth*, BeckOK BGB, § 723 BGB Rn. 16 ff.

1198 Vgl. vertiefend: Kapitel 4C.I.1, S. 284.

1. Ansicht *Blumberg*: Keine bundesweite Wirkung des Stadionverbots

Blumberg vertritt (ohne dies näher zu begründen) die Auffassung, dass die gegenseitigen Vollmachten der Vereine (zugunsten der „Stadionverbots-GbR“) nicht wirken, wenn der Verein, der das Stadionverbot ausspricht, gegen die Stadionverbotsrichtlinie verstößt, beispielsweise indem er nach § 3 SVR unzuständig ist oder die Dauer nach § 5 SVR falsch bemisst.[1199] Dann sei die „Stadionverbots-GbR“ wegen Ziff. 2 S. 1 der Mustererklärung nicht bevollmächtigt, das Stadionverbot mit bundesweiter Wirkung auszusprechen.[1200] Stattdessen könne der Verein nur einen Unterlassungsanspruch für seinen eigenen Hausrechtsbereich geltend machen (örtliches Stadionverbot).[1201]

2. Stellungnahme: Bundesweite Wirkung des Stadionverbots trotz Verstoß gegen Stadionverbotsrichtlinie

Dem ist nicht zuzustimmen. Für diese Ansicht spricht zwar, dass sich der Umfang einer gewillkürten Vertretungsmacht grundsätzlich gemäß § 164 Abs. 1 S. 1 BGB nach dem Inhalt der Bevollmächtigung richtet.[1202] Gegen sie ist jedoch entscheidend der Grundsatz der Abstraktheit der Vertretungsmacht anzuführen.[1203] Danach ist das rechtliche „Können“ im Außenverhältnis grundsätzlich unabhängig vom rechtlichen „Dürfen“ im Innenverhältnis zu bestimmen.[1204] Pflichtwidriges Handeln des Vertreters im Innenverhältnis berührt das Außenverhältnis zum Geschäftsgegner grundsätzlich nicht.[1205] Deswegen fehlt die bundesweite Vollmacht nur dann, wenn Ziff. 2 S. 1 der Mustererklärung (des Gesellschaftsvertrages) zugleich den Umfang der Vertretungsmacht im Außenverhältnis bestimmt, nicht aber wenn Ziff. 2 S. 1 lediglich eine (gesellschaftsvertragliche) Innenverpflichtung darstellt, die die Vertretungsmacht der „Stadionverbots-GbR“ im Außenverhältnis unberührt lässt.

1199 *Blumberg*, Stadionverbot, S. 43. Davon zu unterscheiden, ist die oben erörterte Problematik, dass der Verein sich auf nicht ausreichende Tatsachenermittlungen stützt, vgl. vertiefend: Kapitel 2C.II, S. 187 f.

1200 Vgl. *Blumberg*, Stadionverbot, S. 37.

1201 *Blumberg*, Stadionverbot, S. 37.

1202 *Schramm*, in: *Säcker/Rixecker*, MüKo BGB, § 164 BGB Rn. 70.

1203 *Ellenberger*, in: *Palandt*, Einf v § 164 BGB Rn. 2; *Schramm*, in: *Säcker/Rixecker*, MüKo BGB, § 164 BGB Rn. 74.

1204 *Ellenberger*, in: *Palandt*, Einf v § 164 BGB Rn. 2; *Schramm*, in: *Säcker/Rixecker*, MüKo BGB, § 164 BGB Rn. 74.

1205 *Ellenberger*, in: *Palandt*, Einf v § 164 BGB Rn. 2; *Schramm*, in: *Säcker/Rixecker*, MüKo BGB, § 164 BGB Rn. 74.

Dem Wortlaut in Ziff. 2 S. 1 der Mustererklärung ist nicht zu entnehmen, dass ein Verstoß gegen die Stadionverbotsrichtlinie dazu führen soll, dass die rechtsgeschäftliche Vertretungsmacht der „Stadionverbots-GbR" im Außenverhältnis gegenüber dem Zuschauer entfällt. Stattdessen stellt Ziff. 2 S. 1 eine gesellschaftsvertragliche Innenverpflichtung des DFB, der DFL und aller Vereine dar, die Vorgaben der Stadionverbotsrichtlinie zu beachten. Dafür spricht auch die Präambel der Mustererklärung (des Gesellschaftsvertrages), in der die Gesellschafter die Stadionverbotsrichtlinie „mit den darin enthaltenen Regelungen über das bundesweit wirksame Stadionverbot sowohl in formeller als auch in materieller Hinsicht als rechtswirksam und für sich verbindlich" anerkennen. Der Wortlaut deutet darauf hin, dass das Stadionverbot „bundesweit wirksam" sein soll und die Vereine gleichzeitig – aber davon unabhängig – die Stadionverbotsrichtlinie formell und materiell anerkennen.

Letztlich spricht dafür auch die Interessenlage, die der Stadionverbotspraxis zugrunde liegt. Denn wenn ein Stadionverbot nur dann bundesweit wirken würde, wenn der einzelvertretungsberechtigte Verein, der das Stadionverbot über die „Stadionverbots-GbR" ausspricht, alle Vorgaben der Stadionverbotsrichtlinie eingehalten hat, müssten alle Vereine jedes bundesweite Stadionverbot überprüfen, bevor sie den Zuschauer auf dessen Grundlage von ihrem Stadionbereich ausschließen. Dies entspricht nicht dem Sinn und Zweck der Ziff. 2 S. 1 der Mustererklärung. Die Vereine müssen sich auf die bundesweite Wirkung des Stadionverbots verlassen können, wenn die „Stadionverbots-GbR" die Stadionverbotspraxis vereinfachen soll. Daraus folgt entgegen der Ansicht von *Blumberg*, dass Ziff. 2 S. 1 der Mustererklärung die „Stadionverbots-GbR" rechtsgeschäftlich im Außenverhältnis auch dann wirksam bevollmächtigt, wenn das bundesweite Stadionverbot gegen die Stadionverbotsrichtlinie verstößt. Ziff. 2 S. 1 der Mustererklärung (des Gesellschaftsvertrages) verpflichtet die Gesellschafter lediglich im Innenverhältnis untereinander, die Vorgaben der Stadionverbotsrichtlinie einzuhalten.

Kapitel 5 Rechtsfolgen des bundesweiten Stadionverbots

Die rechtliche Bedeutung eines bundesweiten Stadionverbots beschränkt sich nicht auf das Verbot für den Betroffenen, den Stadionbereich in dem bestimmten Zeitraum nicht mehr betreten zu können. Übt ein Verein sein Hausrecht aus, strahlt dies in weite Teile der Rechtsordnung aus. Dabei ist zwischen zivilrechtlichen, strafrechtlichen und öffentlich-rechtlichen Rechtsfolgen zu unterscheiden.

A. Zivilrechtliche Rechtsfolgen

Zivilrechtlich ist zu untersuchen, wie sich das Stadionverbot auf den Zuschauervertrag, die Mitgliedschaft des Betroffenen im Verein, mögliche Schadensersatzpflichten und das Datenschutzrecht auswirkt.

I. Zuschauervertrag

Regelmäßig ist der Störer schuldrechtlich mit dem Verein durch den Zuschauervertrag verbunden.[1206] Dieser verpflichtet den Veranstalter des Fußballspiels, dem Zuschauer den Zugang zum Fußballstadion gegen Eintrittsgeld zu ermöglichen.[1207] Es handelt sich um einen Werkvertrag mit mietvertraglichem Einschlag.[1208] Der geschuldete Erfolg besteht darin, das Fußballspiel darzubieten, begrenzt durch den Bestimmungszweck des Stadions, der sich in den Allgemeinen Geschäftsbedingungen oder der Stadionordnung konkretisiert.[1209] Gleichzeitig hat der Zuschauer ein Anrecht auf den Sitzplatz oder auf einen frei wählba-

---

1206 Nur bei Ausschreitungen vor dem Stadion oder an Drittorten ist dies nicht der Fall, es sei denn der Zuschauer hatte eine Eintrittskarte bereits im Vorverkauf erworben.

1207 *Jenny,* in: *Kauerhof u.a.*, Zuschauer als Störer, S. 129 (129).

1208 *Weisemann/Spieker,* Sport, Spiel und Recht, Rn 182; *Eilers*, in: *WFV*, Zuschauerausschreitungen bei Fußballspielen, S. 18 (23); *Weller*, NJW 2007, 960 (961); *Walker*, in: *Gödicke u.a.*, FS Schapp, S. 491 (501); *Kleiner*, in: *Arter/Baddeley*, Sport u. Recht, S. 19 (50); *Ruhs*, Sicherheit und Ordnung, S. 17 m.w.N.; *Schild*, in: *WFV*, Recht der Sportstätte, S. 66 (81); *Jedamzik,* in: *Kauerhof u.a.,* Zuschauer als Störer, S. 105 (105). Andere Ansichten charakterisieren den „Stadionbesuchsvertrag" entweder als reiner Werkvertrag oder als Vertrag sui generis, vgl. *Haslinger*, Zuschauerausschreitungen, S. 25 m.w.N.

1209 *Haslinger*, Zuschauerausschreitungen, S. 25 m.w.N.; *Eilers*, in: *WFV*, Zuschauerausschreitungen bei Fußballspielen, S. 18 (24); *Ruhs*, Sicherheit und Ordnung, S. 14.

ren Stehplatz innerhalb des Stadionblocks, der auf der Eintrittskarte ausgewiesen ist. Der Zuschauervertrag kann für ein Spiel (Tageskarte) oder für die gesamte Saison (Dauerkarte) abgeschlossen werden, wobei letzterer ein Dauerschuldverhältnis begründet.[1210]

Der Zuschauer erwirbt seine Eintrittskarte im Kartenvorverkauf oder am Kassenhäuschen des Stadions von einem Kartenverkäufer, der bei dem Verein angestellt ist. Die Eintrittskarte ist kein Legitimationspapier im Sinne einer Ausweiserleichterung, sondern ein unvollkommenes kleines Inhaberpapier nach § 807 BGB.[1211] Grundsätzlich kann jeder Karteninhaber gemäß §§ 807, 793 Abs. 1 S. 1 BGB verlangen, zum Stadion zugelassen zu werden. Dies setzt einen wirksamen sog. Begebungsvertrag mit doppeltem Inhalt voraus:[1212] Der Aussteller muss sachenrechtlich das Eigentum an der Urkunde §§ 929 ff. BGB auf den Erwerber übertragen; schuldrechtlich muss zwischen den Parteien ein wirksamer Vertrag über die verbriefte Forderung zustande kommen: der oben beschriebene Zuschauervertrag.[1213] Der schuldrechtliche Zuschauervertrag i.S.d. § 631 BGB und der dingliche Übereignungsvertrag an der Eintrittskarte i.S.d. § 929 S. 1 BGB sind rechtlich voneinander zu trennen (Trennungsprinzip) und in ihrer Wirksamkeit unabhängig voneinander (Abstraktionsprinzip). Beide Verträge kommen – zeitlich betrachtet – in der Kartenverkaufsstelle nahezu gleichzeitig zustande, wobei der Verein in der Regel nicht selbst durch seine Organe, sondern durch den bevollmächtigten Kartenverkäufer handelt.[1214]

Zu untersuchen ist, wie es sich auf bestehende und auf künftige Zuschauerverträge auswirkt, wenn der veranstaltende Verein über die „Stadionverbots-

---

1210 *Schild*, in: *WFV*, Recht der Sportstätte, S. 66 (83); *Breucker*, JR 2005, 133 (137); *Orth/Schiffbauer*, RW 2011, 177 (198); *Walker*, in: *Gödicke u.a.*, FS Schapp, S. 491 (502).

1211 *Eilers*, in: *WFV*, Zuschauerausschreitungen bei Fußballspielen, S. 18 (23); *Schild,* in: *WFV*, Recht der Sportstätte, S. 66 (81); *Breucker*, JR 2005, 133 (137); *Blumberg*, Stadionverbot, S. 25 m.w.N.; *Dippel*, Zivilrechtliche Haftung, S. 305 f. Zwar weist die Eintrittskarte nicht alle Merkmale eines Inhaberpapiers auf (insbesondere fehlt die Namensbezeichnung des Gläubigers sowie die Namensunterschrift des Ausstellers), allerdings liegt nach der Verkehrsauffassung ein unvollkommenes Inhaberpapier vor, da die Leistung grundsätzlich an den jeweiligen Besitzer der Karte versprochen wird, ohne eine bestimmte Person zu legitimieren, vgl. hierzu vertiefend *Schild,* in: *WFV*, Recht der Sportstätte, S. 66 (81).

1212 *BGH*, NJW 1973, 282 (283); *Sprau*, in: *Palandt*, § 793 BGB Rn. 8 m.w.N.; *Schild*, in: *WFV*, Recht der Sportstätte, S. 66 (82).

1213 *BGH*, NJW 1973, 282 (283); *Sprau*, in: *Palandt*, § 793 BGB Rn. 8 m.w.N; *Schild*, in: *WFV*, Recht der Sportstätte, S. 66 (82).

1214 *Schild*, in: *WFV*, Recht der Sportstätte, S. 66 (81); *Breucker*, JR 2005, 133 (137); *Breucker*, JR 2005, 133 (137); *Walker*, in: *Gödicke u.a.*, FS Schapp, S. 491 (500).

GbR" ein Stadionverbot ausspricht. Dabei ist jeweils zwischen Tages- und Dauerkartenverträgen zu unterscheiden.

1. Auswirkungen auf den Abschluss künftiger Tageskartenverträge

Die Tatsachen, die einem Stadionverbot zugrunde liegen, begründen nicht nur einen gesetzlichen Unterlassungsanspruch. Sie entbinden die Vereine zugleich von ihrem Kontrahierungszwang und berechtigen diese, sich zu weigern, mit dem Störer künftig einen Zuschauervertrag abzuschließen.[1215] Wer mit einem Stadionverbot belegt ist, kann bundesweit von keinem Verein verlangen, mit ihm ein Vertragsverhältnis einzugehen. Problematisch ist allerdings, dass den Kartenverkaufsstellen der Vereine in der Praxis die organisatorischen Mittel fehlen, um bei jedem Verkauf einer Eintrittskarte zu überprüfen, ob gegen den Erwerber ein wirksames Stadionverbot besteht.[1216] Dies führt dazu, dass es einigen Störern trotz Stadionverbot gelingt, eine Eintrittskarte zu erwerben. Dadurch umgehen sie das Recht der Vereine, ihnen den Vertragsschluss zu verweigern.

Nahezu unstreitig ist, dass der Besitz einer Eintrittskarte, den der Störer einem Stadionverbot zuwider erlangt hat, keinen Anspruch begründet, das Stadion zu betreten.[1217] Sonst würde der überwiegend präventive Zweck des Stadionverbots leer laufen und ein Widerspruch in der Rechtsordnung entstehen: Wenn der Verein einerseits gemäß §§ 1004 Abs. 1 S. 2, 862 Abs. 1 S. 2 BGB von dem Störer verlangen kann, dass dieser es unterlässt, das Stadiongelände zu betreten, kann er nicht andererseits verpflichtet sein, ihm Zutritt zu gewähren, wenn er eine Eintrittskarte vorlegt. § 1 Abs. 7 SVR stellt dies klar. Die Stadionverbotsrichtlinie wirkt aber im zivilrechtlichen Außenverhältnis zum Störer nicht unmittelbar.[1218] Deswegen stellt sich die Frage, wie dieses Ergebnis entgegen §§ 807, 793 Abs. 1 S. 1 BGB[1219] dogmatisch zu begründen ist. Dabei ist zwischen zwei denkbaren Sachverhaltskonstellationen zu unterscheiden: entweder

---

1215 Vgl. vertiefend zum Kontrahierungszwang: Kapitel 1B.II, S. 51 ff.

1216 Insbesondere beim Einlass zu den Fußballstadien bestehen zumindest einige Kontrollmöglichkeiten aufgrund der Zentraldatei des DFB, vgl. dazu vertiefend: Kapitel 5A.IV, S. 343 ff.

1217 *Breucker*, JR 2005, 133 (137); *Dippel*, Zivilrechtliche Haftung, S. 305 f.; *Blumberg*, Stadionverbot, S. 25; *Walker*, in: *Gödicke u.a.*, FS Schapp, S. 491 (500); *Schild*, in: *WFV*, Recht der Sportstätte, S. 66 (81 f.).

1218 Anders kann dies aber bei den Hausordnungen der Vereine sein, die teilweise Regelungen enthalten, nach denen der Besitz einer Eintrittskarte nicht zum Einlass zum Stadion berechtigt, wenn ein Stadionverbot besteht, vgl. *Dippel*, Zivilrechtliche Haftung, S. 306. Zur Diskussion über personalisierte Eintrittskarten: Fn. 2111, S. 462.

1219 Vgl. vertiefend: Kapitel 5A.I, S. 289 f.

der Betroffene erwirbt die Eintrittskarte selbst bei einer Kartenverkaufsstelle oder er verschafft sie sich über einen Dritten.

a) Erwerb der Eintrittskarte durch den Betroffenen

Zunächst ist der Fall zu untersuchen, in dem der Betroffene die Eintrittskarte selbst erwirbt.

aa) Lösung der Problematik in der Literatur

Die bisher zu dieser Frage veröffentlichte Literatur löst die Problematik übereinstimmend über die fehlende Vollmacht des Kartenverkäufers.[1220] Eine Vollmacht bestehe weder für den schuldrechtlichen Zuschauervertrag noch für den sachenrechtlichen Eintrittskartenübereignungsvertrag.[1221] Der Kartenverkäufer handele ohne Vertretungsmacht, so dass seine Willenserklärung nicht gegenüber dem Verein wirke und keinen Anspruch aus der Eintrittskarte gemäß §§ 807, 793 Abs. 1 S. 1 BGB begründen könne.[1222] Warum dem Kartenverkäufer die Vollmacht fehle, begründen die Literaten unterschiedlich.

Dippel und *Walker* legen den Umfang der Innenvollmacht gemäß §§ 133, 157 BGB aus,[1223] die nach § 167 Abs. 1 Alt. 1 BGB konkludent im Arbeitsvertrag des Kartenverkäufers erteilt werde.[1224] Sie bestehe nur für solche Zuschauer, gegen die kein Stadionverbot vorliege.[1225] Demgegenüber sei die Vollmacht nach der Ansicht von *Schild* und *Breucker* wegen des Kontrahierungszwangs unbeschränkt; allerdings widerriefen die Vereine die Vollmacht des Kartenverkäufers teilweise durch das Stadionverbotsschreiben gemäß §§ 168 S. 3, 167 Abs. 1 BGB.[1226] Dass es sich um eine Innenvollmacht handele, stehe dieser Auslegung des Stadionverbotsschreibens nicht entgegen, da eine Vollmacht sowohl

---

1220 *Breucker*, JR 2005, 133 (137); *Dippel*, Zivilrechtliche Haftung, S. 305 f.; *Walker*, in: *Gödicke u.a.*, FS Schapp, S. 491 (500). Diese Auffassungen gehen auf die ausführliche Darstellung von *Schild* zurück, vgl. hierzu: *Schild*, in: *WFV*, Recht der Sportstätte, S. 66 (81 f.).

1221 *Breucker*, JR 2005, 133 (137); *Dippel*, Zivilrechtliche Haftung, S. 305 f.; *Walker*, in: *Gödicke u.a.*, FS Schapp, S. 491 (500); *Schild*, in: *WFV*, Recht der Sportstätte, S. 66 (81 f.).

1222 *Dippel*, Zivilrechtliche Haftung, S. 305 f.; *Walker*, in: *Gödicke u.a.*, FS Schapp, S. 491 (500); *Breucker*, JR 2005, 133 (137).

1223 *Dippel*, Zivilrechtliche Haftung, S. 305 f.; *Walker*, in: *Gödicke u.a.*, FS Schapp, S. 491 (500).

1224 *Schild*, in: *WFV*, Recht der Sportstätte, S. 66 (81).

1225 *Dippel*, Zivilrechtliche Haftung, S. 305 f.; *Walker*, in: *Gödicke u.a.*, FS Schapp, S. 491 (500).

1226 *Schild*, in: *WFV*, Recht der Sportstätte, S. 66 (81); *Breucker*, JR 2005, 133 (137).

gegenüber dem Bevollmächtigten als auch gegenüber dem Dritten widerrufen werden könne.[1227]

bb) Stellungnahme: Neue Lösung erforderlich

Den bisherigen Vorschlägen ist nicht zuzustimmen. Die Problematik ist nicht darüber zu lösen, dass dem Kartenverkäufer von Anfang an oder später durch das Stadionverbotsschreiben die Vollmacht fehle. Diese Ansichten überzeugen dogmatisch nicht, weil sie vernachlässigen, dass der Vertragsschluss bereits scheitern kann, wenn der Verein sich durch die Erklärung des Kartenverkäufers nicht rechtlich binden will, wenn gegen den Zuschauer ein Stadionverbot besteht (fehlender Rechtsbindungswille).[1228] Dazu ist die Erklärung des Kartenverkäufers gemäß §§ 133, 157 BGB nach dem objektiven Empfängerhorizont auszulegen. Dies übersieht die bisherige Literatur, obwohl sie sich an anderer Stelle ausdrücklich mit ähnlichen Auslegungsfragen beschäftigt, nämlich wenn das Stadionverbot zu einem Zeitpunkt ausgesprochen wird, in dem der Zuschauervertrag bereits besteht.[1229] Darauf ist später einzugehen, denn hier geht es um die Frage, wie sich das Stadionverbot auf künftige Zuschauerverträge auswirkt.

Lediglich *Walker* weist am Rande darauf hin, dass die Problematik des nachträglichen Erwerbs einer Eintrittskarte nicht nur über die fehlende Vollmacht des Kartenverkäufers zu lösen sein könnte, sondern bereits über die Auslegung der Willenserklärungen des Zuschauervertrages: „Aber zunächst dürfte jede Willenserklärung des Kartenverkäufers beim Verkauf und bei der Übereignung eines Tickets sowie jede Bevollmächtigung zu einem solchen Rechtsgeschäft durch andere Verkäufer so auszulegen sein, dass Verkauf und Übereignung nur an solche Erwerber erfolgen sollen, die nicht mit einem Stadionverbot belegt sind.“[1230] Da *Walker* seine Andeutung nicht näher begründet und sich die übrigen Literaten mit dieser Lösung überhaupt nicht beschäftigen, ist zu untersuchen, ob hierdurch ein dogmatisch überzeugendes Ergebnis erzielt werden kann.

1227 *Schild*, in: *WFV*, Recht der Sportstätte, S. 66 (81); *Breucker*, JR 2005, 133 (137).

1228 Der Vollständigkeit halber müsste stets der schuldrechtliche Zuschauervertrag und der dinglichen Eintrittskartenübereignungsvertrag bezeichnet werden. Allerdings soll im Folgenden vereinfachend lediglich von dem Zuschauervertrag gesprochen werden.

1229 Vgl. vertiefend: Kapitel 5A.I.2.b)aa), S. 306 f.

1230 *Walker*, in: *Gödicke u.a.*, FS Schapp, S. 491 (500). Ähnlich auch: *Hilpert*, Fußballstrafrecht, IV. Rn. 7.

1) Auslegung der Willenserklärungen

Ein wirksamer Zuschauervertrag setzt zwei übereinstimmende, inhaltlich aufeinander bezogene Willenserklärungen voraus, Angebot und Annahme nach §§ 145, 147 Abs. 1 S. 1 BGB. Das Angebot gibt der Zuschauer gegenüber dem bevollmächtigten Kartenverkäufer ab. Es ist darauf gerichtet, einen Anspruch zu erwerben, das Stadion während eines bestimmten Fußballspiels zu besuchen.[1231] Der Kartenverkäufer will dem Zuschauer in der Regel einen solchen Anspruch einräumen,[1232] so dass seine Erklärung grundsätzlich als Annahme auszulegen ist.

Die Erklärung, die der Kartenverkäufer namens und in Vollmacht für den Veranstalter abgibt, ist gemäß §§ 133, 157 BGB aber in jedem Einzelfall aus dem objektiven Empfängerhorizont des Zuschauers auszulegen, gegen den ein Stadionverbot besteht. Dabei sind auch die Umstände zu berücksichtigen, die außerhalb der Erklärung liegen, wenn sie einen Schluss auf die rechtliche Bedeutung der Willenserklärung zulassen.[1233] Dazu zählt die Tatsache, dass der Verein über die „Stadionverbots-GbR" gegen den Zuschauer ein bundesweites Stadionverbot aussprach. In der hiesigen Sachverhaltskonstellation begehrt der Störer erst danach, einen Zuschauervertrag abzuschließen. Dann kann das Stadionverbot als äußerer Umstand in die Auslegung der Willenserklärungen einbezogen werden.

Durch das Stadionverbotsschreiben bringt der Verein eindeutig seinen Willen zum Ausdruck, dem Betroffenen während der Dauer des Stadionverbots keinen Zutritt zum Stadiongelände gewähren zu wollen.[1234] Wenn der Betroffene danach in der Kartenverkaufsstelle versucht, den Kartenverkäufer zu täuschen und eine Eintrittskarte zu erwerben, weiß er, dass der Verein ihm (eigentlich) den Zutritt zum Stadion verweigern will, solange sein Stadionverbot nicht aufgehoben ist. Anderenfalls würde der Verein sich widersprüchlich verhalten, was der Zuschauer aus dem objektiven Empfängerhorizont nicht unterstellen kann. Deswegen fehlt dem Verein der Rechtsbindungswille, auch wenn der Kartenverkäufer dem Zuschauer eine Eintrittskarte aushändigt. Der Verein will sich vertraglich nicht binden, wenn er dem Zuschauer zuvor ein Stadionverbot erteilt hat.

[1231] *Schild*, in: *WFV*, Recht der Sportstätte, S. 66 (81).

[1232] *Schild*, in: *WFV*, Recht der Sportstätte, S. 66 (81).

[1233] *BGH*, NJW-RR 2000, 1002 (1003); *Ellenberger*, in: *Palandt*, § 133 BGB Rn. 15 m.w.N.

[1234] Weiterhin kann sich der fehlende Rechtsbindungswille auch in den allgemeinen Ticketbedingungen manifestieren, wenn diese eine entsprechende Klausel enthalten. Vergleiche dazu ausführlich im Folgenden: Kapitel 5A.I.2.a), S. 303 ff.

Weiterhin spricht gegen einen Rechtsbindungswillen der Vereine in dieser Situation ein Erst-Recht-Schluss: Nach *Breucker* scheitert ein wirksamer Vertrag in den – hier nicht relevanten[1235] – Fällen, in denen der Zuschauer die Karte schon vor dem Stadionverbot erworben hatte, daran dass die Willenserklärung des Veranstalters gemäß §§ 133, 157 BGB stillschweigend unter der Bedingung abgegeben sei, dass später kein Stadionverbot gegen den Zuschauer ausgesprochen werde.[1236] Zwar geht *Breuker* von einer anderen Sachverhaltskonstellation aus[1237] und stellt nicht auf den fehlenden Rechtsbindungswillen, sondern auf eine aufschiebende Bedingung ab, dennoch ist seine Argumentation für den hier relevanten Fall, in dem der Störer eine Eintrittskarte erwerben will, nachdem gegen ihn ein Stadionverbot ausgesprochen wurde, im Wege eines Erst-Recht-Schlusses fruchtbar zu machen: Wenn die Willenserklärung des Veranstalters sogar unter der stillschweigenden Bedingung stehen sollte,[1238] dass zu einem späteren Zeitpunkt kein Stadionverbot gegen den Zuschauer ausgesprochen wird, dann will der Veranstalter sich erst recht nicht vertraglich binden, wenn gegen den Käufer der Eintrittskarte bereits ein Stadionverbot besteht.

Dieser Lösung der Problematik steht nicht entgegen, dass die Vereine das Stadionverbot nicht im eigenen Namen, sondern als Vertreter der „Stadionverbots-GbR" aussprechen,[1239] der schuldrechtliche Zuschauervertrag jedoch nicht zwischen dem Zuschauer und der „Stadionverbots-GbR", sondern zwischen dem Zuschauer und dem Verein als Veranstalter zustande kommen würde. Schließlich kann ein Vertreter zugleich im eigenen und im fremden Namen handeln.[1240] Dies bedeutet konkret: Der Verein kann in dem Stadionverbotsschreiben den Unterlassungsanspruch als Vertreter der „Stadionverbots-GbR"[1241] geltend machen und zugleich im eigenen Namen konkludent verdeutlichen, dass er während der Dauer des Stadionverbots keine Tages- oder Dauerkartenverträge mit dem Betroffenen abschließen wird. Anderenfalls würde der Verein gegen seine

1235 Diese Fälle werden erst bei bereits bestehenden Tageskartenverträgen relevant, vgl. dazu vertiefend: Kapitel 5A.I.2.b)aa), S. 306 f.

1236 *Breucker*, JR 2005, 133 (137) m.w.N. *Breucker* drückt sich ungenau aus, indem er den abzuschließenden Vertrag als „Kartenkaufvertrag" bezeichnet, obwohl der Zuschauervertrag einen Werkvertrag mit mietrechtlichem Einschlag darstellt, vgl. vertiefend: Kapitel 5A.I, S. 289 f. *Schild* weist in diesem Zusammenhang zutreffend darauf hin, dass in der Alltagssprache oftmals die Redewendung verwendet wird, eine Karte werde „gekauft". Dies wird dem Charakter eines Zuschauervertrages als Werkvertrag jedoch nicht gerecht, vgl. *Schild*, in: *WFV*, Recht der Sportstätte, S. 66 (80).

1237 Vgl. vertiefend zu der dortigen Sachverhaltskonstellation: Kapitel 5A.I.2, S. 302.

1238 Dies wird noch zu diskutieren sein, vgl. Kapitel 5A.I.2.b)aa), S. 306 f.

1239 Die „Stadionverbots-GbR" handelt dabei ihrerseits als Vertreterin der einzelnen Vereine, vgl. vertiefend: Kapitel 4B.II.4.a)hh), S. 272 f.

1240 *BGH*, NJW 1988, 1908 (1909); *Ellenberger*, in: *Palandt*, § 164 BGB Rn. 1 m.w.N.

1241 Diese handelt ihrerseits als rechtsgeschäftliche Vertreterin aller Vereine.

verbandsrechtlichen Pflichten aus § 1 Abs. 2, Abs. 7 SVR und gegen seine gesellschaftsvertraglichen Pflichten aus Ziff. 2 S. 4 und Ziff. 4 verstoßen. Dieser Lösungsvorschlag stimmt somit mit der oben aufgezeigten gesellschaftsrechtlichen Lösung überein.[1242]

2) Kritik an der bisherigen Literatur

Die in der bisher veröffentlichten Literatur vorgetragenen Argumente können gegenüber diesem Lösungsvorschlag nicht überzeugen.

(a) Keine Lösung über Auslegung der arbeitsvertraglichen Vollmacht

Der Argumentation von *Dippel* und *Walker* ist zwar insoweit zu folgen, als dass sie die Problematik ebenfalls zu lösen versuchen, indem sie eine Willenserklärung aus dem objektiven Empfängerhorizont gemäß §§ 133, 157 BGB auslegen. Nicht gefolgt werden kann ihnen allerdings im dogmatischen Anknüpfungspunkt: Es ist nicht ersichtlich, warum die Vollmacht des Kartenverkäufers fehlen soll, wenn bereits keine Willenserklärung des Vereins vorliegt, weil ihr der Rechtsbindungswille fehlt. Nur wenn man in einem ersten Schritt aus dem objektiven Empfängerhorizont einen Rechtsbindungswillen des Vereins bejahen würde, käme es in einem zweiten Schritt auf die Frage an, ob diese Willenserklärung von der Vertretungsmacht des Kartenverkäufers erfasst ist. Der hier dargestellte Vorschlag löst die Problematik bereits auf der ersten Ebene. Diese Lösung ist dogmatisch klarer und überzeugender. Gleichzeitig vermeidet sie ein arbeitsrechtliches Folgeproblem, das sich nach der Lösung ergibt, die *Dippel* und *Walker* vorschlagen:

Dippel und *Walker* setzen voraus, dass die (Innen-)Vollmacht des Kartenverkäufers konkludent im Arbeitsvertrag erteilt wird. Erteilt jemand eine Vollmacht, ist deren Umfang als einseitig empfangsbedürftige Willenserklärung gemäß §§ 133, 157 BGB nach dem objektiven Empfängerhorizont auszulegen.[1243] Bei der kundgemachten Innenvollmacht kommt es dabei darauf an, wie der Bevollmächtigte die Erklärung objektiv verstehen musste.[1244] Daraus folgt für den Kartenverkäufer nicht nur die Gefahr, die Reichweite seiner Vollmacht subjektiv falsch zu bewerten. Für ihn stellt sich als Arbeitnehmer ein weiteres Problem: Sieht man in dem Arbeitsvertrag die konkludente Vollmacht mit dem Inhalt: „Verkaufe Eintrittskarten an Zuschauer, aber nicht an solche Fans, die mit einem Stadionverbot belegt sind", wird man zugleich die Pflicht des Arbeitnehmers

[1242] Vgl. vertiefend: Kapitel 4B.II.4.a)hh), S. 272 f.
[1243] *Ellenberger*, in: *Palandt*, § 167 BGB Rn. 5.
[1244] *BGH*, NJW 91, 3141 (3141); *Ellenberger*, in: *Palandt*, § 167 BGB Rn. 5.

anerkennen müssen, diese Vollmacht nicht zu überschreiten. Um diese Pflicht aus dem Arbeitsvertrag erfüllen zu können, müsste der Arbeitnehmer bei jedem Kartenverkauf prüfen, ob gegen den Erwerber ein Stadionverbot vorliegt. Dies ist ihm organisatorisch jedoch nicht möglich.[1245]

Zwar sind die Haftungsgefahren des Arbeitsnehmers gering: Dem Verein entsteht regelmäßig kein oder nur ein geringer kausaler Schaden, wenn der Kartenverkäufer diese Vollmacht überschreitet.[1246] Die Haftung des Kartenverkäufers ist zudem über die Grundsätze des innerbetrieblichen Schadensausgleichs und durch § 179 Abs. 2, Abs. 3 S. 1 BGB abgemildert. Dennoch besteht für den Arbeitnehmer die Gefahr, dass er abgemahnt oder ihm sogar gekündigt wird, wenn er seine arbeitsvertraglichen Pflichten verletzt, indem er seine Vollmacht überschreitet.[1247] Denn eine Kündigung nach § 626 BGB ist auch möglich, wenn der Arbeitnehmer nicht schuldhaft handelt.[1248] Diese Problematik stellt sich nur dann nicht, wenn man nicht die Vollmacht des Kartenverkäufers, sondern die Willenserklärung des Vereins, die auf den Zuschauervertrag gerichtet ist, einschränkend auslegt.

(b) Keine Lösung über konkludenten Teilwiderruf der Vollmacht

Auch die von *Schild* und *Breucker* bevorzugte Lösung überzeugt nicht. Die Vereine widerrufen die Vollmacht ihrer Kartenverkäufer nicht durch das Stadionverbotsschreiben teilweise nach §§ 168 S. 3, 167 Abs. 1 Alt. 2 BGB. Jedenfalls berücksichtigt diese Ansicht nicht die gesellschaftsrechtliche Konstellation und die Vertretungsverhältnisse zwischen den Vereinen und der „Stadionverbots-

---

1245 Vgl. *Conrad*, CR 2005, 537 (537 f.); *Eilers*, in: *WFV*, Zuschauerausschreitungen bei Fußballspielen, S. 18 (24).

1246 Zudem könnte sein Verschulden wegen einer nicht auflösbaren Pflichtenkollision ausgeschlossen sein: „Arbeite im Rahmen deiner organisatorischen Möglichkeiten“ und „Überschreite deine Vertretungsmacht aus dem Arbeitsvertrag nicht“.

1247 Eine Kündigung oder Abmahnung dürfte zwar im Ergebnis unwirksam sein, da der Arbeitgeber seinem Arbeitnehmer nur dann vorwerfen kann, dass er seine arbeitsvertraglichen Pflichten nicht erfüllt, wenn er ihm dazu die organisatorischen Mittel zur Verfügung stellt. Allerdings wäre der Kartenverkäufer zumindest der Gefahr einer unwirksamen Abmahnung oder Kündigung ausgesetzt und dadurch ggfs. gezwungen, arbeitsgerichtlichen Rechtsschutz in Anspruch zu nehmen.

1248 Grundlegend dazu: *BAG*, NJW 1999, 3140 (3141 f.); *Fuchs*, in: *Bamberger/Roth*, BeckOK BGB, § 626 BGB Rn. 8. Allerdings ist der Grad des Verschuldens bei der Interessenabwägung zu berücksichtigen, die bei jeder verhaltensbedingten, außerordentlichen Kündigung vorzunehmen ist, *BAG*, NJW 1999, 3140 (3141). Im Ergebnis könnte eine Kündigung auf einen solchen Sachverhalt wohl nicht gestützt werden. Dennoch bleibt die Gefahr einer solchen (wenn auch rechtswidrigen) Kündigung bestehen, wenn man versucht, die Problematik über den Umfang der arbeitsvertraglichen Vertretungsmacht zu lösen.

GbR“: *Schild* und *Breucker* übersehen, dass die Vereine das Stadionverbot nicht im eigenen Namen, sondern als Gesellschafter der „Stadionverbots-GbR“ aussprechen. Wegen des Grundsatzes der Relativität der Schuldverhältnisse wirkt die Vollmacht, die durch das Stadionverbotsschreiben zu widerrufen wäre, dagegen unmittelbar nur im Rechtsverhältnis zwischen dem Zuschauer und dem Verein als Veranstalter. Allerdings könnte die Ansicht von *Schild* und *Breuker* mit der gesellschaftsrechtlichen Lösung auf zwei alternativen Wegen harmonisiert werden:

Zuerst wäre es möglich zu argumentieren, dass der Verein in dem Stadionverbotsschreiben gleichzeitig im eigenen und im fremden Namen handelt: Einerseits handelt er als Vertreter der „Stadionverbots-GbR“, indem er den zivilrechtlichen Unterlassungsanspruch geltend macht. Andererseits wird er im eigenen Namen tätig, indem er gegenüber dem Zuschauer die Vollmacht widerruft, die er seinem Kartenverkäufer erteilt hatte.

Eine andere Möglichkeit könnte darin gesehen werden, dass die bestehenden rechtsgeschäftlichen und gesellschaftsvertraglichen Vertretungsverhältnisse nach der gesellschaftsrechtlichen Lösung erweiternd ausgelegt werden: Der Widerruf einer Vollmacht ist eine einseitige, empfangsbedürftige Willenserklärung.[1249] Deswegen können die Vereine auch eine dritte Person mit dem Widerruf einer Vollmacht gemäß § 164 Abs. 1 S. 1 BGB bevollmächtigen. Der Grundsatz der Relativität der Schuldverhältnisse wäre gewahrt, wenn die Vereine die „Stadionverbots-GbR“ rechtsgeschäftlich nicht nur bevollmächtigen würden, den Unterlassungsanspruch geltend zu machen, sondern zugleich die arbeitsvertragliche Innenvollmacht des Kartenverkäufers gegenüber dem Zuschauer zu widerrufen. Eine solche Vollmacht zum Widerruf könnte in Ziff. 2 S. 2 des Gesellschaftsvertrages gesehen werden: „Die erforderlichen Ermächtigungen und Vollmachten werden hiermit erteilt. (…).“[1250] Der Wortlaut verwendet den Plural „Vollmachten“. Darunter könnte die Vollmacht „Ausspruch des bundesweiten Stadionverbots“ und die Vollmacht „Widerruf der Innenvollmacht des Kartenverkäufers“ subsumiert werden.

Die Ansicht von *Breucker* und *Schild* zum Teilwiderruf der Innenvollmacht des Kartenverkäufers lässt sich durch beide Möglichkeiten ergänzen und dadurch mit der gesellschaftsrechtlichen Lösung über eine „Stadionverbots-GbR“ harmonisieren. Dies bietet gegenüber der Ansicht von *Dippel* und *Walker* den Vorteil, dass die arbeitsrechtlichen Folgeprobleme für den Kartenverkäufer vermieden werden können. Arbeitsvertraglich wäre der Kartenverkäufer nicht

---

1249 *Ellenberger*, in: *Palandt*, § 168 BGB Rn. 5 m.w.N.

1250 Die Vollmachten („Mustererklärungen“) sind abrufbar unter: http://www.dfb.de/index.php?id=503930, abgerufen am 06.02.2012.

verpflichtet, das Stadionverbot zu überprüfen, da der Arbeitsvertrag ihn uneingeschränkt bevollmächtigt und die Vereine seine Vollmacht nicht gegenüber ihm, sondern gegenüber dem Zuschauer widerrufen.

Allerdings überzeugt auch diese ergänzte Ansicht von *Breuker* und *Schild* nicht gegenüber dem neuen Vorschlag dieser Arbeit. Die Problematik des nachträglichen Kartenerwerbes lässt sich überzeugend durch die Auslegung der Willenserklärung des Vereins lösen: nach dem objektiven Empfängerhorizont besteht kein Rechtsbindungswille, wenn gegen den Zuschauer ein Stadionverbot besteht. Der Verein hat durch sein Stadionverbotsschreiben zum Ausdruck gebracht, dass er dem Betroffenen während des Stadionverbots keinen Anspruch auf Zutritt zum Stadion einräumen will. Dieser Vorschlag erscheint dogmatisch weniger konstruiert und auch methodisch klarer: Es kommt auf den Umfang oder den Widerruf einer Vollmacht nicht an, wenn bereits kein Rechtsbindungswille des Vertretenen festgestellt werden kann, den ihm § 164 Abs. 1 S. 1 BGB zurechnen könnte.

3) Fazit: Neuer Vorschlag über die Auslegung der Willenserklärung des Vereins

Somit ist zu konstatieren, dass ein Zuschauer, gegen den ein Stadionverbot vorliegt, nachträglich weder einen schuldrechtlichen Zuschauervertrag noch einen dinglichen Tageskartenübereignungsvertrag abschließen kann, selbst wenn der Kartenverkäufer ihm eine Eintrittskarte übergibt. Dieses Ergebnis ist nicht über die Auslegung oder den Widerruf der Innenvollmacht des Kartenverkäufers zu suchen. Stattdessen scheitert der Zuschauervertrag bereits daran, dass der Verein sich mit diesem Zuschauer während der Dauer des Stadionverbots nicht rechtlich binden will. Deswegen kann der Zuschauer durch den bloßen Besitz der Eintrittskarte keinen Anspruch nach §§ 807, 793 Abs. 1 S. 1 BGB begründen, zum Stadion zugelassen zu werden. Jedenfalls nach §§ 807, 796 BGB kann der Verein ihm den Zutritt verweigern.[1251]

b) Erwerb der Eintrittskarte über einen Dritten

Problematisch sind darüber hinaus die Fälle, in denen der Betroffene die Karte über einen Dritten erwirbt. Dabei ist zu unterscheiden, ob der Betroffene den Dritten bewusst zur Kartenverkaufsstelle schickt aus Sorge, dass der Kartenverkäufer sein Stadionverbot erkennt, oder ob er die Eintrittskarte von einem Dritten erwirbt, der ursprünglich selbst das Fußballspiel besuchen wollte.

[1251] Vgl. *Sprau*, in: *Palandt*, § 796 BGB Rn. 2.

aa) Bewusster Erwerb über einen Dritten

Zu untersuchen sind zunächst die Fälle, in denen der Betroffene nicht selbst versucht, die Eintrittskarte in der Kartenverkaufsstelle zu erwerben, sondern dazu bewusst einen Dritten einsetzt. *Schild*, der diese Problematik als einziger erkennt, weist zutreffend darauf hin, dass der Dritte als Stellvertreter des Betroffenen tätig wird.[1252] Es handele sich um ein Geschäft, für den, den es angeht, so dass das Bargeschäft des täglichen Lebens nicht gegenüber der Kartenverkaufsstelle offen gelegt werden müsse.[1253] Diese Situation unterscheide sich von der vorherigen alleine dadurch, dass hier nicht nur auf Seiten des Vereins, sondern auf beiden Seiten ein Stellvertreter tätig werde. *Schild* führt seine zuvor vertretene Ansicht konsequent fort und schlägt vor, diese Sachverhaltskonstellation ebenfalls über die Auslegung der Vollmacht des Kartenverkäufer zu lösen, indem diese auf Zuschauer beschränkt sei, die nicht mit einem Stadionverbot belegt sind.[1254]

Diese Ansicht kann aus den gleichen Gründen nicht überzeugen, die oben bereits genannt wurden.[1255] Dass auf beiden Seiten Stellvertreter handeln, ändert nichts daran, dass der Zuschauervertrag weiterhin zwischen dem Verein und dem Betroffenen und nicht zwischen dem Verein und dem Dritten zustande käme. Deswegen bleibt die Erklärung maßgeblich, die der Kartenverkäufer für den Verein gegenüber dem Störer abgibt. Ihr fehlt aus dem objektiven Empfängerhorizont der Rechtsbindungswille. Selbst wenn der Dritte nicht darüber informiert sein sollte, dass gegenüber den Betroffenen, den er vertritt, ein Stadionverbot ausgesprochen wurde, kommt es wegen § 166 Abs. 2 S. 1 BGB alleine auf die Kenntnis des vertretenen Störers an. Da der Begriff der Weisung i.S.d. § 166 Abs. 2 S. 1 BGB weit auszulegen ist, genügt es, dass dieser den Dritten veranlasst hat, die Eintrittskarte zu erwerben.[1256] Auch wenn auf beiden Seiten ein Stellvertreter tätig wird, ist somit aus dem objektiven Empfängerhorizont gemäß §§ 133, 157 BGB ein Rechtsbindungswille des Vereins zu verneinen.

bb) Nachträglicher Zweiterwerb von einem Dritten

Erwirbt der Dritte die Eintrittskarte in der Kartenverkaufsstelle des Vereins zunächst mit dem Ziel, sie selbst zu nutzen, überlegt er sich dies später anders und veräußert sie erst dann an den Betroffenen, ist er in dem Zeitpunkt, in dem er die

[1252] *Schild*, in: *WFV*, Recht der Sportstätte, S. 66 (82).
[1253] *Schild*, in: *WFV*, Recht der Sportstätte, S. 66 (82). Vgl. auch: *Ellenberger*, in: *Palandt*, § 164 BGB Rn. 8.
[1254] *Schild*, in: *WFV*, Recht der Sportstätte, S. 66 (82).
[1255] Vgl. vertiefend: Kapitel 5A.I.1.b)aa), S. 300 f.
[1256] Vgl. *Ellenberger*, in: *Palandt*, § 166 BGB Rn. 11.

Eintrittskarte in der Kartenverkaufsstelle erwirbt, nicht als dessen Stellvertreter anzusehen.[1257] *Schild* schlägt vor, diese Sachverhaltskonstellation gemäß §§ 796, 242 BGB (heute: §§ 796, 313 Abs. 3 S. 1 BGB) über den Wegfall der Geschäftsgrundlage zu lösen.[1258] Der Veranstalter sehe sich nachträglich einem Zuschauer ausgesetzt, mit dem er wegen des Hausverbots erkennbar keinen Vertrag schließen wollte, so dass dem Veranstalter nicht zuzumuten sei, den Anspruch auf Zutritt zum Stadion zu erfüllen.[1259]

Diese Argumentation überzeugt nicht, da ein vorzeitiger Rücktritt gemäß § 313 Abs. 3 S. 1 BGB in der Regel als Einwendung i.S.d. § 796 BGB subsidiär und damit ausgeschlossen ist.[1260] Stattdessen kann der Aussteller sich gemäß § 796 Var. 3 BGB auf persönliche Einwendungen stützen, die ihm unmittelbar gegen den Inhaber der Eintrittskarte zustehen.[1261] Unter anderem kann der Verein sich als Aussteller darauf berufen, dass der Inhaber nicht berechtigt ist, über die Urkunde zu verfügen.[1262] § 796 Var. 3 BGB ermöglicht dem Verein dadurch zwei Einwendungen:

Erstens könnte das dingliche Rechtsgeschäft, bei dem der Verein dem (zu diesem Zeitpunkt) unbeteiligten Dritten die Karte übereignet (Ersterwerb), aus den oben diskutierten Gründen[1263] gemäß §§ 133, 157 BGB dahin auszulegen sein, dass der Dritte nicht berechtigt sein soll, die Karte an andere Zuschauer weiterzuveräußern, wenn gegen diese ein Stadionverbot besteht. Zwar ist diese Veräußerungsbeschränkung nicht aus dem Inhaberpapier ersichtlich, so dass grundsätzlich ein gutgläubiger Zweiterwerb möglich wäre.[1264] Allerdings ist der Störer als Zweiterwerber nicht redlich i.S.d. § 932 Abs. 2 BGB. Ihm ist wegen des Stadionverbotsschreibens bekannt, dass er keinen wirksamen Anspruch erwerben kann, der ihn berechtigt, das Stadiongelände zu betreten. Zweitens könnte sich der Verein als persönliche Einwendung i.S.d. § 796 Var. 3 BGB in dem Rechtsverhältnis zwischen ihm und dem Störer auf seinen Unterlassungsanspruch berufen. Jedenfalls ist ihm dies nach § 242 BGB möglich, indem er eine unzulässige Rechtsausübung einwendet[1265] oder rügt, dass der Störer eigene Leistungstreuepflichten verletzt hat.[1266]

1257 *Schild*, in: *WFV*, Recht der Sportstätte, S. 66 (82).
1258 *Schild*, in: *WFV*, Recht der Sportstätte, S. 66 (83).
1259 *Schild*, in: *WFV*, Recht der Sportstätte, S. 66 (83).
1260 *Sprau*, in: *Palandt*, § 796 BGB Rn. 3.
1261 *Sprau*, in: *Palandt*, § 796 BGB Rn. 4.
1262 *Sprau*, in: *Palandt*, § 796 BGB Rn. 4.
1263 Vgl. vertiefend: Kapitel 5A.I.1.b)aa), S. 300 f.
1264 *Sprau*, in: *Palandt*, § 793 BGB Rn. 9.
1265 *Grüneberg*, in: *Palandt*, § 242 BGB Rn. 38.
1266 *Grüneberg*, in: *Palandt*, § 242 BGB Rn. 27, Rn. 30.

cc) Fazit: Keine Umgehungsmöglichkeiten über einen Dritten

Folglich kann der Betroffene, nachdem ihm ein Stadionverbot ausgesprochen wurde, gemäß §§ 807, 793 Abs. 1 S. 1 BGB auch dann keinen Anspruch auf Zutritt zum Stadion geltend machen, wenn er den Besitz an der Eintrittskarte nicht selbst, sondern über einen Dritten erlangt hat. Dabei kommt es nicht darauf an, ob der Dritte die Eintrittskarte zunächst zum Eigengebrauch oder bewusst für den Betroffenen erworben hat. Begehrt der Betroffene, zum Stadion zugelassen zu werden, kann der Verein dies gemäß §§ 807, 796 BGB verweigern.

2. Stadionverbot trotz bestehendem Tageskartenvertrag

Viele Stadionverbote werfen in der Praxis die Frage auf, wie es sich auswirkt, wenn der Zuschauer bereits eine Tageskarte für ein künftiges Fußballspiel in dem Zeitpunkt erworben hatte, in dem ihm ein bundesweites Stadionverbot erteilt wurde. Aus schuldrechtlicher Sicht stellt sich dann die Frage, ob der bestehende Zuschauervertrag eine Duldungspflicht i.S.d. § 1004 Abs. 2 BGB begründet, die dem Stadionverbot entgegensteht.[1267] Der Bundesgerichtshof verwarf am 30.10.2009 den Gedanken, den die Revision hervorgehoben hatte, dass die vertragliche Treuepflicht des Vereins gegenüber dem betroffenen Zuschauer gemäß § 241 Abs. 2 BGB nicht mit dem Stadionverbot zu vereinbaren sei.[1268] Ein Stadionverbot könne auch dann wirksam verhangen werden, wenn bereits ein Zuschauervertragsverhältnis zwischen dem Verein und dem Störer bestehe.[1269] Der Bundesgerichtshof ordnet dieses Ergebnis dogmatisch jedoch nicht ein.[1270] Die Literatur stimmt seinem Ergebnis zu,[1271] begründet es jedoch unterschiedlich.

1267 *Breucker*, JR 2005, 133 (137); *Bassenge*, in: *Palandt*, § 1004 BGB Rn. 36 m.w.N. Auf die verbandsrechtliche Regelung des § 1 Abs. 7 SVR wurde bereits oben verwiesen, vgl. Kapitel 5A.I.1, S. 291 f.

1268 *BGH*, NJW 2010, 534 (535). Problematisch ist, dass der Bundesgerichtshof in seinem Urteil erneut die dogmatische Begründung seines Ergebnisses offen lässt. Er weist lediglich darauf hin, dass in dem Ausspruch des Stadionverbots zugleich die Kündigung des zwischen dem Inhaber der Dauerkarte und dem Veranstalter bestehenden Dauerschuldverhältnisses liegen könnte, *BGH*, NJW 2010, 534 (537).

1269 *BGH*, NJW 2010, 534 (535). In seinem Urteil vom 09.03.2012 stellt der Bundesgerichtshof für einen Hotelbetreiber, der sein Hausrecht grundsätzlich frei ausüben könnte, klar, dass dessen Hausrecht durch den Beherbergungsvertrag eingeschränkt werden kann, was dieser nur rückgängig machen könne, indem er das Vertragsverhältnis aus wichtigem Grund kündige, *BGH*, Urt. v. 9.3.2012 – V ZR 115/11.

1270 Der Bundesgerichtshof führt lediglich aus: „Gerade daraus [vertragliche Schutzpflichten des Vereins] können sich – wie noch zu zeigen sein wird – Sachgründe ergeben, einzelne mit einem Zugangsverbot zu belegen, mögen sie selbst in Vertragsbeziehungen stehen oder nicht. Soweit es darum geht, auch ihre Interessen bei der Entscheidung über die Verhängung eines Hausverbots zu berücksichtigen, ist es ebenfalls ohne Be-

Dogmatischer Anknüpfungspunkt ist §§ 807, 796 BGB, um dem Zuschauer trotz Besitz an der Eintrittskarte den Zutritt verweigern zu können. Danach kann der Aussteller der Eintrittskarte jedem Inhaber Einwendungen entgegensetzen, die sich gegen den Inhalt der Urkunde oder dagegen richten, dass die verbriefte Forderung besteht oder die Urkunde gültig ausgestellt wurde.[1272]

a) Einbeziehung allgemeiner Geschäftsbedingungen

Breucker weist darauf hin, dass sich eine Einwendung gegen den Inhalt der Urkunde aus den allgemeinen Geschäftsbedingungen oder der Stadionordnung ergeben könne, die auf der Rückseite nahezu jeder Eintrittskarte enthalten seien.[1273] Wie das Beispiel der Musterstadionordnung des DFB in Ziff. V 3. S. 2 zeige,[1274] enthalten diese regelmäßig die Klausel, dass der Zutritt zum Stadion verweigert werden könne, wenn gegen den Betroffenen ein wirksames Stadionverbot besteht.

Dem ist zuzustimmen. Eine solche Klausel hält einer Inhaltskontrolle nach den §§ 307 ff. BGB stand. § 308 Nr. 3 BGB ist nicht einschlägig, da die Klausel keinen Rücktrittsvorbehalt ohne sachlich gerechtfertigten Grund enthält.[1275] Bereits für die Ausnahme vom Kontrahierungszwang müssen Sachgründe nachgewiesen sein.[1276] Auch eine allgemeine Interessenabwägung i.S.d. § 307 Abs. 2 BGB fällt zu Gunsten des Vereins aus, da dieser ein erhebliches Interesse daran verfolgt, sein Hausrecht effektiv durchzusetzen. Hinsichtlich der umfassenden Interessenabwägung kann nach oben verwiesen werden.[1277] Somit ist eine Klausel in allgemeinen Geschäftsbedingungen wirksam, die es dem Verein ermöglicht, auch solchen Zuschauern den Zutritt zu verweigern, die zwar eine Tageskarte erworben haben, denen danach aber wirksam ein Stadionverbot ausgesprochen wurde.

Problematisch ist demgegenüber die Frage, ob der Verein die allgemeinen Geschäftsbedingungen wirksam gemäß § 305 Abs. 2 BGB in den Zuschauerver-

---

lang, ob vertragliche Beziehungen bestehen oder nicht.“, *BGH*, NJW 2010, 534 (535). Relativierend wenn die Hausrechtsausübung grundsätzlich keinem Kontrahierungszwang unterläge: *BGH*, Urt. v. 9.3.2012 – V ZR 115/11.

1271 *Breucker*, JR 2005, 133 (137).

1272 *Sprau*, in: Palandt, § 796 BGB Rn. 2 ff.

1273 *Breucker*, JR 2005, 133 (137); *Walker*, in: *Gödicke u.a.*, FS Schapp, S. 491 (502); *Ruhs*, Sicherheit und Ordnung, S. 21; *Klode*, Pyrotechnik und Stadionverbote, S. 83.

1274 http://www.dfb.de/uploads/media/Muster-Stadionordnung_01.pdf, abgerufen am 04.02.2012.

1275 Vertiefend zum Klauselverbot des § 308 Nr. 3 BGB: *Berger*, in: *Prütting u.a.*, § 308 BGB Rn. 20 ff. m.w.N.

1276 Vgl. vertiefend: Kapitel 1B.II, S. 51 ff.

1277 Vgl. vertiefend: Kapitel 2B.IV.1.a)bb)2), S. 132 ff.

trag einbezogen hat.[1278] Diese werden nur dann Vertragsbestandteil, wenn beide Vertragsparteien die Klauseln kannten, als sie den Vertrag schlossen, wenn sie damit einverstanden waren, dass sie gelten sollen, und wenn der Verwender die weiteren Voraussetzungen des § 305 Abs. 2 Nr. 1, Nr. 2 BGB nachweisen kann.[1279] *Schild* verneint dies in seinem Aufsatz aus dem Jahre 1984 vor dem Hintergrund des § 2 AGBG a.F. mit den Argumenten, der auf der Rückseite der Eintrittskarten enthaltene Hinweis auf die allgemeinen Geschäftsbedingungen sei zu klein und es sei nicht ausreichend, wenn die Vereine die Benutzungsordnung am Stadioneingang aushängen.[1280] Auch *Walker* berief sich danach darauf, dass die Schriftgröße zu klein sei.[1281] Zudem erfolge der rückseitige Hinweis auf der Eintrittskarte zu spät, da dem Betroffenen die Eintrittskarte erst ausgehändigt werde, nachdem der Vertrag bereits abgeschlossen sei.[1282]

Rechtlich nicht zu beanstanden sind die Ausführungen von *Schild* und *Walker* insoweit, als dass unleserliche Geschäftsbedingungen nicht wirksamer Vertragsbestandteil werden.[1283] Gleiches gilt für Geschäftsbedingungen, die ausschließlich auf Eintrittskarten abgedruckt sind, ohne sichtbar auszuhängen, wenn sie erst ausgehändigt werden, nachdem der Vertrag bereits abgeschlossen ist.[1284] Allerdings beruht die Ansicht, die allgemeinen Ticketbedingungen seien in der Regel nicht wirksam in den Zuschauervertrag einbezogen, auf einer Fehleinschätzung der tatsächlichen Verhältnisse der Fußballticket-Verkaufspraxis: Die Ticketbedingungen hängen heute an nahezu jeder Kartenverkaufsstelle deutlich sichtbar aus.[1285] Da sich der Fußball in den letzten Jahren zunehmend kommer-

---

1278 Vertiefend zu den Einbeziehungsvoraussetzungen bei Verträgen zwischen einem Verbraucher als Ticketerwerber und dem Verein als Unternehmer und Ticketverkäufer: *Berger*, ZGS 2004, 329 (329 ff.).

1279 *Berger*, in: *Prütting u.a.*, § 305 BGB Rn. 16 ff.; *Berger*, ZGS 2004, 329 (332 f.); *Grüneberg*, in: *Palandt*, § 305 BGB Rn. 24 ff.

1280 *Schild*, in: *WFV*, Recht der Sportstätte, S. 66 (86). Zum Transparenzgebot als Einbeziehungsschranke ausführlich: *Berger*, ZGS 2004, 329 (333) m.w.N.

1281 *Walker*, in: *Gödicke u.a.*, FS Schapp, S. 491 (501); *Walker*, in: *Höfling/Horst*, Sport und Gewalt, S. 51 (60).

1282 *Walker*, in: *Gödicke u.a.*, FS Schapp, S. 491 (501); *Walker*, in: *Höfling/Horst*, Sport und Gewalt, S. 51 (60).

1283 „Der Hinweis muss so klar, übersichtlich und lesbar sein, dass er von einem Durchschnittskunden auch bei flüchtiger Betrachtung nicht übersehen werden kann (BGH NJW-RR 87, 113; zu den drucktechnischen Anforderungen vgl. *BGH*, BB 83, 2074.“, *Berger*, in: *Prütting u.a.*, § 305 BGB Rn. 19.

1284 *Berger*, in: *Prütting u.a.*, § 305 BGB Rn. 19 m.w.N. Auch der bloße Abdruck auf der Rückseite des Vertrags stellt keinen ausreichenden Hinweis i.S.d. § 305 Abs. 2 Nr. 1 BGB dar, vgl. *Berger*, in: *Prütting u.a.*, § 305 BGB Rn. 19; *Grüneberg*, in: *Palandt*, § 305 BGB Rn. 27 m.w.N.

1285 *Dippel*, Zivilrechtliche Haftung, S. 316 f. Deswegen geht auch *Hilpert* davon aus, dass die Allgemeinen Geschäftsbedingungen heute wirksam in den Zuschauervertrag einbe-

zialisiert und professionalisiert hat, ist davon auszugehen, dass sich die tatsächlichen Verhältnisse erheblich gewandelt haben, seitdem der Aufsatz von *Schild* im Jahre 1984 veröffentlicht wurde. Soweit auch *Walker* bezweifelt, dass die Ticketbedingungen sichtbar aushängen, stützt er diese Aussage in der belegenden Fußnote auf einen Aufsatz von *Schwab* aus dem Jahre 1980.[1286] Dessen Annahmen entsprechen nicht mehr den heutigen Verhältnissen der Praxis.[1287]

Zwar weisen die Vereine auch in der heutigen Ticketpraxis nicht ausdrücklich auf die Ticketbedingungen hin. Dies ist gemäß § 305 Abs. 2 Nr. 1 Alt. 2 BGB auch nicht erforderlich, wenn es wegen der Art des Vertragsschlusses nur unter unverhältnismäßigen Schwierigkeiten möglich wäre, ausdrücklich auf diese hinzuweisen, wenn sie die Geschäftsbedingungen am Ort des Vertragsschlusses deutlich sichtbar aushängen.[1288] Wegen der großen Anzahl an verkauften Eintrittskarten und den oftmals langen Wartezeiten an der Kartenvorverkaufsstelle, ist der Ticketverkauf ein Massengeschäft, so dass die erste Voraussetzung erfüllt ist.[1289] In der Praxis legen oder hängen die Vereine die Ticketbedingungen heute auch deutlich sichtbar aus.[1290] Zudem sind mittlerweile viele Vereine dazu übergegangen, die Eintrittskarten über ihre Homepage im Internet zu veräußern. Dort weisen sie regelmäßig gut sichtbar auf die Ticketbedingungen oder einen Link zu den Ticketbedingungen hin.[1291]

Somit können die Vereine die allgemeinen Ticketbedingungen in der Praxis wirksam in den Zuschauervertrag einbeziehen. Soweit diese eine Klausel enthalten, die mit Ziff. V 3. S. 2 der Musterstadionordnung des DFB vergleichbar ist, kann der veranstaltende Verein dem Störer verweigern, das Stadion zu betreten, indem er sich auf diese Klausel über §§ 807, 796 BGB beruft.

---

zogen werden können, *Hilpert*, Fußballstrafrecht, IV. Rn. 4; vgl. auch *Pommerening*, SpuRt 2012, 187 (188).

1286 „So schon *Schwab*, Haftungsfragen bei Zuschauerausschreitungen, in: Schriftenreihe des WFV e.V., Heft 13, 1980, S. 63, 80.", *Walker*, in: *Gödicke u.a.*, FS Schapp, S. 491 (501), Fn. 41; *Walker*, in: *Höfling/Horst*, Sport und Gewalt, S. 51 (60), Fn. 31.

1287 Dass die AGB der Vereine deutlich auszuhängen sind, schreibt schließlich auch der Ergebnisbericht der *NKSS* vor, *DSJ*, NKSS, S. 21.

1288 *Berger*, ZGS 2004, 329 (332). Ein solcher deutlich sichtbarer Aushang am Ort des Vertragsschlusses kann einen ausdrücklichen Hinweis ersetzen, wenn ein solcher wegen der Art des Vertragsschlusses nur unter unverhältnismäßigen Schwierigkeiten möglich wäre, *Berger*, in: *Prütting u.a.*, § 305 BGB Rn. 20. *Berger* benennt zutreffend Sportveranstaltungen als Beispiel, *Berger*, in: *Prütting u.a.*, § 305 BGB Rn. 20.

1289 *Berger*, ZGS 2004, 329 (332); *Berger*, in: *Prütting u.a.*, § 305 BGB Rn. 20; *Dippel*, Zivilrechtliche Haftung, S. 317 m.w.N.; *Grüneberg*, in: *Palandt*, § 305 BGB Rn. 29.

1290 *Dippel*, Zivilrechtliche Haftung, S. 316.

1291 *Dippel*, Zivilrechtliche Haftung, S. 317 m.w.N. Vertiefend zum Vertragsschluss im Internet und bei sonstigen Distanzgeschäften: *Berger*, in: *Prütting u.a.*, § 305 BGB Rn. 22 m.w.N.; *Berger*, ZGS 2004, 329 (332 f.) m.w.N.

b) *Begründung ohne allgemeine Geschäftsbedingungen*

Doch selbst wenn die allgemeinen Ticketbedingungen im Einzelfall nicht einbezogen sind, keine entsprechende Klausel enthalten oder diese unwirksam ist, kann der Verein einem Störer, der mit einem Stadionverbot belegt ist, trotz bestehendem Tageskartenvertrag den Zutritt verweigern.[1292] Streitig ist, wie dies dogmatisch zu begründen ist, wenn der Zuschauer die Tageskarte wirksam erworben hat, bevor ihm das Stadionverbot ausgesprochen wurde.

aa) Ergänzende Vertragsauslegung

Erst an dieser Stelle schlägt *Breuker* vor, diese Sachverhaltskonstellation zu lösen, indem die Willenserklärung gemäß §§ 133, 157 BGB auszulegen sei, die der Verein abgegeben hatte, als er den Vertrag mit dem Zuschauer schloss:[1293] Die Willenserklärung des Vereins sei aus Sicht des objektiven Empfängers unter der stillschweigenden Bedingung abgegeben, dass gegen den Zuschauer später kein Stadionverbot erteilt werde.[1294] Für den Zuschauer sei erkennbar, dass der Veranstalter nicht an einem etwaigen Zuschauervertrag festhalten wolle, wenn später gegen ihn ein Stadionverbot ausgesprochen werde.[1295] *Walker* ergänzt, dass der Vertrag zwischen Veranstalter und Zuschauer jedenfalls vor dem Hintergrund der allgemeinen Rücksichtsnahmepflichten nach § 241 Abs. 2 BGB derart auszulegen sei.[1296] Dass keine Bedingung im Sinne eines zukünftigen ungewissen Ereignisses nach § 158 Abs. 1 BGB vorliege,[1297] wenn das Stadionverbot bereits ausgesprochen sei, stehe nicht entgegen, wenn der Zuschauer die Eintrittskarte erworben habe, bevor ihm ein Stadionverbot erteilt wurde.[1298]

1292 Vgl. *BGH*, NJW 2010, 534 (535).

1293 *Breucker*, JR 2005, 133 (137).

1294 *Breucker*, JR 2005, 133 (137) m.w.N. ; so auch: *Klode*, Pyrotechnik und Stadionverbote, S. 83.

1295 *Breucker*, JR 2005, 133 (137); *Klode*, Pyrotechnik und Stadionverbote, S. 83.

1296 *Walker*, in: *Gödicke u.a.*, FS Schapp, S. 491 (502), wobei die von ihm in der Fußnote herangezogenen Fundstellen seine Aussage nicht eindeutig belegen.

1297 *Schild*, in: *WFV*, Recht der Sportstätte, S. 66 (84). Es ist klarzustellen, dass die oben vorgeschlagene Lösung (Erwerb der Eintrittskarte nach Ausspruch des Stadionverbots) die Willenserklärung nicht derart auslegt, dass sie unter einer aufschiebenden Bedingung erteilt ist. Stattdessen wurde oben mit dem fehlenden Rechtsbindungswillen argumentiert, vgl. vertiefend: Kapitel 5A.I.1.a)bb)3), S. 299 ff.

1298 *Breucker*, JR 2005, 133 (137). Dies ist zutreffend, wenn man nicht auf eine Bedingung, sondern auf den fehlenden Rechtsbindungswillen abstellt, siehe Kapitel 5A.I.1.a)bb)3), S. 299 ff.

bb) Wegfall der Geschäftsgrundlage

Nach anderer Ansicht sei die Problematik über den Wegfall der Geschäftsgrundlage zu lösen.[1299] Wenn der Verein in seinen allgemeinen Ticketbedingungen ausdrücklich kein Rücktrittsrecht vereinbare, scheitere eine ergänzende Vertragsauslegung daran, dass die Regelungslücke nicht planwidrig sei.[1300] Dann müsse es möglich sein, auf den Wegfall der Geschäftsgrundlage gemäß § 313 Abs. 3 S. 1 BGB n.F. zurückzugreifen.[1301] Als Grundlage ihres Geschäfts haben beide Parteien vorausgesetzt, dass der Veräußerer nachträglich gegenüber dem Erwerber kein Hausverbot aussprechen müsse.[1302] Dies sei für beide Vertragsparteien erkennbar gewesen, sodass sich die Umstände durch das Stadionverbot nachträglich geändert haben.[1303] Das Vertragsverhältnis zu erfüllen sei dem Veranstalter nicht mehr zumutbar, da er seine Schutzpflichten gegenüber den übrigen Zuschauern erfüllen müsse.[1304]

cc) Einwand der unzulässigen Rechtsausübung

Zuletzt weist *Breuker*, ohne dies näher zu begründen, darauf hin, dass der Verein über §§ 807, 796 BGB einwenden könne, dass der Störer seine Rechte gemäß § 242 BGB unzulässig ausübe.[1305]

dd) Stellungnahme : Neue Lösung erforderlich

Im Ergebnis überzeugt für diese Sachverhaltskonstellation keiner dieser Vorschläge.

1) Nachteile der bisher vorgeschlagenen Lösungen

Zwar schlägt *Breuker* vor, diese Sachverhaltskonstellation dadurch zu lösen, dass die Willenserklärungen des Vereins gemäß §§ 133, 157 BGB auszulegen sind. Allerdings stellt er nicht darauf ab, dass dem Verein der Wille fehle, sich rechtlich zu binden, sondern er sieht in dessen Erklärung eine auflösende Bedingung. Obwohl er damit zu dem dogmatischen Kern vorstößt, die Willenserklärung des Veranstalters auszulegen, was in der obigen Sachverhaltskonstellation

1299 *Schild*, in: *WFV*, Recht der Sportstätte, S. 66 (83 f.).
1300 *Schild*, in: *WFV*, Recht der Sportstätte, S. 66 (84).
1301 Zum Wegfall der Geschäftsgrundlage über § 242 BGB: *Schild*, in: *WFV*, Recht der Sportstätte, S. 66 (83 f.); *Breucker*, JR 2005, 133 (137).
1302 *Schild*, in: *WFV*, Recht der Sportstätte, S. 66 (83).
1303 *Schild*, in: *WFV*, Recht der Sportstätte, S. 66 (83).
1304 *Schild*, in: *WFV*, Recht der Sportstätte, S. 66 (83).
1305 *Breucker*, JR 2005, 133 (137).

favorisiert wurde, überzeugt dieser Ansatz für die hiesige Sachverhaltskonstellation nicht, in der der Störer die Eintrittskarte nicht nach, sondern vor dem Stadionverbot erwarb.

Dies ist auf eine unterschiedliche Sach- und Interessenlage zurückzuführen. Wird das Stadionverbot erst ausgesprochen, nachdem Verein und Zuschauer den Zuschauervertrag abgeschlossen haben, lag im maßgeblichen Zeitpunkt des Vertragsschlusses[1306] kein Stadionverbotsschreiben vor, das in die Auslegung einbezogen werden könnte. Dieser äußere Umstand stellte das entscheidende Argument dafür dar, dass der Vertragserklärung des Vereins aus der objektiven Sicht des Zuschauers als Erklärungsempfänger der Rechtsbindungswille fehlte. Liegt noch kein Stadionverbot vor, wenn der Zuschauer die Eintrittskarte erwirbt, darf der Zuschauer gemäß §§ 133, 157 BGB davon ausgehen, dass der Verein ihm einen unbedingten Anspruch verschaffen will, das Fußballspiel besuchen zu können.

Zwar könnte man den Vertragsparteien hypothetisch unterstellen, dass sie sich darüber einig waren, dass ein solcher Anspruch nicht bestehen soll, wenn gegen den Zuschauer später ein Stadionverbot verhangen wird. Dies liefe auf eine ergänzende Vertragsauslegung mit dem Inhalt hinaus, dass der Zutrittsanspruch auflösend gemäß § 158 Abs. 2 BGB dadurch bedingt ist, dass der Zuschauer kein Stadionverbot erhält. Für eine ergänzende Vertragsauslegung bedarf es allerdings einer „planwidrigen Unvollständigkeit“[1307], welche bezweifelt werden muss, wenn der Verein keine „Stadionverbots-Klausel“ in seine allgemeinen Geschäftsbedingungen aufgenommen hat, obwohl die Musterstadionordnung des DFB dies vorsieht. Zudem scheidet eine ergänzende Vertragsauslegung aus, wenn das dispositive Recht die Vertragslücke sachgerecht schließen kann.[1308] Dies ist wegen § 306 Abs. 2 BGB auch dann vorrangig, wenn eine „Stadionverbots-Klausel“ in den Geschäftsbedingungen enthalten ist, diese aber gegen §§ 307 ff. BGB verstößt.[1309] Löst das dispositive Recht die Problematik angemessen, scheiden auch die Vorschläge über den Wegfall der Geschäftsgrundlage und den Einwand der unzulässigen Rechtsausübung aus, da diese stets subsidiär sind.[1310]

Zusammenfassend ist festzustellen, dass die Vertragserklärung des Vereins nach dem objektiven Empfängerhorizont einen (unbedingten) Rechtsbindungswillen enthält, wenn der äußere Umstand eines vorherigen Stadionverbots fehlt.

1306 *Ellenberger*, in: *Palandt*, § 133 BGB Rn. 6b, Rn. 9.

1307 *BGH*, NJW 1994, 3287 (3287); *Ellenberger*, in: *Palandt*, § 157 BGB Rn. 3.

1308 *BGH*, NJW 1982, 2190 (2191); *Ellenberger*, in: *Palandt*, § 157 BGB Rn. 4.

1309 Verbot der geltungserhaltenden Reduktion, vgl. *Grüneberg*, in: *Palandt*, § 306 BGB Rn. 6 f.

1310 *BGH*, NJW 2008, 562 (563); *Grüneberg*, in: *Palandt*, § 313 BGB Rn. 10 m.w.N.

Die Vorschläge, die Problematik über die ergänzende Vertragsauslegung, den Wegfall der Geschäftsgrundlage oder den Einwand der unzulässigen Rechtsausübung zu lösen, setzen voraus, dass das dispositive Recht keine angemessene Lösung bereit hält.

2) Neuer Vorschlag: Rücktritt gemäß § 324 BGB

Dazu kommen vorliegend die Regelungen der §§ 324, 241 Abs. 2 BGB in Betracht.[1311] Danach kann ein Gläubiger von einem gegenseitigen Vertrag zurücktreten, wenn der Schuldner eine Pflicht nach § 241 Abs. 2 BGB verletzt und ihm nicht mehr zuzumuten ist, am Vertrag festzuhalten.

(a) Rücktrittsvoraussetzungen

Der Zuschauervertrag stellt einen gegenseitigen Vertrag i.S.d. § 324 BGB dar, da der Verein verpflichtet ist, dem Zuschauer den vertraglich vereinbarten Platz im Stadion zu überlassen sowie die Fußballveranstaltung zu organisieren, und der Zuschauer dafür Zug um Zug das Eintrittsgeld entrichten muss. Jedem Zuschauer eines Fußballspiels obliegen gegenüber dem Veranstalter Schutz- und Rücksichtsnahmepflichten nach § 241 Abs. 2 BGB. Diese beinhalten insbesondere, die Fußballveranstaltung nicht zu stören.[1312] Stört er dennoch, verwirklicht er nicht nur die Tatbestandsvoraussetzungen der §§ 1004 Abs. 1 S. 2, 862 Abs. 1 S. 2 BGB, sondern verletzt zugleich seine vertraglichen, leistungsbegleitenden Nebenpflichten aus § 241 Abs. 2 BGB.[1313] Dann kann der Verein sich auf § 324

1311 Darauf scheint auch *Schild* sich zur alten Rechtslage gemäß §§ 325, 326 BGB analog berufen zu wollen, wobei davon auszugehen ist, dass sich seine Ausführungen nur auf die von ihm zuvor thematisierten Dauerkartenverträge und nicht auf Tageskartenverträge beziehen, *Schild*, in: *WFV*, Recht der Sportstätte, S. 66 (83 ff.).

1312 *Jenny*, in: *Kauerhof u.a.*, Zuschauer als Störer, S. 129 (144). *Jenny* weist auch darauf hin, dass bei einer solchen Nebenpflichtverletzung dem Veranstalter das Recht zustehen müsste, den Zuschauer aus dem Stadion zu verweisen, allerdings zieht er nicht den notwendigen Schluss auf § 324 BGB, sondern versucht dieses Recht des Veranstalters aus dem Grundsatz von Treu und Glauben bzw. einem stillschweigenden Vertragsinhalt herzuleiten.

1313 *Orth/Schiffbauer*, RW 2011, 177 (181); *Marzahn* stellt für die Verletzung der Nebenpflichten des Zuschauers zusätzlich auf die Stadionordnung ab, die den Zuschauer verpflichte, den Spielbetrieb nicht zu beeinträchtigen, *Marzahn,* ZJS 2010, 428 (436). Die Stadionordnung ist privatrechtlich der Ausfluss des Hausrechts, *Eilers*, in: *WFV*, Zuschauerausschreitungen bei Fußballspielen, S. 18 (20). Vertiefend zu der Verletzung einer leistungsbegleitenden Nebenpflicht als Tatbestandsvoraussetzung des § 324 BGB: *Dauner-Lieb*, in: *Dauner-Lieb u.a.*, NK-BGB, § 324 BGB Rn. 5 ff. m.w.N.

BGB berufen. Im Gegensatz zu § 282 BGB kommt es nicht auf ein Verschulden an.[1314]

Zudem ist es dem Verein nicht zuzumuten, am Zuschauervertrag festzuhalten. Die Wertungen der Gefahrenprognose i.S.d. §§ 1004 Abs. 1 S. 2, 862 Abs. 1 S. 2 BGB und der präventive Charakter des Stadionverbots würden konterkariert, wenn der Verein das Vertragsverhältnis nicht zugleich beenden und dadurch die Duldungspflicht nach § 1004 Abs. 2 BGB beseitigen könnte. Das 2. Kapitel stellte ausführlich dar, dass wegen der besonderen Bedeutung der potenziell betroffenen Rechtsgüter und wegen dem Rechtsgedanken aus § 830 Abs. 1 S. 2 BGB der Anfangsverdacht einer strafbaren Handlung einen ausreichenden Sachgrund darstellt, der eine Ausnahme vom Kontrahierungszwang und ein Unterlassungsbegehren des Vereins rechtfertigt.[1315] Zudem überprüfte das 3. Kapitel ausführlich alle Regelbeispiele, die § 4 Abs. 3 SVR nennt, darauf, ob sie eine ausreichend erhebliche Störung darstellen, um die Besorgnis künftiger Störungen hervorzurufen, so dass dem Verein nicht zugemutet werden kann, dem Zuschauer künftig Zutritt zu Fußballspielen zu gewähren.[1316] Soweit dies bejaht wurde, müssen die dort genannten Regelbeispiele zugleich als erhebliche (Neben-) Pflichtverletzungen i.S.d. § 241 Abs. 2 BGB anerkannt werden. Dann ist es dem Verein nicht zuzumuten, am Zuschauervertrag festzuhalten.

Dies gilt selbst dann, wenn das Stadionverbot nicht an einen konkreten Tatnachweis, sondern gemäß § 4 Abs. 3 SVR an die Tatsachen anknüpft, die dem strafprozessualen Anfangsverdacht zugrunde liegen. Denn ein Rücktritt nach § 324 BGB muss auf dieselben Tatsachen gestützt werden können, die dem Stadionverbot zugrunde liegen. Schließlich begründen diese die Besorgnis, dass der Zuschauer künftig die Sicherheit der Fußballveranstaltung beeinträchtigen wird. Dies stellt eine Nebenpflichtverletzung i.S.d. §§ 324, 241 Abs. 2 BGB dar,[1317] die das Vertrauensverhältnis zwischen Schuldner und Gläubiger grundlegend

---

1314 *Dauner-Lieb*, in: *Dauner-Lieb u.a.*, NK-BGB, § 324 BGB Rn. 1 m.w.N.; *Grüneberg*, in: *Palandt*, § 324 BGB Rn. 1. Allerdings kann das Verschulden mittelbar für die Frage relevant werden, ob es zumutbar ist, am Vertrag festzuhalten, *Dauner-Lieb*, in: *Dauner-Lieb u.a.*, NK-BGB, § 324 BGB Rn. 11 m.w.N. Dabei handelt es sich jedoch um eine Wertungsfrage, die aus den oben beschriebenen Gründen auch dann zugunsten der Sicherheitsinteressen der Fußballveranstaltung ausfällt, wenn das Stadionverbot lediglich auf einem Anfangsverdacht beruht, vgl. vertiefend: Kapitel 2B.IV.1.a)bb)3)(b)(ee), S. 148 f.

1315 Vgl. vertiefend: Kapitel 2B.IV.1.a)ff), S. 156 f.

1316 Vgl. vertiefend: Kapitel 3, S. 191 ff.

1317 Die leistungsbegleitenden Nebenpflichten sollen das Integritätsinteresse des Vertragspartners schützen, *Dauner-Lieb*, in: *Dauner-Lieb u.a.*, NK-BGB, § 324 BGB Rn. 5 m.w.N.

stört.[1318] Die Einheit der Rechtsordnung gebietet es, dem Verein eine Rücktrittsmöglichkeit nach §§ 324, 241 Abs. 2 BGB zu eröffnen, um seinen Unterlassungsanspruch aus §§ 1004 Abs. 1 S. 2, 862 Abs. 1 S. 2 BGB effektiv erfüllen zu können.[1319] Schließlich gründet der Tatverdacht darauf, dass Polizei oder Staatsanwaltschaft ein Ermittlungsverfahren gegen den Störer eingeleitet haben. Das Legalitätsprinzip verpflichtet sie, zuvor den Sachverhalt ausreichend zu erforschen, so dass der Verein unterstellen darf, dass zureichende tatsächliche Anhaltspunkte für eine strafbare Handlung i.S.d. § 152 Abs. 2 StPO vorliegen.[1320] Deswegen kann es dem Verein nicht zugemutet werden, das Vertragsverhältnis mit dem Störer fortzusetzen. Somit liegen die Rücktrittsvoraussetzungen der §§ 324, 241 Abs. 2 BGB selbst dann vor, wenn das Stadionverbot lediglich auf Grundlage der Tatsachen ausgesprochen wurde, die einem strafprozessualen Anfangsverdacht zugrunde liegen.

(b) Rücktrittserklärung

Problematisch ist darüber hinaus, wann der Verein den Rücktritt gemäß § 349 BGB erklärt. Eine Rücktrittserklärung könnte zunächst in dem Stadionverbotsschreiben zu sehen sein.[1321] Wie oben bereits in anderem Zusammenhang aufgezeigt,[1322] entsteht auch hier ein Spannungsfeld mit dem Grundsatz der Relativität der Schuldverhältnisse: Während der schuldrechtliche Tageskartenvertrag zwischen dem Verein und dem Zuschauer besteht, spricht der Verein das Stadionverbot als organschaftlicher Vertreter der „Stadionverbots-GbR" aus. Um diese Problematik zu lösen, sollen drei Möglichkeiten vorgeschlagen werden:

1318 *Dauner-Lieb* weist zu Recht darauf hin, dass die Verletzung absoluter Rechtsgüter alleine keinen Rücktrittsgrund herbeiführt, da der Schaden bereits durch die Verpflichtung zum Schadensersatz ausgeglichen wird, *Dauner-Lieb*, in: *Dauner-Lieb u.a.*, NK-BGB, § 324 BGB Rn. 5 m.w.N. Die Unzumutbarkeit des Festhaltens am Vertrag (Vertrauensverhältnis) weist einen gewissen Prognosecharakter auf, ob ähnliche Störungen auch künftig vorgenommen werden, *Dauner-Lieb*, in: *Dauner-Lieb u.a.*, NK-BGB, § 282 BGB Rn. 16 m.w.N. Darin liegt eine Parallele zur Gefahrenprognose der §§ 1004 Abs. 1 S. 2, 862 Abs. 1 S. 2 BGB, die einen Gleichlauf beider Prognosen rechtfertigt.

1319 Deswegen ist es ausnahmesweise auch dann gerechtfertigt, zurückzutreten, wenn keine absoluten Rechtsgüter des Vereins unmittelbar, sondern Rechtsgüter der Zuschauer verletzt werden, denen er zum Schutz verpflichtet ist. § 324 BGB erfasst solche Konstellationen ausnahmsweise, wenn der Gläubiger dadurch schwer beeinträchtigt worden ist, *Dauner-Lieb*, in: *Dauner-Lieb u.a.*, NK-BGB, § 324 BGB Rn. 6.

1320 *Schoreit*, in: *Hannich*, Karlsruher Kommentar, § 152 StPO Rn. 13 m.w.N.

1321 So zur Kündigungserklärung des Dauerkartenvertrages: *Breuker*, JR 2005, 133 (137); *Walker*, in: *Höfling/Horst*, Sport und Gewalt, S. 51 (70) m.w.N.

1322 Vgl. vertiefend: Kapitel 5A.I.1.a)bb)1), S. 294 ff.

Erstens könnten die Vereine die „Stadionverbots-GbR“ in Ziff. 2 S. 2 des Gesellschaftsvertrags bevollmächtigen, den Rücktritt von bestehenden Tageskartenverträgen zu erklären. Als einseitig empfangsbedürftige Willenserklärung ist die Rücktrittserklärung einer Stellvertretung zugänglich.[1323] Dagegen sprechen die gleichen Argumente, die oben dagegen angeführt wurden, die Problematik des Teilwiderrufs der Vollmacht des Kartenverkäufers derart zu lösen: Diese Lösung wirkt dogmatisch stark konstruiert. Deswegen ist sie gegenüber methodisch klareren Vorschlägen subsidiär.

Zweitens könnte der Verein in dem Stadionverbotsschreiben gleichzeitig im eigenen Namen, den Rücktritt vom Tageskartenvertrag erklären und im fremden Namen als organschaftlicher Vertreter der „Stadionverbots-GbR“ einen Unterlassungsanspruch geltend machen. Dieser Vorschlag kommt ohne eine zusätzliche Bevollmächtigung aus. Allerdings erscheint es zumindest problematisch, dem Stadionverbotsschreiben hinreichende Anhaltspunkte zu entnehmen, die auf einen Rücktritt vom Tageskartenvertrag schließen lassen.

Drittens könnte die Rücktrittserklärung konkludent darin gesehen werden, dass der Verein dem Betroffenen den Zutritt zum Stadion verweigert. Versucht ein Störer, gegen den ein Stadionverbot besteht, auf Grundlage einer Eintrittskarte, die er vor dem Stadionverbot erworben hat, das Stadiongelände zu betreten, spricht der Stadionordner[1324] konkludent den Rücktritt von dem bestehenden Tageskartenvertrag aus, indem er ihm den Zutritt verweigert. Dieser Lösungsvorschlag kann die Rücktrittserklärung begründen, ohne auf das zeitlich vorgelagerte Stadionverbotsschreiben zurückgreifen zu müssen. Dadurch wird es möglich, die Rechtsverhältnisse klar voneinander zu trennen.

Der zuletzt genannten Vorschlag überzeugt: Er ist nicht nur dogmatisch klarer und berücksichtigt den Grundsatz der Relativität der Schuldverhältnisse. Er wird auch der Interessenlage gerecht. Aus Sicht der Vereine besteht (mit Ausnahme von sog. Ad-Hoc-Stadionverboten[1325]) kein Bedürfnis, von bestehenden Tageskartenverträgen bereits in dem Moment zurückzutreten, in dem er das Stadionverbot für künftige Spiele ausspricht.[1326] Sie dürfen von der Rechtstreue des Betroffenen ausgehen und unterstellen, dass er das Stadiongelände während des

---

1323 *Grüneberg*, in: *Palandt*, § 349 BGB Rn. 1.

1324 Diese Erklärung des Stadionordners im Rahmen der Eingangskontrolle ist gemäß § 164 Abs. 1 S. 1 BGB dem Verein als Vollmachtsgeber und nicht der „Stadionverbots-GbR“ zuzurechnen.

1325 Hier verweisen die Vereine den Zuschauer sofort des Stadions. Dann treten sie zugleich konkludent oder sogar ausdrücklich von dem Tageskartenvertrag für das laufende Fußballspiel zurück. Das Ad-Hoc-Stadionverbot betrifft aber nur das aktuelle Fußballspiel und nicht künftige Spiele, vgl. vertiefend: Kapitel 1C.II.2.a), S. 66 ff.

1326 Für eine restriktive Linie bei Rücktrittserklärungen zutreffend: *Dauner-Lieb*, in: *Dauner-Lieb u.a.*, NK-BGB, § 326 BGB Rn. 15.

Stadionverbots nicht betreten wird. Diese Erwartung unterstützt die Strafandrohung des § 123 Abs. 1 StGB[1327] und die gesellschaftsvertragliche Pflicht aller Vereine in Ziff. 4 des Gesellschaftsvertrags, einen Strafantrag gemäß § 123 Abs. 2 StGB zu stellen. Erst in dem Moment, in dem der Betroffene sich über das Stadionverbot hinwegsetzt, indem er versucht, das Stadiongelände mit Hilfe seiner Eintrittskarte zu betreten, ist es aus Sicht des Vereins notwendig, den Rücktritt von dem Tageskartenvertrag zu erklären.

Sähe man die Rücktrittserklärung bereits in dem Stadionverbotsschreiben, könnte der Verein jedem künftigen Inhaber der Eintrittskarte den Zutritt gemäß §§ 807, 796 BGB verweigern. Dadurch wäre die Verkehrsfähigkeit von Eintrittskarten gefährdet, die sich im Besitz von Personen befinden, gegen die ein Stadionverbot ausgesprochen wurde.[1328] Der Betroffene könnte seine Tageskarten, die er zuvor erworben hatte, nicht oder nur schwer weiterveräußern, nachdem sie für ihn wegen des Stadionverbots nutzlos geworden sind. Dadurch würde er pönalisiert, was mit dem überwiegend präventiven Charakter des Stadionverbots nicht zu vereinbaren ist. Wird der Rücktritt demgegenüber konkludent erst und nur dann erklärt, wenn der Betroffene seine Eintrittskarte verwendet, um (widerrechtlich) zu versuchen, den Stadionbereich zu betreten, wäre es ihm vorher unproblematisch möglich, seine nutzlos gewordene Eintrittskarte an Dritte weiterzuveräußern.[1329]

1327 Vertiefend dazu: Kapitel 5B.I, S. 362 ff.

1328 Zwar könnte der Betroffene verschweigen, dass er mit einem Stadionverbot belegt ist und die Eintrittskarte an einen Dritten weiterveräußern, so dass dieser das Inhaberpapier gegebenfalls gutgläubig nach §§ 932 ff., 935 Abs. 2 BGB erwirbt, *Sprau*, in: *Palandt*, § 793 BGB Rn. 9. Wenn sich der Dritte dadurch aber einem bezifferbaren Prozessrisiko aussetzt, kommt eine Strafbarkeit des Zuschauers, der mit einem Stadionverbot belegt ist, gemäß § 263 Abs. 1 StGB in Betracht, wenn er verschweigt, dass der Verein vom Zuschauervertrag zurückgetreten ist, vgl. *BGH*, Beschl. v. 8.6.2011 – 3 StR 115/11.

1329 Gegen diese Lösung könnte angeführt werden, dass die Duldungspflicht aus dem Zuschauervertrag gemäß § 1004 Abs. 2 BGB solange bestehen bleibt, bis der Rücktritt von dem Zuschauervertrag (konkludent) erklärt wird. Dann würde das Stadionverbot erst wirksam werden, wenn der Zuschauer versucht, das Stadion zu betreten, so dass der Verein den Rücktritt erklärt. Erst zu diesem Zeitpunkt entfiele die Duldungspflicht. Gegen diesen Einwand spricht jedoch, dass der Anspruchsgegner für eine Duldungspflicht nach § 1004 Abs. 2 BGB beweisbelastet ist, vgl. *Bassenge*, in: *Palandt*, § 1004 BGB Rn. 52 m.w.N. Dieser Beweislast kommt der Störer erst nach, indem er seine Eintrittskarte am Stadioneingang vorlegt. Vorher bleibt der Zuschauervertrag prozessual unbeachtet, so dass dieser Einwand nicht gegen eine zeitlich nachgelagerte Rücktrittserklärung spricht.

(c) Fazit: Tageskartenverträge stehen Stadionverbot nicht entgegen

Somit ist zu konstatieren, dass dem Unterlassungsanspruch eines Stadionverbots weder der Besitz einer Eintrittskarte noch ein Tageskartenvertrag entgegensteht. Will der Störer einen Tageskartenvertrag abschließen, nachdem ihm das Stadionverbotsschreiben zugegangen ist, besteht gemäß §§ 133, 157 BGB kein Rechtsbindungswille des Vereins, selbst dann nicht wenn der Kartenverkäufer ihm eine Eintrittskarte aushändigt, weil dieser von dem Stadionverbot nichts weiß. Hatte der Störer die Eintrittskarte bereits vor dem Stadionverbot erworben, bestand ursprünglich ein unbedingter Rechtsbindungswille des Vereins, allerdings entsteht nachträglich ein Rücktrittsgrund entweder auf Grundlage der wirksam einbezogenen allgemeinen Geschäftsbedingungen oder auf Grundlage der §§ 324, 241 Abs. 2 BGB. Verweigert der Verein dem Betroffenen, das Stadion zu betreten, ist dies gemäß §§ 133, 157 BGB konkludent als Rücktrittserklärung auszulegen. Dann besteht keine Duldungspflicht des Vereins aus § 1004 Abs. 2 BGB.

3. Auswirkungen des Stadionverbots auf den Dauerkartenvertrag

Zu untersuchen ist des Weiteren, wie sich das Stadionverbot auf den Dauerkartenvertrag auswirkt. Dabei handelt es sich um einen sukzessiven Lieferungsvertrag, der wegen seines einheitlichen Geschäftszweckes als Gesamtrechtsverhältnis zu betrachten und daher als Dauerschuldverhältnis einzustufen ist.[1330] Da die Vereine die Dauerkarten im Gegensatz zu den Tageskarten personalisieren, ist es ihnen leichter möglich zu überprüfen, ob der Vertragspartner mit einem Stadionverbot belegt ist, bevor sie den Dauerkartenvertrag abschließen.[1331] Dies erhöht für den Betroffenen die Gefahr, dass die Kartenverkaufsstelle sein Stadionverbot entdeckt. In der Praxis versuchen die Betroffenen deswegen nicht oder nur selten, einen Dauerkartenvertrag mit dem Verein abzuschließen, wenn gegen sie ein Stadionverbot besteht. Kommt es dazu in theoretisch denkbaren Fällen dennoch, wäre diese Problematik wie bei den Tageskartenverträgen über den fehlenden Rechtsbindungswillen gemäß §§ 133, 157 BGB zu lösen.

Fraglich bleibt allerdings, ob die obigen Grundsätze zum Tageskartenvertrag auch auf solche Fälle übertragen werden können, in denen der Zuschauer bereits eine Dauerkarte erworben hatte, bevor ihm das Stadionverbot erteilt wurde. Dies

---

[1330] *Schild*, in: *WFV*, Recht der Sportstätte, S. 66 (83); *Breuker*, JR 2005, 133 (137); *Blumberg*, Stadionverbot, S. 25; *Walker*, in: *Gödicke u.a.*, FS Schapp, S. 491 (502).

[1331] *Ruhs* beschreibt die Technologie des modernen Ticketvergabesystems mittels Radio Frequency Identification (RFID) näher, vgl. *Ruhs*, Sicherheit und Ordnung, S. 18 m.w.N.

ist insbesondere relevant, wenn der Zuschauer das Stadionverbot während einer laufenden Saison erhält. Weiterhin stellt sich die Frage, ob und auf welcher Grundlage der Verein dem Störer vorausbezahltes Entgelt erstatten muss, wenn er den Dauerkartenvertrag beendet.

a) Aufhebung des Dauerkartenvertrages

Zuerst ist zu überprüfen, wie sich das Stadionverbot auf einen bereits bestehenden Dauerkartenvertrag auswirkt.

aa) Obiter dictum des Bundesgerichtshofs

Der Bundesgerichtshof urteilte am 30.10.2009, dass Dauerkartenverträge einem Stadionverbot nicht entgegenstehen können: „Die Verhängung eines Stadionverbots hat stets zur Folge, dass Dauerkartenberechtigungen ganz oder teilweise ins Leere laufen. Das kann keine Auswirkungen auf die Frage des Ob und des Wie eines Stadionverbots haben."[1332] Der Betroffene müsse sich mit seinem Vertragspartner auseinandersetzen, von dem er die Dauerkarte bezogen habe.[1333] Weiter weist der Bundesgerichtshof in einem obiter dictum[1334] auf folgendes hin: „In Betracht kommt zudem, dass in dem Ausspruch des Stadionverbots zugleich die Kündigung des zwischen dem Inhaber der Dauerkarte und dem Veranstalter bestehenden Dauerschuldverhältnisses liegt (*Breuker*, JR 2005, 133, [137]). Dies wäre, wenn das Stadionverbot – wie hier – zu Recht ausgesprochen wurde, aus wichtigem Grund ohne Einhaltung einer Kündigungsfrist zulässig (§ 314 I BGB)."[1335] Im Ergebnis konnte der Bundesgerichtshof diese Frage offen lassen, da sie nicht den Gegenstand dieses Rechtsstreits bildete. Während der MSV Duisburg das bundesweite Stadionverbot ausgesprochen hatte, bestand das Dauerkartenverhältnis zwischen dem Kläger und dem FC Bayern München. Dass dieser die Dauerkarte des Klägers kündigte, griff dieser prozessual nicht an.

1332 *BGH*, NJW 2010, 534 (537).

1333 *BGH*, NJW 2010, 534 (537).

1334 Vertiefend zur Problematik des obiter dictums: *Lamprecht*, NJW 1998, 1039 (1039 ff.).

1335 *BGH*, NJW 2010, 534 (537). Dieses obiter dictum greift der Bundesgerichtshof in einem anderen Zusammenhang in einer späteren Entscheidung erneut auf: *BGH*, Urt. v. 9.3.2012 – V ZR 115/11.

bb) Literaturauffassung

Die Literatur befürwortet eine Kündigung des Dauerschuldverhältnisses aus wichtigem Grund ausdrücklich.[1336] Ein wichtiger Grund i.S.d. § 314 Abs. 1 BGB liege jedenfalls vor, wenn nach §§ 1004 Abs. 1 S. 2, 862 Abs. 1 S. 2 BGB die Besorgnis bestehe, dass der Vertragspartner auch künftige Fußballspiele stören werde.[1337] Diese zerstöre das Vertrauensverhältnis zwischen Zuschauer und Verein endgültig, so dass es grundsätzlich entbehrlich sei, den Störer nach § 314 Abs. 2 S. 1 BGB abzumahnen.[1338]

cc) Stellungnahme: Kündigungsmöglichkeit nur im Grundsatz

Dem ist im Grundsatz zuzustimmen.

1) Einschränkungen der bisherigen Auffassungen

Der Verein kann den Dauerkartenvertrag grundsätzlich aus wichtigem Grund nach § 314 Abs. 1 BGB kündigen. Weil künftige Störungen zu besorgen sind, ist das Vertrauensverhältnis nachhaltig erschüttert. Die Wertungen des Sachgrundes für ein Stadionverbot sind auf den Kündigungsgrund für das Dauerschuldverhältnis zu übertragen. Der zivilrechtliche Unterlassungsanspruch würde wegen § 1004 Abs. 2 BGB unterlaufen, wenn keine Kündigungsmöglichkeit nach § 314 Abs. 1 BGB bestünde. Hierzu kann auf die oben aufgezeigten Wertungen zu § 324 BGB verwiesen werden,[1339] zu dem § 314 BGB lex specialis ist.[1340]

Allerdings ist dieser Auffassung nicht uneingeschränkt zuzustimmen. Weder der Bundesgerichtshof noch die Literatur differenzieren ausreichend: Nicht jedes Dauerschuldverhältnis, das zwischen dem Inhaber der Dauerkarte und dem Veranstalter besteht, ist einer Kündigung nach § 314 Abs. 1 BGB zugänglich. Sie kommt nur für Dauerschuldverhältnisse in Betracht, die bereits in Vollzug ge-

---

1336 *Breucker*, JR 2005, 133 (137); *Dippel*, Zivilrechtliche Haftung, S. 306; *Orth/Schiffbauer*, RW 2011, 177 (198); *Blumberg*, Stadionverbot, S. 25; *Walker*, in: *Gödicke* u.a., Zuschauer als Störer, S. 491 (502); *Schild*, in: *WFV*, Recht der Sportstätte, S. 66 (83); *Späte*, Kein Zutritt, S. 8; *Stegemann*, RUBRR 2010, 17 (19); *Klode*, Pyrotechnik und Stadionverbote, S. 83.

1337 *Schild*, in: *WFV*, Recht der Sportstätte, S. 66 (83); *Breucker*, JR 2005, 133 (137); *Orth/Schiffbauer*, RW 2011, 177 (198); *Blumberg*, Stadionverbot, S. 25; *Walker*, in: *Höfling/Horst*, Sport und Gewalt, S. 51 (71).

1338 *Walker*, in: *Gödicke u.a.*, FS Schapp, S. 491 (502); *Walker*, in: *Höfling/Horst*, Sport und Gewalt, S. 51 (71); *Klode*, Pyrotechnik und Stadionverbote, S. 83.

1339 Vgl. vertiefend: Kapitel 5A.I.2.b)dd)2), S. 309 ff.

1340 *Dauner-Lieb*, in: *Dauner-Lieb u.a.*, NK-BGB, § 324 BGB Rn. 3 m.w.N. und dem Hinweis, dass dies umstritten ist.

setzt sind.[1341] Denn nur dann tritt an die Stelle des Rücktrittes das Kündigungsrecht aus wichtigem Grund.[1342] Eine Kündigung nach § 314 Abs. 1 BGB setzt somit voraus, dass die Störung, die zum Stadionverbot führte, erst erfolgte, nachdem der erste Spieltag angepfiffen wurde. Stört der Zuschauer eine Fußballveranstaltung seines Vertragspartners vorher (beispielsweise bei einem Freundschaftsspiel während der Saisonvorbereitung[1343]), kann der Verein einen Dauerkartenvertrag, den er vorher abschloss,[1344] nicht nach § 314 Abs. 1 BGB kündigen, sondern muss davon gemäß §§ 324, 241 Abs. 2 BGB zurücktreten.[1345]

2) Grundsätzlich keine Kündigungs- oder Rücktrittserklärung durch Stadionverbotsschreiben

Walker weist zudem zutreffend auf den Grundsatz der Relativität der Schuldverhältnisse hin.[1346] Entgegen der Ansichten von *Schild*[1347] und *Breuker*[1348], die auch der Bundesgerichtshof in seinem obiter dictum befürwortet,[1349] kann in dem Stadionverbotsschreiben nicht immer zugleich die Kündigung des Dauerkartenvertrages gesehen werden. *Walker* verweist (ohne dies näher zu begründen) darauf, dass die gegenseitige Bevollmächtigung der Vereine eine solche

---

1341 *Grüneberg*, in: *Palandt*, § 323 BGB Rn. 4 m.w.N. Ein Rücktritt kommt beim vollzogenen Dauerschuldverhältnis zudem auch dann in Betracht, wenn eine vollständige Rückabwicklung unschwer möglich und nach der Interessenlage sachgerecht ist, vgl. *BGH*, NJW 2002, 1870 (1870 f.); *Grüneberg*, in: *Palandt*, § 314 BGB Rn. 12.

1342 *Grüneberg*, in: *Palandt*, § 323 BGB Rn. 4 m.w.N.

1343 Dies gilt allerdings nur, wenn der Eintritt zu dem Freundschaftsspiel extra zu bezahlen und nicht vom Leistungskatalog der Dauerkarte umfasst ist. Anderenfalls wäre das Dauerkartenverhältnis nämlich bereits in Vollzug gesetzt, sobald der Schiedsrichter das Freundschaftsspiel anpfeift bzw. der Verein an diesem Spieltag die Stadiontore öffnet.

1344 Häufig wird der Dauerkartenvertrag für die neue Saison bereits am Ende der laufenden Saison abgeschlossen oder ein bereits bestehender Dauerkartenvertrag für die nächste Saison verlängert.

1345 Vgl. dazu vertiefend: Kapitel 5A.I.2.b)dd)2), S. 309 ff.

1346 *Walker*, in: *Gödicke* u.a., FS Schapp, S. 491 (502).

1347 *Schild*, in: *WFV*, Recht der Sportstätte, S. 66 (83). Hierauf weist auch *Walker* zutreffend hin, vgl. *Walker*, in: *Gödicke* u.a., FS Schapp, S. 491 (502), vgl. auch *Klode*, Pyrotechnik und Stadionverbote, S. 83.

1348 *Breuker*, JR 2005, 133 (137).

1349 *BGH*, NJW 2010, 534 (537). Der MSV Duisburg ist im dortigen Fall weder als Vertreter der „Stadionverbots-GbR" noch in seiner Eigenschaft als veranstaltender Fußballverein berechtigt, das Dauerschuldverhältnis zu kündigen, das zwischen dem FC Bayern München und dem störenden Zuschauer bestand. Darüber hatte der Bundesgerichtshof allerdings nicht zu entscheiden.

Kündigung nicht erfasse.[1350] Werde ein Stadionverbot daher während eines Auswärtsspiel ausgesprochen, müsse der kartenausgebende Verein die Kündigung der Dauerkarte erklären.[1351]

Diesem Einwand *Walker's* ist grundsätzlich zuzustimmen. Er ist jedoch zu erörtern und zu ergänzen: Die Rechtslage hängt bei der Kündigung des Dauerkartenvertrages davon ab, ob die Störung, die zum Stadionverbot führte, während eines Heim- oder während eines Auswärtsspiels des kartenausgebenden Vereins begangen wurde. Stört der Zuschauer ein Heimspiel des kartenausgebenden Vereins, seinem Vertragspartner des Dauerkartenschuldverhältnisses, stellt sich die gleiche Problematik, die oben bereits im Rahmen der Rücktrittserklärung vom Tageskartenvertrag erörtert wurde.[1352] Von den drei aufgezeigten Lösungsmöglichkeiten, ist auch hier die dort zuletzt genannte vorzuziehen:[1353] Der Verein kündigt den Dauerkartenvertrag nicht konkludent in dem Stadionverbotsschreiben, sondern erst, indem er ihm den Zutritt verweigert, wenn der Störer widerrechtlich versuchen sollte, auf das Stadiongelände zu gelangen, indem er die Dauerkarte vorzeigt.

Stört der Zuschauer dagegen bei einem Auswärtsspiel des kartenausgebenden Vereins, handelt er nicht auf dem Stadiongelände seines Vertragspartners der Dauerkarte, sondern auf dem Stadiongelände eines dritten Vereins. Dann ergibt sich eine Dreieckskonstellation. Auf diese weist *Walker* hin.[1354] Das Stadionverbot spricht der „fremde" Verein gemäß § 3 Abs. 1 SVR über die „Stadionverbots-GbR" aus. Zu diesem steht der Störer nur in einem Tageskarten- nicht aber in einem Dauerkartenvertragsverhältnis. Der „fremde" Verein ist wegen des Grundsatzes der Relativität der Schuldverhältnisse nicht berechtigt, den Dauerkartenvertrag zwischen dem Zuschauer und dessen Vertragspartner, dem kartenausgebenden Verein, zu kündigen.[1355] Nach der Ansicht *Walker's* bevollmäch-

---

1350 *Walker*, in: *Gödicke* u.a., FS Schapp, S. 491 (502); *Walker*, in: *Höfling/Horst*, Sport und Gewalt, S. 51 (71).

1351 *Walker*, in: *Gödicke* u.a., FS Schapp, S. 491 (502); *Klode*, Pyrotechnik und Stadionverbote, S. 83.

1352 Vgl. vertiefend: Kapitel 5A.I.2.b)dd)2)(b), S. 311 ff.

1353 Da Dauerkarten personalisiert sind, entfällt zwar möglicherweise – je nach Gestaltung der Allgemeinen Geschäftsbedingungen – das oben zuletzt genannte Argument der besseren Übertragkartkeit der Eintrittskarten. Allerdings bleibt das Argument bestehen, dass im Zeitpunkt des Ausspruchs des Stadionverbots kein praktisches Bedürfnis für eine Kündigung der Eintrittskarte besteht. Dies gilt erst recht, wenn man berücksichtigt, dass der Verein sich im Falle der Kündigung der Gefahr aussetzt, bereits bezahltes Entgelt erstatten zu müssen, vgl. dazu vertiefend: Kapitel 5A.I.4, S. 319 ff.

1354 *Walker*, in: *Gödicke* u.a., FS Schapp, S. 491 (502).

1355 *Walker*, in: *Gödicke* u.a., FS Schapp, S. 491 (502).

tigt auch Ziff. 2 S. 2 des Gesellschaftsvertrags ihn dazu nicht.[1356] Dann verbleiben nur zwei Möglichkeiten:

Der kartenausgebende Verein kann den Dauerkartenvertrag ausdrücklich durch ein eigenes Kündigungsschreiben beenden.[1357] Von dem Stadionverbot erhält er gemäß § 9 Abs. 1, Abs. 4 SVR Kenntnis, weil die Zentralverwaltung des DFB jedem Verein einmal im Monat eine aktualisierte Stadionverbotsliste übersendet. Weil die Dauerkarten personalisiert sind, kann der kartenausgebende Verein diese Daten abgleichen. Allerdings muss er nicht zwingend ein eigenes Kündigungsschreiben übersenden. Ähnlich wie in der oben erörterten Problematik der Rücktrittserklärung von dem Tageskartenvertrag besteht für ihn nicht immer ein praktisches Bedürfnis,[1358] das Dauerkartenverhältnis sofort zu kündigen. Jedenfalls ist dieses verringert, solange der Betroffene nicht versucht, seine Dauerkarte zu missbrauchen, um in den Stadionbereich zu gelangen. Wird sein Stadionverbot bei der Zugangskontrolle entdeckt, kündigt der Verein den Dauerkartenvertrag gemäß §§ 133, 157 BGB konkludent, indem er ihm den Zutritt verweigert. Dass der Verein erst zu diesem Zeitpunkt den Dauerkartenvertrag kündigen will, ist auch damit zu begründen, dass er befürchten muss, dass er zuviel bezahltes Entgelt zu erstatten hat, wenn er den Dauerkartenvertrag kündigt, bevor die Saison beendet ist.

4. Erstattungspflicht vorausbezahlten Entgelts

Fraglich bleibt, auf welcher rechtlichen Grundlage ein Zuschauer sein Entgelt zurückverlangen kann, wenn der Verein den Zuschauervertrag auf dieser Grundlage beendet und der Störer deswegen bereits bezahlte Spiele der Saison nicht besuchen kann.

a) Ansicht Walker: Rückzahlungspflicht aufgrund des Bereicherungsrechts

Lediglich *Walker* beschäftigt sich mit dieser Problematik. Er befürwortet, dass die Vereine das Entgelt anteilig gemäß § 812 Abs. 1 S. 2 Alt. 1 BGB zurückzahlen müssen.[1359] Da für den Zuschauervertrag als Werkvertrag eine Spezialrege-

---

1356 *Walker*, in: *Gödicke* u.a., FS Schapp, S. 491 (502).

1357 *Walker*, in: *Gödicke* u.a., FS Schapp, S. 491 (502).

1358 Ein praktisches Bedürfnis bestünde nur, wenn der Verein in der Kündigungserklärung den Zuschauer auffordern würde, die Dauerkarte an den Verein zurückzugeben, um zu verhindern, dass er sie missbräuchlich benutzt. Allerdings stellt sich dann die Problematik, ob vorausbezahlten Entgelt zu erstatten ist, vgl. vertiefend: Kapitel 5A.I.4, S. 319 ff.

1359 *Walker*, in: *Gödicke u.a.*, FS Schapp, S. 491 (505).

lung fehle, die mit § 547 Abs. 1 S. 2 BGB zu vergleichen wäre, sei es notwendig, auf das Bereicherungsrecht zurückzugreifen.[1360] Ein gesetzlicher Ausschlussgrund greife nicht ein, zudem könne der Verein sich nicht auf den Wegfall der Bereicherung berufen, da er die freigewordene Karte anderweitig verkaufen könne.[1361] Deswegen könne der Zuschauer zuviel bezahltes Entgelt gemäß § 812 Abs. 1 S. 2 Alt. 1 BGB zurückverlangen.[1362]

Jenny weist ergänzend darauf hin, dass im Ergebnis ein anteiliger Rückzahlungsanspruch des Zuschauers ausgeschlossen sein werde, da der Verein gegen diesen mit Schadensersatzansprüchen aufrechnen könne.[1363]

b) Stellungnahme: Rückzahlungspflicht über §§ 346 ff. BGB

Jenny ist grundsätzlich zu folgen. Unabhängig von der Rechtsgrundlage des Rückzahlungsanspruchs kann der kartenausgebenden Verein gemäß §§ 387 ff. BGB aufrechnen. Dies setzt allerdings voraus, dass ein entsprechender Schadensersatzanspruch des Vereins besteht. Dies ist später zu untersuchen.[1364] An dieser Stelle reicht der Hinweis auf die Möglichkeit aufzurechnen, die § 314 Abs. 4 BGB ausdrücklich eröffnet. Zu klären bleibt die Frage nach der Rechtsgrundlage des anteiligen Rückzahlungsanspruchs. Der Vorschlag *Walker*'s, § 812 Abs. 1 S. 2 Alt. 1 BGB anzuwenden, überzeugt nicht. Die condictio ob causam finitam[1365] ist auf den Rücktritt vom Vertrag nicht anzuwenden, da das entstehende vertragliche Rückgewährschuldverhältnis vorrangig ist.[1366] Für den Tageskartenvertrag und soweit der Dauerkartenvertrag noch nicht in Vollzug gesetzt ist, besteht der anteilige Rückzahlungsanspruch gemäß §§ 346 Abs. 1, 324, 241 Abs. 2 BGB.

Selbst wenn der Dauerkartenvertrag bereits in Vollzug gesetzt sein sollte, ist § 812 Abs. 1 S. 2 Alt. 1 BGB grundsätzlich nicht mehr anzuwenden, sobald er ausdrücklich oder konkludent gekündigt ist.[1367] Ergeben sich nach dem Vertragstypen spezialgesetzliche Regelungen oder bestehen vertragliche Vereinbarungen über die Rückabwicklung, sind diese gegenüber der condictio ob causam finitam vorrangig.[1368] Lassen sich spezielle gesetzliche oder vertragliche Regelungen nicht feststellen, sind grundsätzlich die §§ 346 ff. BGB entsprechend an-

---

1360 *Walker*, in: *Gödicke u.a.*, FS Schapp, S. 491 (505).
1361 *Walker*, in: *Gödicke u.a.*, FS Schapp, S. 491 (505).
1362 *Walker*, in: *Gödicke u.a.*, FS Schapp, S. 491 (505).
1363 *Jenny*, in: *Kauerhof u.a.*, Zuschauer als Störer, S. 129 (147).
1364 Vgl. vertiefend: Kapitel 5A.II.1, S. 323 ff.
1365 Vgl. zur Vertiefung: *Sprau*, in: *Palandt*, § 812 BGB Rn. 23 ff.
1366 *Sprau*, in: *Palandt*, § 812 BGB Rn. 26.
1367 *Sprau*, in: *Palandt*, § 812 BGB Rn. 26.
1368 *Sprau*, in: *Palandt*, § 812 BGB Rn. 26.

zuwenden, da die Kündigung gemäß § 314 BGB nur das Rücktrittsrecht ersetzt, im Übrigen aber vergleichbare Interessenlagen bestehen.[1369] § 812 Abs. 1 S. 2 Alt. 1 BGB scheidet daneben aus.[1370] Zu untersuchen ist deswegen, ob der Anspruch, auf dessen Grundlage der Störer das zuviel bezahlte Entgelt zurückverlangen kann, wenn der Dauerkartenvertrag bereits in Vollzug gesetzt ist, sich auf eine spezialgesetzliche Regelung stützen kann oder ob er mangels vertraglicher Vereinbarungen[1371] auf §§ 346 ff. BGB zurückgreifen muss.

Walker lehnt es in einem Nebensatz ab, § 547 Abs. 1 S. 2 BGB anzuwenden, ohne dies näher zu begründen.[1372] Dabei ist diese Regelung aus dem Mietvertragsrecht durchaus für das Zuschauervertragsverhältnis interessant. Schließlich ist der Zuschauervertrag als Werkvertrag mit mietvertraglichem Einschlag zu qualifizieren.[1373] Der Dauerkartenvertrag stellt einen sog. Typenverschmelzungsvertrag dar, bei dem verschiedene Vertragstypen untrennbar miteinander verbunden sind.[1374] Als werkvertragliches Element schuldet der Veranstalter den Erfolg, das Fußballspiel zu organisieren und darzubieten. Damit untrennbar verbunden weist der Zuschauervertrag dem Besucher mietvertraglich einen bestimmten Sitz- oder Stehplatz im Stadion zu. Welches Recht auf einen solchen typengemischten Vertrag anzuwenden ist, kann nicht alleine nach einer der anerkannten Theorien (Absorptionstheorie, Kombinationstheorie oder Theorie der analogen Rechtsanwendung[1375]) ermittelt werden.[1376] Dies ist nicht sinnvoll, weil die Mischformen dieser Vertragsverhältnisse vielgestaltig auftreten.[1377] Wenn ausdrückliche Vereinbarungen fehlen, sind stattdessen der mutmaßliche Parteiwille, der Vertragszweck, die Interessenlage und die Verkehrssitte als Anhaltspunkte heranzuziehen.[1378] Nur wenn danach für die Vertragsleistung, um

---

1369 *Sprau*, in: *Palandt*, § 812 BGB Rn. 26.

1370 *Sprau*, in: *Palandt*, § 812 BGB Rn. 26.

1371 Im Einzelfall ist immer zu prüfen, ob die allgemeinen Geschäftsbedingungen in das Vertragsverhältnis einbezogen wurden und ob sich aus diesen eine wirksame Regelung ergibt, ob und wie das Entgelt zurückzuzahlen ist, wenn ein Stadionverbot ausgesprochen wird.

1372 *Walker*, in: *Gödicke u.a.*, FS Schapp, S. 491 (505).

1373 *Weisemann/Spieker,* Sport, Spiel und Recht, Rn 182; *Weller*, NJW 2007, 960 (961); *Walker*, in: *Gödicke u.a.*, FS Schapp, S. 491 (501); *Kleiner*, in: *Arter/Baddeley*, Sport u. Recht, S. 19 (50); *Schild*, in: *WFV*, Recht der Sportstätte, S. 66 (81); *Jedamzik,* in: *Kauerhof u.a.,* Zuschauer als Störer, S. 105 (105).

1374 *Grüneberg*, in: *Palandt*, Überbl v § 311 BGB Rn. 23 m.w.N.

1375 Vertiefend zu den einzelnen Theorien: *Grüneberg*, in: *Palandt*, Überbl v § 311 BGB Rn. 24 ff.

1376 *Grüneberg*, in: *Palandt*, Überbl v § 311 BGB Rn. 25.

1377 *Grüneberg*, in: *Palandt*, Überbl v § 311 BGB Rn. 25.

1378 *Grüneberg*, in: *Palandt*, Überbl v § 311 BGB Rn. 25 f.

die es geht, der mietvertragliche Charakter überwiegt, sind die Regelungen der §§ 535 ff. BGB anwendbar.[1379]

Entscheidend ist also die Frage, ob der Zuschauer das Entgelt der Dauerkarte vorrangig dafür zahlt, dass ihm der Verein einen bestimmten Platz im Stadion zuweist, oder dafür dass er ihm das Fußballspiel darbietet. Es fällt schwer, diese Frage so zu beantworten, dass sie verallgemeinert werden kann: Einige Fußballfans legen besonderen Wert auf einen bestimmten Platz im Stadion und sehen darin den Hauptvertragszweck. Dazu gehören Ultra-Fangruppierungen in einem bestimmten Stehblock, in dem sie eine besondere Stadionatmosphäre schaffen können, oder Geschäftsleute, die einen Platz in der Business-Loge nutzen wollen, um bei Gelegenheit des Fußballspiels geschäftliche Kontakte zu knüpfen oder zu pflegen. Für diese Fußballfans scheint der mietvertragliche Charakter zu überwiegen, so dass § 547 Abs. 1 S. 2 BGB entsprechend anzuwenden wäre. Anderen Fußballfans ist es egal, wo sie im Stadion sitzen oder stehen, solange sie das Spielfeld gut sehen können. Diesen Fans kommt es hauptsächlich darauf an, das Fußballspiel verfolgen zu können. Bei ihnen überwiegt der werkvertragliche Charakter. Im Werkvertragsrecht fehlt es an einer spezialgesetzlichen Erstattungsregelung zugunsten des Bestellers, so dass entsprechend auf §§ 346 ff. BGB zurückzugreifen wäre.[1380]

Ob Zuschauer das Entgelt überwiegend zu miet- oder werkvertraglichen Zwecken zahlen, lässt sich folglich nicht verallgemeinern. Welchen Zweck der Zuschauer im Einzelfall verfolgt, kann der Verein zumeist aus dem objektiven Empfängerhorizont nicht erkennen. Deswegen ist es abzulehnen, § 547 Abs. 1 S. 2 BGB entsprechend anzuwenden. Stattdessen liegt es im beiderseitigen Parteiinteresse, auf die §§ 346 ff. BGB entsprechend zurückzugreifen. Die §§ 346 ff. BGB können zudem Dauerkartenverträge, die in Vollzug gesetzt sind (entsprechend), und Tageskartenverträge sowie Dauerkartenverträge, die nicht vollzogen sind (direkt), systematisch gleich behandeln. Ein anteiliger Rückzahlungsanspruch des Zuschauers ergibt sich somit aus §§ 346 Abs. 1, 324, 241 Abs. 2 BGB direkt oder entsprechend. Gegen diesen Anspruch kann der Verein wegen § 325 BGB mit Schadensersatzansprüchen aufrechnen.

1379 *Weidenkaff* bejaht dies grundsätzlich für die Benutzung von Sporteinrichtungen, *Weidenkaff,* in: *Palandt*, Einf v § 535 BGB Rn. 36.

1380 Zwar käme es auch in Betracht, § 645 Abs. 1 BGB analog anzuwenden, weil die Vertragsaufhebung auf eine Handlung des Zuschauers als „Besteller“ zurückgeht (vgl. dazu: *Sprau,* in: *Palandt*, § 645 BGB Rn. 8 m.w.N.), allerdings stellt § 645 Abs. 1 BGB keine eigene Anspruchsgrundlage, sondern eine Regelung über die Leistungs- und Vergütungsgefahr dar, *Sprau,* in: *Palandt*, § 645 BGB Rn. 1. Zudem ist sie vorteilhaft für den Werkunternehmer und nicht für den Besteller.

II. Schadensersatzpflichten

Sobald der Verein das Stadionverbot ausgesprochen hat, wird er sich fragen, ob er seine Schäden ersetzt verlangen kann, die ihm durch das Verhalten des Störers entstanden sind. Dies handhaben die Vereine derzeit zu zurückhaltend. Dabei vergessen sie, dass sie nicht nur ihre finanziellen Schäden ausgleichen können, die sie durch Zuschauerausschreitungen erleiden. Daneben können Schadensersatzansprüche, wenn sie konsequent und effektiv verfolgt werden, gegenüber potenziellen Gewalttätern und Störern auch eine präventive und zugleich abschreckende Wirkung erzielen.[1381] Dies kann die Gewalt weiter einschränken. Dieser Appell gilt nicht nur den Vereinen, sondern allen Geschädigten insbesondere anderen Zuschauern und (möglicherweise) auch den Fußballverbänden. Ob und wie diese den Störer haftbar machen können, wird zu prüfen sein.

1. Haftung des Störers gegenüber dem Veranstalter

Zu beginnen ist mit den Schadensersatzansprüchen des Vereins als Veranstalter, mit denen er gegen etwaige Rückzahlungsansprüche des Störers aufrechnen kann.

a) Anspruchsgrundlagen

Besitzt der Störer eine Eintrittskarte, ist er regelmäßig mit dem Veranstalter schuldrechtlich durch den Zuschauervertrag verbunden. Deswegen haftet er möglicherweise vertraglich gemäß §§ 280 Abs. 1, 241 Abs. 2 BGB.[1382] Aus § 241 Abs. 2 BGB folgt die Nebenpflicht, den Vertragspartner nicht zu schädigen und alles zu unterlassen, was den ungestörten Ablauf der Fußballveranstaltung gefährdet.[1383] Selbst wenn im Zeitpunkt der Ausschreitungen noch kein Zuschauervertrag besteht, kann der Störer vorvertraglich nach §§ 311 Abs. 2 Nr. 2,

---

1381 *Haslinger*, Zuschauerausschreitungen, S. 217; *Blumberg*, Stadionverbot, S. 83; *Walker*, in: *Höfling/Horst*, Sport und Gewalt, S. 51 (73); *Bernard*, SpuRt 2013, 8 (11).

1382 *OLG Rostock*, NJW 2006, 1819 (1820); *Walker*, in: *Walker*, Hooliganismus, S. 35 (38); *Dippel*, Zivilrechtliche Haftung, S. 336; *Weller*, NJW 2007, 960 (964); *Marzahn*, ZJS 2010, 428 (436); *Hilpert*, Fußballstrafrecht, IV. Rn. 12; *Pommerening*, SpuRt 2012, 187 (188). Zur Konzeption des Gesetzgebers für den Begriff der Pflichtverletzung i.S.d. § 280 BGB vertiefend: *Dauner-Lieb*, in: *Dauner-Lieb u.a.*, NK-BGB, § 280 BGB Rn. 27 ff.

1383 *LG Rostock*, SpuRt 2006, 83 (84); *Walker*, in: *Walker*, Hooliganismus, S. 35 (39) m.w.N.; *Marzahn*, ZJS 2010, 428 (436); *Köhler*, in: *Schild*, Rechtliche Aspekte, S. 13 (28); *Haslinger*, Zuschauerausschreitungen, S. 28; *Pommerening*, SpuRt 2012, 187 (188).

3, 280 Abs. 1, 241 Abs. 2 BGB haftbar sein. Suchen Hooligans die Nähe des Stadions auf, ohne eine Eintrittskarte erwerben zu wollen, ist der Veranstalter deliktisch geschützt gemäß § 823 Abs. 1 BGB, § 823 Abs. 2 BGB i.V.m. einem Schutzgesetz (beispielsweise im Falle der Sachbeschädigung § 303 StGB oder des Hausfriedensbruchs § 123 StGB[1384]), § 830 Abs. 1 S. 2 BGB und § 826 BGB.[1385] In den übrigen Fällen tritt die deliktische Haftung neben den vertraglichen Schadensersatzanspruch.[1386]

Haften der Veranstalter[1387] und der Störer als Primärschädiger gesamtschuldnerisch für die Schäden Dritter, insbesondere anderer Zuschauer, kann der Verein im Innenverhältnis Regress verlangen gemäß §§ 426 Abs. 1 S. 1, 840 Abs. 1 BGB[1388] und, sobald die Gläubigerforderung übergeht gemäß § 426 Abs. 2 BGB[1389]. Der Verein haftet gesamtschuldnerisch, wenn er seine vertraglichen und verkehrssicherungsrechtlichen Schutzpflichten als Veranstalter verletzt:[1390] Aus dem Zuschauervertrag ist er gemäß § 241 Abs. 2 BGB verpflichtet, die anderen Besucher zu schützen.[1391] Verletzt er diese Pflicht zumindest fahrlässig, haftet er den anderen Zuschauern nach §§ 280 Abs. 1, 241 Abs. 2

1384 *Jedamzik*, in: *Kauerhof u.a.*, Zuschauer als Störer, S. 105 (124). Vertiefend: *Köhler*, in: *Schild*, Rechtliche Aspekte, S. 13 (27 f.) m.w.N. Näher zu § 826 BGB: *Pommerening*, SpuRt 2012, 187 (190 f.).

1385 *Walker*, in: *Walker*, Hooliganismus, S. 35 (38 ff.); *Dippel*, Zivilrechtliche Haftung, S. 336; *Seipp*, Grundriß des Sportrechts, S. 138; *Jedamzik*, in: *Kauerhof u.a.*, Zuschauer als Störer, S. 105 (105 ff.); *Hilpert*, Fußballstrafrecht, IV. Rn. 11; *Pommerening*, SpuRt 2012, 187 (190).

1386 *BGH*, NJW-RR 96, 1121 (1121 f.); *Sprau*, in: *Palandt*, Einf. v. § 823 BGB Rn. 5.

1387 „Veranstalter" ist derjenige, der eine Sportveranstaltung organisiert und deren finanzielles Risiko trägt, mithin grundsätzlich der gastgebende Verein und ausnahmesweise der Fußballverband, *Walker*, in: *Höfling/Horst*, Sport und Gewalt, S. 51 (57) m.w.N.

1388 *Dippel*, Zivilrechtliche Haftung, S. 338; *Weller*, NJW 2007, 960 (964); *Marzahn*, ZJS 2010, 428 (436).

1389 Zahlt der veranstaltende Verein gegenüber einem Dritten einen Schadensausgleich, so erlischt der zugrunde liegende Schadensersatzanspruch nicht, sondern bleibt für den Zweck des Rückgriffes i.S.d. § 426 Abs. 2 BGB erhalten, vgl. *BGH*, NJW 1991, 97 (98); *Grüneberg*, in: *Palandt*, § 426 BGB Rn. 16.

1390 Vertiefend zur Haftung des Veranstalters: *Walker*, in: *Höfling/Horst*, Sport und Gewalt, S. 51 (57 ff.) m.w.N.; *Eilers*, in: *WFV*, Zuschauerausschreitungen bei Fußballspielen, S. 18 (24 ff.). *Köhler* unterscheidet sinnvoll nochmals zwischen Ansprüchen gegen den Veranstalter und gegen den häufig davon verschiedenen Stadioneigentümer, *Köhler*, in: *Schild*, Rechtliche Aspekte, S. 13 (13 ff.).

1391 *BGH*, NJW 2010, 534 (535); *Weller*, NJW 2007, 960 (961); *Seipp*, Grundriß des Sportrechts, S. 226 f.; *Jenny*, in: *Kauerhof u.a.*, Zuschauer als Störer, S. 129 (139); *Marzahn*, ZJS 2010, 428 (429); *Hilpert*, Fußballstrafrecht, IV. Rn. 3; *Haslinger*, Zuschauerausschreitungen, S. 25 m.w.N.

BGB.[1392] Das Verschulden seiner Organe rechnet ihm § 31 BGB zu, das seiner Ordner als Erfüllungsgehilfen § 278 BGB, wobei er sich nicht exkulpieren kann.[1393] Daneben haftet der Veranstalter für Verkehrssicherungspflichtverletzungen und Organisationsmängel gemäß § 823 Abs. 1 BGB.[1394] In Betracht kommt auch ein eigenes Überwachungsverschulden gemäß § 831 Abs. 1 BGB sowie eine Haftung als Grundstücks-, Gebäudebesitzer oder Gebäudeunterhaltspflichtiger gemäß §§ 836 Abs. 1, 837, 838 BGB. Da dem Veranstalter regelmäßig nur ein Fahrlässigkeitsvorwurf gemacht werden kann,[1395] während dessen der Störer als Primärschädiger grundsätzlich vorsätzlich handelt, ist dieser entgegen der gesetzlichen Regel des § 426 Abs. 1 S. 1 BGB im Regressinnenverhältnis vollständig gegenüber dem Veranstalter ausgleichspflichtig.[1396]

Ist der Störer zugleich Vereinsmitglied, kann diese personenrechtliche Beziehung weder einen Haftungsausschluss noch eine zusätzliche Anspruchsgrundlage begründen.[1397] Ausnahmen sind nur möglich, wenn der Störer seine mitgliedschaftlichen Pflichten verletzt und die Satzung dafür eine vereinsrechtliche Disziplinarmaßnahme vorsieht.[1398]

b) Schaden

Als Gläubiger eines Schadensersatzanspruches muss der Veranstalter einen konkreten Schaden beziffern und beweisen können.[1399] Ein etwaiges Mitverschulden des Veranstalters ist gemäß § 254 Abs. 1 BGB zu berücksichtigen,[1400] wird jedoch bei vorsätzlichen Zuschauerausschreitungen grundsätzlich abzulehnen

---

1392 *Walker*, in: *Walker, Hooliganismus,* S. 35 (39 f.); *Seipp*, Grundriß des Sportrechts, S. 229; *Weisemann/Spieker*, Sport, Spiel und Recht, S. 96 f.; *Hilpert*, Fußballstrafrecht, IV. Rn. 3. Zur Problematik des Haftungsausschlusses oder einer Haftungsbegrenzung vgl. *Walker*, in: *Walker, Hooliganismus,* S. 35 (42 ff.); *Weisemann/Spieker*, Sport, Spiel und Recht, S. 98; *Köhler*, in: *Schild*, Rechtliche Aspekte, S. 13 (18 ff.); *Haslinger*, Zuschauerausschreitungen, S. 25.

1393 *Walker*, in: *Walker, Hooliganismus,* S. 35 (39 f.); *Seipp*, Grundriß des Sportrechts, S. 229; *Weisemann/Spieker*, Sport, Spiel und Recht, S. 96 f.

1394 *Weller*, NJW 2007, 960 (964); *Walker*, in: *Walker, Hooliganismus,* S. 35 (42); *Dippel*, Zivilrechtliche Haftung, S. 338; *Hilpert*, Fußballstrafrecht, IV. Rn. 3.

1395 Der Fahrlässigkeitsvorwurf ist darauf gerichtet, dass er es unterlassen hat, ausreichende Sicherheitsvorkehrungen zu treffen, um die Störungen des Primärschädigers zu unterbinden, vgl. insoweit auch *Dippel*, Zivilrechtliche Haftung, S. 338.

1396 *Dippel*, Zivilrechtliche Haftung, S. 338.

1397 *Seipp*, Grundriß des Sportrechts, S. 168 m.w.N.

1398 Vgl. vertiefend: Kapitel 5A.III.2, S. 339 ff.

1399 *Ernst*, in: *Säcker/Rixecker*, MüKo BGB, § 280 BGB Rn. 141.

1400 Da die gesamtschuldnerische Haftung des Vereins nicht nur auf §§ 836 ff. BGB, sondern auch auf § 823 Abs. 1 BGB wegen Organisationsverschuldens gestützt werden kann, ist § 840 Abs. 3 BGB in der Regel nicht anzuwenden.

sein.[1401] Der Umfang des zu ersetzenden Schadens richtet sich nach §§ 249 ff. BGB. Unmittelbar ersatzfähig sind Schäden am Stadion oder deren Einrichtungen, wenn der Veranstalter gleichzeitig Eigentümer des Stadions ist.[1402] In der Praxis sind die Vereine in der Regel jedoch nur Pächter des Stadions,[1403] so dass der Störer nicht das Eigentum des veranstaltenden Vereins, sondern das Eigentum eines Dritten verletzt. Regelmäßig haftet der Veranstalter aber aus dem Pachtvertrag gegenüber dem Eigentümer.[1404] Diesen Haftungsbetrag kann der Veranstalter gegen den Störer geltend machen.[1405] Häufig führen Ausschreitungen im Stadion zudem zu verbandsrechtlichen Geldstrafen aufgrund der Sicherheitsbestimmungen des DFB.[1406] Diese stellen ebenfalls eine ersatzfähige Schadensposition gegenüber dem Störer dar.[1407]

Daneben kann der Verein über die cessio legis des §§ 426 Abs. 2 S. 1, 840 Abs. 1 BGB die Schäden anderer Zuschauer geltend machen, soweit er diese befriedigt, weil er ihnen gesamtschuldnerisch haftet.[1408] Sie werden den Verein als solventeren Schuldner vorrangig in Anspruch nehmen.

c) *Voraussetzungen der Schadensersatzhaftung des Störers*

Diese Schäden kann der Veranstalter nur ersetzt verlangen, wenn er sich auch auf die übrigen Tatbestandvoraussetzungen eines Schadensersatzanspruchs beru-

---

1401 *Walker*, in: *Höfling/Horst*, Sport und Gewalt, S. 51 (54 f.); *Köhler*, in: *Schild*, Rechtliche Aspekte, S. 13 (30). Differenzierend: *Pommerening*, SpuRt 2012, 187 (190).

1402 *Köhler*, in: *Schild*, Rechtliche Aspekte, S. 13 (29).

1403 *Breucker*, JR 2005, 133 (133) m.w.N.; *Eilers*, in: *WFV*, Zuschauerausschreitungen bei Fußballspielen, S. 18 (18).

1404 *Jenny*, in: *Kauerhof u.a.*, Zuschauer als Störer, S. 129 (138) m.w.N.

1405 *Jenny*, in: *Kauerhof u.a.*, Zuschauer als Störer, S. 129 (138) m.w.N.

1406 *Weller*, NJW 2007, 960 (960); *Marzahn*, ZJS 2010, 428 (436). Vertiefend zu den rechtlichen Anforderungen an Vereins- und Verbandsstrafen: *Orth*, Vereins- und Verbandsstrafen, S. 83 ff. Zahlreiche Praxisbeispiele im Zusammenhang mit dem Einsatz von Pyrotechnik durch Fans nennt *Klode*, Pyrotechnik und Stadionverbote, S. 52 f.

1407 *OLG Rostock*, Urt. v. 28.04.2006 – 3 U 106/05. Die Literatur diskutiert dieses Urteil des *OLG Rostock* und die Problematik der Überwälzung von Verbandsstrafen auf den Störungsverursacher heftig, vgl. zur Vertiefung: *Pommerening*, SpuRt 2012, 187 (188 ff.); *Jenny*, in: *Kauerhof u.a.*, Zuschauer als Störer, S. 129 (140 ff.); *Röhricht*, in: *WFV*, Sportrecht damals und heute, S. 15 (33 ff.); *Jedamzik*, in: *Kauerhof u.a.*, Zuschauer als Störer, S. 105 (113 ff.); *Dippel*, Zivilrechtliche Haftung, S. 339 ff.; *Marzahn*, ZJS 2010, 428 (436); *Haslinger*, Zuschauerausschreitungen, S. 28 f.; *Köhler*, in: *Schild*, Rechtliche Aspekte, S. 13 (29 f.) m.w.N.; *Bernard*, SpuRt 2013, 8 (8). *Hilpert* bezeichnet das Urteil als einen „Meilenstein in der Rechtsprechung zum Schadensrecht im Fußball. (…) Sie ist ein Schritt dazu, die Sicherheit für die Spieler, Schiedsrichter und die Zuschauer im Stadion zu erhöhen.“, *Hilpert*, Fußballstrafrecht, IV. Rn. 13.

1408 Vgl. zur gesamtschuldnerischen Haftung des Vereins vertiefend: Kapitel 5A.II.1.a), S. 323 f.

fen kann. Im Zusammenhang mit Stadionverboten sind insbesondere das Kausalitäts- und Verschuldenserfordernis problematisch, die alle Schadensersatzansprüche grundsätzlich voraussetzen. Probleme bestehen insbesondere bei Massenausschreitungen, bei denen der konkrete Verursacher nicht mit Sicherheit zu ermitteln ist,[1409] ähnlich wie in dem Sachverhalt, über den der Bundesgerichtshof am 30.10.2009 zu entscheiden hatte.[1410] *Walker* und *Jenny* weisen darauf hin, dass der Störer klar identifiziert werden muss, um von ihm Schadensersatz verlangen zu können.[1411] Sie begründen ihre Auffassung nicht näher. Deswegen ist sie kritisch zu hinterfragen.

Ein Stadionverbot nach § 4 Abs. 3 SVR bleibt auch dann wirksam, wenn die Staatsanwaltschaft das Ermittlungsverfahren gemäß §§ 153, 153a StPO einstellt.[1412] Dies ist insbesondere mit dem überwiegend präventiven Charakter des Stadionverbots als Unterlassungsanspruch zu begründen. Demgegenüber verfolgt der Verein primär keine präventiven Zwecke, wenn er einen Schadensersatzanspruch geltend macht. Stattdessen versucht er, die Rechtsgüterlage wiederherzustellen, die vor dem schädigenden Verhalten bestand. Wegen dieser unterschiedlichen Zielrichtungen könnte es gerechtfertigt sein, andere Anforderungen an ein Stadionverbot als an einen Schadensersatzanspruch zu stellen. Untersucht man diese Problematik, ist zwischen vertraglichen und deliktischen Schadensersatzansprüchen zu unterscheiden.[1413]

aa) Deliktische Schadensersatzansprüche

Will der veranstaltende Verein gegen den Störer gemäß § 823 Abs. 1 BGB, § 823 Abs. 2 BGB i.V.m. einem Schutzgesetz und § 826 BGB vorgehen, trägt er grundsätzlich die Darlegungs- und Beweislast für den objektiven Tatbestand,

---

1409 *Walker*, in: *Walker, Hooliganismus,* S. 35 (38) m.w.N.

1410 *BGH*, NJW 2010, 534 (534 f.).

1411 *Walker*, in: *Walker, Hooliganismus,* S. 35 (38) m.w.N.; *Haslinger*, Zuschauerausschreitungen, S. 217; *Pommerening*, SpuRt 2012, 187 (187); *Jenny*, in: *Kauerhof u.a.*, Zuschauer als Störer, S. 129 (148). Die Formulierungen bei *Jenny* lassen vermuten, dass *Jenny* nicht auf die rechtliche Problematik abstellen wollte, ob § 830 Abs. 1 S. 2 BGB (entsprechenden) anzuwenden ist, sondern versuchte, auf die tatsächliche Schwierigkeit hinzuweisen, die Personalien des Anspruchsgegner herausfinden zu müssen.

1412 Vgl. vertiefend: Kapitel 2B.IV.1.b)dd), S. 160 f.

1413 Grundsätzlich sind vertragliche Ansprüche vorrangig zu prüfen, da privatautonome Vereinbarungen nicht durch das Deliktsrecht unterlaufen werden dürfen, vgl. *Sprau*, in: *Palandt*, Einf v § 823 BGB Rn. 4 f. m.w.N. Dennoch soll in dieser Darstellung aus Gründen der Übersicht mit den deliktischen Schadensersatzansprüchen begonnen werden.

das Verschulden, den Schaden und die Ursächlichkeit.[1414] Dem Verein wird es oftmals keine Schwierigkeiten bereiten, nachzuweisen, dass absolute Rechtsgüter (bspw. der Besitz oder das Eigentum an Stadioneinrichtungen) verletzt sind und ihm daran ein Schaden entstanden ist (haftungsausfüllende Kausalität[1415]).[1416]

Bei Gruppenausschreitungen ist jedoch die haftungsbegründende Kausalität problematisch.[1417] Für dieses Tatbestandsmerkmal müsste der Verein grundsätzlich substantiiert darlegen und beweisen, dass zwischen dem Verhalten des Zuschauers und der Rechtsgutsverletzung ein Ursachenzusammenhang besteht.[1418] *Walker* und *Jenny* ist insoweit zuzustimmen, als dass dieser Nachweis bei Gruppenausschreitungen in der Praxis nicht oder nur schwer zu führen sein wird. Dazu müsste identifiziert werden können, welches Mitglied der Gruppe das Rechtsgut verletzt hat. Eine Haftung aus § 823 Abs. 1 BGB, § 823 Abs. 2 BGB i.V.m. einem Schutzgesetz und § 826 BGB wird deswegen regelmäßig ausscheiden.

Ein ähnliches Problem stellt sich für den Nachweis des Verschuldens, das allen Schadensersatzansprüchen gemeinsam ist.[1419] Hier sind die Voraussetzungen des § 276 Abs. 1 BGB strenger als für den präventiven Unterlassungsanspruch:[1420] Die oben vorgeschlagenen subjektiven Kriterien für ein Stadionverbot bei gewaltsamen Gruppenausschreitungen (Freiwilligkeit und Identifikation)[1421] reichen nicht aus, um ein schuldhaftes Handeln i.S.d. § 276 Abs. 1 BGB zu begründen. Zusätzlich sind ein vorsätzliches oder fahrlässiges Handeln des Störers, seine Zurechnungsfähigkeit und etwaige Schuldausschließungsgründe festzustellen.[1422] Vorsätzlich handelt nur, wer um die Gruppenausschreitungen weiß und zumindest billigend in Kauf nahm, sich aktiv zu beteiligen, um die Täter psychisch zu unterstützten oder sie davor zu schützen, entdeckt zu werden. Fahrlässigkeit ist dem Störer nur vorzuwerfen, wenn er die Ausschreitungen vorhersehen konnte und sich dennoch pflichtwidrig beteiligt, obwohl es ihm

---

1414 *Sprau*, in: *Palandt*, § 823 BGB Rn. 80; *Grüneberg*, in: *Palandt*, Vorb v § 249 BGB Rn. 128.

1415 *Grüneberg*, in: *Palandt*, Vorb v § 249 BGB Rn. 24.

1416 *Walker*, in: *Höfling/Horst*, Sport und Gewalt, S. 51 (54).

1417 *Walker*, in: *Höfling/Horst*, Sport und Gewalt, S. 51 (55 f.); *Köhler*, in: *Schild*, Rechtliche Aspekte, S. 13 (24) m.w.N.; *Bernard*, SpuRt 2013, 8 (10 f.); *Grüneberg*, in: *Palandt*, Vorb v § 249 BGB Rn. 24.

1418 *Köhler*, in: *Schild*, Rechtliche Aspekte, S. 13 (24) m.w.N.; *Grüneberg*, in: *Palandt*, Vorb v § 249 BGB Rn. 24, 128.

1419 *Sprau*, in: *Palandt*, § 823 BGB Rn. 80; *Grüneberg*, in: *Palandt*, Vorb v § 249 BGB Rn. 128.

1420 A. A. *Walker*, in: *Höfling/Horst*, Sport und Gewalt, S. 51 (54).

1421 Vgl. vertiefend: Kapitel 2B.IV.2.e)bb), S. 170 ff.

1422 *Grüneberg*, in: *Palandt*, § 276 BGB Rn. 5 ff.

möglich war auszuweichen.[1423] Es wird den Vereinen im Einzelfall Schwierigkeiten bereiten, diese verschärften Anforderungen an das Verschulden nachzuweisen.[1424]

Mit größerer Aussicht auf Erfolg werden die Vereine sich jedoch im Einzelfall auf die deliktische Anspruchsgrundlage[1425] des § 830 Abs. 1 S. 2 BGB stützen können.[1426] Dieser Tatbestand erfasst die Fälle, in denen sich mehrere an der Schädigung beteiligen, und bezweckt, den Geschädigten bei Urheberzweifeln (alternative Kausalität) und bei Anteilszweifeln (kumulative Kausalität) zu schützen.[1427] Die Schädiger haften gegenüber dem Verein im Außenverhältnis

---

1423 Die Freiwilligkeit wäre beispielsweise zu verneinen, wenn die Polizei den Betroffenen zwingen würde, sich in räumlicher Nähe zu der randalierenden Gruppe aufzuhalten, wie dies häufig bei der Anreise zu Auswärtsspielen geschieht. Vertiefend zu den Anforderungen an den Fahrlässigkeitsvorwurf: *Grüneberg*, in: *Palandt*, § 276 BGB Rn. 12 ff.

1424 *Köhler*, in: *Schild*, Rechtliche Aspekte, S. 13 (30 f.). Anders als bei den Voraussetzungen für das präventive Stadionverbot reicht die bloße Einleitung des strafprozessualen Ermittlungsverfahrens für einen Schadensersatzanspruch in der Regel noch nicht aus: „Das erstgenannte Verdachtsmoment (Strafverfahren gegen den Bekl.) kann schon wegen der Unschuldsvermutung (Art. 6 II EMRK) nicht gegen den Bekl. ins Feld geführt werden. Solange jemand wegen einer ihm vorgeworfenen strafbaren Handlung nicht rechtskräftig verurteilt worden ist, hat er vor dem Gesetz als unschuldig zu gelten. Das gilt erst recht für einen Beschuldigten, der in einem Strafverfahren - wie vorliegend der Bekl. - rechtskräftig freigesprochen worden ist. Es geht daher nicht an, die bloße Tatsache, daß gegen den Bekl. ein Strafverfahren stattgefunden hat, bei zivilrechtlichen Beweisüberlegungen zum Nachteil des Bekl. ausschlagen zu lassen.“, *BGH*, NJW - RR 90, 446 (447).

1425 In seiner älteren Rechtsprechung sah der Bundesgerichtshof § 830 Abs. 1 S. 2 BGB nur als „Verursachungsvermutung“ an (vgl. *BGH*, NJW 1987, 2810 (2812)), in seiner neueren Rechtsprechung versteht der Bundesgerichtshof § 830 Abs. 1 S. 2 BGB als selbständige Anspruchsgrundlage (*BGH*, NJW 1994, 932 (934)), vgl. *OLG Brandenburg*, Urt. v. 12.4.2005 – 6 U 121/04; *Sprau*, in: *Palandt*, § 830 BGB Rn. 1. Dies stößt in der Literatur teilweise auf Kritik, vgl. *Wagner*, in: *Säcker/Rixecker*, MüKo BGB, § 830 BGB Rn. 30 m.w.N.

1426 § 830 Abs. 1 S. 1, Abs. 2 BGB dürften als Anspruchsgrundlagen in der Praxis regelmäßig ausscheiden, da der erforderliche Nachweis über ein vorsätzliches Zusammenwirken nur schwer zu führen sein wird, vgl. *Köhler*, in: *Schild*, Rechtliche Aspekte, S. 13 (24 f.); *Sprau*, in: *Palandt*, § 830 BGB Rn. 2 ff.; a.A. *Bernard*, SpuRt 2013, 8 (10 f.). Wenn mehrere Zuschauer bestimmte Verhaltensweisen vorher abgesprochen haben, aber auch im Falle von Spontanausschreitungen und der Zerstörung von Stadioneinrichtungen oder sonstigen Schädigungen mit gemeinsamer Zielrichtung kann ein mittäterschaftliches Vorgehen i.S.d. § 830 Abs. 1 S. 1 BGB vorliegen, vgl. *Walker*, in: *Walker, Hooliganismus,* S. 35 (54 f.) m.w.N.; *Bernard*, SpuRt 2013, 8 (10), die allerdings nicht ausdrücklich auf § 830 BGB abstellt.

1427 *Sprau*, in: *Palandt*, § 830 BGB Rn. 8 f.; *Köhler*, in: *Schild*, Rechtliche Aspekte, S. 13 (25) m.w.N.

nach § 840 Abs. 1 BGB als Gesamtschuldner.[1428] Der Rechtsgedanke aus § 830 Abs. 1 S. 2 BGB und die gesetzgeberische Wertung, die darin zum Ausdruck gekommen ist, wurde oben bereits herangezogen, um die Kriterien eines bundesweiten Stadionverbots zu entwickeln.[1429] Dies macht es jedoch nicht entbehrlich, die deliktische Anspruchsgrundlage an dieser Stelle vollständig zu prüfen, da es hier nicht nur auf die gesetzgeberische Wertung, sondern darauf ankommt, dass alle Tatbestandsvoraussetzungen erfüllt sein müssen. Nur dann besteht ein Schadensersatzanspruch des Vereins. Die Voraussetzungen des § 830 Abs. 1 S. 2 BGB definiert der Bundesgerichtshof in ständiger Rechtsprechung wie folgt:

> „Diese besondere und ungewöhnliche Anspruchsgrundlage hat zur tatbestandlichen Voraussetzung, dass
>
> 1. bei jedem Beteiligten ein anspruchsbegründendes Verhalten gegeben war, wenn man vom Nachweis der Ursächlichkeit absieht,
> 2. einer der unter dem Begriff „Beteiligung“ zusammengefaßten Personen den Schaden verursacht haben *muß*, und
> 3. nicht feststellbar ist, welcher von ihnen den Schaden tatsächlich (ganz bzw. teilweise) verursacht hat (…).“[1430]

Ob diese Voraussetzungen erfüllt sind, kann pauschal nicht beantwortet werden, sondern ist im konkreten Einzellfall zu prüfen. Für die Praxis der Stadionverbote ist aber auf das folgende grundlegend hinzuweisen:

1) Anspruchsbegründendes Verhalten des Beteiligten

Für jeden Zuschauer sind eigenständig die Voraussetzungen eines Haftungstatbestandes zu prüfen.[1431] § 830 Abs. 1 S. 2 BGB setzt voraus, dass der Geschädigte zumindest nachweisen kann, dass der Betroffene das verletzte Rechtsgut durch deliktisches Handeln gefährdet hat.[1432] Dabei kann auf die obigen Ausführungen zu den Anspruchsgrundlagen aus §§ 823 Abs. 1 BGB, 823 Abs. 2 BGB

1428 *Walker*, in: *Walker, Hooliganismus,* S. 35 (55). *Walker* weist in der dort zitierten Fundstelle auch darauf hin, dass unbillige Ergebnisse im Einzelfall vermieden werden können, indem § 830 BGB restriktiv angewendet wird, vgl. *Fritzweiler*, in: *Fritzweiler u.a.*, Praxishandbuch Sportrecht, 2. Kap. Rn. 125. Kritisch zur gesamtschuldnerischen Haftung mehrerer Störer: *Pommerening*, SpuRt 2012, 187 (190).

1429 Vgl. vertiefend: Kapitel 2B.IV.2.d), S. 165 ff.

1430 *BGH*, NJW 1979, 544 (544). Die Literatur weist teilweise ergänzend auf eine vierte Voraussetzung hin: „die Eignung des Verursachungsbeitrags eines jeden Beteiligten, den Schaden herbeizuführen“, *Wagner*, in: *Säcker/Rixecker*, MüKo BGB, § 830 BGB Rn. 36, Rn. 48 ff.

1431 *Wagner*, in: *Säcker/Rixecker*, MüKo BGB, § 830 BGB Rn. 30.

1432 *Köhler*, in: *Schild*, Rechtliche Aspekte, S. 13 (25).

i.V.m. einem Schutzgesetz und § 826 BGB zurückgegriffen werden.[1433] Unklar darf nur bleiben, welche Handlung für den konkreten Erfolg kausal war.[1434]

2) „Beteiligung" i.S.d. § 830 Abs. 1 S. 2 BGB

Des Weiteren muss zwischen den deliktischen Handlungen der Beteiligten ein tatsächlicher, örtlicher und zeitlicher Zusammenhang bestehen, der sich aus mehreren selbständigen Handlungen zusammensetzt und in dessen Bereich der Schadenserfolg fällt.[1435] Eine „Beteiligung" i.S.d. § 830 Abs. 1 S. 2 BGB setzt darüber hinaus keine weiteren subjektiven Elemente voraus.[1436]

Dies begründet der Bundesgerichtshof in ständiger Rechtsprechung mit der Entstehungsgeschichte des § 830 Abs. 1 S. 2 BGB sowie mit dessen Sinn und Zweck.[1437] Durch die Materialien des Gesetzgebungsverfahrens werde deutlich, dass der Gesetzgeber sich in § 830 Abs. 1 S. 2 BGB bewusst dagegen entschieden habe, dass das Rechtsgut subjektiv gemeinschaftlich gefährdet werden müsse.[1438] Die Vorschrift solle Schwierigkeiten oder sogar die Not des Geschädigten überwinden, nicht nachweisen zu können, wer den Schadenserfolg verursacht habe.[1439] Sein Ersatzanspruch solle nicht daran scheitern, dass nicht mit voller Sicherheit festgestellt werden könne, wer von mehreren Tätern der unmittelbare Schädiger gewesen sei.[1440] Deswegen komme es nur darauf an, dass die alternativen Gefährdungshandlungen nach der praktischen Anschauung des täglichen Lebens einen sachlich, räumlich und zeitlich zusammenhängenden, einheitlichen Vorgang bilden.[1441] Dieser Gesetzeszweck könne auch erreicht werden, wenn die verschiedenen Täter nicht gemeinschaftlich schuldhaft zusammengewirkt haben.[1442]

1433 Vgl. dazu: *BGH*, NJW 1987, 2810 (2812) und vertiefend: Kapitel 5A.II.1.a), S. 323 ff.

1434 *Köhler*, in: *Schild*, Rechtliche Aspekte, S. 13 (25) m.w.N.

1435 *BGHZ*, 33, 286 (291); *Köhler*, in: *Schild*, Rechtliche Aspekte, S. 13 (26).

1436 *BGH*, NJW 1961, 263 (264); *BGH*, NJW 1969, 2136 (2138); *Wagner*, in: *Säcker/Rixecker*, MüKo BGB, § 830 BGB Rn. 36, Rn. 52; *Köhler*, in: *Schild*, Rechtliche Aspekte, S. 13 (26). Diese Frage ist allerdings umstritten, worauf *Köhler* hinweist, *Köhler*, in: *Schild*, Rechtliche Aspekte, S. 13 (26) m.w.N.

1437 *BGH*, NJW 1961, 263 (263 f.).

1438 *BGH*, NJW 1961, 263 (263).

1439 *BGH*, NJW 1961, 263 (264).

1440 *BGH*, NJW 1969, 2136 (2137).

1441 *BGH*, NJW 1961, 263 (264); *BGH*, NJW 1969, 2136 (2137). Gegen dieses ungeschriebene Tatbestands-merkmal äußerte die Literatur Bedenken, vgl. *BGH*, NJW 1987, 2810 (2812) m.w.N.

1442 *BGH*, NJW 1961, 263 (264); *BGH*, NJW 1969, 2136 (2137); *Walker*, in: *Höfling/Horst*, Sport und Gewalt, S. 51 (56) m.w.N.

3) Nichtaufklärbarkeit der konkreten Schadensverursachung

Weiterhin darf nicht feststehen, welches Mitglied der Gruppe konkret das Rechtsgut verletzt hat.[1443] Anderenfalls bestünde für den Geschädigten die missliche Beweislage nicht, die die „alternative Kausalität“ nach sich zieht, da er eine Person konkret schadensersatzpflichtig machen kann, ohne dass er auf § 830 Abs. 1 S. 2 BGB zurückgreifen müsste.[1444] Er darf diese Anspruchsgrundlage nicht dazu missbrauchen, um sich einen zusätzlichen, möglicherweise solventeren Schuldner zu verschaffen.[1445]

Bei Gruppenausschreitungen im Fußball wird nur selten ein konkreter Täter zu ermitteln sein. Dann haften die Beteiligten unter den obigen Voraussetzungen gesamtschuldnerisch gemäß §§ 830 Abs. 1 S. 2, 840 Abs. 1 BGB. Kann er ermittelt werden, ist das Ermittlungsverfahren gemäß § 170 Abs. 2 StPO häufig gegen die übrigen einzustellen und das Stadionverbot verbandsrechtlich zwingend gemäß § 6 Abs. 1 SVR aufzuheben, da zivilrechtlich die Besorgnis künftiger Störungen i.S.d. §§ 1004 Abs. 1 S. 2, 862 Abs. 1 S. 2 BGB entfällt. Schadensersatzrechtlich kann der Verein gleichzeitig nur den ermittelten, unmittelbaren Täter verantwortlich machen.[1446] § 830 Abs. 1 S. 2 BGB scheidet gegenüber den anderen Beteiligten aus.

bb) Vertragliche Schadensersatzansprüche

Daneben kann der veranstaltende Verein gegen den Störer einen vertraglichen Schadensersatzanspruch gemäß §§ 280 Abs.1 S. 2, 241 Abs. 2 BGB prüfen, wenn zuvor ein Zuschauervertrag zustande gekommen ist.[1447] Dabei ist der Verein grundsätzlich dafür darlegungs- und beweisbelastet, dass der Störer seine Pflichten verletzte und dem Verein dadurch ein Schaden entstanden ist.[1448] Das

---

1443 *BGH*, NJW 1976, 1934 (1935); *BGH*, NJW 1979, 544 (544) m.w.N.; *Walker*, in: *Höfling/Horst*, Sport und Gewalt, S. 51 (56).

1444 *BGH*, NJW 1979, 544 (544).

1445 *BGH*, NJW 1976, 1934 (1935 f.); *BGH*, NJW 1979, 544 (544).

1446 Anspruchsgrundlagen gegen den unmittelbaren Täter sind § 823 Abs. 1 BGB, § 823 Abs. 2 BGB i.V.m. einem Schutzgesetz und § 826 BGB. Ist der Täter ermittelt, ergibt sich die Kausalitätsproblematik nicht.

1447 *Pommerening* bezieht auch die Gastmannschaft in den Schutzbereich des Stadionbesuchsvertrages ein, wenn der Gastverein gemäß § 9a RuVO eine Verbandsstrafe für das Verhalten ihrer Anhänger erhält, *Pommerening*, SpuRt 2012, 187 (188). Gleiches gilt, wenn der Stadionbesuchsvertrag mit der Stadionbetreibergesellschaft zustande kommt, die Verbandsstrafe jedoch gegenüber der Spielbetriebsgesellschaft verhangen wird, *Pommerening*, SpuRt 2012, 187 (188).

1448 *Dauner-Lieb*, in: *Dauner-Lieb u.a.*, NK-BGB, § 280 BGB Rn. 40; *Grüneberg*, in: *Palandt*, § 280 BGB Rn. 34 ff.

Nichtvertretenmüssen ist demgegenüber gemäß § 280 Abs. 1 S. 2 BGB ein Einwendungstatbestand, für den der Störer als Schuldner beweispflichtig ist.[1449]

Aus § 241 Abs. 2 BGB folgt die Nebenpflicht, den Vertragspartner nicht zu schädigen.[1450] Dagegen verstößt der Zuschauer, wenn er absolute Rechtsgüter des Vereins verletzt[1451] oder die Voraussetzungen erfüllt, die oben für ein bundesweites Stadionverbot definiert wurden.[1452] Problematisch ist erneut die Kausalität zwischen dem pflichtwidrigen Verhalten und dem eingetretenen Schaden. Der Verein kann seiner Darlegungs- und Beweislast[1453] diesbezüglich nur nachkommen, indem er beweist, dass der Schaden, der ihm entstanden ist, seine Ursache im Gefahrenbereich des Schuldners hat und nicht seinem eigenen zuzuordnen ist.[1454] Dies kann der Verein grundsätzlich nur schwer beweisen, solange er den Täter nicht eindeutig identifizieren kann. Möglicherweise kann auch die vertragliche Haftung auf den Rechtsgedanken aus § 830 Abs. 1 S. 2 BGB zurückgreifen.

Nach der Rechtsprechung des Bundesgerichtshofs ist § 830 Abs. 1 S. 2 BGB auf vertragliche Schadensersatzansprüche entsprechend anzuwenden.[1455] Obwohl die Vorschrift eng zu verstehen sei, da sie eine Haftung allein durch den Anschein einer Beteiligung begründe, enthalte sie einen allgemeinen Rechtsgedanken, der auf das vertragliche Schadensersatzrecht zu übertragen sei.[1456] Die

---

1449 *Grüneberg*, in: *Palandt*, § 280 BGB Rn. 34.

1450 *Walker*, in: *Walker, Hooliganismus,* S. 35 (39) m.w.N.; *Walker*, in: *Höfling/Horst*, Sport und Gewalt, S. 51 (53). Dazu können dem Gläubiger unter dem Gesichtspunkt der Sphärentheorie Beweiserleichterungen zugute kommen, wenn die Schadensursache nicht seinem Obhuts- und Gefahrenbereich entstammt und dieser seiner Wahrnehmung entzogen ist, *Dauner-Lieb*, in: *Dauner-Lieb u.a.*, NK-BGB, § 280 BGB Rn. 40 m.w.N. Dies wird man insbesondere im Zusammenhang mit Stadionverbote an Drittorten bejahen müssen, vgl. vertiefend: Kapitel 2D, S. 188 ff.

1451 Vgl. vertiefend: 535, S. 135.

1452 Vgl. vertiefend zu den Voraussetzungen eines Stadionverbots: Kapitel 2, S. 113 ff. Dieser zweite Anknüpfungspunkt der vertraglichen Pflichtverletzung aus § 241 Abs. 2 BGB wird insbesondere dann relevant, wenn der Zuschauer durch sein Fehlverhalten keine absoluten Rechtsgüter verletzt, vgl. *Pommerening*, SpuRt 2012, 187 (190 f.). *Walker* führt als zutreffendes Beispiel an, dass dem Verein eine Verbandsstrafe ausgesprochen wird, weil ein Zuschauer auf das Spielfeld gelaufen ist und dadurch eine Spielunterbrechung sowie eine Verbandsstrafe provoziert, vgl. *Walker*, in: *Walker, Hooliganismus,* S. 35 (38 f.).

1453 *BGH*, NJW 2001, 2538 (2539); *BGH*, NJW 89, 2945 (2946); *Grüneberg*, in: *Palandt*, § 280 BGB Rn. 38 m.w.N.; *Ernst*, in: *Säcker/Rixecker*, MüKo BGB, § 280 BGB Rn. 140.

1454 *BGH*, WM 1982, 849 (850); *Dauner-Lieb*, in: *Dauner-Lieb u.a.*, NK-BGB, § 280 BGB Rn. 40; *Ernst*, in: *Säcker/Rixecker*, MüKo BGB, § 280 BGB Rn. 141.

1455 *BGH*, NJW 2001, 2538 (2539) m.w.N.

1456 *BGH*, NJW 2001, 2538 (2539).

Regelung sei nicht speziell auf das Deliktsrecht zugeschnitten, sondern knüpfe an die Beweisnot des Geschädigten an; dieser könne weder die jeweiligen Schadensquellen beherrschen, noch könne er den Geschehensablauf im Einzelnen kontrollieren, der zum Schaden führe.[1457] Die Beweislast müsse auch bei einer vertraglichen Haftung derjenige tragen, der für die Schadensquelle verantwortlich sei und von dem deshalb erwartet werden könne, dass er sie kontrolliere.[1458] Dieser Rechtsprechung stimmt auch die Literatur zu: Da es auf der Hand liege, dass der vertragliche Schadensersatzanspruch aus §§ 280 Abs. 1, 241 Abs. 2 BGB dem Deliktsrecht verwandt sei, könne gerechtfertigt werden, § 830 Abs. 1 S. 2 BGB entsprechend auf die vertragliche Haftung anzuwenden.[1459]

Dem ist zuzustimmen. Zwar spricht es dagegen, § 830 Abs. 1 S. 2 BGB im Vertragsrecht anzuwenden, dass dieser systematisch im Deliktsrecht verortet ist. Der Gesetzgeber hätte in der Schuldrechtsmodernisierungsreform klarstellen können, dass er darin einen allgemeinen Rechtsgedanken sieht, indem er ihn systematisch dem Allgemeiner Teil des Schuldrechts in §§ 241 ff. BGB zugeordnet hätte.[1460] Umgekehrt lässt sich den Gesetzgebungsmaterialien der Schuldrechtsmodernisierungsreform keine Hinweise darauf entnehmen, dass der Gesetzgeber etwas an der bisherigen Rechtsprechung zu § 830 BGB ändern wollte. Deswegen kann aus der Schuldrechtsmodernisierungsreform nicht geschlossen werden, dass die bisherige Rechtsprechung aufzugeben ist und dem § 830 Abs. 1 S. 2 BGB kein allgemeiner Rechtsgedanken mehr entnommen werden kann, der entsprechend auf das Vertragsrecht zu übertragen ist.

Vielmehr überzeugt das Argument, dass deliktsrechtliche Schadensersatzansprüche mit dem vertraglichen Anspruch aus §§ 280 Abs. 1, 241 Abs. 2 BGB zu vergleichen sind. Zwar sind diese grundsätzlich in ihren Voraussetzungen und Rechtsfolgen selbstständig zu beurteilen.[1461] Allerdings bestehen Wechselwirkungen.[1462] Letztlich lässt sich auch der Schutzzweck, eine Beweisnot des Geschädigten in Fällen der alternativen Kausalität zu vermeiden, auf die vertragli-

---

1457 *BGH*, NJW 2001, 2538 (2539).

1458 *BGH*, NJW 2001, 2538 (2539).

1459 *BGH*, NJW 2001, 2538 (2539); *Wagner*, in: *Säcker/Rixecker*, MüKo BGB, § 830 BGB Rn. 35 m.w.N.; *Sprau*, in: *Palandt*, § 830 BGB Rn. 13.

1460 Ein zentrales politisches Anliegen des SchuldRModG war es, das dogmatische Fundament des Leistungsstörungsrechts zu verbessern, *Dauner-Lieb*, in: *Dauner-Lieb u.a.*, NK-BGB, § 280 BGB Rn. 11 m.w.N. Hätte der Gesetzgeber § 830 BGB als allgemeine Regelung anerkennen wollen, hätte er § 830 BGB im allgemeinen Schuldrecht verortet, mithin „vor die Klammer gezogen“. Dass der Gesetzgeber das Bedürfnis erkannt hat, Tatbestände, die bisher ausschließlich im Deliktsrecht verortet waren, in das Allgemeine Schuldrecht zu übertragen, zeigte er, indem er § 847 BGB a.F. aufhob und § 253 Abs. 2 BGB neu regelte, vgl. *Grüneberg*, in: *Palandt*, § 253 BGB Rn. 1.

1461 *Sprau*, in: *Palandt*, Einf v § 823 BGB Rn. 5.

1462 *Sprau*, in: *Palandt*, Einf v § 823 BGB Rn. 5.

che Haftung übertragen. Es sind keine Gründe ersichtlich, den Geschädigten, der zu dem Schädiger in vertraglicher Beziehung steht, schlechter zu behandeln als denjenigen, der zu dem Schädiger vor dem schädigenden Ereignis in keinerlei rechtlicher Beziehung stand. Schließlich drückt der Gesetzgeber durch die Regelung des § 280 Abs. 1 S. 2 BGB sogar das Gegenteil aus: Wer mit dem Schädiger in einer Sonderverbindung steht, soll besser gestellt werden. Diese Wertung würde konterkariert, wenn man es ablehnen würde, § 830 Abs. 1 S. 2 BGB entsprechend auf den Anspruch aus §§ 280 Abs. 1, 241 Abs. 2 BGB anzuwenden. Deswegen ist dieser Rechtsprechung des Bundesgerichtshofs zuzustimmen.

Für die Voraussetzungen des § 830 Abs. 1 S. 2 BGB ist grundsätzlich nach oben zu verweisen.[1463] Allerdings ist die vertragliche Besonderheit des § 280 Abs. 1 S. 2 BGB zu beachten. Der Schuldner, also der Störer, hat das Nichtvertretenmüssen seiner Pflichtverletzung zu beweisen.[1464] Zwar dürfen an den Entlassungsbeweis keine zu hohen Anforderungen gestellt werden,[1465] allerdings muss er zumindest die Ursache des Schadens nachweisen und dartun, dass er sie nicht zu vertreten hat.[1466] Dafür reicht es aus, wenn er die Ursache, die er vorträgt, wahrscheinlich macht und sicher feststeht, dass er für diese nicht einzustehen hat.[1467] Wenn die Ursache nicht aufklärbar ist, kann sich der Störer durch den Beweis entlasten, dass er jede ihm obliegende Sorgfalt beobachtet hat.[1468] Allerdings bleibt er beweisfällig, wenn die ernsthafte Möglichkeit bestehen bleibt, dass er die Pflichtverletzung zu vertreten hat.[1469]

cc) Fazit: Vor allem vertragliche Schadensersatzansprüche sind durchsetzbar

Die Erfolgsaussichten, entstandene Schäden ersetzt zu verlangen, stellen sich für den Verein besser dar, wenn er bereits in vertraglicher Verbindung zu dem Zuschauer stand. Dann kann er sich neben § 830 Abs. 1 S. 2 BGB (analog) auf § 280 Abs. 1 S. 2 BGB stützen. Der Zuschauervertrag begründet ein Vertrauensverhältnis, das es rechtfertigt, dass der Zuschauer sich hinsichtlich des Vertretenmüssens entlasten muss. § 830 Abs. 1 S. 2 BGB erleichtert Schadensersatzansprüche vor allem bei Gruppenausschreitungen, da die Vereine dadurch die Problematik der alternativen Kausalität übergehen können. Sie müssen den

1463 Vgl. vertiefend: Kapitel 5A.II.1.c)aa), S. 327 ff.
1464 *Grüneberg*, in: *Palandt*, § 280 BGB Rn. 34, 40.
1465 *BGH*, NJW 1953, 59 (59); *BGH*, NJW-RR 1990, 446 (447); *Grüneberg*, in: *Palandt*, § 280 BGB Rn. 40 m.w.N.
1466 *BGHZ*, 116, 334 (337); *Grüneberg*, in: *Palandt*, § 280 BGB Rn. 40.
1467 *BGHZ*, 116, 334 (337); *Grüneberg*, in: *Palandt*, § 280 BGB Rn. 40.
1468 *BGH*, NJW 1965, 1583 (1585); *Grüneberg*, in: *Palandt*, § 280 BGB Rn. 40 m.w.N.
1469 *BGH*, NJW 1952, 1170 (1170); *Grüneberg*, in: *Palandt*, § 280 BGB Rn. 40 m.w.N.

Täter innerhalb der Gruppe nicht individuell identifizieren, wenn sie dessen Voraussetzungen nachweisen können.

Da die Grundrechte, die mittelbar in das Zivilrecht ausstrahlen, ohnehin relativ strenge Voraussetzungen an das bundesweite Stadionverbot bzw. den zivilrechtlichen Unterlassungsanspruch stellen,[1470] wird der Verein neben einem Stadionverbot oftmals auch Schadensersatz verlangen können, wenn ihm ein konkreter Schaden entstanden ist. Dennoch sind die Voraussetzungen für ein präventives Stadionverbot und für einen Schadensersatzanspruch gegen den Störer dogmatisch streng voneinander zu unterscheiden.

2. Haftung des Störers gegenüber dem Verband

Denkbar ist darüber hinaus, dass der Störer gegenüber dem DFB oder der DFL haftet. Der Störer ist jedoch zu den Fußballverbänden weder gesellschaftsvertraglich noch schuldrechtlich verbunden. Sowohl die Vereinsmitgliedschaft als auch der Zuschauervertrag bestehen unmittelbar nur zwischen dem Verein und dem Zuschauer. Demgegenüber erstreckt sich die Verbandsstrafengewalt nur auf das Verhältnis zwischen den Verbänden und den Vereinen.[1471] Wenn deren Anhänger randalieren oder rassistisch auffallen, können die Verbände mit Geldstrafen, Punktabzügen und Spielwiederholungen reagieren.[1472] Diese Verbandsstrafen verfolgen den Zweck, den veranstaltenden Verein anzuhalten, seine Verkehrssicherungs- und Schutzpflichten zu erfüllen und zu gewährleisten, dass der Fußballsport friedlich ausgeübt wird.[1473] Dieser Schutzzweck wirkt nicht unmittelbar gemäß § 328 BGB analog zugunsten verbandsexterner Dritter.[1474] Deswegen haftet der Störer nicht gegenüber dem Verband.[1475]

1470 Vgl. vertiefend: Kapitel 2B.IV.1.a)bb), S. 131 ff.

1471 Oben wurde bereits dargestellt, dass die Vereine die Verbandsstrafen, die gegen sie ausgesprochen wurden, als Schadensersatzpositionen gemäß §§ 249 ff. BGB gegen den Störer geltend machen können, wenn die Tatbestandsvoraussetzungen einer der oben aufgezeigten Schadensersatzansprüche erfüllt sind, vgl. vertiefend: Kapitel 5A.II, S. 323 ff.

1472 *Weller*, NJW 2007, 960 (960).

1473 *Weller*, NJW 2007, 960 (960).

1474 *Weller*, NJW 2007, 960 (960). Da der Störer in der Regel nur Rechtsgüter der Vereine sowie der übrigen Zuschauer und keine Rechtsgüter des Verbandes verletzt, haftet der Störer gegenüber dem Verband auch deliktisch nicht

1475 *Weller*, NJW 2007, 960 (960).

3. Haftung des Störers gegenüber anderen Zuschauern

Unter den Zuschauern eines Fußballspiels besteht kein Vertragsverhältnis. Möglicherweise entfaltet jedoch der Zuschauervertrag zwischen dem Veranstalter und dem Störer Schutzwirkung zugunsten des geschädigten Zuschauers als Drittem. Der Geschädigte kommt bestimmungsgemäß mit der Hauptleistung des Veranstalters in Berührung (Leistungsnähe des Dritten); dieser ist daran interessiert, dem Schädiger zu untersagen, die Rechtsgüter der übrigen Stadionbesucher zu schädigen (schutzwürdiges Interesse des Gläubigers); dies ist für den Störer erkennbar (Erkennbarkeit für den Schuldner).[1476] Problematisch ist alleine, ob der geschädigte Dritte schutzbedürftig ist, was von den Umständen des Einzelfalls und insbesondere davon abhängt, ob er gegen den Veranstalter einen gleichwertigen Schadensersatzanspruch geltend machen kann.[1477] Dies hängt davon ab, ob der Veranstalter vorsätzlich oder fahrlässig seine Schutz- bzw. Verkehrssicherungspflichten verletzt hat. Nur wenn dies nicht der Fall ist, wäre der Geschädigte schutzbedürftig und könnte sich gegenüber dem Störer auf die Grundsätze des Vertrages mit Schutzwirkung zugunsten Dritter und damit auch auf § 280 Abs. 1 S. 2 BGB berufen.[1478]

Anderenfalls kommen lediglich deliktische Ansprüche in Betracht. Verletzt der Störer die Rechtsgüter anderer Zuschauer, ist er diesen gemäß § 823 Abs. 1 BGB, § 823 Abs. 2 BGB i.V.m. einem Schutzgesetz[1479] und § 826 BGB zum Schadensersatz verpflichtet.[1480] Bei Gruppenausschreitungen stellt sich hinsichtlich dieser Ansprüche die Problematik der alternativen Kausalität, welche über den Anspruch aus § 830 Abs. 1 S. 1, Abs. 2 BGB überwunden werden kann.[1481] In der Praxis kann es jedoch problematisch sein, das erforderliche Verschulden nachzuweisen.[1482]

1476 Vgl. hierzu ausführlich: *Dippel*, Zivilrechtliche Haftung, S. 169 ff. Anderer Ansicht ist *Köhler*, der darauf abstellt, dass der geschädigte Zuschauer schon nicht bestimmungsgemäß mit der Hauptleistung eines anderen Zuschauers (Zahlung des Eintrittspreises) in Berührung kommt, *Köhler*, in: *Schild*, Rechtliche Aspekte, S. 13 (24).

1477 *BGH*, NJW 1995, 1739 (1747); *BGH*, NJW 1996, 2927 (2929); *BGH*, NJW 2004, 3630 (3632); *Dippel*, Zivilrechtliche Haftung, S. 173 m.w.N.

1478 *Dippel*, Zivilrechtliche Haftung, S. 173.

1479 Vgl. dazu ausführlich *Dippel*, Zivilrechtliche Haftung, S. 176 ff.; *Köhler*, in: *Schild*, Rechtliche Aspekte, S. 13 (24 ff..

1480 Wie oben aufgezeigt, kann daneben eine gesamtschuldnerische Haftung des Veranstalters bestehen, vgl. vertiefend: Kapitel 5A.II.1.a), S. 323 ff.

1481 *Dippel*, Zivilrechtliche Haftung, S. 184 ff.; *Jenny*, in: *Kauerhof u.a.*, Zuschauer als Störer, S. 129 (133); vertiefend: *Köhler*, in: *Schild*, Rechtliche Aspekte, S. 13 (24 ff.).

1482 Vgl. vertiefend: Kapitel 5A.II.1.c)cc), S. 335 f.

III. Auswirkungen auf Vereinsmitgliedschaft

Viele Fußballfans sind Mitglied eines Vereins.[1483] Dadurch drücken sie ihre besondere Verbundenheit zu ihrem Verein aus und erhalten Mitwirkungsrechte als Gesellschafter. Wird gegen sie ein bundesweites Stadionverbot ausgesprochen, stellt sich für den Verein die Frage, ob er wegen dieses Fehlverhaltens die Mitgliedschaft beenden kann. Auch in dem Sachverhalt, der der Entscheidung des Bundesgerichtshofs am 30.10.2009 zugrunde lag, entzog der FC Bayern München dem Betroffenen die Vereinsmitgliedschaft, nachdem der MSV Duisburg ihm ein bundesweites Stadionverbot ausgesprochen hatte. Dagegen wehrte sich der Kläger prozessual jedoch nicht, so dass der Bundesgerichtshof sich zu dieser Problematik nicht näher äußerte.

1. Gesellschaftsrechtliche Verflechtung zwischen Fußballverein und Zuschauer

In der Praxis haben zahlreiche Profivereine ihren Lizenzspielerbetrieb sowie den Stadionbetrieb in eine GmbH oder sonstige haftungsbefreite Gesellschaftsform ausgegliedert, deren Hauptgesellschafter der Fußballverein ist.[1484] Dass sich der Profifußball in den letzten Jahren derart veränderte, wirkte sich nicht auf die rechtliche Beziehung zu den Fans aus: Diese bleiben Mitglieder der Muttergesellschaft, des Fußballvereins als e.V. Sie sind mit den ausgegliederten Gesellschaften nicht unmittelbar gesellschaftsrechtlich verbunden. Die Mitgliedschaft beenden kann deswegen nur der Fußballverein e.V. (im Folgenden wieder: Verein), dem der Störer angehört, nicht aber die Lizenzspieler- oder Stadionbetriebs-Kapitalgesellschaft. Wegen des Grundsatzes der Relativität der Schuldverhältnisse fehlt auch der „Stadionverbots-GbR" die Kompetenz, die Vereinsmitgliedschaft des Störers zu beenden. Diese obliegt nur dem Verein, dem der störende Zuschauer mitgliedschaftlich angehört. Die Vereine sind weder verbandsrechtlich noch gesellschaftsvertraglich verpflichtet, die Vereinsmitgliedschaft eines Zuschauers zu beenden, gegen den ein Stadionverbot erteilt wurde.

[1483] Alleine der DFB zählte im Jahr 2011 insgesamt 6.749.788 Mitglieder, http://www.dfb.de/uploads/media/DFB-Mitglieder-Statistik-2011.pdf, abgerufen am 06.02.2012.

[1484] *Holzhäuser*, SpuRt 2004, 144 (144). Die Vereine sind aufgrund § 8 Abs. 2 der Satzung des Liga-Fußballverband e.V. verpflichtet, mindestens 50 % der Stimmanteile zuzüglich mindestens eines weiteren Stimmanteils in der Versammlung der Anteilseigner zu halten (sog. 50+1 Regel), vgl.: http://www.bundesliga.de/media/native/dfl/satzung/satzung_ligaverband_04-07-31_stand.pdf, abgerufen am 08.02.2012.

Der Vereinsausschluss erfolgt durch empfangsbedürftige Willenserklärung des zuständigen Vereinsorgans und setzt ein ordnungsgemäßes vereinsinternes Verfahren voraus.[1485] Sie beendet einseitig das Mitgliedschaftsverhältnis mit dem Betroffenen. Vorbehaltlich einer abweichenden satzungsmäßigen Bestimmung ist grundsätzlich die Mitgliederversammlung gemäß § 32 Abs. 1 BGB für den Vereinsausschluss zuständig.

2. Voraussetzungen für die Beendigung der Vereinsmitgliedschaft

Die Literatur weist darauf hin, dass ein Stadionverbot dazu führen kann, dass der Störer seine Vereinsmitgliedschaft verliert.[1486] Sie begründet dies jedoch nicht näher.[1487] Dies soll hier nachgeholt werden.

a) Vereinsausschluss nach vereinsrechtlichen Regeln

Vereinsausschlüsse auf Grundlage einer Satzungsregelung sind dogmatisch unter dem Oberbegriff der Vereinsstrafe einzuordnen, wobei der Ausschluss in der Regel die schwerste Strafe darstellt.[1488] Dabei handelt es sich nicht um eine Strafe i.S.d. §§ 339 ff. BGB, sondern um ein eigenständiges verbandsrechtliches Institut, das nicht Gläubigerinteressen dient.[1489] Stattdessen ist bezweckt, die Vereinsordnung aufrecht zu halten.[1490] Eine Vereinsstrafe kann verhangen werden, wenn ein Vereinsmitglied schuldhaft gegen einen Straftatbestand verstößt, der in der Vereinssatzung festgelegt sein muss.[1491] Er muss vor dem schädigenden Verhalten in der Satzung enthalten sein und muss den Straftatbestand sowie die

1485 *Ellenberger*, in: *Palandt*, § 25 BGB Rn. 13 ff., 27 ff.

1486 Vgl. *Walker/Klopp*, LMK 2010, 295984.

1487 Vgl. *Walker/Klopp*, LMK 2010, 295984. *Schild* setzt sich nur mit der Frage der sog. Ausweisung ausführlicher auseinander, vgl. *Schild*, in: *WFV*, Recht der Sportstätte, S. 66 (96 f.). Da heute jedoch nicht mehr die Fußballvereine, sondern deren ausgelagerte Kapitalgesellschaften das Stadion betreiben und die Fußballspiele veranstalten, stellt sich die Frage nach der sog. Ausweisung in der Praxis nicht mehr.

1488 *Ellenberger*, in: *Palandt*, § 25 BGB Rn. 27 m.w.N. Wie der Vereinsausschluss in diesen Fällen rechtlich zu qualifizieren ist, ist seit vielen Jahrzehnten umstritten, vgl. hierzu vertiefend: *Reuter*, NJW 1987, 2401 (2401 ff.).

1489 *BGHZ* 21, 370 (373); *Haslinger*, Zuschauerausschreitungen, S. 23 m.w.N. Dies ist jedoch umstritten, vgl. vertiefend mit weiteren Nachweisen: *Ellenberger*, in: *Palandt*, § 25 BGB Rn. 13.

1490 *Ellenberger*, in: *Palandt*, § 25 BGB Rn. 13.

1491 *Haslinger*, Zuschauerausschreitungen, S. 23 m.w.N. *Ellenberger*, in: *Palandt*, § 25 BGB Rn. 14 ff.

angedrohte Strafe bestimmt definieren.[1492] Der Vereinsauschluss kann auf einen automatischen Ausschließungstatbestand, auf ein statuarisches Ausschließungsrecht ohne wichtigen Grund oder auf einen Ausschließungstatbestand aus wichtigem Grund gestützt werden.[1493] Die Anforderungen an den wichtigen Grund können durch die Satzung näher bestimmt werden, wie zum Beispiel wenn das Mitglied das Ansehen des Vereins schwer schädigt oder dem Vereinszweck beharrlich zuwider handelt.[1494] Theoretisch könnten die Vereine in ihren Satzungen als Ausschließungstatbestand auch festlegen, dass das Mitglied ein wirksames, bundesweites Stadionverbot erhält. Dies geschieht in der Praxis jedoch nicht.

Der Vereinsausschluss ist als vereinsrechtliche Disziplinarmaßnahme wegen der Vereinsautonomie nur beschränkt gerichtlich kontrollierbar: Die Vereine müssen das satzungsmäßig vorgeschriebene Verfahren beachten, der Ausschluss darf nicht gegen das Gesetz oder sonstige Satzungsregelungen verstoßen, er darf nicht grob unbillig oder willkürlich sein und die objektiven Tatsachen, die dem Ausschluss zugrunde liegen, müssen nach rechtsstaatlichen Grundätzen ermittelt sein.[1495] Obwohl sich die Vereinsgewalt auch darauf erstreckt, den Sachverhalt eigenverantwortlich unter die Satzung zu subsumieren, kontrollieren die Gerichte dies (ausnahmsweise) voll.[1496]

Ein Mitglied auf Grundlage der Satzung vom Verein auszuschließen, ist im Zusammenhang mit Stadionverboten problematisch, da der Ausschluss als schwerste Form der Vereinsstrafe nur ausgesprochen werden darf, wenn die Vereinssatzung keine milderen Maßnahmen zulässt.[1497] Selbst wenn in der Satzung keine milderen Sanktionen vorgesehen sind, ist im Einzelfall zu prüfen, ob ein zeitlich begrenzter Vereinsausschluss eine mildere Maßregel darstellt.[1498] Beispielsweise könnte der Verein das Mitglied nur solange ausschließen, wie das Stadionverbot dauert. Letztlich sind die Umstände des Einzelfalls anhand des rechtsstaatlichen Übermaßverbots zu prüfen.

1492 *BGHZ* 55, 381 (385); *Haslinger*, Zuschauerausschreitungen, S. 23 m.w.N; *Ellenberger*, in: *Palandt*, § 25 BGB Rn. 14.

1493 *Schöpflin*, in: *Bamberger/Roth*, BeckOK BGB, § 25 BGB Rn. 74.

1494 Vgl. *OLG Düsseldorf* NJW-RR 1988, 1271 (1272); *Schöpflin*, in: *Bamberger/Roth*, Beck OK, § 25 BGB Rn. 81.

1495 *BGH*, NJW 1984, 918 (918 f.); *BGH*, Urt. v. 09.06.1997 – II ZR 303/95.

1496 *Ellenberger*, in: *Palandt*, § 25 BGB Rn. 28.

1497 *Ellenberger*, in: *Palandt*, § 25 BGB Rn. 27 m.w.N.

1498 *OLG Frankfurt*, Beschl. v. 3.10.1973 - 18 W 53/73; *Ellenberger*, in: *Palandt*, § 25 BGB Rn. 27. Ein solcher Ausschluss auf Zeit darf allerdings nicht nur deshalb erfolgen, weil Zweifel daran bestehen, ob die Voraussetzung für den endgültigen Ausschluss des Mitgliedes bestehen, *OLG Frankfurt*, Beschl. v. 3.10.1973 – 18 W 53/73.

Grundsätzlich setzt eine Vereinsstrafe darüber hinaus ein schuldhaftes Handeln des Mitglieds voraus.[1499] Hier fallen die Tatbestandsvoraussetzungen eines Vereinausschlusses mit denen eines Stadionverbots auseinander. Während der Unterlassungsanspruch, auf den das Stadionverbot gestützt wird, nicht fordert, ein Verschulden festzustellen, ist dies grundsätzlich notwendig, um eine Vereinsstrafe aussprechen zu können. Dies ist auf den unterschiedlichen Rechtscharakter zurückzuführen: Die Vereinsstrafe stellt eine repressive Maßnahme dar.[1500] Demgegenüber hat das Stadionverbot überwiegend präventiven Charakter.[1501] Das Verschulden festzustellen, wird in der Praxis große Schwierigkeiten bereiten, insbesondere wenn das Stadionverbot auf § 4 Abs. 3 SVR beruht. Die Problematik des Verschuldensnachweises wurde im Rahmen der Schadensersatzansprüche bereits näher beleuchtet.[1502] Deswegen ist der Vereinsausschluss als Vereinsstrafe auf Grundlage der Vereinssatzung nur möglich, wenn keine milderen Maßnahmen bestehen und dem Verein ausreichende Beweise vorliegen, um einen schuldhaften Satzungsverstoß belegen zu können.

b) Vereinsausschluss nach schuldrechtlichen Regeln

Demgegenüber kommt ein Vereinsausschluss auch ohne Verschulden des Mitglieds in Betracht, wenn ein wichtiger Grund für den Ausschluss besteht.[1503] Der Vereinsausschluss stellt in diesem Fall keine Vereinsstrafe dar, sondern erfolgt auf Grundlage allgemeiner schuldrechtlicher Regeln.[1504] Dann bedarf der Ausschluss keiner satzungsmäßigen Grundlage.[1505] Ein solcher Ausschluss ist dogmatisch nicht als vereinsrechtliche Disziplinarmaßnahme herzuleiten, sondern mit der Eigenschaft der Vereinsmitgliedschaft als Dauerrechtsverhältnis zu begründen.[1506] Jedes Dauerrechtsverhältnis muss aus wichtigem Grund beendet

---

1499 *Ellenberger*, in: *Palandt*, § 25 BGB Rn. 15 m.w.N; a.A. *BGHZ*, 29, 352 (359).

1500 *Haslinger* spricht von einer „Sanktion“, *Haslinger*, Zuschauerausschreitungen, S. 23.

1501 Vgl. vertiefend: Kapitel 1D.IV, S. 104 f.

1502 Vgl. vertiefend: Kapitel 5A.II.1.c), S. 326 ff.

1503 *Ellenberger*, in: *Palandt*, § 25 BGB Rn. 15, Rn. 28.

1504 *Ellenberger*, in: *Palandt*, § 25 BGB Rn. 15.

1505 *BGH*, NJW 1990, 40 (42); *BGH*, Urt. v. 26.2.1959 – II ZR 137/57; *Schöpflin*, in: *Bamberger/Roth*, BeckOK BGB, § 25 BGB Rn. 78; *Ellenberger*, in: *Palandt*, § 25 BGB Rn. 28; *Seipp*, Grundriß des Sportrechts, S. 8.

1506 *BGH*, NJW 1971, 879 (880); *BGH*, NJW 1972, 1892 (1893); *BGH*, NJW 1990, 40 (41); *Reuter*, NJW 1987, 2401 (2402 f.); Sch*öpflin*, in: *Bamberger/Roth*, BeckOK BGB, § 25 BGB Rn. 78.

werden können, wenn es dem Vertragspartner nach Treu und Glauben nicht zuzumuten ist, dieses fortzusetzen.[1507]

Um die Anforderungen an einen wichtigen Grund näher konkretisieren zu können, kann auf den Rechtsgedanken aus § 314 Abs. 1 S. 2 BGB zurückgegriffen werden.[1508] Dieser erfordert kein Verschulden.[1509] Ein wichtiger Grund liegt danach vor, wenn das Mitglied grob gegen die mitgliedschaftlichen Pflichten verstößt, so dass es dem Verein nach Treu und Glauben nicht zuzumuten ist, die Mitgliedschaft fortzusetzen.[1510] Er muss den Ausschlussgrund konkret bezeichnen; diesen überprüfen die Gerichte voll.[1511] Als wichtige Ausschlussgründe sind beispielsweise anerkannt, dass das Mitglied grob gegen die Vereinszwecke, gegen Anordnungen der Vereinsorgane, gegen die Vereinskameradschaft oder gegen die Treuepflicht verstößt oder sonstige Belange oder das Ansehen des Vereins schwer schädigt.[1512]

Hierzu sind die Umstände des Einzelfalls zu prüfen. Entscheidend ist dabei, dass die Tatsache, dass gegen den Betroffenen ein Stadionverbot ausgesprochen wurde, alleine nicht ausreicht, um einen wichtigen Grund zu begründen. Anknüpfungspunkt für den Vereinsausschluss ist nicht das Stadionverbot, sondern die Tatsachen, die dem Stadionverbot zugrunde liegen. Anders als ein Sachgrund für ein Stadionverbot müssen sich diese Tatsachen nicht gegen das Hausrecht richten. Vorrangig kommt es darauf an, ob der Täter seine mitgliedschaftlichen Pflichten grob verletzt hat. Dies ist beispielsweise bei rassistischen Verunglimpfungen i.S.d. § 4 Abs. 3 Nr. 13 SVR zu bejahen, weil diese nicht nur das Hausrecht des Vereins, sondern vor allem dessen Ansehen in der Öffentlichkeit beschädigen. Die öffentliche Wahrnehmung schließt von dem Verhalten der Fans auf das Image des Vereins.

Abschließend ist zu konstatieren, dass ein bundesweites Stadionverbot dazu führen kann, dass der Verein den Zuschauer als Mitglied ausschließt. Dabei sind vereins- und rechtsstaatliche Verfahrensvorgaben zu beachten. Der Verein hat die Tatsachen des Einzelfalls daraufhin zu überprüfen, ob der Störer grob gegen

---

1507 *BGH,* NJW 1971, 879 (880); *BGH,* NJW 1972, 1892 (1893); *BGH,* NJW 1990, 40 (41); *Reuter*, NJW 1987, 2401 (2402 f.); Sch*öpflin*, in: *Bamberger/Roth*, BeckOK BGB, § 25 BGB Rn. 78.

1508 *Schöpflin*, in: *Bamberger/Roth*, BeckOK BGB, § 25 BGB Rn. 78.

1509 *BGH,* Urt. v. 26.2.1959 – II ZR 137/57, *BGH,* NJW 1972, 1892 (1893); *BGH,* NJW 1973, 35 (36); *Ellenberger*, in: *Palandt,* § 25 BGB Rn. 28; *Schöpflin*, in: *Bamberger/Roth*, BeckOK BGB, § 25 BGB Rn. 78.

1510 *BGH,* Urt. v. 10.7.1989 – II ZR 30/89; *OLG Frankfurt*, Urt. v. 19.12.1990 – 7 U 155/90.

1511 *BGH,* NJW 1990, 40 (41 f.); *Schöpflin*, in: *Bamberger/Roth*, BeckOK BGB, § 25 BGB Rn. 78; *Ellenberger*, in: *Palandt,* § 25 BGB Rn. 28.

1512 Vgl. *Seipp*, Grundriß des Sportrechts, S. 8 m.w.N.

seine mitgliedschaftlichen Pflichten verstoßen hat, so dass es dem Verein nicht zugemutet werden kann, die Mitgliedschaft fortzusetzen. Diese Anforderungen unterscheiden sich von denen eines Stadionverbots.

IV. Zentraldatei des DFB-Stadionverbotsregister

1. Problemstellung

Neben den bereits dargestellten Rechtsfolgen stellen sich zivilrechtliche Fragen des Datenschutzes, nachdem ein bundesweites Stadionverbot ausgesprochen wurde. Die Praxis setzt das Stadionverbot bundesweit mit Hilfe der Stadionverbotsdatei durch, die die Zentralverwaltung des DFB führt. Da das Stadionverbot bundesweit in allen Fußballstadien wirkt, müssen die übrigen Vereine über dieses informiert werden, damit sie im Rahmen der Eingangskontrollen unterbinden können, dass der Betroffene das Stadion betritt. Die Vereine tauschen die Informationen, die dazu notwendig sind, über die zivilrechtliche Datei des DFB aus.[1513] Jeder Verein unterrichtet die Zentralverwaltung des DFB gemäß § 9 Abs. 3 SVR schriftlich mittels eines einheitlichen Vordrucks, wenn er ein bundesweites Stadionverbot ausspricht, aufhebt, reduziert oder aussetzt. Gemäß § 9 Abs. 2 SVR speichert die Stadionverbotsdatei Name, Geburtsdatum, Anschrift, Vereinszugeneigtheit, Dauer und Grund des Stadionverbots. Mindestens einmal im Monat leitet die Zentralverwaltung des DFB auf Grundlage des § 9 Abs. 4 SVR diese aktualisierte Liste an alle Vereine weiter. Diese sind gemäß § 9 Abs. 5 SVR verbandsrechtlich verpflichtet, die Stadionverbotsliste an die jeweils örtlich zuständige Polizei weiterzugeben. Des Weiteren übermittelt die Zentralverwaltung des DFB ein Exemplar dieser Liste an die polizeiliche ZIS, die ihrerseits die LIS und die Bundespolizeidirektion informiert. Gemäß § 10 Abs. 4, Abs. 5 SVR sind die Polizeistellen darauf hinzuweisen, dass sie die Daten nur zu den dort beschriebenen Zwecken verwenden dürfen.

Es wird zu untersuchen sein, ob diese Praxis, die Daten zu speichern und weiterzugeben, mit dem Datenschutzrecht zu vereinbaren ist. Fraglich sind auch die Voraussetzungen, unter denen der Betroffene verlangen kann, dass seine Daten gelöscht werden. Zwar bleibt das Stadionverbot materiell-rechtlich wirksam, wenn ein Verstoß gegen das Datenschutzrecht feststeht und die gespeicherten Daten gelöscht werden, allerdings kann es dann in der Praxis faktisch nicht mehr

[1513] Vgl. vertiefend zur öffentlich - rechtlichen Verbunddatei „Gewalttäter Sport“: Kapitel 5C.II, S. 376 ff.

oder nur noch schwer vollzogen werden.[1514] Denn die Vereine sind ohne die Stadionverbotsliste des DFB nicht darüber informiert, welche Zuschauer, insbesondere welche Auswärtsfans, mit einem Stadionverbot belegt sind. Dem Betroffenen wird es dadurch erleichtert, die Zugangskontrollen zum Stadion zu überwinden, obwohl er dadurch gegen §§ 1004 Abs. 1 S. 2, 862 Abs. 1 S. 2 BGB verstößt.[1515] Mit dieser Problematik befasst sich bisher nur *Gietl* vertiefend.[1516]

2. Literaturansicht von *Gietl*

Nach seiner Ansicht sind alle Daten, die in der zivilrechtlichen Stadionverbotsdatei gespeichert sind, personenbezogen[1517] i.S.d. § 3 Abs. 1 BDSG.[1518] Er unterstellt, dass die Daten nach § 28 Abs. 1 S. 1 Nr. 2 BDSG zulässig gespeichert werden können.[1519] *Blumberg* schließt sich dieser Auffassung an, da die Sicherheitsinteressen der Vereine deutlich höher zu bewerten seien als die Interessen der Betroffenen.[1520] Entscheidend sei nach der Ansicht von *Gietl* in der Praxis, ob der Betroffene einen Löschungsanspruch nach § 35 Abs. 2 S. 2 Nr. 2 BDSG geltend machen könne, wenn der DFB nicht nachweise, dass die Daten richtig

---

1514 *Gietl*, JR 2010, 50 (54).

1515 Dies könnten lediglich die SKB verhinden, die über eigene Informationen aus der Datei „Gewalttäter Sport“ verfügen. Zu den strafrechtlichen Folgen, wenn es dem Störer gelingt, das Stadion trotz Stadionverbot zu betreten, siehe vertiefend Kapitel 5B.I, S. 362 ff.

1516 *Gietl*, JR 2010, 50 (53 f.).

1517 Unter personenbezogenen Daten versteht man alle Angaben, die sich auf persönliche oder sachliche Verhältnisse einer natürlichen Person beziehen, wobei auch Wertungen und Werturteile schutzfähige Daten darstellen, soweit es sich dabei um eine Tatsachenmitteilung handelt, vgl. *Ambs*, in: *Erbs/Kohlhaas*, Strafrechtliche Nebengesetze, § 3 BDSG Rn. 4. Die Angaben zur Person sind persönliche Verhältnisse im vorbeschriebenen Sinne. Die Zuneigung zum Verein unterfällt als Werturteil über eine natürliche Person auch den persönlichen Verhältnissen, da dieser Feststellung in der Regel Tatsachen zugrunde liegen, wie beispielsweise eine Vereinsmitgliedschaft oder ein bestehender Dauerkartenvertrag. Der Grund des Stadionverbots, sein Festsetzungsdatum und die Ablauffrist bezieht sich demgegenüber auf einen Sachverhalt, der sich auf die natürliche Person bezieht, und stellt somit ein sachliches Verhältnis einer natürlichen Person dar. Mithin handelt es sich bei allen Daten i.S.d. § 9 Abs. 2 SVR um personenbezogene Daten i.S.d. § 3 Abs. 1 BDSG.

1518 *Gietl*, JR 2010, 50 (53).

1519 *Gietl*, JR 2010, 50 (53). *Gietl* unterstellt, dass § 28 Abs. 1 Nr. 2 BDSG es zulasse, die Daten zu speichern, da es den Umfang seiner Darstellung sprengen würde, wenn er dessen Tatbestandsvoraussetzungen einzeln prüfen würde, vgl. *Gietl*, JR 2010, 50 (53).

1520 *Blumberg*, Stadionverbot, S. 60.

sind.[1521] Gegner dieses Anspruchs als verantwortliche Stellen i.S.d. § 3 Abs. 7 BDSG seien der DFB und der Verein, der das Stadionverbot ausspreche.[1522]

Der Löschungsanspruch sei einschlägig, weil ein Stadionverbot voraussetze, dass der Betroffene eine Straftat begangen habe oder zumindest einer solchen verdächtigt werde.[1523] Nach § 35 Abs. 2 S. 2 Nr. 2 BDSG seien Daten über strafbare Handlungen oder Ordnungswidrigkeiten zu löschen, wenn die verarbeitende Stelle nicht beweisen könne, dass diese nicht richtig seien. Als strafbare Handlung könne sowohl die Straftat als auch deren Begehungsverdacht gespeichert werden.[1524] Werde der Begehungsverdacht gespeichert, müsse die verarbeitende Stelle zumindest verdichtete Verdachtsmomente nachweisen, da der Löschungsanspruch bezwecke, das Persönlichkeitsrecht präventiv zu schützen („Vorfeldschutz").[1525] Der DFB halte jedem, der in der Stadionverbotsdatei aufgeführt sei, eine Straftat oder Ordnungswidrigkeit vor.[1526] Deswegen stelle das Datenschutzrecht erhöhte Anforderungen an diesen Nachweis, bevor die Vereine ein bundesweites Stadionverbot über die Stadionverbotsdatei vollziehen können.[1527]

Dabei unterscheidet *Gietl* zwischen Stadionverboten nach § 4 Abs. 3 Nr. 1-15 SVR und § 4 Abs. 4 Nr. 16-19 SVR. Da ein Stadionverbot i.S.d. § 4 Abs. 3 SVR sich auf die Tatsachen stütze, die der Einleitung des Ermittlungsverfahrens zugrunde liegen, sei es datenschutzrechtlich zulässig, die Daten über solche Stadionverbote zu speichern, sobald das Ermittlungsverfahren tatsächlich eingeleitet werde.[1528] Als Datum sei nicht gespeichert, dass der Betroffene einer Straftat verdächtigt werde, sondern dass gegen ihn ein Ermittlungsverfahren eingeleitet worden sei.[1529] Diese Information werde unrichtig, wenn das Ermittlungsverfahren später eingestellt werde.[1530] Dann sei diese Information in der Stadionverbotsdatei zu berichtigen und gegebenenfalls zu löschen.[1531] Demgegenüber speichere die Stadionverbotsdatei bei Stadionverboten nach § 4 Abs. 4 SVR als Datum nicht, dass ein Ermittlungsverfahren eingeleitet wurde, sondern den Begehungsverdacht selbst.[1532] § 35 Abs. 2 S. 2 Nr. 2 BDSG kehre die Beweislast

---

1521 *Gietl*, JR 2010, 50 (53).
1522 *Geitl*, JR 2010, 50 (54) m.w.N.
1523 *Gietl*, JR 2010, 50 (53).
1524 *Gietl*, JR 2010, 50 (53) m.w.N.
1525 *Gietl*, JR 2010, 50 (53) m.w.N.
1526 *Gietl*, JR 2010, 50 (53 f.).
1527 *Gietl*, JR 2010, 50 (54).
1528 *Gietl*, JR 2010, 50 (53).
1529 *Gietl*, JR 2010, 50 (53).
1530 *Gietl*, JR 2010, 50 (53).
1531 *Gietl*, JR 2010, 50 (53) m.w.N.
1532 *Gietl*, JR 2010, 50 (53).

vollständig um, so dass die verarbeitende Stelle im Regelfall verpflichtet sei, die gespeicherten Daten zu löschen, da sie regelmäßig nicht nachweisen könne, dass der Betroffene eine Straftat begangen habe (non-liquet).[1533]

Daraus schließt *Gietl*, dass das Datenschutzrecht verbiete, ein Stadionverbot zu speichern, wenn nicht nachgewiesen sei, dass der Betroffene die Straftat begangen habe und sich die zivilrechtliche Gefahrenprognose nur auf den strafprozessualen Anfangsverdacht stütze.[1534] Das Datenschutzrecht stelle deswegen schärfere Anforderungen an das Stadionverbot als das materielle Zivilrecht.[1535] Die Daten seien spätestens zu löschen, sobald die Staatsanwaltschaft das Ermittlungsverfahren einstelle; dann reiche es nicht aus, die Daten zu sperren.[1536]

3. Stellungnahme

Untersucht man datenschutzrechtliche Fragen der Stadionverbotsdatei des DFB sollte unterschieden werden, ob die Daten überhaupt nach § 28 Abs. 1 S. 1 BDSG gespeichert werden können und unter welchen Voraussetzungen sie gemäß § 35 BDSG zu löschen sind.

a) Zulässige Datenspeicherung und -verwendung

Gietl unterstellt, ohne dies näher zu begründen, dass der DFB und die Vereine die Daten i.S.d. § 9 Abs. 2 SVR gemäß § 28 Abs. 1 BDSG speichern dürfen.[1537] Dies ist kritisch zu überprüfen.

aa) Anwendungsbereich

Die §§ 28 ff. BDSG sind gemäß § 27 Abs. 1 S. 1 Nr. 1 BDSG anzuwenden, da die Zentralverwaltung des DFB diese personenbezogenen Daten als nicht öffentliche Stelle verarbeitet, nutzt und erhebt. Die § 9 Abs. 3 bis Abs. 6 SVR organisieren die Stadionverbotsdatei nicht als automatisierte Datei i.S.d. § 27 Abs. 1 S. 1 Alt. 2 BDSG i.V.m. § 3 Abs. 2 S. 2 BDSG.[1538] Der DFB verfolgt auch keine geschäftsmäßigen Interessen i.S.d. § 29 Abs. 1 BDSG, sondern verarbeitet die

---

1533 *Gietl*, JR 2010, 50 (53).

1534 *Gietl*, JR 2010, 50 (54).

1535 *Gietl*, JR 2010, 50 (54).

1536 *Gietl*, JR 2010, 50 (54) m.w.N.

1537 *Gietl*, JR 2010, 50 (53).

1538 Vertiefend zur Definition einer nicht automatisierten Datei: *Ambs*, in: *Erbs/Kohlhaas*, Strafrechtliche Nebengesetze, § 3 BDSG Rn. 11.

Daten, um seine eigenen Ziele zu erfüllen:[1539] Ausweislich der Präambel der Stadionverbotsrichtlinie sollen die Daten für Sicherheit und Ordnung bei Fußballspielen sorgen. Deswegen ist der Anwendungsbereich des § 28 Abs. 1 BDSG eröffnet.[1540] Ob die Daten erhoben, gespeichert oder übermittelt werden dürfen, richtet sich nach § 28 Abs. 1 S. 1 Nr. 1, Nr. 2 oder Nr. 3 BDSG.

bb) Datenerhebung und -speicherung nach § 28 Abs. 1 S. 1 Nr. 1 BDSG zulässig

Gemäß § 28 Abs. 1 S. 1 Nr. 1 BDSG können Daten verarbeitet werden, wenn dies erforderlich ist, um ein rechtsgeschäftliches oder rechtsgeschäftähnliches Schuldverhältnis mit dem Betroffenen zu begründen, durchzuführen oder zu beenden. Schuldverhältnis in diesem Sinne ist jede Rechtsbeziehung zwischen mindestens zwei Personen, die zumindest eine Person berechtigt (Gläubiger), von dem anderen (Schuldner) eine Leistung zu fordern.[1541]

1) Unterlassungsanspruch - kein Schuldverhältnis i.S.d. § 28 BDSG

Gemäß §§ 1004 Abs. 1 S. 2, 862 Abs. 1 S. 2 BGB kann der Verein von dem Störer verlangen, das Stadiongelände für die Dauer des Stadionverbots nicht mehr zu betreten. Dieser Unterlassungsanspruch käme grundsätzlich als Schuldverhältnis in Betracht. Allerdings handelt es sich um eine gesetzliche Rechtsbeziehung, so dass § 28 Abs. 1 S. 1 Nr. 1 BDSG ausscheidet.

2) Zuschauervertrag als Schuldverhältnis

Ein rechtsgeschäftliches Schuldverhältnis begründet allerdings der Zuschauervertrag. Die Daten müssten gemäß § 28 Abs. 1 S. 1 Nr. 1 BDSG in unmittelbar sachlichem Zusammenhang verarbeitet werden, um den Zuschauervertrag zu begründen, durchzuführen oder zu beenden.[1542] Die Vereine müssten sie speichern oder verwenden, um ihre Pflichten aus dem Zuschauervertrag erfüllen oder dessen Rechte wahrnehmen zu können.[1543]

Die Daten könnten zunächst erforderlich sein, damit die Vereine und der DFB den Zuschauervertrag durchführen können: Ohne die Daten der Stadion-

---

1539 Vgl. dazu vertiefend: *Ambs*, in: *Erbs/Kohlhaas*, Strafrechtliche Nebengesetze, § 28 BDSG Rn. 2.

1540 *Gietl*, JR 2010, 50 (53).

1541 *Gola/Schomerus*, in: *Gola u.a.*, § 28 BDSG Rn. 12.

1542 *Ambs*, in: *Erbs/Kohlhaas*, Strafrechtliche Nebengesetze, § 28 BDSG Rn. 4; *Gola/Schomerus, in: Gola u.a.*, § 28 BDSG Rn. 14.

1543 *Gola/Schomerus, in: Gola u.a.,* § 28 BDSG Rn. 15 m.w.N.

verbotsdatei könnten die Vereine sich nicht ausreichend davor schützen, dass der Störer gegen seine Rücksichtsnahmepflichten aus § 241 Abs. 2 BGB verstößt.[1544] Problematisch ist daran, dass § 241 Abs. 2 BGB nach seinem Wortlaut keine Rechte, sondern Verhaltenspflichten des Vertragspartners begründet.[1545] Diese Schutzpflicht obliegt allerdings nicht dem Verein als speichernde Stelle, sondern dem Zuschauer als Vertragspartner. Dem könnte wiederum zu entgegnen sein, dass jede nebenvertragliche Schutzpflicht nach ihrem Sinn und Zweck das Recht des Geschützten beinhaltet, zu verhindern, dass der Vertragspartner seine Rechtsgüter verletzt. Derart zu argumentieren erscheint jedoch sehr konstruiert.

Stattdessen sollte man darauf abstellen, dass die Daten über die Stadionverbote erforderlich sind, um den Zuschauervertrag zu beenden: Schließlich dienen die Tatsachen, die dem Stadionverbot zugrunde liegen, den Vereinen auch dazu, von dem Tageskartenvertrag zurückzutreten bzw. einen (in Vollzug gesetzten) Dauerkartenvertrag zu kündigen.[1546] Diese Informationen müssen sie sich gegenseitig übermitteln, um es bundesweit jedem Verein zu ermöglichen, seinen Tages-/Dauerkartenvertrag mit dem Störer zu beenden.[1547] Dies rechtfertigt es allerdings nicht, die Daten während der gesamten Dauer des Stadionverbots zu speichern. Schließlich reicht den Vereinen die einmalige Information, dass gegen den Betroffenen ein Stadionverbot ausgesprochen wurde, um den Zuschauervertrag unverzüglich beenden zu können.

3) Vertragsverhandlungen als rechtsgeschäftsähnliches Schuldverhältnis

Dass die Daten länger gespeichert werden, könnte möglicherweise damit zu begründen sein, dass der DFB und die Vereine die Daten während der gesamten Dauer des Stadionverbots benötigen, um in dieser Zeit entscheiden zu können, ob sie rechtsgeschäftliche oder rechtsgeschäftsähnliche Schuldverhältnisse mit dem Betroffenen abschließen. Ein rechtsgeschäftsähnliches Schuldverhältnis

---

[1544] *Ruhs* versucht mit einer ähnlichen Argumentation (in anderem Zusammenhang) das moderne Ticketvergabesystem RFID über § 28 Abs. 1 S. 1 Nr. 1 BDSG zu rechtfertigen, *Ruhs*, Sicherheit und Ordnung, S. 18 f. m.w.N.

[1545] *Grüneberg*, in: *Palandt*, § 241 BGB Rn. 5 f.

[1546] Vgl. vertiefend: Kapitel 5A.I, S. 289 ff.

[1547] Dem könnte zwar entgegnet werden, dass § 9 Abs. 3, Abs. 4 SVR dem faktischen bundesweiten Vollzug des Stadionverbots und nicht dem Zuschauervertrag zu dienen bestimmt ist, obwohl das Stadionverbot kein tauglicher Anknüpfungspunkt i.S.d. § 28 Abs. 1 S. 1 Nr. 1 BDSG ist. Dies ließe jedoch außer Acht, dass der Zuschauervertrag ein selbständiges neben dem Unterlassungsanspruch bestehendes Schuldverhältnis darstellt, an deren Beendigung alle Vereine bundesweit ein Interesse haben, wenn ein Zuschauer als Störer in einem Fußballstadion aufgetreten ist (spätestens sobald er versucht, das Stadion trotz vorherigem Verbot zu betreten).

entsteht gemäß § 311 Abs. 2 Nr. 1 BGB bereits, indem sie Vertragsverhandlungen aufnehmen.[1548]

Beispielsweise ist für Vertragsverhandlungen über Kreditverträge oder Geschäfte gegen Rechnung anerkannt, dass Daten über die Bonität des Kunden grundsätzlich zulässig erhoben und gespeichert werden können.[1549] Diese Interessenlage ist mit derjenigen zu vergleichen, die besteht, bevor die Vereine einen Vertrag mit einem Zuschauer abschließen. Zwar interessieren sich die Vereine nicht für die Bonität des Zuschauers, da es sich um Bargeschäfte handelt.[1550] Allerdings müssen die Vereine wissen, ob gegen den Zuschauer Tatsachen bekannt sind, die künftige Störungen i.S.d. §§ 1004 Abs. 1 S. 2, 862 Abs. 1 S. 2 BGB erwarten lassen. Nur dann können sie sich darauf berufen, dass sie (ausnahmsweise) nicht dem Kontrahierungszwang unterliegen. Dieses Informationsinteresse besteht nicht nur einmalig, sondern für die gesamte Dauer des Stadionverbots, da künftige Fußballveranstaltungen zu schützen sind. Dieses Interesse der Vereine und des DFB ist angemessen.[1551] Sie können die Daten gemäß § 28 Abs. 1 S. 1 Nr. 1 BDSG bei der Zentralverwaltung des DFB speichern und sich gegenseitig übermitteln, um zu verhindern, dass rechtsgeschäftli-

---

1548 *Gola/Schomerus, in: Gola u.a.*, § 28 BDSG Rn. 13.

1549 *BGH*, Urt. v. 20.6.1978 – VI ZR 66/77; *Gola/Schomerus, in: Gola u.a.*, § 28 BDSG Rn. 19. „Die übermittelnde Stelle hat in jedem Einzelfall nach dem Verhältnismäßigkeitsgrundsatz eine Abwägung zwischen ihrem berechtigtem Interesse bzw. den des in Betracht kommenden Dritten oder der Allgemeinheit auf der einen Seite und den schutzwürdigen Belangen auf der anderen Seite vorzunehmen, bevor sie die Daten übermittelt (…) Dieses Abwägungsgebot schließt es indes nicht aus, dass in bestimmten Fällen eine Datenübermittlung regelmäßig zulässig sein wird, weil den für eine Datenübermittlung sprechenden berechtigten Interessen ein solches Gewicht zukommt, dass die Belange des Betroffenen demgegenüber zurücktreten müssen. So werden die berechtigten Interessen der Allgemeinheit an einem Schutz vor der Vergabe von Krediten an Zahlungsunfähige oder –unwillige eine Weitergabe von Daten über die Eröffnung des Konkursverfahrens, die Abgabe der eidesstattlichen Versicherung nach § 807 ZPO durch den Schuldner oder die Zwangsvollstreckung in sein Vermögen in aller Regel rechtfertigen (…).“, *BGH*, Urt. v. 7.7.1983 – III ZR 159/82.

1550 Der Preis für eine Eintrittskarte ist im Vergleich zu Kreditgeschäften grundsätzlich sehr gering. Ausnahmen bestehen möglicherweise bei Dauerkarten für Business-Logen. Allerdings handelt es sich meistens um Bargeschäfte, so dass ein Interesse an der Bonität des Zuschauers regelmäßig nicht besteht.

1551 § 28 Abs. 1 S. 1 Nr. 1 BDSG rechtfertigt auch, dass der DFB nach § 9 Abs. 1 Hs. 2, Abs. 2 SVR Daten speichert, da er als Veranstalter von Fußballspielen (DFB-Pokalfinale und Nationalmannschaftsspiele) selbst ein unmittelbares Interesse daran hat, von einem bundesweiten Stadionverbot zu erfahren, bevor er seine Eintrittskarten für diese Spiele verkauft. Dies gilt auch für den neu eingefügten § 9 Abs. 6 SVR, da der Ticketverkauf in den dort genannten Fällen ebenfalls unmittelbar über den DFB erfolgt.

che oder rechtsgeschäftsähnliche Schuldverhältnisse[1552] mit dem Störer entstehen.

cc) Datenweitergabe nach § 28 Abs. 1 S. 1 Nr. 2 BDSG zulässig

§ 28 Abs. 1 S. 1 Nr. 1 BDSG kann jedoch nicht legitimieren, dass die Zentralverwaltung an die ZIS und die Vereine an die örtlich zuständige Polizei ein Exemplar der Stadionverbotsliste gemäß § 9 Abs. 5 SVR übermitteln, denn diese benötigen die Informationen nicht, um ein zivilrechtliches Schuldverhältnis zu unterbinden. Allerdings könnte dafür § 28 Abs. 1 S. 1 Nr. 2 BDSG einschlägig sein.[1553] Dazu müssten kumulativ zwei Voraussetzungen erfüllt sein: Erstens müsste dies erforderlich sein, damit die Vereine sowie die Zentralverwaltung des DFB als verantwortliche Stellen[1554] ihre berechtigten Interessen wahren können. Zweitens darf das schutzwürdige Interesse des Störers, zu verhindern, dass seine Daten weitergegeben werden, deren Interessen nicht überwiegen.

1552 Zwar kann auch die mitgliedschaftliche Beziehung des Zuschauers als Vereinsmitglied grundsätzlich ein vertragsähnliches Vertrauensverhältnis i.S.d. § 28 Abs. 1 S. 1 Nr. 1 Alt. 2 BDSG begründen, vgl. *Gola/Schomerus, in: Gola u.a.,* § 28 BDSG Rn. 13 m.w.N. Allerdings müsste gerade die Vereinssatzung bezwecken, die Daten zu verarbeiten, *Gola/Schomerus, in: Gola u.a.,* § 28 BDSG Rn. 22. Dies ist jedoch nicht der Fall, da die Vereine nach ihrer Satzung (anders als die „Stadionverbots-GbR“) den alleinigen Zweck verfolgen, den Sportbetrieb auszuüben und nicht Stadionverbote effektiv durchzusetzen.

1553 In der Literatur existiert eine Auffassung, die einen Rückgriff auf § 28 Abs. 1 S. 1 Nr. 2 BDSG verbietet, wenn zwischen den Parteien ein Schuldverhältnis i.S.d. § 28 Abs. 1 Nr. 1 BDSG besteht, da sich die Zulässigkeit der Datenverarbeitung dann ausschließlich oder zumindest primär nach der Zweckbestimmung dieses Vertragsverhältnisses zu richten habe und nicht konterkariert werden dürfe, indem § 28 Abs. 1 Nr. 2 BDSG angewendet wird, vgl. *Gola/Schomerus, in: Gola u.a.,* § 28 BDSG Rn. 9 m.w.N. Diese Auffassung wird vor allem zu solchen Rechtsverhältnissen vertreten, die besondere vertragliche Schutz- und Vertraulichkeitspflichten beinhalten, wie beispielsweise der Dienstvertrag zwischen Arzt und Patient oder Rechtsanwalt und Mandant, vgl. *Gola/Schomerus, in: Gola u.a.,* § 28 BDSG Rn. 9. Ein solches besonderes Vertrauensverhältnis besteht jedoch zwischen dem veranstaltenden Fußballverein und dem Zuschauer nicht. Im Gegenteil ist der Zuschauervertrag durch eine große Anonymität geprägt. Schließlich stellt der *BGH* zur Begründung des Kontrahierungszwangs maßgeblich auf das Argument ab, dass der Stadionbereich grundsätzlich für jedermann geöffnet sei, vgl. *BGH*, NJW 2010, 534 (535). Dann kann erst Recht keine besondere Vertrauensbeziehung zwischen dem Veranstalter und dem Zuschauer bestehen.

1554 Vgl. *BAG*, Urt. v. 22.10.1986 – 5 AZR 660/85; *Ambs*, in: *Erbs/Kohlhaas*, Strafrechtliche Nebengesetze, § 35 BDSG Rn. 18.

1) Berechtigtes Interesse für Weitergabe an Polizei

Berechtigt ist jedes tatsächliche, wirtschaftliche oder ideelle Interesse, das die Rechtsordnung billigt.[1555] Erforderlich ist ein unmittelbares oder mittelbares eigenes Interesse der verantwortlichen Stelle; Interessen Dritter sind nicht ausreichend.[1556] Die Zentralverwaltung und die Vereine geben die Daten über bundesweite Stadionverbote an die örtliche Polizei und die ZIS weiter, um effektiv Gefahren für künftige Fußballveranstaltungen abzuwehren.[1557] Sie wollen die Sicherheit der Veranstaltung, insbesondere aller Zuschauer, gewährleisten. Zwar ist die öffentlich-rechtliche Gefahrenabwehr keine unmittelbare Aufgabe der zivilrechtlichen Veranstalter, die die Daten weitergeben.[1558] Allerdings sind diese mittelbar daran interessiert, dass die Polizei ihre Aufgaben effektiv gegenüber solchen Zuschauern erfüllen kann, gegen die ein Stadionverbot vorliegt. Über die polizeilichen Generalklauseln ist die Polizei berechtigt und verpflichtet, die gesamte Rechtsordnung einschließlich des Hausrechts des Veranstalters zu wahren. Wenn der privatrechtliche Ordnungsdienst der Vereine[1559] nicht in der Lage ist, die zivilrechtlichen Beseitigungs- und Unterlassungsansprüche gegen den Störer durchzusetzen, unterstützt die Polizei den Hausrechtsinhaber im Stadion.

Durch dieses sog. „Zweisäulenmodell“[1560] kann eine größtmögliche Sicherheit für die Stadionbesucher erreicht werden.[1561] Zugleich erfüllen die Vereine ihre zivilrechtlichen Verkehrssicherungs- und Schutzpflichten und der Staat seinen grundrechtlichen Schutzauftrag.[1562] Geben die Vereine die Informationen nicht an die Polizei weiter, laufen sie Gefahr, ihre Verkehrssicherungspflichten

---

1555 Der Begriff des berechtigten Interesses ist im Schrifttum im Einzelnen umstritten, die obige Definition fasst die zutreffende, überwiegende Literaturmeinung zusammen, an der sich auch die Rechtsprechung anlehnt, vgl. zur Vertiefung: *Gola/Schomerus, in: Gola u.a.*, § 28 BDSG Rn. 24.

1556 *Ambs*, in: *Erbs/Kohlhaas*, Strafrechtliche Nebengesetze, § 28 BDSG Rn. 7.

1557 *Blumberg*, Stadionverbot, S. 61. Des Weiteren besteht ein berechtigtes Interesse der Vereine, die Daten an die örtliche Polizei weiterzugeben, da sie verbands- und gesellschaftsrechtlich gemäß § 9 Abs. 5 SVR dazu verpflichtet sind.

1558 Aus diesem Grund verneint *Blumberg* § 28 Abs. 1 BDSG und stellt stattdessen auf § 28 Abs. 2 Nr. 1 und Nr. 2 b) BDSG ab, *Blumberg*, Stadionverbot, S. 61 f.

1559 Soweit hier und im Folgenden nur von „den Vereinen“ gesprochen wird, ist damit zugleich (sprachlich vereinfacht) auch die Zentralverwaltung des DFB gemäß § 9 Abs. 5 UnterAbs. 2 SVR gemeint.

1560 Vertiefend dazu: Kapitel 1C.III.1.c), S. 79 ff.

1561 *Blumberg*, Stadionverbot, S. 62.

1562 Aus diesem Grund können die verantwortlichen Stellen sich auch gemäß § 4 Abs. 2 S. 2 Nr. 2 lit. a) BDSG auf die Ausnahme von dem Direkterhebungsgrundsatz des § 4 Abs. 2 S. 1 BDSG berufen. Erst dadurch ist es zulässig, dass nicht die Vereine bzw. die Zentralverwaltung die Daten unmittelbar von dem Betroffenen erheben, sondern sie diese von der Polizei erhalten.

zu verletzen und Vorwürfen der Öffentlichkeit ausgesetzt zu werden, nicht ausreichend mit den Sicherheitsbehörden kooperiert zu haben.[1563] Deswegen verfolgen die Vereine zumindest mittelbar berechtigte, eigene rechtliche und ideelle Interessen, indem sie die Daten über die Stadionverbote an die Polizei übermitteln.

2) Interessenabwägung zugunsten der Sicherheitsinteressen

Des Weiteren sind diese berechtigten Interessen der verantwortlichen Stellen mit dem schutzwürdigen Interesse des Störers abzuwägen.[1564] Als schutzwürdiges Interesse des Störers sind nach § 1 Abs. 1 BDSG die Privat-, Intim- und Vertraulichkeitssphäre sowie ggfs. nach Art. 2 Abs. 1 GG i.V.m. Art. 1 Abs. 1 GG das informationelle Selbstbestimmungsrecht zu berücksichtigen.[1565] Daneben sind auch andere Umstände einzubeziehen, insbesondere wenn er wirtschaftliche oder sonstige Nachteile befürchten muss.[1566] Dabei sind alle Umstände des Einzelfalls summarisch zu prüfen, ohne dass sich konkrete Hinweise darauf ergeben dürfen, dass das allgemeine Persönlichkeitsrecht verletzt wird.[1567] Die Stadionverbotsrichtlinie ermöglicht es den Vereinen den konkreten Einzelfall zu prüfen, indem sie in § 10 Abs. 1 SVR zulässt, dass die Daten nicht an die Polizei weitergegeben werden müssen, wenn das Datenschutzrecht dies fordert.[1568] Allerdings wird § 28 Abs. 1 S. 1 Nr. 2 BDSG es grundsätzlich zulassen, dass die Polizei die Daten über alle bundesweiten Stadionverbote erhält.

1563 Vgl. dazu (aber in anderem Zusammenhang): *Gietl*, JR 2010, 50 (52 f.).

1564 *Ambs*, in: *Erbs/Kohlhaas*, Strafrechtliche Nebengesetze, § 28 BDSG Rn. 9; *Gola/Schomerus, in: Gola u.a.*, § 28 BDSG Rn. 24.

1565 *Ruhs*, Sicherheit und Ordnung, S. 4; *Gola/Schomerus, in: Gola u.a.*, § 28 BDSG Rn. 26; *Ambs*, in: *Erbs/Kohlhaas*, Strafrechtliche Nebengesetze, § 28 BDSG Rn. 9.

1566 *Gola/Schomerus, in: Gola u.a.*, § 28 BDSG Rn. 26; *Ambs*, in: *Erbs/Kohlhaas*, Strafrechtliche Nebengesetze, § 28 BDSG Rn. 9.

1567 *Gola/Schomerus, in: Gola u.a.*, § 28 BDSG Rn. 28; *Ambs*, in: *Erbs/Kohlhaas*, Strafrechtliche Nebengesetze, § 28 BDSG Rn. 9.

1568 § 10 SVR sichert zudem ab, dass die weiteren Vorgaben des Bundesdatenschutzgesetzes eingehalten werden. Beispielhaft seien folgende Regelungen genannt: Gemäß § 10 Abs. 2 SVR dürfen die personenbezogenen Daten nur zweckgebunden erhoben und verwendet werden. Zudem ist gemäß § 10 Abs. 3 SVR die Datei nur von besonders Beauftragen zu führen und durch technisch-organisatorische Maßnahmen vor dem Zugriff Unberechtigter zu sichern. Zudem unterfallen die Beauftragten dem Datengeheimnis gemäß § 5 BDSG. Sie dürfen die Polizei und die Staatsanwaltschaft nur unter den strengen Voraussetzungen des § 10 Abs. 4, Abs. 5 SVR mit den Daten versorgen.

Denn das Interesse der Vereine überwiegt daran, ihr Hausrecht effektiv durchsetzen,[1569] ihre Rechtsgüter schützen, die Fußballveranstaltung ordnungsgemäß durchführen und eine größtmögliche Sicherheit gewährleisten zu können, um dadurch auch ihre Verkehrssicherungspflichten zu erfüllen.[1570] Dahinter tritt die Gefahr zurück, dass ein Einzelner sozial diskreditiert wird, indem seine Daten der Polizei übergeben werden.[1571] Äußerst fraglich ist, ob die Vereine dadurch darüber hinaus in das informationelle Selbstbestimmungsrecht eingreifen. Denn dieses schützt nur davor, dass der Staat zwangsweise Daten erhebt oder weitergibt, ohne dass der Betroffene zustimmt oder eine gesetzliche Grundlage besteht.[1572] Vorliegend geben jedoch nicht der Staat, sondern die Vereine die Daten weiter. Staatlichen Zwang wenden sie dabei nicht an. Übermitteln sie die Daten an die Polizei, wirkt sich dies auch nicht auf die Privats- oder Sozialsphäre des Betroffenen aus. Er wird nur dadurch sozial missbilligt, dass die Vereine ihm ein bundesweites Stadionverbot aussprechen und ihn vom Stadion ausschließen. Wenn sie seine Daten anschließend an die Polizei weitergeben, vertiefen sie dies nicht, da sein soziales Umfeld davon nichts erfährt. Auch der zivilrechtliche Kontrahierungszwang ist nicht betroffen, über den gemäß §§ 242, 826 BGB die Grundrechte möglicherweise mittelbar in das Datenschutzrecht ausstrahlen könnten.

Zudem ist zu berücksichtigen, dass das Schutzniveau des Betroffenen dadurch sinkt, dass seine Daten nur deswegen erhoben und weiterverarbeitet werden, weil er als Störer i.S.d. §§ 1004 Abs. 1 S. 2, 862 Abs. 1 S. 2 BGB aufgefallen ist. Die präventiven Sicherheitsinteressen überwiegen grundsätzlich das allgemeine Persönlichkeitsrecht, wenn der Betroffene einer Straftat verdächtigt wird, die sich gegen das Hausrecht richtet.[1573] Diese zivilrechtlichen Wertungen darf das Datenschutzrecht nicht unterlaufen. Dies muss erst recht für das informationelle Selbstbestimmungsrecht als Unterfall des Art. 2 Abs. 1 GG i.V.m. Art. 1 Abs. 1 GG gelten. Sprechen die Vereine ein Stadionverbot aus, berühren sie die Grundrechte des Betroffenen stärker, als wenn sie die Daten über ein zivilrechtlich wirksames Stadionverbot lediglich an die Polizei weiterleiten, da sein soziales Umfeld davon nichts erfährt. Die Polizei erhält die Daten vertraulich und einzig zu dem Zweck, ihre Aufgaben effektiv erfüllen zu können, Gefahren für die öffentliche Sicherheit abzuwehren. In diesen Fällen ist anerkannt,

---

1569 Beim bundesweiten Stadionverbot hat jeder Verein einen eigenen Unterlassungsanspruch, den die „Stadionverbots-GbR" als Bevollmächtigte bundesweit einheitlich geltend macht, vgl. vertiefend: Kapitel 4B.II.4.a)hh), S. 272 f.

1570 *Blumberg*, Stadionverbot, S. 62.

1571 Vgl. vertiefend: Kapitel 2B.IV.1.a)bb)3)(b)(ee), S. 148 f.

1572 *Gola/Schomerus, in: Gola u.a.*, § 1 BDSG Rn. 12 m.w.N.

1573 Vgl. vertiefend: Kapitel 2B.IV.1.a)bb)3)(b)(ee), S. 148 f.

dass die Daten verarbeitet werden können, da sich dies nicht zusätzlich auf das allgemeine Persönlichkeitsrecht auswirkt.[1574] Deswegen fällt die Interessenabwägung grundsätzlich zugunsten der Vereine aus,[1575] so dass § 9 Abs. 5 SVR mit § 28 Abs. 1 S. 1 Nr. 2 BDSG zu vereinbaren ist, wenn die Vereine die konkreten Umstände des Einzelfalls beachten.[1576]

dd) Zwischenfazit: Stadionverbotsdatei des DFB mit Datenschutzrecht vereinbar

Gietl unterstellte, dass sich die Vorgaben der Stadionverbotsrichtlinie auf § 28 Abs. 1 S. 1 Nr. 2 BDSG stützen können, ohne dies näher zu prüfen.[1577] Dies bestätigt sich, weil die präventiven Sicherheitsinteressen der Vereine überwiegen, wenn sie das Stadionverbot bundesweit (auch mit Hilfe der Polizei) vollziehen wollen, solange sie die Umstände des Einzelfalls beachten. Er übersieht jedoch, dass die Vereine sich bereits auf § 28 Abs. 1 S. 1 Nr. 1 BDSG berufen können, wenn sie bestehende und künftige Zuschauerverträge mit dem Störer unterbinden wollen, indem sie die Daten über das Stadionverbot erheben, speichern und sich gegenseitig übermitteln.

b) Voraussetzungen des datenschutzrechtlichen Löschungsanspruchs

Fraglich ist darüber hinaus, unter welchen Voraussetzungen der Betroffene einen Löschungsanspruch gemäß § 35 BDSG geltend machen kann,[1578] wenn dem

---

1574 *Gola/Schomerus, in: Gola u.a.*, § 28 BDSG Rn. 28.

1575 Zum gleichen Ergebnis gelangt *Blumberg* mit dem pauschalen Hinweis auf die Sicherheitsinteressen der Vereine, die deutlich höher zu bewerten seien als die Interessen der Betroffenen, *Blumberg*, Stadionverbot, S. 60.

1576 Aus den gleichen Gründen kann begründet werden, dass personenbezogene Daten gemäß § 9 Abs. 1 Halbs. 2, Abs. 2, Abs. 3 und Abs. 4 SVR sowohl nach § 28 Abs. 1 S. 1 Nr. 1 BDSG als auch nach § 28 Abs. 1 S. 1 Nr. 2 BDSG zulässig erhoben, gespeichert, verändert und übermittelt werden können.

1577 *Gietl*, JR 2010, 50 (53).

1578 Da § 35 BDSG systematisch alle Löschungs- und Berichtigungsansprüche abschließend regelt, die dem Geltungsbereich des BDSG unterfallen, scheiden alle weiteren Ansprüche aus, die darauf gerichtet sind, die Daten zu löschen, zu berichtigen oder zu sperren, soweit sie sich ebenfalls darauf zu stützen versuchen, dass die gespeicherten Daten das Persönlichkeitsrecht berühren, *BGH*, NJW 1984, 1886 (1886); *Gola/Schomerus, in: Gola u.a.*, § 35 BDSG Rn. 25 m.w.N. Demgegenüber weist *Ambs*, in: *Erbs/Kohlhaas*, Strafrechtliche Nebengesetze, § 35 BDSG Rn. 34 unter Berufung auf die Entscheidung des *BGH*, NJW 1984, 436 (436 f.) und *OLG Hamm*, Beschl. v. 17.3.1989 – 11 W 106/88 darauf hin, dass der Betroffene daneben nach §§ 1004, 12 BGB klagen könnte, um den Angriff auf sein Persönlichkeitsrecht zu beseitigen, sofern dieser fortdauert. Allerdings ist weder der zitierten Entscheidung des *BGH* noch der zi-

Stadionverbot ein Tatverdacht zugrunde lag und die Staatsanwaltschaft das Ermittlungsverfahren später einstellt.

aa) Beweislastverteilung bei Berichtigung, Sperrung und Löschung von Daten

Dafür ist zunächst darauf hinzuweisen, welche Daten die Stadionverbotsliste des DFB gemäß § 9 Abs. 2 SVR speichert. Schließlich bezieht sich der Löschungsanspruch auf jede Information einzeln: die Angaben zur Person (Name, Vorname, Geburtsdatum, Wohnstraße, Wohnort und Verein, dem die Person zugeneigt ist) und den Grund des Stadionverbotes (sowie Festsetzungsdatum, Reduzierung, Aussetzung, Aufhebung und Ablauffrist). *Gietl* weist zutreffend darauf hin, dass die Zentralverwaltung des DFB für Stadionverbote i.S.d. § 4 Abs. 3 SVR zwei Gründe speichert: die Einleitung eines Ermittlungsverfahrens und der Verdacht der Straftat (also den zugrunde liegenden Sachverhalt).[1579]

§ 35 BDSG enthält drei Anspruchsgrundlagen, deren Rechtsfolgen voneinander abzugrenzen sind: Gemäß § 35 Abs. 1 S. 1 BDSG besteht ein Berichtigungsanspruch, wenn personenbezogene Daten unrichtig sind oder später unrichtig werden.[1580] Daten können berichtigt werden, indem die gespeicherten Informationen inhaltlich verändert, ergänzt oder teilweise gelöscht werden.[1581] Der Berichtigungsanspruch ist als lex specialis vorrangig gegenüber dem Löschungsanspruch aus § 35 Abs. 2 S. 2 Nr. 2 BDSG.[1582] Eine Pflicht, die Daten vollständig zu löschen, besteht also nur, wenn es nicht möglich ist, die Daten nach § 35 Abs. 1 S. 1 BDSG zu berichtigen.[1583]

Wer einen Berichtigungsanspruch gemäß § 35 Abs. 1 S. 1 BDSG geltend macht, muss grundsätzlich darlegen und beweisen, dass die Information unrichtig gespeichert ist.[1584] Lässt sich weder feststellen, dass die Information richtig,

tierten Entscheidung des *OLG Hamm* zu entnehmen, dass ein solcher Anspruch neben dem BDSG geltend gemacht werden kann. Der *BGH* stellt in der vorzitierten Rechtsprechung ausdrücklich fest, dass ein solcher Anspruch nur dann in Betracht kommt, wenn der Anwendungsbereich des BDSG nicht eröffnet ist, da das Persönlichkeitsrecht nur subsidiär als sonstiges Recht im Sinne der §§ 823, 1004 BGB analog anerkannt ist. Zum Persönlichkeitsrecht als sonstigem Recht i.S.d. § 823 BGB, vgl. *LG Frankfurt Oder*, Urt. v. 22.6.2010 – 12 O 17/10.

1579 *Gietl*, JR 2010, 50 (53).

1580 *Gola/Schomerus, in: Gola u.a.*, § 35 BDSG Rn. 3.

1581 *Ambs*, in: *Erbs/Kohlhaas*, Strafrechtliche Nebengesetze, § 35 BDSG Rn. 2.

1582 *Ambs*, in: *Erbs/Kohlhaas*, Strafrechtliche Nebengesetze, § 35 BDSG Rn. 9. Der Löschungsanspruch aus § 35 Abs. 2 S. 2 Nr. 1 BDSG scheidet aus, da oben bereits festgestellt wurde, dass es zulässig ist, die Daten zu speichern, vgl. vertiefend: Kapitel 5A.IV.3.a)dd), S. 354.

1583 *Gola/Schomerus, in: Gola u.a.*, § 35 BDSG Rn. 11.

1584 *Ambs*, in: *Erbs/Kohlhaas*, Strafrechtliche Nebengesetze, § 35 BDSG Rn. 4, Rn. 23.

noch dass sie falsch ist (sog. „non-liquet"), kann der Betroffene gemäß § 35 Abs. 4 BDSG grundsätzlich verlangen, dass die speichernde Stelle diese sperrt.[1585] Ausnahmsweise muss sie die Daten in dieser Situation nach § 35 Abs. 2 S. 2 Nr. 2 BDSG löschen, wenn es sich um besonders sensible personenbezogene Daten handelt, die der Wortlaut dort abschließend aufzählt.[1586] Für diese Daten reicht es nicht aus, sie bei einem non-liquet zu sperren, weil sie das Persönlichkeitsrecht des Betroffenen regelmäßig besonders berühren.[1587] Will die speichernde Stelle diese Daten speichern, muss sie beweisen, dass die Informationen richtig sind.[1588] Diese personenbezogenen Daten enthalten Informationen über besonders sensible persönliche Umstände und Verhältnisse. Deswegen sollen sie nur gespeichert und verwendet werden, wenn die verantwortliche Stelle beweisen kann, dass sie zutreffen.[1589] Nach § 35 Abs. 2 S. 2 Nr. 2 BDSG gehören zu diesen besonders sensiblen Daten alle Informationen über strafbare Handlungen und Ordnungswidrigkeiten, wobei auch Verdachtsgründe erfasst sind.[1590]

bb) Ansicht *Gietl*: Bundesweites Stadionverbot datenschutzrechtlich praktisch nicht durchsetzbar

Nach der Auffassung von *Gietl* sei die Beweislast dafür, dass die Daten über das bundesweite Stadionverbot richtig sind, gemäß § 35 Abs. 2 S. 2 Nr. 2 BDSG zu Lasten der Vereine umgekehrt, da es sich um besonders sensible Daten in diesem Sinne handele.[1591] *Gietl* folgert aus dem präventiven Charakter des § 35 BDSG besonders strenge Anforderungen an diesen Nachweis, die die Vereine in der Praxis nur selten erfüllen könnten.[1592] Ihnen sei abzuverlangen, dass sie die Verdachtsmomente verdichten müssen, damit das allgemeine Persönlichkeitsrecht des Betroffenen ausreichend geschützt ist.[1593] Ihrer Beweislast könnten die Vereine für Stadionverbote nach § 4 Abs. 3 SVR und § 4 Abs. 4 SVR spätestens dann nicht mehr nachkommen, wenn die Staatsanwaltschaft das Ermittlungsver-

---

1585 *Ambs*, in: *Erbs/Kohlhaas*, Strafrechtliche Nebengesetze, § 35 BDSG Rn. 25. Die gesperrten Daten dürfen in diesem Fall gemäß § 35 Abs. 8 BDSG ohne Einwilligung des Betroffenen grundsätzlich nicht an Dritte übermittelt werden, so dass es unmöglich wäre, das Stadionverbot bundesweit zu vollziehen.

1586 *Ambs*, in: *Erbs/Kohlhaas*, Strafrechtliche Nebengesetze, § 35 BDSG Rn. 26.

1587 *Gola/Schomerus, in: Gola u.a.,* § 35 BDSG Rn. 11.

1588 *Ambs*, in: *Erbs/Kohlhaas*, Strafrechtliche Nebengesetze, § 35 BDSG Rn. 11.

1589 *Ambs*, in: *Erbs/Kohlhaas*, Strafrechtliche Nebengesetze, § 35 BDSG Rn. 11.

1590 *Ambs*, in: *Erbs/Kohlhaas*, Strafrechtliche Nebengesetze, § 35 BDSG Rn. 13.

1591 *Gietl*, JR 2010, 50 (53 f.).

1592 *Gietl*, JR 2010, 50 (53).

1593 *Gietl*, JR 2010, 50 (53).

fahren einstelle.[1594] Spätestens dann seien die Daten zu löschen. Auch wenn das Stadionverbot zivilrechtlich wirksam bleibe, könne es in der Praxis jedenfalls nicht mehr bundesweit vollzogen werden.

cc) Stellungnahme: Zivilrechtliche Anforderungen mit Datenschutzrecht vereinbar

Gietl folgert aus dem Datenschutzrecht strengere Anforderungen als das Zivilrecht an ein bundesweites Stadionverbot stellt. Seine Auffassung ist abzulehnen,[1595] bereits in ihrem Ausgangspunkt: *Gietl* unterscheidet zwar zunächst zwischen Stadionverboten, die mit dem strafprozessualen Ermittlungsverfahren verbunden sind (§ 4 Abs. 3 SVR), und solchen, die davon unabhängig sind (§ 4 Abs. 4 SVR). Irrtümlich geht er aber davon aus, dass § 4 Abs. 4 SVR den „Verdacht einer Begehung“ voraussetze, den der Verein beweisen müsse.[1596] Solche Stadionverbote benötigen jedoch keinen Anfangsverdacht i.S.d. § 152 Abs. 2 StPO. Darin unterscheiden sie sich wesentlich zu § 4 Abs. 3 SVR. Beide Arten von Stadionverboten sind datenschutzrechtlich streng zu trennen.

1) Stadionverbote gemäß § 4 Abs. 4 SVR

§ 35 Abs. 2 S. 2 Nr. 2 BDSG setzt eine strafbare Handlung oder Ordnungswidrigkeit voraus. Daran scheitert der Löschungsanspruch in den Fällen des § 4 Abs. 4 SVR bereits. Diesem liegt kein Straftatverdacht zugrunde. Soweit *Gietl* es für § 35 Abs. 2 S. 2 Nr. 2 BDSG bereits ausreichen lassen will, dass das Stadionverbot in der Stadionverbotsliste des DFB aufgeführt ist,[1597] verkennt er, dass dieser die erfassten Daten abschließend aufzählt und diesen Fall in seinem Wortlaut nicht benennt.[1598] Die Regelbeispiele in § 4 Abs. 4 Nr. 16-19 SVR betreffen auch nicht die Herkunft, die politische Meinung,[1599] die religiöse oder philosophische Überzeugungen, die Gewerkschaftszugehörigkeit, die Gesundheit oder das Sexualleben des Störers, so dass der Löschungsanspruch aus § 35 Abs. 2 S. 2 Nr. 2 BDSG auch nach seinem weiteren Wortlaut ausscheidet. Die

---

[1594] *Gietl*, JR 2010, 50 (53 f.).

[1595] So auch *Späte*, allerdings ohne dies näher zu begründen, vgl. *Späte*, Kein Zutritt, S. 16 f.

[1596] Vgl. *Gietl*, JR 2010, 50 (53).

[1597] *Gietl*, JR 2010, 50 (54).

[1598] *Ambs*, in: *Erbs/Kohlhaas*, Strafrechtliche Nebengesetze, § 35 BDSG Rn.11.

[1599] Rassistische Äußerungen i.S.d. § 4 Abs. 4 SVR können auch nicht unter das Tatbestandsmerkmal der politischen Meinung subsumiert werden, weil die Meinungsfreiheit nach Art. 5 GG stets zurücktreten muss, wenn die Menschenwürde eines anderen angetastet wird, vgl. *BGH*, NJW 2000, 3421 (3422).

Tatsachen, auf die sich ein Stadionverbot nach § 4 Abs. 4 SVR stützt, sind nicht als besonders sensible Informationen geschützt. Entgegen der Ansicht von *Gietl* kann der Betroffene sich bei Stadionverboten nach § 4 Abs. 4 SVR nicht auf § 35 Abs. 2 S. 2 Nr. 2 BDSG berufen.

Weist der Betroffene nach, dass der gespeicherte Sachverhalt unrichtig ist, besteht ein Berichtigungsanspruch gemäß § 35 Abs. 1 S. 1 BDSG. Kann der Betroffene sogar beweisen, dass der Sachverhalt unrichtig gespeichert ist und die zivilrechtlichen Voraussetzungen nicht erfüllt sind, besteht ein Löschungsanspruch nach § 35 Abs. 2 S. 2 Nr. 1 BDSG. Bestreitet er, dass die Daten richtig sind, ohne dass der Verein das Gegenteil beweisen kann, sind die Daten nach § 35 Abs. 4 BDSG zu sperren[1600] mit der Folge, dass diese gemäß § 35 Abs. 8 BDSG nicht an die anderen Vereine und die Polizei weitergegeben werden dürfen. Dadurch verliert das Stadionverbot faktisch seine bundesweite Wirkung.[1601] Allerdings wird der Verein jedenfalls in den Fällen des § 4 Abs. 4 Nr. 16 und 17 SVR beweisen können, dass der Sachverhalt richtig gespeichert ist. Schließlich obliegt ihm diese Beweislast auch zivilrechtlich.[1602] Dazu kann er sich auf die Sachverhaltsangaben der Polizei berufen, auf deren Grundlage sie den Betroffenen in Gewahrsam nahm (Nr. 16) oder auf deren Grundlage sie Waffen oder andere gefährliche Gegenstände sicherstellte (Nr. 17). Läuft das Stadionverbot ab, sind die Daten nach § 35 Abs. 2 S. 2 Nr. 3 BDSG zu löschen.

2) Stadionverbote gemäß § 4 Abs. 3 SVR

Problematischer sind bundesweite Stadionverbote i.S.d. § 4 Abs. 3 SVR, die daran anknüpfen, dass gegen den Störer ein Ermittlungsverfahren eingeleitet wird. Da § 35 Abs. 2 S. 2 Nr. 2 BDSG über den Wortlaut „strafbare Handlungen" hinaus auch den Straftatverdacht erfasst,[1603] kommt für Stadionverbote nach § 4 Abs. 3 SVR dieser Löschungsanspruch in Betracht. Nach der oben aufgezeigten Beweislastverteilung muss der Verein als verantwortliche Stelle hier beweisen, dass die gespeicherten Informationen richtig sind.[1604]

1600 § 35 Abs. 4 BDSG ist für die Fälle des § 4 Abs. 4 SVR anwendbar, da die Voraussetzungen des § 35 Abs. 2 S. 2 Nr. 2 BDSG nicht vorliegen. Anderenfalls wären die Daten wegen der besonderen Sensibilität zwingend zu löschen, *Gola/Schomerus, in: Gola u.a.,* § 35 BDSG Rn. 11.

1601 Vgl. in anderem Zusammenhang: *Gietl*, JR 2010, 50 (54).

1602 Vgl. vertiefend zur zivilrechtlichen Beweislastverteilung: Kapitel 6A.II.1.d), S. 419 ff.

1603 *Ambs*, in: *Erbs/Kohlhaas*, Strafrechtliche Nebengesetze, § 35 BDSG Rn. 13; *Gietl*, JR 2010, 50 (53) m.w.N.

1604 Vgl. vertiefend: Kapitel 5A.IV.3.b)aa), S. 355 f.

Gespeichert sind zwei Informationen: die Einleitung des Ermittlungsverfahrens und eine kurze Beschreibung des Sachverhalts.[1605] Der Verein erhält beide Informationen regelmäßig schriftlich von der Polizei.[1606] (Dies ist weder grundgesetzlich noch datenschutzrechtlich zu beanstanden; dies wird später noch gesondert aufgezeigt.[1607]) Dadurch erfüllt er seine zivilrechtliche und datenschutzrechtliche Beweislast. Fraglich ist aber, wie es sich datenschutzrechtlich auswirkt, wenn die Staatsanwaltschaft das Ermittlungsverfahren gemäß §§ 153, 153a StPO einstellt und das Stadionverbot zivilrechtlich dennoch wirksam bleibt.[1608] Um dies beantworten zu können, ist zwischen beiden Informationen zu unterscheiden, die die Stadionverbotsdatei für ein Stadionverbot nach § 4 Abs. 3 SVR speichert:

(a) Berichtigung des Datums „Einleitung des Ermittlungsverfahrens"

Zunächst ist die Information „Einleitung des Ermittlungsverfahrens" zu untersuchen. *Gietl* legt sich diesbezüglich nicht fest: „Ergibt sich jedoch später aufgrund neuer Erkenntnisse die Einstellung des Verfahrens wird die Information jedenfalls insoweit unrichtig, als sie unvollständig wird und ist daher zu berichtigen oder ggf. zu löschen."[1609] Entgegen seiner Ansicht stehen der Berichtigungsanspruch und der Löschungsanspruch nicht alternativ zueinander. Die Daten sind gemäß § 35 Abs. 1 S. 1 BDSG vorrangig zu berichtigen.[1610] Schließlich wird die Information „Einleitung des Ermittlungsverfahrens" auch dann nicht falsch, wenn die Staatsanwaltschaft das Ermittlungsverfahren später einstellt. Dies ändert nichts daran, dass ursprünglich gegen den Betroffenen ein Ermittlungsverfahren gemäß § 160 StPO eingeleitet worden war. Die Information wird lediglich unvollständig. Sie ist um die weitere Information zu ergänzen, dass das ursprünglich eingeleitete Ermittlungsverfahren zwischenzeitlich eingestellt ist. Darauf ist der Berichtigungsanspruch nach § 35 Abs. 1 S. 1 BDSG gerichtet.[1611]

1605 Dies zeigt auch das Musterstadionverbotsschreiben und der Vordruck für die Meldung des Stadionverbots an die Zentralverwaltung des DFB, jeweils abrufbar unter: http://www.sportnord.de/CMS/img_news/ 5_Stadionverbote.pdf, abgerufen am 21.04.2012.

1606 *Blumberg*, Stadionverbot, S. 39, S. 53 ff. Regelmäßig empfiehlt die Polizei den Vereinen sogar, ein Stadionverbot auszusprechen; diese Empfehlung ist allerdings nicht bindend, *Friedmann*, Polizei und Fans, S. 34 f. m.w.N.

1607 Vgl. vertiefend: Kapitel 6A.II.1.d)cc)2)(c), S. 437 ff.

1608 Vgl. dazu vertiefend: Kapitel 2B.IV.1.b), S. 157 ff.

1609 *Gietl*, JR 2010, 50 (53).

1610 *Ambs*, in: *Erbs/Kohlhaas*, Strafrechtliche Nebengesetze, § 35 BDSG Rn. 9. Da das Stadionverbot materiell wirksam bleibt, liegt zudem kein Löschungstatbestand nach § 35 Abs. 2 S. 2 Nr. 1 oder 3 BDSG vor.

1611 *Ambs*, in: *Erbs/Kohlhaas*, Strafrechtliche Nebengesetze, § 35 BDSG Rn. 2.

(b) Keine Berichtigung oder Löschung des Datums „Straftatverdacht“

Entgegen der Ansicht von *Gietl* kann der Betroffene auch nicht gemäß § 35 Abs. 2 S. 2 Nr. 2 BDSG verlangen, dass die Vereine bzw. die Zentralverwaltung des DFB die zweite Information über den gespeicherten Sachverhalt („Straftatverdacht“) löschen. Dass das Ermittlungsverfahren gemäß §§ 153, 153a StPO eingestellt wurde, macht den „Straftatverdacht“ und den gespeicherten Sachverhalt weder falsch noch unvollständig. Auch die Feststellungen der Polizei, auf die sich die Vereine stützen, verlieren nicht an Beweiswert. Entscheidet die Staatsanwaltschaft derart über das Ermittlungsverfahren, bekräftigt sie weder die Tatsachen, die dem Anfangsverdacht zugrunde liegen, noch entkräftigt sie diese.[1612] Der Einstellungsverfügung ist lediglich zu entnehmen, dass die Schuld des Betroffenen gering wäre, falls er sich strafbar gemacht haben sollte.[1613] Deswegen ist der gespeicherte Sachverhalt („Straftatverdacht“) weder zu berichtigen noch zu löschen.

Dieses Ergebnis kann *Gietl* auch nicht mit dem Argument erschüttern, dass § 35 Abs. 2 S. 2 Nr. 2 BDSG bezwecke, das Persönlichkeitsrecht des Betroffenen präventiv zu schützen („Vorfeldschutz“).[1614] Dem steht der präventive Zweck des Stadionverbots gegenüber. Diese Interessen sind gegeneinander abzuwägen. Sowohl im materiellen Zivilrecht[1615] als auch im Datenschutzrecht[1616] überwiegt das Sicherheitsinteresse des Hausrechtsinhabers und der Stadionbesucher das Einzelinteresse des Störers. Dabei wurde das Grundrecht des Störers aus Art. 2 Abs. 1 GG i.V.m. Art. 1 Abs. 1 GG jeweils ausreichend berücksichtigt, so dass kein Wertungswiderspruch zwischen dem materiellen Zivilrecht und dem Datenschutzrecht entstehen darf. Dies fordert systematisch der Grundsatz der Einheit der Rechtsordnung.[1617] Anderenfalls können die Vereine das Stadionverbot nicht mehr bundesweit vollziehen, wodurch seine präventive Wirkung faktisch leer läuft.[1618] Der Störer kann den Sachverhalt („Straftatverdacht“) folglich weder berichtigen noch korrigieren lassen, wenn die Staatsanwaltschaft das Ermittlungsverfahren gegen ihn nach §§ 153, 153a StPO einstellt.

1612 *Beukelmann*, in: *Graf*, BeckOK-StPO, § 153 StPO Rn. 2.

1613 *BGH*, NJW 2010, 534 (535); *BVerwG*, NZWehrr 2006, 153 (154).

1614 *Gietl*, JR 2010, 50 (53).

1615 Vgl. vertiefend: Kapitel 2B.IV.1.a)bb)3)(b)(ee), S. 148 f.

1616 Vgl. vertiefend: Kapitel 5A.IV.3.a)cc)2), S. 352 f.

1617 Die Daten zu speichern stigmatisiert den Betroffenen zudem nicht weiter, da dies nicht nach außen bekannt wird. Gemäß § 10 SVR sind alle Vorgaben des Bundesdatenschutzgesetzes einzuhalten. Das allgemeine Persönlichkeitsrecht wird somit durch das Stadionverbotsschreiben und die Mitteilung an den DFB beeinträchtigt, nicht aber durch die anschließende Speicherung der Daten.

1618 Darauf weist selbst *Gietl* in seiner Schlussfolgerung hin, vgl. *Gietl*, JR 2010, 50 (54).

3) Fazit: Kein Wertungswiderspruch, dennoch Reformbedarf

Abschließend ist zusammenzufassen, dass das Datenschutzrecht die Vereine nicht daran hindert, das Stadionverbot über die Stadionverbotsliste des DFB bundesweit zu vollziehen. Die Wertungen des zivilrechtlichen Unterlassungsanspruchs aus §§ 1004 Abs. 1 S. 2, 862 Abs. 1 S. 2 BGB stimmen mit denen des datenschutzrechtlichen Berichtigungs- und Löschungsanspruchs aus § 35 BDSG überein. Dogmatisch lässt sich dies nicht nur über den Grundsatz der Einheit der Rechtsordnung, sondern vor allem über die mittelbare Drittwirkung der Grundrechte begründen. In beide Rechtsgebiete strahlen diese mittelbar aus und führen zu einer umfassenden Interessenabwägung. Dabei ist nichts dafür ersichtlich, dass diese im Datenschutzrecht zu einem anderen Ergebnis führt als im materiellen Zivilrecht. Dadurch lassen sich beide Rechtsgebiete harmonisieren.

Dennoch ist die Stadionverbotspraxis zu reformieren. Wie aufgezeigt speichern und übermitteln die Vereine sowie die Zentralverwaltung des DFB personenbezogene Daten. § 33 Abs. 1 S. 1 BDSG schreibt vor, den Betroffenen zu informieren, sobald die verantwortliche Stelle seine personenbezogenen Daten erstmals speichert. Sie muss ihm darüber hinaus mitteilen, um welche Daten es sich handelt, zu welchem Zweck sie erhoben, gespeichert und genutzt werden sowie für welchen Empfänger sie bestimmt sind.[1619] Deswegen müsste der Störer, spätestens wenn die Zentralverwaltung seine Daten speichert, informiert werden, dass diese personenbezogene Daten über ihn speichert, um sie monatlich bundesweit an alle Profivereine, die ZIS, die LIS und die örtliche Polizei weiterzuleiten. Zweckmäßig wäre es, darauf bereits im Stadionverbotsschreiben hinzuweisen.[1620] Dass nicht die Vereine oder der DFB, sondern die bevollmächtigte „Stadionverbots-GbR" dieses Schreiben übersendet, steht nicht entgegen, da nicht nur die verantwortliche Stelle, sondern auch ein Dritter den Betroffenen informieren kann.[1621] Die derzeitige Praxis verstößt gegen die datenschutzrechtliche Mitteilungspflicht des § 33 Abs. 1 S. 1 BDSG und kann als Ordnungswidrigkeit gemäß § 43 Abs. 1 Nr. 8 BDSG mit einem Bußgeld in Höhe von bis zu 50.000,00 Euro sanktioniert werden. Darauf kann der Betroffene allerdings keinen eigenen Löschungsanspruch stützen.[1622]

1619 *Ambs*, in: *Erbs/Kohlhaas*, Strafrechtliche Nebengesetze, § 33 BDSG Rn. 1.

1620 Das Muster eines Stadionverbotsschreibens ist abrufbar: www.sportnord.de/CMS/img_news/ 5_Stadionverbote.pdf, abgerufen am 28.03.2012.

1621 *Ambs*, in: *Erbs/Kohlhaas*, Strafrechtliche Nebengesetze, § 33 BDSG Rn. 1.

1622 *BVerwG*, NVwZ 1988, 156 (156); *Ambs*, in: *Erbs/Kohlhaas*, Strafrechtliche Nebengesetze, § 33 BDSG Rn. 28.

B. Strafrechtliche Rechtsfolgen

Dass das Datenschutzrecht es den Vereinen erlaubt, der Polizei und sich untereinander die Stadionverbotsliste bundesweit zuzuschicken, ermöglicht es ihnen zwar, jeden Zuschauer im Eingangsbereich zu kontrollieren, ob ein Stadionverbot gegen ihn besteht.[1623] Problematisch ist jedoch, dass nur die Dauerkarten, nicht aber die Tageskarten personalisiert sind. Deswegen können die Vereine die Daten nicht automatisch am Stadioneingang abgleichen. Selbst die SKB der Landespolizei und die FKB der Bundespolizei können nicht jeden Verstoß gegen ein bundesweites Stadionverbot aufdecken.[1624] In der Praxis gelingt es Störern leider immer wieder, ein Fußballspiel trotz bundesweitem Stadionverbot zu besuchen.[1625] Sie täuschen während der Zugangskontrollen vor, einen Anspruch zu haben, in das Stadion gelassen zu werden.[1626] Fraglich ist, ob sich der Störer dabei strafbar macht.

I. Strafbarkeit nach § 123 StGB

Um das Stadionverbot effektiv durchzusetzen, haben die Vereine, der DFB und der Ligaverband sich gesellschaftsrechtlich gemäß Ziff. 4 des Gesellschaftsvertrags und verbandsrechtlich gemäß § 3 Abs. 4 SVR verpflichtet, grundsätzlich einen Strafantrag zu stellen, wenn ein Störer ihr Hausrecht verletzt.[1627] Sie unterstellen dabei, dass die §§ 123, 124 StGB verwirklicht sind, wenn ein Störer gegen das bundesweite Stadionverbot verstößt. Es wird zu untersuchen sein, ob dies zutrifft. Rechtsprechung ist zu dieser Frage bisher nicht veröffentlicht.[1628] In

---

1623 Die Zuschauer am Stadioneingang auf ein Stadionverbot zu überprüfen, ist organisatorisch nur stark beschränkt möglich. Moderneren Stadien verfügen des über eine Videoüberwachung. Auf diese können die SKB der Landespolizei und FKB der Bundespolizei zugreifen, die durch ihre Nähe zu den Fans während allen Heim- und Auswärtsspielen eines bestimmten Vereins detaillierte Kenntnisse über die Fanszene und Idendität der sog. Problemfans haben, vgl. dazu: Kapitel 1C.III.1.c), S. 79 ff. und S. 35 f. Sachstandsbericht der DFB-Stiftung Egidius-Braun, Oktober 2011, http://www.dfb.de/uploads/media/PuS_PuS_DFB__3_.pdf , abgerufen am 10.11.2011.

1624 Vgl. dazu: Fn. 1623, S. 362.

1625 Ein Zuschauervertrag kommt dadurch nicht wirksam zustande, vgl. vertiefend: Kapitel 5A.I.1.a)bb)3), S. 299 f.

1626 *Dippel*, Zivilrechtliche Haftung, S. 311.

1627 Selbst solche Gewalttäter, die trotz Stadionverbot unerkannt ins Stadion gelangt sind, werden sich dort möglichst unauffällig verhalten, da sie anderenfalls mit einer Strafanzeige wegen Hausfriedensbruchs rechnen müssen, *DSJ*, NKSS, S. 21.

1628 Vgl. dazu auch *Gietl*, JR 2010, 50 (54).

der Literatur setzen sich bisher nur *Schild, Dippel* und *Gietl* mit der Problematik des § 123 StGB im Zusammenhang mit Stadionverboten auseinander.[1629]

1. Strafbarkeit nach § 123 StGB bei Missachtung eines Stadionverbots

Nach § 123 Abs. 1 StGB ist derjenige mit einer Freiheitsstrafe von bis zu einem Jahr zu bestrafen, der widerrechtlich in einen geschützten Bereich (befriedetes Besitztum, Geschäftsraum, Wohnung etc.) eines anderen eindringt (Alt. 1) oder dort ohne Befugnis verweilt und sich nicht entfernt, obwohl der Berechtigte ihn dazu auffordert (Alt. 2). § 123 Abs. 1 StGB schützt das Stadion als Tatobjekt.[1630] Problematisch ist allerdings, ob der Störer strafbar handelt.

a) § 123 Abs. 1 Alt. 2 StGB

Einig ist sich die Literatur darüber, dass derjenige sich grundsätzlich nach § 123 Abs. 1 Alt. 2 StGB strafbar macht, der den Stadionbereich nicht verlässt, obwohl gegen ihn ein rechtmäßiges (Ad-Hoc-)Stadionverbot ausgesprochen ist und der Veranstalter bzw. dessen Gehilfe ihn ausdrücklich auffordert, das Stadion zu verlassen.[1631]

b) § 123 Abs. 1 Alt. 1 StGB

Problematisch sind die oben beschriebenen Fälle, in denen es dem Störer gelingt, die Zugangskontrollen zu überwinden, indem er den Besitz an einer Eintrittskarte nachweist. Die strafrechtliche Problematik liegt in der Frage, ob der Betroffene dadurch widerrechtlich i.S.d. § 123 Abs. 1 Alt. 1 StGB in den Stadionbereich eindringt.

1629 *Schild*, in: *WFV*; Recht der Sportstätte, S. 66 (69 ff., 94); *Schild*, NStZ 1986, 346 (351); *Dippel*, Zivilrechtliche Haftung, S. 311 f.; *Gietl*, JR 2010, 50 (54).

1630 *Dippel*, Zivilrechtliche Haftung, S. 311. Wegen der starken Kommerzialisierung des Profisports in den letzten Jahrzehnten kann er sogar als Geschäftsraum angesehen werden, vgl. *Dippel*, Zivilrechtliche Haftung, S. 311; *Schild*, in: *WFV*, Recht der Sportstätte, S. 66 (95); *Schild*, NStZ 1996, 346 (351).

1631 *Dippel*, Zivilrechtliche Haftung, S. 312; *Schild*, in: *WFV*, Recht der Sportstätte, S. 66 (94 f.). Die Frage, wer zu einer solche Aufforderung berechtigt ist, ist zivilrechtsakzessorisch zu lösen, vgl. *Gietl*, JR 2010, 50 (54).

aa) Auffassung von *Schild*

Schild verneint dies.[1632] Das Tatbestandsmerkmal des „Eindringens" enthalte einen spezifischen über das bloße „Betreten" hinausgehenden Handlungsunwert, der nach der Räumlichkeit des jeweiligen Schutzobjektes und nicht nach dem Willen des Berechtigten zu bestimmen sei.[1633] Nur wenn der Täter das Schutzobjekt in sozial unüblicher Weise betrete, könne von einem tatbestandsmäßigen Eindringen gesprochen werden.[1634]

Schild vergleicht das Stadion mit einem Geschäftsraum, der für den allgemeinen Publikumsverkehr geöffnet ist.[1635] In allgemein zugänglichen Geschäftsräumen gebe der Geschäftsherr bewusst sein Hausrecht auf, da er den Eingang nicht individuell kontrolliere, so dass es unbeachtlich sei, wenn der Täter das Geschäft gegen seinen Willen betrete.[1636] Wenn ein Stadionbesucher das Stadion auf dem dafür vorgesehenen Weg betrete, nachdem er eine Eintrittskarte erworben habe, sei dies als sozialüblich anzusehen. Deswegen dringe der Stadionbesucher nicht in das Stadion i.S.d. § 123 Abs. 1 Alt. 1 StGB ein, obwohl der Veranstalter zuvor seinen entgegenstehenden Willen geäußert habe, indem er ein bundesweites Stadionverbot aussprach.[1637] Nach *Schild* macht sich der Störer nicht gemäß § 123 Abs. 1 Alt. 1 StGB strafbar.

bb) Auffassung von *Dippel* und *Gietl*

Demgegenüber bejahen *Gietl*[1638] und *Dippel*, dass er nach § 123 Abs. 1 Alt. 1 StGB zu bestrafen sei.[1639] *Dippel* beruft sich auf die strafrechtlich vorherrschen-

---

1632 *Schild*, in: *WFV*; Recht der Sportstätte, S. 66 (69 ff., 94); *Schild*, NStZ 1986, 346 (351); *Schild*, in: *Schild*, Rechtliche Aspekte, S. 63 (84). Ihm stimmt mit leicht abweichender Begründung zu: *Arzt*, in: *WFV*, Zuschauerausschreitungen bei Fußballspielen, S. 82 (90).

1633 *Schild*, in: *WFV*, Recht der Sportstätte, S. 66 (94).

1634 *Schild*, in: *WFV*, Recht der Sportstätte, S. 66 (94).

1635 *Schild*, NStZ 1986, 346 (351); *Schild*, in: *WFV*, Recht der Sportstätte, S. 66 (95).

1636 *Schild*, in: *WFV*, Recht der Sportstätte, S. 66 (95).

1637 *Schild*, in: *WFV*, Recht der Sportstätte, S. 66 (95).

1638 *Gietl* legt den Schwerpunkt seiner Untersuchung auf die Frage, wie sich die materielle Wirksamkeit oder Unwirksamkeit des Stadionverbots auf die Strafbarkeit nach § 123 StGB auswirkt, vgl. *Gietl*, JR 2010, 50 (54). Hierauf wird an späterer Stelle noch gesondert eingegangen, vgl. Kapitel 5B.I, S. 362 ff. Dabei unterstellt *Gietl*, ohne dies näher zu begründen, dass § 123 Abs. 1 Alt. 1 StGB grundsätzlich einschlägig ist, *Gietl*, JR 2010, 50 (54). *Haslinger* stellt nur fest, ohne das Hausrecht von § 123 StGB geschützt sei, *Haslinger*, Zuschauerausschreitungen, S. 27 m.w.N.

1639 *Dippel*, Zivilrechtliche Haftung, S. 311 f.; *Gietl*, JR 2010, 50 (54). So nun auch ohne nähere Begründung das *AG Düsseldorf* in einer aktuellen Entscheidung, vgl. *AG Düsseldorf*, Urt. v. 10.08.2012 – 132 Ds-80 Js 362/12-162/12.

de Meinung: Diese bejahe das Tatbestandsmerkmal des „Eindringens", wenn der Täter sich über ein individuelles Hausverbot hinwegsetze,[1640] da darunter alle Fälle zu subsumieren seien, in denen der Täter den Hausrechtsbereich „gegen ein Hindernis, d.h. auch gegen den Willen des Berechtigten" betrete.[1641] Indem der Hausrechtsinhaber das Stadionverbot ausspreche, habe er seinen Willen unzweifelhaft geäußert, es dem Betroffenen während der Dauer des Stadionverbotes zu verwehren, das Stadion zu betreten.[1642] Dem stehe nicht entgegen, dass das Ordnungspersonal des Hausrechtsinhabers ihn in das Stadion gelassen habe, da dieser widerrechtlich eine Eintrittskarte erworben und das tatbestandsausschließende Einverständnis somit durch Täuschung erlangt habe.[1643] Nach dieser Ansicht ist der Straftatbestand des § 123 Abs. 1 S. 1 Alt. 1 StGB verwirklicht.[1644]

cc) Stellungnahme: § 123 Abs. 1 Alt. 1 StGB schützt die Durchsetzung von Stadionverboten

Der Auffassung von *Dippel* und *Gietl* ist im Ergebnis zuzustimmen. Wer bei der Eingangskontrolle eine Eintrittskarte vorzeigt und das Stadion betritt, obwohl ihm zuvor ein Stadionverbot ausgesprochen wurde, macht sich nach § 123 Abs. 1 Alt. 1 StGB strafbar. *Dippel* stützt sich zu Recht auf die Meinung, die zur Auslegung des „Eindringens" vorherrscht. Allerdings begründet er dies zu ungenau. Zunächst geht er zutreffend davon aus, dass der Hausrechtsinhaber nicht einwilligt (Ebene der Rechtswidrigkeit), indem er zustimmt, dass jemand sein Hausrechtsgelände betritt; stattdessen schließt sein Einverständnis bereits den Tatbestand aus (tatbestandsausschließendes Einverständnis).[1645]

Dippel verkennt aber das Regel-Ausnahme-Verhältnis: Grundsätzlich ist das tatbestandsausschließende Einverständnis auch dann wirksam, wenn es durch Täuschung erschlichen wurde.[1646] Es kommt grundsätzlich nur auf den wirkli-

1640 Ausführliche Nachweise finden sich hierzu bei *Dippel*, Zivilrechtliche Haftung, S. 312, Fußnote 1046.

1641 *Dippel*, Zivilrechtliche Haftung, S. 311 f.; *Gietl*, JR 2010, 50 (54) m.w.N. Es reiche aus, eine geistige Barriere zu überwinden, vgl. *Schäfer*, in: *Joecks/Miebach*, MüKo StGB, § 123 StGB Rn. 28 m.w.N. *Schild* beschreibt die herrschende Auffassung ausführlicher *Schild*, in: *WFV*, Recht der Sportstätte, S. 66 (94).

1642 *Dippel*, Zivilrechtliche Haftung, S. 311.

1643 *Dippel*, Zivilrechtliche Haftung, S. 311 m.w.N.

1644 Etwas anderes könne sich nur dann ergeben, wenn der Betroffene davon ausgeht, dass das Stadionverbot materiell unwirksam ist, weil dieser Irrtum als Tatbestandsirrtum i.S.d. § 16 StGB zu qualifizieren sei, sodass der Vorsatz entfalle, vgl. *Gietl*, JR 2010, 50 (54) m.w.N.

1645 *Schäfer*, in: *Joecks/Miebach*, MüKo StGB, § 123 StGB Rn. 29 m.w.N.

1646 *Schäfer*, in: *Joecks/Miebach*, MüKo StGB, § 123 StGB Rn. 29 m.w.N.

chen Willen des Berechtigten an, da § 123 StGB den tatsächlich erklärten Willen und nicht die irrtumsfreie Willensbildung schützt.[1647] Davon ist nach der herrschenden Meinung nur dann eine Ausnahme zu machen, wenn der Täter dem Berechtigten das Einverständnis abnötigt oder ein ausdrücklich erklärtes Hausverbot durch Täuschung vereitelt.[1648]

Die letztgenannte Ausnahme ist für die Fälle des Stadionverbots einschlägig. Die „Stadionverbots-GbR" spricht stellvertretend für alle Profivereine ein individuelles Hausverbot gegen den Betroffenen aus. Dadurch manifestiert sich der ausdrückliche Wille des jeweiligen Hausrechtsinhabers, dass der Betroffene während der gesamten Dauer des Stadionverbots nicht den geschützten Stadionbereich betreten darf. Überwindet er dieses Verbot, kann darin kein tatsächliches Einverständnis des Hausrechtsinhabers gesehen werden, den Betroffenen entgegen seinem zuvor ausgesprochenen Hausverbot in das Stadion zu lassen. Die Täuschung drängt sich in diesen Fällen in den Vordergrund. Deswegen äußert der Verein seinen tatsächlichen Willen, den § 123 StGB schützt, nur indem er das Stadionverbot ausspricht, nicht aber wenn der Störer die Zugangskontrollen durch Täuschung überwindet. Dies führt zu dem Ergebnis, das auch *Dippel* und *Gietl* vertreten.

Die Gegenansicht, die *Schild* anführt, kann dagegen nicht überzeugen. Das Tatbestandsmerkmal des „Eindringens" ist nicht an der Räumlichkeit des Schutzobjektes zu orientieren, sondern am Willen des Berechtigten. Dies ist das Ergebnis, wenn man § 123 StGB teleologisch und rechtsgutsspezifisch auslegt. Dieser schützt als Rechtsgüter neben der öffentlichen Ordnung in erster Linie das Hausrecht, mithin ein Schutzrecht des örtlich Befugten, das mit der persönlichen Freiheit verwandt ist.[1649] Das Tatbestandsmerkmal des „Eindringens" ist teleologisch anhand dieses Schutzzwecks auszulegen. Dies verkennt *Schild,* wenn er sich für die Strafbarkeit vorrangig an dem jeweiligen räumlichen Schutzobjekt orientiert. Das tatbestandliche Schutzobjekt und das Rechtsgut, das der Straftatbestand schützen will, sind zu unterscheiden: Der Gesetzgeber definierte das „befriedete Besitztum" zwar als Tatbestandsmerkmal. Dies bedeutet jedoch nicht, dass § 123 StGB dieses Tatbestandsmerkmal maßgeblich schützen will. Es ist anerkannt, dass der Gesetzgeber den Schutz des Hausrechts und nicht den des befriedeten Besitztums bezwecken wollte.[1650] Da das Hausrecht Aus-

1647 *Schäfer*, in: *Joecks/Miebach*, MüKo StGB, § 123 StGB Rn. 29 m.w.N.; *Fischer,* § 123 StGB Rn. 16.

1648 *Schäfer*, in: *Joecks/Miebach*, MüKo StGB, § 123 StGB Rn. 29 m.w.N.

1649 *Fischer,* § 123 StGB Rn. 2 f. m.w.N.; *Jedamzik*, in: *Kauerhof u.a.*, Zuschauer als Störer, S. 105 (124).

1650 *Fischer,* § 123 StGB Rn. 3 m.w.N.

druck der persönlichen Freiheit des Berechtigten ist,[1651] kommt es teleologisch maßgeblich auf den Willen des Berechtigten und nicht auf das tatbestandliche Schutzobjekt an. Dies unterscheidet *Schild* nicht ausreichend.

Zudem hinkt der Vergleich, den *Schild* anstrengt,[1652] zwischen einem öffentlich zugänglichen Geschäftsraum (also in der Regel einem Verkaufsgeschäft) und einem Fußballstadion. Zwar ist beiden Hausrechtsbereichen gemeinsam, dass sie grundsätzlich für jedermann zugänglich sind. Der wesentliche Unterschied[1653] liegt aber darin, dass Verkaufsgeschäfte tatsächlich von jedem betreten werden können, währenddessen dies bei Fußballstadien wegen der Zugangskontrollen tatsächlich nicht möglich ist, sondern dies erst die Zivilrechtsordnung durch den Kontrahierungszwang rechtlich ermöglicht.[1654] Durch die Zugangskontrollen wollen die Vereine nicht nur verhindern, dass Zuschauer entgegen der Stadionordnung gefährliche Gegenstände mit sich führen. Sie wollen auch erreichen, dass Zuschauer durch die Videoüberwachung und den Einsatz spezieller Polizeibeamten identifiziert werden, die mit einem Stadionverbot belegt sind.[1655] Fußballstadien sind deswegen nicht mit Verkaufsgeschäften zu vergleichen.

Darüber hinaus scheint *Schild* in seinen Ausführungen aus dem Jahre 1985 von anderen tatsächlichen Verhältnissen des Stadionbetriebs auszugehen. Dies ergibt sich aus folgendem Zitat: „Für die Wohnung ist diesbezüglich das Einverständnis des Berechtigten relevant. Gleiches gilt für die Geschäftsräume, die ein Refugium des Geschäftsherrn darstellen. Für die dem allgemeinen Publikumsverkehr geöffneten Geschäftsräume gilt dagegen anderes: Der Geschäftsherr begibt sich diesbezüglich seines Hausrechts (*außer er führt individuelle Kontrollen beim Eingang durch*), mit der Konsequenz, dass auch sein dem Betreten entgegenstehender Wille seine Relevanz verliert.“[1656] Nach seiner Ansicht werde der Wille des Geschäftsherrn unbeachtlich, wenn dieser seinen Eingang nicht individuell kontrolliere. *Schild* setzt das Stadion mit einem solchen Geschäftsraum gleich, der dem allgemeinen Publikumsverkehr geöffnet sei, ohne Kontrollen durchzuführen: „Für ein Stadion ist die Erforderlichkeit der Gleichbehandlung

---

1651 *OLG Köln*, NJW 82, 2740 (2740); *Fischer,* § 123 StGB Rn. 2 m.w.N.

1652 *Schild*, NStZ 1986, 346 (351); *Schild*, in: *WFV*, Recht der Sportstätte, S. 66 (95).

1653 Ein weiterer Unterschied liegt in der Fluktuation der Personen, die den jeweiligen Hausrechtsbereich betreten wollen. Während bei einem Verkaufsladen je nach Größe des Ladens hunderte Personen über einen Verkaufstag verteilt Zutritt begehren, strömen bei einem Fußballspiel innerhalb weniger Stunden mehrere (zehn-)tausend Zuschauer gleichzeitig ins Stadion.

1654 Vgl. vertiefend zum Kontrahierungszwang: Kapitel 1B.II, S. 51 ff.

1655 Vgl. vertiefend: Kapitel 1C.III.1.c), S. 79 f. und *Ruhs*, Sicherheit und Ordnung, S. 14 m.w.N.

1656 *Schild*, in: *WFV*, Recht der Sportstätte, S. 66 (95).

mit einem dem allgemeinen Publikumsverkehr geöffneten Geschäftsraum nahe liegend."[1657]

Die Zugangskontrollen haben sich jedoch seit dem Jahr 1985 stark verschärft. Heute kontrolliert jeder Fußballveranstalter den Stadioneingang sehr streng. Dies schreiben § 5 Abs. 5 der Sicherheitsrichtlinien des DFB[1658] und Art. 27 Abs. 3 des Stadionhandbuchs des DFB[1659] vor. Deswegen ist zu vermuten, dass selbst *Schild* heute nicht mehr davon ausgehen würde, dass ein Fußballstadion mit einem Geschäftsraum zu vergleichen ist, der dem allgemeinen Publikumsverkehr geöffnet ist.[1660] Die Auffassung, die *Schild* zumindest bis ins Jahr 1994 vertrat,[1661] ist somit aus zwei Gründen abzulehnen: Sie stellt zu stark auf das tatbestandlich geschützt Schutzobjekt und zu wenig auf den Schutzzweck des Straftatbestandes ab. Zudem beruht sie auf einem Vergleich, der wegen der heutigen Zugangskontrollen zu Fußballstadien nicht mehr aufrechterhalten werden kann. Folglich macht sich nach § 123 Abs. 1 Alt. 1 StGB strafbar,[1662] wer eine Zugangskontrolle überwindet, obwohl ihm zuvor ein Stadionverbot erteilt wurde.

1657 *Schild*, in: *WFV*, Recht der Sportstätte, S. 66 (79).

1658 Abrufbar im Internet unter: http://www.dfb.de/uploads/media/Richtlinien-Verbesserung-Sicherheit-Bundesspielen-12-2011.pdf, abgerufen am 09.02.2012.

1659 Abrufbar im Internet unter: http://www.bundesliga.de/media/native/dfl/dfl_dfb_stadion_handbuch.pdf, abgerufen am 09.02.2012.

1660 Dies deutet *Schild* auch an, indem er formuliert: „Von vorne herein anderes gilt auch für den Fall, in dem durch effektive Kontrollmaßnahmen am Eingang des Stadions die allgemeine Publikumsöffnung aufgehoben ist. Wird das Stadionverbot dem Zuschauer gegenüber bei dem Versuch des Eintretens ausgesprochen oder wiederholt, wird ihm also auf diese Weise der Eintritt verwehrt, dann „dringt" er „ein", wenn er nun trotzdem das Stadion betritt.", *Schild*, in: *WFV*, Recht der Sportstätte, S. 66 (80). Daraus geht zwar nicht eindeutig hervor, welche Auffassung *Schild* für den Fall vertritt, dass effektive Kontrollmaßnahmen durchgeführt werden, ohne dass dem Zuschauer erneut ein Stadionverbot ausgesprochen oder es wiederholt wird. Allerdings deutet er zumindest an, dass er in diesem Falle den Vergleich zwischen einem Verkaufsgeschäftsraum und einem Stadion aufgeben würde.

1661 *Schild*, in: *Schild*, Rechtliche Aspekte, S. 63 (84).

1662 Denkbar wäre zudem eine Strafbarkeit nach § 263 StGB, weil der Betroffene vortäuscht, indem er seine rechtswidrig erworbene Eintrittskarte vorzeigt, einen Anspruch auf Zulassung zum Stadionbereich zu haben. Problematisch ist aber neben dem Tatbestandsmerkmal der Vermögensverfügung auch der Vermögensschaden. Durch den Besuch eines zusätzlichen Zuschauers entstehen dem Verein keine zusätzlichen Kosten, da der Stadionbetrieb hauptsächlich durch Fixkosten geprägt ist. Zudem entgeht dem Verein kein Gewinn, denn selbst bei ausverkauften Spielen kann davon ausgegangen werden, dass der Platz durch einen anderen Zuschauer besetzt worden werde. Selbst wenn dies nicht der Fall wäre, hat der Verein eine Kompensation erhalten, indem der Betroffene vorher seine Eintrittskarte bezahlt hat.

2. Auswirkungen eines materiell rechtswidrigen Stadionverbotes auf die Strafbarkeit nach § 123 StGB

Des Weiteren ist darauf hinzuweisen, dass eine Strafbarkeit nach § 123 Abs. 1 StGB voraussetzt, dass das Stadionverbot materiell wirksam ausgesprochen wurde.[1663] Nur wenn die Tatbestandsvoraussetzungen des zivilrechtlichen Unterlassungsanspruchs aus §§ 1004 Abs. 1 S. 2, 862 Abs. 1 S. 2 BGB erfüllt sind, macht sich derjenige strafbar, der das Unterlassungsbegehren missachtet und das Stadiongelände betritt. Ob das Stadionverbot zivilrechtlich wirksam ist, stellt eine Vorfrage dar, bevor das Verhalten strafrechtlich gewürdigt werden kann.[1664]

Anderenfalls entstünde ein Widerspruch in der Rechtsordnung: Wegen der mittelbaren Drittwirkung der Grundrechte besteht für die Vereine ein zivilrechtlicher Kontrahierungszwang, der es ihnen verbietet, ein Stadionverbot ohne ausreichende Sachgründe auszusprechen. Dem würde es widersprechen, wenn das Strafrecht den Hausrechtsinhaber auch dann schützen würde, wenn er den Zuschauer ohne Sachgründe (d.h. willkürlich) aussperrt.[1665] Deswegen ist der Wille des Hausrechtsinhabers strafrechtlich nur beachtlich, wenn er diesen zivilrechtlich wirksam gebildet hat. Der Betroffene darf somit ein zivilrechtswidriges Stadionverbot missachten, ohne sich nach § 123 Abs. 1 StGB strafbar zu machen. Ist das Stadionverbot zivilrechtlich wirksam, handelt der Betroffene nur ausnahmsweise nicht vorsätzlich, wenn er einem Tatbestandsirrtum nach § 16 Abs. 1 S. 1 StGB unterliegt,[1666] falls er davon ausgehen darf, dass das Stadionverbot unwirksam war.[1667] Dies ist allerdings auf seltene Ausnahmefälle beschränkt.

1663 *Schild*, in: *WFV*, Recht der Sportstätte, S. 66 (90); *Kleiner*, in: *Arter/Baddeley*, Sport u. Recht, S. 19 (63 f.); *Gietl*, JR 2010, 50 (54). Die Frage, ob ein materiell wirksames Hausverbot zu fordern ist, ist in Rechtsprechung und Literatur umstritten. Die Rechtsprechung stellt auf die Wirksamkeit des Hausverbotes ab, andere verlangen, dass das Hausverbot bestandskräftig sein muss, wiederum andere halten die Wirksamkeit des Hausverbotes für unbeachtlich, zum Streitstand mit weiteren Nachweisen: *Gietl*, JR 2010, 50 (54).

1664 *Schild*, in: *WFV*, Recht der Sportstätte, S. 66 (90); *Kleiner*, in: *Arter/Baddeley*, Sport u. Recht, S. 19 (63 f.); *Gietl*, JR 2010, 50 (54).

1665 *Kleiner*, in: *Arter/Baddeley*, Sport u. Recht, S. 19 (63) m.w.N.

1666 *Gietl*, JR 2010, 50 (54) m.w.N.

1667 Eine Strafbarkeit wegen fahrlässigen Hausfriedensbruchs i.S.d. § 16 Abs. 1 S. 2 StGB existiert nicht. Geht der Betroffene unvorsätzlich davon aus, dass das Stadionverbot zu Unrecht verhängt wurde, bleibt er straflos.

3. Strafantrag

Anders als der schwere Hausfriedensbruch nach § 124 StGB wird der einfache Hausfriedensbruch gemäß § 123 Abs. 2 StGB nur auf Antrag verfolgt. Antragsberechtigt ist als geschützter Rechtsgutsträger der örtlich zuständige Hausrechtsinhaber, insbesondere der Mieter oder Pächter, grundsätzlich nicht der Eigentümer.[1668] Das Hausrecht ist maßgeblich mit der tatsächlichen Sachherrschaft verknüpft. Zuständig ist deswegen alleine derjenige, dessen Hausrechtsbereich verletzt wurde. Daran ändert sich auch nichts dadurch, dass die Vereine zivilrechtlich die „Stadionverbots-GbR" bevollmächtigen, ein bundesweites Stadionverbot auszusprechen.[1669] Dennoch bleibt der Verein antragsberechtigt, auf dessen Stadiongelände § 123 Abs. 1 StGB verwirklicht wurde. Die Gesamtrechtsposition, die § 123 StGB über den Oberbegriff des Hausrechtes schützt, übertragen die Vereine nicht vollständig auf die „Stadionverbots-GbR".[1670] Die Vereine, der DFB und die DFL sind aber gesellschaftsrechtlich gemäß Ziff. 4 des Gesellschaftsvertrags und verbandsrechtlich gemäß § 3 Abs. 4 SVR verpflichtet, einen Strafantrag nach § 123 Abs. 2 StGB zu stellen, wenn ein Störer auf ihrem Stadiongelände das Hausrecht strafbar verletzt.

II. Strafrechtliche Sanktionen der Anlasstat

Um die strafrechtliche Bedeutung eines Stadionverbots zu vervollständigen, ist noch darauf hinzuweisen, dass sich der Betroffene nicht nur nach §§ 123, 124 StGB strafbar machen kann.[1671] Vor allem bei Stadionverboten i.S.d. § 4 Abs. 3 SVR ist zudem zu berücksichtigen, dass die Tatsachen, die diesem zugrunde liegen, selbst einen Straftatbestand verwirklichen können, beispielsweise Landfrie-

---

1668 *Fischer,* § 123 StGB Rn. 3, 44 m.w.N. Zwar sieht *Schild* (in: *WFV*, Recht der Sportstätte, S. 66 (92 ff.)) auch den Eigentümer des Stadions, der vom Pächter zu unterscheiden ist, weiterhin als berechtigt an, den Störer i.S.d. § 123 Abs. 1 Alt. 2 StGB aufzufordern, das Stadion zu verlassen. Allerdings ist nicht jeder Aufforderungsberechtigte zugleich antragsberechtigt i.S.d. § 123 Abs. 2 StGB, vgl. *Fischer,* § 123 StGB Rn. 44.

1669 Vgl. hierzu zum Schweitzer (Sport-) Recht, das mit der deutschen Sach- und Rechtslage vergleichbar ist: *Kleiner*, in: *Arter/Baddeley*, Sport u. Recht, S. 19 (64) m.w.N.

1670 Dies steht im Einklang mit dem zivilrechtlichen Ergebnis, dass die „Stadionverbots-GbR" über kein eigenes gesellschaftsrechtliches Vermögen verfügt, vgl. vertiefend: Kapitel 4B.II.4.a)ee), S. 264.

1671 Vertiefend zu den einzelnen Straftatbeständen, die häufig im Zusammenhang mit Fußball-Ausschreitungen verwirklicht werden: *Arzt*, in: *WFV*, Zuschauerausschreitungen bei Fußballspielen, S. 82 (83 ff.); *Schild*, in: *Schild*, Rechtliche Aspekte, S. 63 (84 ff.).

densbruch, Körperverletzung, Sachbeschädigung oder Beleidigung.[1672] Dies ist jedoch nicht zwingend, da solche Stadionverbote mit dem bloßen Anfangsverdacht verknüpft sind.

C. Öffentlich-rechtliche Rechtsfolgen

Ein bundesweites Stadionverbot beinhaltet zudem Wechselwirkungen mit dem öffentlichen Recht.

I. Öffentlich-rechtliches Stadionverbot und Maßnahmen der Polizei

Auch der Staat ist wegen Art. 2 Abs. 2 GG für die Sicherheit der Fußballveranstaltung unmittelbar verantwortlich. Er muss durch geeignete Maßnahmen für die öffentliche Sicherheit sorgen. Aber auch andere Konstellationen sind denkbar, in denen der Staat unmittelbar mit dem Stadionverbot in Berührung kommt.

1. Stadionverbot durch öffentlich-rechtlichen Hausrechtsinhaber

In seltenen Fällen kann eine öffentliche Kommune nicht nur als Eigentümer des Stadions, sondern darüber hinaus auch als Veranstalter des Fußballspiels auftreten.[1673] Das Stadion stellt i.S.d. (Landes-) Gemeindeordnungen eine öffentliche Einrichtung dar, um Einwohner kulturell zu betreuen. Sie begründen in der Regel einen öffentlich-rechtlichen Anspruch für Einwohner, der aus Gleichheitsgründen auch für auswärtige Personen bestehen kann, zu öffentlichen Stadioneinrichtungen zugelassen zu werden.[1674]

Diesem Benutzungsanspruch sind jedoch dort Grenzen gesetzt, wo in der Person des Benutzers besondere Ausschließungstatbestände verwirklicht sind, d.h. wenn die konkret geplante Nutzung nicht mit dem Zweck der Einrichtung vereinbar ist, falls die Einrichtung selbst gefährdet würde oder falls andere Rechtsvorschriften insbesondere aus dem öffentlichen Sicherheitsrecht der Nutzung entgegenstehen.[1675] Folglich unterliegt die Kommune als Veranstalter

---

1672 *Walker*, in: *Gödicke u.a.*, FS Schapp, S. 491 (491).

1673 Ein solcher Fall ist im Profifußballbereich nicht bekannt, ist jedoch im Amateurfußballbereich durchaus denkbar.

1674 *Schild*, in: *WFV*, Recht der Sportstätte, S. 66 (88) m.w.N.

1675 *Schild*, in: *WFV*, Recht der Sportstätte, S. 66 (88) m.w.N.

grundsätzlich ebenfalls einem (öffentlich-rechtlichen) Kontrahierungszwang. Auch sie kann sich jedoch ausnahmsweise auf Sachgründe berufen, die konkret befürchten lassen, dass der Zuschauer künftige Veranstaltungen stören wird. Diesbezüglich ergeben sich keine Besonderheiten gegenüber dem Zivilrecht.[1676] Allerdings ist der Staat anders als der privatrechtliche Veranstalter nicht nur mittelbar, sondern unmittelbar an die Grundrechte aus Art. 3 Abs. 1 GG und Art. 2 Abs. 1 GG i.V.m. Art. 1 Abs. 1 GG gebunden.

2. Sonstige öffentlich-rechtliche Maßnahmen im Zusammenhang mit einer Fußballveranstaltung

In der Regel kommt der Staat mit Fußballveranstaltungen jedoch auf andere Weise in Berührung, nämlich in seiner Eigenschaft als öffentlich-rechtlicher Sicherheitsverantwortlicher. Diese Aufgabe nimmt je nach Zuständigkeit die Landes- oder Bundespolizei wahr.[1677] Eine ausreichende Gefahr für die öffentliche Sicherheit im Sinne der jeweiligen Polizeigesetze ist erforderlich, damit die Polizei öffentlich-rechtliche Maßnahmen ergreifen kann. Diese sollen im Überblick dargestellt werden, wobei jeweils nach der verantwortlichen Person und dem Zeitpunkt der Maßnahme unterschieden werden soll.

a) Maßnahmen gegen den Verein als Veranstalter

Fraglich ist zunächst, ob die Polizei den Verein als Veranstalter in Anspruch nehmen kann.

aa) Verein kein Handlungsstörer

Der Verein ist nicht als „Handlungsstörer" verantwortlich.[1678] Die Rechtsordnung missbilligt es nicht, ein Fußballspiel zu veranstalten. Der Verein wird gefährdet, er verursacht die Gefährdung grundsätzlich nicht.[1679]

[1676] Der Ergebnisbericht der Arbeitsgruppe der *NKSS*, die die Vorgaben der Stadionverbotsrichtlinie des DFB ursprünglich erarbeitet haben, gehen sogar davon aus, dass auch Kommunen sich (theoretisch) auf die Stadionverbotsrichtlinie berufen könnten, wenn sie entsprechende Bindungserklärungen abgeben würden, *DSJ*, NKSS, S. 20.

[1677] Vgl. zur Zuständigkeit der Bundespolizeibehörden §§ 1 ff. BPolG.

[1678] *Gietl*, JR 2010, 50 (52) m.w.N.; *Fritzweiler*, in: *Fritzweiler u.a.*, Praxishandbuch Sportrecht, 2. Kap. Rn. 72; *Brinktrine*, in: *Kauerhof u.a.*, Doping und Gewaltprävention, S. 167 (174).

[1679] *Fritzweiler*, in: *Fritzweiler* u.a., Praxishandbuch Sportrecht, 2. Kap. Rn. 72 m.w.N. Die von *Götz* (in: NVwZ 1990, 725 (731)) und *Eilers* (in: *WFV*, Zuschauerausschreitungen bei Fußballspielen, S. 18 (28)) vertretene gegenteilige Auffassung widerlegt *Fritzwei-*

bb) Verein grundsätzlich kein Zweckveranlasser

Möglicherweise kann die Polizei den Verein aber als sog. Zweckveranlasser in Anspruch nehmen. Ein Zweckveranlasser überschreitet die polizeirechtliche Gefahrenschwelle nicht selbst, allerdings ist ihm das Verhalten des unmittelbaren Störers zuzurechnen, wenn er dieses bezweckt oder zumindest billigend in Kauf nimmt.[1680] Dafür könnte der Charakter eines Fußballspiels als sportliche Großveranstaltung sprechen. Diese stören typischerweise die öffentliche Sicherheit,[1681] bspw. durch ein erhöhtes Verkehrsaufkommen oder gewalttätige Ausschreitungen rivalisierender Fangruppierungen. Dagegen ist anzuführen, dass auch andere Großveranstaltungen typischerweise die öffentliche Sicherheit stören, ohne dass deren Veranstalter als Zweckveranlasser verantwortlich sind.[1682] Es ist vor dem Hintergrund des Art. 3 Abs. 1 GG nicht ersichtlich, warum Fußballvereine schlechter behandelt werden sollten als andere Großveranstalter. Darüber hinaus entstehen die Störungen häufig außerhalb des Stadiongeländes (beispielsweise im öffentlichen Straßenraum), mithin außerhalb des Einflussbereichs der Fußballvereine.[1683]

Deswegen kann die Polizei die Fußballvereine grundsätzlich nicht als Zweckveranlasser in Anspruch nehmen.[1684] Etwas anderes kann nur in solchen Ausnahmefällen gelten, in denen der Verein seinen (zivilrechtlichen) Verkehrssicherungspflichten nicht nachkommt, beispielsweise wenn er innerhalb des Stadionbereichs überhöhten Alkoholkonsum nicht verhindert.[1685] Solange die Fußballvereine aber ihre Verkehrssicherungspflichten erfüllen, den Gegner und dessen Anhänger sportlich fair behandeln, mit der Polizei kooperieren, einen effektiven Ordnungsdienst unterhalten und die eigene Fanpolitik auf Deeskalation ausrichten, ist es nicht gerechtfertigt, die Fußballvereine als Zweckveranlasser anzusehen.[1686]

---

ler zutreffend, vgl. hierzu vertiefend: *Fritzweiler*, in: *Fritzweiler* u.a., Praxishandbuch Sport, 2. Kap. Rn. 72.

1680 Dies entspricht dem herrschenden, sog. subjektivierten Zweckveranlassungsbegriff, vgl. *Brinktrine*, in: *Kauerhof* u.a., Doping und Gewaltprävention, S. 167 (175) m.w.N. Welche Kriterien im Einzelnen an den Zweckveranlassungsbegriff zu stellen sind, ist umstritten, vgl. dazu ausführlich mit weiteren Nachweisen: *Brinktrine*, in: *Kauerhof* u.a., Doping und Gewaltprävention, S. 167 (175 f.).

1681 *Brinktrine*, in: *Kauerhof* u.a., Doping und Gewaltprävention, S. 167 (176 f.).

1682 *Brinktrine*, in: *Kauerhof* u.a., Doping und Gewaltprävention, S. 167 (177).

1683 *Brinktrine*, in: *Kauerhof* u.a., Doping und Gewaltprävention, S. 167 (177).

1684 *Nolte*, in: *Höfling/Horst*, Sport und Gewalt, S. 37 (47 f.).

1685 *Fritzweiler*, in: *Fritzweiler* u.a., Praxishandbuch Sportrecht, 2. Kap. Rn. 72; *Brinktrine*, in: *Kauerhof* u.a., Doping und Gewaltprävention, S. 167 (178).

1686 *Brinktrine*, in: *Kauerhof* u.a., Doping und Gewaltprävention, S. 167 (178); so auch *Siegel*, NJW 2013, 1035 (1038).

cc) Verein als Notstandsverantwortlicher

Allerdings ist es in eng begrenzten Ausnahmefällen denkbar, polizeiliche Maßnahmen gegen die Vereine als so genannten Notstandsverantwortliche zu richten (bspw. ein Kartenverkaufsverbot an gewaltbereite Auswärtsfans).[1687] Dafür muss eine sehr hohe Wahrscheinlichkeit bestehen, dass es trotz eines öffentlich-rechtlichen Polizeieinsatzes gegen den Störer zu nicht mehr beherrschbaren Ausschreitungen kommt, bei denen auch Unbeteiligte Schäden an Leib, Leben oder Eigentum erleiden könnten.[1688] Als Notstandsverantwortliche können die Vereine zwar polizeirechtlich verantwortlich gemacht werden, allerdings darf die Polizei ihnen nicht die Kosten ihres Einsatzes auferlegen.[1689]

b) Maßnahmen gegen den Störer

Demgegenüber kann die Polizei den Störer als „Handlungsverantwortlichen" belangen, sobald er die öffentlich-rechtliche Gefahrenschwelle[1690] überschreitet.[1691] Um seinen Sicherheitsauftrag wahrzunehmen, entwickelte der Staat einen umfangreichen Maßnahmenkatalog, der sich im Überblick wie folgt darstellt:[1692]

1687 *Brinktrine*, in: *Kauerhof* u.a., Doping und Gewaltprävention, S. 167 (179); *Siegel*, NJW 2013, 1035 (1038). *Gietl*, JR 2010, 50 (52) wies noch darauf hin, dass ein solcher Fall in der Praxis bisher nicht relevant geworden sei. Am 13.04.2012 entschied nun das *OVG Hamburg* im vorläufigen Rechtsschutzverfahren, dass die Polizei den Verein St. Pauli als Nichtstörer in Anspruch nehmen durfte, vgl. *OVG Hamburg,* Beschl. v. 13.04.2012 – 4 Bs 78/12. Die Polizei hatte St. Pauli verboten, den Gästefans für das Risikospiel gegen Hansa Rostock am 22.04.2012 Karten zu verkaufen (Kartenverkaufsverbot), um Ausschreitungen im Stadion zu verhindern, *OVG Hamburg,* Beschl. v. 13.04.2012 – 4 Bs 78/12. Wegen den Erfahrungen in der Vergangenheit für Leib und Leben Unbeteiligter überwiege für dieses „Hochrisikospiel" das öffentliche Interesse an der Gefahrenabwehr.

1688 *Brinktrine*, in: *Kauerhof* u.a., Doping und Gewaltprävention, S. 167 (179); *OVG Hamburg,* Beschl. v. 13.04.2012 – 4 Bs 78/12.

1689 *Brinktrine*, in: *Kauerhof* u.a., Doping und Gewaltprävention, S. 167 (179). Ausführliche Hinweise zur Kostenerstattungspflicht der Fußballvereine für öffentlich-rechtliche Polizeieinsätze in: *Brinktrine*, in: *Kauerhof* u.a., Doping und Gewaltprävention, S. 167 (180 ff.) und *Ruhs*, Sicherheit und Ordnung, S. 23 f. m.w.N.

1690 Vgl. hierzu im Allgemeinen: *Fritzweiler*, in: *Fritzweiler* u.a., Praxishandbuch Sportrecht, 2. Kap. Rn. 71; *Brinktrine*, in: *Kauerhof* u.a., Doping und Gewaltprävention, S. 167 (172 f.); *Klesczewski*, JZ 2010, 251 (252 f.).

1691 *Fritzweiler*, in: *Fritzweiler* u.a., Praxishandbuch Sportrecht, 2. Kap. Rn. 74 m.w.N. Einen vertiefenden Überblick auch zu „polizeirechtlichen Stadionverboten" liefert: *Siegel*, NJW 2013, 1035 (1036 ff.).

1692 Vgl. *Fritzweiler*, in: *Fritzweiler* u.a., Praxishandbuch Sportrecht, 2. Kap. Rn. 75 ff. Da das Polizeirecht nach dem GG in die Gesetzgebungszuständigkeit der Länder fällt, enthalten die einzelnen Landespolizeigesetze unterschiedliche Regelungen. Um die

aa) Maßnahmen im Vorfeld der jeweiligen Großveranstaltung

Im Vorfeld der Großveranstaltung ist das polizeiliche Handeln primär darauf gerichtet, Informationen über einzelne Fans und Fangruppierungen zu sammeln. Die Landes- und Bundespolizei tauschen sich innerbehördlich aus, um Ausschreitungen insbesondere von auswärtigen Fans zu verhindern.[1693] Darüber hinaus versucht die Polizei weitere Informationen zu erlangen, in dem sie Gespräche mit Fangruppierungen führt, diese auf dem Weg zum Stadion begleitet und versucht, deeskalierend auf diese einzuwirken. Potenzielle Gewalttäter sollen von anderen Besuchern getrennt werden.[1694]

Die Polizei speichert die Daten, die sie dabei über gewaltbereite Fußballfans sammelt.[1695] Darüber hinaus sind einfache Observationen sowie Bild- und Tonaufnahmen möglich. Sobald der Polizei Anhaltspunkte dafür vorliegen, dass sich Einzelne zu Straftaten verabreden, sie vorbereiten oder verüben, kann die Polizei deren Identität feststellen. Unter den Voraussetzungen des jeweiligen Polizeigesetzes kann sie den Verdächtigen nach Waffen und sonstigen gefährlichen Gegenständen durchsuchen. Ihn präventiv in Gewahrsam zu nehmen, ist ebenfalls unter strengen Voraussetzungen zulässig.[1696]

bb) Maßnahmen unmittelbar am Veranstaltungsort während der Veranstaltung

Unmittelbar am Veranstaltungsort muss die Polizei eng mit dem Veranstalter und dessen Ordnungskräften zusammenarbeiten.[1697] Originär verantwortet der Veranstalter die Sicherheit auf dem Stadiongelände.[1698] Dazu beauftragt er einen privaten Ordnungsdienst, dem allerdings dabei keine polizeilichen Befugnisse

---

Darstellung zu vereinheitlichen und da die einzelnen Polizeigesetze sich an den „Musterentwurf eines einheitlichen Polizeigesetztes“ (MEPoLG) der Innenministerkonferenz 1976/1977 orientieren (vgl. hierzu: *Fritzweiler*, in: *Fritzweiler* u.a., Praxishandbuch Sportrecht, 2. Kap. Rn. 71 m.w.N.), beruhen die folgenden Ausführungen im Wesentlichen auf dem MEPoLG. Zur weiteren Vertiefung der Voraussetzungen der einzelnen Maßnahmen empfehlen sich die Ausführungen von *Nolte*, NVwZ 2001, 147 (147 ff.); *Nolte*, in: *Höfling/Horst*, Sport und Gewalt, S. 37 (41 ff.); *Ruhs*, Sicherheit und Ordnung, S. 3 ff. m.w.N. und *Siegel*, NJW 2013, 1035 (1036 ff.).

1693 Weitere Möglichkeiten zur Verhinderung von Ausschreitungen sind die Gefährderansprache, Meldeauflagen und das Ausreiseverbot, vgl. *Nesemann*, NJW 2010, 1703 (1704); *Hilpert*, Fußballstrafrecht, IV. Rn. 11.

1694 *Fritzweiler*, in: *Fritzweiler* u.a., Praxishandbuch Sportrecht, 2. Kap., Rn. 76.

1695 Zur Datei „Gewalttäter Sport“, vgl. vertiefend: Kapitel 5C.II, S. 376 ff.

1696 Vgl. vertiefend zu den näheren Anforderungen für das Polizeigesetz NRW: *OLG Köln*, Beschl. v. 17.1.2007 – 16 Wx 220/06.

1697 *Fritzweiler*, in: *Fritzweiler* u.a., Praxishandbuch Sportrecht, 2. Kap., Rn. 77 f.

1698 *Blumberg*, Stadionverbot, S. 61; *Fritzweiler*, in: *Fritzweiler* u.a., Praxishandbuch Sportrecht, 2. Kap., Rn. 77 m.w.N.

zustehen. Er kann sich nur auf das Hausrecht und die allgemeinen Befugnisse aus §§ 859, 860, 876, 227, 229 BGB sowie aus § 127 Abs. 1, Abs. 3 StPO berufen.

Die Aufgaben und Befugnisse der Polizeikräfte beschränken sich nach der polizeilichen Generalklausel darauf, zu kontrollieren, ob die Stadionordnung und die Auflagen der Ordnungsbehörden eingehalten werden.[1699] Bei Verstößen können sie einen Platzverweis oder ein Aufenthaltsverbot aussprechen[1700]. Die Polizei steht mit dem Veranstalter und dessen Ordnungsdienst in engem Kontakt[1701]. Sie darf an ihm jedoch keine polizeilichen Daten übermitteln.[1702]

cc) Maßnahmen nach der Veranstaltung

Nach dem Abpfiff des Fußballspiels muss die Polizei besonders häufig eingreifen, weil dann der Alkoholpegel und die Rivalität der Fans untereinander am größten sind, so dass es schnell zu gewalttätigen Ausschreitungen kommt.[1703] Die Polizei versucht in dieser Phase vor allem, die gegnerischen Fangruppierungen zu trennen, um zu verhindern, dass sie aufeinander treffen.[1704] Dazu hält sie insbesondere Auswärtsfans nach Spielende innerhalb des Stadions oder an Bahnhöfen kurzfristig fest. Diese Maßnahme ist grundsätzlich zulässig, wenn sie zeitlich befristet ist.[1705] Darüber hinaus sammelt die Polizei auch nach Spielende weiter Informationen, insbesondere wenn es zu Ausschreitungen gekommen ist. Sie speichert die Daten in der Datei „Gewalttäter Sport", um präventive Maßnahmen im Vorfeld der nächsten Veranstaltung besser treffen zu können.

II. Öffentlich-rechtliche Datei „Gewalttäter Sport"

Ob sie die Informationen über gewaltbereite Fußballfans zu diesen Zwecken dort speichern darf, ist zu untersuchen. Die öffentlich-rechtliche Datei „Gewalttäter Sport" wurde am 14.05.1993 eingeführt; sie speichert personenbezogene Daten von Personen, die im Zusammenhang mit sportlichen Großveranstal-

---

1699 *Fritzweiler*, in: *Fritzweiler* u.a., Praxishandbuch Sportrecht, 2. Kap., Rn. 78.

1700 Vgl. dazu auch: Kapitel 3C.I, S. 235 ff. Vgl. zur diesbezüglichen aktuellen Rechtsprechung: *VG Aachen*, Beschl. v. 26.04.2013 – 6 L 162/13.

1701 *Fritzweiler*, in: *Fritzweiler* u.a., Praxishandbuch Sportrecht, 2. Kap., Rn. 78.

1702 *Fritzweiler*, in: *Fritzweiler* u.a., Praxishandbuch Sportrecht, 2. Kap., Rn. 78 m.w.N.

1703 *Ruhs*, Sicherheit und Ordnung, S. 15.

1704 *Fritzweiler*, in: *Fritzweiler* u.a., Praxishandbuch Sportrecht, 2. Kap., Rn. 79.

1705 *Fritzweiler*, in: *Fritzweiler* u.a., Praxishandbuch Sportrecht, 2. Kap., Rn. 79 m.w.N.

tungen auffällig geworden sind.[1706] Die Datei soll den Polizeibehörden Informationen liefern, um effektive, organisatorische und taktische Maßnahmen im Vorfeld von künftigen sportlichen Großveranstaltungen zu ermöglichen.[1707] Sie ist als sog. Verbunddatei ausgestaltet, d.h. das Bundeskriminalamt verwaltet als Zentralstelle den elektronischen Datenverbund zwischen den Bundes- und Landespolizeibehörden.[1708] Diese gewinnen die Informationen dezentral in eigener Zuständigkeit und geben sie in das polizeiliche Informationssystem (INPOL-neu) ein, damit sie anschließend für alle Verbundpartner verfügbar sind.[1709] Rechtsgrundlage für die öffentlich-rechtliche Verbunddatei ist § 11 Abs. 1 i.V.m. § 2 Abs. 1, Abs. 3 BKAG.[1710]

Im Jahr 2010 speicherte die Datei „Gewalttäter Sport" Daten von insgesamt 12.725 Personen.[1711] Dazu müssen sachliche Hinweise gegen den Betroffenen vorliegen, dass mit künftigen Straftaten zu rechnen ist.[1712] Obwohl die Eintragung in der Datei alleine noch keine konkrete Gefahr im Sinne der Polizeigesetze begründet, schließen in der Praxis viele Polizisten (fälschlicherweise) von der Eintragung auf eine konkrete Gefahr, die von dieser Person ausgehe, und ergreifen deswegen früher und intensiver präventive Maßnahmen.[1713] Deswegen ist es für die Betroffenen wichtig, gerichtlich überprüfen zu lassen, ob ihre Daten dort rechtmäßig gespeichert sind. Einen Löschungsanspruch gemäß § 32 BKAG

1706 *Döhmann/Kehr*, DVBl 2011, 930 (930); *Arzt*, NJW 2011, 352 (353); *Nesemann*, NJW 2010, 1203 (1204); *Hilpert*, Fußballstrafrecht, IV. Rn. 11. Vertiefend zu den historischen Hintergründen, warum diese Datei eingeführt wurde: *Hennes*, in: *Schild*, Rechtliche Aspekte, S. 1 (9 f.); *Schulz*, Kritische Analyse, S. 45. Daneben existiert eine sog. Datei „Szenekundiger Beamter", in der Lichtbild, eventuelle aktuelle oder vergangene Stadionverbote, Einträge in die Datei „Gewalttäter Sport", mutmaßliche Gruppenzugehörigkeit, Kfz-Kennzeichen, Arbeitgeber und ein Freifeld für personenbezogene Einträge sowie eine „Fan-Vita" gespeichert werden, vgl. http://www.profans.de/category/fankongress-2012, abgerufen am 06.02.2012. Auf diese Datei kann an dieser Stelle nicht näher eingegangen werden.

1707 *Döhmann/Kehr*, DVBl 2011, 930 (930); *Arzt*, NJW 2011, 352 (353); *Blumberg*, Stadionverbot, S. 61; *Nesemann*, NJW 2010, 1203 (1204).

1708 *BVerwG*, Urt. v. 9.6.2010 – 6 C 5/09; *Arzt*, NJW 2011, 352 (352); *Ruhs*, Sicherheit und Ordnung, S. 3 m.w.N.

1709 *BVerwG*, Urt. v. 9.6.2010 – 6 C 5/09; *Arzt*, NJW 2011, 352 (353); *Ruhs*, Sicherheit und Ordnung, S. 3 m.w.N.

1710 *BVerwG*, Urt. v. 9.6.2010 – 6 C 5/09; *Arzt*, NJW 2011, 352 (352). *Ruhs* stellt auf §§ 7 ff. BKAG i.V.m. der konkreten Rechtsgrundlange des Landespolizeigesetzes ab, *Ruhs*, Sicherheit und Ordnung, S. 5 m.w.N.

1711 *BT-Drucks* 17/2803, Antwort der Bundesregierung auf kleine Anfrage, S. 6, 25.08.2010 gemäß Anlage 1, S. 13. Im Jahr 2008 waren es noch ca. 10.000 Datensätze, *Ruhs*, Sicherheit und Ordnung, S. 5 m.w.N.

1712 *Ruhs*, Sicherheit und Ordnung, S. 5 m.w.N.

1713 *Arzt*, NJW 2011, 352 (353); *Döhmann/Kehr*, DVBl 2011, 930 (930); *Ruhs*, Sicherheit und Ordnung, S. 7 m.w.N.

müssen sie nicht gegen das Bundeskriminalamt, sondern gegen den Verbundteilnehmer richten, der gemäß §§ 12 Abs. 2, 11 Abs. 3 BKAG datenschutzrechtlich verantwortlich ist, weil er die Daten unmittelbar in das Informationssystem eingegeben hatte.[1714] Dies ist in der Regel die örtliche Polizeidirektion.[1715]

1. Rechtmäßigkeit der Datei „Gewalttäter Sport" seit dem 09.06.2010

In der Literatur und Instanzrechtsprechung war über viele Jahre umstritten, ob diese Verwaltungspraxis unzulässig in das Grundrecht auf informationelle Selbstbestimmung aus Art. 2 Abs. 1 GG i.V.m. Art. 1 Abs. 1 GG eingreift. Nach einer Ansicht wäre es nur zulässig gewesen, die Daten zu speichern, wenn das Bundesministerium des Inneren dazu eine Rechtsverordnung erlassen hätte, die nach dieser Ansicht wegen § 11 Abs. 2, S. 3 BKAG i.V.m. § 7 Abs. 6 BKAG konstitutiv sei.[1716] Die Gegenansicht hielt diese Rechtsverordnung nicht für notwendig, da sie lediglich deklaratorisch sei.[1717] Am 09.06.2010 erledigte sich dieser Meinungsstreit dadurch, dass das Bundesministerium des Inneren eine entsprechende Rechtsverordnung erließ.

Hintergrund war, dass am gleichen Tag die letzte mündliche Verhandlung vor dem Bundesverwaltungsgericht stattfand, das über diese Rechtsfrage zu entscheiden hatte. Das Bundesverwaltungsgericht sprach sich in seinem Urteil für die erste Ansicht aus, weil die Rechtsverordnung konstitutiv gewesen sei, so dass die Datei „Gewalttäter Sport" vor deren Inkrafttreten das informationelle Selbstbestimmungsrecht verletzte, ohne dass eine ausreichende gesetzliche Grundlage dafür existierte.[1718] Soweit § 11 Abs. 2 S. 3 BKAG auf § 7 Abs. 6 BKAG verweise, handele es sich nicht nur um eine bloße Verordnungsermächtigung, sondern um einen strikten Regelungsauftrag des Gesetzgebers an das Bundesministerium des Inneren, eine entsprechenden Rechtsverordnung zu er-

---

[1714] *BVerwG*, Urt. v. 9.6.2010 – 6 C 5/09; *Döhmann/Kehr*, DVBl 2011, 930 (933). Dies betrachtet die Literatur ebenfalls teilweise kritisch, vgl. mit weiteren Nachweisen: *Döhmann/Kehr*, DVBl 2011, 930 (935 f.).

[1715] *BVerwG*, Urt. v. 9.6.2010 – 6 C 5/09; *Döhmann/Kehr*, DVBl 2011, 930 (933).

[1716] Für das konstitutive Erfordernis der Rechtsverordnung: *VG Hannover*, Urt. v. 22.5.2008 – 10 A 2412/07; *OVG Lüneburg*, Urt. v. 16.12.2008 – 11 Lc 229/08; *VG Giesen*, NVwZ 2002, 1531 (1534); *VG Karlsruhe*, Urt. v. 14.4.2010 – 3 K 1988/09; weitere Literaturnachweise in: *Döhmann/Kehr*, DVBl 2011, 930 (931) m.w.N.

[1717] *VG Schleswig*, Urt. v. 23.4.2004 – 1 A 219/02; *VG Mainz*, DuD 2009, 195; *VGH Kassel*, NJW 2005, 2727 (2732); *Döhmann/Kehr*, DVBl 2011, 930 (931) m.w.N.

[1718] *BVerwG*, Urt. v. 6.9.2010 – 6 C 5/09.

lassen.[1719] Die bisherige Praxis der Datei „Gewalttäter Sport“ war somit bis zum 09.06.2010 rechtswidrig.[1720] Seitdem ist sie legalisiert.

2. Voraussetzungen eines Löschungsanspruchs

Gleichzeitig definierte das Bundesverwaltungsgericht in der vorzitierten Entscheidung näher, unter welchen Voraussetzungen der Betroffene nach § 32 Abs. 2 S. 1 Alt. 1 BKAG i.V.m. § 8 Abs. 3 BKAG[1721] verlangen könne, seine Daten zu löschen.[1722]

a) Urteil des Bundesverwaltungsgerichts

Gemäß § 32 Abs. 2 S. 1 Alt. 1 BKAG sind personenbezogene Daten zu löschen, wenn sie nicht (mehr) gespeichert werden dürfen. Dies setzt nach § 8 Abs. 3 BKAG voraus, dass der Beschuldigte rechtskräftig freigesprochen wurde, ein Gericht es unanfechtbar ablehnte, das Hauptverfahren zu eröffnen, oder die Staatsanwaltschaft das Ermittlungsverfahren nicht nur vorläufig einstellte, sofern sich aus den Gründen der jeweiligen Entscheidung ergibt, dass der Betroffene die Tat nicht oder nicht rechtswidrig begangen hat. Nach Ansicht des Bundesverwaltungsgerichts verdeutliche der Wortlaut des § 8 Abs. 3 BKAG, dass sich aus der Einstellungsverfügung der Staatsanwaltschaft positiv ergeben müsse, dass der Betroffene die Tat nicht oder nicht rechtswidrig begangen hat.[1723]

Grundsätzlich könne dies der Verfügung der Staatsanwaltschaft nicht entnommen werden, wenn sie das Verfahren nach § 170 Abs. 2 StPO einstelle, es sei denn sie stelle auf Grundlage der Nr. 88 S. 2 RiStBV ausdrücklich klar, dass

---

1719 *BVerwG*, Urt. v. 6.9.2010 – 6 C 5/09. Die Literatur bezweifelt jedoch weiterhin, dass die Rechtsverordnung in seiner aktuellen Fassung rechtmäßig ist, vgl. dazu vertiefend: *Arzt*, NJW 2011, 352 (353 ff.).

1720 *BVerwG*, Urt. v. 6.9.2010 – 6 C 5/09; *Nolte*, in: *Höfling/Horst*, Sport und Gewalt, S. 37 (42 f.).

1721 Vereinzelt brachte die Rechtsprechung vor, dass der Löschungsanspruch wegen seines Wortlautes nicht auf § 32 Abs. 2 BKAG, sondern auf das landesrechtliche Polizei- bzw. Ordnungsrecht zu stützen sei, vgl. *VG Mainz*, Urt. v. 4.9.2008 – 1 K 363/08. *Blumberg* leitet den Löschungsanspruch aus § 20 BDSG ab, *Blumberg*, Stadionverbot, S. 76.

1722 Die Literatur kritisierte das *BVerwG* teilweise stark beispielsweise, dass diese Rechtsprechung sehr wohl gegen die Unschuldsvermutung verstoße, dass gegen die Art der Einstellung im Ermittlungsverfahren kein ausreichender effektiver Rechtschutz bestehe und dass dem Betroffenen nicht mitgeteilt werde, dass die Datei „Gewalttäter Sport“ Daten über ihn speichert, vgl. dazu vertiefend mit weiteren Nachweisen: *Döhmann/Kehr*, DVBl 2011, 930 (933 ff.); *Arzt*, NJW 2011, 352 (353 ff.).

1723 *BVerwG*, Urt. v. 9.6.2010 – 6 C 5/09; *Döhmann/Kehr*, DVBl 2011, 930 (932).

der Beschuldigte unschuldig sei oder dass gegen ihn kein begründeter Verdacht mehr bestehe.[1724] Weise die Einstellungsverfügung darauf nicht hin, könne der Beschuldigte grundsätzlich nach Nr. 88 S. 1 RiStBV beantragen, ihm die Gründe der Einstellung bekannt zu geben.[1725] Ergebe sich auch daraus nicht positiv, dass gegen ihn kein Verdacht mehr fortbestehe, komme es nach Ansicht des Bundesverwaltungsgerichtes maßgeblich darauf an, was die Staatsanwaltschaft derjenigen Polizeibehörde gemäß § 482 Abs. 2 S. 1 StPO mitteile, die im Rahmen des polizeilichen Informationssystems nach § 12 Abs. 2 BKAG datenschutzrechtlich verantwortlich sei.[1726] Der öffentlich-rechtliche Löschungsanspruch des Betroffenen bestehe gemäß § 32 Abs. 2 S. 1 Alt. 1 BKAG i.V.m. § 8 Abs. 3 BKAG nur dann, wenn sich aus dieser Mitteilung der Staatsanwaltschaft positiv ergebe, dass kein weiterer Tatverdacht mehr gegen den Betroffenen fortbesteht.[1727] Anderenfalls könnten die Daten in der Datei „Gewalttäter Sport" gespeichert bleiben, obwohl die Staatsanwaltschaft das Ermittlungsverfahren nach § 170 Abs. 2 StPO eingestellt habe.[1728]

Dass ein Löschungsanspruch nicht bestehe, obwohl der Eingetragene nicht strafrechtlich verurteilt sei, stimme mit der Rechtsprechung des Bundesverfassungsgerichtes überein.[1729] Dies verstoße nicht gegen die Unschuldsvermutung, die die Art. 20 Abs. 3 GG, 6 Abs. 2 EMRK verbürgen: Auch wenn das Strafverfahren durch Freispruch oder Einstellung beendet sei, können Verdachtsgründe zu anderen Zwecken verwendet werden, solange die Wiederholungsgefahr fortbestehe, insbesondere um präventiv Straftaten zu bekämpfen.[1730] Sobald die fünfjährige Aussonderungsprüffrist abgelaufen sei, könne sich ein Löschungsanspruch aus § 32 Abs. 2 S. 1 Alt. 2 BKAG ergeben, da die personenbezogenen Daten ab diesem Zeitpunkt nicht mehr erforderlich seien, damit die Polizei ihre Aufgaben erfüllen könne.[1731]

b) Zusammenfassende Stellungnahme

Zusammenfassend ist somit festzustellen, dass die Polizei seit dem 09.06.2010 in der öffentlich-rechtlichen Datei „Gewalttäter Sport" rechtmäßig Informationen über Fußballfans speichern kann, gegen die die „Stadionverbots-GbR" ein bundesweites Stadionverbot ausgesprochen hat. Der Betroffene kann gemäß

[1724] *BVerwG*, Urt. v. 9.6.2010 – 6 C 5/09; *Döhmann/Kehr*, DVBl 2011, 930 (932).
[1725] *BVerwG*, Urt. v. 9.6.2010 – 6 C 5/09; *Döhmann/Kehr*, DVBl 2011, 930 (932).
[1726] *BVerwG*, Urt. v. 9.6.2010 – 6 C 5/09; *Döhmann/Kehr*, DVBl 2011, 930 (932).
[1727] *BVerwG*, Urt. v. 9.6.2010 – 6 C 5/09; *Döhmann/Kehr*, DVBl 2011, 930 (932).
[1728] *BVerwG*, Urt. v. 9.6.2010 – 6 C 5/09; *Döhmann/Kehr*, DVBl 2011, 930 (932).
[1729] *BVerfG*, Beschl. v. 16.5.2002 – 1 BvR 2257/01.
[1730] *BVerfG*, Beschl. v. 16.5.2002 – 1 BvR 2257/01; *BVerwG*, Urt. v. 9.6.2010 – 6 C 5/09
[1731] *BVerwG*, Urt. v. 9.6.2010 – 6 C 5/09; *Döhmann/Kehr*, DVBl 2011, 930 (932 f.).

§ 37 BKAG i.V.m. 19 Abs. 1 BDSG Auskunft darüber verlangen, welche Informationen dort über ihn gespeichert sind.[1732] Seine Daten sind gemäß § 32 Abs. 2 S. 1 Alt. 2 BKAG spätestens nach 5 Jahren zu löschen.[1733] Will er dies früher erreichen, muss er sich nach der aktuellen Rechtsprechung des Bundesverwaltungsgerichtes zu § 32 Abs. 2 S. 1 Alt 1 BKAG i.V.m. § 8 Abs. 3 BKAG zunächst aktiv im Strafverfahren verteidigen, um zu erreichen, dass dieses gegen ihn eingestellt wird. Gelingt ihm dies, muss er darüber hinaus nachweisen, dass sich aus den Urteilsgründen oder der staatsanwaltlichen Einstellungsverfügung positiv ergibt, dass er unschuldig ist. Dazu wird er regelmäßig bei der Staatsanwaltschaft beantragen müssen, ihm die Gründe ihrer Entscheidung mitzuteilen. Dabei sollte er gezielt danach fragen, ob ein Tatverdacht gegen ihn fortbesteht. Anderenfalls kommt es maßgeblich darauf an, was die Staatsanwaltschaft der Polizei gemäß § 482 Abs. 2 S. 1 StPO mitteilt. Dies kann der Betroffene jedoch aktiv nicht beeinflussen. Nur wenn er nach alldem nachweisen kann, dass sämtliche Verdachtsmomente gegen ihn ausgeräumt sind, kann er verlangen, dass seine Daten aus der Datei „Gewalttäter Sport" gelöscht werden.

Darin unterscheidet sich das öffentliche Datenschutzrecht wesentlich von den Voraussetzungen des zivilrechtlichen Stadionverbots und des zivilrechtlichen Datenschutzrechts. Gemäß § 6 Abs. 1 SVR ist ein Stadionverbot verbandsrechtlich zwingend aufzuheben, wenn die Staatsanwaltschaft das Ermittlungsverfahren gemäß § 170 Abs. 2 StPO einstellt. Sowohl die zivilrechtliche Gefahrenprognose i.S.d. §§ 1004 Abs. 1 S. 2, 862 Abs. 1 S. 2 BGB als auch der zivilrechtliche Löschungsanspruch gegen die Zentralverwaltung des DFB nach § 35 Abs. 2 S. 2 Nr. 1 BDSG hängen nicht davon ab, dass der Betroffene positiv seine Unschuld beweist, wenn die Staatsanwaltschaft das Verfahren nach § 170 Abs. 2 StPO eingestellt hat.

Die zivilrechtlichen und öffentlich-rechtlichen Rechtsfolgen fallen an dieser Stelle auseinander:[1734] Während das Stadionverbot materiell unwirksam ist und alle Informationen aus der privatrechtlichen Stadionverbotsliste der Zentralverwaltung des DFB zu löschen sind, bleibt der Betroffene bis zu 5 Jahre in der öffentlich-rechtlichen Datei „Gewalttäter Sport" eingetragen. Dieses Ergebnis ist

---

1732 *Blumberg* stellt für den Auskunftsanspruch nur auf § 19 BDSG ab, *Blumberg*, Stadionverbot, S. 76. Dabei übersieht er die spezialgesetzliche Verweisung in § 37 BKAG, über die § 19 BDSG anzuwenden ist, vgl. *Papsthart*, in: *Erbs/Kohlhaas*, Strafrechtliche Nebengesetze, § 37 BKAG Rn. 3.

1733 *Nolte* weist darauf hin, dass nach fünf Jahren gemäß §§ 32 Abs. 2, Abs. 3, 34 Abs. 1 Nr. 8 BKAG lediglich geprüft wird, wenn der Betroffene seinen Löschungsanspruch nicht aktiv geltend macht ob es weiterhin erforderlich ist, die Daten über ihn zu speichern, *Nolte*, in: *Höfling/Horst*, Sport und Gewalt, S. 37 (43).

1734 Auf den allgemeinen Löschungsanspruch aus § 35 Abs. 2 S. 2 Nr. 1 BDSG kann der Betroffene nicht zurückgreifen, weil § 32 Abs. 2 S. 1 Alt. 1 BKAG lex specialis ist.

wegen der nachteiligen Praxis der Polizeibehörden für den Betroffenen unbefriedigend.[1735] Rechtsdogmatisch ist es wegen der unterschiedlichen Zielrichtungen nicht zu beanstanden. Das Stadionverbot und die Stadionverbotsliste des DFB dienen dazu, die Sicherheit auf dem Hausrechtsgelände einer privatrechtlich organisierten Fußballveranstaltung zu gewährleisten. Demgegenüber erfüllt die öffentlich-rechtliche Datei „Gewalttäter Sport“ weitergehende Zwecke: nämlich die Sicherheit auch außerhalb des Fußballstadions sowie bei allen Veranstaltungen sämtlicher Sportarten mit großem Konfliktpotenzial (beispielsweise Eishockey) herzustellen. Dieser weitergehende, präventive Zweck kann es rechtfertigen, an die öffentlich-rechtliche Datei weniger strenge Anforderungen zu stellen. Sofern in der Praxis tatsächlich für den Betroffenen Nachteile bei polizeilichen Zwangsmaßnahmen daraus resultieren, dass er in der Datei „Gewalttäter Sport“ eingetragen ist, sind diese nicht durch strengere rechtliche Anforderungen an die öffentlich-rechtliche Datei, sondern dadurch zu korrigieren, dass die Polizeibeamten besser dazu geschult werden, dass die Eintragung in der Datei „Gewalttäter Sport“ alleine keine konkrete Gefahr i.S.d. Polizeigesetze begründet.

[1735] Vgl. zur massiven Kritik seitens der Ultras: *Klode*, Pyrotechnik und Stadionverbote, S. 17 f.

Kapitel 6 Rechtsschutz gegen Stadionverbote

Spricht die „Stadionverbots-GbR“ ein bundesweites Stadionverbot gegen den Betroffenen aus, wird dieser sich die Frage stellen, ob und wie er sich dagegen rechtlich verteidigen kann. Schließlich entfaltet das bundesweite Stadionverbot zahlreiche Wechselwirkungen mit vielen Gebieten des materiellen Rechts. Diese Erkenntnis aus dem vorherigen Kapitel lässt sich auch auf das Prozessrecht übertragen. Daran soll sich dieses Kapitel orientieren.

A. Zivilrechtlicher Rechtsschutz

Da das Stadionverbot ursprünglich dem Zivilrecht entstammt, ist vorrangig darzustellen, wie sich der Betroffene der zivilrechtlichen Rechtsfolgen erwehren kann. Er kann sich außerprozessual verteidigen und notfalls zivilgerichtliche Hilfe in Anspruch nehmen.

I. Außerprozessuale Verteidigungsmöglichkeiten

Bevor der Betroffene den Zivilrechtsweg beschreitet, ist ihm zu empfehlen, zunächst alle außerprozessualen Verteidigungsmöglichkeiten auszuschöpfen.

1. Kein Anspruch auf rechtliches Gehör vor Stadionverbotserteilung

Zunächst stellt sich der Betroffene häufig die Frage, ob der Verein ihn (über die „Stadionverbots-GbR“) zu den Umständen der Tat anhören muss, bevor er ein Stadionverbot ausspricht. Das Verbandsrecht kennt ein Anhörungsrecht des Betroffenen nicht. Es will im Gegenteil den präventiven Zweck des Stadionverbots hervorheben und normiert deswegen in § 3 Abs. 3 S. 1 SVR, dass die Vereine das Stadionverbot möglichst zeitnah zur sicherheitsbeeinträchtigenden Handlung festsetzen sollen, in der Regel sobald der Verein erfährt, dass gegen den Betroffenen ein Ermittlungsverfahren eingeleitet ist. § 3 Abs. 3 S. 2 SVR stellt klar, dass es nicht erforderlich ist, den Betroffenen vorher anzuhören. Nach § 5a SVR soll der Betroffene aber spätestens innerhalb von zwei Wochen nach Zugang des Stadionverbots schriftlich Stellung nehmen.

Diese Vorgaben sind im Außenverhältnis gegenüber dem Betroffenen jedoch nicht verpflichtend. Zudem handelt es sich um „Soll-Bestimmungen“, die den Vereinen ein verbandsrechtliches Ermessen einräumen. Es ist zu fragen, ob diese Vorgaben mit dem Grundgesetz und dem Zivilrecht zu vereinbaren sind.

Die Revision versuchte vor dem Bundesgerichtshof einen Anspruch des Betroffenen, zuvor angehört zu werden, auf den verfassungsrechtlichen Grundsatz des rechtlichen Gehörs zu stützen.[1736]

a) Entscheidung des Bundesgerichtshofs

Der Bundesgerichtshof verwarf die Rüge der Revision, da die Vereine bzw. die „Stadionverbots-GbR“ kein gerichtsförmiges oder verwaltungsähnliches Verfahren zu beachten haben, wenn sie ein Stadionverbot erteilen.[1737] Deswegen seien sie nicht an das verfassungsrechtliche Gebot des rechtlichen Gehörs gebunden.[1738] Wer ein Stadionverbot ausspreche, mache einen zivilrechtlichen Anspruch geltend, der unabhängig davon bestehe, ob der Anspruchsgegner zuvor angehört worden sei.[1739] Wenn aus Sicht des Anspruchsgegners keine ausreichenden Sachgründe für ein Stadionverbot bestünden, müsse dieser einen Anspruch auf Aufhebung des Stadionverbotes gegenüber der „Stadionverbots-GbR“ bzw. dem Verein geltend machen.[1740]

b) Kritik in der Literatur

Die Literatur folgt der Revisionsbegründung des Klägers und kritisiert, dass die Rechtsprechung des Bundesgerichtshofs den verfassungsrechtlichen Grundsatz des rechtlichen Gehörs verletze.[1741] Die Vereine würden Stadionverbote auf bloßen Tatverdacht in der Praxis nur formelhaft begründen, indem sie pauschal auf

---

1736 *BGH*, NJW 2010, 534 (536).

1737 *BGH*, NJW 2010, 534 (536). *Geisler* stimmt dem *BGH* in diesem Punkt ohne nähere Begründung zu, indem er ausführt: „Der Eigentümer oder Besitzer eines Stadions kann aufgrund seines Hausrechts ohne vorherige Anhörung des Betroffenen grundsätzlich darüber entscheiden, wem er den Zutritt verwehrt.“, *Geisler*, juristPR-BGHZivilR 25/2009, Anm. 4.

1738 *BGH*, NJW 2010, 534 (536).

1739 *BGH*, NJW 2010, 534 (536).

1740 *BGH*, NJW 2010, 534 (536). Auf diesen Anspruch wird ausführlicher unter Kapitel 6A.I.2.a)aa)(S. 390 ff.) eingegangen.

1741 *Klesczewski*, JZ 2010, 251 (252). Allerdings scheint selbst *Klesczewski* aus diesen rechtsstaatlichen Bedenken keinen außergerichtlichen Anspruch auf rechtliches Gehör herleiten zu wollen. An späterer Stelle äußert er sich dazu wie folgt: „Die persönliche Befragung ist ohnehin nach allem, was wir wissen, ein unerlässlicher Bestandteil einer validen Prognose über das zukünftiges Verhalten eines Menschen. Nun trifft den Stadionbetreiber gewiss keine Rechtspflicht, eine solche Anhörung durchzuführen. Angesichts der Eigenart der zu beurteilenden Fakten ist es freilich unklug, darauf zu verzichten.“, *Klesczewski*, JZ 2010, 251 (254). *Heermann* äußert (ohne dies näher zu begründen) Zweifel daran, ob die aktuelle Stadionverbotspraxis den verfassungsrechtlichen Grundsatz des fairen Verfahrens verletzt, vgl. *Heermann*, NJW 2010, 537 (537).

die Stadionverbotsrichtlinie verweisen, ohne den Betroffenen zuvor anzuhören.[1742] Das Stadionverbot wirke nur deswegen präventiv, weil es Verdächtige zeitweise ausschließe, ohne jedoch die Ursachen der Tat aufzuklären.[1743] *Marzahn* konstruiert eine Pflicht der Vereine, den Sachverhalt aufzuklären, über die arbeitsrechtlichen Grundsätze der Verdachtskündigung[1744] und über die Unschuldsvermutung[1745], die mittelbar in das Zivilrecht ausstrahle.

c) Stellungnahme: Keine Anhörungspflicht

Ein Anspruch des Betroffenen auf rechtliches Gehör besteht nicht. Die dagegen geäußerte Kritik ist zurückzuweisen, nicht nur weil sie dogmatisch nicht vertieft begründet ist. Dem Bundesgerichtshof ist darin zuzustimmen, dass die Vereine nicht gerichtsförmigen oder verwaltungsähnlichen Verfahrensanforderungen unterworfen werden dürfen. Schließlich sind sie private Rechtsträger, die lediglich (über die „Stadionverbots-GbR“) einen zivilrechtlichen Unterlassungsanspruch geltend machen.

Dem Zivilrecht ist ein Anhörungsrecht grundsätzlich fremd. Dies bestätigt ein Umkehrschluss aus § 199 Abs. 1 Nr. 1 und Nr. 2 BGB. Für den Verjährungsbeginn stellt § 199 Abs. 1 BGB zwei Tatbestandsvoraussetzungen auf, die strikt voneinander zu trennen sind. § 199 Abs. 1 Nr. 1 BGB stellt auf die Entstehung des Anspruchs ab. § 199 Abs. 1 Nr. 2 BGB setzt voraus, dass der Gläubiger Kenntnis von den anspruchsbegründenden Umständen und der Person des Schuldners erlangt. Dadurch zeigt der Gesetzgeber, dass der Anspruch (Nr. 1) unabhängig davon entsteht, ob der Gläubiger die anspruchsbegründenden Umstände (Nr. 2) kennt. Dann besteht erst recht kein Anspruch des Schuldners auf rechtliches Gehör.

Der Gläubiger muss den Anspruch noch nicht einmal gegen den Schuldner geltend machen, damit er entsteht.[1746] Zivilrechtlich ist das Stadionverbot gemäß §§ 1004 Abs. 1 S. 2, 862 Abs. 1 S. 2 BGB deswegen wirksam, ohne dass dem Betroffenen das Stadionverbotsschreiben zugegangen sein muss.[1747] Die Vereine könnten dem Störer zivilrechtlich sogar den Zutritt verweigern, ohne ihn vorher über sein Stadionverbot zu informieren. Lediglich die Stadionverbotsrichtlinie

---

1742 *Klesczewski*, JZ 2010, 251 (252).

1743 *Klesczewski*, JZ 2010, 251 (252). *Späte* begründet das Anhörungsrecht, indem er das Stadionverbot mit einem belastenden Verwaltungsakt vergleicht, *Späte*, Kein Zutritt, S. 12. Dieser Vergleich geht offensichtlich fehl.

1744 *Marzahn*, ZJS 2010, 428 (434).

1745 *Marzahn*, ZJS 2010, 428 (435).

1746 *Keukenschrijver*, in: *Dauner-Lieb u.a.*, NK-BGB, § 1004 BGB Rn. 158.

1747 Vgl. ähnlich *Klode*, Pyrotechnik und Stadionverbote, S. 148. A.A. ohne nähere Begründung: *Blumberg*, Stadionverbot, S. 40.

schreibt zugunsten des Betroffenen im Innenverhältnis vor, dass die Vereine ihm das Stadionverbotsschreiben gemäß § 8 Abs.1 und 2 SVR übersenden müssen. Eine Pflicht, den Betroffenen anzuhören, lässt sich daraus nicht herleiten, da diese Regelung nur Transparenz schaffen soll. Nur wenn der Betroffene von seinem Stadionverbot weiß, kann dieses präventiv wirken. Den Betroffenen anzuhören ist dafür aber nicht erforderlich. Ein unmittelbarer Anspruch auf rechtliches Gehör besteht nicht.

Auch die mittelbare Drittwirkung der Grundrechte kann einen solchen Anspruch nicht begründen. Kann der Verein sich auf §§ 1004 Abs. 1 S. 2, 862 Abs. 1 S. 2 BGB stützen, entsteht ein gesetzliches Schuldverhältnis, in das die Grundrechte über die Generalklauseln gemäß §§ 242, 138, 826 BGB mittelbar ausstrahlen.[1748] Insoweit könnte man argumentieren, dass die Vereine ihre verbandsrechtlichen Innenverpflichtungen in der Praxis erfüllen wollen und deswegen im Außenverhältnis gemäß Art. 3 Abs. 1 GG i.V.m. den Grundsätzen der mittelbaren Drittwirkung der Grundrechte verpflichtet sind, alle Zuschauer gleich zu behandeln. Darauf könnte möglicherweise ein Anspruch auf rechtliches Gehör in Verbindung mit der Stadionverbotsrichtlinie gestützt werden.[1749] Dies ist jedoch aus zwei Gründen abzulehnen:

Erstens lässt sich im bürgerlichen Recht grundsätzlich keine allgemeine Pflicht aus Art. 3 GG oder aus § 242 BGB herleiten, jeden gleichmäßig zu behandeln.[1750] Schließlich prägt der Grundsatz der Privatautonomie das Zivilrecht.[1751] Art. 2 Abs. 1 GG schützt sie in ihrem Kernbereich.[1752] Sie „gehört zu den unverzichtbaren Grundwerten einer freiheitlichen Rechts- und Verfahrensordnung“[1753]. Dem würde es zuwiderlaufen, den Gläubiger eines Anspruchs zu verpflichten, seinen Schuldner zuvor zu den Anspruchsvoraussetzungen anzuhören. Deswegen kann der Betroffene einen Anspruch auf rechtliches Gehör grundsätzlich nicht auf Art. 3 Abs. 1 GG i.V.m. § 242 BGB stützen. Eine Aus-

---

1748 *Grüneberg*, in: *Palandt*, § 242 BGB Rn. 8 f.

1749 Es ist anerkannt, dass Art. 103 Abs. 1 GG ebenfalls ein echtes Grundrecht darstellt, vgl. *BVerfG*, Urt. v. 13.6.1952 – 1 BvR 137/52 Rn. 42; *Bergen*, BWNotZ 1996, 137 (137). Allerdings handelt es sich dabei um ein Verfahrensgrundrecht, das nach seinem eindeutigen Wortlaut nur „vor Gericht“ anzuwenden ist. Deswegen ist es nicht geeignet, mittelbar in das materielle Zivilrecht über §§ 242, 826 BGB auszustrahlen.

1750 *Grüneberg*, in: *Palandt*, § 242 BGB Rn. 10 m.w.N. *Grüneberg* zitiert in seiner Kommentierung eine Entscheidung des *BayObLG* (NJW 1981, 1275 (1277)), die seine Auffassung allerdings nur mittelbar stützt. Allerdings ist der Auffassung von *Ellenberger* zuzustimmen, die er mit weiteren Fundstellen belegt.

1751 *Grüneberg*, in: *Palandt*, § 242 BGB Rn. 10.

1752 *BVerfG*, GRUR 2005, 880 (882); *Ellenberger*, in: *Palandt*, Überbl v § 104 BGB Rn. 1.

1753 *Ellenberger*, in: *Palandt*, Überbl v § 104 BGB Rn. 1.

nahme ist nur für den Vereinsausschluss anerkannt.[1754] Ist der Störer Vereinsmitglied und will der Verein ihn wegen der Tatsachen, die dem Stadionverbot zugrunde liegen, ausschließen,[1755] hat er vereinsrechtliche Verfahrensbestimmungen zu beachten und alle Mitglieder gleich zu behandeln.[1756] Dies betrifft jedoch nicht das Stadionverbot.

Zweitens bestünde der Anspruch auf rechtliches Gehör selbst dann nicht, wenn sich Art. 3 Abs. 1 GG i.V.m. § 242 BGB nicht nur bei der Mitgliedschaft im Verein, sondern auch für das gesetzliche Schuldverhältnis aus §§ 1004 Abs. 1 S. 2, 862 Abs. 1 S. 2 BGB gegenüber der Privatautonomie durchsetzen würden. Denn Art. 3 Abs. 1 GG könnte die Vereine als Gläubiger nicht unmittelbar verpflichten, ihre Schuldner rechtlich anzuhören, sondern nur alle Schuldner gleich zu behandeln. Einen Anspruch auf rechtliches Gehör könnte der Betroffene darauf nur stützen, wenn die Vereine in ständiger Praxis die Störer anhören würden, sie dies in seinem Einzelfall jedoch ohne sachlichen Grund nicht tun. Da die Stadionverbotsrichtlinie die Vereine jedoch noch nicht einmal verpflichtet, die Betroffenen anzuhören, bevor sie ein Stadionverbot aussprechen,[1757] lässt sich eine solche Praxis nicht feststellen. Selbst wenn sich der Betroffene über die mittelbare Drittwirkung der Grundrecht auf Art. 3 Abs. 1 GG berufen könnte, kann er daraus keinen Anspruch auf rechtliches Gehör herleiten.

Deswegen ist dem Bundesgerichtshof in seinem Ergebnis zuzustimmen. Die Kritik, die *Marzahn* dagegen in Bezug auf die Grundsätze der Verdachtskündigung erhebt, wurde bereits im 2. Kapitel zurückgewiesen: Die arbeitsrechtlichen Grundsätze der Verdachtskündigung sind mangels vergleichbarer Interessenlage nicht anzuwenden.[1758] Die Unschuldsvermutung stellt kein Grundrecht dar und strahlt deswegen nicht mittelbar in das Zivilrecht aus.[1759]

Obwohl die Vereine deswegen rechtlich nicht verpflichtet sind, die Betroffenen anzuhören, ist ihnen für die zukünftige Praxis dennoch anzuraten, ein solches Anhörungsverfahren durchzuführen, bevor sie ein Stadionverbot ausspre-

---

1754 *BGH*, NJW 1954, 953 (953); *Grüneberg*, in: *Palandt*, § 242 BGB Rn. 10, *Ellenberger*, in: *Palandt*, § 35 BGB Rn. 3. Vertiefend dazu: *Schild*, in: *WFV*, Recht der Sportstätte, S. 66 (96).

1755 Vergleiche dazu vertiefend: Kapitel 5A.III.2, S. 339 ff.

1756 *BGH*, NJW 1954, 953 (953); *Grüneberg*, in: *Palandt*, § 242 BGB Rn. 10, *Ellenberger*, in: *Palandt*, § 35 BGB Rn. 3; *Schild*, in: *WFV*, Recht der Sportstätte, S. 66 (96).

1757 Vgl. *Klode*, Pyrotechnik und Stadionverbote, S. 148 f. Da der Gesellschaftsvertrag in Ziff. 3 auf die Voraussetzungen der Stadionverbotsrichtlinie verweist, besteht auch keine gesellschaftsvertragliche Pflicht der Vereine zur Anhörung in ihrer Eigenschaft als Mitglieder der „Stadionverbots-GbR“.

1758 Vgl. vertiefend: Kapitel 2B.IV.1.a)ee), S. 153 ff.

1759 Vgl. vertiefend: Kapitel 2B.IV.1.a)dd), S. 151 f. *Klode*, Pyrotechnik und Stadionverbote, S. 26

chen.[1760] Wird dem Betroffenen rechtliches Gehör gewährt, steigert dies sein Gerechtigkeitsempfinden.[1761] Wenn die Fußballfans Stadionverbote dadurch als gerechter und transparenter empfinden, wird es den Vereinen leichter, Störer von den Stadien auszuschließen. Die Fans werden auch weniger gegen Stadionverbote und Willkür im Fußball protestieren.[1762] Dadurch würde das Stadionverbot stärker präventiv wirken. Zudem sollten die Vereine das Anhörungsverfahren nicht als lästige Pflicht, sondern als Möglichkeit begreifen, neue Tatsachen zu ermitteln und dadurch Entscheidungen über Stadionverbote auf einer fundierteren Tatsachengrundlage treffen zu können.[1763]

Mit positivem Beispiel gehen die Vereine VfL Bochum, Alemannia Aachen und Hertha BSC Berlin voran:[1764] Diese gründeten vereinsintern einen Stadionverbotsbeirat, der nach jedem Heimspiel alle Fans einlädt, die die Polizei am Wochenende zuvor in Gewahrsam nahm und gegen die ein Tatverdacht vorliegt, der den Verein berechtigen würde, ein Stadionverbot auszusprechen.[1765] Zwar sollen die Stadionverbote dort nicht „verhandelt" werden, da die Vereine sich in der Regel auf die Ermittlungsergebnisse der Polizei stützen können, allerdings erhalten die Betroffenen die Möglichkeit, mit den Entscheidungsträgern über das Stadionverbot zu diskutieren und ihre Sichtweise vorzutragen; am wichtigsten ist es, den Fans zu vermitteln, dass der Verein ihre Belange ernst nimmt.[1766] Dies

---

1760 So nun auch: *Klode*, Pyrotechnik und Stadionverbote, S. 148.

1761 *Bergen*, BWNotZ 1996, 137 (138). *Klode* hat in ihrer Interview-Studie aufgezeigt, dass bei den meisten Betroffenen ein solches Anhörungsverfahren ausdrücklich erwünscht ist, vgl. *Klode*, Pyrotechnik und Stadionverbote, S. 149.

1762 Beispielsweise in: http://www.profans.de/stadionverbot, http://www.fananwaelte.de/, jeweils abgerufen am 09.02.2012; *Friedmann*, Polizei und Fans, S. 51

1763 Auf diese Funktion des rechtlichen Gehörs weist *Bergen* in BWNotZ 1996, 137 (137) m.w.N. hin. So nun auch: *Klode*, Pyrotechnik und Stadionverbote, S. 149.

1764 Diese Vereine werden an dieser Stelle als drei positive Beispiele hervorgehoben. Die öffentliche Kritik und die Erfahrungen aus der Praxis zeigen aber andererseits, dass nicht alle Vereine diesem Beispiel folgen. Als anschauliches Positivbeispiel ist die Stadionverbotskommission des VfL Bochum vertieft dargestellt unter http://www.vfl-bochum.de/site/_fans/_faninfos/ stadionverbotskommissionp.htm, abgerufen am 28.05.2012. Erläuternd: *Späte*, Kein Zutritt, S. 15; *Klode*, Pyrotechnik und Stadionverbote, S. 152 ff.

1765 Vgl. hierzu die Darstellungen in dem Zeitungsartikel: „Fußballfans können schon bei einem Verdacht auf Gewaltbereitschaft mit einem bundesweiten Stadionverbot belegt werden. Das entschied der Bundesgerichtshof. Welche Folgen hat das für die Zuschauer?", von *Ingo Schmidt-Tychsen* und *Friedhard Teuffel*, Tagesspiegel vom 31.10.2009, http://www.tagesspiegel.de/zeitung/fragen-des-tages-stadionverbot-bundesliga-justiz;art693,2937346, abgerufen am 19.12.2011.

1766 *Ingo Schmidt-Tychsen* und *Friedhard Teuffel*, Tagesspiegel vom 31.10.2009, http://www.tagesspiegel.de/zeitung/fragen-des-tages-stadionverbot-bundesliga-justiz;art693,2937346, abgerufen am 19.12.2011.

steigert nicht nur die Gerechtigkeit im Stadionverbotsverfahren, sondern verbessert auch die Kommunikation zwischen Stadionverbotsbeauftragten und „Problemfans", die deren Gewaltpotenzial weiter verringern kann.[1767] Einem „freiwilligen Stadionverbotsbeirat" stehen weder das Verbandsrecht noch der Gesellschaftsvertrag der „Stadionverbots-GbR" entgegen.

Auch wenn die Vereine einen solchen Sicherheitsbeirat nicht einrichten und die (potenziellen) Störer nicht anhören, ist den Betroffenen zu empfehlen, spätestens nach Zugang des Stadionverbotsschreibens freiwillig und unaufgefordert Stellung zu dem Tatverdacht zu nehmen und etwaige Entlastungsbeweise beizufügen. Gemäß § 5a Abs. 1 S. 1 und § 3 Abs. 3 S. 2 SVR sind die Vereine verbandsrechtlich verpflichtet, diese Stellungnahme im weiteren Stadionverbotsverfahren zu berücksichtigen.

2. Außerprozessuale Verteidigungsmöglichkeiten gegen rechtswidrige Stadionverbote

Bleibt eine solche Stellungnahme erfolglos, ist aus Sicht des Betroffenen zu fragen, wie er gegen unberechtigt ausgesprochene Stadionverbote vorgehen kann und ob die Vereine für rechtswidrige Stadionverbote schadensersatzpflichtig sind.

a) Abwehransprüche gegen das Stadionverbot

Der Bundesgerichtshof erwähnt im Zusammenhang mit der obigen Problematik des rechtlichen Gehörs, dass dem Betroffenen ein Anspruch zusteht, ein rechtswidriges Stadionverbot aufzuheben.[1768] Auf welche Rechtsgrundlage er sich dabei stützen kann, lässt der Bundesgerichtshof offen. In der bisher veröffentlichten Rechtsprechung stützen die Landesgerichte den Anspruch, feststellen zu lassen, dass ein Stadionverbot unwirksam ist, auf § 1004 Abs. 1 BGB analog i.V.m. § 823 Abs. 2 BGB i.V.m. Art. 2 Abs. 1 GG i.V.m. Art. 1 Abs. 1 GG.[1769]

1767 Die Akzeptanz von Stadionverboten hängt auf Seiten der Fans stark davon ab, dass Willkür ausgeschlossen und rechtsstaatliche Grundsätze eingehalten werden, *Marzahn*, ZJS 2010, 428 (432) m.w.N.

1768 *BGH*, NJW 2010, 534 (536).

1769 *LG Paderborn*, Urteil vom 25.1.2008 – 2 O 10/08; *LG Duisburg*, Urteil vom 22.7.2005 – 7 S 63/05. Einen Anspruch eines Sportreporters auf Besuch eines Fußballspiels hat das *LG Münster* zudem auf eine analoge Anwendung der §§ 823, 1004 BGB i.V.m. Art. 5 GG gestützt, *LG Münster*, Urt. v. 24.6.1977 – 10 O 154/77. Das *OLG Köln* sprach darüber hinaus einem Journalisten einen Anspruch zu, indem es die §§ 826, 1004 BGB, §§ 26 Abs. 2, 27 GWB i.V.m. Art. 3, 5 GG entsprechend anwendete, *OLG Köln*, Beschl. v. 7.3.2000 - 16 B 8/00. Dieser Anspruch sei darauf gerichtet, dass ein

In der Literatur befassen sich lediglich *Orth* und *Marzahn* mit diesem Abwehranspruch des Betroffenen. Sie befürworten es, § 1004 BGB i.V.m. dem allgemeinen Persönlichkeitsrecht analog anzuwenden.[1770] Sie begründen ihre Auffassung jedoch genauso wenig wie die Instanzgerichte. Dennoch ist ihrem Ergebnis zuzustimmen.

aa) Abwehranspruch gemäß § 1004 Abs. 1 S. 1 BGB analog

Die obige Diskussion über den Kontrahierungszwang und die mittelbare Drittwirkung der Grundrechte hob bereits hervor, wie sich das Stadionverbot auf das allgemeine Persönlichkeitsrecht des Betroffenen auswirkt.[1771] Das Verbot, am Fanerlebnis „Fußballstadion" teilzunehmen, schränkt die freie Entfaltung der Persönlichkeit ein und grenzt den Betroffenen sozial aus. Diese Argumentation ist konsequent fortzuführen, wenn die Abwägung im konkreten Einzellfall ergibt, dass das ausgesprochene Stadionverbot rechtswidrig ist. Dann verletzen das Stadionverbotsschreiben und die Mitteilung an die Zentralverwaltung des DFB das allgemeine Persönlichkeitsrecht des Empfängers. Diese setzen den Anschein, der Betroffene dürfe für die Dauer des Stadionverbotes kein Fußballstadion in der Bundesrepublik mehr betreten.

Da das allgemeine Persönlichkeitsrecht als absolutes Rechtsgut im Sinne der §§ 1004, 823, 826 BGB anerkannt ist,[1772] folgt daraus ein Abwehranspruch aus § 1004 Abs. 1 BGB analog i.V.m. §§ 823, 826 BGB i.V.m. Art. 2 Abs. 1 i.V.m. Art. 1 Abs. 1 GG. Insoweit ist der bisher veröffentlichten Rechtsprechung und

Journalist nicht alleine wegen kritischer Berichterstattung vom Besuch des Spielgeländes und der Pressekonferenzen eines Vereins ausgeschlossen werden könne, wenn diese Veranstaltungen ansonsten der allgemeinen Presseöffentlichkeit zugänglich sind. In diesem Beschluss stellte der Senat klar, dass die Tenorierung deutlich zum Ausdruck bringen soll, dass es hier nur um das Recht des Antragstellers ging, bei der Informationsbeschaffung in gleicher Weise wie andere Journalisten behandelt zu werden und deshalb etwa ein allgemeiner „Widerruf" eines Platz- und Hausverbotes nicht in Betracht komme, *OLG Köln*, Beschl. v. 7.3.2000 - 16 B 8/00. Entgegengesetzt dazu: *AG Kulmbach*, NJW 1998, 3360 (3361).

1770 *Orth*, Vereins- und Verbandsstrafen, S. 139; *Marzahn*, ZJS 2010, 428 (429). Daneben besteht ein vertraglicher Schadensersatzanspruch des Betroffenen aus §§ 280 Abs. 1, 241 Abs. 2 BGB oder aus §§ 280 Abs. 1, Abs. 3, 282 BGB, sofern der Zuschauervertrag bereits abgeschlossen ist. Dieser vertragliche Anspruch ist gemäß § 249 Abs. 1 BGB ebenfalls darauf gerichtet, die Nebenpflichtverletzung durch Beeinträchtigung des allgemeinen Persönlichkeitsrechts zu beseitigen. Vgl. *Marzahn*, ZJS 2010, 428 (433), der in einer Fußnote lediglich darauf verweist, dass der Störer basierend auf einer Vertragsbeziehung mit dem aussprechenden Verein gegen das Stadionverbot vorgehen kann.

1771 Vgl. vertiefend: Kapitel 2B.IV.1.a)bb)2)(c)(aa), S. 138 ff.

1772 *BGH*, NJW 1957, 1146 (1146 f.).

Literatur zuzustimmen. Diese präzisieren jedoch nicht, ob der Abwehranspruch als Beseitigungsanspruch nach § 1004 Abs. 1 S. 1 BGB analog oder als Unterlassungsanspruch nach § 1004 Abs. 1 S. 2 BGB analog besteht.

Es könnte dafür sprechen, den Abwehranspruch als Unterlassungsanspruch zu qualifizieren, dass der Betroffene erreichen will, künftig wieder bundesweit alle Fußballstadien betreten zu können. Darin könnte ein Unterlassungsbegehren zu sehen sein: Die Vereine haben es bei künftigen Veranstaltungen zu unterlassen, dem Betroffenen den Zutritt zu verweigern.

Eine solche Sichtweise ließe jedoch außer Acht, welches Ziel der Abwehranspruch eigentlich verfolgt. Er soll den Anschein der bundesweiten Wirksamkeit des Stadionverbots beseitigen, der das allgemeine Persönlichkeitsrecht beeinträchtigt.[1773] Diesen rufen das Stadionverbotsschreiben und die Mitteilung an den DFB hervor. Die „Stadionverbots-GbR" untersagt es dem Betroffenen stellvertretend für alle Vereine, die Fußballstadien bundesweit zu betreten, und erweckt den Eindruck, als seien die Vereine von ihrem Kontrahierungszwang befreit. Diesen Anschein gilt es durch den Abwehranspruch vorrangig zu beseitigen und dadurch die Reputation des Betroffenen unter den übrigen Fußballfans wiederherzustellen. Konkret will der Betroffene erreichen, dass die Vereine der Zentralverwaltung des DFB (über die „Stadionverbots-GbR") gemäß § 9 Abs. 3 SVR mitteilen, dass das bundesweite Stadionverbot nicht mehr besteht. Dass er künftig wieder alle Fußballstadien betreten kann, ist erst das nachgeordnete Ziel seines Anspruchs, da er dazu zunächst einen Zuschauervertrag abschließen muss, wozu die Vereine wegen des Kontrahierungszwangs verpflichtet sind.[1774]

Mithin ist der Abwehranspruch gemäß § 1004 Abs. 1 S. 1 BGB analog darauf gerichtet, die Beeinträchtigung des allgemeinen Persönlichkeitsrechts zu beseitigen, indem die Vereine den negativen Anschein aufheben, dass gegen den Betroffenen ein bundesweites Stadionverbot bestehe.[1775] Der Anspruch aus § 1004 Abs. 1 S. 1 BGB analog i.V.m. §§ 823, 826 BGB i.V.m. Art. 2 Abs. 1 i.V.m. Art. 1 Abs. 1 GG ist gegen die „Stadionverbots-GbR" als deren Vertreterin zu richten.

bb) Zulassungsanspruch aus dem Zuschauervertrag

Davon zu unterscheiden ist der Anspruch des Betroffenen, während eines bestimmten Fußballspiels zum Stadion zugelassen zu werden. Dieser vertragliche

---

1773 Vgl. in einem medienrechtlichen Zusammenhang: *BGH*, NJW 2004, 762 (762 ff.).

1774 Vgl. dazu nachfolgend unter: Kapitel 6A.I.2.a)cc), S. 392.

1775 Dazu scheint auch der *BGH* zu tendieren, wie er in anderem Zusammenhang andeutet: *BGH*, Urt. v. 9.3.2012 – V ZR 115/11.

Primäranspruch resultiert aus dem Zuschauervertrag[1776] und richtet sich deswegen nicht gegen die „Stadionverbots-GbR“ als Vertreterin, sondern gegen den veranstaltenden Verein unmittelbar. Anders als der Abwehranspruch aus § 1004 Abs. 1 S. 1 BGB analog i.V.m. §§ 823, 826 BGB i.V.m. Art. 2 Abs. 1 i.V.m. Art. 1 Abs. 1 GG ist dieser Zulassungsanspruch nicht darauf gerichtet, das Stadionverbot aufzuheben, sondern zu einem bestimmten Fußballspiel Zutritt zum Stadion zu erhalten. Dazu muss der Betroffene gemäß §§ 807, 793 Abs. 1 S. 1 BGB seine Tages- oder Dauerkarte vorzeigen. Der Verein konnte den Zuschauervertrag nicht wirksam kündigen bzw. davon zurücktreten, wenn das Stadionverbot rechtswidrig war.[1777]

cc) Anspruch auf Vertragsabschluss gemäß §§ 826, 242 BGB

Besteht noch kein Zuschauervertrag, muss der Betroffene sich zuerst auf den Kontrahierungszwang des Vereins berufen und von diesem gemäß §§ 826, 242 BGB[1778] verlangen, einen Zuschauervertrag mit ihm abzuschließen. Erst danach kann er sich auf den vertraglichen Zulassungsanspruch berufen.

dd) Löschungs- oder Berichtigungsanspruch gemäß § 35 Abs. 1, 2 BDSG

Zudem sollte der Betroffene gemäß § 34 Abs. 1 BDSG Auskunft verlangen, welche Daten die Zentralverwaltung des DFB über ihn gespeichert hat.[1779] Daneben kann er den Löschungsanspruch gemäß § 35 Abs. 2 S. 1 Nr. 2 BDSG sowie einen etwaigen Berichtigungsanspruch gemäß § 35 Abs. 1 S. 1 BDSG geltend machen sowohl gegen den Verein, der die „Stadionverbots-GbR“ vertreten hatte, als auch gegen die Zentralverwaltung des DFB als verantwortliche Stellen i.S.d. § 3 Abs. 7 BDSG.[1780]

b) Schadensersatz- und Entschädigungsansprüche

Weiterhin stellt sich die Frage, ob der Betroffene von der „Stadionverbots-GbR“ oder von dem Verein, der das Stadionverbot festsetzte, Schadensersatz ver-

---

1776 Dieser Anspruch war bisher nicht Streitgegenstand der instanzgerichtlichen Rechtsprechung. Auch in der Literatur wird er übersehen. Einzig *Gietl* weist prozessual darauf hin, dass der Betroffene „im Wege der Leistungsklage aus dem in der Eintrittskarte verbrieften Recht auf Zugang“ vorgehen könne, vgl. *Gielt*, JR 2010, 50 (55).

1777 Vgl. zu den Rücktrittsvoraussetzungen vertiefend: Kapitel 5A.I.2.b)dd)2)(a), S. 309 ff.

1778 Vgl. hierzu *Orth*, Vereins- und Verbandsstrafen, S. 138 m.w.N.

1779 *Blumberg*, Stadionverbot, S. 76.

1780 *Geitl*, JR 2010, 50 (54) m.w.N.

langen kann, wenn das bundesweite Stadionverbot rechtswidrig war. Schließlich verpasste er (häufig) dadurch einige Fußballspiele. Zudem beeinträchtigt ein rechtswidriges Stadionverbot sein allgemeines Persönlichkeitsrecht und die Zentralverwaltung speichert rechtswidrig Daten über ihn.

aa) Schadensersatz wegen rechtswidriger Datenspeicherung

Entsteht dem Betroffenen ein kausaler, materieller Vermögensschaden dadurch, dass die Zentralverwaltung rechtswidrig Daten über ihn speichert, kann er diesen von den verantwortlichen Stellen gemäß § 7 S. 1 BDSG ersetzt verlangen.[1781] Schmerzensgeld ersetzt § 7 S. 1 BDSG nicht.[1782] In der Regel wird der Betroffene sich auf diesen Schadensersatzanspruch nur selten berufen können, da ihm kein kausaler Schaden aus der Datenspeicherung entstehen wird.

bb) Schadensersatz wegen rechtswidrigem Stadionverbot

Des Weiteren ist fraglich, ob der Betroffene solche Schäden ersetzt verlangen kann, die nicht auf der Datenspeicherung, sondern darauf beruhen, dass die Vereine (über die „Stadionverbots-GbR“) ein rechtswidriges, bundesweites Stadionverbot gegen ihn geltend machten, beispielsweise die Eintrittsgelder und die Fahrtkosten zum Stadion, wenn ihm der jeweilige Verein zu Unrecht den Zutritt versagte. Mit dieser Frage setzt sich im Zusammenhang mit Stadionverboten vertieft bisher weder die Rechtsprechung noch die Literatur auseinander.

1) Urteil des AG München vom 14.10.2009

Es kann einführend lediglich auf eine Entscheidung des Amtsgerichts München verwiesen werden, die zu einer ähnlichen Problematik ergangen ist.[1783] Dort hatte eine Familie mit fünf Kindern gegen die Betreiberin eines Schwimmbades auf Schadensersatz geklagt, weil diese der gesamten Familie zu Unrecht ein Hausverbot auferlegt und sie aufgefordert hatte, die Schwimmanlage zu verlassen. Das Amtsgericht München sah das Hausverbot als rechtswidrig an, weil die Betreiberin die Familie zuvor hätte abmahnen müssen.[1784] Der Familie sprach es allerdings keinen Schadensersatz für die Mehrkosten zu, die ihr dadurch entstanden sind, dass sie ein entfernter gelegenes Schwimmbad besuchen musste. Ein vertraglicher Schadensersatzanspruch scheide aus, weil das Hausverbot die

1781 *Gola/Schomerus, in: Gola u.a.,* § 7 BDSG Rn. 7.
1782 *Gola/Schomerus, in: Gola u.a.,* § 7 BDSG Rn. 12 f..
1783 *AG München*, Urt. v. 14.10.2009 – 163 C 21065/09.
1784 *AG München*, Urt. v. 14.10.2009 – 163 C 21065/09.

Vertragsbeziehung beendete habe: Bei jedem einzelnen Schwimmbadbesuch werde ein neuer Vertrag dadurch geschlossen, dass der Besucher eine Eintrittskarte erwerbe. Dieser Vertrag sei beendet, sobald der Besucher das Schwimmbad verlasse. Danach scheide ein vertraglicher Schadenersatzanspruch aus.[1785]

Ein Anspruch aus § 823 BGB sei nicht gegeben, da das allgemeine Persönlichkeitsrecht der Kläger nicht verletzt worden sei.[1786] Ein Schwimmbad zu benutzen betreffe lediglich die Sozialsphäre, die im Gegensatz zur Privat- oder Intimsphäre geringer geschützt sei. Da die Betreiberin das Hausverbot schriftlich und nur gegenüber der Familie erteilte, sei ihr Persönlichkeitsrecht nicht verletzt. Stattdessen sei nur die allgemeine Handlungsfreiheit der Familie betroffen, die § 823 BGB nicht schütze.[1787] Da die Betreiberin des Schwimmbades daran geglaubt habe, dass das Hausverbot wirksam sei, scheide zudem eine vorsätzliche sittenwidrige Handlung im Sinn des § 826 BGB aus.[1788] Folglich gelangt das Amtsgericht München in seinem mittlerweile rechtskräftigen Urteil zu dem Ergebnis, dass der Familie kein Schadensersatzanspruch zustand.

2) Ansicht *Gietl*: Schadensersatz bei rechtswidrigen Stadionverboten

In der Literatur erwähnt einzig *Gietl*, ohne dies näher zu begründen, dass dem Betroffenen ein Schadensersatzanspruch zustehen kann, wenn ein Stadionverbot rechtswidrig ausgesprochen wurde: „Verweigern Veranstalter den Zugang zum Stadion unter Hinweis auf das geltende bundesweite Stadionverbot ist dagegen [sofern dieses rechtswidrig ist] im Wege der Leistungsklage aus dem in der Eintrittskarte verbriefte Recht auf Zugang vorzugehen und sobald ein Spiel verstrichen ist auf Schadensersatz umzustellen."[1789]

3) Stellungnahme: Grundsätzlich in der Praxis kein Schadensersatz- oder Entschädigungsanspruch

Eine Klage im Zivilprozess auf Schadensersatz umzustellen, wäre dem Betroffenen nur dann zu empfehlen, wenn ihm ein entsprechender Schadensersatzanspruch gegen den Verein zustünde. Dazu ist kritisch zu hinterfragen, ob das Urteil des Amtsgerichts München frei von Rechtsfehlern ist und auf die Fälle des Fußball-Stadionverbots übertragen werden kann.

1785 *AG München*, Urt. v. 14.10.2009 – 163 C 21065/09.
1786 *AG München*, Urt. v. 14.10.2009 – 163 C 21065/09.
1787 *AG München*, Urt. v. 14.10.2009 – 163 C 21065/09.
1788 *AG München*, Urt. v. 14.10.2009 – 163 C 21065/09.
1789 *Gietl*, JR 2010, 50 (55).

(a) Vertragliche Schadensersatzansprüche

Regelmäßig ist der Betroffene mit dem Verein schuldrechtlich durch den Tages- oder Dauerkartenvertrag verbunden, wenn er das Stadionverbot erhält. Verweist der Verein den Betroffenen aus dem Stadion oder verweigert ihm am Eingang, dieses zu betreten, verletzt er seine vertragliche Primärpflicht aus dem Zuschauervertrag, wenn das Stadionverbot rechtswidrig war. Dies verneint das Amtsgericht München mit dem Argument, dass der Besuchsvertrag regelmäßig beendet sei, sobald der Besucher das Gelände (gegen seinen Willen) verlassen habe. Dabei verkennt es, dass in einem Hausverbot nicht automatisch eine Rücktrittserklärung zu sehen sein muss.[1790] Selbst wenn dies der Fall sein sollte, läge kein Rücktrittsgrund vor, sofern das Hausverbot rechtswidrig ist.[1791]

Ein vertraglicher Schadensersatzanspruch scheidet auch nicht aus, nur weil der Betroffene das Gelände verlassen hat. Äußerst fraglich ist bereits, ob das Vertragsverhältnis dadurch endet.[1792] Jedenfalls verletzte die Betreiberin des Schwimmbads ihre vertraglichen Primärpflichten bereits zu einem Zeitpunkt, zu dem die Familie das Schwimmbad noch nicht verlassen hatte, nämlich indem sie das (rechtswidrige) Hausverbot aussprach und sie aufforderte, das Schwimmbad zu verlassen. Bereits zu diesem Zeitpunkt wäre der Schadensersatzanspruch entstanden.

Selbst wenn das Amtsgericht München frei von Rechtsfehlern entschieden hätte, lässt sich dieses Urteil nicht auf das Fußball-Stadionverbot übertragen: Spricht der Verein (über die „Stadionverbots-GbR“) ein bundesweites Stadionverbot aus, weigert er sich, dem Zuschauer das Fußballspiel darzubieten und ihm einen bestimmten Platz im Stadion zuzuweisen. Dadurch verletzt der Verein seine vertraglichen Primärpflichten, wenn das Stadionverbot rechtswidrig ist. § 280 Abs. 1 S. 2 BGB lässt vermuten, dass er dies zu vertreten hat. Geht der Verein davon aus, dass er das Stadionverbot rechtmäßig aussprechen konnte, ist problematisch, ob er die Pflichtverletzung verschuldet hat. Grundsätzlich schließt ein Rechtsirrtum das Verschulden auch dann nicht aus, wenn der Schuldner sich fahrlässig irrt.[1793] Der Schuldvorwurf entfällt nur ausnahmsweise, wenn die Rechtslage in besonderem Maße unklar und es dem Schuldner nicht zuzumuten war, seine Vertragspflichten sofort zu erfüllen: Wenn der Schuldner seine Rechtsansicht in diesen Fällen sorgfältig gebildet hat, verneint die Rechtsprechung ein Verschulden.[1794]

[1790] Vgl. vertiefend: Kapitel 5A.I.2.b)dd)2)(b), S. 311 ff.

[1791] Vgl. vertiefend: Kapitel 5A.I.2.b)dd)2)(a), S. 309 f.

[1792] Dies ist insbesondere wegen der nachvertraglichen Pflichten fraglich.

[1793] *BGH,* NJW 1972, 1045 (1045); *Grüneberg*, in: *Palandt*, § 276 BGB Rn. 22 m.w.N.

[1794] *Grüneberg*, in: *Palandt*, § 276 BGB Rn. 23.

Eine solche Ausnahmekonstellation ist insbesondere bei Spontanausschreitungen innerhalb des Stadions denkbar. Der Veranstalter muss in diesen Fällen schnell handeln und potenzielle Störer aus dem Stadion entfernen, um seinen Schutz- und Verkehrssicherungspflichten nachkommen zu können. Oft ist er auf Hinweise der Polizei angewiesen. Zeigen die Videoaufzeichnungen nach Spielende, dass er die falsche Person aus dem Block entfernte, kann er sich im Einzelfall möglicherweise auf einen schuldausschließenden Irrtum berufen. Da der Verein gegenüber allen Stadionbesuchern dazu verpflichtet ist, etwaige Störungen möglichst effektiv und schnell zu beseitigen, dürfen an ihn keine zu strengen Anforderungen gestellt werden, wenn er Präventivmaßnahmen ergreift.[1795] Dies gilt insbesondere bei sportlichen Großveranstaltungen.[1796] Wäre er zu großen Schadensersatzrisiken ausgesetzt, könnte dies faktisch verhindern, dass er effektiv für die Sicherheit der übrigen Besucher sorgt. Deswegen darf es dem Verein nicht zu stark erschwert werden, sich zu exkulpieren.

Gelingt dem Verein dies nicht, muss der Betroffene seine Vermögensnachteile konkret nach der Differenzhypothese beziffern.[1797] Jedenfalls kann er als Schaden das Eintrittsgeld geltend machen, das er für die Fußballspiele bezahlt hat, die er durch das rechtswidrige Stadionverbot versäumte.[1798]

(b) Sonstige Schadensersatz- oder Entschädigungsansprüche

Neben die vertraglichen Schadensersatzansprüche treten die deliktischen Schadensersatz- oder sonstigen Entschädigungsansprüche.[1799] Sie sind besonders bedeutsam, wenn der Zuschauer im Zeitpunkt des Stadionverbots noch keine Eintrittskarte erworben hatte. Anknüpfungspunkt dieser Ansprüche ist nicht das vertragliche Fehlverhalten des Veranstalters, sondern die Persönlichkeitsrechtverletzung durch das rechtswidrige Stadionverbot.[1800] Diese geht von dem Stadionverbotsschreiben der „Stadionverbots-GbR“ i.S.d. § 8 Abs. 1 SVR aus. Richtiger Anspruchsgegner ist deswegen nicht der veranstaltende Verein, sondern die „Stadionverbots-GbR“, stellvertretend für alle Vereine.[1801]

1795 Vgl. vertiefend: Kapitel 2B.IV.1.a)bb)2)(a)(dd), S. 135 f.

1796 *BGH*, NJW 2010, 534 (536).

1797 Ausführlich dazu: *Dippel*, Zivilrechtliche Haftung, S. 77 m.w.N.

1798 *Jenny*, in: *Kauerhof u.a.*, Zuschauer als Störer, S. 29 (145).

1799 *Sprau*, in: *Palandt*, Einf v § 823 BGB Rn. 5 m.w.N.

1800 Ein solcher Anspruch wird nicht durch die spezielle Regelung des § 7 BDSG ausgeschlossen, vgl. *Gola/Schomerus, in: Gola u.a.,* § 7 BDSG Rn. 19.

1801 Vgl. vertiefend: Kapitel 4B.II.4.a)hh), S. 272 f.

(aa) Deliktische Schadensersatzansprüche

§ 823 Abs. 1 BGB schützt das allgemeine Persönlichkeitsrecht; seine Voraussetzungen scheitern in der Praxis allerdings häufig daran, dass der betroffene Zuschauer die haftungsausfüllende Kausalität nicht nachweisen kann.[1802] Sein Vermögensnachteil muss kausal darauf beruhen, dass die „Stadionverbots-GbR" sein Persönlichkeitsrecht verletzt hat. Ersatzfähig wären beispielsweise Kosten von Gegendarstellungen oder entgangene Sponsoren sowie Werbeeinnahmen, die wegen negativer öffentlicher Berichterstattung anfallen, oder Verdienstausfall und Heilungskosten, die zu zahlen sind, wenn er sich wegen körperlich - gesundheitlicher Schäden behandeln lassen müsste.[1803] Solche Schadenspositionen entstehen regelmäßig nicht, wenn Besucher einer Sportveranstaltung verwiesen werden.[1804] Deliktische Schadensersatzansprüche scheiden in der Regel aus.

(bb) Entschädigungsanspruch aus Art. 2 Abs. 1 GG i.V.m. Art. 1 Abs. 1 GG

Da Abwehr- und Schadensersatzansprüche Persönlichkeitsverletzungen aus den vorgenannten Gründen regelmäßig nicht gerecht ausgleichen können,[1805] erkannte die Rechtsprechung einen Geldentschädigungsanspruch unmittelbar aus Art. 2 Abs. 1 i.V.m. Art. 1 Abs. 1 GG an, der unmittelbar aus dem Schutzauftrag des Grundgesetzes herzuleiten sei.[1806] Er erfasst dem Grunde nach allerdings nur erhebliche, schwerwiegende Persönlichkeitsverletzungen, die dadurch zu ermitteln sind, dass die Schwere, das Ausmaß und die Fortdauer der Verletzung, ihr Anlass und Beweggrund sowie der Grad des Verschuldens im Einzelfall abgewogen werden.[1807] Der Höhe nach bemisst sich die konkrete Entschädigung nach der Qualität des Verschuldens, dem Grad der Verletzung sowie der Präventionsfunktion des Entschädigungsanspruches.[1808] Es kommt nicht auf konkrete

---

1802 *Dippel*, Zivilrechtliche Haftung, S. 76 f. m.w.N. Im Übrigen sind Schadensersatzansprüche aus § 823 Abs. 1 BGB wegen unberechtigt geltend gemachten Unterlassungsansprüchen bisher vorwiegend im Wettbewerbsrecht wegen eines rechtswidrigen Eingriffs in den eingerichteten und ausgeübten Gewerbebtriebs anerkannt, vgl. *Keukenschrijver*, in: *Dauner-Lieb u.a.*, NK-BGB, § 1004 BGB Rn. 176 m.w.N. Fraglich ist, inwiefern diese Rechtsprechung auf die Fälle des Stadionverbots überhaupt übertragen werden könnte.

1803 *Dippel*, Zivilrechtliche Haftung, S. 77 m.w.N.

1804 *Dippel*, Zivilrechtliche Haftung, S. 76 f. m.w.N.

1805 *Dippel*, Zivilrechtliche Haftung, S. 77.

1806 *BVerfGE*, 34, 269 (292); *BGH*, NJW 1985, 1617 (1619); *BGH*, NJW 1996, 984 (985); *Dippel*, Zivilrechtliche Haftung, S. 77 f. m.w.N.

1807 *BVerfGE*, NJW 2004, 591 (592); *BGHZ*, 128, 1 (12); *BGHZ*, 132, 13 (27); *Dippel*, Zivilrechtliche Haftung, S. 78 m.w.N.

1808 *BGH*, NJW 1996, 984 (985); *BGH*, NJW 1997, 1148 (1150); *Dippel*, Zivilrechtliche Haftung, S. 78 m.w.N.

materielle Schadenspositionen, sondern darauf an, ob die Vereine (bzw. stellvertretend die „Stadionverbots-GbR“) durch die Entschädigungszahlung dazu bewegt werden können, bessere Vorsorgemaßnahmen zu treffen, um künftige Persönlichkeitsrechtsverletzungen zu verhindern.[1809]

Sprechen sie ein rechtswidriges Stadionverbot aus, verletzen sie das Persönlichkeitsrecht des Betroffenen erheblich. Dies wurde bereits erörtert[1810] und muss auch auf einen etwaigen Entschädigungsanspruch übertragen werden. Dem steht auch die oben zitierte[1811] Entscheidung des Amtsgerichts München nicht entgegen. Dieses verneinte eine Persönlichkeitsverletzung, weil die betroffene Familie schriftlich über das Hausverbot informiert worden sei, ohne dass andere Besucher Kenntnis davon erhielten.[1812] Da der Besuch eines Schwimmbads ohnehin nur die Sozialsphäre betreffe, die am wenigsten geschützt sei, scheide eine Persönlichkeitsverletzung aus.[1813] Eine Parallele dieser Entscheidung zu rechtswidrigen Stadionverboten kann in § 8 Abs. 1 S. 1 SVR gesehen werden. Danach sind Stadionverbote schriftlich festzusetzen. Dies könnte gegen eine erhebliche Persönlichkeitsrechtsverletzung sprechen.

Allerdings zeigt § 8 Abs. 1 S. 2 SVR, dass Stadionverbote auch mündlich erteilt werden können. Insbesondere bei Spontanausschreitungen entfernen die Polizei oder der Ordnungsdienst eine Person unmittelbar aus dem Stadionblock, wenn sie sie als Störer identifiziert haben (Ad-Hoc-Stadionverbot). Alle Besucher des Stadions können dies beobachten. Doch selbst bei anderen Stadionverbot, die ausschließlich dem Betroffenen schriftlich bekannt gegeben werden, bestehen wesentliche Unterschiede zu der Entscheidung des Amtsgerichts München: Denn auch schriftlich erteilte Stadionverbote werden nach außen sichtbar.[1814] An dieser Stelle ist an die Bedeutung zu erinnern, die ein Stadionbesuch für einen Fußballfan haben kann: „Der Besuch der wöchentlichen Spiele ist für viele Fußballanhänger elementarer Bestandteil ihres Lebens, insbesondere ihrer Sozialkontakte (…).“[1815] Besuchen die Betroffenen die wöchentlichen Spiele wegen des Stadionverbots nicht mehr, entsteht ein sozialer Rechtfertigungsdruck, der sie zumindest mittelbar dazu zwingt, die anderen, befreundeten Fuß-

---

1809 *Dippel*, Zivilrechtliche Haftung, S. 78 f.

1810 Vgl. vor allem: Kapitel 2B.IV.1.a)bb)2)(c)(aa), S. 138 ff.

1811 Vgl. vertiefend: Kapitel 6A.I.2.b)bb)1), S. 393 f.

1812 *AG München*, Urt. v. 14.10.2009 – 163 C 21065/09.

1813 *AG München*, Urt. v. 14.10.2009 – 163 C 21065/09.

1814 Die Eintragungen in der privatrechtlichen Stadionverbotsliste des DFB und in der öffentlich-rechtlichen Datei sind für die Fansszene nach außen nicht sichtbar. Dies gewährleisten auch § 10 SVR und das Bundesdatenschutzgesetz.

1815 Vgl. S. 31 Sachstandsbericht der DFB-Egidius-Braun-Stiftung, Oktober 2011, http://www.dfb.de/uploads/media/PuS_PuS_DFB__3_.pdf, abgerufen am 10.11.2011.

ballfans darüber zu informieren, warum sie plötzlich den Fußballspielen fernbleiben (müssen).

Schwimmbadbesucher dürften nur selten derart sozial eingebunden sein.[1816] Jedenfalls entsteht kein Rechtfertigungsdruck, wenn eine Familie plötzlich ein anderes Schwimmbad besucht. Demgegenüber ist ein Fußballfan darauf angewiesen, ein bestimmtes Stadion zu besuchen, nämlich das Stadion, in dem sein Verein seine Heimspiele austrägt. Er kann zudem nicht darauf ausweichen, zumindest Auswärtsspiele seines Vereins in anderen Stadien zu besuchen, da sich das bundesweite Stadionverbot auch auf diese erstreckt. Außerdem sind die Sozialkontakte bei Fußballspielen intensiver. Eine große Zahl von Menschen solidarisiert sich durch gemeinsame Gesänge, Sympathie und Fanbekleidung. Schließt ein Verein einen Fan von diesem Erlebnis zu Unrecht aus, stigmatisiert er ihn und grenzt ihn sozial aus. Dann ist nach der Rechtsprechung des Bundesverfassungsgerichts sein Persönlichkeitsrecht auch dann verletzt, wenn dies nur die Sozialsphäre betrifft.[1817] Spricht die „Stadionverbots-GbR" ein rechtswidriges Stadionverbot aus, kann deswegen (im Gegensatz zum Besuch eines Schwimmbades) eine erhebliche Persönlichkeitsverletzung vorliegen. Dies ist jedoch stets im Einzellfall anhand der oben aufgezeigten Kriterien zu prüfen.

Bejaht man danach einen Entschädigungsanspruch dem Grunde nach, stellt sich die Frage nach dessen Höhe. Auch diese wird im Einzelfall zu bestimmen sein. Dabei ist zu berücksichtigen, dass die „Stadionverbots-GbR" durch ein Stadionverbot präventive Zwecke verfolgt. Sie will die Sicherheit der Fußballveranstaltung erhöhen. Anders als beispielsweise die Berichterstattung in Medien ist ihr Handeln nicht von wirtschaftlichen Absichten getragen. Dass der Profi-Sport mittlerweile stark professionalisiert ist,[1818] trägt weiter dazu bei, dass kein erhöhtes Bedürfnis zu erkennen ist, die Vereine zu einem sorgfältigeren Umgang mit den bundesweiten Stadionverboten anzuhalten. In der Bundesligasaison 2010/2011 leiteten die Vereine insgesamt 11.900 Prüfverfahren über mögliche Stadionverbote ein, sprachen jedoch nur 983 bundesweite und 200 ört-

---

1816 Es ist zwar denkbar, dass eine Familie ein Schwimmbad besucht, um dort andere Familien mit Kindern zu treffen. Wird einer Familie ein Hausverbot ausgesprochen, können beide Familien jedoch auf ein anderes Schwimmbad ausweichen. Dies ist dem Fußballfan nicht möglich.

1817 *BVerfG*, Beschl. v. 8.6.2010 – 1 BvR 1745/06.

1818 §§ 2 Abs. 3, § 3 Abs. 1, Abs. 2, Abs. 5 SVR erhöhen den Grad der Professionalisierung. Jeder Verein muss danach einen Verantwortlichen bestimmen, der mindestens für eine Saison Ansprechpartner in Fragen der Stadionverbote ist. Dadurch wird das Wissen und die Kompetenz über die Stadionverbotspraxis vereinsintern auf eine Person spezialisiert.

liche Stadionverbote aus.[1819] Dies beweist, dass die „Stadionverbots-GbR" bereits sehr zurückhaltend und sorgsam mit dem Instrument „Stadionverbot" umgeht. Selbst wenn sich im Einzelfall nachträglich ein Stadionverbot als rechtswidrig erweist, besteht kein Anlass, die Vereine durch hohe Entschädigungszahlungen zu veranlassen, noch sorgfältiger mit Stadionverboten umzugehen. Der Gedanke der Prävention, der hinter dem Entschädigungsanspruch aus Art. 2 Abs. 1 i.V.m. Art. 1 Abs. 1 GG steht, läuft deswegen bei Sportveranstaltern in der Regel leer.[1820]

Somit erfüllt ein rechtswidrig ausgesprochenes Stadionverbot zwar grundsätzlich die Voraussetzungen eines Entschädigungsanspruchs aus Art. 2 Abs. 1 i.V.m. Art. 1 Abs. 1 GG. Allerdings besteht in der Regel kein Bedürfnis, eine Entschädigung zu leisten. Maßgeblich bleiben jedoch stets die konkreten Umstände des Einzelfalls.

c) *Zwischenfazit: Außerprozessuale Verteidigung gegen rechtswidrige Stadionverbote in der Regel nur über Abwehranspruch*

Abschließend ist festzuhalten, dass dem Betroffenen kein Anspruch auf rechtliches Gehör zusteht, bevor die „Stadionverbots-GbR", vertreten durch den örtlich zuständigen Verein, ein bundesweites Stadionverbot ausspricht. Dennoch sollte er unaufgefordert und freiwillig Stellung zu den Vorfällen beziehen und etwaige Beweismittel beifügen. Die Vereine müssen dies verbandsrechtlich zwingend gemäß § 3 Abs. 3 S. 2 SVR berücksichtigen. Erhält der Betroffene trotzdem ein (rechtswidriges) Stadionverbot, muss er aktiv gegen die „Stadionverbots-GbR" vorgehen. Erweist sich das Stadionverbot als rechtswidrig, kann er sich auf einen Beseitigungsanspruch aus §§ 1004 Abs. 1 S. 1, 823, 826 BGB analog i.V.m. Art. 2 Abs. 1 GG i.V.m. Art. 1 Abs. 1 GG stützen. Dieser Abwehranspruch ist darauf gerichtet, den Anschein zu beseitigen, der durch das Stadionverbotsschreiben und die Mitteilung an den DFB entsteht, indem sich bundesweit alle Vereine darauf berufen können, um eine Ausnahme vom Kontrahierungszwang zu begründen. Gleichzeitig sollte der Betroffene gemäß § 35 Abs. 2 S. 1 Nr. 2 BDSG verlangen, dass die Daten gelöscht werden, die die Zentralverwaltung des DFB in der Stadionverbotsliste über ihn speichert.

Daneben können vertragliche Schadensersatzansprüche gegen den veranstaltenden Verein bestehen, der seine Primärpflichten aus dem Zuschauervertrag verletzt, indem er den Betroffenen (rechtswidrig) von seinem Stadion ausschließt. Des Weiteren sind gegen die „Stadionverbots-GbR" als Vertreterin al-

1819 Vgl. Jahresbericht ZIS: http://www.polizei-nrw.de/lzpd/stepone/data/downloads/a0/00/00/10-11jahresbericht-oeffentlich.pdf, abgerufen am 26.10.2011.

1820 Vgl. hierzu auch in anderem Zusammenhang: *Dippel*, Zivilrechtliche Haftung, S. 79.

ler Vereine deliktische Schadensersatzansprüche oder ein Entschädigungsanspruch aus Art. 2 Abs. 1 GG i.V.m. Art. 1 Abs. 1 GG denkbar. Dem Betroffenen wird es allerdings schwer fallen, einen kausalen Vermögensschaden oder eine angemessene Entschädigungssumme zu beziffern und nachzuweisen.

Deswegen sollte er sich, nachdem er das rechtswidrige Stadionverbot nach §§ 1004 Abs. 1 S. 1, 823, 826 BGB analog i.v.m. Art. 2 Abs. 1 GG i.V.m. Art. 1 Abs. 1 GG abgewehrt hat, vorrangig auf seine vertraglichen Primäransprüche gegen den Veranstalter stützen. Indem er seine Eintrittskarte am Stadioneingang vorzeigt, kann er gemäß §§ 807, 793 Abs. 1 S. 1 BGB verlangen, ihm den vertraglich zugesicherten Platz im Stadion zuzuweisen und ihm das Fußballspiel darzubieten. Hatte der Betroffene noch keine Eintrittskarte erworben, besteht gemäß §§ 826, 242 BGB ein Anspruch, dass der Veranstalter einen Zuschauervertrag mit ihm abschließen muss. Dem Betroffenen stehen außerprozessual somit vielfältige Verteidigungsmöglichkeiten gegen ein rechtswidriges Stadionverbot zu.

3. Außerprozessuale Verteidigungsmöglichkeiten gegen rechtmäßige Stadionverbote

Weiter ist zu untersuchen, ob für den Betroffenen Möglichkeiten bestehen, sich außerprozessual gegen rechtmäßige Stadionverbote zu verteidigen. Es stellt sich die Frage, ob er ein rechtmäßiges Stadionverbot abwenden kann, indem er eine strafbewehrte Unterlassungserklärung gegenüber der „Stadionverbots-GbR“ abgibt. Diese Frage behandelte bisher weder die Rechtsprechung noch die Literatur. Die „Stadionverbots-GbR“ müsste die Unterlassungserklärung des Betroffenen als Stellungnahme gemäß § 3 Abs. 3 S. 2 SVR i.V.m. Ziff. 2 S. 1 des Gesellschaftsvertrags zwingend prüfen.

Um ein Stadionverbot als Unterlassungsanspruch geltend machen zu können, kommt es maßgebend auf die Wiederholungsgefahr an. Sie ist materielle Anspruchsvoraussetzung.[1821] Der Unterlassungsanspruch erlischt deswegen, wenn die Wiederholungsgefahr entfällt.[1822] Grundsätzlich ist eine strafbewehrte Unterlassungsverpflichtungserklärung geeignet, die Wiederholungsgefahr zu beseitigen, wenn sie einen ernsthaften Unterlassungswillen ausdrückt und da-

---

1821 *Bassenge*, in: *Palandt*, § 1004 BGB Rn. 32.

1822 *BGH,* NJW 1995, 132 (134); *Bassenge*, in: *Palandt*, § 1004 BGB Rn. 32; *Klesczewski*, JZ 2010, 251 (254); *Klesczewski*, in: *Kauerhof u.a.*, Zuschauer als Störer, S. 69 (73) m.w.N.

durch unter Würdigung aller Umstände des Einzelfalls objektiv nicht mehr zu besorgen ist, dass der Betroffene künftig stören wird.[1823]

Grundsätzlich würde das Stadionverbot danach materiell unwirksam, wenn die Wiederholungsgefahr als Voraussetzung für den Unterlassungsanspruch entfällt, sobald der Störer eine geeignete Unterlassungserklärung abgibt. In der Praxis könnte diese außerprozessuale Verteidigungsstrategie des Betroffenen scheitern, wenn die „Stadionverbots-GbR" einem solchen Strafversprechen des Betroffenen zustimmen müsste. Diesbezüglich ist zwischen zwei Arten zu unterscheiden, auf die die Wiederholungsgefahr entfallen kann:

a) Wegfall der Wiederholungsgefahr durch Vereinbarung einer Vertragsstrafe

Künftige Störungen sind aus Sicht des Unterlassungsgläubigers immer dann nicht mehr zu besorgen, wenn er mit dem Störer eine Vertragsstrafe für den Fall künftiger Zuwiderhandlungen vereinbart.[1824] Stimmt er einem Vertragsstrafenversprechen des Störers zu, entsteht nach §§ 145 ff. BGB ein Unterlassungsvertrag, der die Voraussetzungen der vertraglichen Strafe festlegt.[1825] Danach entfällt die Wiederholungsgefahr nur, wenn die „Stadionverbots-GbR" dem Vertragsstrafenversprechen zustimmt. Dies kann in der Praxis für den Betroffenen problematisch sein.

b) Wegfall der Wiederholungsgefahr durch einseitige strafbewehrte Unterlassungserklärung

Nach ständiger höchstrichterlicher Rechtsprechung kann aber eine einseitige, strafbewehrte Unterlassungsverpflichtungserklärung die Wiederholungsgefahr beseitigen, die der Unterlassungsgläubiger nicht annehmen muss.[1826] Dazu muss die versprochene Sanktion geeignet erscheinen, den Versprechenden ernsthaft davon abzuhalten, die Verletzungshandlung zu wiederholen.[1827] Dazu sind die Umstände des Einzelfalls umfassend zu würdigen und strenge Maßstäbe anzule-

---

[1823] *BGH,* NJW 1985, 191 (191); *BGH*, Urt. v. 24.10.2005 – II ZR 56/04; *Pitz*, Patentverletzungsverfahren, Teil 5 Rn. 88; *Bassenge*, in: *Palandt*, § 1004 BGB Rn. 32.

[1824] *OLG Nürnberg*, Beschl. v. 28.10.2010 - 3 W 2169/10; *Pitz*, Patentverletzungsverfahren, Teil 5 Rn. 91 n.

[1825] *OLG Nürnberg*, Beschl. v. 28.10.2010 - 3 W 2169/10; *Keukenschrijver*, in: *Dauner-Lieb u.a.*, NK-BGB, § 1004 BGB Rn. 111 m.w.N.; *Pitz*, Patentverletzungsverfahren, Teil 5 Rn. 91 n. Vertiefend: *Steinbeck*, GRUR 1994, 90 (90).

[1826] *BGH*, GRUR 1982, 688 (691); *BGH*, GRUR 1983, 127 (128); *BGH*, GRUR 1983, 186 (187); *BGH*, GRUR 1984, 214 (214); *BGH*, NJW 1985, 191 (191); *BGH*, Urt. v. 24.10.2005 – II ZR 56/04.

[1827] *BGH*, Urt. v. 12.7.1984 – I ZR 123/82; *BGH*, Urt. v. 13.5.1987 – I ZR 79/85.

gen.[1828] Es reicht nicht aus, bloß zu versprechen, die störende Handlung nicht mehr vorzunehmen.[1829] Fraglich ist, ob und unter welchen Voraussetzungen diese Rechtsprechung auf die Fälle des Fußball-Stadionverbots übertragen werden kann.

aa) Grundsätzliche Anwendbarkeit auf die Stadionverbotspraxis

Die bisherige Rechtsprechung und Literatur zu dieser Problematik entstammt vorwiegend dem Wettbewerbs- und Wirtschaftsrecht.[1830] Das Stadionverbot dient demgegenüber vorrangig dazu, die Sicherheit sportlicher Großveranstaltungen zu schützen. Insofern ist es nicht mit dem Wettbewerbsrecht zu vergleichen, bei dem zwei Unternehmen marktwirtschaftlich konkurrieren. Andererseits zeigt die Rechtsprechung zu Werbewurfsendungen, dass die Dogmatik der einseitigen strafbewehrten Unterlassungserklärung auf andere Rechtsgebiete übertragen werden kann.[1831] Wer Werbesendungen unerwünscht in den Briefkasten eines anderen einwirft, beeinträchtigt nicht nur dessen allgemeines Persönlichkeitsrecht, sondern auch dessen Besitz und Eigentum.[1832] Nach dieser Rechtsprechung kann der Werbende als Störer den Unterlassungsanspruch des Werbeempfängers abwenden, indem er eine geeignete strafbewehrte Unterlassungserklärung abgibt.[1833] Da sowohl in den Fällen unerwünschter Werbewurfsendungen als auch in den Fällen des bundesweiten Stadionverbots der Besitz und das Eigentum des Unterlassungsgläubigers beeinträchtigt werden, sind beide Sachverhaltskonstellationen miteinander vergleichbar.

Möglicherweise spricht jedoch der besondere Schutzgedanke des Stadionverbots dagegen, diese Rechtsprechung auf die Stadionverbotspraxis zu übertragen. Schließlich soll sie die Sicherheit einer sportlichen Großveranstaltung und damit auch die Gesundheit sowie das Leben aller Stadionbesucher gewährleis-

---

1828 *BGH*, Urt. v. 13.5.1987 – I ZR 79/85.

1829 *OLG Karlsruhe*, Urt. v. 12.4.1989 – 6 U 198/88; *BayObLGZ* 95, 174 (179); *Bassenge*, in: *Palandt*, § 1004 BGB Rn. 32. Vertiefend zu den strengen Anforderungen, die zu stellen sind, um die Wiederholungsgefahr auszuräumen: *Keukenschrijver*, in: *Dauner-Lieb u.a.*, NK-BGB, § 1004 BGB Rn. 102 ff. m.w.N.

1830 Vgl. hierzu mit weiteren Anmerkungen: *Steinbeck*, GRUR 1994, 90 (90 ff.).

1831 Zur Rechtsprechung von Handzettel-Wurfsendungen: *BGH*, Urt. v. 20.12.1988 – VI ZR 182/88; *OLG Karlsruhe*, Urt. v. 12.4.1989 – 6 U 198/88.

1832 „Neben den Unterlassungsansprüchen aus Eigentum und Besitz kann ein Abwehrrecht aus dem allgemeinen Persönlichkeitsrecht zum Zuge kommen. Je nach Lage des Falles kann dieses Recht, das gleichfalls einen Abwehranspruch aus § 1004 BGB auslöst, hier die Abwehrrechte aus Eigentum und Besitz verstärken oder ggf. sogar ganz in den Vordergrund treten", *BGH*, Urt. v. 20.12.1988 – VI ZR 182/88.

1833 *OLG Karlsruhe*, Urt. v. 12.4.1989 – 6 U 198/88; *BGH*, Urt. v. 20.12.1988 - VI ZR 182/88.

ten. Demgegenüber wahrt ein Unternehmer im Wettbewerbsrecht lediglich seine Eigentums- und Wettbewerbsinteressen, indem er einen Unterlassungsanspruch gegenüber einem anderen Unternehmer geltend macht. Die Sicherheit der Endabnehmer will er hierdurch zumindest nicht primär schützen. Wer unerwünscht Werbesendungen einwirft, berührt ebenfalls nicht die Sicherheit, die Gesundheit oder das Leben Dritter, sondern „nur" den Besitz, das Eigentum und das allgemeine Persönlichkeitsrecht des Werbeempfängers. Man könnte argumentieren, dass es nicht dem Unterlassungsschuldner überlassen bleiben darf, ein Hausverbot abzuwenden, wenn durch dieses bedeutende Rechtsgüter wie Leib und Leben geschützt werden sollten. Der Störer könnte den präventive Schutzzweck des Stadionverbotes konterkarieren, ohne dass für die Vereine eine Möglichkeit besteht, dies zu verhindern.

Andererseits muss systematisch beachtet werden, dass dem Stadionverbot dogmatisch ein Unterlassungsanspruch nach §§ 1004 Abs. 1 S. 2, 862 Abs. 1 S. 2 BGB zugrunde liegt. Jeder Unterlassungsanspruch beinhaltet das Tatbestandsmerkmal der Wiederholungsgefahr unterschiedlos. Nach der höchstrichterlichen Rechtsprechung kann der Störer grundsätzlich jede negative Gefahrenprognose beseitigen, indem er geeignete Maßnahmen ergreift, um eine Wiederholungsgefahr auszuschließen. Wenn man diese Grundsätze nicht auf Fußball-Stadionverbote übertragen würde, liefe dies darauf hinaus, das Tatbestandsmerkmal der „Wiederholungsgefahr" rechtsgutsspezifisch auszulegen. Dafür lassen sich weder dem Wortlaut noch dem Sinn und Zweck der §§ 1004, 862 BGB Anhaltspunkte entnehmen. Der Grundsatz der Einheit der Rechtsordnung gebietet es, diese Rechtsprechung grundsätzlich auch auf Fußball-Stadionverbote zu übertragen. Die Besonderheiten sportlicher Großveranstaltungen[1834] können angemessen über die Anforderungen berücksichtigt werden, die an eine solche strafbewehrte Unterlassungserklärung zu stellen sind, damit die Wiederholungsgefahr entfällt.

Deswegen kann der Störer sich außerprozessual grundsätzlich gegen ein rechtmäßiges Stadionverbot verteidigen, indem er einseitig eine strafbewehrte Erklärung darüber abgibt, dass er es künftig unterlassen wird, Fußballveranstaltungen zu stören.

bb) Konkrete Anforderungen an die strafbewehrte Unterlassungserklärung

Fraglich ist allerdings, welche Anforderungen an den Inhalt der „Strafbewehrung" zu stellen sind.[1835] Sie muss dem präventiven Schutzzweck des Stadion-

---

1834 *BGH*, NJW 2010, 534 (536).

1835 Dazu allgemein: *Keukenschrijver*, in: *Dauner-Lieb u.a.*, NK-BGB, § 1004 BGB Rn. 103 ff. m.w.N.

verbots, den betroffenen Rechtsgütern Leib und Leben sowie den Besonderheiten sportlicher Großveranstaltungen gerecht werden. Nur dann ist es gerechtfertigt, dass die Wiederholungsgefahr im Einzelfall entfällt.

Eine Geldstrafe zu versprechen, genügt diesen Maßstäben nicht. Zwar könnte der Verein mit dem Geldbetrag etwaige Verbandsstrafen erfüllen, die der DFB ihm auferlegen kann, wenn der Betroffene die Sicherheit beeinträchtigt. Allerdings könnte er diesen Vermögensschaden ohnehin über seine vertraglichen oder deliktischen Schadensersatzansprüche von dem Störer ersetzt verlangen.[1836] Eine Geldstrafe müsste also über diesen Schadensersatz hinausgehen. Ob die Geldstrafen regelmäßig durchgesetzt oder vollstreckt werden könnten, muss bezweifelt werden, da die Vereine nicht über hoheitliche Befugnisse verfügen und deswegen den staatlichen Rechtsweg in Anspruch nehmen müssten. Wird eine Geldstrafe nicht effektiv verfolgt, verliert sie ihre Wirkung. Doch selbst wenn der Störer den Geldbetrag treuhänderisch auf einem Konto des Vereins hinterlegen würde, sobald er die Unterlassungserklärung abgibt, erscheint es für die Stadionverbotspraxis nicht geeignet, dass der Störer eine Geldstrafe verspricht. Die Sicherheit der Fußballveranstaltung betrifft die bedeutenden Rechtsgüter Leib und Leben einer großen Zahl von Stadionbesuchern. Diese Rechtsgüter müssen die Vereine schützen. Um ihre Schutzpflichten erfüllen zu können, müssen sie geeignete und effektive Präventivmaßnahmen ergreifen können. Störer und Hooligans dürfen nicht die Möglichkeit erhalten, sich von rechtmäßig ausgesprochenen Stadionverboten „freizukaufen".[1837] Deswegen sind strengere Anforderungen an eine strafbewehrte Unterlassungserklärung zu stellen.

Dazu kann auf die Vorgaben der Stadionverbotsrichtlinie des DFB zurückgegriffen werden. Nach § 7 Abs. 1 SVR kann ein Stadionverbot ausgesetzt werden, wenn dies beispielsweise nach Art und Umständen der Tat, aufgrund der Einsicht des Betroffenen, seines jugendlichen Alters oder aus anderen vergleichbaren Gründen zweckmäßig erscheint und die Zielsetzung des Stadionverbotes beachtet wird. Diese Auflagen sollen gemäß § 7 Abs. 2 S. 1 SVR gewährleisten, dass der Betroffene wieder integriert wird (Resozialisierungsgedanke) und keine sicherheitsbeeinträchtigenden Taten mehr während einer Fußballveranstaltung begehen wird (Präventionsgedanke). § 7 Abs. 3 S. 1 SVR setzt weiter

---

1836 Vgl. vertiefend: Kapitel 5A.II.1, S. 323 ff. Oftmals verfolgt eine Vertragsstrafe auch einzig den Zweck eines pauschalierten Schadensausgleiches, *vgl. Steinbeck*, GRUR 1994, 90 (90) m.w.N.

1837 Auch außerhalb der Stadionverbotsproblematik ist anerkannt, dass dem Störer keine generelle Befugnis zusteht, den Anspruch entsprechend § 251 Abs. 2 BGB durch Geldzahlung abzuwenden, *Keukenschrijver*, in: *Dauner-Lieb u.a.*, NK-BGB, § 1004 BGB Rn. 90 m.w.N.

voraus, dass der Betroffene einsichtig ist und bisher nicht als Wiederholungstäter auffiel, keine kriminelle Einstellung durch die Tat zeigte, deren Folgen gering waren, und die Auflagen die hohe Wahrscheinlichkeit bieten, dass er sich zukünftig sicherheitskonform verhalten wird. Fällt der Betroffene erneut auf, tritt das Stadionverbot nach § 7 Abs. 3 S. 3 SVR wieder voll in Kraft. Zudem kann die „Stadionverbots-GbR“ gemäß § 7 Abs. 3 S. 4 SVR ein neues Stadionverbot festsetzen.

Der Richtliniengeber zeigt in § 7 SVR, dass er ein Stadionverbot unter Auflagen, mithin ein „Stadionverbot auf Bewährung“, grundsätzlich akzeptiert, wenn der Betroffene nach § 7 Abs. 5 SVR durch die Auflage eine positive Gefahrenprognose nachweisen kann.[1838] Gemäß Ziff. 2 S. 1 des Gesellschaftsvertrags ist auch die „Stadionverbots-GbR“ daran gebunden. Wenn sie im Innenverhältnis anerkennen muss, dass die Wiederholungsgefahr unter den Voraussetzungen des § 7 SVR aufschiebend bedingt entfällt, wird sie sich daran (faktisch) auch im zivilrechtlichen Außenverhältnis zum Störer messen lassen müssen. Daraus lassen sich folgende Anforderungen an dessen strafbewehrte Unterlassungserklärung ableiten:

1. Er darf bisher nicht als „Wiederholungstäter“ aufgefallen sein.
2. Seine Tat darf nicht den Rückschluss zulassen, dass er persönlich zu Gewalt neigt oder kriminelle Energie aufweist.
3. Er muss einsichtig sein, d.h. er muss anerkennen, dass das bundesweite Stadionverbot rechtmäßig ist.
4. Er muss durch geeignete Auflagen (Strafversprechen) darlegen, dass eine hohe Wahrscheinlichkeit dafür besteht, dass er sich zukünftig sicherheitskonform verhalten wird.[1839]

Problematisch ist insbesondere die letztgenannte Voraussetzung nachzuweisen. Dazu muss der Betroffene geeignete Maßnahmen aufzeigen, die eine günstige Gefahrenprognose begründen. § 7 Abs. 2 S. 2 SVR schlägt dazu soziale Verpflichtungen vor.[1840] Denkbar sind aber auch andere Vorschläge des Betrof-

---

[1838] Vgl. nun auch: *Klode*, Pyrotechnik und Stadionverbote, S. 150 ff. Zudem zeigt § 6 SVR, dass das Stadionverbot überprüft werden „soll“ (§ 153 StPO) bzw. „kann“ (§ 153a StPO), wenn die Staatsanwaltschaft das Ermittlungsverfahren einstellt. Insofern erkennt der Richtliniengeber selbst an, dass in diesen problematischen Fällen eine vertiefte und individuelle Auseinandersetzung mit den Umständen des Einzelfalles dazu führen kann, dass ein Stadionverbot – wenn auch unter gewissen Voraussetzungen – für die Zukunft aufgehoben werden kann.

[1839] Um eine bestehende Wiederholungsgefahr wieder auszuräumen, muss der Unterlassungsschuldner strenge Anforderungen erfüllen, vgl. *Fritzsche*, in: *Bamberger/Roth*, BeckOK BGB, § 1004 BGB Rn. 85 m.w.N.

[1840] Dies befürwortet auch *Klode*, Pyrotechnik und Stadionverbote, S. 150 ff.

fenen, solange er dadurch seinen ernsthaften Unterlassungswille ausdrückt und dadurch objektiv unter Würdigung aller Umstände des Einzelfalls die Besorgnis entfällt, dass er künftig erneut die Sicherheit einer Fußballveranstaltung stören wird.[1841]

Eine solche strafbewehrte Unterlassungserklärung führt zu sachgerechten Ergebnissen, insbesondere in den problematischen Fällen, in denen die „Stadionverbots-GbR“ ein Stadionverbot erteilt, ohne den Betroffenen die individuelle Schuld während einer Gruppenausschreitung nachweisen zu können.[1842] Solche Stadionverbote werden subjektiv aus Sicht der Betroffenen, in den Medien und teilweise in der juristischen Literatur als ungerecht empfunden, obwohl sie objektiv rechtmäßig sein können.[1843] Entfällt die Wiederholungsgefahr unter den oben beschriebenen Voraussetzungen einer Unterlassungserklärung, kann darin ein sachgerechter Kompromiss zwischen den präventiven Sicherheitsinteressen der Vereine und dem Gerechtigkeitsempfinden des Betroffenen gesehen werden, den auch die Öffentlichkeit akzeptieren muss: Der Störer darf kein Wiederholungstäter sein und die Folgen seiner Tat müssen gering sein. Er muss des Weiteren einsichtig sein, d.h. er muss anerkennen, dass das ausgesprochene Stadionverbot wirksam ist.[1844] Dazu muss er nicht zugestehen, die Tat selbst begangen zu haben. Es reicht aus, dass er eingesteht, sich aktiv und rechtswidrig an den Gewalttaten einer Gruppe beteiligt zu haben, der er zugehörte.[1845]

Der vierten Voraussetzung einer strafbewehrten Unterlassungserklärung wird der Störer nur gerecht, wenn er eine hohe Wahrscheinlichkeit dafür belegt, dass er sich zukünftig sicherheitskonform verhalten wird. Diesen Nachweis könnte er beispielsweise dadurch führen, dass er aus der gewaltgeneigten Gruppe austritt (Negativkriterium einer Gefahrenprognose[1846]). Ist die Gruppe rechtlich organisiert, sollte er seine Mitgliedschaft beenden. Er darf sich künftig nicht mehr mit der Gruppe identifizieren.[1847] Um eine noch höhere Wahrscheinlichkeit

1841 Vgl. dazu *BGH,* NJW 1985, 191 (191); *BGH,* Urt. v. 24.10.2005 – II ZR 56/04; *Pitz*, Patentverletzungsverfahren, Teil 5 Rn. 88; *Bassenge*, in: *Palandt*, § 1004 BGB Rn. 32.

1842 Vgl. vertiefend zu dieser Problematik: Kapitel 2B.IV.2, S. 160 ff.

1843 Vgl. vertiefend zu dieser Problematik: Kapitel 2B.IV.2, S. 160 ff.

1844 Wer eine strafbewehrte Unterlassungserklärung abgibt, erkennt den Unterlassungsanspruch in der Regel an, *OLG Nürnberg*, Beschl. v. 28.10.2010 – 3 W 2169/10. Die Wirkung eines Anerkenntnisses kann durch den Unterlassungsschuldner aber abgewendet werden, indem er die Unterlassungserklärung „ohne Anerkenntnis einer Rechtspflicht“ abgibt, vgl. *Pitz*, Patentverletzungsverfahren, Teil 5 Rn. 89.

1845 Vgl. vertiefend zur Definition der Voraussetzungen dieser Stadionverbote: Kapitel 2B.IV.2.e)bb), S. 170 ff.

1846 *Ruhs*, Sicherheit und Ordnung, S. 7 m.w.N.

1847 In anderem Zusammenhang wird aktuell diskutiert, dass sich Fanprojekte und Fanclubs einem Ehrenkodex unterwerfen sollen, der freiwillig zwischen den Vereinen und den Fans auszuhandeln ist, vgl. dazu: Innenminister *Friedrich* in einem Zeitungsinter-

darzulegen, dass er sich zukünftig sicherheitskonform verhalten wird, könnte er zudem anerkennen, dass sich das ursprüngliche Stadionverbot verlängert, wenn er erneut als Störer auffällig wird.[1848] Dann erteilt der Betroffene sich selbst ein zusätzliches „Stadionverbot auf Bewährung". Ob ein solches zusätzliches Strafversprechen erforderlich ist, um die Wiederholungsgefahr auszuräumen, ist im Einzelfall zu prüfen.

Gibt der Betroffene eine solche Unterlassungserklärung ab, kann dies Vorteile für alle Beteiligten bieten. Während der Betroffene sich ungerecht behandelt fühlte, wenn ihm keine konkrete Schuld nachgewiesen werden konnte, darf er künftig wieder alle Fußballstadien bundesweit besuchen. Dadurch werden die Fans und die Öffentlichkeit die Stadionverbotspraxis als gerechter wahrnehmen und akzeptieren.[1849] Gleichzeitig wird die Sicherheit künftiger Fußballveranstaltungen nicht gefährdet. Langfristig wird sie im Gegenteil sogar erhöht: Wenn potenzielle Gewalttäter Stadionverbote nicht mehr als ungerecht empfinden,[1850] werden sie nicht mehr (teilweise gewaltsam) gegen Stadionverbote und „Polizeiwillkür"[1851] protestieren. Dadurch sinkt das Gewaltpotenzial insgesamt; Stadionverbote können effektiver durchgesetzt werden und präventiver wirken.[1852] Außerdem verlieren Stadionverbotskritiker ihren öffentlichen Rückhalt in den Medien. Diese werden gewaltbereite Fangruppierungen in Zukunft noch kritischer beobachten. „Wer weiß, dass er beobachtet wird, wird sich möglicherweise anders verhalten. Das hat schon das Volkszählungsurteil vor fast 30 Jahren aufgezeigt."[1853]

---

view am 13.11.2011, vgl. http://www.welt.de/sport/fussball/article13713485 /Innenminister-Friedrich-fordert-mehr-Stadionverbote.html, 13.11.2011, abgerufen am 29.12.2011. Diese Diskussion könnte möglicherweise auch für den hiesigen Vorschlag einer strafbewehrten Unterlassungserklärung fruchtbar gemacht werden.

1848 Dafür reicht es aus, dass der Betroffene sich weiterhin oder erneut der Gruppe zugehörig fühlt und sich in räumlicher Nähe befindet, wenn es zu einer Gruppenausschreitung kommt.

1849 Die Akzeptanz von Stadionverboten hängt auf Seiten der Fans stark davon ab, dass Willkür ausgeschlossen und rechtsstaatliche Grundsätze eingehalten werden, *Marzahn*, ZJS 2010, 428 (432) m.w.N.

1850 Schließlich können durch strafbewehrte Unterlassungserklärungen auch Ungerechtigkeiten im Einzelfall ausgeglichen werden. Der Betroffene kann weiterhin alle Fußballspiele besuchen, ist gleichzeitig aber davor gewarnt, sich in der Nähe gewaltbereiter Fangruppierungen aufzuhalten.

1851 Vgl. dazu vertiefend: Fn. 673, S. 162.

1852 „Nur wenn sich die Rechtsordnung insgesamt bemüht, einen ausgewogenen Interessenausgleich zwischen den schutzwürdigen Belangen der Betroffenen herzustellen, wird ein präventiver Effekt von Stadionverboten – abgesehen von dem damit verbundenen Zwang – überhaupt nur möglich sein.", *Marzahn*, ZJS 2010, 428 (432).

1853 *Döhmann/Kehr*, DVBl 2011, 930 (936). Vgl. *BVerfGE*, 65, 1 (43).

Zudem werden sich immer mehr Mitglieder aus Sorge vor Stadionverboten ideell und räumlich von gewaltbereiten Gruppen entfernen, insbesondere wenn sie bereits eine solche strafbewehrte Unterlassungserklärung abgegeben haben. Dadurch werden gewaltbereite Fanstrukturen zerschlagen oder zumindest geschwächt. In Folge dessen sinkt die Gefahr künftiger Gruppenausschreitungen. Dies stärkt die Sicherheit der gesamten Fußballveranstaltung. Außerdem erkennt der Störer an, dass das ursprünglich ausgesprochene Stadionverbot rechtmäßig war. Er erhält eine „zweite Chance“. Fällt er erneut auf, bestehen keine Zweifel mehr daran, dass er während der verbliebenen Dauer des ursprünglichen Stadionverbots aus dem Stadion ausgeschlossen werden kann. Somit erzielt eine solche strafbewehrte Unterlassungserklärung sachgerechte Ergebnisse für alle Beteiligten.

II. Prozessuale Verteidigungsmöglichkeiten

Hält der Betroffene das Stadionverbot für rechtswidrig und sind seine außerprozessualen Verteidigungsmöglichkeiten ohne Erfolg geblieben, stellt sich für ihn die Frage nach gerichtlichem Rechtschutz. Entscheidend für die Erfolgsaussichten einer Klage ist häufig, wie die Darlegungs- und Beweislast verteilt ist.[1854] Diese hängt im Zivilprozess von dem Klagebegehren bzw. dem Rechtschutzziel des Klägers ab, mithin davon auf welche materiell-rechtliche Anspruchsgrundlage er sich beruft. Daran soll sich dieser Abschnitt orientieren. Der Betroffene kann insbesondere begehren, das Stadionverbot aufzuheben,[1855] Zugang zum Stadion zu erhalten und die Daten löschen zu lassen, die über ihn in der privatrechtlichen Stadionverbotsliste des DFB gespeichert sind.

1. Rechtschutzziel: Aufhebung des Stadionverbots

In der Praxis klagt der Betroffene häufig vorrangig mit dem Ziel, das Stadionverbot aufheben zu lassen. Zu einer solchen Klage wird er faktisch gezwungen, weil ihm bundesweit alle Vereine den Zutritt zu ihren Stadien verweigern, indem sie sich auf das Stadionverbot und damit auf eine Ausnahme vom Kontrahierungszwang berufen. Dadurch können die Vereine bzw. in deren Namen die „Stadionverbots-GbR“ ihre Unterlassungsansprüche faktisch durchsetzen, ohne

---

1854 *Berkowsky*, in: *Richardi u.a.*, Münchener Handbuch zum Arbeitsrecht, § 132 Rn. 1.

1855 Theoretisch müssten unwirksame Stadionverbote nicht gerichtlich bekämpft werden, weil der Unterlassungsanspruch materiell nicht besteht, jedoch würde es aufgrund der Stadionverbotsliste des DFB zu Einlassproblemen im Stadion kommen, *Gietl*, JR 2010, 50 (55).

diese gerichtlich titulieren lassen zu müssen. Sie drängen den Betroffenen in die Rolle des Klägers.

a) Klagegegner

Zunächst stellt dieser sich die Frage nach dem richtigen Klagegegner. Dazu werden unterschiedliche Auffassungen vertreten.

aa) Der festsetzende Verein als Klagegegner

Gietl vertritt die Auffassung, dass die Klage gegen den Verein zu richten sei, der das Stadionverbot ausgesprochen habe.[1856] Die Vereine seien nur gegenseitig bevollmächtigt, ein Stadionverbot auszusprechen, nicht jedoch es aufzuheben.[1857] Deswegen könne es nur der Verein zurücknehmen, der es erteilt habe.[1858]

bb) Die „Stadionverbots-GbR“ als Klagegegner

Demgegenüber sei nach der Auffassung des LG Paderborn und der 7. Zivilkammer des LG Duisburg richtiger Klagegegner „die seinerzeit in der 1. und 2. Bundesliga spielenden Lizenzvereine sowie die Vereine der Regionalligen Nord und Süd [„Stadionverbots-GbR“], diese wiederum vertreten durch [den das Stadionverbot aussprechenden Verein]“.[1859] Zwar hatte der dortige Kläger den Verein verklagt, der das Stadionverbot ausgesprochen hatte, jedoch ergänzten sowohl die 7. Zivilkammer des LG Duisburg als auch das LG Paderborn im Wege der Rubrumsberichtigung den Klageantrag, indem sie das Klagebegehren ergänzend auslegten und dabei berücksichtigten, wie die Stadionverbotspraxis gesellschaftsrechtlich ausgestaltet sei[1860]. Richtiger Klagegegner sei danach die „Stadionverbots-GbR“.

Die Landgerichte argumentieren mit prozessökonomischen Erwägungen: Sähe man den Verein, der das Stadionverbot ausspricht, als richtigen Klagegegner an, würde dies zu einer Vielzahl von Prozessen führen.[1861] Dabei bestünde

---

1856 *Gietl*, JR 2010, 50 (54).

1857 *Gietl*, JR 2010, 50 (55).

1858 *Gietl*, JR 2010, 50 (55).

1859 *LG Duisburg*, Urt. v. 22.7.2005 – 7 S 63/05; *LG Paderborn*, Urt. v. 25.1.2008 – 2 O 10/08.

1860 *LG Duisburg*, Urt. v. 22.7.2005 – 7 S 63/05; *LG Paderborn*, Urt. v. 25.1.2008 – 2 O 10/08.

1861 *LG Paderborn*, Urt. v. 25.1.2008 – 2 O 10/08; *LG Duisburg*, Urt. v. 22.7.2005 – 7 S 63/05.

nicht nur die Gefahr divergierender Entscheidungen, sondern auch ein erhöhtes Prozesskostenrisiko für den Kläger, das seinen Rechtsschutz faktisch vereiteln könnte.[1862] *Orth* stimmt dieser Auffassung zu, weist jedoch darauf hin, dass der Gesellschafterkreis der „Stadionverbots-GbR" gemäß § 3 SVR um den DFB und den Ligaverband zu erweitern sei.[1863]

cc) Keine eindeutige Entscheidung des Bundesgerichtshofs am 30.10.2009

Der Bundesgerichtshof äußert sich zu dieser Frage in seinem Urteil vom 30.10.2009 nicht eindeutig. Einerseits bezeichnet er den MSV Duisburg, der das Stadionverbot am 18.04.2006 ausgesprochen hatte, im Tatbestand als beklagten Verein.[1864] Andererseits beschränkt er sich in den Urteilsgründen darauf, für die Zulässigkeit der Klage festzustellen: „Rechtsfehlerfrei hat das Berufungsgericht die Zulässigkeit der in zweiter Instanz von dem Kläger erhobenen Feststellungsklage bejaht."[1865]

Die 12. Zivilkammer des LG Duisburg bezeichnete als Berufungsinstanz den MSV Duisburg zwar ebenfalls als richtigen Klagegegner.[1866] Allerdings ließ das Berufungsgericht ausdrücklich offen, ob sich die Klage gegen den MSV Duisburg in seiner Eigenschaft als veranstaltenden Verein oder in seiner Eigenschaft als Vertreter der „Stadionverbots-GbR" richtete: „Das Stadionverbot ist ein Unterfall des Hausverbotes. Demgemäß kann der Inhaber des Hausrechtes, also die Beklagte (*soweit es andere Vereine betrifft als deren Vertreterin*), gemäß §§ 903, 1004 BGB grundsätzlich frei darüber entscheiden, wen sie das Stadion betreten lässt."[1867] In den Entscheidungsgründen verwies die 12. Zivilkammer mehrfach auf das Urteil der 7. Zivilkammer des LG Duisburg vom 22.07.2005.[1868] Wie oben dargestellt,[1869] vertrat die 7. Zivilkammer in ihrem Urteil eindeutig die Auffassung, dass richtige Klagegegnerin die „Stadionverbots-GbR" sei, vertreten durch den Verein, der das Stadionverbot festsetzt.[1870] Da die 12. Zivilkammer nicht ausdrücklich darauf hinwies, von der Auffassung der 7.

1862 *LG Paderborn*, Urt. v. 25.1.2008 – 2 O 10/08; *LG Duisburg*, Urt. v. 22.7.2005 – 7 S 63/05.

1863 *Orth*, Vereins- und Verbandsstrafen, S. 140.

1864 *BGH*, NJW 2010, 534 (534).

1865 *BGH*, NJW 2010, 534 (535).

1866 Ausführlicher befasste er sich mit der Problematik der Klageänderung von der Leistungs- in die Fortsetzungsfeststellungsklage: *LG Duisburg*, Urt. v. 20.11.2008 – 12 S 42/08.

1867 *LG Duisburg,* Urt. v. 20.11.2008 – 12 S 42/08.

1868 *LG Duisburg*, Urt. v. 22.7.2005 – 7 S 63/05.

1869 Vgl. vertiefend: Kapitel 6A.II.1.a)bb), S. 410.

1870 *LG Duisburg*, Urt. v. 22.7.2005 – 7 S 63/05.

Zivilkammer abweichen zu wollen, ist davon auszugehen, dass sie sich deren Auffassung gerichtsintern anschließen wollte. Der Bundesgerichtshof bezeichnete die Ausführungen der 12. Zivilkammer zur Zulässigkeit der Klage als rechtsfehlerfrei,[1871] so dass er dieser Tendenz zumindest nicht widersprach. Weil er den MSV Duisburg im Tatbestand missverständlich allerdings als Beklagten bezeichnete,[1872] lässt sich jedoch nicht erkennen, dass der Bundesgerichtshof sich zu dieser Frage eindeutig positionieren wollte.

dd) Stellungnahme: „Stadionverbots-GbR" als richtiger Klagegegner

Es überzeugt die Auffassung, die die 7. Zivilkammer des LG Duisburg, das LG Paderborn und *Orth* vertreten. Richtiger Klagegegner ist die „Stadionverbots-GbR", vertreten durch den Verein, der das Stadionverbot ausgesprochen hat. Dass die Vereine ihre Unterlassungsansprüche nicht in das Gesellschaftsvermögen der „Stadionverbots-GbR" übertragen,[1873] steht dem nicht entgegen. Materiell richtet sich der Beseitigungsanspruch nach § 1004 Abs. 1 S. 1 BGB analog i.V.m. Art. 1 Abs. 1, 2 Abs. 1 GG unmittelbar gegen die „Stadionverbots-GbR" als Vertreterin der Vereine, da sie durch das (rechtswidrige) Stadionverbotsschreiben und Mitteilung an den DFB den Anschein der bundesweiten Wirksamkeit des Stadionverbots setzt, der das Persönlichkeitsrecht des Betroffenen beeinträchtigt.[1874]

Der dagegen von *Gietl* vorgebrachte Einwand, die Vollmacht erstrecke sich nicht darauf, das Stadionverbot aufzuheben, ist mit dem Wortlaut in Ziff. 2 S. 1 und S. 2 des Gesellschaftsvertrags zurückzuweisen: „Der Teilnehmer ist damit einverstanden, dass der DFB, der Ligaverband sowie die jeweiligen Vereine (...) auf der Grundlage der Sicherheitsrichtlinien ein auch für seine Platzanlage geltendes, bundesweit wirksames Stadionverbot aussprechen, reduzieren, aussetzen und/oder *aufheben* können. Die erforderlichen Ermächtigungen und Vollmachten werden hiermit erteilt."[1875]

Jedenfalls ermächtigen die Vereine die „Stadionverbots-GbR" gemäß Ziff. 2 S. 2 des Gesellschaftsvertrags als sog. gewillkürte Prozessstandschafterin. Die Voraussetzungen einer zulässigen Prozessstandschaft wurden ausführlich ge-

---

1871 *BGH*, NJW 2010, 534 (535).

1872 „Am 25.03.2006 fand in der Sportstätte der Beklagten (M-Arena) ein Spiel der ersten Fußballbundesliga zwischen der von der Beklagten unter der Bezeichnung MSV Duisburg unterhaltenen Lizenzspielermannschaft und der Mannschaft des FC Bayern München statt.", *BGH*, NJW 2010, 534 (534).

1873 Vgl. vertiefend: Kapitel 4B.II.4.a)ee), S. 264 f.

1874 Vgl. vertiefend: Kapitel 6A.I.2.a)aa), S. 390 ff.

1875 Die Vollmachten sind abrufbar unter: http://www.dfb.de/index.php?id=503930, abgerufen am 09.02.2012.

prüft und bejaht.[1876] Bereits aus diesem Grund ist die „Stadionverbots-GbR" richtige Klagegegnerin. Auch die prozessökonomischen Argumente der Landgerichte Paderborn und Duisburg überzeugen. Durch den einheitlichen Klagegegner der „Stadionverbots-GbR" werden zahlreiche Prozesse vermieden, Kosten gesenkt und der Rechtsschutz für den Betroffenen intensiviert. Folglich ist zu konstatieren, dass der Auffassung zuzustimmen ist, die die „Stadionverbots-GbR" als richtigen Klagegegner ansieht. Diese wird prozessual vertreten durch den Verein, der das Stadionverbot ausgesprochen hat.

b) Zuständiges Gericht

Sachlich zuständig ist in erster Instanz gemäß §§ 1 ZPO, 23 Nr. 1, 71 Abs. 1 GVG das Amtsgericht, da die bisherige Rechtsprechung den Streitwert von Klagen gegen ein bundesweites Stadionverbot überwiegend zwischen 1.000,00 € und 5.000,00 € festsetzte.[1877] Die örtliche Zuständigkeit ergibt sich aus dem allgemeinen Gerichtsstand gemäß § 17 ZPO oder wahlweise gemäß § 35 ZPO aus dem besonderen Gerichtsstand der unerlaubten Handlung gemäß § 32 ZPO.[1878] Der Begriff der unerlaubten Handlung ist weit auszulegen[1879]. Ihm unterfallen alle rechtswidrigen Eingriffe in eine fremde Rechtssphäre, wobei auch Unterlassungsansprüche erfasst sind.[1880] Als Gerichtsstand wird bei Begehungsdelikten

---

1876 Vgl. vertiefend: Kapitel 4B.II.4.a)gg), S. 266 ff.

1877 *AG Frankfurt*, Urt. v. 17.8.2007 – 30 C 1282/07 – 71; *AG Freiburg*, Urt. v. 23.3.2005 – 6 C 3294/04; *LG Duisburg*, Urt. v. 22.7.2005 – 7 S 63/05; *AG Duisburg*, Urt. v. 13.3.2008 – 73 C 1565/07. Dies bestätigt auch: *Blumberg*, Stadionverbot, S. 73. Das *AG Offenbach* hat den Streitwert nun – soweit ersichtlich – erstmals auf über 5.000 Euro festgesetzt und sich dabei auf § 9 ZPO entsprechend berufen. Danach sei der Streitwert für einen Streit über ein Stadionverbot auf das Dreieinhalbfache des Jahresbetrages des Saisonpreises der Dauerkarte festzusetzen, *AG Offenbach*, Beschl. v. 15.03.2013 – 380 C 502/12. Zu kritisieren ist daran, dass bei einer solchen Argumentation die Gefahr besteht, dass der Streitgegenstand „bundesweites Stadionverbot" unzulässig mit dem Streitgegenstand „Anspruch auf Zutritt aus dem Zuschauervertrag bzw. Beendigung des Dauerkartenvertrages" vermengt wird.

1878 *Blumberg*, Stadionverbot, S. 73; *LG Paderborn*, Urt. v. 22.01.2008 – 2 O 10/08 m.w.N.; *AG Offenbach*, Beschl. v. 15.03.2013 – 380 C 502/12. Anders wäre dies allerdings zu beurteilen, wenn die „Stadionverbots-GbR" das Stadionverbot bzw. die zivilrechtlichen Unterlassungsansprüche gerichtlich geltend machen würde: Beseitigungs- und Unterlassungsansprüche nach § 1004 BGB unterfallen dem ausschließlich dinglichen Gerichtsstand des § 24 ZPO, vgl. *BGH*, Beschl. v. 10.3.1978 – V ZR 73/76; *Toussaint*, in: *Vorwerk/Wolf*, BeckOK ZPO, § 24 ZPO Rn. 4a m.w.N.

1879 *BGH*, Urt. v. 20.3.1956 – I ZR 162/55; *LG Paderborn*, Urt. v. 22. 1.2008 – 2 O 10/08 m.w.N.

1880 *BGH*, Urt. v. 20.3.1956 – I ZR 162/55; *LG Paderborn*, Urt. v. 22. 1.2008 – 2 O 10/08 m.w.N.

sowohl der Handlungsort als auch der Erfolgsort angesehen, d.h. der Ort, an dem in das geschützte Rechtsgut eingegriffen wird.[1881]

Stellt man auf den Handlungsort ab, verletzt die „Stadionverbots-GbR“ das Persönlichkeitsrecht des Betroffenen, indem sie das Stadionverbotsschreiben übersendet und der Zentralverwaltung des DFB gemäß § 9 Abs. 3 SVR mitteilt, dass gegen den Betroffenen ein Stadionverbot besteht, obwohl dieses materiell unwirksam ist.[1882] Deswegen ist nach § 32 ZPO das Gericht örtlich zuständig, in dessen Bezirk der Verein, der das Stadionverbot über die „Stadionverbots-GbR“ festsetzt, die Mitteilung an die Zentralverwaltung übersendet. Dies ist regelmäßig der Ort des Vereinssitzes.

Eine abweichende Zuständigkeit ergibt sich aus § 32 ZPO, wenn man auf den Erfolgsort abstellt: *Blumberg* sieht den Erfolg, der das Persönlichkeitsrecht verletze, darin, dass ein Verein dem Störer den Zutritt verweigere.[1883] Über „diesen Kniff“ könne der Betroffene an jedem Ort klagen, an dem sich im Bundesgebiet ein Fußballstadion befinde, dessen Hausrechtsinhaber an die Stadionverbotsrichtlinie gebunden sei.[1884] Diesem „Kniff“ ist nicht zuzustimmen. Denn der Erfolg, der das Persönlichkeitsrecht verletzt, tritt nicht erst dadurch ein, dass der Verein dem Betroffenen den Zutritt verweigert, sondern früher: indem dem Betroffenen das Stadionverbotsschreiben der „Stadionverbots-GbR“ zugeht und sie dies der Zentralverwaltung des DFB mitteilt. Stellt man auf den Zugang des Stadionverbotsschreibens ab, liegt der Erfolgsort am Wohnsitz des Betroffenen. Sieht man den Erfolg in der Mitteilung an die Zentralverwaltung des DFB, liegt der Erfolgsort an deren Sitz: gemäß § 1 S. 3 der Satzung des DFB in Frankfurt am Main.[1885]

Blumberg verkennt den Streitgegenstand dieser Klage. Sie ist nicht darauf gerichtet, zum Stadion zugelassen zu werden (Anspruch aus dem Zuschauervertrag) oder einen Zuschauervertrag abzuschließen (Kontrahierungszwang gemäß §§ 826, 242 BGB), sondern das bundesweite Stadionverbot gemäß § 1004 Abs. 1 S. 1 BGB analog i.V.m. Art. 1 Abs. 1, 2 Abs. 1 GG aufzuheben. Diese unterschiedlichen Streitgegenstände sind streng voneinander zu trennen.[1886]

1881 *BGH*, Urt. v. 20.3.1956 – I ZR 162/55; *LG Paderborn*, Urt. v. 22. 1.2008 – 2 O 10/08 m.w.N.

1882 Vgl. vertiefend: Kapitel 6A.I.2.a)aa), S. 390 ff.

1883 *Blumberg*, Stadionverbot, S. 73.

1884 *Blumberg*, Stadionverbot, S. 73.

1885 Dort liegt gemäß § 1 der Satzung des DFB dessen Sitz, vgl. http://www.dfb.de/uploads/media/satzung.pdf, abgerufen am 21.04.2012.

1886 Vgl. vertiefend zu den anderen Streitgegenständen: Kapitel 6A.II.2, S. 441 ff.

c) *Statthafte Klageart*

Fraglich ist des Weiteren, welche Klageart statthaft ist, wenn der Betroffene gerichtlichen Rechtsschutz gegen das Stadionverbot begehrt.

aa) Feststellung der Unwirksamkeit des Stadionverbots (Feststellungsklage)

In Betracht kommt eine Feststellungsklage mit dem Ziel, feststellen zu lassen, dass das Stadionverbot unwirksam ist, das die Beklagte mit genau zu bezeichnendem Datum ausgesprochen hat. Das LG Paderborn[1887] und das AG Frankfurt[1888] sahen eine solche Feststellungsklage als zulässig an: „Soweit der Kläger die Feststellung begehrt, dass das Stadionverbot vom 06.10.2007, zugestellt am 10.12.2007, als bundesweites Stadionverbot (...) unwirksam ist, ist seine Klage zulässig, aber unbegründet. Dem Kläger steht kein Anspruch auf Feststellung der Unwirksamkeit des Stadionverbots nach § 1004 Abs. 1 BGB analog i.V.m. Art. 1 Abs. 1, 2 Abs. 2 GG zu."[1889] Weder die Urteilsgründe noch die Literatur, die zu diesen Urteilen veröffentlicht wurde, begründen, warum die Feststellungsklage statthaft sei.[1890]

bb) Aufhebung des Stadionverbots (Leistungsklage)

Dagegen sah das Amtsgericht Freiburg eine Leistungsklage als zulässig an, die darauf gerichtet war, die Beklagte zu verpflichten, das bundesweite Stadionverbot zurückzunehmen.[1891] Auch *Gietl* und *Blumberg* befürworten, den Aufhebungsanspruch mit der Leistungsklage durchzusetzen.[1892] Dies sei gerechtfertigt, weil die Klage auf die Leistung gerichtet sei, zukünftig Zutritt zum Stadion zu verlangen.[1893]

1887 *LG Paderborn*, Urt. v. 25.1.2008 – 2 O 10/08.

1888 *AG Frankfurt*, Urt. v. 17.8.2007 – 30 C 1282/07 – 71; *AG Frankfurt*, Urt.v. 14.12.2004 - 31 C 2244/04.

1889 *LG Paderborn*, Urt. v. 25.1.2008 – 2 O 10/08.

1890 *Blumberg*, Stadionverbot, S. 74; *Räker* setzt sich stattdessen vertieft mit der Frage des richtigen Klagegegners auseinander, vgl. *Räker*, SpuRt 2008, 99 (100). *Späte* befürwortet die Feststellungsklage, argumentiert aber widersprüchlich, vgl. *Späte*, Kein Zutritt, S. 11.

1891 *AG Freiburg*, Urt. v. 23.3.2005 – 6 C 3294/04.

1892 *Gietl*, JR 2010, 50 (54).

1893 *Blumberg*, Stadionverbot, S. 74

cc) Stellungnahme: Vorrang der Leistungsklage

Die Leistungsklage ist statthaft. Der von *Gietl*, *Blumberg* und dem Amtsgericht Freiburg vertretenen Auffassung ist im Ergebnis zuzustimmen. Allerdings begründet *Blumberg* dieses Ergebnis erneut unzutreffend, da Gegenstand einer Klage gegen ein bundesweites Stadionverbot nicht der Streit ist, ob ein Verein dem Betroffenen Zutritt zum Stadion gewähren muss, sondern ob die „Stadionverbots-GbR" verpflichtet ist, das bundesweite Stadionverbot aufzuheben. Genauer: Das Klagebegehren richtet sich auf die Leistung, den Anschein zu beseitigen, der von dem Stadionverbot ausgeht, gestützt auf den materiell-rechtlichen Leistungsanspruch aus § 1004 Abs. 1 S. 1 BGB analog i.V.m. Art. 2 Abs. 1, 1 Abs. 1 GG.[1894] Will der Betroffene demgegenüber gemäß §§ 826, 242 BGB darauf klagen, einen Zuschauervertrag abzuschließen, um anschließend das Stadion betreten zu können, stellt dies einen anderen Streitgegenstand dar, der später gesondert unter dem 2. Rechtsschutzziel zu behandeln ist.[1895] Hier geht es um die Frage, wie der Betroffene sein 1. Rechtsschutzziel erreichen kann, das Stadionverbot aufzuheben.

Für eine Feststellungsklage spricht, dass grundsätzlich jede Rechtsbeziehung zwischen zwei Personen gemäß § 256 ZPO feststellungsfähig ist.[1896] Im Wege der negativen Feststellungsklage könnte der Betroffene grundsätzlich feststellen lassen, dass das gesetzliche Rechtsverhältnis zwischen ihm und der „Stadionverbots-GbR" bzw. den von ihr vertretenen Vereinen aus §§ 1004 Abs. 1 S. 2, 862 Abs. 1 S. 2 BGB nicht besteht. Allerdings ist die Feststellungsklage unzulässig, wenn der Kläger zumutbar ein Urteil erwirken könnte, aus dem vollstreckt werden kann und dem Feststellungsinteresse dadurch ausreichend Rechnung getragen wird.[1897] Vollstreckbare Urteile sind feststellenden Urteilen aus prozessökonomischen Gründen vorzuziehen, da dadurch unnötige Arbeit der Gerichte und überflüssige Kosten vermieden werden können,[1898] die entstehen würden, wenn der Verurteilte dem Feststellungsurteil nicht folgt.

1894 Vgl. vertiefend: Kapitel 6A.I.2.a)aa), S. 390 ff. Umstritten ist, ob eine Widerrufsverpflichtung nach § 888 ZPO oder nach § 889 ZPO zu vollstrecken ist; jedenfalls sei § 894 ZPO zu beachten, vgl. *Keukenschrijver*, in: *Dauner-Lieb u.a.*, NK-BGB, § 1004 BGB Rn. 200.

1895 Vgl. vertiefend: Kapitel 6A.II.2, S. 441 ff.

1896 *BGH*, NJW 2000, 2280 (2281); *Foerste*, in: *Musielak*, § 256 ZPO, Rn. 2 m.w.N.

1897 Dies entspricht der herrschenden Meinung, vgl. *BGH*, NJW 1997, 870 (871); *BGH*, NJW-RR 2002, 1377 (1378). *Foerste* weist in: *Musielak*, § 256 ZPO, Rn. 12 m.w.N. darauf hin, dass daraus allerdings kein Grundsatz der Subsidiarität der Feststellungsklage gegenüber der Leistungsklage hergeleitet werden dürfe, weil die Frage der Zumutbarkeit letztlich einer Einzelfallentscheidung vorbehalten bleibe.

1898 *RGZ*, 21, 382 (387 f.); *Foerste*, in: *Musielak*, § 256 ZPO, Rn. 12 m.w.N.

Wird gegen den Betroffenen ein Stadionverbot ausgesprochen, ist es ihm zuzumuten, ein vollstreckbares Urteil zu erwirken. Dazu muss er eine Leistungsklage erheben, die er auf sein allgemeines Persönlichkeitsrecht und den daraus resultierenden Beseitigungsanspruch gemäß § 1004 Abs. 1 S. 1 BGB analog i.V.m. Art. 2 Abs. 1, 1 Abs. 1 GG stützen kann, wenn das Stadionverbot rechtswidrig ist.[1899] Ein solcher Anspruch verpflichtet die „Stadionverbots-GbR", den Anschein der bundesweiten Wirksamkeit des Stadionverbots zu beseitigen, der durch das rechtswidrige Stadionverbotsschreiben entstanden ist. Dazu muss sie der Zentralverwaltung des DFB gemäß § 9 Abs. 3 SVR schriftlich unverzüglich mitteilen, dass das Stadionverbot rechtswidrig war, jedenfalls aber nach § 6 Abs. 1 Abs. 3 SVR aufgehoben ist. Diese Mitteilung stellt eine vertretbare Handlung dar, die gemäß § 887 Abs. 1 ZPO vollstreckt werden kann, indem der Betroffene der Zentralverwaltung des DFB dieses Urteil selbst mitteilt.[1900] Sollte der DFB diese Selbstvornahme nicht anerkennen, kann der Betroffene hilfsweise gemäß § 888 Abs. 1 ZPO ein Zwangsgeld gegen die „Stadionverbots-GbR" beantragen. Das Leistungsbegehren ist somit vollstreckungsfähig.

Gleichzeitig genügt das Leistungsurteil dem negativen Feststellungsinteresse. Der streitgegenständliche Beseitigungsanspruch setzt tatbestandlich voraus, dass das Persönlichkeitsrecht verletzt ist. Dazu ist erforderlich, dass das Stadionverbot rechtswidrig ist, mithin der Unterlassungsanspruch, den die „Stadionverbots-GbR" geltend gemacht hatte, nach §§ 1004 Abs. 1 S. 2, 862 Abs. 1 S. 2 BGB nicht besteht. Insoweit kommt einem Leistungsurteil in den Fällen des Fußball-Stadionverbots eine kassatorische Nebenwirkung zu. Es stellt notwendigerweise inzident fest, dass das Stadionverbot materiell rechtswidrig ist. Deswegen ist das Feststellungsbegehren gegenüber der Leistungsklage subsidiär.

Dem steht auch die Entscheidung des Bundesgerichtshofs vom 30.10.2009 nicht entgegen. Der Bundesgerichtshof befasst sich dort zwar ausführlich mit dem Feststellungsinteresse i.S.d. § 256 Abs. 1 ZPO.[1901] Dieses sei, anzuerkennen, weil der Kläger daran interessiert sei, rehabilitiert zu werden.[1902] § 256

1899 Ein Beseitigungs- und Unterlassungsanspruch ist grundsätzlich mit der Leistungsklage geltend zu machen, *Keukenschrijver*, in: *Dauner-Lieb u.a.*, NK-BGB, § 1004 BGB Rn. 188 m.w.N.

1900 Eine Vollstreckung nach § 894 ZPO scheidet aus, da die Zentralveraltung des DFB die Mitteilung wegen § 9 Abs. 3 SVR nur akzeptieren wird, wenn der dafür vorgesehene Vordruck verwendet wird. Zudem ist fraglich, ob eine solche Mitteilung überhaupt eine Willenserklärung darstellt oder als Erklärung rein tatsächlichen Inhalts verstanden werden muss, vgl. *Stürner*, in: *Vorwerk/Wolf*, BeckOK ZPO, § 894 ZPO Rn. 6 m.w.N.

1901 *BGH*, NJW 2010, 534, (535).

1902 *BGH*, NJW 2010, 534 (535).

Abs. 1 ZPO schütze auch andere Rechtsgüter als die des Vermögens.[1903] Das Stadionverbot beeinträchtige die gesellschaftliche Stellung des Klägers fühlbar, zudem führe es mittelbar häufig dazu, dass der Betroffene seine Mitgliedschaft im Verein verliere und in Dateien über Stadionverbote eingetragen werde.[1904] Dies brandmarke den Betroffenen, weswegen sein Feststellungsinteresse anzuerkennen sei.[1905]

Der Bundesgerichtshof befasste sich mit § 256 ZPO jedoch nicht, weil der Kläger ursprünglich eine Feststellungsklage erhoben hatte. Im Gegenteil war er in erster Instanz durch eine Leistungsklage vorgegangen.[1906] Allerdings war das streitgegenständliche Stadionverbot bis zum 30.06.2008 befristet, so dass es während der Berufungsinstanz ablief. Daraufhin stellte der Kläger sein Leistungsbegehren in eine Feststellungsklage um.[1907] Diese Klageänderung i.S.d. § 263 ZPO billigte der Bundesgerichtshof. Zwar kenne das Zivilprozessrecht anders als die Verwaltungsgerichtsordnung in § 113 Abs. 1 S. 4 VwGO keine Fortsetzungsfeststellungsklage.[1908] Allerdings sei aus den oben genannten Gründen rechtlich anzuerkennen, dass der Kläger feststellen lassen wolle, dass das Stadionverbot rechtswidrig war. Dies dürfe nicht dadurch konterkariert werden, dass das Ziel der ursprünglichen Leistungsklage nicht mehr erreicht werden könne, weil das Stadionverbot nicht mehr aufgehoben werden könne, da es abgelaufen sei.[1909] Angesichts der regelmäßigen Dauer eines Zivilprozesses sei es geradezu vorprogrammiert, dass das Stadionverbot während des Rechtsstreits ablaufe, sodass der effektive Rechtschutzes es gebiete zuzulassen, dass die Leistungsklage in eine Feststellungsklage übergehe.[1910]

Der Bundesgerichtshof bestätigt dadurch mittelbar, dass die ursprünglich erhobene Leistungsklage zulässig war. Denn anderenfalls hätte er sich mit der Problematik nicht auseinander setzen müssen, ob der Kläger auf eine Feststellungsklage nach § 263 ZPO umstellen kann, wenn sich sein Leistungsbegehren erledigt hat. Dann hätte er seine Ausführungen auf das Feststellungsinteresse i.S.d. § 256 Abs. 1 ZPO beschränken können. Deswegen scheint auch der Bundesgerichtshof, eine Leistungsklage zu befürworten, wenn der Betroffene das

---

[1903] *BGH*, NJW 2010, 534 (535).

[1904] *BGH*, NJW 2010, 534 (535).

[1905] *BGH*, Urt. v. 4.10.1984 – III ZR 50/83; *BGH,* NJW 2010, 534 (535).

[1906] *AG Duisburg*, Urt. v. 13.3.2008 – 73 C 1565/07.

[1907] *LG Duisburg*, Urt. v. 20.11.2008 – 12 S 42/08.

[1908] *BGH*, NJW 2010, 534 (535). Dies arbeitet *Kiss* übersichtlich heraus, vgl. *Kiss*, NRÜ 2010, 22 (23 f.).

[1909] *BGH*, NJW 2010, 534 (535).

[1910] *BGH*, NJW 2010, 534 (535); *BVerfGE*, 104, 220; *BGH*, NJW 2004, 2015 (2017). Dem stimmt die Literatur zu, vgl. *Heermann*, NJW 2010, 537 (537); *Orth/Schiffbauer*, RW 2011, 177 (201); *Breucker*, SpuRt 2010, 31 (31).

Stadionverbot aufheben lassen will. Für diese Auffassung sprechen die besseren Argumente.

Will der Betroffene gegen das Stadionverbot gerichtlich vorgehen, muss er eine Leistungsklage gegen die „Stadionverbots-GbR" erheben, vertreten durch den Verein, der das Stadionverbot ausgesprochen hat. Läuft das Stadionverbot während des Rechtsstreits nach § 5 Abs. 3 SVR ab, kann er seine Klage gemäß § 263 ZPO in eine (Fortsetzungs-) Feststellungsklage ändern.

d) Darlegungs- und Beweislast

Hat der Betroffene gegen das Stadionverbot eine zulässige Klage erhoben, kann die Darlegungs- und Beweislast über den Erfolg seines Prozesses entscheiden. Dies ist für die Stadionverbotspraxis äußerst problematisch, was bisher oft übersehen wird.

aa) Problemeinführung

Der Gläubiger eines Anspruchs aus § 1004 Abs. 1 BGB (direkt oder analog) muss grundsätzlich darlegen und beweisen, dass der Anspruchsgegner seine Rechtsgüter beeinträchtigt (Beseitigungsanspruch) oder dies zu besorgen ist (Erstbegehungs- oder Wiederholungsgefahr des Unterlassungsanspruchs) und dass eine rechtsgeschäftlich begründete Duldungspflicht entfallen ist, währenddessen der Anspruchsgegner darlegen und beweisen muss, dass diese ursprünglich bestand, dass Einreden oder Einwendungen bestehen oder es ihm unzumutbar bzw. unmöglich ist, den Anspruch zu erfüllen.[1911] Will die „Stadionverbots-GbR" ein bundesweites Stadionverbot aussprechen und stellvertretend für die Vereine deren Unterlassungsansprüche aus §§ 1004 Abs. 1 S. 2, 862 Abs. 1 S. 2 BGB geltend machen, trägt sie die Darlegungs- und Beweislast dafür, dass deren Eigentum oder Besitz beeinträchtigt ist, der Anspruchsgegner als Störer zu qualifizieren ist und eine ausreichende Gefahrenprognose besteht.[1912]

Wie bereits beschrieben[1913] verfügt der Veranstalter in der Regel nicht über eigene Tatsacheninformationen, insbesondere außerhalb seines Stadiongeländes. Dies ist problematisch, weil sich die Gewalt zunehmend von dem Stadiongelän-

[1911] *Bassenge*, in: *Palandt*, § 1004 BGB Rn. 52; *Breucker*, JR 2005, 133 (135) m.w.N.

[1912] Vgl. dazu *BGH*, NJW 1994, 188 (189); *Breucker,* JR 2005, 133 (135). Für die Wiederholungsgefahr spricht eine tatsächliche Vermutung, auch wenn das Eigentum erstmalig beeinträchtigt wurde, *BGH*, NJW 1986, 2503 (2505); *Bassenge*, in: *Palandt*, § 1004 BGB Rn. 32.

[1913] Vgl. vertiefend: Kapitel 1C.III.1.d), S. 82.

de auf Orte außerhalb des Stadions verlagert[1914] und sich dadurch dem Wahrnehmungsbereich der Vereine entzieht. In der Praxis tritt die Polizei an die Vereine heran, informiert sie über die Tatumstände sowie das Ermittlungsverfahren und empfiehlt ihnen zugleich, ein örtliches oder bundesweites Stadionverbot für einen bestimmten Zeitraum zu verhängen.[1915] Die Vereine erteilen auf dieser Grundlage ein Stadionverbot. Dabei müssen sie alle be- und entlastenden Umstände berücksichtigen und unabhängig über das Stadionverbot entscheiden.[1916] Der Bundesgerichtshof beanstandete dies nicht.[1917]

Es wird zu prüfen sein, ob sich die Darlegungs- und Beweislast wendet, sobald die „Stadionverbots-GbR" das Stadionverbot gegenüber dem Betroffenen ausgesprochen hat.[1918] Bis zu diesem Zeitpunkt waren die Vereine (über die „Stadionverbots-GbR") für die Voraussetzungen des Unterlassungsanspruchs darlegungs- und beweisbelastet. Will der Betroffene sich danach gerichtlich gegen das Stadionverbot wehren, muss er seine Leistungsklage auf den Beseitigungsanspruch aus § 1004 Abs. 1 S. 1 BGB i.V.m. Art. 2 Abs. 1, 1 Abs. 1 GG stützen. Nach den obigen Grundsätzen trägt er die Darlegungs- und Beweislast für dessen Anspruchsvoraussetzungen, insbesondere dafür, dass das Stadionverbot sein allgemeines Persönlichkeitsrecht verletzt. Dies setzt voraus, dass das Stadionverbot rechtswidrig ist. Dadurch müsste der Betroffene darlegen und beweisen, dass die „Stadionverbots-GbR" sich ursprünglich zu Unrecht auf die Tatbestandsvoraussetzungen der §§ 1004 Abs. 1 S. 2, 862 Abs. 1 S. 2 BGB berufen hat. Die Darlegungs- und Beweislast hätte sich gewendet.

1914 *Friedmann*, Polizei und Fans, S. 37. Zu einem anderen Ergebnis führen die Auswertungen der ZIS in ihrem Jahresbericht 2010/2011, S. 13, vgl. http://www.polizei-nrw.de/lzpd/stepone/data/downloads/a0/00/00/10-11jahresbericht-oeffentlich.pdf, abgerufen am 26.10.2011. Zur rechtlichen Problematik von Taten an Drittorten, vgl. vertiefend: Kapitel 2D, S. 188 ff.

1915 *Gietl*, JR 2010, 50 (52).

1916 *Gietl,* JR 2010, 50 (51). Nach der Auffassung von *Gietl* ergibt sich eine Beweislastumkehr, wenn das Ermittlungsverfahren später nach § 153 StPO eingestellt wird, *Gietl,* JR 2010, 50 (51). Das Zivilgericht ist im Übrigen nicht zwingend an die tatsächlichen Feststellungen des Ermittlungsverfahrens oder eines strafgerichtlichen Urteils gebunden, sondern muss sich eine eigene Überzeugung bilden, *BAG*, NZA 1992, 1121 (1123). Dabei kann es die strafverfahrensrechtlichen Feststellungen aber maßgeblich berücksichtigten, *BAG*, NZA 1992, 1121 (1123).

1917 *BGH*, NJW 2010, 534 (536).

1918 Alle anderen Vereine könnten sich nunmehr auf das bundesweite Stadionverbot berufen und dem Betroffenen den Zutritt zu ihrem Stadion verweigern, weil die Tatsachen, die dem Stadionverbot zugrunde liegen, zugleich Sachgründe darstellen, die eine Ausnahme vom Kontrahierungszwang begründen, vgl. vertiefend: Kapitel 1B.II, S. 51 ff.

bb) Ansicht *Gietl*

Nach der Ansicht von *Gietl* führe die aktuelle Praxis der Stadionverbote insbesondere bei Taten außerhalb des Stadions dazu, dass sich die prozessuale Rechtsposition des Betroffenen verschlechtere, allerdings aus einem anderen Grund: nämlich dadurch, dass die Polizei den Tatvorwurf an die Vereine weiterleite.[1919] Bei Ausschreitungen außerhalb des Stadions wolle die Polizei die randalierenden Zuschauer aus präventiven Gründen vom Stadionbereich fernhalten. Da sie den Verein andererseits in der Praxis nicht in die Pflicht nehmen wolle, ein Stadionverbot zu verhängen, empfehle sie ihm dies im Wege der informellen Zusammenarbeit, obwohl sie den Verein als Nichtstörer in Anspruch nehmen könnte oder gegen den Störer einen Platzverweis oder ein Aufenthaltsverbot aussprechen dürfte.[1920] Die Vereine befolgten diese Empfehlung in der Praxis regelmäßig, da sie anderenfalls befürchten müssten, zu haften, weil sie ihre Verkehrssicherungspflichten verletzen würden, wenn sie diese Informationen missachten und der Störer später die Sicherheit beeinträchtige; zudem seien sie dann erheblichen Vorwürfe der Medien ausgesetzt.[1921]

Durch diese Praxis verschiebe sich die Rechtsposition des potenziellen Störers erheblich: Während ein öffentlich-rechtliches Aufenthaltsverbot dem Verwaltungsrechtsweg mit dem Amtsermittlungsgrundsatz unterläge, sei der Störer nun auf den Zivilrechtsweg mit der Folge der Parteimaxime verwiesen.[1922] Dies stoße auf rechtsstaatliche Bedenken, da gegenüber dem Betroffenen nur der Verein als Privater handele, obwohl sich dahinter in Wirklichkeit die staatliche Polizei „verstecke".[1923] Da dieser mit dem öffentlich-rechtlichen Aufenthaltsverbot ein eigenes Instrument zur Verfügung stehe, sei es nicht erforderlich, die Daten an den Verein weiterzugeben; dadurch greife die Polizei im Übrigen rechtswidrig in das Grundrecht auf informationelle Selbstbestimmung ein.[1924] Verletze dies das Datenschutzrecht, führe dies darüber hinaus dazu, dass diese Informationen im Zivilprozess nicht als Beweis verwertet werden dürften.[1925]

1919 *Gietl*, JR 2010, 50 (53).

1920 *Gietl*, JR 2010, 50 (52). Vgl. zu dieser Praxis der informellen Zusammenarbeit: *Friedmann*, Polizei und Fans, S. 34 f. m.w.N. Eine Evaluierung aus dem Jahr 2009 hat ergeben, dass 95 % aller Stadionverbote auf eine Empfehlung der Polizei zurückgehen, vgl. *Blumberg*, Stadionverbot, S. 57.

1921 *Gietl*, JR 2010, 50 (52 f.).

1922 *Gietl*, JR 2010, 50 (53).

1923 *Gietl*, JR 2010, 50 (53).

1924 *Gietl*, JR 2010, 50 (53) m.w.N.

1925 *Gietl*, JR 2010, 50 (53) m.w.N.; *Blumberg*, Stadionverbot, S. 56.

cc) Stellungnahme

Diesen rechtsstaatlichen Bedenken *Gietl's* ist nur eingeschränkt zuzustimmen. *Gietl* erkennt das Problem der Darlegungs- und Beweislast im Parteiprozess zutreffend, allerdings nur in einer Dimension, indem die Polizei die Informationen an die Vereine weitergibt. Der Kern und Ausgangspunkt der Problematik liegt bereits in dem Umstand, der einführend beschrieben wurde, dass sich die Darlegungs- und Beweislast über die Sachgründe des Stadionverbots zu Lasten des Betroffenen verlagert, sobald die „Stadionverbots-GbR" ein Stadionverbot ausspricht. Auf diese Problematik ist zuerst einzugehen, denn *Gietl* unterstellt in seinen Ausführungen, dass die Vereine die Darlegungs- und Beweislast für die Sachgründe eines Stadionverbots während des gesamten Verfahrens zu tragen haben.[1926] Dies ist kritisch zu überprüfen.

1) Problematische Beweislastverlagerung auf den Störer

Aus der Rosenbergschen Normentheorie folgt der Grundsatz, dass der Anspruchsteller grundsätzlich die Beweislast für die rechtsbegründenden, der Anspruchsgegner für die rechtsvernichtenden und rechtshemmenden Tatbestandsmerkmale trägt.[1927] Danach tragen die Vereine (über die „Stadionverbots-GbR") außerprozessual die Darlegungs- und Beweislast für die Sachgründe, auf die sie ein Stadionverbot stützten wollen. Sprechen sie es aus, wandelt sich diese Ausgangslage jedoch zu Lasten des Betroffenen schlagartig:

Wie aufgezeigt[1928] muss dieser nun gegen die „Stadionverbots-GbR" einen Beseitigungsanspruch nach § 1004 Abs. 1 S. 1 BGB i.V.m. Art. 2 Abs. 1, 1 Abs. 1 GG geltend machen, um den Anschein der bundesweiten Wirksamkeit des Stadionverbots zu beseitigen und eine „Negativ-Mitteilung"[1929] nach § 9 Abs. 3 SVR an die Zentralverwaltung des DFB zu erreichen. Da es ein rechtsbegründendes Tatbestandsmerkmal darstellt, dass sein Persönlichkeitsrecht verletzt ist, trägt er die Darlegungs- und Beweislast dafür, dass das Stadionverbot rechtswidrig ist.[1930] Dazu müsste er darlegen und beweisen, dass er die Fußball-

---

1926 *Gietl*, JR 2010, 50 (51).

1927 *Foerste*, in: *Musielak*, § 286 ZPO Rn. 34 f. m.w.N.

1928 Vgl. vertiefend: Kapitel 6A.I.2.a)aa), S. 390 ff.

1929 Der Begriff „Negativ-Mitteilung" meint die Mitteilung der „Stadionverbots-GbR", stellvertretend für die Fußballvereine, dass ein bundesweites Stadionverbot gegen den Betroffenen nicht mehr besteht.

1930 „Dabei musste sie [die Beklagte] den Kl. nicht vorher anhören. Es war vielmehr seine Sache, den bei Fehlen eines sachlichen Grundes bestehenden Anspruch auf Aufhebung des Verbots gegenüber der Bekl. geltend zu machen.", *BGH*, NJW 2010, 534 (536); *Marzahn*, ZJS 2010, 428 (432).

veranstaltung nicht gestört hat. Konkret bedeutet dies: Will der Betroffene gerichtlich gegen ein Stadionverbot vorgehen, müsste er darlegen, dass gegen ihn kein Anfangsverdacht i.S.d. § 4 Abs. 3 SVR i.V.m. § 152 Abs. 2 StPO besteht.[1931] Entgegen der Ansicht von *Gietl* trägt somit nach allgemeinen Grundsätzen im Prozess gegen das Stadionverbot nicht der Verein, sondern der Betroffene die Darlegungs- und Beweislast dafür, dass ein rechtswidriges Stadionverbot sein allgemeines Persönlichkeitsrecht verletzt.[1932]

Allerdings sprechen gegen diese Beweislastverteilung zwei wesentliche Argumente, die im Folgenden erörtert werden sollen: Erstens entsteht dadurch die Gefahr, dass die Vereine das Instrument des Stadionverbots missbrauchen. Und zweitens wendet sich die Beweislast zu Lasten des Betroffenen, sobald ihm das Stadionverbotsschreiben zugegangen und die „Stadionverbots-GbR" dies der Zentralverwaltung des DFB mitteilt, ohne dass er dies beeinflussen oder sich dagegen wehren kann. Darüber hinaus drängt das Stadionverbot ihn in die Rolle des Klägers, da die Vereine dieses faktisch durchsetzen können, indem sie ihm den Zutritt verweigern.

(a) Beweislastverlagerung ohne Einfluss des Störers

Die Problematik soll im Folgenden aufgezeigt werden, indem sechs Konstellationen des Stadionverbotsverfahrens unterschieden werden und in jeder einzelnen die Beweislastverteilung analysiert wird.

(aa) 1. Konstellation: Kein Fehlverhalten des Zuschauers

In der Ausgangssituation will der Zuschauer das Stadion besuchen. Er hat bisher nie eine Störung begangen, ein Stadionverbot gegen ihn liegt nicht vor. Zu diesem Zeitpunkt kann er auf Grundlage des Kontrahierungszwangs gemäß §§ 826, 242 BGB verlangen, dass der veranstaltende Verein mit ihm einen Zuschauervertrag abschließt und er Zutritt zum Stadion erhält.[1933] Bereits zu diesem Zeitpunkt ist der Zuschauer in die Rolle des Klägers gedrängt.[1934] Verwehrt der Veranstalter ihm den Zutritt (egal ob zu Recht oder zu Unrecht), muss der Zuschauer Klage erheben.

Seinen Anspruch aus §§ 826, 242 BGB kann der Zuschauer gerichtlich durchsetzen. Er trägt prozessual die Darlegungs- und Beweislast dafür, dass der Verein verpflichtet ist, den Zuschauervertrag abzuschließen (Kontrahierungs-

1931 Dieser Beweis wird in der Praxis nicht oder nur sehr schwer zu führen sein.
1932 *BGH*, NJW 2010, 534 (536); *Marzahn*, ZJS 2010, 428 (432).
1933 Vgl. vertiefend: Kapitel 6A.I.2.a)cc), S. 392.
1934 *Marzahn*, ZJS 2010, 428 (437).

zwang).[1935] Dies wird er jedenfalls über die mittelbare Drittwirkung der Grundrechte ausreichend substantiiert darlegen können.[1936] Will der Verein ihm den Vertragsschluss und den Zutritt zum Stadion verweigern, ist der Verein für die Sachgründe darlegungs- und beweisbelastet, die eine Ausnahme vom Kontrahierungszwang begründen.[1937] Dass dies abstrakt (nahezu) unmöglich ist, solange der Zuschauer nicht als Störer aufgefallen ist, kann hier vernachlässigt werden. Wichtig ist an dieser Stelle, dass der Verein für ausreichende Sachgründe darlegungs- und beweisbelastet ist, wenn er sich auf eine Ausnahme vom Kontrahierungszwang berufen will.

(bb) 2. Konstellation: Fehlverhalten, aber kein bundesweites Stadionverbot

Diese Beweislastverteilung bleibt auch in der zweiten Konstellation des Stadionverbotsverfahrens unverändert. Unter dieser zweiten Konstellation soll folgende Situation verstanden werden: Der Zuschauer stört den Stadionbetrieb. Der Veranstalter spricht daraufhin noch kein bundesweites Stadionverbot für künftige Spiele aus, sondern macht zunächst nur seinen Beseitigungsanspruch aus §§ 1004 Abs. 1 S. 1, 862 Abs. 1 S. 1 BGB geltend (Ad-Hoc-Stadionverbot), indem er den Zuschauer vom Stadiongelände entfernt. Auf Unterlassungsansprüche beruft er sich nicht.

Der Zuschauer bleibt in der Rolle des Klägers. Würde er in diesem Zeitpunkt Klage erheben, gestützt auf den Kontrahierungszwang gemäß §§ 826, 242 BGB, muss er diesen darlegen und beweisen. Der Veranstalter bleibt seinerseits beweisbelastet für die Sachgründe, die ihn als Ausnahme vom Kontrahierungszwang dazu berechtigen, dem Störer den Zutritt zu verweigern. Dass der Verein diesen Nachweis möglicherweise führen kann, indem er die vorangegangene Störung darlegt und beweist, soll erneut unbeachtet bleiben. Entscheidend ist, dass die Beweislast für die Sachgründe der Ausnahme vom Kontrahierungszwang beim Verein verbleibt.

(cc) 3. Konstellation: Ausspruch eines örtlichen Stadionverbots

Beruft sich der Verein auf § 4 Abs. 2 i.V.m. § 1 Abs. 4 SVR und spricht gegen den Störer in der dritten Konstellation ein örtliches Stadionverbot aus, bleibt die Beweislastverteilung ebenfalls unverändert. Bei einem örtlichen Stadionverbot

---

1935 *Gietl*, JR 2010, 50 (50) m.w.N.; *Wagner*, in: *Säcker/Rixecker*, MüKo BGB, § 826 BGB Rn. 47. Vgl. auch: *BGH*, Urt. v. 25.5.1956 – VI ZR 66/55.

1936 Vgl. vertiefend zur verfassungsrechtlichen Dimension des Stadionverbots: Kapitel 2B.IV.1.a)bb), S. 131 ff.

1937 *Gietl*, JR 2010, 50 (51) m.w.N.; *BGH*, NJW 1994, 188 (189); *BGH*, Urt. v. 25.5.1956 – VI ZR 66/55.

macht der Veranstalter ausschließlich im eigenen Namen den Unterlassungsanspruch aus §§ 1004 Abs. 1 S. 2, 862 Abs. 1 S. 2 BGB geltend. Nach dem oben aufgezeigten Grundsatz ist der örtliche Veranstalter für die anspruchsbegründenden Tatbestandsvoraussetzungen darlegungs- und beweisbelastet.[1938] Dies beinhaltet die Wiederholungsgefahr, die sich auf die Störung stützt. Da das Stadionverbot nur örtlich und nicht bundesweit wirkt, wird die „Stadionverbots-GbR" nicht tätig. Zudem erfolgt keine Mitteilung über das örtliche Stadionverbot an die Zentralverwaltung des DFB nach § 9 Abs. 3 SVR. Der Betroffene bleibt auch in dieser Konstellation in der Rolle des Klägers, da ihm der Verein weiterhin den Zutritt verweigert. Prozessual stehen ihm zwei Möglichkeiten zur Verfügung:

Erstens kann er sich weiterhin – wie in den ersten beiden Konstellationen – auf seinen Anspruch aus dem Kontrahierungszwang gemäß §§ 826, 242 BGB berufen. Er trägt die Beweislast für den Kontrahierungszwang, der Veranstalter muss Sachgründe für eine Ausnahme darlegen und beweisen. Dieser Anspruch ist darauf gerichtet, einen Zuschauervertrag abzuschließen und ihn auf dessen Grundlage zu einer konkreten Fußballveranstaltung zuzulassen. Das örtliche Stadionverbot, mithin der Unterlassungsanspruch, ist nicht Streitgegenstand dieser Klage.

Will der Betroffene zweitens prozessual gegen das örtliche Stadionverbot vorgehen,[1939] muss er eine negative Feststellungsklage gegen den Unterlassungsanspruch des Vereins erheben. Dieser Prozess unterscheidet sich wesentlich von einem solchen gegen ein bundesweites Stadionverbot: Beim örtlichen Stadionverbot richtet sich die Klage gegen den örtlichen Veranstalter. Zudem besteht kein Abwehranspruch des Betroffenen nach § 1004 Abs. 1 S. 1 BGB i.V.m. Art. 2 Abs. 1, 1 Abs. 1 GG, denn bei örtlichen Stadionverboten erfolgt keine Mitteilung nach § 9 Abs. 3 SVR an die Zentralverwaltung des DFB. Deswegen besteht kein Anschein, der beseitigt werden muss. Wenn dem Betroffenen kein materieller Abwehranspruch zusteht, kann er prozessual nicht auf die Leistungsklage verwiesen werden. Deswegen ist gegen ein örtliches Stadionverbot die negative Feststellungsklage statthaft. Der Betroffene kann feststellen lassen, dass der Unterlassungsanspruch aus §§ 1004 Abs. 1 S. 2, 862 Abs. 1 S. 2 BGB nicht besteht, den der örtliche Veranstalter gegen ihn geltend macht. Erhebt der Anspruchsgegner eine negative Feststellungsklage gegen den Anspruchssteller, ändert dies an der Beweislastverteilung nichts, obwohl sich die

[1938] Vgl. vertiefend: Kapitel 6A.II.1.d)aa), S. 419 f.
[1939] Er könnte beide Klagen gemäß § 260 ZPO gleichzeitig erheben.

Parteirolle prozessual vertauscht.[1940] Mit anderen Worten: Der örtliche Veranstalter trägt als Beklagter die Beweislast für die Tatbestandsvoraussetzungen seines Unterlassungsanspruchs (örtliches Stadionverbot).

Daraus folgt, dass der Veranstalter in beiden Klagen, die der Betroffene in dieser Konstellation erheben kann, dafür darlegungs- und beweisbelastet ist, dass der Betroffene die Sicherheit gestört hat. Der Verein muss also weiterhin die Sachgründe für das örtliche Stadionverbot und die Ausnahme vom Kontrahierungszwang darlegen und beweisen.

(dd) 4. Konstellation: Ausspruch des bundesweiten Stadionverbots ohne oder vor Klage des Zuschauers

An dieser Beweislastverteilung ändert sich selbst dann nichts, wenn der Veranstalter kein örtliches Stadionverbot ausschließlich im eigenen Namen ausspricht, sondern über die „Stadionverbots-GbR" ein bundesweites Stadionverbot verhängt gemäß §§ 1004 Abs. 1 S. 2, 862 Abs. 1 S. 2 BGB i.V.m. Ziff. 2 S. 2 Gesellschaftsvertrag i.V.m. § 4 Abs. 3 SVR i.V.m. § 1 Abs. 5 S. 1 SVR. Diese vierte Konstellation unterstellt, dass der Betroffene dagegen (zunächst) nicht gerichtlich vorgeht.

Auch in dieser Konstellation bleiben die Vereine bzw. stellvertretend für sie die „Stadionverbots-GbR" darlegungs- und beweisbelastet für die anspruchsbegründenden Umstände des Unterlassungsanspruchs. Weil die Vereine dem Zuschauer faktisch den Zutritt zum Stadion verweigern können, ist die „Stadionverbots-GbR" allerdings in der günstigen Situation, dass sie die Unterlassungsansprüche, die sie geltend macht, in der Praxis nicht gerichtlich titulieren lassen muss. Dies ändert aber nichts daran, dass sie in einem solchen hypothetisch möglichen Prozess, um die Unterlassungsansprüche gegen den Betroffenen durchzusetzen, darlegungs- und beweisbelastet wäre für die Sachgründe des bundesweiten Stadionverbots und für die Ausnahme vom Kontrahierungszwang.

(ee) 5. Konstellation: Klage auf Zutritt trotz bundesweitem Stadionverbot

Auch in der fünften denkbaren Konstellation bleibt die „Stadionverbots-GbR" stellvertretend für die Vereine in Bezug auf die Sachgründe darlegungs- und beweisbelastet: Spricht sie gegen den Betroffenen ein bundesweites Stadionverbot aus, ist dieser nicht gezwungen, dieses gerichtlich gegenüber der „Stadionverbots-GbR" anzugreifen. Stattdessen kann er sich darauf beschränken, auf

---

[1940] *BGH*, NJW 1986, 2508 (2509); *BGH*, NJW 1992, 1101 (1103); *Foerste*, in: *Musielak*, § 286 ZPO Rn. 35 m.w.N.; *Gruber*, in: *Vorwerk/Wolf*, BeckOK ZPO, § 322 ZPO Rn. 54.

Grundlage des Kontrahierungszwangs gemäß §§ 826, 242 BGB von einem bestimmten Verein zu verlangen, mit ihm für ein konkretes Fußballspiel einen Zuschauervertrag abzuschließen und daraufhin zum Stadion zugelassen zu werden (5. Konstellation).[1941] Ob das bundesweite Stadionverbot wirksam ist, was voraussetzen würde, dass die Unterlassungsansprüche aller Vereine bestehen, ist nicht Streitgegenstand einer solchen Klage. Deswegen prüft das Gericht nicht das bundesweite Stadionverbot gegen alle Vereine, sondern nur das örtliche Stadionverbot gegen den veranstaltenden Verein.

Erhebt der Betroffene eine solche Klage gegen den Veranstalter, greifen die Grundsätze, die die zweite Konstellation bereits aufzeigte: Der Zuschauer ist für den Kontrahierungszwang darlegungs- und beweisbelastet, der Veranstalter für die Sachgründe, die eine Ausnahme davon begründen. Auch in dieser Konstellation muss der Veranstalter dem Betroffenen nachweisen, dass er die Sicherheit beeinträchtigte und zumindest ein Anfangsverdacht nach § 152 Abs. 2 StPO i.V.m. § 4 Abs. 3 SVR besteht.

Als Zwischenergebnis lässt sich festhalten, dass der Zuschauer in allen fünf Konstellationen klagen muss, um in das Stadion zu gelangen. Er wird stets in die Rolle des Klägers gedrängt. Dies ist nicht zu beanstanden, sondern dem Umstand geschuldet, dass die Vereine ihre Unterlassungsansprüche faktisch durchsetzen können und der Betroffene eine Leistung des Veranstalters begehrt: den Stadionbesuch. Entscheidend ist demgegenüber, dass in allen Konstellationen immer der Veranstalter oder die „Stadionverbots-GbR“ die Darlegungs- und Beweislast dafür tragen, dass Sachgründe für eine Ausnahme vom Kontrahierungszwang bzw. für ein Stadionverbot bestehen. Dies gilt auch, wenn der Betroffene gegen ein örtliches Stadionverbot gerichtlich vorgeht.

(ff) 6. Konstellation: Klage gegen bundesweites Stadionverbot

Umso überraschender ist es, dass ausgerechnet in der letzten, in der Praxis häufigsten Konstellation der Betroffene die Darlegungs- und Beweislast dafür trägt,

---

1941 Dieser Rechtsschutz ist für den Kläger aus mehreren Gründen nicht effektiv: Erstens beseitigt es nicht den Anschein des (rechtswidrigen) bundesweiten Stadionverbots (und die damit verbundene Beeinträchtigung des Persönlichkeitsrechts), wenn er ein einzelnes Fußballspiel besuchen darf. Zum anderen kann der Zuschauer insbesondere bei mehrjährigen Stadionverboten nicht jeden Veranstaltungstermin eines Fußballspiels, das er besuchen will, in seinem Klageantrag konkret benennen, da die DFL den Termin der Fußballspiele erst einige Wochen vor dem jeweiligen Spieltag terminiert. Zudem legt selbst der Spielplan nur die Spiele für eine konkrete Saison fest, so dass der Betroffene nicht saisonübergreifend klagen könnte. Dies vereitelt diese Rechtsschutzmöglichkeit faktisch. Insbesondere bei langjährigen Stadionverboten bleibt ihm deswegen keine andere Wahl, als unmittelbar gegen das Stadionverbot (6.Konstellation) vorzugehen.

dass er die Stadionveranstaltung nicht gestört hat. Geht er gemäß § 1004 Abs. 1 S. 1 BGB i.V.m. Art. 2 Abs. 1, 1 Abs. 1 GG gegen das bundesweite Stadionverbot vor, muss er darlegen und beweisen, dass dieses unwirksam ausgesprochen wurde.[1942] Dann verlangt er von der „Stadionverbots-GbR“, dass diese der Zentralverwaltung des DFB gemäß § 9 Abs. 3 SVR mitteilt, dass das bundesweite Stadionverbot nicht wirksam war, jedenfalls dass es aufgehoben ist.[1943] Dass in dieser sechsten Konstellation ausnahmsweise der Betroffene die Darlegungs- und Beweislast für die Sachgründe des Stadionverbots trägt, ist auf zwei Gründe zurückzuführen:

Erstens setzt der Beseitigungsanspruch aus § 1004 Abs. 1 S. 1 BGB i.V.m. Art. 2 Abs. 1, 1 Abs. 1 GG voraus, dass ein rechtswidriges Stadionverbot das Persönlichkeitsrecht verletzt. Nach den oben aufgezeigten Grundsätzen[1944] muss er dieses anspruchsbegründende Tatbestandsmerkmal darlegen und beweisen, also auch dass das bundesweite Stadionverbot rechtswidrig ist, weil er keine Störung begangen hat und kein Anfangsverdacht i.S.d. § 4 Abs. 3 SVR i.V.m. § 152 Abs. 2 StPO gegen ihn vorliegt.

Zweitens ist für eine solche Klage aus prozessökonomischen Gründen ausschließlich die Leistungsklage statthaft.[1945] Dies ist maßgeblich darauf zurückzuführen, dass durch bundesweite Stadionverbote im Gegensatz zu örtlichen ein Anschein der bundesweiten Wirksamkeit über die Mitteilung an den DFB gemäß § 9 Abs. 3 SVR entsteht. Die „Stadionverbots-GbR“ verletzt sein Persönlichkeitsrecht, indem sie die Zentralverwaltung des DFB über das bundesweite Stadionverbot informiert, obwohl dieses rechtswidrig war. Da diese gemäß § 9 Abs. 4, Abs. 5 SVR die anderen Vereine und die Polizei über das bundesweite Stadionverbot informiert, ist das Rechtsschutzbegehren des Klägers darauf gerichtet, diesen Anschein zu beseitigen. Dies kann er prozessökonomisch nur durch ein vollstreckbares Leistungsurteil erreichen. Deswegen scheidet eine negative Feststellungsklage aus, obwohl dann die „Stadionverbots-GbR“ darlegungs- und beweisbelastet dafür wäre, dass das Stadionverbot rechtmäßig ist, wie die dritte Konstellation gezeigt hat.

Daraus ergibt sich folgendes Ergebnis: Grundsätzlich muss der veranstaltende Verein, ggfs. vertreten durch die „Stadionverbots-GbR“, darlegen und beweisen, dass Sachgründe für eine Ausnahme vom Kontrahierungszwang und für ein örtliches oder bundesweites Stadionverbot bestanden. Es existiert nur eine Ausnahme: die Klage gegen das bereits ausgesprochene, bundesweite Stadionverbot. Ergreift der Verein gegen den Betroffenen (über die „Stadionverbots-GbR“) das

1942 Vgl. vertiefend: Kapitel 6A.II.1.d)aa), S. 419 f.
1943 Vgl. vertiefend: Kapitel 6A.I.2.a)aa), S. 390 ff.
1944 Vgl. vertiefend: Kapitel 6A.II.1.d)aa), S. 419 f.
1945 Vgl. vertiefend: Kapitel 6A.II.1.c)cc), S. 416 ff.

Instrument, das diesen am härtesten trifft, nämlich ein bundesweites Stadionverbot, und wählt der Betroffene dagegen den effektivsten Rechtsschutz, nämlich eine Leistungsklage gestützt auf § 1004 Abs. 1 S. 1 BGB i.V.m. Art. 2 Abs. 1, 1 Abs. 1 GG, trägt ausnahmsweise der Betroffene die Darlegungs- und Beweislast dafür, dass keine Sachgründe gegen ihn vorliegen. Daraus folgt: Die Beweislastverteilung ist für ihn dann am ungünstigsten, wenn sein Persönlichkeitsrecht am schwersten beeinträchtigt zu werden droht. Damit steht auch fest, dass *Gietl* in seinen Ausführungen unzutreffend davon ausgeht, dass die Vereine im Prozess gegen das bundesweite Stadionverbot immer darlegungs- und beweisbelastet sind.

Dieses Ergebnis lässt sich nicht oder nur schwer mit Gerechtigkeitsvorstellungen und dem Grundsatz der prozessualen Waffengleichheit vereinbaren. Sachliche Gründe lassen sich nicht dafür finden, derart (insbesondere) zwischen der 3. Konstellation eines örtlichen Stadionverbots und der 6. Konstellation eines bundesweiten Stadionverbots zu differenzieren.[1946] Schließlich liegt der eigentliche Grund für dieses Dilemma außerhalb des Einflussbereichs des Betroffenen: nämlich in der verbandsrechtlichen Regelung des § 9 Abs. 3 SVR (Mitteilungspflicht an den DFB) und der daraus folgenden Stadionverbotspraxis.

Würden die Vereine sich nicht gegenseitig bevollmächtigen und beim DFB eine Zentralverwaltung einrichten, die über bundesweite Stadionverbote zu informieren ist, entstünde kein Anschein, der über § 1004 Abs. 1 S. 1 BGB i.V.m. Art. 2 Abs. 1, 1 Abs. 1 GG beseitigt werden müsste. Dann wäre der Betroffene nicht auf eine Leistungsklage angewiesen. Die Prozessökonomie stünde einer negativen Feststellungsklage nicht entgegen. Letztlich würde die „Stadionverbots-GbR“ für die Sachgründe eines bundesweiten Stadionverbots darlegungs- und beweisbelastet bleiben. Es ist ungerecht, den Betroffenen gegenüber seinen Klagegegnern prozessual schlechter zu stellen, weil diese verbandsintern besondere Bevollmächtigungs- und Informationsstrukturen geschaffen haben, ohne dass der Betroffene auf diese Einfluss nehmen kann. Diese Wertung spricht wesentlich gegen die aufgezeigte Beweislastverteilung.

[1946] Letztlich beruhen beide Arten des Stadionverbots auf einem Unterlassungsanspruch aus §§ 1004 Abs. 1 S. 2, 862 Abs. 1 S. 2 BGB. Der wesentliche Unterschied besteht in der gegenseitigen Bevollmächtigung zugunsten der „Stadionverbots-GbR“ bei dem bundesweiten Stadionverbot. Dadurch erweitert sich die örtliche Wirkung des Unterlassungsanspruchs. Vgl. dazu vertiefend: Kapitel 1C.II.2.b)cc), S. 76 f.

(b) Gefahr von Willkür durch die Vereine

Darüber hinaus besteht ein weiterer Nachteil in der Gefahr, dass die Vereine diese 6. Konstellation willkürlich ausnutzen.[1947] Sie sind in der widersprüchlichen Situation, dass sie für die schärfste Maßnahme die geringste Darlegungs- und Beweislast tragen. Man muss den Vereinen noch nicht einmal Absicht unterstellen, um die Gefahr zu erkennen, dass sie in Zweifelsfällen dazu neigen werden, ein bundesweites Stadionverbot i.S.d. § 4 Abs. 3 SVR einem örtlichen Stadionverbot i.S.d. § 4 Abs. 2 SVR vorzuziehen. Denn nur dann müssen sie, wenn sie verklagt werden, nicht nachweisen, dass der Betroffene besorgen lässt, künftig weitere Fußballveranstaltungen zu stören. Nur dann muss der Betroffene seine „Ungefährlichkeit" beweisen und darlegen, dass keine Wiederholungsgefahr von ihm ausgeht.

(c) Korrekturvorschläge

Aus diesen Gründen ist zu korrigieren, dass die 6. Konstellation die Beweislast vollständig auf den Betroffenen verlagert. Dazu bestehen verschiedene Möglichkeiten, deren Vor- und Nachteile aufgezeigt werden sollen:

(aa) Ausnahmsweise Statthaftigkeit der negativen Feststellungsklage

Denkbar wäre es zunächst gegen das bundesweite Stadionverbot nicht die Leistungs-, sondern die negative Feststellungsklage zuzulassen. Der Vorteil bestünde darin, dass bei der negativen Feststellungsklage die „Stadionverbots-GbR" als Prozessstandschafterin der Vereine darlegen und beweisen müsste, dass Sachgründe für das bundesweite Stadionverbot bestehen, mithin dass gemäß §§ 1004 Abs. 1 S. 2, 862 Abs. 1 S. 2 BGB zu besorgen ist, dass der Betroffene ein Sicherheitsrisiko darstellt.[1948]

Allerdings würde dies systematisch der obigen Diskussion widersprechen.[1949] Diese sah die negative Feststellungsklage aus prozessökonomischen Gründen als subsidiär gegenüber einer Leistungsklage an. Welche Klage statt-

---

[1947] Handelt der Verein willkürlich, wäre auch eine Korrektur über § 242 BGB (Grundsatz der unzulässigen Rechtsausübung) denkbar. Allerdings stellt sich auch in diesem Fall die Frage nach der Darlegungs- und Beweislast. Legt man diese dem Betroffenen auf, ist ihm nicht geholfen. Im Gegenteil: Es wird ihm leichter fallen, zu beweisen, dass er die Fußballveranstaltung nicht gestört hat, als nachzuweisen, dass der Verein das Stadionverbot willkürlich ausgespochen hat.

[1948] *BGH*, NJW 1986, 2508 (2509); *BGH*, NJW 1992, 1101 (1103); *Foerste*, in: *Musielak*, § 286 ZPO Rn. 35 m.w.N.; *Gruber*, in: *Vorwerk/Wolf*, BeckOK ZPO, § 322 ZPO Rn. 54. Vgl. vertiefend: Kapitel 6A.II.1.d)aa), S. 419 f.

[1949] Vgl. vertiegend: Kapitel 6A.II.1.c)cc), S. 416 ff.

haft ist, darf nicht von Gerechtigkeitserwägungen abhängen. Die Statthaftigkeit sollte unabhängig von der Beweislast bestimmt werden, die aus der Klageart resultiert. Schließlich dient die Entscheidung über die statthafte Klageart insbesondere der Prozessökonomie. Sie soll die Ressourcen der Justiz im Allgemeinwohlinteresse schonen. Eine funktionsfähige Justiz darf nicht der Disposition der Prozessparteien unterliegen. Der Betroffene ist deswegen weiterhin auf die Leistungsklage zu verweisen. Die negative Feststellungsklage ist subsidiär, weil sie die „Negativ-Mitteilung" nach § 9 Abs. 3 SVR nicht vollstrecken kann. Die Problematik sollte deswegen nicht über die statthafte Klageart gelöst werden.

(bb) Umkehr der Beweislast

Dann wäre es möglich, zwar die Leistungsklage zuzulassen, aber die Beweislast infolge richterlicher Rechtsfortbildung umzukehren. Es ist anerkannt, dass das Richterrecht zunehmend darauf Einfluss nehmen kann, wie die Beweislast zwischen den Prozessparteien verteilt ist.[1950] Die Rechtsprechung begründet dies unter anderem mit dem verfassungsrechtlichen Gebot der prozessualen Waffengleichheit[1951] und mit dem Erfordernis der Rechtsanwendungsgleichheit.[1952] Auch kann die Beweislastumkehr sich darauf stützen, dass die gesetzliche Beweislastverteilung nicht zumutbar und ungerecht ist.[1953] Zu einer solchen Abwägung verpflichtet das Verfassungsrecht den Richter sogar.[1954] Allerdings unterliegt die richterliche Beweislastumkehr gleichzeitig strengen Voraussetzungen, da sie rechtsfortbildend in die Wertungen des materiellen Rechts eingreift.[1955] Erforderlich ist, dass eine Partei in bestimmten Konstellationen typischerweise unzumutbar benachteiligt ist, wobei dies im Interesse der Rechtssicherheit nachvollziehbar und verallgemeinerungsfähig begründet sein muss.[1956].

Vorliegend sind diese Voraussetzungen grundsätzlich erfüllt. Wer mit einem bundesweiten Stadionverbot belegt wird, ist typischerweise unzumutbar gegenüber seiner Prozessgegnerin (der „Stadionverbots-GbR") benachteiligt. Der Betroffene muss eine Leistungsklage erheben und dadurch eine ungünstigere Beweislastverteilung in Kauf nehmen, weil die Vereine, die seine Prozessgegnerin ermächtigt haben, besondere verbandsrechtliche Innenregelungen geschaffen haben, die einen Anschein begründen, den der Betroffene beseitigen muss. Dass deswegen die Beweislast für ihn nachteilig verteilt ist, widerspricht dem Grund-

---

[1950] *Foerste*, in: *Musielak*, § 286 ZPO Rn. 37 m.w.N.
[1951] *BVerfG*, NJW 1979, 1925 (1926); *Foerste*, in: *Musielak*, § 286 ZPO Rn. 37.
[1952] *BVerfG*, NJW 1979, 1925 (1926).
[1953] *Foerste*, in: *Musielak*, § 286 ZPO Rn. 37.
[1954] *BVerfG*, NJW 1979, 1925 (1926).
[1955] *Foerste*, in: *Musielak*, § 286 ZPO Rn. 37.
[1956] *BGH*, NJW-RR 1997, 892 (892); *Foerste*, in: *Musielak*, § 286 ZPO Rn. 37.

satz der übrigen Stadionverbotspraxis (1. bis 5. Konstellation), dass die Vereine und die „Stadionverbots-GbR“ die Sachgründe für ein Stadionverbot darzulegen und zu beweisen haben. Dieser Grundsatz folgt aus dem zivilrechtlichen Kontrahierungszwang und der mittelbaren Drittwirkung der Grundrechte. Er droht leer zu laufen, wenn keine prozessuale Waffengleichheit dadurch wiederhergestellt würde, dass die Beweislastverlagerung auf den Betroffenen korrigiert würde, wenn er gegen ein bundesweites Stadionverbot klagt. Dadurch könnte eine richterliche Beweislastumkehr gerechtfertigt sein.

Problematisch ist jedoch, dass eine richterliche Rechtsfortbildung unzulässig ist, wenn die Gerechtigkeit auf eine Weise wiederhergestellt werden kann, die die Gewaltenteilung nicht verwässert, beispielsweise wenn es ausreicht und möglich ist, die Darlegungs- und Beweislast erheblich zu erleichtern.[1957] Dadurch kann vermieden oder zumindest gemildert werden, dass die Rechtsfortbildung zu stark in die Wertungen des materiellen Rechts eingreift.[1958] Wenn die Judikative das materielle Recht fortbildet, muss dies aus Gründen der Gewaltenteilung durch das mildeste der wählbaren Mittel geschehen.[1959]

(cc) Anwendung der Grundsätze über die sekundäre Darlegungslast

Ein solches milderes Mittel könnte die sekundäre Darlegungslast darstellen. Grundsätzlich obliegt der Partei die Darlegungslast, die auch die Beweislast trägt.[1960] Die Rechtsprechung hat diesen Grundsatz modifiziert und das Institut der sekundären Darlegungslast für Fälle entwickelt, in denen der an sich beweisbelasteten Partei nicht möglich oder nicht zumutbar ist, substantiierter vorzutragen, weil sie außerhalb des Geschehensablaufs steht, der für ihren Anspruch erheblich ist, während der Bestreitende alle wesentlichen Tatsachen kennt und es ihm zumutbar ist, nähere Angaben zu machen.[1961] Dies ist insbesondere zu bejahen, wenn zwischen den Parteien ein deutliches Informationsgefälle besteht.[1962] Unter diesen Umständen kann von dem Prozessgegner im Rahmen des Zumutbaren verlangt werden, die behaupteten Tatsachen substantiiert zu bestreiten und die für das Gegenteil sprechenden Tatsachen darzule-

---

[1957] *Foerste*, in: *Musielak*, § 286 ZPO Rn. 37 m.w.N.

[1958] *Foerste*, in: *Musielak*, § 286 ZPO Rn. 37.

[1959] Vgl. *Prütting*, in: *Rauscher u.a.*, MüKo ZPO, § 286 ZPO Rn. 123.

[1960] *Bacher*, in: *Vorwerk/Wolf*, BeckOK ZPO, § 284 ZPO Rn. 84. Der Umfang der Darlegungslast richtet sich dabei grundsätzlich nach der Einlassung des Gegners, *Stadler*, in: *Musielak*, § 138 ZPO Rn. 10 m.w.N.

[1961] *BGH*, NJW 2008, 982 (984); *Prütting*, in: *Rauscher u.a.*, MüKo ZPO, § 286 ZPO Rn. 103 m.w.N.; *Bacher*, in: *Vorwerk/Wolf*, BeckOK ZPO, § 284 ZPO Rn. 84 f.; *Stadler*, in: *Musielak*, § 138 ZPO Rn. 10 m.w.N.

[1962] *Prütting*, in: *Rauscher u.a.*, MüKo ZPO, § 286 ZPO Rn. 103 m.w.N.

gen.[1963] Erfüllt der Prozessgegner diese gesteigerte Substantiierungslast nicht, greift die Geständnisfiktion des § 138 Abs. 3 ZPO ein.[1964] Diese sekundäre Darlegungslast ist heute in der Rechtsprechung sehr bedeutsam.[1965]

Sie lässt sich überzeugend auf eine Leistungsklage gegen ein bundesweites Stadionverbot übertragen. Zwischen den Vereinen und dem Betroffenen besteht typischerweise ein Informationsgefälle. Ihnen liegen Tatsacheninformationen der Polizei vor, die diese gewann, indem sie Videoaufzeichnungen auswertete, Zeugen vernahm und sonstige Beweise erhob. Die Polizei arbeitet mit den Vereinen informell zusammen und informiert sie deswegen (häufig per E-Mail) über die Ergebnisse dieser Ermittlungen. Dieses Informationsschreiben liegt dem Betroffenen nicht vor. Er kann es auch nicht erlangen, indem er im Zivilprozess beantragt, die strafprozessuale Ermittlungsakte beizuziehen, da das Informationsschreiben dort nicht erfasst ist.[1966] Da diese informelle Zusammenarbeit zwischen den Vereinen und der Polizei ohnehin auf rechtsstaatliche Bedenken stößt,[1967] ist es den Vereinen zuzumuten, offen zu legen, welche Informationen sie von den Sicherheitsbehörden erhalten haben.[1968] Die Voraussetzungen der sekundären Darlegungslast liegen somit vor.

Für diese Lösung spricht auch das Urteil des Bundesgerichtshof vom 14.07.2003[1969], dessen Wertungen auf die Stadionverbotspraxis übertragen werden können. Dort wendete der Bundesgerichtshof die Grundsätze der sekundären Darlegungslast auf einen verklagten Bereicherungsschuldner i.S.d. § 812 BGB an, der sich darauf berief, dass ein Rechtsgrund für die Leistung bestand, die er erhalten hatte.[1970] Diese Situation ist mit dem bundesweiten Stadionverbot vergleichbar: Die „Stadionverbots-GbR" ist mit dem Bereicherungsschuldner zu vergleichen, der einen Rechtsgrund für seine Leistung behauptet. So behauptet

---

1963 *BGH*, NJW 2008, 982 (984); *Prütting*, in: *Rauscher u.a.*, MüKo ZPO, § 286 ZPO Rn. 103 m.w.N.; *Bacher*, in: *Vorwerk/Wolf*, BeckOK ZPO, § 284 ZPO Rn. 84. Auch über innere Tatsachen sind diese Grundsätze anwendbar, *Bacher*, in: *Vorwerk/Wolf*, BeckOK ZPO, § 284 ZPO Rn. 87.

1964 *Prütting*, in: *Rauscher u.a.*, MüKo ZPO, § 286 ZPO Rn. 103 m.w.N.

1965 *Prütting*, in: *Rauscher u.a.*, MüKo ZPO, § 286 ZPO Rn. 103 m.w.N.

1966 Dies ist wichtig, weil die Grundsätze der sekundären Darlegungslast nicht eingreifen, wenn die beweisbelastete Partei die Tatsachen selbst in Erfahrung bringen könnte, *Stadler*, in: *Musielak*, § 138 ZPO Rn. 10 m.w.N.

1967 *Gietl*, JR 2010, 50 (53); *Marzahn*, ZJS 2010, 428 (432).

1968 „Sowohl hinsichtlich des Tatverdachts als auch der zugrunde liegenden Straftat trifft den das Stadionverbot aussprechenden Verein eine umfassende Darlegungslast, um dem Betroffenen eine Verteidigung gegen die Vorwürfe zu ermöglichen. Diese Verpflichtung hat zum Inhalt, die Tatsachengrundlage so detailliert wie möglich darzustellen.", *Marzahn*, ZJS 2010, 428 (435).

1969 *BGH*, Urt. v. 14.7.2003 - II ZR 335/00.

1970 *BGH*, Urt. v. 14.7.2003 - II ZR 335/00..

die „Stadionverbots-GbR“ für die Vereine, dass diese dem Betroffenen als Ausnahme vom Kontrahierungszwang zu Recht verweigern, das Stadion zu betreten. Der Rechtsgrund dafür liege in dem Unterlassungsanspruch aus §§ 1004 Abs. 1 S. 2, 862 Abs. 1 S. 2 BGB. Demgegenüber nimmt der Betroffene eine vergleichbare Position wie der Bereicherungsgläubiger ein. Er ist beweisbelastet dafür, dass der Rechtsgrund nicht besteht, und kann sich regelmäßig nur darauf beschränken, die von der Gegenseite behaupteten Rechtsgründe auszuräumen.[1971] Der Bundesgerichtshof erkannte die Grundsätze der sekundären Darlegungslast somit bereits in vergleichbaren Fallkonstellationen an.

Letztlich ist es auch interessengerecht, diese Grundsätze auf die Fälle der bundesweiten Stadionverbote anzuwenden: Zunächst muss der Betroffene als beweisbelasteter Kläger in der Klageschrift die Umstände, die zum Stadionverbot geführt haben, aus seiner Sicht so substantiiert darlegen, wie es ihm möglich ist. Diesen Vortrag muss die „Stadionverbots-GbR“ als Prozessstandschafterin der Vereine substantiiert bestreiten, indem sie im Einzelnen offen legt, welche Informationen sie von der Polizei erhalten hat. Sie muss ihre Gefahrenprognose mit konkreten Tatsachen unterlegen, insbesondere den Geschehensablauf genau darlegen.[1972] Wird sie dieser erhöhten Substantiierungslast nicht gerecht, gilt der Vortrag des Betroffenen gemäß § 138 Abs. 3 ZPO als zugestanden. Dies mildert die Problematik ausreichend ab, dass sich die Darlegungs- und Beweislast im Prozess gegen das bundesweite Stadionverbot (6.Konstellation) auf den Betroffenen verlagert. Zugleich bleibt im Sinne der Prozessökonomie gewährleistet, dass der Betroffene durch Leistungsklage vorgehen kann und muss. Letztlich wirkt die erhöhte Substantiierungslast der Gefahr entgegen, dass die „Stadionverbots-GbR“ im Zweifel ein bundesweites Stadionverbot ausspricht, um sich ihrer Darlegungs- und Beweislast zu entledigen. In diesem Fall könnte die „Stadionverbots-GbR“ den Vortrag des Klägers nicht substantiiert bestreiten. Des Weiteren greift die sekundäre Darlegungslast milder in das materielle Recht ein als eine vollständige Beweislastumkehr. Deswegen ist es interessengerecht, die Grundsätze der sekundären Darlegungslast im Prozess gegen ein bundesweites Stadionverbot anzuwenden.[1973]

1971 *BGH*, NJW-RR 2004, 556 (556) m.w.N.

1972 *Breuker*, JR 2005, 133 (135); *Blumberg*, Stadionverbot, S. 23; *Orth/Schiffbauer*, RW 2011, 177 (216).

1973 Der Bundesgerichtshof hat bisher zu dieser Problematik nicht Stellung bezogen, weil der Störer zugestanden hatte, der gewaltbereichen Gruppe angehört und sich während der Ausschreitungen in deren räumlicher Nähe befunden zu haben, *BGH*, NJW 2010, 534 (536). Deswegen kam es auf die Verteilung der Darlegungs- und Beweislast in dem Urteil vom 30.10.2009 nicht an.

2) Problematik der Informationsweitergabe von der Polizei an die Vereine

Die sekundäre Darlegungslast löst auch die weiteren Bedenken im Prozess gegen ein bundesweites Stadionverbot.

(a) Angemessene Lösung über sekundäre Darlegungslast und keine durchgreifenden Nachteile des Zivilprozesses

Diese Lösung entschärft nämlich zugleich die zweite Problematik, die *Gietl* aufwirft, indem er aufzeigt, dass sich der Prozess gegen das Betretungsverbot vom Verwaltungsprozess in den Parteiprozess verschiebt. Die Informationen, die die Polizei informell an die Vereine übermitteln, blieben bisher verdeckt; nun müssen die Vereine sie wegen ihrer erhöhten Substantiierungslast offen legen.[1974] Die Polizei kann ihre Informationen nicht mehr hinter den Vereinen „verstecken".[1975] Dadurch wird der Betroffene in die Lage versetzt, sich gegen die dortigen Tatvorwürfe zu verteidigen.

Des Weiteren spricht gegen *Gietl*, dass der Verwaltungsprozess mit seinem Amtsermittlungsgrundsatz für den Betroffenen nicht wesentlich vorteilhafter ist als der (Zivil-) Parteiprozess. Die Ausgangslage ist für den Bürger im Verwaltungsprozess gegen den Staat sogar ungünstiger, weswegen die Verwaltungsgerichtsordnung (insbesondere durch den Amtsermittlungsgrundsatz) versucht, diese „Waffenungleichheit" und Schlechterstellung gegenüber dem Zivilprozess auszugleichen.[1976] Der Amtsermittlungsgrundsatz stellt den Kläger im Verwaltungsprozess also nicht gegenüber dem Kläger im Zivilprozess besser, sondern gleicht die Nachteile aus, die der Verwaltungsprozess gegenüber dem Zivilprozess bietet. Soweit der Zivilprozess dennoch vereinzelt nachteilig sein sollte, können die Grundsätze der sekundären Darlegungslast dies ausgleichen. Denn dadurch muss die beklagte „Stadionverbots-GbR" alle Tatsachen offen legen, die auch im Verwaltungsprozess ermittelt werden würden. Ergänzend kann der Betroffene die strafprozessuale Ermittlungsakte beiziehen lassen.

Selbst wenn *Gietl* nach alledem weiterhin wesentliche Vorteile im Verwaltungsprozess sehen sollte, darf er nicht übersehen, dass für den Betroffenen kein

---

1974 Das Informationsschreiben der Polizei muss die „Stadionverbots-GbR" im Zivilprozess grundsätzlich nicht als Beweismittel vorlegen, da ihre sekundäre Darlegungslast nichts an der Beweislast des Zuschauers ändert und die Vorlage von Beweismitteln nicht erfasst, *BGH*, NJW 2008, 982 (984); *Bacher*, in: *Vorwerk/Wolf*, BeckOK ZPO, § 284 ZPO Rn. 84 m.w.N. Die erhöhte Substantiierungslast der „Stadionverbots-GbR" bedeutet allerdings, dass sie über den Inhalt des Informationsschreibens substantiiert vortragen muss.

1975 *Gietl*, JR 2010, 50 (53).

1976 *Meissner*, in: *Schoch u.a.*, § 173 VwGO Rn. 94.

Recht besteht, den für ihn günstigsten Rechtsweg beschreiten zu können. Dass eine Prozessordnung im Einzellfall aus Sicht des Betroffenen günstiger erscheint als eine andere, begründet für diesen keine schützenswerte Rechtsposition. Zwar besteht nach Art. 19 Abs. 4 GG die institutionelle Garantie auf effektiven Rechtsschutz, das Verfassungsrecht sagt aber nichts darüber, welche Gerichtsbarkeit diese Garantie erfüllen muss.[1977] Erst recht folgt daraus nicht, dass die Verwaltungsgerichtsbarkeit und ihr Prozessrecht vorrangig sind.[1978] Systematisch zeigt die Verfassung in den Art. 14 Abs. 3 S. 4 GG und Art. 34 S. 3 GG demgegenüber, dass die ordentlichen Gerichte sogar originäre Schutzaufgaben gegen Hoheitsakte erfüllen können.[1979]

(b) Kein interessengerechtes Ergebnis über die Auffassung von *Gietl*

Außerdem ist das Ergebnis, das *Gietl* anstrebt, nicht interessengerecht. Die Polizei dürfte den Vereinen nicht mehr mitteilen, dass sie dem Betroffenen vorwirft, eine sicherheitsrelevante Tat im oder außerhalb des Stadions begangen zu haben. Da die Vereine insbesondere Taten an Drittorten nicht wahrnehmen können, wäre es in der Praxis nicht mehr möglich, Stadionverbote wegen Ausschreitungen außerhalb des Stadions zu verhängen.[1980] Dadurch würde sich die Gewalt noch weiter in das Stadionumfeld verlagern.[1981] Die Sicherheit der Stadionveranstaltung wird dadurch nicht verbessert.[1982] Im Gegenteil: Fußballfans müssten sich nicht nur größere Sorgen um ihre Sicherheit machen, wenn sie zu Fußballspielen anreisen. Es könnten zudem deutlich weniger bundesweite Stadionverbote ausgesprochen werden. Dadurch würden sich mehr potenziell gewaltbereite „Fans“ in den Stadien befinden. Deswegen liegt es in der Praxis im Interesse aller Beteiligten, dass die Vereine in die Lage versetzt werden, Stadionverbote auch wegen Taten außerhalb des Stadions auszusprechen. Dies lässt die materielle Anspruchsgrundlage des Stadionverbots in §§ 1004 Abs. 1 S. 2, 862 Abs. 1 S. 2 BGB ausdrücklich zu.[1983] Ein Stadionverbot an Taten außerhalb des Hausrechtsgeländes anknüpfen zu können, ist rechtsstaatlich nicht bedenklich

---

[1977] *Schmidt-Aßmann*, in: *Maunz/Dürig*, Art. 19 Abs. 4 GG Rn. 14.

[1978] *Schmidt-Aßmann*, in: *Maunz/Dürig*, Art. 19 Abs. 4 GG Rn. 178.

[1979] *Schmidt-Aßmann*, in: *Maunz/Dürig*, Art. 19 Abs. 4 GG Rn. 178 m.w.N.

[1980] *Blumberg*, Stadionverbot, S. 55.

[1981] Eine entsprechende Tendenz ist bereits jetzt festzustellen, vgl. *Friedmann*, Polizei und Fans, S. 37.

[1982] *Blumberg*, Stadionverbot, S. 55.

[1983] Vgl. vertiefend zu Stadionverboten wegen Taten an Drittorten: Kapitel 2D, S. 188 ff.

und folgt sogar typischerweise aus dem Präventionsgedanken des materiellen Rechts.[1984]

Diese Wertungen erkennt auch der Bundesgerichtshof ausdrücklich an: „Angesichts der Vielzahl der Besucher und der häufig emotional aufgeheizten Stimmung zwischen rivalisierenden Gruppen ist daher die Bemühung der Vereine sachgerecht, neben Sicherungsmaßnahmen während des Spiels etwa durch Ordnungskräfte und bauliche sowie organisatorische Vorkehrungen auch im Vorfeld tätig zu werden und potenziellen Störern bereits den Zutritt zu dem Stadion zu versagen (...).“[1985] Weiter bestätigt der Bundesgerichtshof in anderem Zusammenhang die hier getroffene Wertung als zutreffend: „Es begegnet deshalb keinen Bedenken, wenn der Hausrechtsinhaber die in der Einleitung des Ermittlungsverfahrens zum Ausdruck kommende Bejahung eines solchen Verdachts durch die Ermittlungsbehörden zum Anlass für den Ausspruch eines Stadionverbots nimmt. Dem Hausrechtsinhaber stehen nämlich regelmäßig keine besseren Erkenntnisse über den Tatablauf und die Beteiligung des Betroffenen zur Verfügung als der Polizei und der Staatsanwaltschaft.“[1986]

(c) Kein rechtswidriger Eingriff in informationelles Selbstbestimmungsrecht

Zudem ist entgegen der Ansicht von *Gietl* nicht generell davon auszugehen, dass die Polizei rechtswidrig in das Grundrecht auf informationelle Selbstbestimmung eingreift, indem sie die Informationen weitergibt, weil dies nicht erforderlich sei, weil sie selbst ein öffentlich-rechtliches Aufenthaltsverbot aussprechen könnte. Ob ihr dies im Einzelfall möglich wäre,[1987] kann dahinstehen. Denn in ein Grundrecht einzugreifen ist nur dann nicht erforderlich, wenn der Staat ein anderes, gleich wirksames milderes Mittel wählen könnte.[1988] Der Staat dürfte die Informationen folglich nur dann nicht an die Vereine weiterleiten, wenn das privatrechtliche Stadionverbot[1989] mit dem öffentlichen Aufenthaltsverbot ver-

---

1984 Aus diesem Grund können alle Vereine sich bundesweite auf die Wiederholungsgefahr berufen, auch wenn der Störer außerhalb ihres eigenen Stadions handelt, vgl. dazu vertiefend: Kapitel 1C.II.2.b)cc), S. 76 f.

1985 *BGH*, NJW 2010, 534 (536).

1986 *BGH*, NJW 2010, 534 (536).

1987 Vgl. vertiefend zu dieser Frage: Kapitel 3C.I, S. 235 ff. Dass die Polizei den Verein grundsätzlich nicht als Nichtstörer in Anspruch nehmen könnte, wurde oben bereits ausgeführlich aufgezeigt: Kapitel 5C.I.2.a), S. 372 ff.

1988 Zu Art. 10 GG, aber verallgemeinerungsfähig: *Durner*, in: *Maunz/Dürig*, Art. 10 GG Rn. 147.

1989 Genauer formuliert kommt es darauf an, dass das öffentlich-rechtliche Aufenthaltsverbot nicht damit zu vergleichen ist, dass die Polizei die Informationen an die Vereine weitergibt, um ein privatrechtliches Stadionverbot durch den jeweiligen Verein zu er-

gleichbar wäre und letzteres einen milderen, aber gleich wirksamen Eingriff darstellen würde.

Dies scheitert bereits daran, dass beide Maßnahmen nicht miteinander zu vergleichen sind[1990]. Das öffentlich-rechtliche Aufenthaltsverbot und das zivilrechtliche Hausverbot sind rechtlich streng voneinander zu unterscheiden.[1991] Zwar sind ihnen ihr präventiver Charakter und ihr Zweck gemeinsam, die Sicherheit der Fußballveranstaltung zu gewährleisten. Dennoch unterscheiden sie sich wesentlich: Sie entstammen unterschiedlichen Rechtsgebieten. Während das Aufenthaltsverbot eine Standardmaßnahme der öffentlichen Sicherheitsbehörden darstellt, findet das Hausverbot seine Grundlage im zivilrechtlichen Besitz oder Eigentum. Das Hausverbot wirkt horizontal im zivilrechtlichen Verhältnis zwischen zwei Privaten, demgegenüber wirkt das Aufenthaltsverbot vertikal im öffentlich-rechtlichen Verhältnis zwischen Staat und Privaten, mithin zwischen dem Grundrechtsträger und dem Grundrechtsverpflichteten. Auch in ihren Wirkungen unterscheiden sich die Maßnahmen: Die Polizei könnte das Aufenthaltsverbot notfalls mit Zwang durchsetzen[1992]. Um das zivilrechtliche Hausverbot durchzusetzen, ist originär nicht die staatliche Gewalt, sondern der private Hausrechtsinhaber zuständig.[1993] Dies ergibt sich aus dem „Nachrang staatlicher Aufgabenwahrnehmung gegenüber gesellschaftlicher Eigenverantwortung“[1994].

Darüber hinaus ist das öffentlich-rechtliche Aufenthaltsverbot nicht gleich, sondern sogar weniger wirksam als das bundesweite Stadionverbot, weil dieses die Fußballveranstaltung effektiver präventiv schützen kann. Die Polizei wäre

---

reichen. Im Ergebnis läuft dies jedoch auf einen Vergleich zwischen einem Stadionverbot und einem Aufenthaltsverbot hinaus.

1990 *Blumberg*, Stadionverbot, S. 55.

1991 *Gietl* argumentiert, dass es nicht erforderlich sei, die Informationen weiterzugeben, da die Sicherheitsbehörde selbst ein Aufenthaltsverbot aussprechen könne. Hier verkennt er jedoch die unterschiedliche Tragweite und Bedeutung der streng zu unterscheidenden Maßnahmen des öffentlich-rechtlichen Aufenthaltsverbots und des zivilrechtlichen Stadionverbotes. Zur fehlenden Vergleichbarkeit auch: *Blumberg*, Stadionverbot, S. 57.

1992 *Ruhs*, Sicherheit und Ordnung, S. 12 f. m.w.N. Letztlich stellt es deswegen sogar einen milderen Eingriff in die Grundrechte des Betroffenen dar, die Daten an die Fußballvereine weiterzugeben als ein Aufenthalsverbot auszusprechen.

1993 Vertiefend zur Teilung der Verantwortung zwischen Staat und Sport: *Nolte*, in: *Höfling/Horst*, Sport und Gewalt, S. 37 (38 ff.); *Eilers*, in: *WFV*, Zuschauerausschreitungen bei Fußballspielen, S. 18 (28 ff.).

1994 *Nolte*, in: *Höfling/Horst*, Sport und Gewalt, S. 37 (38) m.w.N. Zur Subsidiarität polizeilichen Handelns gegenüber dem zivilrechtlichen Hausrecht des Veranstalters: *Eilers*, in: *WFV*, Zuschauerausschreitungen bei Fußballspielen, S. 18 (32 f.); *Hilpert*, Fußballstrafrecht, IV. Rn. 4.

nicht befugt, die Zuschauer verdachtslos am Stadioneingang zu kontrollieren.[1995] Dies obliegt einzig dem Hausrechtsinhaber.[1996] Würde die Polizei ein Aufenthaltsverbot verhängen, könnte sie dadurch nicht effektiv verhindern, dass potenzielle Störer das privatrechtliche Stadiongelände betreten. Zudem wirkt das Aufenthaltsverbot nicht bundesweit, sondern nur örtlich klar begrenzt.[1997] Auch daran scheitert die Argumentation *Gietl's*.

Letztlich verkennt er, dass die Gerichte nur eingeschränkt kontrollieren, ob es erforderlich war, dass der Staat in ein Grundrecht eingreift.[1998] Ihm steht ein Beurteilungsspielraum zu über die Prognose, welche Gefahren der Allgemeinheit drohen, und über die Frage, ob die gewählten Mittel geeignet und erforderlich sind, um die erstrebten Ziele zu erreichen.[1999] Diesen Beurteilungsspielraum überschreitet die Polizei nicht, wenn sie sich dagegen entscheidet, selbst ein örtliche begrenztes Aufenthaltsverbot auszusprechen, und stattdessen ihre Informationen an den Hausrechtsinhaber weiterleitet, damit dieser ein bundesweites Stadionverbot verhängen kann. Sie verletzt das informationelle Selbstbestimmungsrecht somit nicht.

(d) Jedenfalls Rechtfertigung über das Datenschutzrecht

Im Übrigen weisen *Orth/Schiffbauer* zutreffend darauf hin, dass § 16 Abs. 1 Nr. 1 BDSG oder die Normen des jeweiligen Landesrechts[2000] rechtfertigen kann,

---

1995 Um Personenkontrollen durchführen zu können, muss die (Landes-) Polizei die besonderen Tatbestandsvoraussetzungen des jeweiligen Landespolizeigesetzes erfüllen, in NRW beispielsweise: § 29 PolG NRW, vgl. *Ruhs*, Sicherheit und Ordnung, S. 11 f m.w.N. A.A. *Hilpert*, Fußballstrafrecht, IV. Rn. 3, der in Personenkontrollen keinen Grundrechtseingriff sieht, so dass keine Ermächtigungsgrundlage erforderlich wäre. Dem ist nicht zuzustimmen. Eine Personenkontrolle stellt einen erheblichen Eingriff in das allgemeine Persönlichkeitsrecht dar. Dies hat der Bundesgerichtshof für die Taschenkontrolle in einem Supermarkt ausdrücklich bestätigt, *BGH*, NJW 1994, 188 (189); so auch *Ruhs*, Sicherheit und Ordnung, S. 11 m.w.N.

1996 Die Zuschauer sind vertraglich verpflichtet, die Durchsuchung zu dulden, da dies in den Allgemeinen Geschäftsbedingungen der Eintrittskarte wirksam vereinbart ist, *Hilpert*, Fußballstrafrecht, IV. Rn. 4. Dem steht auch das Urteil des Bundesgerichtshofs vom 3.11.1993 nicht entgegen, da im dortigen Fall lediglich ein Hinweisschild mit der Bitte angebracht war, die Taschenkontrolle zu dulden, so dass dort keine Allgemeinen Geschäftsbedingungen und deswegen kein vertraglicher Duldungsanspruch bestanden, *BGH*, NJW 1994, 188 (189) m.w.N.

1997 Dies ist Ausfluss des Bestimmtheitsgebots, vgl. *Breuker*, NJW 2006, 1233 (1237); *Ruhs*, Sicherheit und Ordnung, S. 13 m.w.N.

1998 *BVerfG*, NJW 1994, 1577 (1579).

1999 *BVerfG*, NJW 1994, 1577 (1579); *Durner*, in: *Maunz/Dürig*, Art. 10 GG Rn. 147.

2000 Beispielsweise existieren für die Landespolizei NRW Spezialregelungen in §§ 26 ff. PolG NRW. Eine Auflistung der jeweiligen Landesnormen findet sich in *Blumberg*, Stadionverbot, S. 54, Fn. 211.

dass die Polizei in das Recht auf informationelle Selbstbestimmung eingreift.[2001] Danach ist es zulässig, personenbezogene Daten auch an nicht-öffentliche Stellen zu übermitteln, damit die übermittelnde Stelle ihre Aufgaben erfüllen kann und dies erforderlich i.S.d. § 14 BDSG ist. Die Aufgabe der Polizei besteht darin, die Sicherheit bei Fußballspielen zu gewährleisten.[2002] Indem sie die Informationen an die Vereine weitergibt, trägt sie wesentlich dazu bei, dass das Instrument des bundesweiten Stadionverbots überhaupt durchgesetzt werden kann, weil die Vereine nicht über ausreichende eigene Informationen verfügen. Dies zeigt sich statistisch daran, dass die Vereine über 95 % der bundesweiten Stadionverbote auf Grundlage der Informationen der Polizei aussprechen.[2003] Da dies präventiv die Sicherheit von Fußballspielen erhöht, erfüllen die Polizeibehörden mittelbar ihre eigenen Sicherheitsaufgaben, indem sie die Informationen an die Vereine weitergeben. Dass dies erforderlich ist, wurde bereits gezeigt, und kann auf § 14 Abs. 1 BDSG übertragen werden. Somit wäre ein Eingriff in das informationelle Selbstbestimmungsrecht jedenfalls nach §§ 16 Abs. 1, 14 Abs. 1 BDSG gerechtfertigt.

Die derzeitige Stadionverbotspraxis verletzt das informationelle Selbstbestimmungsrecht somit nicht generell. Allerdings ist dem Einwand von *Gietl* zuzustimmen, dass die Informationen im Einzelfall von der Polizei nicht an die Vereine weitergegeben werden dürfen, wenn dadurch datenschutzrechtliche Bestimmungen verletzt werden würden. Die Polizei ist als exekutive Gewalt gemäß Art. 1 Abs. 3 GG an die Grundrechte unmittelbar gebunden. Deswegen hat sie auch das informationelle Selbstbestimmungsrecht von Amts wegen zu beachten. Ob sie die Daten rechtmäßig weitergeben kann, muss sie deswegen in jedem Einzelfall prüfen. Da die weitergegebenen Informationen nach den Grundsätzen der sekundären Darlegungslast im Zivilprozess offengelegt werden müssen, können der Betroffene und die Zivilgerichte dies überprüfen.[2004] Sollte die Polizei ausnahmsweise offensichtlich willkürlich oder auf Grund falscher Tatsa-

---

2001 *Orth/Schiffbauer*, RW 2011, 177 (192). Dem scheint sich *Blumberg* anschließen zu wollen, vgl. *Blumberg*, Stadionverbot, S. 54.

2002 *Orth/Schiffbauer*, RW 2011, 177 (192); *Blumberg*, Stadionverbot, S. 54.

2003 Dies geht aus einer Evaluierung des DFB aus dem Jahr 2009 hervor, *Blumberg*, Stadionverbot, S. 57 m.w.N.

2004 *Gietl* weist insoweit zutreffend darauf hin, dass sich im Einzelfall daraus ein Beweisverwertungsverbot ergeben kann, *Gietl*, JR 2010, 50 (53) m.w.N. Dabei ist jedoch klarzustellen, dass die Grundsätze der sekundären Darlegungslast nicht die Vorlage von Beweismitteln erfasst, *BGH*, NJW 2008, 982 (984); *Bacher*, in: *Vorwerk/Wolf*, BeckOK ZPO, § 284 ZPO Rn. 84 m.w.N. Erst wenn beide Parteien ihren (ggfs. gesteigerten) Substantiierungsanforderungen nachgekommen sind, kommt es zur Beweisaufnahme. Würde die „Stadionverbots-GbR" sich in dieser weigern, das Informationsschreiben der Polizei vorzulegen, kommen die Grundsätze über die Beweisvereitelung in Betracht, vgl. *BGH*, NJW 2008, 982 (984) m.w.N.

chenannahmen handeln, kann im Einzelfall ein zivilprozessuales Beweisverwertungsverbot gerechtfertigt sein.[2005]

2. Rechtschutzziel: Abschluss Zuschauervertrag und Zugang zum Stadion

Neben oder statt dieser Leistungsklage gegen das bundesweite Stadionverbot kann der Betroffene eine Leistungsklage mit dem Ziel erheben, Zugang zum Stadion zu erhalten.[2006] Streitgegenstand ist dann nicht allgemein das bundesweite Stadionverbot, sondern konkret der Zutritt zu einem bestimmten Fußballspiel. Diese Klage ist materiell auf den vertraglichen Primäranspruch aus dem Zuschauervertrag zu stützen. Besteht ein solcher noch nicht, kann der Betroffene gemäß §§ 826, 242 BGB grundsätzlich verlangen, dass der Verein mit ihm einen solchen abschließt, es sei denn dieser kann sich auf eine Ausnahme vom Kontrahierungszwang berufen. Dann ist die Klage darauf gerichtet, dass der Verein sein Angebot für den Zuschauervertrag annehmen muss. Der Zuschauer kann diese Klage mit der Klage auf die vertragsmäßige Leistung verbinden, dass der Verein ihn am Spieltag in das Stadion einlassen muss.[2007]

Klagegegner ist nicht die „Stadionverbots-GbR", sondern der veranstaltende Verein, mit dem der Zuschauervertrag besteht oder abgeschlossen werden soll. Das örtlich zuständige Amtsgericht ist im Gegensatz zur Klage gegen ein bundesweites Stadionverbot nach §§ 12, 13, 17, 29, 35 ZPO zu bestimmen. Der Zuschauer ist sowohl für den privatrechtlichen Kontrahierungszwang als auch für den Zuschauervertrag, der Veranstalter für entgegenstehende Sachgründe darlegungs- und beweisbelastet.[2008]

3. Rechtschutzziel: Löschung der Daten aus dem Zentralregister des DFB

Des Weiteren sollte der Betroffene seinen zivilrechtlichen Löschungsanspruch gemäß § 35 BDSG gegen den Verein und gegen die Zentralverwaltung des DFB als verantwortliche Stellen[2009] im Wege der Leistungsklage geltend machen,

---

[2005] Vgl. dazu in anderem Zusammenhang: *BGH*, NJW 2010, 534 (536) und Fn. 2004.

[2006] *Gietl*, JR 2010, 50 (55); vgl. vertiefend zum materiellen Anspruch: Kapitel 6A.I.2.a)bb), S. 391.

[2007] *BGH*, Urt. v. 7.2.1986 – V ZR 176/84; *Ellenberger*, in: *Palandt*, Einf v § 145 BGB Rn. 11, Rn. 21 m.w.N.

[2008] *Gietl*, JR 2010, 50 (50 f.) m.w.N.

[2009] Vgl. vertiefend: Kapitel 5A.IV.3.b)cc)3), S. 361 f.

wenn das Stadionverbot rechtswidrig ist.[2010] Dadurch ist gewährleistet, dass die Vereine das Stadionverbot praktisch nicht mehr bundesweit durchsetzen können, da sie nicht mehr über die Person des Betroffenen informiert sind.[2011]

III. Einstweiliger Rechtsschutz

„Der Ablauf des Stadionverbots während des Rechtsstreits ist angesichts der gewöhnlichen Dauer eines Zivilprozesses geradezu vorprogrammiert, wenn (...) nicht die Höchstdauer des Verbots verhängt worden ist“[2012], stellte der Bundesgerichtshof in seinem Urteil vom 30.10.2009 (in anderem Zusammenhang) fest. Diese Ausführungen verdeutlichen zugleich, wie bedeutend der einstweilige Rechtsschutz für den Betroffenen in der Praxis ist. Beschränkt er sich auf die oben aufgezeigten Klagemöglichkeiten, wird er sein Rechtsschutzbegehren häufig nicht rechtzeitig durchsetzen können. Dies gilt für alle drei Rechtsschutzziele.[2013]

Deswegen sollte er stets versuchen, einen Verfügungsanspruch und Verfügungsgrund glaubhaft i.S.d. §§ 936, 920 Abs. 2, 294 ZPO zu machen,[2014] um im Wege der einstweiligen Verfügung nach §§ 935 ff. ZPO vorläufigen Rechtsschutz zu erhalten.[2015] Der Rechtsschutz ist eilbedürftig, weil fast wöchentlich Fußballspiele stattfinden, von denen der Betroffene ausgeschlossen ist.[2016] Gemäß §§ 937 Abs. 1, 943 Abs. 1 ZPO ist für die einstweilige Verfügung das Gericht der Hauptsache zuständig.

2010 *Gietl*, JR 2010, 50 (55); *.Ambs*, in: *Erbs/Kohlhaas*, Strafrechtliche Nebengesetze, § 35 BDSG Rn. 18.

2011 *Gietl*, JR 2010, 50 (55). Dadurch vermeidet der Betroffene auch, dass die Vereine ihm irrtümlich den Zugang verweigern, weil die Zentralverwaltung die „Negativ-Mitteilung“ infolge des Beseitigungsanspruchs aus § 1004 Abs. 1 S. 1 BGB analog i.V.m. §§ 823, 826 BGB i.V.m. Art. 2 Abs. 1 i.V.m. Art. 1 Abs. 1 GG, dass das Stadionverbot aufgehoben ist, nicht rechtzeitig erhalten oder bearbeitet hat. Deswegen sollte der Betroffene verlangen, dass auch seine ursprünglich gespeicherten Daten gelöscht werden.

2012 *BGH*, NJW 2010, 534 (535).

2013 Auch Eingriffe in das allgemeine Persönlichkeitsrecht unterfallen dem Schutzzweck des einstweiligen Rechtsschutzes, *Blumberg*, Stadionverbot, S. 74 m.w.N.

2014 Vertiefend über die Glaubhaftmachung: *Huber*, in: *Musielak*, § 920 ZPO Rn. 9 f. m.w.N.

2015 *LG Paderborn*, Urt. v. 25.1.2008 – 2 O 10/08; *LG München* I, NJW 1978, 1329 (1329 f.); *Blumberg*, Stadionverbot, S. 74. Zum Gerichtsschutz des Hausrechtsinhabers durch einstweilige Verfügung vgl. vertiefend: *Löwisch*, NZA 2010, 209 (211). Zum einstweiligen Rechtschutz bei Ausschluss eines Vereinsmitgliedes vgl. vertiefend: *Schild*, in: *WFV*, Recht der Sportstätte, S. 66 (97) m.w.N.

2016 *Blumberg*, Stadionverbot, S. 74.

B. Strafrechtlicher Rechtschutz

Weil die zivilrechtlichen Anforderungen an den Sachgrund für ein Stadionverbot eng mit der Einleitung und dem Ausgang des strafprozessualen Ermittlungsverfahrens verzahnt sind, stellt sich für den Betroffenen die Frage, inwiefern er neben dem zivilrechtlichen Rechtschutz auch strafrechtliche Verteidigungsmaßnahmen ergreifen kann oder sogar muss.

I. Einleitung des Ermittlungsverfahrens

Wie oben ausführlich dargestellt,[2017] berechtigen bereits die Tatsachen, die einem Anfangsverdacht i.S.d. § 152 Abs. 2 StPO und der Einleitung eines Ermittlungsverfahrens zugrunde liegen dazu, zivilrechtlich ein bundesweites Stadionverbot zu verhängen. Gegen diesen Anfangsverdacht müsste der Betroffene sich verteidigen, wenn er ein zivilrechtliches Stadionverbot im Ansatz verhindern will. Allerdings bietet das Strafverfahrensrecht gegen die Einleitung des Ermittlungsverfahrens nach §§ 152 Abs. 2, 158 ff. StPO grundsätzlich keinen Rechtschutz.[2018] Mit Beschluss vom 19.12.1983[2019] hat das Bundesverfassungsgericht entschieden, dass dies nicht gegen die Rechtsweggarantie aus Art. 19 Abs. 4 GG verstößt.[2020] Es sei unter dem Gesichtspunkt der Effektivität des Rechtschutzes grundsätzlich nicht geboten, gerichtlich zu kontrollieren, bevor die Ermittlungen abgeschlossen sind, ob ein Ermittlungsverfahren eingeleitet oder geführt werden konnte, und ob sonstige Maßnahmen sowie Unterlassungen der Staatsanwaltschaft oder Polizei rechtmäßig sind, es sei denn, dass die Einleitung des Ermittlungsverfahrens auf „schlechthin unhaltbaren Erwägungen" beruhe.[2021]

Dies begründet das Bundesverfassungsgericht systematisch mit dem vorbereitenden Charakter eines Ermittlungsverfahrens.[2022] Dem Betroffenen stehe ausreichender Rechtschutz zu, sobald die Staatsanwaltschaft sich i.S.d. § 170 Abs. 1 oder Abs. 2 StPO entschieden habe.[2023] Ein Interesse auf gerichtlichen Rechtsschutz sei auch nicht vor dem Hintergrund anzuerkennen, dass das Ermittlungs-

---

[2017] Vgl. vertiefend: Kapitel 2B.IV.1.a)ff), S. 156 f.

[2018] *BVerfG*, NStZ 1984, 228 (229); *Pfeiffer/Hannich*, in: *Hannich*, Karlsruher Kommentar, Einl. Rn. 33.

[2019] *BVerfG*, Beschl. v. 19.12.1983 – 2 BVR 1731/82, NStZ 1984, 228 (229). Diese Rechtsprechung setzte das Bundesverfassungsgericht in seinem Beschluss vom 2.10.2003 – 2 BvR 660/03 fort, vgl. *BVerfG*, NStZ 2004, 447 (447).

[2020] *BVerfG*, NStZ 1984, 228 (229); *BVerfG*, NStZ 2004, 447 (447).

[2021] *BVerfG*, NStZ 1984, 228 (229); *BVerfG*, NStZ 2004, 447 (447).

[2022] *BVerfG*, NStZ 1984, 228 (229).

[2023] *BVerfG*, NStZ 1984, 228 (229).

verfahren eingestellt werden könne, ohne dass es dazu komme, dass die Gerichte die ursprünglichen Verdachtsgründe prüfen.[2024] Da niemand verlangen könne, das Strafverfahren mit dem Ziel fortzusetzen, die Schuld nachzuweisen, wäre der Beschuldigte nicht umfangreicher rehabilitiert, wenn ein Gericht darüber entscheiden würde, ob es rechtswidrig war, das Ermittlungsverfahren einzuleiten.[2025]

Für die Fälle des Stadionverbots könnte man argumentieren, dass eine strafgerichtliche Entscheidung über den ursprünglichen Anfangsverdacht den Betroffenen zivilrechtlich rehabilitieren könnte. Darin könnte ein ausreichendes Rechtsschutzinteresse gesehen werden: Würde ein Strafgericht feststellen, dass kein strafprozessualer Anfangsverdacht gegen den Betroffenen vorlag, entfiele zivilrechtlich die Grundlage für die Wiederholungsgefahr i.S.d. §§ 1004 Abs. 1 S. 2, 862 Abs. 1 S. 2 BGB. Die Zivilgerichte sind zwar nicht an die tatsächlichen Feststellungen eines Strafurteils gebunden, allerdings können sie diese maßgeblich berücksichtigen, wenn sie sich ihre Überzeugung über den zivilrechtlichen Sachverhalt bilden.[2026] Die Vereine wären zudem verbandsrechtlich gemäß § 6 Abs. 1 Gliederungspunkt 3 SVR und gesellschaftsrechtlich gemäß der Präambel und Ziff. 2 S. 1 des Gesellschaftsvertrags über die „Stadionverbots-GbR" verpflichtet, das bundesweite Stadionverbot aufzuheben und dies gemäß § 9 Abs. 3 SVR der Zentralverwaltung des DFB mitzuteilen. Darin könnte eine weitergehende rehabilitierende Wirkung gesehen werden, die einen strafprozessualen Rechtsschutz gegen die Einleitung des Ermittlungsverfahrens erfordert.

Dagegen spricht allerdings, dass eine zivilrechtliche Rehabilitation alleine keinen Anspruch auf strafgerichtlichen Rechtsschutz gegen die Einleitung des Ermittlungsverfahrens begründen kann. Anderenfalls würden die strafprozessualen Rechtschutzmöglichkeiten in unzulässiger Weise davon abhängen, wie sich das Strafverfahren materiell-rechtlich auf das Zivilrecht auswirkt.[2027] Dies widerspräche dem Grundsatz der Kompetenzautonomie.[2028] Danach entscheiden alle Gerichte unabhängig und endgültig, ob der eigene Rechtsweg zulässig ist.[2029] Dieser Grundsatz würde konterkariert, wenn die Strafgerichte eine zusätzliche Rechtsschutzmöglichkeit schaffen müssten, weil das Zivilrecht an die

---

2024 *BVerfG*, NStZ 1984, 228 (229).

2025 *BVerfG*, NStZ 1984, 228 (229).

2026 *BAG*, NZA 1992, 1121 (1123).

2027 Dies folgt mittelbar auch daraus, dass der Gegenstand des Strafverfahrens im Gegensatz zum Zivilprozess nicht oder nur sehr stark eingeschränkt der Dispositionsbefugnis der Beteiligten unterliegt, vgl. *Schoreit*, in: *Hannich*, Karlsruher Kommentar, § 153a StPO Rn. 33.

2028 Vertiefend dazu mit weiteren Nachweisen: *Zimmermann*, in: *Rauscher u.a.*, MüKo ZPO, § 17a GVG Rn. 7.

2029 *Rauscher u.a.*, MüKo ZPO, § 17a GVG Rn. 7.

Einleitung des strafprozessualen Ermittlungsverfahrens anknüpft, obwohl die Zivilgerichte bereits ausreichenden Rechtsschutz bieten, um den Betroffenen zivilrechtlich zu rehabilitieren.[2030]

Dem Beschuldigten steht folglich kein Rechtsschutz dagegen zur Verfügung, dass die Polizei oder Staatsanwaltschaft ein Ermittlungsverfahren eingeleitet hat, es sei denn dies erfolgte in seltenen Ausnahmefällen aus schlechthin unhaltbaren Erwägungen. In solchen besonderen Fällen steht dem Beschuldigten zudem die Möglichkeit einer Strafanzeige wegen Verfolgung Unschuldiger gemäß §§ 344 StGB, 172 StPO sowie gegebenenfalls ein Amtshaftungsanspruch zu.[2031]

Selbst wenn der Betroffene gegen die Einleitung des Ermittlungsverfahrens grundsätzlich nicht gerichtlich vorgehen kann, ist ihm zu empfehlen, sich aktiv im Ermittlungsverfahren zu verteidigen und rechtlich fundierte Überzeugungsarbeit gegenüber der Staatsanwaltschaft oder Polizei zu leisten, indem er einen Rechtsanwalt einschaltet,[2032] um zumindest darauf hinzuwirken, dass das Ermittlungsverfahren für ihn günstig ausgeht. Zudem sollte er (über einen Rechtsanwalt) Akteneinsicht beantragen, um zu wissen, was ihm genau vorgeworfen wird und welche Beweismittel gegen ihn vorliegen.[2033]

II. Ausgang des Ermittlungsverfahrens

Der Ausgang des Ermittlungsverfahrens beeinflusst maßgeblich, ob das Stadionverbot zivilrechtlich aufrechterhalten werden kann. § 6 SVR und Ziff. 2 S. 1 des Gesellschaftsvertrags knüpfen verbands- und gesellschaftsrechtlich im Innenverhältnis an die Art der Einstellungsverfügung an. Dies wirkt sich mittelbar auf das zivilrechtliche Außenverhältnis aus, was mit den Wertungen aus §§ 1004 Abs. 1 S. 2, 862 Abs. 1 S. 2 BGB zu vereinbaren ist.[2034] Dies bedeutet zugleich, dass die Staatsanwaltschaft faktisch einen großen Einfluss darauf hat, wie die Vereine (über die „Stadionverbots-GbR") weiter mit dem Stadionverbot verfahren. Deswegen kann es für den Betroffenen prozesstaktisch sinnvoll sein zu prüfen, ob er das Stadionverbot nicht nur zivilrechtlich angreift, sondern bereits die

2030 Vgl. vertiefend zum zivilgerichtlichen Rechtsschutz: Kapitel 6A.II, S. 409 ff. Dass dem Betroffenen im Zivilprozess die Darlegungs- und Beweislast obliegt, steht dem nicht entgegen, vgl. in anderem Zusammenhang: Kapitel 6A.II.1.d)cc)2)(a), S. 435 f. Dies wird zudem durch die oben vorgeschlagene sekundäre Darlegungslast abgemildert, vgl. vertiefend: Kapitel 6A.II.1.d)cc)1)(c)(cc), S. 432 ff.

2031 Vgl. hierzu auch den Hinweis des *BVerfG* in: NStZ 1984, 228 (229).

2032 *Schlothhauer*, in: *Widmaier*, MAH Strafverteidigung, I. Einl. Rn. 2.

2033 *Blumberg*, Stadionverbot, S. 68.

2034 Vgl. vertiefend: Kapitel 1C.III.2.d), S. 93 ff.

strafprozessuale Grundlage bekämpft. Inwiefern dies möglich ist, soll im Folgenden dargestellt werden.

1. Einstellung nach § 170 Abs. 2 StPO

Stellt die Staatsanwaltschaft das Ermittlungsverfahren gemäß § 170 Abs. 2 S. 1 StPO ein, ist das Stadionverbot zwingend gemäß § 6 Abs. 1 Gliederungspunkt 1 SVR aufzuheben. Dagegen existieren keine strafprozessualen Rechtsschutzmöglichkeiten, weil dies den Betroffenen nicht beschwert.[2035]

Allerdings muss der Betroffene in dieser Situation beachten, dass er zivilrechtlich die Darlegungs- und Beweislast dafür trägt, dass die Staatsanwaltschaft das Ermittlungsverfahren eingestellt hat, weil ihr keine ausreichenden Verdachtsgründe gegen ihn vorliegen. Dies ergibt sich verbandsrechtlich aus dem Wortlaut in § 6 Abs. 1 SVR und zivilrechtlich aus der oben diskutierten Beweislastverteilung hinsichtlich des Aufhebungsanspruchs aus § 1004 Abs. 1 S. 1 BGB i.V.m. Art. 2 Abs. 1, 1 Abs. 1 GG.[2036] Dazu reicht die Einstellungsverfügung gemäß § 170 Abs. 2 S. 1 StPO aus. Der Betroffene muss allerdings strafprozessual sicherstellen, dass er überhaupt darüber informiert wird, dass das Ermittlungsverfahren nach § 170 Abs. 2 S. 1 StPO eingestellt ist. Gemäß § 170 Abs. 2 S. 2 StPO informiert die Staatsanwaltschaft den Beschuldigten darüber nur, wenn er zuvor als Beschuldigter vernommen worden ist, gegen ihn ein Haftbefehl erlassen war, er um einen Bescheid gebeten hat oder ein besonderes Interesse an der Bekanntgabe ersichtlich ist. Aus diesem Grund ist dem Beschuldigten zu empfehlen, schriftlich bei der Staatsanwaltschaft zu beantragen, ihn über den Verfahrensausgang zu informieren, sobald er davon Kenntnis erhält, dass ein Ermittlungsverfahren gegen ihn eingeleitet ist.[2037]

Darüber hinaus sollte der Betroffene strafprozessual bereits seinen öffentlich-rechtlichen Löschungsanspruch aus § 32 Abs. 2 S. 1 Alt. 1 BKAG i.V.m. § 8 Abs. 3 BKAG vorbereiten. Die Anforderungen an diesen Anspruch gehen nach der Rechtsprechung des Bundesverwaltungsgerichts über die zivilprozessuale Beweislast des Betroffenen gegen ein Stadionverbot hinaus.[2038] Die Daten, die die Datei „Gewalttäter Sport" über ihn speichert, sind danach nur zu löschen, wenn sich aus der Mitteilung der Staatsanwaltschaft positiv ergibt, dass kein

---

2035 Vgl. dazu: *Gorf*, in: *Graf*, BeckOK StPO, § 170 StPO Rn. 27.1.

2036 Vgl. vertiefend: Kapitel 6A.II.1.d), S. 419 ff.

2037 Häufig weiß der Betroffene nicht, dass ein Ermittlungsverfahren gegen ihn eingeleitet ist. Davon erfährt er mittelbar spätestens, wenn ihm das Stadionverbotsschreiben zugeht. Danach sollte er den oben beschriebenen Antrag spätestens bei der zuständigen Staatsanwaltschaft stellen.

2038 Vgl. vertiefend: Kapitel 5C.II.2.b), S. 380 ff.

weiterer Tatverdacht mehr gegen ihn fortbesteht.[2039] Enthält die Mitteilung eine solche Feststellung nicht, kann die Datei „Gewalttäter Sport“ die Daten weiterhin rechtmäßig speichern, obwohl die Staatsanwaltschaft das Ermittlungsverfahren nach § 170 Abs. 2 StPO eingestellt hat.[2040]

Grundsätzlich lässt sich einer Mitteilung der Staatsanwaltschaft nach § 170 Abs. 2 S. 2 StPO nicht entnehmen, ob alle Verdachtsmomente gegen den Betroffenen vollständig ausgeräumt sind.[2041] Allerdings kann der Beschuldigte nach Nr. 88 S. 1 RiStBV beantragen, ihm die Gründe der Einstellung insbesondere seine etwaige Unschuld gemäß Nr. 88 S. 2 RiStBV mitzuteilen. Die RiStBV sind zwar für den Staatsanwalt und Strafrichter bestimmt und wirken deswegen nach außen nicht unmittelbar. Die Staatsanwaltschaft muss sich daran jedoch aus Gründen des Rechtsstaatsprinzips und der Gleichbehandlung halten. Darüber hinaus bietet das Strafverfahrensrecht dem Betroffenen keine weiteren Möglichkeiten, um den öffentlich-rechtlichen Löschungsanspruch vorzubereiten und seine Unschuld zu beweisen.[2042]

Der Betroffene sollte folglich, sobald er davon erfährt, dass die Polizei oder Staatsanwaltschaft Ermittlungen gegen ihn führt, dort schriftlich beantragen, dass die Staatsanwaltschaft ihm mitteilt, wenn sie das Verfahren nach § 170 Abs. 2 S. 1 StPO einstellt. Sie soll ihre Entscheidung gemäß Nr. 88 RiStBV begründen. In seinem Antrag sollte der Betroffene zudem darauf hinweisen, dass die Entscheidung der Staatsanwaltschaft maßgeblich beeinflusst, ob ein bundesweites Stadionverbot aufrechterhalten werden und die öffentlich-rechtliche Datei „Gewalttäter Sport“ seine Daten weiter speichern kann. Dadurch begründet er zugleich i.S.d. Nr. 88 S. 1 RiStBV, dass er rechtlich an dieser Mitteilung interessiert ist und keine schutzwürdigen Interessen Dritter entgegenstehen.

2039 *BVerwG*, Urt. v. 9.6.2010 – 6 C 5/09; *Döhmann/Kehr*, DVBl 2011, 930 (932). Vgl. vertiefend: Kapitel 5C.II.2, S. 379 ff.

2040 *BVerwG*, Urt. v. 9.6.2010 – 6 C 5/09; *Döhmann/Kehr*, DVBl 2011, 930 (932).

2041 *BVerwG*, Urt. v. 9.6.2010 – 6 C 5/09; *Döhmann/Kehr*, DVBl 2011, 930 (932). Schließlich beweist die Einstellungsverfügung der Staatsanwaltschaft nicht positiv die Unschuld des Betroffenen, da die Staatsanwaltschaft nur negativ prüft, dass der Betroffene die Straftat nicht begangen hat, *Döhmann/Kehr*, DVBl 2011, 930 (935); *BVerfG*, NStZ 1984, 228 (229); *Gorf*, in: *Graf*, BeckOK StPO, § 170 StPO Rn. 27.1.

2042 *Döhmann/Kehr*, DVBl 2011, 930 (934). Auch besteht bei „Einstellungsreife“ kein Anspruch auf weitere Ermittlungen, um rehabilitiert zu werden, auch wenn diese den Tatverdacht möglicherweise vollständig ausräumen könnten, *BVerfG*, NStZ 1984, 228 (229); *Gorf*, in: *Graf*, BeckOK StPO, § 170 StPO Rn. 27.1.

2. Einstellung nach §§ 153, 153a StPO

Wird das Ermittlungsverfahren aus Opportunitätsgründen eingestellt, regelt § 6 Abs. 2 SVR die Auswirkungen auf das zivilrechtliche Stadionverbot. Bei einer Einstellung nach § 153 StPO soll die „Stadionverbots-GbR" es im Hinblick auf Bestand und Dauer überprüfen (intendiertes Ermessen), bei einer Einstellung nach § 153a StPO kann sie es nur im Hinblick auf die Dauer überprüfen (freies Ermessen),[2043] wenn der Betroffene dies jeweils beantragt.

Beide Einstellungsentscheidungen der Staatsanwaltschaft sind strafprozessual nicht anfechtbar, weil ihnen das Gericht zustimmen muss, das für die Eröffnung des Hauptverfahrens zuständig ist.[2044] Ob § 23 EGGVG analog anzuwenden ist, bleibt stark umstritten, wird jedoch allenfalls bei objektiv willkürlichen Verfahrenseinstellungen diskutiert.[2045] Zudem stellt die Einstellung aus Opportunitätsgründen positiv keine Schuld fest, so dass gerichtliche Rechtschutzmöglichkeiten nach der Rechtsprechung des Bundesverfassungsgerichts nicht erforderlich sind.[2046] Für eine Einstellung nach § 153a Abs. 1 StPO wäre ein prozessualer Rechtsbehelf darüber hinaus widersprüchlich, da der Beschuldigte den Auflagen oder Weisungen sowie der Verfahrenseinstellung zustimmen muss. § 153a Abs. 2 S. 4 StPO bestätigt systematisch, dass diese Einstellungsart unanfechtbar ist.[2047] Selbst mit einer Dienstaufsichtsbeschwerde kann der Beschuldigte die Einstellungsentscheidung nicht angreifen, wenn er ihr zuvor zugestimmt hat, es sei denn die Entscheidung enthält wesentliche, d.h. grundrechtsrelevante Rechtsmängel, die der Beschuldigte nicht erkannt hat.[2048] Ihre Erfolgsaussichten wären ohnehin gering, da ihr kein Rechtsmittelcharakter beigemessen wird und sie deswegen nicht begründet überprüft werden muss.[2049]

Der Beschuldigte sollte sich deswegen darüber bewusst sein, dass seine Zustimmung unwiderruflich ist und dass die Verfahrenseinstellung nach § 153a StPO zivilrechtlich dazu führt, dass er das Stadionverbot dem Grunde nach nicht mehr angreifen kann. Es wurde oben ausführlich dargelegt, dass das Stadionverbot grundsätzlich aufrechterhalten werden kann, auch wenn das Strafverfahren aus Opportunitätsgründen eingestellt wird.[2050] Verbandsrechtlich regelt dies § 6

2043 Vgl. vertiefend: Kapitel 1C.III.1.f), S. 86 ff.

2044 *Schoreit*, in: *Hannich*, Karlsruher Kommentar, § 153 StPO Rn. 7 m.w.N.; *Döhmann/Kehr*, DVBl 2011, 930 (934); *Orth/Schiffbauer*, RW 2011, 177 (193).

2045 *Orth/Schiffbauer*, RW 2011, 177 (195) m.w.N.

2046 *OLG Zweibrücken*, NJW 1996, 2246 (2247); *Schoreit*, in: *Hannich*, Karlsruher Kommentar, § 153 StPO Rn. 7; *Döhmann/Kehr*, DVBl 2011, 930 (934).

2047 *Beukelmann*, in: *Graf*, BeckOK StPO, § 153a StPO Rn. 76.

2048 *Schoreit*, in: *Hannich*, Karlsruher Kommentar, § 153a StPO Rn. 33.

2049 *Orth/Schiffbauer*, RW 2011, 177 (195) m.w.N.

2050 Vgl. vertiefend: Kapitel 2B.IV.1.b)dd), S. 160.

Abs. 2 Gliederungspunkt 2 SVR.[2051] Will der Betroffene dies vermeiden, darf er nicht nach § 153a Abs. 1 StPO zustimmen[2052] und muss seine Verteidigungsstrategie auf eine Verfahrenseinstellung nach § 170 Abs. 2 StPO oder einen Freispruch als Ergebnis der Hauptverhandlung ausrichten.

Da die Staatsanwaltschaft das Ermittlungsverfahren gemäß § 153 StPO einstellen kann, ohne dass der Beschuldigte zustimmt, muss sie ihn darüber nicht zwingend informieren.[2053] Deswegen ist dem Beschuldigten vorsorglich zu raten, schriftlich bei der Staatsanwaltschaft zu beantragen, dass sie ihn auch über eine etwaige Einstellung nach § 153 StPO informiert. Diesbezüglich sollte er seinen obigen Antrag ergänzen.

III. Erhebung der öffentlichen Anklage und Eröffnung des Hauptverfahrens

Entscheidet sich die Staatsanwaltschaft gemäß § 170 Abs. 1 StPO dazu, Anklage zu erheben, besteht dagegen kein eigenes Rechtsmittel.[2054] Nur das Zwischenverfahren gewährt dem Beschuldigten nach den §§ 199 ff. StPO Rechtsschutz.[2055] Wird das Hauptverfahren eröffnet, steht dem Angeklagten gegen den Eröffnungsbeschluss gemäß § 210 Abs. 1 StPO ebenfalls keine Rechtsmittel zur Verfügung.[2056]

Während des Hauptverfahrens ist es nach §§ 153 Abs. 2, 153a Abs. 2 StPO zwar weiterhin möglich, das Verfahren aus Opportunitätsgründen einzustellen. Dies bietet allerdings die oben aufgezeigten Nachteile.[2057] Wird das Hauptver-

---

2051 Sobald dem Betroffenen die Einstellungsentscheidung der Staatsanwaltschaft vorliegt, sollte er diese an die festsetzende Stelle mit dem Antrag übermitteln, das ausgesprochene Stadionverbot nochmals zu überprüfen. Bei dieser Gelegenheit sollte er nochmals ausführlich Stellung zu den Tatvorwürfen beziehen, alle günstigen Beweismittel vorlegen und darlegen, warum aus seiner Sicht ein Aufhebungsanspruch aus § 1004 Abs. 1 S. 1 BGB analog i.V.m. Art. 2 Abs. 1, 1 Abs. 1 GG besteht. Jedenfalls sollte er darlegen, dass die Wiederholungsgefahr i.S.d. §§ 1004 Abs. 1 S. 2, 862 Abs. 1 S. 2 BGB sich nicht auf die Dauer des Stadionverbots erstreckt und dieses deswegen zu verkürzen bzw. das Stadionverbot ganz aufzuheben ist. Eine solche (ggfs. wiederholte) Stellungnahme ist zwingend gemäß § 5a Abs. 2 i.V.m. § 3 Abs. 3 S. 3 SVR zu berücksichtigen.

2052 Vgl. auch: *Marzahn*, ZJS 2010, 428 (433); *Blumberg*, Stadionverbot, S. 68; *Orth/Schiffbauer*, RW 2011, 177 (216); *Späte*, Kein Zutritt, S. 6.

2053 *Beukelmann,* in: *Graf*, BeckOK StPO, § 153 StPO Rn. 24.

2054 *Gorf*, in: *Graf*, BeckOK StPO, § 170 StPO Rn. 12.

2055 *Gorf*, in: *Graf*, BeckOK StPO, § 170 StPO Rn. 12.

2056 *OLG Frankfurt a.M.*, Beschl. v. 7.11.2002 – 3 Ws 1171/02.

2057 Vgl. vertiefend: Kapitel 6B.II.2, S. 448 f.

fahren nicht eingestellt, hängt das Schicksal des Stadionverbotes davon ab, wie dieses ausgeht:[2058] Wird der Angeklagte rechtskräftig freigesprochen, ist das Stadionverbot gemäß § 6 Abs. 1 Gliederungspunkt 2 SVR zwingend aufzuheben, anderenfalls bleibt es endgültig aufrecht erhalten.[2059]

C. Öffentlich-rechtlicher Rechtschutz

Gegen Maßnahmen der Polizei bei Fußballveranstaltungen eröffnet § 40 Abs. 1 S. 1 VwGO den Verwaltungsrechtsweg. Diesen Rechtsschutz in Anspruch zu nehmen, empfiehlt sich insbesondere für Stadionverbote ohne vorheriges Ermittlungsverfahren nach § 4 Abs. 4 Nr. 16 SVR (Gewahrsam und Aufenthaltsverbot) und Nr. 17 SVR (Sicherstellung bzw. Beschlagnahme). Der Betroffene muss Anfechtungsklage gemäß § 42 Abs. 1 Alt. 1 VwGO oder Fortsetzungsfeststellungsklage gemäß § 113 Abs. 1 S. 4 VwGO erheben, wenn sich die Maßnahme bereits erledigt hat.

Daneben sollte er gemäß § 12 Abs. 5 S. 1 BKAG i.V.m. § 19 BDSG Auskunft vom Bundeskriminalamt verlangen, ob dieses Daten über ihn in der Datei „Gewalttäter Sport" speichert. Darüber informiert es den Betroffenen nämlich nicht von Amts wegen.[2060] Kann dieser die Voraussetzungen der Rechtsprechung des Bundesverwaltungsgerichts darlegen, muss er den materiellen Löschungsanspruch aus § 32 Abs. 2 S. 1 BKAG prozessual mit der Verpflichtungsklage nach § 42 Abs. 1 Alt. 2 VwGO geltend machen.[2061]

Außerdem ist ihm der Verwaltungsrechtsweg eröffnet, wenn die Polizei im Einzelfall gegen datenschutzrechtliche Bestimmungen oder das Recht auf informationelle Selbstbestimmung verstoßen hat, indem sie die Daten an den Verein weitergegeben hat.[2062] Dies wird sich während des Zivilprozesses gegen das

2058 Wird gegen den Betroffenen das Strafbefehlsverfahren nach §§ 407 ff. StPO eingeleitet, muss er gegen den Strafbefehl innerhalb von zwei Wochen schriftlich oder zu Protokoll der Geschäftsstelle Einspruch gemäß § 410 Abs. 1 S. 1 StPO einlegen. Anderenfalls steht der Strafbefehl gemäß § 410 Abs. 3 StPO einer rechtskräftigen Verurteilung gleich.

2059 Im Falle der rechtskräftigen Verurteilung ist es dem Betroffenen zwar theoretisch noch möglich, im Zivilprozess überzeugende Beweise vorzubringen, die seinen Aufhebungsanspruch aus § 1004 Abs. 1 S. 1 BGB analog i.V.m. Art. 2 Abs. 1, 1 Abs. 1 GG begründen, allerdings dürfte dies in der Praxis nur selten oder gar nicht vorkommen.

2060 *Döhmann/Kehr*, DVBl 2011, 930 (935).

2061 *BVerwG*, Urt. v. 9.6.2010 – 6 C 5/09.

2062 *Gietl*, JR 2010, 50 (53).

Stadionverbot herausstellen, weil die „Stadionverbots-GbR“ wegen ihrer sekundären Darlegungslast dazu substantiiert vortragen muss.[2063]

Ist der Betroffene in einem der beschriebenen Verwaltungsrechtsprozesse erfolgreich, wirkt sich dies für ihn nicht nur mittelbar vorteilhaft auf das zivilrechtliche Stadionverbot aus. Er kann auch öffentlich-rechtliche Amtshaftungs- und Entschädigungsansprüche prüfen, wenn er nachweisen kann, dass die Staatsanwaltschaft oder Polizei rechtswidrig gehandelt hat.[2064]

2063 Vgl. vertiefend: Kapitel 6A.II.1.d)cc)1)(c)(cc), S. 432 ff.

2064 Vgl. *BVerfG*, NStZ 1984, 228 (229). Grundsätzlich kann der Betroffene bei rechtswidrigem Polizeihandeln auch eine Dienstaufsichtsbeschwerde erheben, vergleiche dazu vertiefend: *Griesbaum,* in: *Hannich*, Karlsruher Kommentar, § 163 StPO Rn. 33 m.w.N.

Kapitel 7 Ausblick und Ergebnis

Die Diskussion über die rechtlichen und dogmatischen Probleme der bundesweiten Stadionverbote wurde in den ersten sechs Kapiteln geführt und weitgehend neuen Lösungen zugeführt. Das letzte Kapitel soll dies vervollständigen, indem es aktuelle Reformvorschläge aufgreift und eigene Reformvorschläge als Ergebnisse dieser Arbeit formuliert.

A. Ausblick

Die juristische und öffentliche Diskussion beschränkt sich nicht auf die rechtlichen Probleme der derzeitigen Stadionverbotspraxis. Sie mündet in konkrete Reformvorschläge. Diese können systematisch unterteilt werden: Die einen fordern, das Stadionverbot vollständig abzuschaffen. Andere schlagen vor, zumindest die Stadionverbotsrichtlinie inhaltlich zu reformieren.

I. Abschaffung der Stadionverbotsrichtlinie des DFB

Zunächst sind die öffentlichen Forderungen darzustellen, das Instrument des bundesweiten Stadionverbots vollständig abzuschaffen.

1. Grundlegende Reformen der aktuellen Stadionverbotspraxis

Diese Diskussion wird vielfältig geführt. Involviert sind juristische Literaten, öffentliche Medien und Fußballfans.

a) Vollständige Abschaffung des Stadionverbots

Die öffentliche Forderung, das bundesweite Stadionverbot vollständig abzuschaffen, geht im Wesentlichen von Faninitiativen[2065] oder Fanrechtefonds[2066]

2065 *Friedmann*, Polizei und Fans, S. 51. Als Beispiel seien die Organisationen „Pro Fans" (http://www.profans.de/stadionverbot, abgerufen am 29.12.2011) und „Bündnis aktiver Fußballfans-BAFF" (*BAFF*, Die hundert „schönsten" Schikanen gegen Fußballfans, S. 135) genannt.

2066 Fanrechtefonds sind Zusammenschlüsse von Fußballfans, die bundesweit Geld sammeln, um Musterprozesse in den Bereichen Stadionverbote oder „Datei Gewalttäter Sport" zu führen, *Friedmann*, Polizei und Fans, S. 51 m.w.N. Nicht alle Faninitiativen oder -rechtefonds fordern, das bundesweite Stadionverbot vollständig abzuschaffen.

aus. Diese Zusammenschlüsse von Fußballfans begründen ihre Forderung dadurch, dass sie sich als Opfer polizeilicher Willkür, des DFB und der Vereine ansehen; örtliche Stadionverbote und strafrechtliche Schritte seien völlig ausreichend gegen Gewalttäter.[2067] Empirische Untersuchungen unterstützen diese Argumentation: *Friedmann* kritisierte, dass das Stadionverbot in seiner derzeitigen Umsetzung seine generalpräventive Wirkung verfehle.[2068] Gewaltbereite Hooligans würden sich in Folge des Stadionverbots frustriert vor dem Stadion oder in den Innenstädten aufhalten, dort während des Spiels das Gewaltpotenzial steigern, und sich nach dem Spiel unmittelbar mit ihrer Fangruppierung zusammenschließen, da sie sich durch ein Stadionverbot nicht aus ihrem oftmals wichtigsten sozialen Umfeld ausschließen lassen wollen.[2069] Dadurch entstehe ein zusätzlicher „Betreuungsaufwand" für die Polizei.[2070]

Auch Stimmen der juristischen Literatur forderten bereits im Jahre 1980, das bundesweite Stadionverbot abzuschaffen: „Meines Erachtens funktioniert das Stadionverbot schon zivilrechtlich nicht, jedenfalls funktioniert es strafrechtlich nicht (…). Ich bin, deutlich gesagt, der Ansicht, dass Stadionverbote nicht durchsetzbar sind."[2071]

Viele beschränken sich darauf, Reformen der Stadionverbotsrichtlinie des DFB zu verlangen, um die Rechte von Zuschauern bei Fußballspielen besser zu wahren, vgl. *Friedmann*, Polizei und Fans, S. 52. In diesem Zusammenhang ist auch ein Zusammenschluss von Rechtsanwälten zu nennen: http://www.fananwaelte.de/, abgerufen am 06.02.2012.

2067 http://www.profans.de/stadionverbot, abgerufen am 29.12.2011.

2068 *Friedmann*, Polizei und Fans, S. 37. Dass die derzeitige Stadionverbotspraxis ein geeignetes Präventivmittel darstelle, bezweifeln auch *Orth/Schiffbauer*, da die Vereine über die staatsanwaltlichen Ermittlungsergebnisse hinaus den Sachverhalt nicht selbständig aufklären und die Staatsanwaltschaft das Verfahren aus ermittlungsökonomischen Gründen oft nur nach § 153 StPO anstatt nach § 170 Abs. 2 StPO einstellen würden, *Orth/Schiffbauer,* RW 2011, 177 (210). Diese Ansicht ist zurückzuweisen, vgl. dazu ausführlich: Kapitel 2B.IV.1.b), S. 157 ff.

2069 *Friedmann*, Polizei und Fans, S. 37 m.w.N.

2070 http://www.taz.de/1/sport/artikel/1/stadionverbote-zulaessig/, abgerufen am 29.12.2011. Auch *Heermann* hält es allenfalls für die zweibeste Lösung, gewaltbereite Gruppenmitglieder durch Stadionverbote zu entfernen, *Heermann*, NJW 2010, 537 (537). Stattdessen sieht er vorrangig die gesellschaftliche Zivilcourage in der Pflicht und beruft sich dabei auf eine Aussage des damaligen DFB-Präsidenten *Dr. Zwanziger* im Anschluss an Fanausschreitungen im April 2008: „Wir müssen weiter daran arbeiten, dass die Vernünftigen in der Gruppe die Gruppe der Unvernünftigen diszipliniert. Wir können nicht durch rein staatliche, verbands- und vereinsgesteuerte Sicherheitsmaßnahmen solche Dinge, wie sie jetzt […] passiert sind, vollständig ausschließen.", vgl. *Heermann*, NJW 2010, 537 (537) m.w.N.

2071 *Arzt*, in: *WFV*, Zuschauerausschreitungen bei Fußballspielen, S. 82 (90); vgl. *Schild*, in: *WFV*, Recht der Sportstätte, S. 66 (69) m.w.N.

b) *Abschaffung der Stadionverbotsrichtlinie zugunsten einer gesetzlichen Regelung*

Klesczewski greift diesen Gedanken aus dem Jahre 1980 in der aktuellen Diskussion auf: Er sieht in dem bundesweiten Stadionverbot eine unzulässige Privatstrafe, die gegen Art. 92 GG verstoße.[2072] Dies wurde bereits ausführlich dargestellt und widerlegt.[2073] *Klesczewski* erkennt andererseits, dass Gewaltprävention bei Fußball-Großveranstaltungen wichtig ist. Allerdings will er solche Maßnahmen ermöglichen, indem die Stadionverbotsrichtlinie des DFB abgeschafft und durch eine gesetzliche Regelung ersetzt wird.[2074] Diese solle sich an der Praxis der Jugendgerichtspflege orientieren.[2075] Dadurch könne auch die notwendige Resozialisierung erreicht werden.[2076]

Auch *Gietl* schließt seine Ausführungen ähnlich: „Aufgrund der vielseitigen Friktionen, die die Einpassung des zivilrechtlichen Stadionverbots in das Sicherheits-, Straf- und Datenschutzrecht verursacht, erscheint eine gesetzliche öffentlich-rechtliche Regelung des Stadionverbots notwendig. Hier sind die Landesgesetzgeber aufgefordert tätig zu werden, um ein Aufenthaltsverbot für alle Stadien der oberen Ligen zu ermöglichen.“[2077]

2. Stellungnahme

Weder das Stadionverbot noch die Stadionverbotsrichtlinie des DFB sind abzuschaffen. Eine gesetzliche Regelung ist nicht notwendig. Sie könnte die Stadionverbotspraxis aber prozessual erleichtern.

a) *Keine Abschaffung der Stadionverbotsrichtlinie*

Das Stadionverbot stellt eine geeignete Präventivmaßnahme dar, um die Gewalt im Zusammenhang mit Fußballveranstaltungen zu bekämpfen.[2078] Diese Arbeit

---

2072 Vgl. hierzu ausführlich *Klesczewski*, in: *Kauerhof u.a.*, Zuschauer als Störer, S. 69 (82 f).

2073 Vgl. vertiefend: Kapitel 1D.V.2, S. 108 f.

2074 Vgl. *Klesczewski*, in: *Kauerhof u.a.*, Zuschauer als Störer, S. 69 (83 f.).

2075 *Klesczewski*, in: *Kauerhof u.a.*, Zuschauer als Störer, S. 69 (84).

2076 *Klesczewski*, JZ 2010, 251 (252).

2077 *Gietl*, JR 2010, 50 (55). Alternativ könnte vorgeschlagen werden, die Stadionverbotsrichtlinie auf vertragliche Grundlage zu stellen: Sie könnte möglicherweise über eine dynamische oder statische Verweisung in den allgemeinen Ticketbedingungen in den Zuschauervertrag einbezogen werden. Vgl. Vertiefend zur dynamischen und statischen Verweisung im Sportrecht: *Orth*, Vereins- und Verbandsstrafen, S. 152 ff. und 178 f.

2078 „Auch wenn das Zivilrecht keine Sanktionsmöglichkeit im engeren Sinne bietet, sind potenzielle Stadionverbote sowie finanzielle Verpflichtungen des Störers gegenüber

hat aufgezeigt, dass die Vorgaben der Stadionverbotsrichtlinie im Wesentlichen mit rechtsstaatlichen Anforderungen zu vereinbaren sind. Trotz der vielfältigen Wechselwirkungen zwischen dem Zivilrecht, dem Strafrecht und dem Öffentlichem Recht harmonisieren die aktuelle Praxis der Stadionverbote und die Rechtsprechung des Bundesgerichtshofs mit der gesamten Rechtsordnung. Soweit vereinzelt Reformen erforderlich sind, ist darauf später einzugehen.[2079] Das bundesweite Stadionverbot kann folglich aus rechtlicher Sicht generell nicht als „willkürlich" oder „rechtsstaatlich untragbar" bezeichnet werden.[2080]

Daraus folgt auch, dass der Rechtsstaat keine gesetzliche Regelung der Stadionverbotspraxis erfordert. Alle auftretenden Rechtsprobleme lassen sich – wie aufgezeigt – überzeugend mit der juristischen Methodenlehre lösen, ohne dass der Gesetzgeber tätig werden müsste. Wollte der Gesetzgeber in die privaten Hausrechte der Vereine eingreifen, muss er sich sogar rechtfertigen. Vor allem das verfassungsrechtliche Übermaßverbot streitet gegen eine gesetzliche Regelung. Es verbleiben keine rechtsstaatlichen Bedenken gegen die Stadionverbotspraxis, die eine solche gesetzliche Regelung erforderlich machen würden.

Selbst wenn Fanvertreter oder empirische Untersuchungen zu belegen versuchen, dass das Stadionverbot seine präventive Wirkung verfehle, würde dies nicht dazu führen, dass die Stadionverbotspraxis als rechtswidrig zu bezeichnen wäre. Vielmehr obliegt es dem Ermessen der Vereine als Inhaber des Hausrechts, ob und wie sie rechtlich zulässige Mittel einsetzen, auch wenn ihre Wirkung fraglich sein sollte, was ohnehin fern liegend erscheint.[2081] Anders als der Staat können Private ihre Unterlassungsansprüche (Stadionverbote) auch dann geltend machen, wenn es andere mildere, gleich geeignete Mittel geben sollte.

Sofern Kritiker bemängeln, dass die Vereine im Einzelfall rechtswidrige Stadionverbote aussprechen, ist ihnen das Gewaltenteilungsprinzip entgegenzuhalten. Das sechste Kapitel zeigte ausführlich, dass ausreichender Rechtsschutz gegen jedes Stadionverbot und alle daraus resultierenden Folgefragen existiert. Die staatlichen Gerichte können deswegen jeden Einzelfall darauf überprüfen,

---

den belasteten Vereinen durchaus geeignet, Fußballfans zur Rechtstreue anzuhalten.", *Marzahn*, ZJS 2010, 428 (437). Auch *Blumberg*. *Haslinger* und *Hilpert* sehen in dem Stadionverbot ein sinnvolles und notwendiges Mittel zur Gewalteindämmung, vgl. *Blumberg*, Stadionverbot, S. 78; *Hilpert*, Fußballstrafrecht, IV. Rn. 10; *Haslinger*, Zuschauerausschreitungen, S. 217; *Ruhs*, Sicherheit und Ordnung, S. 25; *DSJ*, NKSS, S. 8; *Späte*, Kein Zutritt, S. 3 f. Dies bestätigt aus sozialpädagogischer Sicht: *Schulz*, Kritische Analyse, S. 75 m.w.N. Anderer Ansicht ist *Klode*, die Stadionverbote nicht als „Allheilmittel" ansieht, vgl. *Klode*, Pyrotechnik und Stadionverbote, S. 92 ff.

2079 Vgl. vertiefend: Kapitel 7A.II.2, S. 463 ff.

2080 Diesem Vorwurf der Medien sah sich der Bundesgerichtshof nach seiner Urteilsverkündung ausgesetzt, vgl. vertiefend: Kapitel 1A.I.1, S. 31.

2081 *Ruhs*, Sicherheit und Ordnung, S. 25.

ob die Vorgaben der Rechtsordnung und des Grundgesetzes eingehalten wurden. Im Übrigen ließe sich die Problematik ungerechter Stadionverbote im Einzellfall auch durch eine gesetzliche Regelung nicht lösen. Der einzige Unterschied läge darin, dass die Stadionverbotsbeauftragten nicht die verbandsrechtlichen Vorgaben der Stadionverbotsrichtlinie, sondern die gesetzlichen Vorgaben des Landes- oder Bundesgesetzgebers zu beachten hätten.[2082] Auch dann bleiben rechtswidrige Stadionverbote im Einzelfall möglich. Die Problematik würde lediglich auf eine andere Normenebene verlagert. Da die Stadionverbotsbeauftragten in der Praxis versuchen, die verbandsrechtlich verbindlichen Vorgaben der Stadionverbotsrichtlinie einzuhalten,[2083] bietet es keinen Vorteil, die Voraussetzungen des Stadionverbots auf eine höherrangige Normenebene zu übertragen. Soweit inhaltlich Reformierungsbedarf besteht,[2084] kann dieser gleich effizient dadurch umgesetzt werden, dass die Stadionverbotsrichtlinie entsprechend überarbeitet wird.

Gleichzeitig sollten alle Beteiligten verstärkt versuchen zu erreichen, dass die Öffentlichkeit die Stadionverbotspraxis positiver wahrnimmt,[2085] indem sie enger und effizienter zusammenarbeiten: „Die Kommunikation zwischen den Vereinen und der Polizei, aber auch mit den Fans muss verbessert, die gesamte Präventionsarbeit bei den Vereinen fortgesetzt und, wo nötig, verstärkt werden.“[2086] Dazu kann eine gesetzliche Regelung nicht besser beitragen als das derzeitige Regelwerk. Im Gegenteil: Die Stadionverbotspraxis geht seit dem

---

2082 Fraglich ist zudem, ob der Landes- oder Bundesgesetzgeber eine größere Sachkompetenz besitzt. Die Verantwortlichen des DFB arbeiten bereits seit fast zwei Jahrzehnten erfolgreich mit Polizei, Staatsanwaltschaft, Politik und Fanvertretern zusammen und besitzen aus diesem Grund eine enorme Sachkompetenz, die in die Stadionverbotsrichtlinie einfließt. Dies beweist aktuell der Runde Tisch vom 14.11.2011, bei dem Innenminister, Fußballfans, Polizei und Sicherheitsexperten eng zusammenarbeiten, vgl. dazu http://taz.de/Runder-Tisch-zur-Gewalt-beim-Fussball-/!81880/, abgerufen am 29.12.2011.

2083 Vgl. Jahresbericht ZIS: http://www.polizei-nrw.de/lzpd/stepone/data/downloads/a0/00/00/10-11jahresbericht-oeffentlich.pdf, abgerufen am 26.10.2011. Vgl. vertiefend auch: Kapitel 1C.III.1.b), S. 78 f.

2084 Vgl. vertiefend: Kapitel 7A.II.2.b), S. 473 ff.

2085 In den Stadionverbotsfällen ist es besonders auffällig, dass die öffentliche Wahrnehmung von der tatsächlichen Gesetzeslage besonders stark abweicht, *Blumberg*, Stadionverbot, S. 70. Dies ist vermutlich auf die hohe emotionale Betroffenheit zurückzuführen.

2086 Innenminister *Hans-Peter Friedrich* im Zeitungsinterview, vgl. http://www.welt.de/sport/fussball/article13713485/Innenminister-Friedrich-fordert-mehr-Stadionverbote.html, abgerufen am 29.12.2011. Als positives Beispiel geht diesbezüglich der Verein Herta BSC Berlin voran, der freiwillig einen Sicherheitsbeirat gegründet hat, um eine bessere Kommunikation zwischen allen Beteiligten zu erreichen, vgl. vertiefend: Kapitel 6A.I.1.c), S. 385 ff.

Jahre 1992 auf die Stadionverbotsrichtlinie des DFB zurück. In ihr sind alle Erfahrungen der Praxis eingearbeitet. Statt sie abzuschaffen, sollte der DFB anhand der noch aufzuzeigenden Reformvorschläge[2087] versuchen, sie weiter zu verbessern, rechtsstaatlichen Anforderungen noch gezielter anzupassen und dadurch eine bessere Transparenz und Einzelfallgerechtigkeit für die Betroffenen herzustellen.[2088] Eine gesetzliche Regelung der Stadionverbotspraxis ist folglich nicht erforderlich; sie bietet keinen Vorteil gegenüber der Stadionverbotsrichtlinie des DFB.

b) Vorschlag und künftige Diskussion einer prozessualen Gesetzesregelung

Dass die Stadionverbotspraxis weiterhin durch die Stadionverbotsrichtlinie des DFB geprägt bleiben sollte, steht nicht entgegen, anderweitige Verbesserungsmöglichkeiten zu diskutieren. Aus prozessökonomischen Gründen könnte eine gesetzliche Regelung neben (und nicht statt) der Stadionverbotsrichtlinie sinnvoll sein; diese sollte nicht die Voraussetzungen oder das Verfahren eines bundesweiten Stadionverbots betreffen, sondern Rechtsstreitigkeiten im Zusammenhang mit einem Stadionverbot vereinfachen, um Ressourcen der Justiz, der Vereine und der Betroffenen zu sparen: Neben die Vorgaben der Stadionverbotsrichtlinie könnte eine gesetzliche Regelung treten, die es ermöglicht, alle aus dem Stadionverbot resultierenden Rechtsfragen (Kapitel 5) in einem einzigen Prozess zu klären. Wegen der aufgezeigten vielfältigen Wechselwirkungen des Stadionverbots, ist dies prozessökonomisch sinnvoll. Dadurch würden Rechtswegaufspaltungen vermieden, Kapazitäten der Justiz gespart und die Verfahren beschleunigt.

Auch der Gesetzgeber zeigte durch das vierte VwGOÄndG, dass er solche prozessökonomischen Überlegungen unterstützt, indem er die §§ 17 bis 17b GVG neu regelte.[2089] Vor allem § 17 Abs. 2 S. 1 GVG vereinfacht die Gerichtspraxis. Danach kann eine Entscheidung bei einem Gericht konzentriert werden, auch wenn der Streitgegenstand unterschiedliche Rechtsfragen betrifft, die verschiedenen Rechtswegen zugewiesen sind.[2090] § 17 Abs. 2 S. 1 GVG eröffnet dem entscheidenden Gericht eine rechtswegüberschreitende Sachkompetenz, die

---

2087 Zu den konkreten Reformvorschlägen, vgl. vertiefend: Kapitel 7A.II.2, S. 463 ff.

2088 Dadurch kann die präventive Wirkung des Stadionverbots verstärkt werden, *Marzahn*, ZJS 2010, 428 (432). Diese Defizite zeigt auch eine Interview-Studie mit Ultra-Mitgliedern auf, vgl. *Klode*, Pyrotechnik und Stadionverbote, S. 147.

2089 Vgl. dazu auch *BFH*, NVwZ-RR 1998, 790 (791).

2090 *Zimmermann*, in: *Rauscher u.a.*, MüKo ZPO, § 17 GVG Rn. 2.

durch § 17 Abs. 2 S. 2 GVG lediglich aus verfassungsrechtlichen Gründen eingeschränkt ist.[2091]

§ 17 Abs. 2 S. 1 GVG reicht in seiner aktuellen Fassung allerdings nicht aus, um alle in den Kapiteln fünf und sechs aufgezeigten Rechtsfragen in einem einheitlich Prozess zu klären, da die aktuelle Regelung voraussetzt, dass es sich um denselben Streitgegenstand, mithin denselben Antrag und Sachverhalt, handelt.[2092] Denn aus § 17 Abs. 2 S. 1 GVG lässt sich kein einheitlicher, rechtswegübergreifender Gerichtsstand des Sachzusammenhangs begründen.[2093] Ziel dieser gesetzlichen Regelung ist es lediglich, das angerufene Gericht zu einer Entscheidung auch über rechtswegfremde Anspruchsgrundlagen zu verpflichten, wenn dem Klagebegehren trotz rechtswegdifferierender Anspruchsgrundlagen ein einheitlicher prozessualer Anspruch zugrunde liegt.[2094] Demgegenüber betreffen die Rechtsfragen des fünften und sechsten Kapitels unterschiedliche Streitgegenstände. Beispielsweise sind unterschiedliche Sachverhalte und Anträge betroffen, wenn der Betroffene einerseits gemäß § 1004 Abs. 1 S. 1 BGB analog i.V.m. §§ 823, 826 BGB i.V.m. Art. 2 Abs. 1 GG i.V.m. Art. 1 Abs. 1 GG von der „Stadionverbots-GbR“ verlangt, das Stadionverbot aufzuheben (Leistungsklage vor dem Zivilgericht)[2095] oder andererseits gemäß § 32 Abs. 2 S. 1 Alt 1 BKAG i.V.m. § 8 Abs. 3 BKAG verlangt, seine Daten aus der öffentlich-rechtlichen Datei „Gewalttäter Sport“ löschen zu lassen (Verpflichtungsklage vor dem Verwaltungsgericht)[2096].

Aus diesem Grund müsste eine zusätzliche Gesetzesregelung geschaffen werden, die eine Gesamtzuständigkeit eines Gerichts ermöglicht, auch wenn unterschiedliche Streitgegenstände betroffen sind. Dagegen sprechen die Vorteile, die es bietet, unterschiedliche Streitgegenstände auch unterschiedlichen Rechtswegen zuzuweisen: die Gerichte können sich sachlich spezialisieren, dadurch Einarbeitungszeit sparen und den Rechtsschutz verbessern.[2097] Ob die prozessökonomischen Erwägungen einer Gesamtzuständigkeit diese Spezialisierungsvorteile überwiegen, muss bezweifelt werden. Dies ist jedoch keine spezifische Frage des Stadionverbots bzw. der Hausrechtsausübung der Vereine, sondern eine verallgemeinerungsfähige Frage, die in der juristischen Diskussion der Zukunft zu beantworten sein wird.

[2091] *Wittschier*, in: *Musielak*, ZPO, § 17 GVG Rn. 1.

[2092] *BVerwG*, NVwZ-RR 2004, 551 (552); *Zimmermann*, in: *Rauscher u.a.*, MüKo ZPO, § 17 GVG Rn. 13 m.w.N.

[2093] *OLG Frankfurt a.M.*, NJW-RR 1995, 319 (320); *Wittschier*, in: *Musielak*, ZPO, § 17 GVG Rn. 8 m.w.N.

[2094] *Wittschier*, in: *Musielak*, § 17 GVG Rn. 7.

[2095] Vgl. vertiefend: Kapitel 6A.II.1, S. 409 ff.

[2096] Vgl. vertiefend: Kapitel 6C, S. 450 f.

[2097] *Zimmermann*, in: *Rauscher u.a.*, MüKo ZPO, § 17 GVG Rn. 2.

II. Reformvorschläge der Stadionverbotsrichtlinie des DFB

Die öffentliche Diskussion reagierte auf die letzten Ausschreitungen im DFB-Pokal und den Gewalteskalationen in der Bundesliga im Oktober und November 2011[2098] mit Reformvorschlägen der Stadionverbotsrichtlinie.

1. Aktuelle Vorschläge aus Anlass der jüngsten Zuschauerausschreitungen

„Wir haben leider eine Zunahme von Gewalttätigkeiten, die uns nicht tatenlos zuschauen lassen kann. (…) in der Diskussion ist auch eine verschärfte Nutzung des Hausrechts in den Stadien", sagte Innenminister *Hans-Peter Friedrich* am 14.11.2011 in einem Zeitungsinterview.[2099] Bevor zum 31.03.2008 die reformierte Stadionverbotsrichtlinie des DFB in Kraft trat, war es möglich, Stadionverbote mit einer Höchstdauer von fünf Jahren auszusprechen.[2100] Aus Anlass der jüngsten Ausschreitungen, forderte *Uwe Schünemann*, Innenminister des Landes Niedersachen, die bisherige Höchstdauer von drei auf fünf Jahre zu verlängern.[2101] *Martin Kind*, Präsident des Fußballvereins Hannover 96, geht sogar darüber hinaus: „Stadien sind kein rechtsfreier Raum, das muss man den Ultras oder Chaoten unter den Fans deutlich machen." [2102] Er hält sogar „lebenslange Stadionverbote" für möglich.[2103]

2098 Vgl. dazu http://www.welt.de/sport/fussball/article13713485/Innenminister-Friedrich-fordert-mehr-Stadionverbote.html, abgerufen am 29.12.2011.

2099 Innenminister *Friedrich*, in: http://www.welt.de/sport/fussball/article13713485/ Innenminister-Friedrich-fordert-mehr-Stadionverbote.html, abgerufen am 14.11.2011.

2100 *Hilpert*, Fußballstrafrecht, IV. Rn. 8.

2101 http://www.neuepresse.de/Sport/Hannover-96/Uebersicht/Schuenemann-fordert-Stadionverbot-fuer-Chaoten, abgerufen am 29.12.2011. Der Sicherheitsgipfel vom 17.07.2012 in Berlin griff diesen Vorschlag auf und forderte sogar in Einzelfällen ein Stadionverbot von bis zu 10 Jahren: http://www.sueddeutsche.de/sport/sicherheitsgipfel-in-berlin-klubs-beschliessen-laengere -stadionverbote-1.1414940.

2102 http://www.nwzonline.de/Aktuelles/Sport/Nachrichten/NWZ/Artikel/2729513/Innenminister-und-96-Pr%E4sident-f%FCr-Stadionverbote.html, abgerufen am 29.12.2011. Diese Forderung stellte er bereits im Jahre 2008, vgl. vertiefend zur Diskussion über die Stadionverbotsdauer im Jahre 2008: *Hilpert*, Fußballstrafrecht, IV. Rn. 8.

2103 http://www.nwzonline.de/Aktuelles/Sport/Nachrichten/NWZ/Artikel/2729513/Innenminister-und-96-Pr%E4sident-f%FCr-Stadionverbote.html, abgerufen am 29.12.2011.

Zum 14.11.2011 berief Bundesinnenminister *Hans-Peter Friedrich* einen sog. Runden Tisch zum Thema „Gewalt im Fußball" in Berlin ein.[2104] Beteiligt waren alle Innenminister der Bundesländer, Fußballfunktionäre, Politiker sowie der Leiter der Koordinationsstelle Fanprojekte.[2105] Ziel dieses Treffens war es, die Maßnahmen umzusetzen, die der letzte Runde Tisch am 23.04.2010 beschlossen hatte.[2106] Dazu gehört insbesondere der sog. 10-Punkte-Plan mit dem Titel „Maßnahmen gegen Gewalt im Zusammenhang mit Fußballspielen". Er enthält folgende Vorschläge, um die Sicherheit in Fußballstadien zu verbessern:[2107]

1. Verbesserung der strukturellen Kommunikation
2. Intensivierung der atmosphärischen Kommunikation (Fandialog)
3. Ausbau der Fanarbeit
4. Qualifizierungsoffensive
5. Wissenschaftliche Begleitung
6. Flexibilisierung und Abwicklung von Risikospielen
7. Verzicht auf Profifußball am 1. Mai 2011
8. Öffentliche Ächtung von Fehlverhalten durch gezielte Öffentlichkeitsarbeit
9. Progressiver Ausbau der Frühprävention
10. Bewährungsmodelle[2108] bei Stadionverboten.

Der Runde Tisch enttäuschte die Erwartungen, die an ihn aus Anlass der jüngsten Zuschauerausschreitungen gestellt worden waren, weil er darüber hinaus

---

2104 Zu dem jährlichen Treffen des Gremiums „Nationaler Ausschuss Sport und Sicherheit": *DSJ*, NKSS, S. 46 f. Vertiefend zur Tätigkeit der Sicherheitskommission des DFB: *Hennes*, in: *Schild*, Rechtliche Aspekte, S. 1 (1ff.).

2105 http://www.faz.net/aktuell/sport/fussball/fussball-und-gewalt-im-alleingang-ohne-chance-11528871.html, abgerufen am 29.12.2011.

2106 http://www.bundesregierung.de/nn_1264/Content/DE/Artikel/2011/11/2011-11-14-gewalt-fussball.html, abgerufen am 29.12.2011.

2107 Abrufbar unter: http://www.bundesliga.de/de/liga/news/2009/index.php?f=0000 152731.php, abgerufen am 24.01.2012.

2108 Die Fanarbeit gemäß Ziff. 3 auszubauen unterstützt zugleich die in Ziff. 10 aufgegriffenen Bewährungs-modelle. Diese Sozialarbeit, insbesondere im Rahmen der Jugendarbeit und im Rahmen von örtlichen Fanprojekten bestärkt die präventive Wirkung des Stadionverbots, *Friedmann*, Polizei und Fans, S. 49 f. Sie ermöglicht es zudem, gewalttätige Fußballfans zu resozialisieren, vgl. *Klesczewski*, JZ 2010, 250 (252). Rechtlich lassen sich solche Bewährungsmodelle beispielsweise durch den obigen Vorschlag von strafbewehrten Unterlassungserklärungen umsetzen, vgl. vertiefend: Kapitel 6A.I.3, S. 401 ff.

keine konkreten Maßnahmen beschloss.[2109] Liga-Präsident *Reinhard Rauball* fasste das Ergebnis wie folgt zusammen: „Es gibt keine Sofort-Lösungen. Bisher eingeleitete Maßnahmen müssen optimiert werden."[2110] Der Runde Tisch erteilte denen eine Absage, die die Stadionverbotspraxis weiter verschärfen wollen: Personalisierte Eintrittskarten[2111] sollen nicht eingeführt und die Höchstdauer eines Stadionverbots nicht verlängert werden. Die Sicherheit sei vorrangig zu erhöhen, indem der Dialog zwischen den Stadionverbotsbeteiligten, der Polizei, der Politik sowie den Fußballfans intensiviert und der am 23.04.2010 beschlossene 10-Punkte umgesetzt werde.[2112] Dazu beauftragte der Runde Tisch eine sog. „Task Force".[2113] Dieses Expertengremium setzt sich aus Vertretern von Fans, Verbänden, Justiz und Polizei zusammen.[2114] Der damalige DFB-Präsident Theo Zwanziger formulierte deren Aufgaben: „Die Task Force muss ad hoc Lösungsvorschläge präsentieren, die sachgerecht wirken. Es soll keine Dauerkommission werden, sondern sie soll konkret und schnell handeln."[2115]

2109 http://www.abendblatt.de/sport/article2093488/Viele-Worte-wenig-Massnahmen-Kuschelkurs-gegen-Hooligans.html, abgerufen am 14.11.2011. Aktuell werden zahlreiche Maßnahmen diskutiert, um die Gewalt im Fußball besser bekämpfen zu können, wie beispielsweise: Sitzplatzpflicht in allen deutschen Fußballstadien, optisch verbesserte Videoüberwachung der Stadien, Nacktscanner und Leibes-Visitationen, Punkteabzug für die Vereine nach Ausschreitungen etc.

2110 http://www.abendblatt.de/sport/article2093488/Viele-Worte-wenig-Massnahmen-Kuschelkurs-gegen-Hooligans.html, abgerufen am 14.11.2011.

2111 Vgl. http://www.faz.net/aktuell/sport/fussball/fussball-und-gewalt-im-alleingang-ohne-chance-11528871.html, abgerufen am 14.11.2011. Die Problematik personalisierter Eintrittskarten liegt in dem dadurch entstehenden, erheblichen Bürokratieaufwand, vgl. http://www.welt.de/sport/fussball/article13713485/Innenminister-Friedrich-fordert-mehr-Stadionverbote.html, abgerufen am 14.11.2011. Darüber hinaus bestehen zahlreiche schuldrechtliche und datenschutzrechtliche Probleme, vgl. dazu vertiefend: *Ensthaler/Zech*, NJW 2005, 3389 (3389 ff.); *Gutzeit*, BB 2007, 113 (113 ff.); *Conrad*, CR 2005, 537 (537 f.); *LG Hamburg*, Urt. v. 05.03.2010 – 406 O 159/09.

2112 http://www.faz.net/aktuell/sport/fussball/fussball-und-gewalt-im-alleingang-ohne-chance-11528871.html, abgerufen am 29.12.2011.

2113 http://www.abendblatt.de/sport/article2093488/Viele-Worte-wenig-Massnahmen-Kuschelkurs-gegen-Hooligans.html, abgerufen am 14.11.2011.

2114 http://www.abendblatt.de/sport/article2093488/Viele-Worte-wenig-Massnahmen-Kuschelkurs-gegen-Hooligans.html, abgerufen am 14.11.2011; http://www.faz.net/aktuell/sport/fussball/fussball-und-gewalt-im-alleingang-ohne-chance-11528871.html, abgerufen am 14.11.2011.

2115 http://www.abendblatt.de/sport/article2093488/Viele-Worte-wenig-Massnahmen-Kuschelkurs-gegen-Hooligans.html, abgerufen am 14.11.2011.

2. Stellungnahme und neue Reformvorschläge

Die nachfolgende Stellungnahme greift die aktuelle Diskussion auf und erarbeitet zugleich weitere Reformvorschläge.[2116] Diese wurden entwickelt als Ergebnis der rechtlichen Auseinandersetzung mit der Stadionverbotspraxis in den Kapiteln eins bis sechs. Sie lassen sich nach verfahrensrechtlichen und inhaltlichen Änderungen der Stadionverbotsrichtlinie des DFB unterscheiden.

a) Verfahrensrechtliche Reformvorschläge

Zunächst sind die verfahrensrechtlichen Reformvorschläge[2117] darzustellen.

aa) Einrichtung eines unabhängigen und dauerhaften Expertengremiums

Es ist zu begrüßen, dass der Runde Tisch am 14.11.2011 ein Expertengremium „Task Force" einrichtete, um weitere Vorschläge zu erarbeiten, wie die Gewalt in Fußballstadien besser bekämpft werden kann. Die Mitglieder der „Task Force" besitzen eine große Fachkompetenz und Erfahrung in der Stadionverbotspraxis. Dadurch können sie sachlich fundierte Vorschläge erarbeiten. Da auch die Fußballfans in der „Task Force" vertreten sind, kann sie Ergebnisse erzielen, die alle Beteiligten und Betroffenen als interessengerecht akzeptieren können. Zu beanstanden bleibt lediglich die Entscheidung des Runden Tischs, das Expertengremium nicht als Dauerkommission einzurichten. Beispielsweise hätten die Mitglieder der „Task Force" einen speziellen Unterausschuss des bestehenden Nationalen Ausschusses Sport und Sicherheit bilden können.[2118] Dadurch hätte fortlaufend kontrolliert werden können, ob weitere Reformen erforderlich und die getroffenen Maßnahmen geeignet sind, um die Gewalt in Fußballstadien einzudämmen. Eine Dauerkommission könnte regelmäßig, zumindest aber einmal im Jahr nach dem Ende der Bundesliga-Saison tagen, um zu analysieren, wie sich die Gewalt in der vergangenen Saison entwickelt hat, und um darauf schnell und effektiv reagieren und dem Runden Tisch berichten zu können.

2116 Es sollte „im Interesse der Fußballverbände liegen, das Stadionverbot auf rechtlich und rechtsstaatlich unangreifbare Grundlage zu stellen.", *Orth/Schiffbauer*, RW 2011, 177 (217).

2117 Verfahrensrechtlichen Reformbedarf haben bereits Expertenkommissionen erkannt: „Nach den bisherigen Erfahrungen ist das praktizierte Verfahren verbesserungsbedürftig.", vgl. *Schulz*, Kritische Analyse, S. 75 m.w.N.

2118 Vertiefend zum Nationalen Ausschuss Sport und Sicherheit: *Schulz*, Kritische Analyse, S. 79 f.

Dennoch inspiriert die „Task Force" zu weiteren Reformen, die rechtlich zwar nicht erforderlich sind, die die Stadionverbotspraxis aber verbessern können, indem das bundesweite Stadionverbot in der Öffentlichkeit und von den Betroffenen besser akzeptiert und dadurch die Stadionsicherheit erhöht wird: Es sollte ein weiteres, unabhängiges (Dauer-) Expertengremium eingerichtet werden, dessen Aufgaben sich von der bestehenden „Task Force" unterscheiden. Während die „Task Force" inhaltliche Reformen erarbeitet, sollte ein zusätzliches Expertengremium sich damit befassen, ob die Stadionverbote im konkreten Einzelfall rechtmäßig ausgesprochen wurden. *Schünemann* verlangte diesbezüglich, dass eine neutrale Stelle des DFB über Stadionverbote entscheiden solle, da die Vereine vorwiegend Stadionverbote gegen auswärtige Fußballfans aussprechen würden.[2119] Die Forderungen einiger Fanorganisationen gehen sogar darüber hinaus: Es solle ein Gremium zur Entscheidung über bundesweite Stadionverbote eingerichtet werden, das unabhängig von DFB und Polizei als Entscheidungsinstanz akzeptiert werden kann.[2120]

Beiden Vorschlägen ist nur eingeschränkt zuzustimmen. Es ist sinnvoll neben der oben beschriebenen „Reform-Dauerkommission" eine „Entscheidungs-Dauerkommission" einzurichten. Die Forderungen der Fanorganisationen sind insoweit zu befürworten, als dass diese Entscheidungsinstanz nicht beim DFB angesiedelt werden sollte. Zwar läge es nahe, dem DFB diese Aufgabe als Dachverband der Vereine zu übertragen, da dieser auch über die notwendigen finanziellen Mittel und Fachkompetenz verfügt. Ihm darf glaubhaft unterstellt werden, neutrale Entscheidungen zu treffen, die weder einseitig zugunsten der Vereine noch einseitig zugunsten der Fußballfans ausfallen.

Allerdings sehen viele Fußballfans den DFB als Interessenvertreter der Vereine an. Er sieht sich häufig dem Vorwurf ausgesetzt, willkürlich zu handeln.[2121] Alleine dieser (subjektive) Vorwurf Einzelner reicht aus, um ausschließen zu müssen, dass die Entscheidungsinstanz beim DFB angesiedelt wird. Dadurch würde eine solche Entscheidungsinstanz ihre wichtigste Funktion verlieren: ihre Unabhängigkeit. Genauer gesagt besteht die Gefahr, dass die Betroffenen, ihre Entscheidungen nicht als unabhängig akzeptieren. Darin besteht jedoch der wesentliche Zweck einer solchen Entscheidungsinstanz. Da die derzeitige Stadionverbotspraxis bereits weitgehend mit den Vorgaben der staatlichen Rechtsordnung im Einklang steht,[2122] soll eine unabhängige Entscheidungsinstanz nicht

---

2119 http://www.neuepresse.de/Sport/Hannover-96/Uebersicht/Schuenemann-fordert-Stadionverbot-fuer-Chaoten, abgerufen am 29.12.2011.

2120 Beispielhaft sei hier die Fanorganisation Pro Fans genannt: http://www.profans.de/stadionverbot, abgerufen am 29.12.2011.

2121 Vgl. beispielsweise: http://www.profans.de/stadionverbot, abgerufen am 29.12.2011.

2122 Dies haben die Kapitel 1 bis Kapitel 6 gezeigt.

nur zu gerechteren Entscheidungen im Einzelfall führen, sondern auch erreichen, dass das bundesweite Stadionverbot in der Öffentlichkeit und von den Betroffenen als gerecht oder gerechter empfunden wird. Nur dadurch kann ein Dialog angestrebt und die Sicherheit in den Stadien erhöht werden.

Die Forderungen der Fanorganisationen sind andererseits einzuschränken. Zwar ist neben der Reformierungs-Kommission ein weiteres, davon unabhängiges Expertengremium einzurichten, das Entscheidungskompetenzen über konkrete Fälle der Stadionverbotspraxis erhalten soll. Allerdings sollte dieses Expertengremium nicht darüber entscheiden, ob ein bundesweites Stadionverbot ausgesprochen wird oder nicht.[2123] Diese Entscheidung obliegt einzig den Vereinen (über die „Stadionverbots-GbR"). Sie sind nicht nur Inhaber des Hausrechtes, sondern verfügen auch über bessere Informationen als Grundlage der Entscheidung über ein Stadionverbot. Den Stadionverbotsbeauftragten der Vereine sind die gewaltgeneigten Fans oftmals seit vielen Jahren bekannt. Häufig sind sie sogar Augenzeugen der Ausschreitungen im Stadion. Am sachnächsten können deswegen die Vereine über ein Stadionverbot entscheiden. Ihre verbandsrechtliche Zuständigkeit aus § 3 Abs. 1 Nr. 1 SVR sollte aus diesem Grund nicht reformiert werden.

Stattdessen sollte das neue Expertengremium darüber entscheiden, ob ein von den Vereinen ausgesprochenes Stadionverbot gemäß §§ 6, 7 SVR aufzuheben oder zu reduzieren ist. Das Stadionverbot kann auf Antrag des Betroffenen jederzeit gegen Auflagen ausgesetzt, in seiner Dauer reduziert oder ganz aufgehoben werden. Die Entscheidung darüber könnte von den Vereinen ausgelagert und auf eine unabhängige Entscheidungsinstanz übertragen werden. Zu diskutieren wäre, eine solche Entscheidungsinstanz möglicherweise sogar als Schiedsgericht im Sinne der §§ 1025 ff. ZPO auszugestalten.[2124]

Eine einfache und transparente Verfahrensordnung könnte erreichen, dass die Betroffenen eine Entscheidung des Expertengremiums akzeptieren. Dies könnte einen langwierigen und kostenintensiven Rechtsstreit vermeiden. Der Bundesgerichtshof erkannte in seinem Urteil vom 30.10.2009 zutreffend, dass es angesichts der regelmäßigen Dauer eines staatlichen Zivilprozesses regelmäßig

---

2123 Einen interessanten Mittelweg geht der VfL Bochum: Dieser richtete ein Expertengremium ein, das den Betroffenen anhört, den Sachverhalt unabhängig vom Verein bereits vorab würdigt und dann eine unverbindliche Empfehlung an den Stadionverbotsbeauftragten abgibt, der seinerseits ankündigte, in der Regel diesem Vorschlag der Stadionverbotskommission folgen zu wollen, vgl. vertiefend: http://www.vfl-bochum.de/site/_fans/_faninfos/stadionverbotskommissionp.htm, abgerufen am 28.05.2012. Dies schlägt nun auch *Klode* vor, vgl. *Klode,* Pyrotechnik und Stadionverbote, S. 152 ff.

2124 Vgl. vertiefend zu den Vor- und Nachteilen der privaten Schiedsgerichtsbarkeit: *Münch*, in: *Rauscher u.a.*, MüKo ZPO, Vorb §§ 1025 ff. ZPO, Rn. 51 ff.

vorprogrammiert ist, dass das Stadionverbot sich währenddessen erledigt.[2125] Dies könnte durch das beschriebene Entscheidungsverfahren über die Anträge nach §§ 6, 7 SVR vermieden werden. Die unabhängige Experteninstanz könnte noch vor Ablauf des Stadionverbots entscheiden, ob der Verein das bundesweite Stadionverbot (über die „Stadionverbots-GbR") rechtmäßig ausgesprochen hat. Dadurch würde die staatliche Justiz entlastet und der effektive Rechtsschutz für die Betroffenen verbessert.

In der Bundesligasaison 2010/2011 sprachen die Vereine durchschnittlich 22,75 örtliche und bundesweite Stadionverbote pro Woche aus.[2126] Da nicht jeder Betroffene einen Antrag nach §§ 6, 7 SVR stellen wird, erscheint es durchaus realistisch, dass das Expertengremium innerhalb von einer Woche entscheiden kann, nachdem ihm der Antrag zugegangen ist. Die Aufwandsentschädigung für die Tätigkeit der Experten könnten die Zuschauer und Vereine hälftig finanzieren.[2127] Dazu könnte dieses „Revisionsverfahren" vor dem Expertengremium kostenpflichtig ausgestaltet werden. Sollte man sich für eine kostenfreie Lösung zugunsten des Antragsstellers entscheiden, könnten die Fans ihren hälftigen, finanziellen Beitrag gemeinschaftlich über den Preis der Eintrittskarte erbringen und diesen über die Vereine abführen. Diese Lösungsmöglichkeiten vermeiden, dass ausschließlich die Vereine oder der DFB das Expertengremium finanzieren müssen. Dies würde die Lasten nicht nur ungerecht verteilen, sondern auch die Unabhängigkeit des Gremiums, jedenfalls seine öffentliche Akzeptanz als unabhängige Instanz gefährden.

bb) Anpassung an datenschutzrechtliche Mitteilungspflicht

Des Weiteren ist die derzeitige Stadionverbotspraxis an die datenschutzrechtliche Mitteilungspflicht anzupassen.[2128] Die „Stadionverbots-GbR" muss den Betroffenen in ihrem Stadionverbotsschreiben gemäß § 33 Abs. 1 S. 1 BDSG darüber informieren, dass die Zentralverwaltung des DFB personenbezogene Daten über ihn speichert, um sie bundesweit an alle Vereine, die ZIS, die LIS und die örtliche Polizei weiterzuleiten. Anderenfalls droht ihr ein Bußgeld gemäß § 43 Abs. 1 Nr. 8 BDSG. Dazu sollte der Richtliniengeber das Muster entsprechend ergänzen, das die „Stadionverbots-GbR" als Stadionverbotsschreiben gemäß § 8

2125 *BGH*, NJW 2010, 534 (535).

2126 http://www.polizei-nrw.de/lzpd/stepone/data/downloads/a0/00/00/10-11jahresbericht-oeffentlich.pdf, abgerufen am 26.10.2011.

2127 Alternativ könnte die Finanzierung über Fanrechtsorganisation wie den oben beschriebenen Fanrechtefonds erfolgen.

2128 Vgl. vertiefend: Kapitel 5A.IV.3.b)cc)3), S. 361 f.

Abs. 1 S.1 SVR verbindlich verwenden muss. Daneben sollte er auch § 8 Abs. 1 SVR anpassen:

„Das Stadionverbot ist nach Muster (Anlage) stets schriftlich festzusetzen. Ein mündlich ausgesprochenes Stadionverbot ist schriftlich zu bestätigen. *Das Stadionverbotsschreiben muss den Betroffenen darüber informieren, dass seine Daten in der Zentralverwaltung gespeichert werden. Es soll ihn über seine Rechte gegen das Stadionverbot und gegen die Datenspeicherung aufklären.*" [Änderungen sind hier und im Folgenden kursiv oder durchgestrichen].

cc) Veränderungen im Wortlaut des § 3 Abs. 3 S. 4 SVR

Auch § 3 Abs. 3 S. 4 SVR ist zu reformieren, da diese verbandsrechtliche Regelung der zivilrechtlichen Darlegungs- und Beweislastverteilung widerspricht. § 3 Abs. 3 S. 4 SVR räumt den Vereinen nach seinem aktuellen Wortlaut ein Ermessen ein, weitere Informationen einzuholen, wenn sie Zweifel darüber haben, ob die Voraussetzungen eines Stadionverbots vorliegen: „In Zweifelsfällen *können* vor Erteilung des Stadionverbots weitere Informationen eingeholt werden."

Demgegenüber obliegt den Vereinen zivilrechtlich die Darlegungs- und Beweislast für die Voraussetzungen des §§ 1004 Abs. 1 S. 2, 862 Abs. 1 S. 2 BGB, jedenfalls solange gegen den Betroffenen noch kein Stadionverbot ausgesprochen ist.[2129] Entscheidend kommt es dabei auf die Tatsachen an, die der Einleitung des Ermittlungsverfahrens zugrunde liegen.[2130] Ergeben sich aus der kurzen Beschreibung der Tat durch die Polizei[2131] keine ausreichenden Tatsachen für ein Stadionverbot, können die Vereine zunächst ein vorläufiges Stadionverbot aussprechen.[2132] Für ein vorläufiges Stadionverbot bestehen geringere materiell–rechtliche Anforderungen an die Gefahrenprognose als für ein endgültiges Stadionverbot, weil in diesen Zweifelsfällen die Sicherheitsinteressen der Vereine und der übrigen Zuschauer solange deutlich überwiegen, bis die Vereine zumutbar weitere Tatsachen ermitteln konnten.[2133] Um ihrer zivilrechtlichen Darlegungs- und Beweislast für ein endgültiges Stadionverbot nachkommen zu können, müssen die Vereine zusätzliche Tatsachen ermitteln, die ihre Gefahren-

2129 Vgl. vertiefend zur Problematik der Darlegungs- und Beweislastverteilung, nachdem das Stadionverbot ausgesprochen wurde: Kapitel 6A.II.1.d), S. 419 ff.

2130 Dies gilt jedenfalls für Stadionverbote nach § 4 Abs. 3 SVR, *BGH*, NJW 2010, 534 (536), vgl. vertiefend zu den Voraussetzungen eines solchen Stadionverbots: Kapitel 2B, S. 114 ff. Dies gitl auch für Stadionverbote nach § 4 Abs. 4 SVR, wobei es dort auf die Tatsachen ankommt, die dem dortigen Tatbestand zugrunde liegen.

2131 Vgl. vertiefend: Kapitel 1C.III.1.d), S. 82 f.

2132 *Orth/Schiffbauer* schlagen dazu einen Zeitraum von zwei bis drei Wochen vor, *Orth/Schiffbauer*, RW 2011, 177 (215).

2133 *Orth/Schiffbauer*, RW 2011, 177 (215). Vgl. vertiefend: Fn. 606, S. 148.

prognose stützen.[2134] In Zweifelsfällen reicht es deswegen nicht aus, dass die Vereine weitere Informationen einholen „können“, bevor sie ein Stadionverbot aussprechen. Stattdessen „müssen“ sie weitergehende Informationen einholen. Insbesondere sollten die Vereine den Betroffenen möglichst frühzeitig während des Stadionverbotsverfahrens anhören.[2135]

Da sich die Stadionverbotsbeauftragten in der Praxis an der Stadionverbotsrichtlinie orientieren, muss verhindert werden, dass sich das verbandsrechtliche Ermessen in § 3 Abs. 3 S. 4 SVR und die zivilrechtliche Darlegungs- und Beweislast widersprechen, indem der Wortlaut in § 3 Abs. 3 S. 4 SVR wie folgt geändert wird: „*In Zweifelsfällen kann ein vorläufiges Stadionverbot von bis zu vier Wochen ausgesprochen werden*; währenddessen *müssen* weitere Informationen eingeholt, *der Betroffene angehört und danach abschließend über ein endgültiges Stadionverbot entschieden werden.*“

dd) Problematik der Informationsweitergabe über den Ausgang des Ermittlungsverfahrens an die Vereine

Marzahn kritisiert, dass in der Praxis die Informationen über den Ausgang des Ermittlungsverfahrens nicht oder nur zeitverzögert an die Vereine weitergegeben werden.[2136] Deswegen müsse ein Weg gefunden werden, dies besser zu gewährleisten.[2137] Dazu schlägt er vor, auf die SKB zurückzugreifen, die gemäß § 482 StPO von der Staatsanwaltschaft über den Ausgang des Verfahrens in Kenntnis gesetzt werden.[2138] Die SKB seien ohnehin im Umfeld des Vereins tätig.[2139]

Marzahn verkennt dabei die oben aufgezeigten Grundsätze der Beweislastverteilung. Der Betroffene muss dem Verein darlegen, dass kein Anfangsverdacht mehr gegen ihn fortbesteht, wenn er seinen Aufhebungsanspruch aus § 1004 Abs. 1 S. 1 BGB analog i.V.m. §§ 823, 826 BGB i.V.m. Art. 2 Abs. 1 i.V.m. Art. 1 Abs. 1 GG gegen ein bestehendes Stadionverbot geltend macht.[2140]

2134 *Orth/Schiffbauer* schlagen zudem vor, dem Betroffenen eine Frist zur Stellungnahm zu setzen und ein längeres Stadionverbot zu ermöglichen, wenn der Betroffene diese Frist verstreichen lässt, *Orth/Schiffbauer,* RW 2011, 177 (215). Zivilrechtlich ist für eine solche Ausschlussfrist jedoch keine Grundlage ersichtlich.

2135 Vgl. vertiefend zur Problematik der Anhörung: Kapitel 6A.I.1.c), S. 385 ff. Vgl. dazu nun auch den Vorschlag von *Klode*, Pyrotechnik und Stadionverbote, S. 147 ff.

2136 *Marzahn*, ZJS 2010, 428 (436).

2137 *Marzahn*, ZJS 2010, 428 (436).

2138 *Marzahn*, ZJS 2010, 428 (436).

2139 *Marzahn*, ZJS 2010, 428 (436).

2140 Vgl. vertiefend zu den Grundsätzen der sekundären Darlegungslast: Kapitel 6A.II.1.d)cc)1)(c)(cc), S. 432 ff.

Erst danach obliegt dem Verein (über die „Stadionverbots-GbR“) die sekundäre Darlegungslast dafür, dass künftig dennoch Störungen durch ihn zu besorgen sind. Trotzdem ist der Hinweis *Marzahn's* zweckmäßig, um eine transparentere und gerechtere Stadionverbotspraxis zu ermöglichen. „Nicht immer ist das juristisch Mögliche auch das tatsächlich Sinnvolle.“[2141] Dass die Stadionverbotsrichtlinie über die zivilrechtlichen Vorgaben hinausgehen kann, zeigt auch die verbandsrechtliche Anhörungspflicht in § 5a SVR. Deswegen sollten die Vereine unverzüglich über den Ausgang des Ermittlungsverfahrens informiert werden.

Der Vorschlag von *Marzahn*, diese Problematik über die SKB zu lösen, bietet allerdings Nachteile: Die Vereine wären darauf angewiesen, dass die SKB die Informationen der Staatsanwaltschaft unverzüglich an sie weiterleiten. Dazu sind die SKB rechtlich jedoch nicht verpflichtet. Deswegen wären die Vereine noch mehr auf eine gut funktionierende (informelle) Zusammenarbeit mit den SKB angewiesen. Dadurch steigt mittelbar der Druck, Stadionverbote auszusprechen, wenn ein SKB dies dem Verein empfiehlt. Des Weiteren besteht die Gefahr, dass sich das Stadionverbotsverfahren weiter verzögert, wenn die Staatsanwaltschaft die Vereine erst über den Umweg der SKB informiert, sobald sie das Ermittlungsverfahren abgeschlossen hat.

Diese Probleme sind durch einen anderen, neuen Vorschlag zu lösen: Die Vereine sollten verbandsrechtlich verpflichtet werden, eine Strafanzeige bei der Staatsanwaltschaft oder Polizei gemäß § 158 Abs. 1 S. 1 StPO zu erstatten, sobald der SKB sie über den Tatvorwurf und die Einleitung des Ermittlungsverfahrens informiert und ein Stadionverbot empfiehlt. (Zugleich könnte der Verein bei der Staatsanwaltschaft anregen, ein beschleunigtes Verfahren i.S.d. §§ 417 ff. StPO zu beantragen, um das Strafverfahren schneller abschließen zu können.) Durch die Strafanzeige wäre die Staatsanwaltschaft gemäß § 171 S. 1 StPO verpflichtet, den Verein unmittelbar zu informieren, sobald sie das Ermittlungsverfahren abschließt.[2142] Eine Strafanzeige kann grundsätzlich jedermann erstatten, sogar wenn er durch die mitgeteilte Straftat weder unmittelbar noch mittelbar berührt wird,[2143] auch wenn das Ermittlungsverfahren bereits eingeleitet ist.[2144] Sie belastet den beschuldigten Zuschauer zudem nicht weiter, da eine zusätzliche Strafanzeige sich nicht auf den Tatverdacht auswirkt, sondern nur dazu anregt, einen bestimmten Sachverhalt zu prüfen und gegebenenfalls ein Ermitt-

---

2141 *Blumberg*, Stadionverbot, S. 81.

2142 *Schmid*, in: *Hannich*, Karlsruher Kommentar, § 171 StPO Rn. 8; *Gorf*, in: *Graf*, BeckOK StPO, § 171 StPO Rn. 3 ff.

2143 *Griesbaum*, in: *Hannich*, Karlsruher Kommentar, § 158 StPO Rn. 4.

2144 *OLG Karlsruhe*, Beschl. v. 6.3.1992 – 2 Ws 17/92; *Gorf*, in: *Graf*, BeckOK StPO, § 171 StPO Rn. 2.

lungsverfahren einzuleiten bzw. fortzuführen.[2145] Die Staatsanwaltschaft ist verpflichtet, den Anzeigenerstatter unter Angabe von Gründen zu bescheiden, wenn sie das Ermittlungsverfahren beendet.[2146] Dies gilt auch, wenn sie das Ermittlungsverfahren gemäß §§ 153, 153a StPO einstellt oder sogar einen Anfangsverdacht verneint.[2147] Der Bescheid über das Ende des Ermittlungsverfahrens beinhaltet grundsätzlich die wahren Gründe der Einstellung.[2148] Ihm ist eine vollständige Abschrift der Einstellungsverfügung beizufügen.[2149] Auf dieser Grundlage können die Vereine den Betroffenen erneut anhören und eine neue Gefahrenprognose treffen. Dazu könnten die Vereine verbandsrechtlich verpflichtet werden, indem § 3 Abs. 3 SVR durch weitere Sätze ergänzt wird, die hinter dem derzeitigen ersten Satz wie folgt eingefügt werden sollten:

„(3) Die Festsetzung eines Stadionverbotes soll im Hinblick auf die Zwecksetzung (§ 1 Abs. 2) möglichst zeitnah zur sicherheitsbeeinträchtigenden Handlung des Betroffenen und in der Regel zu dem Zeitpunkt erfolgen, zu welchem dem Hausrechtsinhaber die Einleitung eines Ermittlungsverfahrens bzw. die Durchführung eines sonstigen Verfahrens oder das Vorliegen eines ausreichenden Verdachts der Verwirklichung eines Tatbestandes nach § 4 dieser Richtlinie bekannt wird. *Wird der Verein von einem Szenekundigen Beamten der Polizei über die Einleitung des Ermittlungsverfahrens informiert, darf er ein Stadionverbot darauf nur stützen, wenn der Information ausreichende Tatsacheninformationen über den Tathergang beigefügt waren. Der Verein soll gleichzeitig mit dem Ausspruch eines Stadionverbots eine (weitere) Strafanzeige erstatten und darum bitten, ausführlich über die Gründe der Beendigung des Ermittlungsverfahrens informiert zu werden. Danach soll der Verein den Betroffenen erneut anhören, eine neue Gefahrenprognose treffen und danach über das Stadionverbot nach den Vorgaben des § 6 SVR [n.F.[2150]] entscheiden*. Bei der Festsetzung (…)“

ee) Weitere Verbesserung der Informationsgrundlage der Vereine

Zusätzlich sollten die verbandsrechtlichen Informationspflichten der Vereine, insbesondere in den Zweifelsfällen des § 3 Abs. 3 S. 4 SVR weiter verschärft werden, um eine bessere Gefahrenprognose treffen zu können. Anknüpfungs-

---

2145 *BayObLG*, NJW 1986, 441 (442); *Patzak*, in: *Graf*, BeckOK StPO, § 158 StPO Rn. 1.
2146 *Schmid*, in: *Hannich*, Karlsruher Kommentar, § 171 StPO Rn. 4.
2147 *Gorf*, in: *Graf*, BeckOK StPO, § 171 StPO Rn. 3.
2148 *Schmid*, in: *Hannich*, Karlsruher Kommentar, § 171 StPO Rn. 9.
2149 *Schmid*, in: *Hannich*, Karlsruher Kommentar, § 171 StPO Rn. 10.
2150 Vgl. vertiefend: Kapitel 7A.II.2.b)bb), S. 475 f.

punkt ist § 3 Abs. 3 S. 5 SVR in seiner aktuellen Fassung: „Insbesondere *kann* der etwaige Bezugsverein um eine Stellungnahme ersucht werden."

Der Wortlaut könnte wie folgt überarbeitet und ergänzt werden: „Insbesondere sollte der Verein in den Fällen des § 4 Abs. 3 dieser Richtlinie Auskunft von der Polizei oder Staatsanwaltschaft über die Tatsachen, die der Einleitung des Ermittlungsverfahrens zugrunde liegen, beantragen, den Betroffenen anhören und den etwaigen Bezugsverein um eine Stellungnahme ersuchen."[2151]

Dieses intendierte, verbandsrechtliche Ermessen sollte sich zu einer Pflicht der Vereine verdichten, sobald diese Kenntnis davon erhalten, dass das strafprozessuale Ermittlungsverfahren eingestellt ist. Dazu könnten dahinter zwei weitere Sätze als § 3 Abs. 3 S. 6 und S. 7 SVR eingefügt werden: *„Sobald das Ermittlungsverfahren gegen den Betroffenen eingestellt ist, muss der Verein in Zweifelsfällen auf diese Weise verfahren. § 6 SVR [n.F.*[2152]*] bleibt unberührt."*

Diese Vorschläge setzten allerdings voraus, dass die Vereine entsprechende Auskünfte oder Akteneinsicht verlangen könnten.[2153] Ein solches Recht könnte sich aus § 475 Abs. 1, Abs. 2 StPO ergeben. Dazu müssten die Vereine als Privatpersonen im Sinne des § 475 Abs. 1 S. 1 StPO ein berechtigtes Interesse darlegen können, ohne dass gemäß § 475 Abs. 1 S. 2 StPO schutzwürdige Interessen des Betroffenen entgegenstehen.

Um ein berechtigtes Interesse zu begründen, muss der Private schlüssig Tatsachen vortragen, die Grund und Umfang eines bestimmten Interesses an der gewünschten Auskunft erkennen lassen.[2154] Dies unterliegt weniger strengen Voraussetzungen als eine Tatsache glaubhaft zu machen.[2155] Andererseits reicht es nicht, formelhaft zu behaupten, den „Auskunftsantrag zur Wahrnehmung zivilrechtlicher Interessen" zu benötigen.[2156] Eine solche Formulierung ließe nur Mutmaßungen über den Grund des Auskunftsbegehrens zu.[2157] Dieses muss erkennen lassen, aufgrund welcher tatsächlicher Beziehung der Auskunftssuchende die Auskunft oder Akteneinsicht begehrt und wofür er die Auskunft benö-

---

2151 Um diesen Rechtsgedanken systematisch konsequent umsetzen zu können, sollte auch § 5a Abs. 2 S. 2 SVR entsprechend angepasst werden.

2152 Vgl. vertiefend: Kapitel 7A.II.2.b)bb), S. 475 f.

2153 Dass dieser Vorschlag in der Praxis umgesetzt werden kann, zeigt der Sachverhalt, der dem Urteil des Bundesgerichtshofs vom 30.10.2009 zugrunde lag, denn dort hat der beklagte Verein im Dezember 2006 Einsicht in die Ermittlungsakte (AZ: 592 Js 206/06) genommen, vgl. *BGH*, NJW 2010, 534 (535); *AG Duisburg*, Urt. v. 13.3.2008 – 73 C 1565/07.

2154 *LG Frankfurt a.M.*, Beschl. v. 15.4.2003 – 5/2 AR 2/03; *Gieg*, in: *Hannich*, Karlsruher Kommentar, § 475 StPO Rn. 2 m.w.N.

2155 *Gieg*, in: *Hannich*, Karlsruher Kommentar, § 475 StPO Rn. 2 m.w.N.

2156 *Gieg*, in: *Hannich*, Karlsruher Kommentar, § 475 StPO Rn. 2.

2157 *Gieg*, in: *Hannich*, Karlsruher Kommentar, § 475 StPO Rn. 2.

tigt.[2158] Dazu werden die Vereine im Einzellfall darzulegen haben, dass sie beabsichtigen, einen zivilrechtlichen Unterlassungsanspruch gegen den Beschuldigten geltend zu machen. Um ihr Auskunftsbegehren zu substantiieren, sollten sie zudem alle Tatsacheninformationen beifügen, die ihnen bereits vorliegen, bspw. die E-Mail der Polizei, die den Verein über die Einleitung des Ermittlungsverfahrens und die zugrunde liegenden Tatsachen informiert. Darüber hinaus sollten die Vereine begründen, warum ihnen Zweifel über die Voraussetzungen eines Stadionverbots verbleiben, um zu begründen, dass sie Auskünfte von der staatlichen Ermittlungsbehörde benötigen.

Anders als in § 406e Abs. 1 S. 1 StPO muss die Privatperson nach § 475 Abs. 1 S. 2 StPO nicht darlegen, dass ihr Auskunftsinteresse dem Versagungsinteresse des Betroffenen überwiegt.[2159] Schutzwürdige Interessen des Betroffenen im Sinne des § 475 Abs. 1 S. 2 StPO stehen dem Auskunftsbegehren deswegen grundsätzlich nicht entgegen.[2160] Letztlich bleibt dies jedoch im konkreten Einzellfall zu prüfen,[2161] wobei insbesondere das Recht des Betroffenen auf informationelle Selbstbestimmung zu berücksichtigen ist.[2162]

Die Vereine müssen einen Rechtsanwalt beauftragen, um Auskünfte oder Akteneinsicht nach § 475 Abs. 1, Abs. 2 StPO zu erhalten. Die dadurch entstehenden Kosten können sie nur unter den Voraussetzungen des § 475 Abs. 4 StPO vermeiden. Danach kann die Ermittlungsbehörde nach ihrem Ermessen im Einzelfall entscheiden, Auskunft oder Akteneinsicht unmittelbar an die Privatperson ohne Rechtsanwalt zu gewähren.[2163] Muss der Verein einen Rechtsanwalt nach § 475 Abs. 1, Abs. 2 StPO beauftragen, wird er unter den oben aufgezeigten Voraussetzungen zu prüfen haben, ob er diese Kosten von dem Störer als Schaden ersetzt verlangen kann.[2164]

2158 *Gieg*, in: *Hannich*, Karlsruher Kommentar, § 475 StPO Rn. 2. Demgegenüber werden zivilrechtliche Interessen im Rahmen des § 475 Abs. 1 StPO in der Literatur teilweise kritisch bewertet, vgl. mit weiteren Nachweisen: *Gieg*, in: *Hannich*, Karlsruher Kommentar, § 475 StPO Rn. 2.

2159 *LG Frankfurt a.M.*, Beschl. v. 15.4.2003 – 5/2 AR 2/03

2160 *LG Frankfurt a.M.*, Beschl. v. 15.4.2003 – 5/2 AR 2/03; *Gieg*, in: *Hannich*, Karlsruher Kommentar, § 475 StPO Rn. 2 mit dem Hinweis auf kritische Gegenstimmen in der Literatur und weitere Nachweise.

2161 Ein schutzwürdiges Interesse des Betroffenen steht jedenfalls dann nicht entgegen, wenn er seine Einwilligung dazu erteilt hat, dass der Verein Auskunft von der Staatsanwaltschaft verlangen kann. Den Vereinen ist anzuraten, eine entsprechende Einwilligung des Betroffenen während des Anhörungsverfahrens schriftlich einzuholen. Erklärt er sich dazu bereit, kann dies positive bei der Gefahrenprognose i.S.d. §§ 1004 Abs. 1 S. 2, 862 Abs. 1 S. 2 BGB berücksichtigt werden.

2162 *BVerfG*, NJW 2009, 2876 (2876).

2163 Vgl. dazu *Gieg*, in: *Hannich*, Karlsruher Kommentar, § 475 StPO Rn. 5 m.w.N.

2164 Vgl. vertiefend: Kapitel 5A.II, S. 323 ff.

b) *Inhaltliche Reformvorschläge*

Neben diesen verfahrensrechtlichen Vorschlägen ist die Stadionverbotsrichtlinie inhaltlich zu reformieren. Sie ist an die zivilrechtlichen Vorgaben im Außenverhältnis zwischen Zuschauer und Verein anzupassen, damit sich die Stadionverbotsbeauftragten daran orientieren können. Verbandsrecht und Zivilrecht sind zu harmonisieren. Anderenfalls wären die Vereine im Innenverhältnis verpflichtet, Stadionverbote auszusprechen, die einer zivilgerichtlichen Kontrolle im Außenverhältnis nicht standhalten. Darüber hinaus ist der Wortlaut der Stadionverbotsrichtlinie für die Stadionverbotsbeauftragten als Rechtslaien besonders bedeutsam.

aa) Reform der (Höchst-) Dauer eines Stadionverbots

Reformbedürftig ist die Dauer des Stadionverbots, die § 5 SVR regelt. Dies zeigt die Diskussion über diese Regelung: Während die einen fordern, die Höchstdauer des Stadionverbots in § 5 Abs. 2 SVR von drei auf fünf Jahre oder sogar lebenslänglich zu verlängern,[2165] sehen andere in § 5 Abs. 2 SVR eine insgesamt unzulässige Pauschalisierung.[2166]

Die letztgenannte Ansicht wurde bereits ausführlich widerlegt.[2167] § 5 Abs. 2 SVR pauschalisiert nicht unzulässig, sondern normiert lediglich Höchstfristen zugunsten der betroffenen Störer. Maßgeblich ist nach den Wertungen in §§ 1004 Abs. 1 S. 2, 862 Abs. 1 S. 2 BGB eine individuelle Gefahrenprognose, wie lange zu besorgen ist, dass der Betroffene auch bei künftigen Spielen sicherheitsrelevante Störungen verursachen wird.[2168] „Entscheidend sind nicht die Richtlinien, sondern die konkreten Umstände.“[2169] Dies bestätigt auch § 5 Abs. 1 SVR in seiner aktuellen Fassung: „Die Dauer des Stadionverbots beträgt mindestens eine Woche und *höchstens die in Absatz 2 genannten Zeiträume.* Bei der Bemessung des Zeitraums innerhalb dieser Spanne soll die festsetzende Stelle Folgendes berücksichtigen: (…).“ Deswegen ist in § 5 Abs. 2 SVR keine unzulässige Pauschalisierung zu sehen.

Trotzdem sollte § 5 SVR reformiert werden: Die Diskussion zeigt, dass die Systematik in § 5 SVR häufig missverstanden wird. Wenn sogar anerkannte juristische Literaten aus § 5 Abs. 2 SVR eine unzulässige Pauschalisierung herleiten, obwohl der Wortlaut des § 5 Abs. 1 SVR auf die Umstände des Einzelfalls

---

2165 Vgl. vertiefend: Kapitel 7A.II.1, S. 460.
2166 Vgl. vertiefend: Kapitel 1C.III.2.b), S. 92.
2167 Vgl. vertiefend: Kapitel 1C.III.2.d), S. 93 ff.
2168 *BGH*, NJW 2010, 534 (536); *AG Freiburg*, SpuRt 2005, 257 (257).
2169 *BGH*, NJW 2010, 534 (537).

abstellt, kann den Stadionverbotsbeauftragten erst recht nicht zugemutet werden, die Systematik zwischen § 5 Abs. 1 SVR und § 5 Abs. 2 SVR zutreffend zu unterscheiden.[2170] Deswegen sollte § 5 Abs. 2 SVR und die dort vorgesehene Kategorisierung A bis C vollständig abgeschafft werden. Gleichzeitig sollte § 5 Abs. 1 SVR künftig klarstellen:

> „Die Dauer des Stadionverbots beträgt mindestens eine Woche und kann höchstens bis zum 30. Juni des dritten Jahres, das auf die laufende Spielzeit folgt,_ausgesprochen werden. Bei der Bemessung des Zeitraums innerhalb dieser Spanne sind die Umstände des Einzellfalls maßgeblich. Die festsetzende Stelle soll insbesondere Folgendes berücksichtigen:
>
> - die Schwere des Falls (insbesondere die Intensität, mit der der Betroffene sicherheitsbeeinträchtigend aufgefallen ist *sowie die Art des Stadionverbots nach § 4 Abs. 2, 3, 4 oder 5 SVR*) (…)"

Diese Formulierung bietet zahlreiche Vorteile: Erstens entfallen alle juristischen Vorbehalte gegen die bisherige Regelung in § 5 Abs. 2 SVR. Zweitens stellt sie klar, dass nach der Rechtsprechung des Bundesgerichtshofs[2171] stets die Umstände des Einzelfalls und nicht die Kategorien der Höchstfristen maßgeblich sind. Das Verbandsinnenrecht passt sich weiter an die zivilrechtlichen Vorgaben des Außenverhältnisses in §§ 1004 Abs. 1 S. 2, 862 Abs. 1 S. 2 BGB an. Dadurch entfällt die Gefahr, dass die Stadionverbotsbeauftragten sich in der Praxis ausschließlich an den Kategorien des § 5 Abs. 2 SVR orientieren. Dies trägt zu einer gerechteren Stadionverbotspraxis bei und bewirkt zugleich, dass die betroffenen Störer erkennen, dass sich die Vereine mit dem konkreten Einzelfall auseinandersetzen, statt Fußballfans in bestimmte Kategorien einzuordnen. Dadurch kann die Öffentlichkeit in Zukunft nicht mehr behaupten, Fußballfans werden pauschal behandelt und stigmatisiert. Eine solche Reform setzt ein wichtiges Zeichen gegen den öffentlichen Vorwurf der „Willkür der Stadionverbotspraxis" und muss deswegen als Chance aufgefasst werden, die präventive Wirkung des Stadionverbots zu erhöhen, indem alle Fußballfans das Instrument „Stadionverbot" als rechtsstaatlich anerkennen.

Wenn § 5 Abs. 2 SVR abgeschafft ist und § 5 Abs. 1 SVR hervorhebt, dass es auf die Umstände des Einzelfalls ankommt, bestehen keine Bedenken mehr, die Höchstdauer des Stadionverbots auf fünf Jahre zu verlängern. In besonders schweren Einzelfällen können die §§ 1004 Abs. 1 S. 2, 862 Abs. 1 S. 2 BGB ein fünfjähriges Hausverbot rechtfertigen. Das zeitliche Ausmaß des Stadionverbots

---

2170 Anderer Ansicht ist *Walker*, für den die Schweregrade hinreichend bestimmt definiert seien, *Walker*, in: *Höfling/Horst*, Sport und Gewalt, S. 51 (72).

2171 *BGH*, NJW 2010, 534 (537).

muss jedoch stets den Verhältnismäßigkeitsgrundsatz[2172] beachten. Dieser wird über die mittelbare Drittwirkung der Grundrechte relevant. Ein lebenslanges Stadionverbot können die Vereine vor diesem Hintergrund nur in äußerst seltenen Einzelfällen[2173] verhängen.

bb) Anpassung an die Grundsätze der sekundären Darlegungslast

Auch § 6 SVR ist inhaltlich zu reformieren. Diese Regelung ist bisher wie folgt formuliert: „Das Stadionverbot ist von der festsetzenden Stelle aufzuheben, wenn der Betroffene *nachweist*, dass

- das dem Stadionverbot ausschließlich zugrunde liegende Ermittlungsverfahren nach § 170 Abs. 2 StPO oder nach einer entsprechenden Regelung des JGG eingestellt worden ist;
- er in einem Strafverfahren rechtskräftig freigesprochen worden ist;
- sonst die Voraussetzungen der in § 4 genannten Fälle nicht erfüllt sind."

Diese Formulierung missachtet die Grundsätze der sekundären Darlegungslast:[2174] Zwar trägt der Betroffene die Darlegungs- und Beweislast für seinen Aufhebungsanspruch aus § 1004 Abs. 1 S. 1 BGB i.V.m. Art. 2 Abs. 1, 1 Abs. 1 GG, allerdings obliegt dem Verein (über die „Stadionverbots-GbR") die sekundäre Darlegungslast für den Sachgrund, auf den er das Stadionverbot stützt.[2175] Dies muss für die Stadionverbotsbeauftragten als Rechtslaien durch folgende Formulierung klargestellt werden:

„Das Stadionverbot ist von der festsetzenden Stelle aufzuheben, wenn

a) der Betroffene *glaubhaft darlegt*, dass
   - das dem Stadionverbot ausschließlich zugrunde liegende Ermittlungsverfahren nach § 170 Abs. 2 StPO oder nach einer entsprechenden Regelung des JGG eingestellt worden ist;
   - er in einem Strafverfahren rechtskräftig freigesprochen worden ist;
   - sonst die Voraussetzungen eines Stadionverbots gem. § 4 dieser Richtlinie nicht erfüllt sind

---

2172 *BGH*, NJW 2010, 534 (537).

2173 Die Ausschreitungen im ägyptischen Fußballstadion Port Said am 01.02.2012, bei denen mindestens 74 Menschen getötet und über 1000 Menschen verletzt wurden, sind ein Beispiel, in denen lebenslange Stadionverbote gerechtfertigt werden könnten, vgl. http://www.sueddeutsche.de/politik/nach-fan-gewalt-in-aegypten-hunderte-menschen-protestieren-gegen-militaerrat-1.1273409, abgerufen am 03.02.2012.

2174 Vgl. vertiefend: Kapitel 6A.II.1.d)cc)1)(c)(cc), S. 432 ff.

2175 Vgl. vertiefend: Kapitel 6A.II.1.d)cc)1)(c)(cc), S. 432 ff.

und
b) die festsetzende Stelle dies nicht durch gerichtlich verwertbare Tatsachen entkräften kann. In Zweifelsfällen gelten § 3 Abs. 3 S. 4, S. 5 sowie § 5 a Abs. 2 S. 2 dieser Richtlinie [n.F.[2176]*].“*

Auch § 6 Abs. 2 SVR muss entsprechend reformiert werden:

„Im Übrigen ist das Stadionverbot von der festsetzenden Stelle aufzuheben, wenn der Betroffene glaubhaft darlegt, dass

- *das strafprozessuale Ermittlungsverfahren gemäß §§ 153, 153a StPO eingestellt worden ist und*
- *die Voraussetzungen eines Stadionverbots gemäß § 4 dieser Richtlinie nicht erfüllt sind*

und
die festsetzende Stelle dies nicht entsprechend § 6 Abs. 1 lit. b) dieser Richtlinie entkräften kann.“

Zusätzliche Transparenz könnte der Vorschlag von *Orth/Schiffbauer* schaffen, die Vereine verbandsrechtlich zu zwingen, dem Betroffenen schriftlich eine ausführliche Gefahrenprognose im Einzelfall zu übersenden.[2177] Dies ist rechtlich nicht zwingend erforderlich, da dem Betroffenen kein außerprozessualer Anspruch auf rechtliches Gehör zusteht.[2178] Dann kann er erst recht nicht verlangen, dass der Verein seinen Unterlassungsanspruch ausführlich begründet. Dennoch ist dieser Vorschlag sinnvoll, um die Entscheidung über ein Stadionverbot transparenter zu gestalten und dadurch das Gerechtigkeitsempfinden der Betroffenen subjektiv zu erhöhen. Dadurch würden gewaltbereite Fans Stadionverbote eher akzeptieren.[2179] Dies würde auch die öffentliche Kritik an der Stadionverbotspraxis weiter verringern. Umgesetzt werden könnte dieser Vorschlag, indem § 8 Abs. 1 SVR wie folgt ergänzt wird:

„Das Stadionverbot ist nach Muster (Anlage) stets schriftlich festzusetzen. Ein mündlich ausgesprochenes Stadionverbot ist schriftlich zu bes-

2176 Vgl. vertiefend: Kapitel 7A.II.2.a)cc), S. 467.
2177 *Orth/Schiffbauer*, RW 2011, 177 (216); zustimmend: *Blumberg*, Stadionverbot, S. 82.
2178 Vgl. vertiefend: Kapitel 6A.I.1.c), S. 385 ff.
2179 Dadurch könnten auch Solidarisierungseffekte unter den Fans verringert werden, *Blumberg*, Stadionverbot, S. 82.

tätigen. *Das Stadionverbotsschreiben muss eine (ausführliche) Gefahrenprognose i.S.d. § 4 dieser Richtlinie [n.F.*[2180]*] enthalten und den Betroffenen darüber informieren, dass seine Daten in der Zentralverwaltung gespeichert werden. Es soll ihn über seine Rechte gegen das Stadionverbot und gegen die Datenspeicherung aufklären."*

cc) Regelung der Problematik von Gruppenausschreitungen

Darüber hinaus sollte die Stadionverbotsrichtlinie künftig die Problematik der Gruppenausschreitungen regeln, die im 2. Kapitel dieser Arbeit ausführlich behandelt wurde.[2181] Von den Stadionverbotsbeauftragten kann nicht erwartet werden, dass sie die Vorgaben des Bundesgerichtshofs vom 30.10.2009 und die Ergebnisse dieser Arbeit in der Praxis bundeseinheitlich umsetzen, ohne dass der Wortlaut der Stadionverbotsrichtlinie als Orientierungshilfe daran angepasst ist. Dies wäre systematisch sinnvoll durch einen neuen § 4a SVR möglich:

„§ 4a Stadionverbote bei Gruppenausschreitungen

Grundsätzlich gilt für Gruppenausschreitungen § 4 dieser Richtlinie. Kann der Verein nicht konkret jeden einzelnen Tatbeitrag der Beteiligten nachweisen, darf er ein Stadionverbot nur aussprechen, wenn er folgende Voraussetzungen nachweisen kann:

1) *Gewalttätige Gruppe*
    a. räumlicher Zusammenschluss von Menschen mit gewisser Anzahl, die äußerlich als verbundenes Ganzes erscheinen
    b. feindselige Grundstimmung der Gruppe als Basis der Ausschreitungen
    c. Gewalttätigkeiten aus der Menge mit vereinten Kräften
2) *Kausale Gefährdung der öffentlichen Sicherheit für eine Vielzahl von Personen oder Sachen von erheblichem Wert*
3) *Gruppenzugehörigkeit des Betroffenen*
    a. freiwillige und nicht nur kurzfristige räumliche Nähe zu der Gruppe im Zeitpunkt der Ausschreitungen
    b. Identifikation des Betroffenen mit der Gruppe (tatsächliche Vermutung bei rechtlicher Zugehörigkeit)
4) *Aktive, rechtswidrige Beteiligung des Betroffenen*
    (tatsächliche Vermutung, wenn er sich nicht von den Ausschreitungen entfernt).

[2180] Vgl. vertiefend: Kapitel 7A.II.2.b)ee), S. 479.

[2181] Vgl. vertiefend: Kapitel 2B.IV.2, S. 160 ff.

In Zweifelsfällen gelten § 3 Abs. 3 S. 4, S. 5 sowie § 5 a Abs. 2 S. 2 dieser Richtlinie [n.F.[2182]]. Während der Anhörung muss der Verein insbesondere die Regelung des § 6 Abs. 1 dieser Richtlinie [n.F.[2183]] beachten."

dd) Berücksichtigung von strafbewehrten Unterlassungserklärungen

Des Weiteren sollte der Vorschlag des sechsten Kapitels dieser Arbeit in die Stadionverbotsrichtlinie aufgenommen werden: Selbst wenn ein rechtmäßiges Stadionverbot ausgesprochen wurde, ist es für alle Beteiligten vorteilhaft, wenn der Betroffene die Wiederholungsgefahr beseitigen kann, indem er eine strafbewehrte Unterlassungserklärung abgibt.[2184] Zwar kann er derzeit bereits nach § 7 Abs. 1, Abs. 3 SVR beantragen, dass die Vereine (über die „Stadionverbots-GbR") das Stadionverbot unter den dort genannten Voraussetzungen gegen Auflagen aussetzen, in seiner Dauer reduzieren oder ganz aufheben. Allerdings kann der Betroffene gemäß § 7 Abs. 2 SVR keine eigenen Auflagen vorschlagen. Deswegen sollte ein weiterer Absatz § 7 Abs. 2a SVR eingefügt werden, der die Ergebnisse und Vorschläge dieser Arbeit berücksichtigt:

> „§ 7 Abs. 2a
>
> Unter den Voraussetzungen des § 7 Abs. 1, Abs. 3 dieser Richtlinie kann der Betroffene seinem Antrag eine strafbewehrte Unterlassungserklärung beifügen. Darin kann er Auflagen vorschlagen, die aus seiner Sicht geeignet sind, eine von ihm ausgehende Wiederholungsgefahr zu beseitigen. Diese Vorschläge sind bei der Entscheidung nach § 7 Abs. 5 dieser Richtlinie zu berücksichtigen, wenn die strafbewehrte Unterlassungserklärung die Prognose zulässt, dass eine hohe Wahrscheinlichkeit dafür besteht, dass der Betroffene sich zukünftig sicherheitskonform verhalten wird. Eine hohe Wahrscheinlichkeit besteht bei Stadionverboten i.S.d. § 4a dieser Richtlinie [n.F.[2185]] insbesondere, wenn der Betroffene glaubhaft versichert, sich künftig störungsgeneigten Gruppen fernzuhalten und eine etwaige Gruppenmitgliedschaft zu beenden. § 7 Abs. 2 dieser Richtlinie bleibt im Übrigen unberührt."

Durch diese neue Regelung könnten auch die Bewährungsmodelle umgesetzt werden, die nach dem Zehn-Punkte-Plan vom 23.04.2010 erarbeitet werden sollen.[2186] Dazu wäre es möglich, dass die eingesetzte „Task Force" § 7 Abs. 2a

---

2182 Vgl. vertiefend: Kapitel 7A.II.2.a)cc), S. 467.

2183 Vgl. vertiefend: Kapitel 7A.II.2.b)bb), S. 475 f.

2184 Vgl. vertiefend: Kapitel 6A.I.3, S. 401 ff.

2185 Vgl. vertiefend: Kapitel 7A.II.2.b)cc), S. 477.

2186 http://www.dfb.de/uploads/media/PuS_PuS_DFB__3_.pdf, abgerufen am 29.12.2011. *Klode* greift diesen Vorschlag aus dem Zehn-Punkte-Plan vom 23.04.2010 als eigenen

SVR n.F. um Regelbeispiele ergänzt, die der Betroffene (möglicherweise in Zusammenarbeit mit dem jeweiligen Fanprojekt) als Auflagen vorschlagen kann.

ee) Überarbeitung der Regelbeispiele für ein Stadionverbot

Die Ergebnisse des dritten Kapitels sind in nachfolgendem Reformvorschlag der Regelbeispiele des § 4 Abs. 3 SVR und § 4 Abs. 4 SVR zusammengefasst:

(3) „Ein überörtliches Stadionverbot (§ 1 Abs. 5) soll ausgesprochen werden bei eingeleiteten Ermittlungs- oder sonstigen Verfahren, insbesondere in folgenden Fällen ~~(schwerer Fall)~~:

1. Straftaten unter Anwendung von Gewalt gegen
   1.1 Leib (*§§ 223-229 StGB*) oder Leben (*§§ 211-216, 221 f. StGB*)
   1.2 fremde Sachen mit der Folge eines nicht unerheblichen *objektiven* Schadens (*§§ 303, § 303b Abs. 1 Nr. 3, 305 Var. 1, § 305a Abs. 1 Nr. 2 Alt. 1 StGB*)

2. Gefährliche Eingriffe in den *Straßen- und Schienenverkehr* (*§§ 315b, 315d StGB*)

3. Störung öffentlicher Betriebe (*§ 316b Abs. 1 Nr. 2 StGB*)

4. Nötigung (§ 240 StGB)

5. Verstöße gegen das Waffengesetz (*§§ 51-53 WaffG*)

6. Verstöße gegen das Sprengstoffgesetz (*§§ 40 - 42 SprengG*)

7. Landfriedensbruch (§§ 125, ~~125a~~, 126 Abs. 1 Nr. 1 StGB)

8. Hausfriedensbruch (§§ 123, 124 StGB)

~~9. Gefangenenbefreiung (§ 120 StGB)~~

10. Raub- (*§§ 249-252 StGB*) und Diebstahlsdelikte (*§§ 242, 244 Abs. 1 Nr. 1, 2, 244a StGB*)

Vorschlag auf, ohne kenntlich zu machen, dass dessen Umsetzung schon fast zwei Jahre vor der Veröffentlichung ihrer Dissertation beschlossen wurde, vgl. *Klode*, Pyrotechnik und Stadionverbote, S. 150 ff.

11. *Beeinträchtigung von Unfallverhütungs- und Nothilfemitteln* (§ 145 *Abs. 2* StGB)

12. ~~Handlungen nach § 27 Versammlungsgesetz~~

13. Rechtsextremistische Handlungen, insbesondere das Zeigen und Verwenden nationalsozialistischer Parolen, Embleme (§ 86a StGB), Verstöße gegen das Uniformverbot (§§ 3, *28 VersG*) und Beleidigungen (§ 185 StGB) aus rassistischen bzw. fremdenfeindlichen Motiven

14. ~~Einbringen und / oder Abbrennen von pyrotechnischen Gegenständen~~

15. Sonstige schwere Straftaten im Zusammenhang mit Fußballveranstaltungen

Ein schwerer Fall liegt auch dann vor, wenn ein Ermittlungsverfahren wegen einer versuchten Straftat i.S.d. des ersten Satzes eingeleitet wird. Ein überörtliches Stadionverbot setzt in jedem Fall voraus, dass die Tatsachen, die dem Ermittlungsverfahren zugrunde liegen, im Zusammenhang mit einer Fußballveranstaltung stehen (Kausalität) und besorgen lassen, dass der Betroffene künftig das Hausrecht (insbesondere die Sicherheit einer Fußballveranstaltung) beeinträchtigen wird.

(4) Ein überörtliches Stadionverbot soll ferner ausgesprochen werden, ohne dass ein Ermittlungs- oder sonstiges Verfahren eingeleitet wurde,

16. bei Ingewahrsamnahmen oder schriftlich belegten Platzverweisen, wenn hinreichende Tatsachen vorliegen, die die Annahme rechtfertigen, dass die Person Taten gemäß § 4 Abs. 3 begangen hat oder begehen wollte.

17. bei Sicherstellung bzw. Beschlagnahmung von Waffen oder anderen gefährlichen Gegenständen, die der Betroffene in der Absicht mitführte, Straftaten zu begehen, soweit die Handlung nicht bereits in Abs. 3 erfasst ist.

18. bei Handlungen / Verhaltensweisen, die die Menschenwürde einer anderen Person in Bezug auf Rasse, Hautfarbe, Sprache, Religion, Geschlecht oder Herkunft verletzen, insbesondere durch herabwürdigende, diskriminierende, verunglimpfende Äußerungen oder ent-

sprechende Aufschriften auf Transparenten. Unberührt hiervon bleiben die Vorschriften des § 9 Abs. 2 und
3 der Rechts- und Verfahrensordnung des DFB.

19. bei schwerwiegenden Verstößen gegen die Stadionordnung.

20. Handlungen nach § 27 VersG."

B. Bedeutung der Ergebnisse über das Beispiel des bundesweiten Stadionverbots hinaus

Das letzte Kapitel soll sich nicht auf Reformvorschläge der DFB-Stadionverbotsrichtlinie beschränken, sondern auch aufzeigen, dass sich die Ergebnisse dieser Arbeit, die Ziff. C. thesenartig zusammenfasst, auf zahlreiche weitere Sachverhalte und Fallgruppen übertragen lassen. Obwohl sie am Beispiel des bundesweiten Stadionverbots entwickelt wurden, können sie weitgehend für den zivilrechtlichen Hausrechtsschutz verallgemeinert werden.

Lediglich die Ergebnisse des 3. und 4. Kapitels stehen in engem Zusammenhang zu den besonderen verbands- und gesellschaftsrechtlichen Strukturen des Profi-Fußballsports. Diese sind mit Ausnahme der Ergebnisse zu § 174 BGB[2187] nur beschränkt zu verallgemeinern. Die im 2. Kapitel erarbeiteten Voraussetzungen und Grenzen des bundesweiten Stadionverbots lassen sich demgegenüber grundsätzlich auf den gesamten zivilrechtlichen Hausrechtsschutz übertragen, wenn der Hausrechtsinhaber einem Kontrahierungszwang unterliegt, bspw. bei Supermärkten[2188], Flughäfen[2189], Gebäuden der Post[2190], Bahnhöfen[2191], Theatern und Museen[2192], Geldinstituten[2193], Krankenhäusern[2194] sowie

---

2187 Vgl. vertiefend: Kapitel 4B.II.4.c)bb), S. 280 ff.

2188 *BGH*, Urt. v. 3.11.1993 – VIII ZR 106/93.

2189 *BGH*, Urt. v. 20.1.2006 – V ZR 134/05.

2190 Vgl. § 8 PostG; vgl. auch *Ellenberger*, in: *Palandt*, Einf v § 145 BGB Rn. 8.

2191 Vgl. § 22 PersBefG; *Ellenberger*, in: *Palandt*, Einf v § 145 BGB Rn. 8.

2192 *Ellenberger*, in: *Palandt*, Einf v § 145 BGB Rn. 9 f. m.w.N.

2193 Gegen einen Kontrahierungszwang bei Spielbanken: *BGH*, NJW 2006, 362 (362) m.w.N. Dies überträgt *Emmerich* auch auf Geldinstitute: *Emmerich*, JuS 2006, 456 (457), vgl. dazu auch: *Ellenberger*, in: *Palandt*, Einf v § 145 BGB Rn. 10 m.w.N.

2194 Ein Abschlusszwang besteht für Krankenhäuser zumindest für allgemeine Krankenhausleistungen, vgl. *BGH*, NJW 1990, 761 (762).

bei Großveranstaltungen[2195] aller Art (Konzerten, Eishockey-Spielen, Reitturnieren etc.)[2196].

Die Ergebnisse des 5. und 6. Kapitels (Rechtsfolgen und Rechtsschutz) strahlen auf weite Teile des Zivilrechts, das Strafrecht und das öffentliche Recht aus. Die Ergebnisse betreffen jeden Hausrechtsinhaber unabhängig davon, ob er einem Kontrahierungszwang unterliegt oder nicht. Übt er sein Hausrecht aus, kann sich dies insbesondere auf Vertragsverhältnisse, Schadensersatzansprüche sowie privat- oder öffentlich-rechtliche Fragen des Datenschutzes auswirken. Zudem stellt es eine wichtige Vorfrage für eine Strafbarkeit nach § 123 StGB dar, ob das Hausverbot zivilrechtlich wirksam ist.

C. Thesenartige Zusammenfassung der Ergebnisse

Abschließend sollen die Ergebnisse dieser Arbeit zusammengefasst werden, indem die oben aufgeworfenen Kernfragen[2197] thesenartig beantwortet werden.

I. Dogmatische Einordnung und Grundlagen des Fußball-Stadionverbots

Wie ist das bundesweite Fußball-Stadionverbot dogmatisch zu begründen?

1. Zivilrechtliche Grundlage des Stadionverbots als Unterfall des Hausverbots sind die Unterlassungsansprüche aus §§ 858 ff., 903, 1004 BGB. Grundsätzlich wirkt das Hausverbot räumlich begrenzt auf das Eigentum oder den Besitz des Hausrechtsinhabers (örtliches Stadionverbot). Dieser kann allerdings andere bevollmächtigen, seine Unterlassungsansprüche geltend zu machen. Die Fußballvereine nutzen dies, indem sie ihre Unterlassungsansprüche bundesweit gegenseitig (über die „Stadionverbots-GbR") aussprechen, sobald die Voraussetzungen der Stadionverbotsrichtlinie des DFB erfüllt sind (bundesweites Stadionverbot).

2195 Vgl. zu den Besonderheiten sportlicher Großveranstaltungen *BGH*, NJW 2010, 534 (536).

2196 Zur Vertiefung weiterer Fälle des unmittelbaren und mittelbaren Abschlusszwangs vgl. *BGH*, Urt. v. 9.3.2012 – V ZR 115/11; *Ellenberger*, in: *Palandt*, Einf v § 145 BGB Rn. 8 ff.

2197 Vgl. vertiefend: Kapitel 1A.I.2, S. 37 ff.

2. Grundsätzlich eröffnet das Hausrecht seinem Inhaber die Möglichkeit, frei darüber zu entscheiden, wem er Zutritt zu dem betroffenen Grundstücksareal gestattet und wem er ihn verwehrt. Unterliegt der Hausrechtsinhaber einem Kontrahierungszwang, muss er sich allerdings auf einen sachlichen Grund berufen können, um sein Hausrecht auszuüben. Die Fußballvereine lassen grundsätzlich jeden gegen Entgelt in ihr Stadion, so dass sie die mittelbar in das Zivilrecht ausstrahlenden Grundrechte beachten müssen. Das allgemeine Persönlichkeitsrecht und das Gleichbehandlungsgebot konstituieren auf diese Weise ein „Recht auf den Fußball-Stadionbesuch für jedermann“. Im Übrigen kann der Kontrahierungszwang sich auch darauf stützen, dass der Stadionbesuch (ähnlich dem Besuch von Theatern, Museen oder Badeanstalten) dem soziokulturellen Lebensbereich zuzuordnen ist und der Fußballfan nicht zumutbar ausweichen könnte, wenn „sein Verein“ ihn vom Stadion ausschließen würde. Deswegen benötigen die Vereine einen sachlichen Grund, wenn sie ein Stadionverbot aussprechen wollen.

3. Die Stadionverbotsrichtlinie des DFB regelt verbandsintern die Anforderungen an diesen sachlichen Grund. Daran sind die Fußballvereine im Innenverhältnis unmittelbar gebunden. Im Außenverhältnis können sie sich gegenüber dem störenden Zuschauer jedoch nicht auf die Stadionverbotsrichtlinie berufen. Anspruchsgrundlage des Stadionverbotes sind alleine die zivilrechtlichen Unterlassungsansprüche aus §§ 1004 Abs. 1 S. 2, 862 Abs. 1 S. 2 BGB. Die Stadionverbotsrichtlinie prägt das zivilrechtliche Außenverhältnis in der Praxis dennoch, weil sich die Stadionverbotsbeauftragten an ihrem Wortlaut orientieren müssen. Solange sie erkennen, dass zivilrechtlich stets die Umstände des konkreten Einzelfalls maßgeblich bleiben, begegnet dies keinen durchgreifenden rechtsdogmatischen Bedenken, weil diese Praxis Rechtssicherheit und Transparenz für den betroffenen Zuschauer schafft und zugleich gewährleistet, dass bundesweit alle Fußballvereine das Stadionverbot unter einheitlichen Voraussetzungen aussprechen.

4. Das Stadionverbot ist dogmatisch als überwiegend präventive, zivilrechtliche Maßnahme einzuordnen. Dennoch nimmt jeder Betroffene ein Stadionverbot subjektiv als Repression wahr, weil es sein allgemeines Persönlichkeitsrecht betrifft. Dies ist keine Besonderheit des Fußball-Stadionverbots, sondern grundsätzlich jedem Unterlassungsanspruch zu eigen.

II. Voraussetzungen und Grenzen des bundesweiten Stadionverbots

Welche Voraussetzungen und Grenzen bestehen für ein bundesweites Fußball-Stadionverbot? Sind künftige Störungen bereits dann zu besorgen, wenn gegen den Zuschauer ein strafprozessualer Anfangsverdacht besteht, der durch die Einleitung eines Ermittlungsverfahrens bewiesen werden kann?

1. Der Bundesgerichtshof definierte in seiner Entscheidung vom 30.10.2009 zutreffend den sachlichen Grund, der erforderlich ist, um künftige Störungen i.S.d. §§ 1004 Abs. 1 S. 2, 862 Abs. 1 S. 2 BGB besorgen zu lassen: Ein sachlicher Grund für ein Stadionverbot besteht, wenn aufgrund von objektiven Tatsachen, nicht aufgrund bloßer subjektiver Befürchtungen, die Gefahr besteht, dass künftige Störungen durch die betreffenden Personen zu besorgen sind. Eine derartige Gefahr wird in der Regel bei vorangegangenen rechtswidrigen Beeinträchtigungen vermutet, kann aber auch bereits bei der erstmalig drohenden Beeinträchtigung bejaht werden.

2. Der Fußballverein trägt als Veranstalter die Darlegungs- und Beweislast für diesen Sachgrund, der ihn ausnahmsweise von seinem Kontrahierungszwang befreit. Die erforderlichen Tatsachen kann der Fußballverein selbst ermitteln oder sich gemäß § 4 Abs. 4 SVR auf eine vorangegangene öffentlich-rechtliche Maßnahme der Polizei stützen. Dabei kann er sich auch auf Taten außerhalb des Stadions berufen, wenn die sicherheitsrelevante Störung im Zusammenhang mit einer Fußballveranstaltung stand (Kausalitätskriterium).

3. In der Praxis kann der Fußballverein in der Regel jedoch nicht selbst ermitteln, wer für die Zuschauerausschreitungen verantwortlich ist und die Sicherheit gestört hat. Deshalb ist es ausreichend, wenn er gemäß § 4 Abs. 3 SVR auf die Ermittlungen der staatlichen Behörden zurückgreift, indem er sich auf die Tatsachen beruft, die dem strafprozessualen Anfangsverdacht und der Einleitung des Ermittlungsverfahrens zugrunde lagen. Dass der Fußballverein diese Informationen erhält, indem er informell mit der Polizei zusammenarbeitet, ist nicht zu beanstanden, solange der Datenschutz beachtet wird. Die Sicherheitsinteressen der Fußballveranstaltung und die bedeutenden Rechtsgüter Leib und Leben aller Stadionbesucher sind stärker zu schützen als die Sozialsphäre des allgemeinen Persönlichkeitsrechts des Einzelnen.

4. Das Stadionverbot darf auch dann aufrecht erhalten bleiben, wenn die Staatsanwaltschaft das Ermittlungsverfahren später gemäß §§ 153, 153a StPO einstellt. Die Tatsachen, die dem strafprozessualen Anfangsverdacht ursprünglich zugrunde lagen, stellen weiterhin eine taugliche (Sach)Grundlage für ein bundesweites Stadionverbot dar. Dem steht die rechtsstaatliche Unschuldsvermutung nicht entgegen, da das Stadionverbot keine staatliche Strafe, sondern eine privatrechtliche Präventivmaßnahme darstellt.

5. Diese Grundsätze werden besonders bei Stadionverboten im Zusammenhang mit Gruppenausschreitungen kritisiert, wenn dem Betroffenen eine konkrete Tat nicht nachgewiesen werden kann. Dem trat der Bundesgerichtshof in seinem Urteil vom 30.10.2009 zu Recht entgegen. Er versäumte es allerdings, die Anforderungen an solche Stadionverbote näher zu definieren. Diese lassen sich überzeugend anhand der gesetzgeberischen Wertung aus § 830 Abs. 1 S. 2 BGB sowie der allgemeinen Methodenlehre entwickeln und können dadurch zugleich die Besonderheiten des Fußballsports berücksichtigen:

   Ein bundesweites Stadionverbot kann auch gegen denjenigen ausgesprochen werden, der sich aktiv und rechtswidrig an den Gewalttaten einer Gruppe beteiligt, der er zugehört, wenn dadurch die öffentliche Sicherheit für eine Vielzahl von Personen oder Sachen von erheblichem Wert gefährdet wird. Einer Gruppe als räumlichem Zusammenschluss in äußerlicher Verbundenheit gehört derjenige zu, der sich im Zeitpunkt der Ausschreitungen freiwillig und nicht nur kurzfristig in ihrer räumlichen Nähe befindet und sich mit ihr identifiziert. Eine konkrete Tat muss einem Zugehörigen einer solchen Gruppe nicht nachgewiesen werden.

III. Die DFB-Stadionverbotsrichtlinie – „ein um Ausgewogenheit bemühtes Regelwerk"? – Die Regelbeispiele des § 4 SVR

Ist die Stadionverbotsrichtlinie des DFB „ein um ein Ausgewogenheit bemühtes Regelwerk"?

1. Die Stadionverbotsrichtlinie des DFB wirkt zivilrechtlich nach außen zwar nicht unmittelbar, dennoch prägt sie die Praxis der Stadionverbote entscheidend, weil sich die Stadionverbotsbeauftragten der Vereine verbandsintern an ihr orientieren müssen, und weil sie das Stadionverbotsverfahren konkreter

regelt als die abstrakt-generell formulierten §§ 1004 Abs. 1 S. 2, 862 Abs. 1 S. 2 BGB. Allerdings darf sie diesen gesetzlichen Wertungen nicht widersprechen.

2. Dass der Richtliniengeber in § 4 SVR Regelbeispiele verwendet, um den zivilrechtlichen Sachgrund für ein bundesweites Stadionverbot näher zu bestimmen, ist grundsätzlich nicht zu beanstanden. Die Regelwirkung der Straftatbestände des § 4 Abs. 3 SVR setzt aber voraus, dass der jeweilige Strafzweck zumindest auch dazu bestimmt ist, das Hausrecht und die Fußballveranstaltung zu schützen. Davon sind das Eigentum und der Besitz der Fußballvereine, ihrer Organe und Angestellten sowie die Gesundheit, das Leben, das Eigentum und der Besitz der übrigen Stadionbesucher erfasst.

3. Die Stadionverbotsrichtlinie des DFB wird diesen Anforderungen grundsätzlich gerecht. Der Bundesgerichtshof bezeichnet sie deswegen zutreffend als „ein um Ausgewogenheit bemühtes Regelwerk". Aller Bemühungen zum Trotz ist die Stadionverbotsrichtlinie in einigen Regelungen zu reformieren. Dies verdeutlichen exemplarisch die Regelbeispiele des § 4 Abs. 3 SVR: Einige sind (ganz oder teilweise) zu streichen, andere sind zu ergänzen oder systematisch neu zu verorten. Darüber hinaus sollte § 4 SVR klarstellen, dass auch der Versuch einer Straftat ein Regelbeispiel darstellen kann. Zudem ist für die Praxis der Stadionverbotsbeauftragten deutlicher hervorzuheben, dass das Kausalitätskriterium und die Besorgnis künftiger Störungen im Einzelfall maßgeblich bleiben.

IV. Die bundesweite Wirkung des Stadionverbots

Ist die Problematik der gegenseitigen Ermächtigung der Vereine zum Ausspruch des Stadionverbots in Bezug auf die materiell-rechtliche Aktivlegitimation und die prozessuale Passivlegitimation rechtsgeschäftlich oder gesellschaftsrechtlich zu lösen?

1. Jedem der 111 Profi-Fußballvereine in der Bundesrepublik sowie dem DFB und der DFL steht ein eigener Unterlassungsanspruch zu, auch wenn der Störer nur die Sicherheit in einem einzigen Stadion beeinträchtigt hat. Dies ist mit dem präventiven Charakter des Unterlassungsanspruches zu begründen. Dies bedeutet, dass jeder Verein einen Anspruch aus §§ 1004 Abs. 1 S. 2, 862 Abs. 1 S. 2 BGB geltend machen kann, wenn sich aus den Tatsachen, die

die Grundlage der Wiederholungsgefahr bilden, ergibt, dass ein kausaler Zusammenhang der Störung zu einer Fußballveranstaltung besteht. Dieser kausale Zusammenhang bewirkt, dass sich die Wiederholungsgefahr auf das gesamte Gebiet der Bundesrepublik erstreckt, auch auf solche Stadien, die der Betroffene möglicherweise noch niemals betreten hat. Die Vereine haben sich gegenseitig dazu verpflichtet, ihren jeweiligen Unterlassungsanspruch bundesweit gegen den Störer durchzusetzen. Diese Verpflichtung ergibt sich vor allem aus der Mustererklärung, die die Vereine jedes Jahr im Lizenzierungsverfahren abgeben müssen, um sportlich an der Bundesliga oder einer anderen Profiliga teilnehmen zu können.

2. Die Bedeutung dieser Mustererklärung beschränkt sich aber nicht auf eine rechtsgeschäftliche Vollmachtserklärung. Sie ist gemäß §§ 133, 157 BGB als Gesellschaftsvertrag auszulegen. Indem die Fußballvereine die einzelnen Mustererklärungen an die Zentralverwaltung des DFB übersenden, gründen sie eine „Stadionverbots-GbR", die den Gesellschaftszweck verfolgt, die Stadionverbote bundeseinheitlich auszusprechen, aufzuheben und zu verwalten. Die 113 Unterlassungsansprüche, die dem bundesweiten Stadionverbot zugrunde liegen, gehen nicht in das Gesellschaftsvermögen über, da § 1004 Abs. 1 S. 2 BGB nicht abgetreten werden kann. Die Fußballvereine bevollmächtigen die „Stadionverbots-GbR" aber rechtsgeschäftlich dazu, die Unterlassungsansprüche bundesweit auszuüben, wenn die Voraussetzungen der Stadionverbotsrichtlinie erfüllt sind. Die „Stadionverbots-GbR" wird gesellschaftsrechtlich ihrerseits durch den Fußballverein vertreten, der das Stadionverbot festsetzt.

3. Diese gesellschaftsrechtliche Lösung bietet den wesentlichen Vorteil, dass die Fußballvereine die „Stadionverbots-GbR" nicht nur rechtsgeschäftlich bevollmächtigen, sondern zugleich prozessual ermächtigen können. Dadurch ist es dem Betroffenen möglich, einheitlich gegen die „Stadionverbots-GbR" als gewillkürte Prozessstandschafterin vorzugehen, statt im gesamten Bundesgebiet gegen jeden Fußballverein einzeln klagen zu müssen. Daran sind alle Beteiligten interessiert.

4. Aus der bundesweiten Wirkung des Stadionverbots über die Mustererklärungen folgt darüber hinaus (auch für die gesellschaftsrechtliche Lösung) das Problem des § 174 S. 1 BGB. Danach müssten jedem Stadionverbot 113 Originalvollmachten der Vereine als Unterlassungsgläubiger beigefügt wer-

den, was bürokratisch nicht möglich ist. Nachdem einige instanzgerichtliche Urteile das bundesweite Stadionverbot ohne Originalvollmachten dennoch als unwirksam ansahen, haben die Fußballvereine mittlerweile alle Vollmachten auf der Homepage des DFB veröffentlicht. Darauf weist das Stadionverbotsschreiben den Betroffenen hin. Seitdem ist unbestritten, dass ein Zurückweisungsrecht nach § 174 S. 1 BGB nicht mehr bestehen darf.

Dies begründen Literatur und Rechtsprechung unterschiedlich: Sie schlagen vor, § 174 S. 1 BGB teleologisch zu reduzieren, den Ausnahmetatbestand des § 174 S. 2 BGB analog anzuwenden oder sich auf den Einwand der unzulässigen Rechtsausübung gemäß § 242 BGB zu berufen. Dies überzeugt nicht. Stattdessen ist § 174 S. 1 BGB bereits nach seinem Wortlaut nicht auf die Stadionverbotspraxis anzuwenden. Es stellt kein Rechtsgeschäft dar, einen Unterlassungsanspruch geltend zu machen. § 174 S. 1 BGB ist auch nicht analog anzuwenden, da keine vergleichbare Interessenlage besteht, weil die Betroffenen alle Originalvollmachten im Internet einsehen können.

V. Rechtsfolgen des bundesweiten Stadionverbots

Welche Rechtsfolgen resultieren aus dem Ausspruch eines bundesweiten Stadionverbots?

1. Der zivilrechtliche Zuschauervertrag steht einem bundesweiten Stadionverbot trotz § 1004 Abs. 2 BGB nicht entgegen. Der Sachgrund für das Stadionverbot berechtigt den Fußballverein zugleich, von dem Tageskartenvertrag zurückzutreten. Das Rücktrittsrecht kann sich aus den allgemeinen Geschäftsbedingungen ergeben. Es besteht jedenfalls gemäß §§ 324, 241 Abs. 2 BGB, weil der Störer seine vertraglichen Nebenpflichten verletzt. Den Rücktritt erklärt jedoch nicht die „Stadionverbots-GbR“ als Vertreterin, sondern der Fußballverein als Veranstalter. Regelmäßig geschieht dies konkludent erst, indem er dem Störer den Zutritt am Spieltag verweigert, falls dieser versucht, das Stadion verbotenerweise zu betreten. Für den Dauerkartenvertrag, der in Vollzug gesetzt ist, gelten dieselben Grundsätze, allerdings stützt sich die Kündigungserklärung auf § 314 Abs. 1 BGB.

2. Der Betroffene kann das Stadionverbot auch nicht umgehen, indem er nachträglich selbst oder über einen Dritten eine Eintrittskarte erwirbt. Eine Kündigung oder ein Rücktritt ist in diesem Fall nicht erforderlich. Kein Verein

will sich aus dem objektiven Empfängerhorizont gemäß §§ 133, 157 BGB mit einem Zuschauer rechtlich binden, gegen den ein bundesweites Stadionverbot besteht.

3. Beendet der Fußballverein den Zuschauervertrag außerordentlich, muss er das Entgelt erstatten, das der Betroffene für künftige Fußballspiele vorausbezahlt hatte. Dazu ist § 346 Abs. 1 BGB für den Tageskartenvertrag direkt und für den Dauerkartenvertrag entsprechend anzuwenden. Der Fußballverein kann aber gemäß § 325 BGB mit etwaigen Schadensersatzansprüchen aufrechnen.

4. Entstehen dem Fußballverein aus dem sicherheitsbeeinträchtigenden Verhalten Schäden, kann er diese grundsätzlich vertraglich und deliktisch ersetzt verlangen. Als problematisch erweist sich insbesondere in den Fällen von Gruppenausschreitungen der Verschuldens- und Kausalitätsnachweis. Allerdings können die §§ 280 Abs. 1 S. 2, 830 Abs. 1 S. 2 BGB den Fußballverein unterstützen. Letzterer stellt im Deliktsrecht eine eigene Anspruchsgrundlage dar. Im Vertragsrecht ist sein Rechtsgedanke in §§ 280 Abs. 1, 241 Abs. 2 BGB entsprechend heranzuziehen.

5. War der Betroffene Mitglied eines Fußballvereins als er das Stadionverbot erhielt, kann dieser die Mitgliedschaft beenden, indem er sich auf den Rechtsgedanken aus § 314 Abs. 1 S. 2 BGB beruft. Er muss dem Betroffenen dazu nicht nachweisen, dass dieser schuldhaft gehandelt hat.

6. Die Informationen über die Person des Störers und das bundesweite Stadionverbot speichert und verwaltet die Zentralverwaltung des DFB. Diese übersendet eine Stadionverbotsliste einmal im Monat an die Fußballvereine und an die zuständigen Polizeibehörden. Dies ist grundsätzlich nach § 28 Abs. 1 Nr. 2 BDSG, teilweise auch nach § 28 Abs. 1 S. 1 Nr. 1 BDSG zulässig. Allerdings kann der Betroffene einen Löschungsanspruch gemäß § 35 Abs. 2 BDSG geltend machen, wenn das Stadionverbot zivilrechtlich unwirksam ist. Im Übrigen besteht kein Wertungswiderspruch zwischen den Vorgaben aus §§ 1004 Abs. 1 S. 2, 862 Abs. 1 S. 2 BGB und dem Bundesdatenschutzgesetz. Allerdings muss die „Stadionverbots-GbR“ den Betroffenen künftig gemäß § 33 Abs. 1 S. 1 BDSG in ihrem Stadionverbotsschreiben darüber informieren, dass die Zentralverwaltung personenbezogene Daten über ihn

speichert, um sie bundesweit an alle Profivereine, die ZIS, die LIS und die örtliche Polizei weiterzuleiten. Anderenfalls droht ein Bußgeld gemäß § 43 Abs. 1 Nr. 8 BDSG.

7. Die strafrechtlichen Rechtsfolgen beschränken sich nicht auf den Straftatbestand, den der Störer möglicherweise verwirklicht hat, indem er die Sicherheit der Fußballveranstaltung i.S.d. § 4 Abs. 3 SVR beeinträchtigte. Er macht sich darüber hinaus gemäß § 123 Abs. 1 Alt. 2 StGB strafbar, wenn er den Stadionbereich nicht verlässt, obwohl ihn der Hausrechtsinhaber dazu auffordert. Gelingt es dem Störer trotz Stadionverbot, das Stadion bei künftigen Fußballspielen zu betreten, ist er zudem nach § 123 Abs. 1 Alt. 1 StGB zu bestrafen. Dies setzt voraus, dass das Stadionverbot zivilrechtlich wirksam ist und der Hausrechtsinhaber einen Strafantrag gemäß § 123 Abs. 2 StGB stellt. Dazu haben sich die Fußballvereine verbandsrechtlich gemäß § 3 Abs. 4 SVR und in Ziff. 4 des Gesellschaftsvertrages verpflichtet.

8. Des Weiteren muss der Zuschauer mit öffentlich-rechtlichen Zwangsmaßnahmen rechnen, wenn er die Sicherheit eines Fußballspiels stört. Die Polizei kann den Fußballverein als Veranstalter nur in eng begrenzten Ausnahmefällen als Notstandsverantwortlichen in Anspruch nehmen.

9. Seit dem 09.06.2010 dürfen Informationen über gewaltbereite Fußballfans rechtmäßig in der öffentlich-rechtlichen Verbunddatei „Gewalttäter Sport" gespeichert werden. Dies bestätigte das Bundesverwaltungsgericht. Will der Betroffene seine Daten gemäß §§ 32 Abs. 2 S. 1 Alt. 1, 8 Abs. 3 BKAG löschen lassen, muss er strengere Voraussetzungen erfüllen, als an den zivilrechtlichen Löschungsanspruch gegenüber der Zentralverwaltung des DFB zu stellen sind. Im öffentlichen Recht muss der Störer seine Unschuld beweisen. Dies wird ihm selbst dann schwer fallen, wenn die Staatsanwaltschaft das Ermittlungsverfahren zwischenzeitlich eingestellt hat. Die zivilrechtlichen und die öffentlich-rechtlichen Rechtsfolgen fallen hier auseinander, weil die Daten in beiden Rechtsgebieten zu unterschiedlichen Zwecken gespeichert werden.

VI. Rechtsschutz

Werden die bestehenden Rechtsschutzmöglichkeiten gegen bundesweite Fußball-Stadionverbote rechtsstaatlichen Anforderungen gerecht?

1. Der Betroffene kann weder von dem festsetzenden Verein noch von der „Stadionverbots-GbR" verlangen, ihn anzuhören, bevor sie ein Stadionverbot aussprechen. Ein Anspruch auf rechtliches Gehör ist dem Zivilrecht grundsätzlich fremd. Er kann auch nicht über die mittelbare Drittwirkung der Grundrechte gemäß Art. 3 Abs. 1 GG hergeleitet werden, da selbst die Stadionverbotsrichtlinie in § 3 Abs. 3 S. 2 SVR klarstellt, dass ein Stadionverbot auch ohne vorherige Anhörung festgesetzt werden kann.

2. Will der Betroffene sich gegen das Stadionverbot verteidigen, muss er einen Beseitigungsanspruch nach § 1004 Abs. 1 S. 1 BGB analog i.V.m. Art. 2 Abs. 1, 1 Abs. 1 GG geltend machen. Dieser richtet sich gegen die „Stadionverbots-GbR" als Vertreterin der Fußballvereine und verpflichtet diese, die Beeinträchtigung seines allgemeinen Persönlichkeitsrechts zu beenden. Dazu muss die „Stadionverbots-GbR" den Anschein beseitigen, der von einem rechtswidrigen, bundesweiten Stadionverbot ausgeht, indem sie der Zentralverwaltung des DFB gemäß § 9 Abs. 5 SVR mitteilt, dass gegen den Betroffenen kein Stadionverbot (mehr) besteht.

3. Grundsätzlich trägt die „Stadionverbots-GbR", stellvertretend für die Fußballvereine, die Darlegungs- und Beweislast dafür, dass Sachgründe bestehen, die ein bundesweites Stadionverbot und eine Ausnahme vom Kontrahierungszwang rechtfertigen. Allerdings können die Fußballvereine ihre Unterlassungsansprüche faktisch durchsetzen, indem sie dem Betroffenen den Zutritt verweigern. Dadurch drängen sie ihn in die Rolle des Klägers, wenn er sich gegen ein bundesweites Stadionverbot mit seinem Beseitigungsanspruch aus § 1004 Abs. 1 S. 1 BGB analog i.V.m. Art. 2 Abs. 1, 1 Abs. 1 GG verteidigen will. Prozessual muss er durch Leistungsklage vor dem örtlich zuständigen Amtsgericht vorgehen. Nun muss er darlegen und beweisen, dass ein rechtswidriges Stadionverbot sein allgemeines Persönlichkeitsrecht beeinträchtigt. Dass sich die Darlegungs- und Beweislast auf ihn verlagert, sobald die „Stadionverbots-GbR" das bundesweite Stadionverbot ausspricht, ist ungerecht und birgt die Gefahr des Missbrauchs. Deswegen ist diese prozessuale Sondersituation interessengerecht durch die Grundsätze der sekundären Darlegungslast zu korrigieren.

4. Daneben kann der Betroffene seinen vertraglichen Primäranspruch gegen den Fußballverein als Veranstalter geltend machen und von ihm verlangen, ihn zur Fußballveranstaltung zuzulassen. Sofern ein Zuschauervertrag (noch) nicht besteht, kann er sich zunächst gemäß §§ 826, 242 BGB auf den Kontrahierungszwang stützen, um einen solchen abzuschließen. Darüber hinaus stehen ihm grundsätzlich auch dann keine Schadensersatz- oder Entschädigungsansprüche zu, wenn das Stadionverbot rechtswidrig war.

5. Das bundesweite Stadionverbot strahlt in weite Teile der Rechtsordnung aus, erzeugt zahlreiche Wechselwirkungen und zieht vielfältige Rechtsfolgen nach sich. Deswegen darf der Betroffene auch den öffentlich-rechtlichen und strafrechtlichen Rechtsschutz nicht vernachlässigen.

D. Schlusswort

„Gewalt ist nicht alleine ein Problem des Fußballs und kann daher nur in einem engen Miteinander von Politik, Polizei, DFB und DFL, aber insbesondere auch der Justiz bekämpft werden.“, sagte Liga-Präsident *Reinhard Rauball* am 14.11.2011.[2198]

DFB, DFL, Polizei und Justiz fördern die Sicherheit des Fußballsports präventiv, indem sie das „extrem wirkungsvolle und rechtlich nicht zu beanstandende“[2199] Instrument des bundesweiten Stadionverbots durchsetzen. Mit der Stadionverbotsrichtlinie existiert ein Regelwerk, das zu Transparenz und Rechtsstaatlichkeit anleitet. Diese Arbeit hat aufgezeigt, dass die Praxis der Stadionverbote den Vorgaben des Grundgesetzes und der gesamten Rechtsordnung gerecht werden kann. Dennoch besteht aus rechtlicher und praktischer Sicht ein Bedarf an Reformen, die diese Arbeit anstoßen will. Indem der Runde Tisch am 14.11.2011 das Expertengremium „Task Force“ einrichtete, machte die Politik einen wichtigen Schritt, um die Sicherheit in Fußballstadien weiter zu erhöhen, die Gewalt zu bekämpfen und gleichzeitig rechtsstaatlichen Anforderungen gerecht zu werden.

Die Gewalt aus deutschen Fußballstadien zu verbannen, bleibt aber „eine gesamtgesellschaftliche Aufgabe“[2200]. Sie obliegt jedem, der sich für den Fußballsport begeistert. Die präventive Wirkung des bundesweiten Stadionverbots wird hintertrieben, wenn die Öffentlichkeit und einige Fußballfans die Praxis der Stadionverbote als „willkürlich“ und „rechtsstaatlich untragbar“ herabwürdigen. Allerdings zeigen sie, dass ein gesamtgesellschaftlicher Dialog darüber erforderlich ist, wie die Gewalt in Zukunft durch effektive und gerechte Prävention noch besser unterbunden werden kann. Diese Arbeit leistet dazu einen ersten Beitrag, indem sie den rechtlichen Rahmen des zivilrechtlichen Hausrechtsschutzes aufzeigt. Der weitere Dialog ist den Funktionären der Fußballverbände, der Polizei, der Justiz, aber auch den Fußballfans und schließlich den Medien überlassen.

2198 http://www.abendblatt.de/sport/article2093488/Viele-Worte-wenig-Massnahmen-Kuschelkurs-gegen-Hooligans.html, abgerufen am 29.12.2011.

2199 *Orth*, Vereins- und Verbandsstrafen, S. 220.

2200 *Orth*, Vereins- und Verbandsstrafen, S. 220. Auch *Eilers* und *Blumberg* betonen die gemeinsame Verantwortung aller Beteiligten, *Eilers*, in: *WFV*, Zuschauerausschreitungen bei Fußballspielen, S. 18 (36); *Blumberg*, Stadionverbot, S. 78.

Literaturverzeichnis

Albrecht, Hans-Jörg — Fußball und Gewalt, Entwicklungen, Erklärungsansätze und Prävention, MschrKrim, 2006, 158-174.

Ambs, Friedrich (Hrsg.) — Beck´scher Kurzkommentar, Strafrechtliche Nebengesetze, 193. Ergänzungslieferung, Stand Januar 2013, München 2013 [zitiert: *Bearbeiter*, in: *Erbs/Kohlhaas*, Strafrechtliche Nebengesetze].

Arzt, Clemens — Verbunddateien des Bundeskriminalamts – Zeitgerechte Flurbereinigung, NJW 2011, 352-354.

Arzt, Gunther — Strafrechtliche, kriminologische und verfahrensmäßige Aspekte, in: *Württembergischer Fußballverband e.V.* (Hrsg.), Zuschauerausschreitungen bei Fußballspielen, Stuttgart 1980, S. 82 - 93 [zitiert: *Arzt*, in: *WFV*, Zuschauerausschreitungen bei Fußballspielen].

Bamberger, Heinz Georg/Roth, Herbert (Hrsg.) — Beck´scher Online-Kommentar, BGB, Ed. 27, Stand: 01.05.2013, München 2013 [zitiert: *Bearbeiter*, in: *Bamberger/Roth*, BeckOK BGB].

Bergen, Matthias — Das rechtliche Gehör, BWNotZ 1996, 137-144.

Berger, Klaus Peter — Die Einbeziehung von AGB in B2C-Verträge, ZGS 2004, 329-336.

Bernard, Christine — Nochmals: Haftung eines Störers für das Abbrennen von Bengalos im Fußballstadion, SpuRt 2013, 8-11.

Blumberg, Marco — Stadionverbot – rechtliche Betrachtung eines zivilrechtlichen Instruments, 1. Aufl. München 2011 [zitiert: *Blumberg*, Stadionverbot].

Boellmann, Felix — Tagungsbericht „Tatort Stadion – Rechtliches zu einem Phänomen“, in: *Kauerhof, Rico/Nagel, Sven/Zebisch, Mirko* (Hrsg.), Studien zum Sportrecht, Bd. 4 Zuschauer als Störer – Stadionverbote und Regressansprüche, Leipzig 2010, S. 13 - 19 [zitiert: *Boellmann*, in: *Kauerhof u.a.,* Zuschauer als Störer].

Borowski, Martin Intendiertes Ermessen, DVBl 2000, 149-160.

Brauer, Marcus Foulspiel auf den Rängen. Prävention von Gewalt in der Fußballfanszene, Hamburg 2010 [zitiert: *Brauer*, Foulspiel auf den Rängen].

Breuker, Marius Zulässigkeit von Stadionverboten, JR 2005, 133 - 138.

Breuker, Marius Sicherheitsmaßnahmen für die Fußballweltmeisterschaft 2006 – Prävention durch Polizei und Deutschen Fußballbund, NJW 2006, 1233-1237.

Breuker, Marius „Spielfeld-Flitzer" – und wie sie ausgebremst werden, SpuRt 2005, 154.

Breuker, Marius Anmerkung zu BGH, Urt. v. 30.10.2009 – 5 ZR 253/08, SpuRt 2010, 31.

Brinktrine, Ralf Sportvereine als verantwortlicher Zweckveranlasser im Sinne des Gefahrenabwehrrechts? – Zur Kostentragungspflicht von Sportvereinen für polizeiliche Gefahrenabwehrmaßnahmen zum Schutz von Sportveranstaltungen, in: *Kauerhof, Rico/Nagel, Sven/Zebisch, Mirko* (Hrsg.), Bd. 1: Doping und Gewaltprävention – Dokumentation des Leipziger Sportrechtstages 2007, Leipzig 2008, S. 167 - 189 [zitiert: *Brinktrine,* in: *Kauerhof u.a.,* Doping und Gewaltprävention].

Bündnis aktiver Fußballfans – BAFF (Hrsg.) Die 100 „schönsten" Schikanen gegen Fußballfans, Repressionen und Willkür rund ums Stadion, 2. Aufl., Grafenau 2004 [zitiert: *BAFF*, Die 100 „schönsten" Schikanen gegen Fußballfans].

Conrad, Isabell RFID-Ticketing aus datenschutzrechtlicher Sicht. Eine Untersuchung datenschutzrechtlicher Grenzen am Beispiel des Einsatzes in Tickets zur FIFA Fußball WM 2006, CR 2005, 537-544.

Dauner-Lieb, Barbara Ein neues Fundament für die BGB-Gesellschaft, DStR 2001, 356-361

Dauner-Lieb, Barbara / Heidel, Thomas / Ring, Gerhard (Gesamthrsg.)
Nomos Kommentar, BGB,
Bd. 1: *Heidel, Thomas / Hüßtege, Rainer / Mansel, Heinz-Peter / Noack, Ulrich* (Hrsg.), Allgemeiner Teil, 2. Aufl., Baden-Baden 2012,
Bd. 2/1: *Dauner-Lieb, Barbara / Langen, Werner* (Hrsg.), Schuldrecht, §§ 241-610, 2. Aufl., Baden-Baden 2012,
Bd. 3: *Grziwotz, Herbert / Keukenschrijver, Alfred / Ring, Gerhard* (Hrsg.), Sachenrecht, §§ 854-1296, 3. Aufl., Baden-Baden 2013
[zitiert: *Bearbeiter*, in: *Dauner-Lieb u.a.*, NK-BGB].

Deutsche Sportjugend (dsj) im Deutschen Sportbund e.V. (Hrsg.)
Arbeitsgruppe Nationales Konzept Sport und Sicherheit, Ergebnisbericht, 1. Aufl., 1. Aktualisierter Nachdruck, Frankfurt a.M. 2003 [zitiert: *DSJ*, NKSS].

Dippel, Martin (Diss.)
Zivilrechtliche Haftung für Rassismus bei Sportveranstaltungen, Hamburg 2011 [zitiert: *Dippel*, Zivilrechtliche Haftung].

Dissinger, Michael
Zwischen Kommerzialisierung und Sicherheit, Sozialpädagogische Fanprojekte im Spannungsfeld der Interessen, Hamburg 2011 [zitiert: *Dissinger*, Zwischen Kommerzialisierung und Sicherheit].

Eilers, Götz
Verantwortlichkeit der verschiedenen Beteiligten – Versuch einer Abgrenzung der Zuständigkeiten, in: *Württembergischer Fußballverband e.V.* (Hrsg.), Zuschauerausschreitungen bei Fußballspielen, Stuttgart 1980, S. 18 - 36 [zitiert: *Eilers*, in: *WFV*, Zuschauerausschreitungen bei Fußballspielen].

Eisenberg, Ulrich
Beck´scher Kurzkommentar zum Jugendgerichtsgesetz, 16. Aufl., München 2013 [zitiert: *Eisenberg*, JGG].

Ensthaler, Jürgen / Zech, Herbert
Verkehrsfähigkeit von Inhaberkarten nach § 807 BGB – Abtretungsverbote für Fußball-Bundesliga-Karten, NJW 2005, 3389-3391.

Epping, Volker / Hillgruber, Christian (Hrsg.)
Beck´scher Online-Kommentar Grundgesetz, Ed. 18, Stand 15.5.2013, München 2013 [zitiert: *Bearbeiter*, in: *Epping/Hillgruber*, BeckOK-GG].

Fischer, Thomas (Hrsg.) — Beck´scher Kurzkommentar zum Strafgesetzbuch und Nebengesetze, 60. Aufl., München 2013 [zitiert: *Fischer*, StGB].

Friedmann, Fabian — Polizei und Fans – Ein gestörtes Verhältnis?, Hamburg 2009 [zitiert: *Friedmann,* Polizei und Fans].

Fritzweiler, Jochen — Rechtsprechung zum Sportrecht in den Jahren 2004 bis 2005, NJW 2006, 960-966.

Fritzweiler, Jochen/ Pfister,Berndhard/ Summerer, Thomas (Hrsg.) — Praxishandbuch Sportrecht, 2. Aufl., München 2007 [zitiert: *Bearbeiter*, in: *Fritzweiler u.a.,* Praxishandbuch Sportrecht].

Geisler, Herbert — Anmerkung zu BGH, Urt. v. 30.10.2009 – 5 ZR 253/08, jurisPR-BGHZivilR 25/2009 Anm. 4.

Gietl, Andreas — Bundesweites Stadionverbot – Wechselwirkungen von Zivil-, Straf- und öffentlichem Recht, JR 2010, 50-55.

Gola, Peter / Klug, Christoph / Körffer, Barbara / Schomerus, Rolf (Bearb.) — BDSG, Bundesdatenschutzgesetz Kommentar, 11. Aufl., München 2012 [zitiert: *Bearbeiter*, in: *Gola u.a.*, BDSG].

Götz, Volkmar — Die Entwicklung des allgemeinen Polizei- und Ordnungsrechts (1987-1989), NVwZ 1990, 725-733.

Graf, Jürgen Peter (Hrsg.) — Beck´scher Online-Kommentar Strafprozessordnung, Ed. 16, Stand 1.2.2013, München 2013 [zitiert: *Bearbeiter*, in: *Graf*, BeckOK-StPO].

Gröpl, Christoph — Rechtsfragen bei der Rundfunkübertragung von Sportereignissen, ZUM 2004, 865-875.

Gutzeit, Martin — Handelsbeschränkungen für Eintrittskarten, BB 2007, 113-119.

Hannich, Rolf (Hrsg.) Karlsruher Kommentar zur Strafprozessordnung, 6. Aufl., München 2008 [zitiert: *Bearbeiter*, in: *Hannich*, Karlsruher Kommentar].

Haslinger, Bastian (Diss.) Zuschauerausschreitungen und Verbandssanktionen im Fußball, in: *Adolphsen, Jens u.a.* (Hrsg.), Schriften zum Sportrecht, Bd. 23, 1. Aufl., Baden-Baden 2011 [zitiert: *Haslinger*, Zuschauerausschreitungen].

Heermann, Peter W. Anmerkung zu BGH, Urt. v. 30.10.2009 – 5 ZR 253/08, NJW 2010, 537.

von Heintschel-Heinegg, Bernd (Hrsg.) Beck´scher Online-Kommentar zum Strafgesetzbuch, Ed. 22, Stand 8.3.2013, München 2013 [zitiert: *Bearbeiter*, in: *von Heintschel-Heinegg*, BeckOK StGB].

Hennes, Wilhelm Sicherheitsfragen bei Sportveranstaltungen. Anforderungen und Maßnahmen des DFB, in: *Schild, Wolfgang* (Hrsg.), Rechtliche Aspekte bei Sportgroßveranstaltungen, Heidelberg 2011, S. 1-11 [zitiert: *Hennes*, in: *Schild*, Rechtliche Aspekte].

Hilpert, Horst Das Fußballstrafrecht des Deutschen Fußball-Bundes (DFB), Kommentar zur Rechts- und Verfahrensordnung des Deutschen Fußball-Bundes (RuVO) nebst Erläuterungen von weiteren Rechtsbereichen des DFB, der FIFA, der UEFA, der Landesverbände, Berlin 2009 [zitiert: *Hilpert*, Fußballstrafrecht].

Höfling, Wolfram Sport und Gewalt – eine einführende Skizze, in: *Höfling, Wolfram/Horst, Johannes*, Sport und Gewalt, Tübingen 2011, S. 3 - 7 [zitiert: *Höfling*, in: *Höfling/Horst*, Sport und Gewalt].

Holzhäuser, Felix Der strukturelle Aufbau professioneller deutscher Sportligen nach Ausgliederung aus Bundesfachsportverbänden – Teil 1, SpuRt 2004, 144-148.

Immerheiser, Eva Grundlagen der Erteilung bundesweiter Stadionverbote, in: *Kauerhof, Rico/Nagel, Sven/Zebisch, Mirko* (Hrsg.), Studien zum Sportrecht, Bd. 4 Zuschauer als Störer –

Stadionverbote und Regressansprüche, Leipzig 2010, S. 21 - 35 [zitiert: *Immerheiser*, in: *Kauerhof u.a.,* Zuschauer als Störer].

Jedamzik, Alfred — Zivilrechtliche Haftung der Vereine/Veranstalter und Regressansprüche gegenüber „Störern", in: *Kauerhof, Rico/Nagel, Sven/Zebisch, Mirko* (Hrsg.), Studien zum Sportrecht, Bd. 4 Zuschauer als Störer – Stadionverbote und Regressansprüche, Leipzig 2010, S. 105 - 127 [zitiert: *Jedamzik*, in: *Kauerhof u.a.,* Zuschauer als Störer].

Jenny, Christian — Vertragsrechtliche Konsequenzen störenden Verhaltens von Zuschauern bei Sportveranstaltungen, in: *Kauerhof, Rico/Nagel, Sven/Zebisch, Mirko* (Hrsg.), Studien zum Sportrecht, Bd. 4 Zuschauer als Störer – Stadionverbote und Regressansprüche, Leipzig 2010, S. 129 - 148 [zitiert: *Jenny*, in: *Kauerhof u.a.,* Zuschauer als Störer].

Joecks, Wolfgang / Miebach, Klaus (Hrsg.) — Münchener Kommentar zum Strafgesetzbuch,
Bd. 3: *Miebach, Klaus* (Red.), §§ 80-184g StGB, 2. Aufl., München 2012,
Bd. 5: *Lagodny, Otto* (Red.), Nebenstrafrecht I, 1. Aufl., München 2007
[zitiert: *Bearbeiter*, in: *Joecks/Miebach*, MüKo StGB].

Kiss, Henning — Zivilrechtliche „Fortsetzungsfeststellungsklage" gegen ein bundesweites Stadionverbot durch einen Fußballverein?, NRÜ 2010, 22-24.

Kleiner, Jan — Rechtsfragen rund um Stadionverbote, in: *Arter, Oliver/Baddeley, Margareta* (Hrsg.), Sport und Recht, 5. Tagungsband, Bern 2008, S. 19-71 [zitiert: *Arter/Baddeley*, Sport u. Recht].

Klesczewski, Diethelm — Anmerkung zu BGH, Urt. v. 30.10.2009 – 5 ZR 253/08, JZ 2010, 251-254.

Klesczewski, Diethelm — „Fußballfans sind keine Verbrecher" – Kritische Anmerkungen zu den bundesweiten Stadionverboten, in: *Kauerhof, Rico/Nagel, Sven/Zebisch, Mirko* (Hrsg.),

Studien zum Sportrecht, Bd. 4 Zuschauer als Störer – Stadionverbote und Regressansprüche, Leipzig 2010, S. 69 - 84 [zitiert: *Klesczewski*, in: *Kauerhof u.a.*, Zuschauer als Störer].

Klode, Viola (Diss.) Pyrotechnik und Stadionverbote aus der Perspektive der Ultras, in: *Feltes, Thomas/Herzberg, Rolf Dietrich/Putzke, Holm* (Hrsg.), Bochumer Schriften zur Rechtsdogmatik und Kriminalpolitik, Bd. 21, Holzkirchen/Obb 2012 [zitiert: *Klode*, Pyrotechnik und Stadionverbote].

Knemeyer, Franz-Ludwig Öffentlich-rechtliches Hausrecht und Ordnungsgewalt, DÖV 1970, 596-601.

Köhler, Helmut Zivilrechtliche Haftung bei Zuschauerausschreitungen, in: *Schild, Wolfgang* (Hrsg.), Rechtliche Aspekte bei Sportgroßveranstaltungen, Heidelberg 2011, S. 13-33 [zitiert: *Köhler*, in: *Schild*, Rechtliche Aspekte].

Kühl, Kristian (Bearb.) Strafgesetzbuch Kommentar, 27. Aufl., München 2011 [zitiert: *Bearbeiter*, in: *Kühl*, StGB].

Lamprecht, Rolf Obiter dictum – Arabeske oder Ballast?, NJW 1998, 1039-1041.

Löwisch, Manfred/ Rieble, Volker Besitzwehr zur Durchsetzung eines Hausverbots, NJW 1994, 2596.

Löwisch, Manfred Besitzschutz gegen Flashmob, NZA 2010, 209-211.

Marzahn, Thomas Fans im Fokus – Zivilrechtliche Reaktionen auf ein soziologisches Phänomen, Entscheidungsbesprechung zu BGH, Urt. v. 30.10.2009 – 5 ZR 253/08, ZJS 2010, 428-437.

Maunz, Theodor / Dürig, Günter (Begr.) Grundgesetz Kommentar, 67. Ergänzungslieferung, Stand: November 2012, München 2012 [zitiert: *Bearbeiter*, in: *Maunz/Dürig*, GG].

Meyer, Jürgen (Hrsg.) Charta der Grundrechte der Europäischen Union, 3. Aufl., Baden-Baden 2011 [zitiert: *Bearbeiter*, in: *Meyer*, Charta Europ. Grundrechte].

Musielak, Hans-Joachim (Hrsg.) Kommentar zur Zivilprozessordnung mit Gerichtsverfassungsgesetz, 10. Aufl., München 2013 [zitiert: *Bearbeiter*, in: *Musielak*, ZPO].

Nesemann, Tim Rund ums „Leder" – Von der EM 2008 bis zur WM 2010, NJW 2010, 1703-1707.

Nolte, Martin Aufgaben und Befugnisse der Polizeibehörden bei Sportgroßveranstaltungen, NVwZ 2001, 147-153.

Nolte, Martin Gefahrenabwehrrechtliche Fragen im Kontext gewaltträchtiger Sportveranstaltungen, in: *Höfling, Wolfram/Horst, Johannes*, Sport und Gewalt, Tübingen 2011, S. 37 - 50 [zitiert: *Nolte*, in: *Höfling/Horst*, Sport und Gewalt].

Orth, Jan Friedrich (Diss.) Vereins- und Verbandsstrafen am Beispiels des Fußballsports, Köln 2008 [zitiert: *Orth,* Vereins- und Verbandstrafen].

Orth, Jan Friedrich / Schiffbauer, Björn Die Rechtslage beim bundesweiten Stadionverbot, RW 2011, S. 177-217.

Palandt, Otto (Begr.) Bürgerliches Gesetzbuch, 72. Aufl., München 2013 [zitiert: *Palandt*, BGB].

Pitz, Johann Patentverletzungsverfahren, Grundlagen-Praxis-Strategie, 2. Aufl., München 2010 [zitiert: *Pitz*, Patenzverletzungsverfahren].

Pommerening, Patrick Teures „Vergnügen"? – Der Regress des Vereins beim Stadionbesucher nach Verhängung einer Verbandsstrafe, SpuRt 2012, 187-191.

Prütting, Hanns / Wegen, Gerhard / Weinreich, Gerd (Hrsg.) BGB Kommentar, 8. Aufl., Köln 2013 [zitiert: *Prütting u.a.*, BGB].

Räker, Jan Stadionverbote nur noch per Packetpost?, SpuRt 2008, 99-101.

Rauscher, Thomas / Wax, Peter / Wenzel, Joachim (Hrsg.) Münchener Kommentar zur Zivilprozessordnung mit Gerichtsverfassungsgesetz und Nebengesetzen, 4. Aufl., München 2013 [zitiert: *Bearbeiter*, in: *Rauscher u.a.*, MüKo ZPO].

Reuter, Dieter Der Ausschluß aus dem Verein, NJW 1987, 2401-2406.

Richardi, Reinhard / Wißmann, Hellmut / Wlotzke, Otfried / Oetker, Hartmut (Hrsg.) Münchener Handbuch zum Arbeitsrecht, Bd. 1: Individualarbeitsrecht, 3. Aufl., München, 2009 (zitiert: *Bearbeiter*, in: *Richardi u.a.*, Münchener Handbuch zum Arbeitsrecht].

Riegel, Reinhard Kommentar zum Polizeigesetz von Nordrhein-Westfalen und zum Musterentwurf eines einheitlichen Polizeigesetzes des Bundes und der Länder, NVwZ 1988, 615-ebd.

Röhricht, Volker Probleme des Beweisrechts im Sport – Verbandssanktionen bei Doping und Zuschauerausschreitungen, in: *Württembergischer Fußballverband e.V.* (Hrsg.), Sportrecht damals und heute, Stuttgart 2001, S. 15 - 48 [zitiert: *Röhricht*, in: *WFV*, Sportrecht damals und heute].

Ruhs, Florian Sicherheit und Ordnung bei Fußballgroßereignissen, 1. Aufl., Norderstedt 2008 [zitiert: *Ruhs*, Sicherheit und Ordnung].

Säcker, Franz Jürgen / Rixecker, Roland (Hrsg.) Münchener Kommentar zum Bürgerlichen Gesetzbuch,
Bd. 1: *Säcker, Franz Jürgen* (Red.), §§ 1-240, 6. Aufl., München 2012,
Bd. 2: *Krüger, Wolfgang* (Red.), §§ 241-432, 6. Aufl., München 2012,
Bd. 5: *Habersack, Mathias* (Red.), §§ 705-853, 5. Aufl., München 2009,
Bd. 6: *Gaier, Reinhard* (Red.), §§ 854-1296, 6. Aufl., München 2013,
[zitiert: *Bearbeiter*, in: *Säcker/Rixecker*, MüKo BGB].

Scherrer, Urs / Ludwig, Kai (Hrsg.) Sportrecht. Eine Begriffserläuterung, 2. Aufl., Zürich 2010 [zitiert: *Bearbeiter*, in: *Scherrer/Ludwig*, Sportrecht].

Schild, Wolfgang „Eindringen" (§ 123 I StGB) bei individuellem Betretungsverbot, NStZ 1986, 346 -351.

Schild, Wolfgang Stadionverbote, in: *Württembergischer Fußballverband e.V.* (Hrsg.), Das Recht der Sportstätte. Schriftenreihe Heft Nr. 21, Stuttgart 1985, S. 66 - 100 [zitiert: *Schild*, in: *WFV*, Recht der Sportstätte].

Schild, Wolfgang Strafrechtliche Fragen der Ausschreitungen von Zuschauern bei Sportveranstaltungen, in: *Schild, Wolfgang* (Hrsg.), Rechtliche Aspekte bei Sportgroßveranstaltungen, Heidelberg 2011, S. 63-93 [zitiert: *Schild*, Rechtliche Aspekte].

Schoch, Friedrich / Schneider, Jens-Peter / Bier, Wolfgang (Hrsg.) Verwaltungsgerichtsordnung Kommentar, 24. Ergänzungslieferung, Stand: August 2012, München 2012 [zitiert: *Bearbeiter*, in: *Schoch u.a.*, VwGO].

Schönke, Adolf / Schröder, Horst (Hrsg.) Kommentar zum Strafgesetzbuch, 28. Aufl., München 2010 [zitiert: *Bearbeiter*, in: *Schönke/Schröder*, StGB].

Schlink, Bernhard Korrektur von Gerichtsentscheidungen durch die Polizei?, NJW 1988, 1689-1694.

Schulz, Andreas Kritische Analyse der Fußballfan- und Hooliganszene unter besonderer Berücksichtigung von Präventions- und Interventionsmaßnahmen, 1. Aufl., Norderstedt 2007 [zitiert: *Schulz*, Kritische Analyse].

Seipp, Paul Jugend im Blickpunkt, Grundriss des Sportrechts und des Sporthaftungsrechts, Darmstadt-Berlin 1968 [zitiert: *Seipp,* Grundriss des Sportrechts].

Siegel, Thorsten Hooligans im Verwaltungsrecht - Stadionverbote und andere polizeirechtliche Maßnahmen zur Eindämmung von Gewalt in Fußballstadien, NJW 2013, 1035-1039.

Siekmann, Robert Fußball-Hooliganismus, in: *Walker, Wolf-Dietrich* (Hrsg.), Hooliganismus – Verantwortlichkeit und Haftung für Zuschauerausschreitungen, Stuttgart 2009, S. 61-78 [zitiert: *Siekmann*, in: *Walker,* Hooliganismus].

Späte, Ludwig „Kein Zutritt" – Rechtliche (Un)wirksamkeit der Stadionverbotspraxis des DFB, Studienarbeit, 1. Aufl., Norderstedt 2012 [zitiert: *Späte*, Kein Zutritt].

Stegemann, Tanja Anmerkung zu BGH, Urt. v. 30.10.2009 – 5 ZR 253/08, RUBRR Z019, 2010, S. 17-20.

von Steinau-Steinrück, Robert / Glanz, Peter Die Verdachtskündigung in der Praxis, NJW-Spezial 2008, 274-275.

Steinbeck, Anja Die strafbewehrte Unterlassungserklärung – ein zweischneidiges Schwert, GRUR 1994, 90-94.

Steinsiek, Mark Der Einsatz von Pyrotechnik in Fußballstadien als strafrechtlich sanktioniertes Unrecht?, SpuRt 2013, 11-15.

Vorwerk, Volkert / Wolf, Christian (Hrsg.) Beck´scher Online-Kommentar ZPO, Ed. 9, Stand 01.04.2013, München 2013 [zitiert: *Bearbeiter*, in: *Vorwerk/Wolf*, BeckOK ZPO].

Walker, Wolf-Dietrich Bundesweite Stadionverbote auf dem Prüfstand des Zivilrechts, in: *Gödicke, Patrick/Hammen, Horst/Schur, Wolfgang/Walker, Wolf-Dietrich* (Hrsg.), Festschrift für Jan Schapp, Tübingen 2010, S. 491-505 [zitiert: *Walker*, in: *Gödicke u.a.,* FS Schapp].

Walker, Wolf-Dietrich Zur Rechtmäßigkeit bundesweiter Stadionverbote, in: *Kauerhof, Rico/Nagel, Sven/Zebisch, Mirko* (Hrsg.), Studien zum Sportrecht, Bd. 4 Zuschauer als Störer – Stadionverbote und Regressansprüche, Leipzig 2010, S. 51 - 68 [zitiert: *Walker*, in: *Kauerhof u.a.,* Zuschauer als Störer].

Walker, Wolf-Dietrich Zivilrechtliche Haftung für Zuschauerausschreitungen, in: *Walker, Wolf-Dietrich* (Hrsg.), Hooliganismus – Verantwortlichkeit und Haftung für Zuschauerausschreitungen, Stuttgart 2009, S. 35 - 59 [zitiert: *Walker*, in: *Walker,* Hooliganismus].

Walker, Wolf-Dietrich Zivilrechtliche Reaktionsmöglichkeiten auf Gewalt im Sport, in: *Höfling, Wolfram/Horst, Johannes*, Sport und Gewalt, Tübingen 2011, S. 51 - 73 [zitiert: *Walker*, in: *Höfling/Horst*, Sport und Gewalt].

Walker, Wolf-Dietrich/ Klopp, Thorben Anmerkung zu BGH, Urt. v. 30.10.2009 – 5 ZR 253/08, LMK 2010, 295984.

Weisemann, Ulrich/ Spieker, Ulrich Sport, Spiel und Recht, 2. Aufl., München 1997 [zitiert: *Weisemann/Spieker,* Sport, Spiel und Recht].

Widmaier, Gunter Münchener Anwaltshandbuch Strafverteidigung, 1. Aufl., München 2006 [zitiert: *Bearbeiter*, in: *Widmaier*, MAH Strafverteidigung].

Weller, Mark-Philippe Die Haftung von Fußballvereinen für Randale und Rassismus, NJW 2007, 960-964.

www.ingramcontent.com/pod-product-compliance
Ingram Content Group UK Ltd.
Pitfield, Milton Keynes, MK11 3LW, UK
UKHW021819051026
15588UKWH00010B/148

9 783631 642474